Management-Reihe Corporate Social Responsibility

Reihenherausgeber
René Schmidpeter
Dr. Jürgen Meyer Stiftungsprofessur für
Internationale Wirtschaftsethik und CSR
Cologne Business School (CBS)
Köln, Deutschland

Das Thema der gesellschaftlichen Verantwortung gewinnt in der Wirtschaft und Wissenschaft gleichermaßen an Bedeutung. Die Management-Reihe Corporate Social Responsibiltiy geht davon aus, dass die Wettbewerbsfähigkeit eines jeden Unternehmens davon abhängen wird, wie es den gegenwärtigen ökonomischen, sozialen und ökologischen Herausforderungen in allen Geschäftsfeldern begegnet. Unternehmer und Manager sind im eigenen Interesse dazu aufgerufen, ihre Produkte und Märkte weiter zu entwickeln, die Wertschöpfung ihres Unternehmens den neuen Herausforderungen anzupassen, sowie ihr Unternehmen strategisch in den neuen Themenfeldern CSR und Nachhaltigkeit zu positionieren. Dazu ist es notwendig, generelles Managementwissen zum Thema CSR mit einzelnen betriebswirtschaftlichen Spezialdisziplinen (z. B. Finanz, HR, PR, Marketing etc.) zu verknüpfen. Die CSR-Reihe möchte genau hier ansetzen und Unternehmenslenker, Manager der verschiedener Bereiche sowie zukünftige Fach- und Führungskräfte dabei unterstützen, ihr Wissen und ihre Kompetenz im immer wichtiger werdenden Themenfeld CSR zu erweitern. Denn nur wenn Unternehmen in ihrem gesamten Handeln und allen Bereichen gesellschaftlichen Mehrwert generieren, können sie auch in Zukunft erfolgreich Geschäfte machen. Die Verknüpfung dieser aktuellen Managementdiskussion mit dem breiten Managementwissen der Betriebswirtschaftslehre ist Ziel dieser Reihe. Die Reihe hat somit den Anspruch, die bestehenden Managementansätze, durch neue Ideen und Konzepte zu ergänzen um so durch das Paradigma eines nachhaltigen Managements einen neuen Standard in der Managementliteratur zu setzen.

Reihenherausgeber
René Schmidpeter
Köln
Deutschland

Weitere Bände in dieser Reihe
http://www.springer.com/series/11764

Brunhilde Schram • René Schmidpeter
(Hrsg.)

CSR und Organisationsentwicklung

Die Rolle des Qualitäts- und Changemanagers

Herausgeber
Brunhilde Schram
Schram und mehr KG
Linz
Austria

Prof. Dr. René Schmidpeter
Dr. Jürgen Meyer Stiftungsprofessur für
Internationale Wirtschaftsethik und CSR
Cologne Business School (CBS)
Köln
Deutschland

ISSN 2197-4322 ISSN 2197-4330 (electronic)
Management-Reihe Corporate Social Responsibility
ISBN 978-3-662-47699-4 ISBN 978-3-662-47700-7 (eBook)
DOI 10.1007/978-3-662-47700-7

Die Deutsche Nationalbibliothek verzeichnet diese Publikation in der Deutschen Nationalbibliografie; detaillierte bibliografische Daten sind im Internet über http://dnb.d-nb.de abrufbar.

Springer Gabler
© Springer-Verlag Berlin Heidelberg 2016
Das Werk einschließlich aller seiner Teile ist urheberrechtlich geschützt. Jede Verwertung, die nicht ausdrücklich vom Urheberrechtsgesetz zugelassen ist, bedarf der vorherigen Zustimmung des Verlags. Das gilt insbesondere für Vervielfältigungen, Bearbeitungen, Übersetzungen, Mikroverfilmungen und die Einspeicherung und Verarbeitung in elektronischen Systemen.
Die Wiedergabe von Gebrauchsnamen, Handelsnamen, Warenbezeichnungen usw. in diesem Werk berechtigt auch ohne besondere Kennzeichnung nicht zu der Annahme, dass solche Namen im Sinne der Warenzeichen- und Markenschutz-Gesetzgebung als frei zu betrachten wären und daher von jedermann benutzt werden dürften.
Der Verlag, die Autoren und die Herausgeber gehen davon aus, dass die Angaben und Informationen in diesem Werk zum Zeitpunkt der Veröffentlichung vollständig und korrekt sind. Weder der Verlag noch die Autoren oder die Herausgeber übernehmen, ausdrücklich oder implizit, Gewähr für den Inhalt des Werkes, etwaige Fehler oder Äußerungen.

Coverfoto: Michael Bursik

Gedruckt auf säurefreiem und chlorfrei gebleichtem Papier

Springer Berlin Heidelberg ist Teil der Fachverlagsgruppe Springer Science+Business Media
(www.springer.com)

Vorwort

Verantwortungsvolle Unternehmensführung oder CSR (Corporate Social Responsibility) ist ein Begriff dafür, was viele erfolgreiche Unternehmen seit jeher verfolgen: Sie übernehmen gesellschaftliche Verantwortung in ihrem Umfeld. Waren vor einigen Jahren noch die gute Reputation oder das Image ausschlaggebend, so zeigt sich heute immer mehr die strategische Komponente: CSR wird ganzheitlich ebenso in alle unternehmerischen Tätigkeiten integriert wie etwa Qualitätsmanagement, Personalmanagement, Sicherheit oder Kundenzufriedenheit.

Österreichs Wirtschaft ist sich ihrer Rolle zur Krisenbewältigung und Zukunftsgestaltung bewusst. Verantwortung, Nachhaltigkeit, Ehrlichkeit, Sparsamkeit, Chancengerechtigkeit und Solidarität sind Grundwerte, welche in vielen Betrieben tagtäglich gelebt werden. Die heimischen Betriebe setzen mit diesen Prinzipien einen wichtigen Beitrag für den sozialen Zusammenhalt der Gesellschaft, der weit über die Arbeitswelt hinausgeht. Mit effizientem Ressourceneinsatz, bestens ausgebildeten Mitarbeitern, zukunftsweisenden Innovationen oder neuen Arbeitsmodellen schaffen sie einen Mehrwert und zusätzliches Wachstum, sowohl im Unternehmen als auch in der Region.

Unternehmen, die sich der gesellschaftlichen Herausforderung stellen, leisten nicht nur einen wertvollen Beitrag für Gesellschaft und Umwelt. Sie minimieren ihre Risiken, steigern die Mitarbeitermotivation, stärken das Vertrauen und können Wettbewerbsvorteile generieren. So hat die globale Finanzmarktkrise gezeigt, dass in Österreich mit dem gesunden Mix aus kleinen, mittleren und großen Unternehmen die Arbeitsplätze besser als in anderen Regionen erhalten und gesichert werden konnten.

Die Unternehmen werden auch in Zukunft ihre wichtige Rolle bei der Gestaltung und Erneuerung der Gesellschaft, des Staates und insbesondere der Regionen wahrnehmen. Dies muss jedoch so wie bisher auf Freiwilligkeit und nicht auf Basis gesetzlicher Vorgaben beruhen. Nur so können sich die Unternehmen positiv von den Mitbewerbern abheben, Nischen besetzen und eine Win-win-Situation für Unternehmen und Gesellschaft schaffen.

Besonders kritisch gesehen wird in diesem Zusammenhang der Begriff der „Gemeinwohlwirtschaft" oder der „Gemeinwohl orientierten Unternehmensformen". Hinter dieser Ideologie stehen Ansichten und Ideen, die mit freiem Unternehmertum und dem Modell der ökosozialen Marktwirtschaft nichts zu tun haben und sich bei einer Detailanalyse als Neuauflage einer von oben gesteuerten Zwangswirtschaft entpuppen.

Gerade in unserer globalisierten – durch einen intensiven Wettbewerb geprägten Welt – liegen große Chancen, sich durch die Übernahme gesellschaftlicher Verantwortung positiv abzuheben, innovative Produkte zu entwickeln und damit neue Märkte zu erschließen.

Auf den globalisierten Märkten ist es oft schwirig, auszumachen, welche Produkte und Dienstleistungen nachhaltig hergestellt werden. Darüber hinaus fordern auch die Stakeholder immer mehr Transparenz über die gesetzten CSR-Maßnahmen und deren Wirkung. Um den wachsenden Ressourcenbedarf zu decken, muss sich die Gesellschaft mit der Effizienz, der Sicherheit und dem Fußabdruck von Produkten und Dienstleistungen auseinandersetzen.

Deshalb haben sich in den letzten Jahren internationale Nachhaltigkeitsstandards etabliert. Generelle Themen dieser Initiativen sind Menschenrechte, Arbeitsnormen, Umweltschutz und Korruptionsbekämpfung. Zusätzlich werden in unterschiedlichen Ausprägungen Verbraucherinteressen, Verbraucherschutz, der Beitrag zu Gemeinwohl, Bildung und Kultur, Steuern, Transparenz, Wettbewerbsregeln, Wissenschaft, Forschung und Technologietransfer behandelt.

Wichtig ist, dass diese Standards klare und messbare Ziele verfolgen, alle relevanten Stakeholder mit einbeziehen, Informationen transparent bereitstellen und die Kosten und Barrieren für deren Anwendung minimiert werden.

Mag. Ulrike Rabmer-Koller ist Vizepräsidentin der Wirtschaftskammer Oberösterreich, Vorstandsmitglied von respACT und geschäftsführende Gesellschafterin der Rabmer Gruppe.

Vorwort der Herausgeber: gesellschaftliche Herausforderungen als Treiber der Organisationsentwicklung

Gesellschaftliche Entwicklungen werden von vielen Menschen oft als Bedrohung wahrgenommen. Aber Ressourcenknappheit, Klimawandel, Demografie und Finanzkrise stellen Unternehmen nicht nur vor große Herausforderungen, sondern sind zugleich eine unternehmerische Chance, das eigene Geschäftsmodell neu zu denken bzw. weiterzuentwickeln. Die Überwindung vermeintlicher Gegensätze zwischen wirtschaftlichen und sozialen/ökologischen Zielen durch innovative Unternehmenslösungen ist zwar anspruchsvoll aber nicht selten äußerst lukrativ.

So waren es in der Vergangenheit meist mutige Unternehmer und visionäre Wirtschaftslenker, die bestehende Ungleichgewichte als Chance gesehen haben und ihre Organisationen konsequent auf die Lösung aktueller gesellschaftlicher Probleme ausgerichtet haben. Gegenwärtig stehen wir erneut vor der dringend notwendigen Weiterentwicklung unserer Wirtschaft und damit vor der Neuausrichtung der bestehenden Geschäftsmodelle und Organisationsstrukturen. Diese Neuausrichtung gelingt nur, wenn wir die Erfahrungen und interdisziplinären Kenntnisse aus verschiedenen Organisationsentwicklungsschulen berücksichtigen und mit der aktuellen Corporate-Social-Responsibility(CSR)-Diskussion verschränken. Dieser integrativen Sichtweise folgend, stellt die vorliegende Publikation konkrete Organisationsentwicklungsansätze und Praxisbeispiele zur Weiterentwicklung der CSR-Diskussion vor. Ziel ist es, sowohl von erfolgreichen Praxisbeispielen zu lernen als auch neue Verbindungen zwischen den verschiedenen praxisorientierten Diskussionen und Denkschulen zu schaffen.

Insbesondere in der Organisationsentwicklung erkennt man, dass das Spannungsfeld zwischen Wirtschaft und Gesellschaft eine fruchtbare Inspirations- und Energiequelle für die Weiterentwicklung der Unternehmensorganisation ist. Die konstruktive Spannung zwischen unternehmerischen und gesellschaftlichen Interessen kann konsequent genutzt werden, um innovative und neuartige Managementpfade zu bestreiten. Unternehmen die kontinuierlich von innen heraus die Anforderungen ihres jeweiligen Umfeldes – im Dialog mit den Stakeholdern – bearbeiten, schaffen neue Produkt-, Prozess-, Managementinnovationen und erschließen dabei für sich neue Märkte, Kundengruppen und entwickeln neue nachhaltige Geschäftsmodelle.

Unternehmen haben in Zukunft nur dann eine Daseinsberechtigung, wenn sie die aktuellen Herausforderungen proaktiv annehmen und sozusagen als Innovateure im Dienste der Gesellschaft, immer auf der Suche nach der besseren Lösung bzw. der geeigneteren Organisationsstruktur sind. Der unternehmerische Wandel wird an Geschwindigkeit zunehmen – genauso wie der Wandel ihres Umfeldes. Und umso mehr sich die Gesellschaft und die technischen Möglichkeiten ändern, umso mehr ist es wichtig, die Organisation konsequent strategisch entlang des Spannungsfeldes Unternehmen und Gesellschaft weiter zu entwickeln. Dabei kommt dem Themen verantwortungsvolle Unternehmensführung (CSR) und Nachhaltigkeit eine ganz besondere Bedeutung zu. Denn in Zukunft geht es nicht mehr um eine rein finanzielle Ausrichtung bzw. Erfolgsmessung, sondern darum, durch innovative Lernprozesse, strategische Neupositionierungen sowie nachhaltige Geschäftsmodelle die organisatorischen Innovationen zu befördern, welche uns allen ermöglichen, gesellschaftliche Herausforderungen zunehmend unternehmerisch zu lösen.

Die dafür nötigen Überlegungen und Praxisbeispiele werden in der vorliegenden Publikation ausführlich beschrieben. Alle LeserInnen sind damit herzlich eingeladen, die in der Reihe dargelegten Gedanken aufzugreifen und für die eigenen beruflichen Herausforderungen zu nutzen sowie mit den Herausgebern, Autoren und Unterstützern dieser Reihe intensiv zu diskutieren. Wir möchten uns last, but not least sehr herzlich bei Julija Zaft für die umfangreiche Mitarbeit sowie bei Monika Kolb für ihre organisatorische Unterstützung, bei Michael Bursik und Janina Tschech vom Springer Gabler Verlag für die gute Zusammenarbeit sowie bei allen Unterstützern der Reihe recht herzlich bedanken und wünschen Ihnen, werter Leser bzw. werte Leserin, nun eine interessante Lektüre.

Linz, Österreich Brunhilde Schram
Köln, Deutschland Prof. Dr. René Schmidpeter

Überblick und Hinführung – zukunftsorientierte Organisationsentwicklung als Basis einer nachhaltigen Gesellschaft?

Das Thema der Organisationsentwicklung hat über die letzten Jahrzehnte an Bedeutung gewonnen. Am Anfang standen Begriffe wie Total-Quality-Management, Changemanagement oder lernende Organisation im Mittelpunkt der Diskussion. Durch die immensen Veränderungen in unserer Gesellschaft (Rohstoffmangel, Klimawandel, demografische Entwicklung, Finanzkrise) rücken nunmehr die Fragen nach der Resilienz, der gesellschaftlichen Verantwortung sowie nachhaltigen Entwicklung in den Mittelpunkt der organisationstheoretischen Diskussion. Die vorliegende Publikation hat zum Ziel sowohl bestehende Konzepte, innovative Managementansätze als auch Praxisbeispiele konstruktiv miteinander zu verbinden.

Im ersten Kapitel werden verschiedene konzeptionelle Zugänge zur Verbindung von Organisationsentwicklung und dem Thema gesellschaftliche Verantwortung (systemisches Management, Corporate Social Responsibility, lernende Organisation, Engpassmanagement, Sustainable Entrepreneurship etc.) aufgezeigt.

Brunhilde Schram zeigt in ihrem Beitrag, wie das Wissen über die „Steuerung von sozialen Systemen" dabei hilft, neue Wege zu finden, die es ermöglichen, die Zukunft für das Unternehmen proaktiv auf Nachhaltigkeit auszurichten. Auf dieser Basis eröffnet sich für gestaltungswillige und verantwortungsvolle Manager ein innovatives Betätigungsfeld für eine stakeholderorientierte Organisationsentwicklung, welche auch mit den Prinzipien einer CSR-orientierten Unternehmensführung im Einklang steht.

Ulrike Gelbmann und Anton Peskoller machen deutlich, dass die Resilienz von Unternehmen in einem engen Zusammenhang mit der nachhaltigen Entwicklung unser Gesellschaft steht. Resilienz ist dabei die Fähigkeit, mit (negativen) Einflüssen (von außen) und somit auch mit krisenhaften Ereignissen umgehen zu können. In ihrem Beitrag entwickeln sie eine innovative Sichtweise auf Unternehmen, welche Fragen der nachhaltigen Entwicklung, der Resilienz und der CSR fruchtbar miteinander verbindet.

Wie stellen Organisationen sicher, dass sie nicht nur als umweltoffene Systeme in einer turbulenten, oft feindlichen Umwelt überleben, sondern über die Überlebensfähigkeit hinaus Fortschrittsfähigkeit unter Beweis stellen und die Fähigkeit zur Selbsttransformation aufbringen? Dieser Frage geht Michael Retschitzegger in seinem Beitrag nach. Er legt dabei dar, wie ein kultureller Wandel herbeigeführt werden kann, welcher die Anwendung sozialer und ökologischer Aspekte ermöglicht.

Klaus Plecher geht von der Annahme aus, dass jedes Unternehmen ein soziales System ist, das durch unternehmensinterne Kommunikation geschaffen, zusammengehalten und im Wachstum gehalten wird. Er zeigt auf, wie durch Engpassmanagement (EKS) die Komplexität von unternehmerischen Entscheidungen reduziert und der wirkungsvollste Punkt getroffen werden kann, um unternehmerische und gesellschaftliche Anliegen zu verbinden.

Die noch ganz junge Diskussion um Sustainable Entrepreneurship erörtert, wie Unternehmer einen Beitrag zur nachhaltigen Entwicklung leisten, indem sie ihre Geschäftsmodelle so ausrichten, dass durch ihr Handeln sowohl ein wirtschaftlicher als auch ein gesellschaftlicher Mehrwert entsteht. Christina Weidinger führt aus, welche neuen Managementansätze und Innovationen unsere Wirtschaft benötigt, um in einem immer dynamischeren Umfeld zukunftsfähig zu bleiben.

Im zweiten Kapitel werden verschiedene Managementansätze (Qualitäts- und Changemanagement sowie CSR-Management) und ihre Implikationen für die Organisationsentwicklung ausführlich dargelegt. Gleich zu Beginn legt Rene Schmidpeter dar, wie das Konzept der gesellschaftlichen Verantwortung (CSR) als ein strategischer Ansatz der Organisationsentwicklung entwickelt werden kann. Er geht dabei auf die aktuellen gesellschaftlichen Herausforderungen genauso ein, wie auf die Notwendigkeit einer Neuausrichtung der bestehenden betriebswirtschaftlichen Ansätze und Disziplinen.

Agnes Sendlhofer-Steinberger zeigt auf, dass Fragestellungen wie „Welche Informationssysteme werden bereitgestellt? Wie werden Informationsflüsse und Entscheidungsprozesse gestaltet? Welche Modelle, Normen und Richtlinien werden von der Organisation übernommen? Wie werden vertragliche Beziehungen gestaltet?" notwendig sind, um CSR mit Qualitätsmanagement zu verbinden. Für sie sind Verhaltensregeln im Unternehmen ein wichtiger Ansatz für die nachhaltige Entwicklung einer Organisation.

Mit seinem Beitrag möchte Thomas Marschall den Leser aufrütteln, indem er aufzeigt, dass es eigentlich gar nicht um Corporate Social Responsibility geht. Es geht vielmehr um das aktive und erfolgsorientierte Steuern aller Effekte und Auswirkungen, die ein Unternehmen oder eine Organisation hat. Zudem beginnen Veränderungen seiner Meinung nach immer mit Energie und Entscheidungen einzelner Personen und nicht mit Strukturen. Daher ist es unerlässlich, planvoll und gleichzeitig flexibel vom „wir sollten" zum „wir können" zu kommen.

Günter Goldhahn erörtert in seinem Beitrag die Fragen des Organisationsdesigns. Er fokussiert sich dabei auf die Abstimmung von Kontext, Struktur, Prozessen und Akteuren. Aus seinen Überlegungen schließt er, dass Organisationen nur zum Teil reproduzierbar und kopierbar sind, und dies eine Differenzierung zulässt, die sowohl eine nachhaltige Organisationsmission als auch Wettbewerbsfähigkeit ermöglicht und somit hilft die Organisation am Leben zu erhalten.

Die darauf folgende ausführliche Argumentation von Friedrich Glauner legt nahe, dass nur solche Organisationsentscheidungen zukunftsfähig sind, die sich einem unternehmerischen Verantwortungsverständnis verschreiben. Unternehmen überleben innerhalb der ökonomischen Logik nur dann, wenn sie in der Ausgestaltung der Aufbaustrukturen und

Ablaufprozesse eine ethische Grammatik der Unternehmensführung und Organisationspraxis entfalten. Unternehmen sind dabei so auszurichten, dass sie auf allen Ebenen der Produkt- und Serviceketten substanziellen Nutzen stiften.

Annette Kleinfeld und Joachim Rottluff zeigen auf, welchen international anerkannten Referenzrahmen die ISO 26000 für die Wahrnehmung gesellschaftlicher Verantwortung durch Organisationen schafft. Sie legen dar, wie sich aufbauend auf der ISO 26000 ein integriertes, umfassendes Managementsystem gestalten lässt, dass alle rechtlichen, normativen und moralischen Ansprüche erfüllt und gleichzeitig den nachhaltigen wirtschaftlichen Erfolg gewährleistet.

Heribert Jaklin erörtert, dass für die notwendige Ausrichtung des Unternehmens zu mehr qualitativem Wachstum, das Thema „gesunde Führung", die mit gesunder Selbstführung beginnt, zentral ist. Sowohl gesunde Führung als auch gesunde Selbstführung helfen den Menschen, sich in eine bessere Beziehung zu sich, zu anderen und zu seiner Umwelt zu setzen. So stärkt dieser ganzheitliche Ansatz nicht nur die betriebliche Gesundheit und die intrinsische Motivation der Mitarbeiter, sondern bewirkt auch eine verbesserte Akzeptanz des Unternehmens im Markt.

Ähnlich ganzheitlich argumentiert Reinhold Poensgen in seinem Beitrag, wenn er darlegt, wie eine glaubhafte CSR-Strategie tief im Unternehmensinneren verankert werden muss und dadurch erst das betriebsinterne Klima positiv beeinflusst. Die Identifikation mit dem Unternehmen wird erst durch die authentische Beschäftigung mit dem Thema der gesellschaftlichen Verantwortung erhöht. Diese tiefe Verankerung hat sowohl positive Effekte auf die Wirkung von CSR als auch auf die Qualität und Wirkung der gesetzten CSR-Maßnahmen.

Abschließend verfolgt Thomas Walker das Ziel, die vielfältigen Managementansätze im Rahmen eines Reifegrad-Modells zu strukturieren und dabei die Entwicklung vom integrierten zum integrativen Managementansatz in der CSR-Diskussion nachzuzeichnen. Für die Weiterentwicklung der OE sind für ihn vor allem die Ideen der Zirkularität, der Kybernetik der II. Ordnung und der Stakeholderansatz zentral.

Das dritte Kapitel beschäftigt sich explizit mit der Rolle von intermediären Organisationen, wie zum Beispiel Wirtschaftsverbände, Brancheninitiative, Bildungsinstitutionen sowie Kunst und Kultur in der Gestaltung und Implementation von CSR.

Markus Litzlbauer erörtert am Beispiel des Arbeitsmarktservice (AMS), welche Aufgaben intermediäre Organisationen in ihrer Vermittlerrolle zwischen Wirtschaft und Gesellschaft künftig wahrnehmen werden, um konsensorientiert Lösungen zwischen den unterschiedlichen Interessenlagen zu erarbeiten. Unabdingbar dafür sind zum einen eine innere Haltung zur Wissensweitergabe und zum anderen die bewusste Übernahme von gesellschaftlicher Verantwortung.

Wie Wirtschaftsorganisationen im Themenfeld von Nachhaltigkeit und Verantwortung in der Wirtschaft agieren, zeigt Kurt Oberholzer in seinem Beitrag auf. Ausgehend von den im Gesetz definierten Kernaufgaben der Wirtschaftskammern, ist seines Erachtens eine konsistente Positionierung der Wirtschaftskammern möglich, die auf mehr Nachhaltigkeit im Wirtschaftsprozess abzielt. Dabei stellt er sich folgende Fragen: Welchen Beitrag können Wirtschaftskammern zu einer „Wirtschaftskultur der Verantwortung" leisten? Haben sie dabei eine intermediär, also nur vermittelnde oder eine proaktiv gestaltende Rolle?

Karen Wendt beschäftigt sich mit ähnlichen Fragen bezogen auf die Rolle der Finanzwirtschaft. Sie zeigt auf, wie das Investmentbanking für das besonders risikobehaftete globale Geschäft der Finanzierung von Großprojekten mittlerweile freiwillige Soft-Law-Standards entwickelt hat. Sie legt dar, wie Finanzunternehmen mit besserem Risikomanagement, das insbesondere auch ökologische und soziale Themen erfasst, nicht nur ihre Finanzierungen, sondern auch ihre Reputation schützen.

Ziel des Beitrages von Stephanie von Rüden ist es zu erläutern, inwiefern Changemanagement und Organisationsentwicklungs-Modelle, die sich meist ausschließlich auf Unternehmen beziehen, auf Vereine und deren Struktur anwendbar sind. Es wird in diesem Beitrag zudem diskutiert, welchen Stellenwert und welche Bedeutung in der Bewusstseinsbildung der Nachhaltigkeitsdiskussion, Vereine im Allgemeinen und speziell Vereine mit dem ideellen Zweck „CSR" haben.

Birgit Kohlmann ermutigt in ihrem Beitrag zum Quer- und Andersdenken, weil darauf in der Entwicklung von zukunftsfähigen Organisationen kaum noch verzichtet werden kann. Die Out-of-the-box-Einstellung ist für eine Führungskraft ebenso wichtig wie für einen Mitarbeiter. In der aktuellen CSR-Diskussion gilt es, seinen eigenen Standpunkt bewertungsfrei und in innerer Unabhängigkeit zu bestimmen. Diese Perspektive verlangt auch, dass man sich „ab-hebt", um dann in der natürlichen Konsequenz die gesamte Organisation abzuheben, weil sie sich „Frei(e) Geister" leistet, die quer denken, hinterfragen, in Frage stellen und neue Wege gehen.

Diese Aufgabe neue Wege zu bestreiten ist auch in der Kunst ein Thema, welches Jörg Reckhenrich und Peter Winkels bildhaft beschreiben. Sie zeigen in ihren Beitrag auf, wie künstlerische Arbeit eine spezielle Prozessdynamik bietet, die im Rahmen von Organisationsarbeit, insbesondere bei Fragen kultureller Veränderung, ein neues und vielversprechendes Spielfeld eröffnen kann. Ein Spielfeld in dem organisationale Situationen gezielt erprobt und weiterentwickelt werden können.

Stephan Grewe fragt aus einer studentischen Perspektive danach, was im Kopf passieren muss, damit Menschen – und damit auch Organisationen – nachhaltig sind? Es ist nicht verwunderlich, dass für ihn Bildung, welche alle Handlungen des Menschen über das Notwendige hinaus erst ermöglicht, dabei eine zentrale Rolle einnimmt. Im Sinne des Humboldt'schen Bildungsideal bedarf es der Erarbeitung von Kraft, Persönlichkeit und dem notwendige Wissen über Möglichkeiten und Konsequenzen des eigenen Handelns, um nachhaltige Entscheidungen treffen und in der Organisation umsetzen zu können.

Im vierten und letzten Kapitel werden die vielfältigen konzeptionellen Überlegungen und Ansätze in konkreten Unternehmensbeispielen exemplifiziert.

Was nachhaltige Organisationsentwicklung in einem Technologieunternehmen bedeutet, legt Ralf Zastrau in seinem Beitrag schlüssig dar. Permanente gesellschaftliche Fragenstellungen und Diskussionen sind für das Unternehmen Nanogate AG allgegenwärtig. Wie auch unter den sich gerade in der High-Tech-Branche dynamisch verändernden

Wettbewerbsbedingungen, regelmäßigem Ertrags- oder Kostendruck und potenziellen Entscheidungskonflikten die Umsetzung anspruchsvoller Wertesysteme möglich sind, ist Fokus dieses Beitrages.

Marc-André Bürgel und Wolfgang Heger zeigen auf, wie das Stakeholder-Engagement eine nachhaltige Organisationsentwicklung bei der Daimler AG fördert. Für sie steht fest, dass Auslöser und Mitgestalter im Bereich der Nachhaltigkeit in zunehmendem Maße neben der „eigentlichen" Unternehmensführung auch die externen und internen Stakeholder des Unternehmens sind. Gutes CSR-Management bezieht daher Stakeholder-Impulse systematisch ein und nutzt dies für einen strukturierten Organisationsentwicklungsprozess.

Wie die Austria Glas Recycling durch Verantwortung zu dauerhaften ökonomischen Erfolg kommt, wird von Harald Hauke und Monika Piber-Maslo beschrieben. In ihrem Unternehmen unterstützt das Umwelt- und Nachhaltigkeitsmanagement die Unternehmensführung dabei, die notwendigen Veränderungsprozesse zeit- und kulturgerecht umzusetzen. Die Mitarbeiter/innen verstehen dabei Veränderung als Lern- und Erweiterungsmöglichkeit und tragen von sich aus aktiv zu Verbesserungen bei.

Alexandra Hildebrandt erörtert am Praxisbeispiel der mittelständischen Mader GmbH, dass Werte als zentrales Element der Unternehmenskultur in einer vernetzten Wirtschaftswelt zu „harten" Erfolgsfaktoren werden. Für sie kommt es darauf an, dass Unternehmen zuerst ihre Identität klären, um sich dann über gemeinsame Werte zu verständigen und abschließend die Markenbildung darauf aufzubauen. Eine gelebte und stabile Wertekultur ist hierbei eine unverzichtbare Basis für den wirtschaftlichen Erfolg.

Diese KMU-Perspektive wird auch im Beitrag von Norbert Zdrowomyslaw und Michael Bladt eingenommen. Verantwortung für das gesellschaftliche Umfeld zu übernehmen, stellt insbesondere bei kleineren und mittleren Unternehmen mehr die Regel als die Ausnahme dar. Allerdings müssen die Instrumente aufgrund begrenzter Ressourcen sorgfältig ausgewählt werden. Für KMUs kommt dabei insbesondere der Personalpolitik und der personenbezogenen Unternehmensführung ein besonderer Schwerpunkt zu. Denn in vielen CSR-Themen gilt es, betroffene Mitarbeiter zu Beteiligten zu machen.

Last, but not least berichtet Christine Pehl von ihren vielfältigen Erfahrungen der betapharm Arzneimittel AG. Dabei lässt sich zeigen, dass soziales Engagement nicht nur nice to have ist, sondern zum maßgeblichen Erfolgsfaktor werden kann, wenn es richtig aufgesetzt wird. Betapharm war Anfang des Jahrtausends ein CSR-Pionier und forderte damals die Marktkultur im Pharmamarkt heraus. Es gilt als ein – aus heutiger Sicht abgeschlossenes – Standardbeispiel der CSR-Diskussion.

Die vielfältigen Impulse zeigen auf, das CSR alles andere als einen Einheitsbrei darstellt. Mit der Auffassung one size fits all ist man von vornherein zum Scheitern verurteilt. Vielmehr gilt es, dass Thema CSR im Rahmen einer Organisationsentwicklung systemisch (statt funktional), dynamisch (statt statisch), pragmatisch (statt ideologisch) und von innen heraus aber zugleich im Dialog mit den Stakeholdern zu entwickeln. Eine Herausforderung, für deren Lösung es zwar viele Anregungen, Perspektiven, Instrumente und Best Practice gibt, ber auch eine Herausforderung für die jedes Unternehmen seine jeweils eigene individuelle Lösung finden muss. Denn nur in einer pluralen, wettbewerbsorientierten und auf Eigenverantwortung basierenden Gesellschaft können Unternehmen, dass leisten, was sie am besten können: neue unternehmerische Wege definieren, welche sowohl betriebswirtschaftlichen als auch gesellschaftlichen Mehrwert schaffen. Eine innovative und kreative Organisationsentwicklung wird damit zu einer wichtigen Säule der nachhaltigen Entwicklung unserer Gesellschaft.

René Schmidpeter

Inhaltsverzeichnis

Teil I   Konzeptionelle Zugänge in der Organisationsentwicklung   1

Unternehmerische Zukunftsfähigkeit – Organisationsentwicklung unter Berücksichtigung ökonomischer, ökologischer und gesellschaftlicher Entwicklung   3
Brunhilde Schram

Resilienz im Spannungsfeld von CSR und Changemanagement   15
Ulrike Gelbmann und Anton Peskoller

CSR und lernende Organisation/Double-Loop-Learning   37
Michael Retschitzegger

CSR und Engpassmanagement (EKS)   53
Klaus Plecher

Sustainable Entrepreneurship als neues Paradigma in der Organisationsentwicklung   73
Christina Weidinger

Teil II   Managementansätze der Organisationsentwicklung   87

CSR als strategischer Ansatz der Organisationsentwicklung   89
René Schmidpeter

CSR und Qualitätsmanagement   101
Agnes Sendlhofer-Steinberger

CSR & Changemanagement   115
Thomas Marschall

CSR & Innovationsdesign zur Zukunftsfähigkeit 125
Günter Goldhahn

Werteorientierte Organisationsentwicklung. Sieben Thesen zu den ethischen und ökonomischen Grundlagen einer nachhaltigen Unternehmensorganisation 141
Friedrich Glauner

ISO 26000 und das EFQM-Modell: Ein holistischer Ansatz zur Entwicklung einer verantwortlich handelnden Organisation 161
Annette Kleinfeld und Joachim Rottluff

Corporate Social Responsibility und Organisationsentwicklung – aus Sicht gesunder Führung 181
Heribert Jaklin

Systemische CSR-Organisationsentwicklung 193
Reinhold Poensgen

Integrative Organisationsentwicklung 205
Thomas Walker

Teil III   Rahmenbedingungen und intermediäre Organisationen 219

Die Rolle von intermediären Organisationen 221
Markus Litzlbauer

Wirtschaftskammern: Impulsgeber, Change-Manager, Bremser? 235
Kurt Oberholzer

Die globalen Äquatorprinzipien für die Finanzierung von Projekten 247
Karen Wendt

Nachhaltige Organisationsentwicklung in Vereinen 271
Stephanie von Rüden

Organisations-Bildung und Entwicklung 287
Birgit Kohlmann

Szenenwechsel: Organisationen durch Kunst nachhaltig verändern 301
Jörg Reckhenrich und Peter Winkels

Vom Nachdenken: Bildung als Grundlage aller Nachhaltigkeit 317
Stephan Grewe

Teil IV   Organisationsentwicklung in der Praxis 325

**Nachhaltige Organisationsentwicklung in einem Technologieunternehmen:
Nanogate AG** 327
Ralf Zastrau

**Wie Stakeholder-Engagement eine nachhaltige Organisationsentwicklung
fördert: Daimler AG** 341
Marc-André Bürgel und Wolfram Heger

**Durch Verantwortung zu dauerhaftem ökonomischen Erfolg:
Austria Glas Recycling** 355
Harald Hauke und Monika Piber-Maslo

Wertschöpfung und Kulturwandel im Mittelstand: Mader GmbH 367
Alexandra Hildebrandt

CSR in der Organisationsentwicklung von KMU 381
Norbert Zdrowomyslaw und Michael Bladt

CSR und Unternehmenskultur – Beispiel betapharm Arzneimittel GmbH .. 397
Christine Pehl

Über die Herausgeber

Brunhilde Schram studierte an der Universität Salzburg, Krems und an der Open University in London sowie in Heidelberg und Bielefeld in den Bereichen „Economic, Psychology und General Management, CSR und Wissensmanagement, Organisations- und Kompetenzentwicklung". CSR/Nachhaltigkeitsexpertin, Beraterin und Coach für ressourcenschonende Unternehmenssteuerung und Changemanagement, Dozentin, EFQM Assessorin und interne Auditorin rund um den Themenkomplex CSR und Nachhaltigkeit. „Implementierung und Verankerung des Zukunftskonzeptes CSR in der Unternehmensführung. Engagement als 2. CSR-Bundes- und Landessprecherin zur Förderung des CSR-Themenkomplexes. Mitinitiatorin der Fachexpertentagung „Reichersberger Nachhaltigkeitsdialoge".

Dr. René Schmidpeter hat den Dr. Jürgen Meyer Stiftungslehrstuhl „Internationale Wirtschaftsethik und CSR" an der Cologne Business School (CBS) inne. Er forscht und lehrt insbesondere zum Thema „CSR als innovativer Managementansatz", „CSR in der Betriebswirtschaftslehre" und „Internationale Perspektiven auf CSR". Er ist Herausgeber der Managementreihe Corporate Social Responsibility im Springer Gabler Verlag sowie der internationalen Publikationsserie „CSR, Sustainability, Ethics and Governance" bei Springer. Neben seinen umfangreichen Publikations- und Vortragstätigkeiten berät er als CSR-Stratege nationale und internationale CSR-Initiativen, Wirtschaftsorganisationen und Unternehmen bei der strategischen Implementierung von nachhaltigen Managementansätzen. Er ist zudem ständiger Gastprofessor an der Nanjing University of Finance and Economics in China, wissenschaftlicher Leiter des Zentrums für humane Marktwirtschaft in Salzburg, sowie Mitglied in Expertenjurys, wissenschaftlichen Beiräten und internationalen Forschungsprojekten.

Autorenverzeichnis

Michael Bladt TIT, Fachhochschule Stralsund, Stralsund, Deutschland

Marc-André Bürgel Integrität und Recht – IL/CR, Stuttgart, Deutschland

Ulrike Gelbmann 404 Institut für Systemwissenschaften, Innovations- und Nachhaltigkeitsforschung, Universität Graz, Graz, Österreich

Friedrich Glauner Cultural Images, Grafenaschau, Deutschland

Günter Goldhahn G-Group, Hohenberg, Österreich

Stephan Grewe Drensteinfurt, Deutschland

Harald Hauke Austria Glas Recycling, Wien, Österreich

Wolfram Heger Integrität und Recht – IL/CR, Stuttgart, Deutschland

Alexandra Hildebrandt Wertschöpfung und Kulturwandel im Mittelstand: Mader GmbH, Burgthann, Deutschland

Heribert Jaklin Erlangen, Deutschland

Annette Kleinfeld HTWG Konstanz/Dr. Kleinfeld CEC GmbH & Co. KG, Gifhorn, Deutschland

Birgit Kohlmann Zeitwandel, Stein bei Nürnberg, Deutschland

Markus Litzlbauer Arbeitsmarktservice Oberösterreich, Linz, Österreich

Thomas Marschall München, Deutschland

Kurt Oberholzer Stabsstelle Öffentlichkeitsarbeit und Marketing – Zimmer 421, Wirtschaftskammer Salzburg, Salzburg, Austria

Christine Pehl Pehl-Beratung, Augsburg, Deutschland

Anton Peskoller 404 Institut für Systemwissenschaften, Innovations- und Nachhaltigkeitsforschung, Universität Graz, Graz, Österreich

Monika Piber-Maslo Austria Glas Recycling, Wien, Österreich

Klaus Plecher IHK für München und Oberbayern, München, Deutschland

Reinhold Poensgen Poensgen, Ingolstadt, Deutschland

Jörg Reckhenrich Berlin, Deutschland

Michael Retschitzegger München, Deutschland

Joachim Rottluff Excellence-Center-Nürnberg GmbH, Nürnberg, Deutschland

Stephanie von Rüden Wels, Österreich

René Schmidpeter Dr. Jürgen Meyer Stiftungslehrstuhl für Internationale Wirtschaftsethik und CSR, Cologne Business School (CBS), Köln, Deutschland

Brunhilde Schram Schram und mehr KG, Linz, Österreich

Agnes Sendlhofer-Steinberger St. Veit im Pongau, Österreich

Thomas Walker walk-on/Institute for sustainable solutions, Elmau, Österreich

Christina Weidinger Wien, Österreich

Karen Wendt Responsible Investmentbanking, Gröbenzell, Deutschland

Peter Winkels Berlin, Deutschland

Ralf Zastrau Nanogate AG, Quierschied-Göttelborn, Deutschland

Norbert Zdrowomyslaw Fachbereich Wirtschaft, Fachhochschule Stralsund, Stralsund, Deutschland

Teil I
Konzeptionelle Zugänge in der Organisationsentwicklung

Unternehmerische Zukunftsfähigkeit – Organisationsentwicklung unter Berücksichtigung ökonomischer, ökologischer und gesellschaftlicher Entwicklung

Brunhilde Schram

1 Relevanz der Organisationsentwicklung

Das rasante Wachstum in der Informations- und Wissensgesellschaft, ihre Umsetzung in technischen Fortschritt, aber auch die Intensivierung des Handels, das Wachstum der Weltbevölkerung und die damit einhergehende Verknappung der natürlichen Ressourcen haben zunehmend die Frage in den Fokus gerückt, wie Sicherheit und Wohlstand dauerhaft für alle Menschen, und nicht nur für Teile der Gesellschaft, gesichert werden können.

Die Rolle der Unternehmen in der Gesellschaft wird in diesem Kontext immer wieder hinterfragt und intensiv diskutiert (Altenburger 2013, S. 1 f.). Dabei hat sich das Verständnis durchgesetzt, dass gerade Unternehmen die Möglichkeit besitzen, die so dringend benötigten Innovationen zu entwickeln und umzusetzen (Osburg und Schmidpeter 2013). Es stellt sich die Frage, welche Informationen und Kompetenzen für die Erhaltung der Wettbewerbsfähigkeit eines Unternehmens und das Hervorbringen von Innovationen in Zukunft nötig sein werden. Wie muss die dafür benötigte Organisationsentwicklung aussehen?

Der Organisationsentwicklung kommt beim Erhalt der Zukunftsfähigkeit eine besondere Rolle zu, wobei eine universelle Definition des Begriffs Organisationsentwicklung (OE) aufgrund der international unterschiedlichen Ansätze problematisch ist. An dieser Stelle soll unter OE im Allgemeinen ein geplanter, gelenkter und systematischer Prozess zur Veränderung der Unternehmensqualität im Hinblick auf seinen gesamten wahrnehmbaren Status, aus Sicht aller Stakeholder wie z. B. MitarbeiterInnen,

B. Schram (✉)
Schram und mehr KG, Rosenauerstr. 43, 4040 Linz, Österreich
E-Mail: b.schram@schramundmehr.at

© Springer-Verlag Berlin Heidelberg 2016
B. Schram, R. Schmidpeter (Hrsg.), *CSR und Organisationsentwicklung*, Management-Reihe Corporate Social Responsibility, DOI 10.1007/978-3-662-47700-7_1

Kunden, Eigentümer und Lieferanten verstanden werden (Elkington 2004). Dieser Status umfasst die Haltung, welche die Kultur und das Verhalten umfasst, die Gestaltungshebel, bestehend aus Strukturen und Abläufen eines Unternehmens sowie der Wirkung des unternehmerischen Tuns, welche gleichzusetzten ist mit den Ergebnissen und dem Produktnutzen (Comelli 1985, S. 96). Die Fähigkeit, die Zukunft eines Unternehmens verantwortungsvoll zu gestalten und die Verantwortung für das unternehmerische Wirtschaften zu übernehmen ist daher in der persönlichen Haltung, in den persönlichen Steuerungsmöglichkeiten und deren Wirksamkeit verankert. Somit hat OE per Definition den Wandel von und in Organisationen als Kern (Sievers 1977, S. 12). Dabei kann Wandel als bewusst geplante Veränderung von Organisationen durch Menschen stattfinden. Im Gegensatz dazu, können Veränderungen auch durch selbstorganisatorische Prozesse, deren Entwicklungsrichtung oft nicht unmittelbar erkennbar ist, erfolgen. Bei diesen oft unbewussten und nicht geplanten Veränderungen handelt es sich meist um in Abteilungen stattfindenden und abteilungsmäßig selbstorganisierten Verbesserungsbedarf. Im Folgenden soll der Fokus nur auf der ersten Form der OE liegen, nämlich auf den proaktiven, geplanten, bewusst gesteuerten und langfristig ausgerichteten Prozessen.

2 Stakeholderorientierte Organisationsentwicklung

2.1 Spirit of Sustainability

Die Entwicklung eines Unternehmens sollte immer eine klare Richtung besitzen. Dabei besteht der Richtungscharakter aus einer zunehmenden Komplexität, welche die gesteigerte Fähigkeit verlangt, mehr Komplexität zu bewältigen und dies bei zunehmender Autonomie. Die zunehmende Komplexität entsteht aus einer gegenseitigen Durchdringung von Prozessen der Differenzierung und Integration. Dabei schafft Differenzierung eine neue Vielfalt, während die Integration die Ganzheit erzeugt (Glasl und Lievegoed 2004, S. 34).

Diesen Prozess der Vielfalt und Integration unter Berücksichtigung ökonomischer, ökologischer und gesellschaftlicher Faktoren und deren Auswirkungen auf unsere Wirtschaft bringt ein unendliches Ergebnis an sozialer Innovation mit sich. Dies kann durch die Messung und Dokumentation von Change Prozessen sichtbar gemacht und belegt werden. Diese sozialen Innovationen innerhalb der CSR Führungs- und Managementansätzen, können eine starke Dynamik erzeugen und eine Entwicklungsrichtung einschlagen, die Wachstum unter Berücksichtigung ökonomischer, ökologischer und gesellschaftlicher Faktoren anstrebt und fördert. Eine solche Unternehmensführung bringt innovatives, nachhaltiges und lösungsorientiertes Wirtschaften hervor und erhält das Wachstumspotenzial eines Unternehmens.

2.2 CSR als Führungs- und Managementkonzept zur Unterstützung der OE

In der heutigen Informations- und Wissensgesellschaft kann CSR als Führungs- und Managementstrategie gesehen werden, welche zur Bewältigung der in Unternehmen entstehenden Herausforderungen eingesetzt werden kann. Die sich stellenden Probleme und Herausforderungen sind heute vielschichtig und erfordern eine differenzierte Betrachtung.

Im Allgemeinen können drei Dimensionen einer Herausforderung separat betrachtet werden: ökologische, soziale und ökonomische Dimension (Elkington 2004).

Nur beim bestehenden Wissen im Unternehmen über diese drei Dimensionen der Entwicklung, können diese in Bezug auf die jeweilige Herausforderung in Einklang gebracht werden. Erst dann besitzt das Unternehmen die Kompetenz, die eigene unternehmerische Zukunft zu gestalten. Dabei werden die drei Dimensionen der Entwicklung wie folgt verstanden: Die OE in der ökonomischen Entwicklungsrichtung beschäftigt sich mit Fragen der Knappheit von Ressourcen und deren bestmöglichen Einsatz sowie mit der ökonomischen Unternehmensperformance. Die ökologische Entwicklungsrichtung in Organisationen, eine neue Entwicklungsrichtung der OE, integriert die Ökologie in die Entwicklung von neuen Produkten, Technologien und Dienstleistungen. Dabei kann die Natur den ökologischen Entwicklungen als Vorbild dienen. Das Verständnis der menschlichen Zusammenarbeit steht im Fokus der gesellschaftlichen Entwicklungsrichtung in Organisationen. Diese drei Entwicklungsrichtungen verdeutlichen ein weiteres Mal, dass Unternehmen immer mehr zum Ausgangspunkt von Innovationen werden und so einen Mehrwert für die Gesellschaft im Allgemeinen schaffen können (Schmidpeter 2014a, S. 137). Diese Innovationen sind die so dringend notwendigen Veränderungen, um den die Gesamtbevölkerung betreffenden Problemen zu begegnen. Um diese Innovationen entwickeln und einen gesellschaftlichen Mehrwert schaffen zu können, müssen Unternehmen jedoch zukunftsfähig bleiben und genau diese Zukunftsfähigkeit soll im Folgenden näher betrachtet werden.

2.3 CSR als Organisations- und Kompetenzentwicklungsansatz

Um die zuvor beschriebene Entwicklung und Entstehung von gesellschaftlich notwendigen Innovationen vorantreiben zu können, müssen Unternehmen ihre Zukunftsfähigkeit erhalten. Doch was versteht man unter Zukunftsfähigkeit und wie kann diese von Unternehmen erhalten werden? Welche Prozesse nehmen dabei eine entscheidende Rolle ein und wie unterstützen diese die Entstehung von gesellschaftlichem Mehrwert?

Zukunftsfähigkeit im Sinne von individueller als auch organisationaler Entwicklung zur Förderung und Steuerung ressourcenschonender und energieschonender Management- und Kernprozesse, bedeutet Selbsterneuerung und das Überdenken der Business Performance. Es bedeutet aber auch die Neugestaltung von Schlüsselprozessen, die quantitatives Wachstum vom Ressourcenverbrauch entkoppelt und gleichzeitig qualitatives

Wachstum forciert. Dabei ändert sich das übergeordnete Zielsystem der Unternehmen, sodass die Wertschöpfung sowohl für das Unternehmen, als auch die Gesellschaft als Ziel definiert und angestrebt wird (Porter 2012).

Der Dialog mit den Mitarbeitern, das authentische Transportieren eines Wertekodex, in Verbindung mit gelebter Nachhaltigkeit können zu einem zukunftsorientierten Verhalten der Mitarbeiter führen. Werden also die Werthaltungen des Unternehmens von den Führungskräften gelebt und werden diese im Rahmen des Stakeholderdialoges glaubhaft vermittelt, kann das Potenzial für die Wettbewerbsfähigkeit des Unternehmens effektiv gesteuert werden (Glauner 2013). Dieser Prozess kommt in einer integrativen (und nicht eindimensionalen) Unternehmensführung zum Ausdruck und kann den Erhalt sowie die Schaffung von Zukunftsfähigkeit unterstützen.

3 Unterschiedliche Formen der Organisationsentwicklung

Wie zuvor bereits erläutert, ist die OE ein Prozess zur geplanten Veränderung größerer sozialer Systeme. Dabei wird von einem längerfristigen Lern- und Kommunikationsprozess ausgegangen, der die Organisation auf die Fähigkeit, Zukunft konstruktiv zu gestalten, ausrichtet. Dies ist jedoch nur in einem gesunden und agilen System möglich. Unter Agilität wird eine Metafähigkeit verstanden, die Unternehmen auch in sich rasch wandelnden Umfeldern erfolgreich bleiben lässt. Unternehmen, die agil sind, sind dauerhaft in Bewegung. Sie sind geübt im Wandel, welchen sie aus eigenem Antrieb verfolgen. Sie verkörpern die Haltung der Proaktivität und nicht der Selbstgefälligkeit.

Es wird deutlich, dass OE und Human Integrated Relations (HIR) sowie die unternehmensinternen Supportpartner intensiv zusammenarbeiten und als Businesspartner im Unternehmen auftreten müssen. Dabei gilt es festzustellen, dass sich alle Aktivitäten dieser Businesspartner auf die durch die Geschäftsführung festgelegte Unternehmenspolitik, Strategien und Unternehmensziele auszurichten haben und ihre Prozesse so zu gestalten sind, dass diese von allen Stakeholdern positiv wahrgenommen werden. Diese Zufriedenheit kann jedoch nur in allen Stakeholdergruppen erreicht werden, wenn ein intensiver Austausch mit diesen stattfindet. Die Stabilität und Qualität aller Stakeholderbeziehungen wirkt sich im Gegenzug positiv auf die Unternehmensorganisation selbst aus. Im Folgenden sollen die konventionelle und stakeholderorientierte OE dargestellt werden, um genau diesen positiven Effekt auf die Unternehmensorganisation selbst aufzuzeigen.

Grundsätzlich lassen sich zwei Grundtypen der OE unterscheiden, die im Folgenden näher betrachtet werden sollen. Zum einen existiert die eher konventionelle OE, bei welcher meist die Entwicklung einer großflächigen Kultur- oder Strategieveränderung im Vordergrund steht. Ziel ist dabei oftmals, die Beziehungen und Kommunikation zwischen den beteiligten Akteuren neu zu ordnen. Dabei ist die Ausrichtung oft auf kurzfristige Erfolge ausgelegt oder stellt reaktive Folgepläne dar, welche aus Produktions-, Absatzplänen oder Mitarbeiterbefragungen heraus entwickelt werden. Dabei basiert der Grundgedanke der konventionellen OE auf der mechanistischen Denke und den Handlungsweisen der

Industriegesellschaft des 19. Jahrhunderts. Dieser liegt die Annahme zugrunde, dass technischer Fortschritt alle Probleme bewältigen kann und findet sich auch heute noch in den Köpfen vielen Stakeholder. Dabei werden meist bei der konventionellen OE Lösungskonzepte, Verfahren und Methoden auf kurzfristigen finanziellen Erfolg ausgerichtet.

Zum anderen beruht die stakeholderorientierte OE auf dem Verständnis, dass die Welt ein komplexes System aus Zusammenhängen und Verbundeffekten ist. Diese Welt befindet sich im ständigen Wandel und durchläuft Phasen des ständigen und gezielten Erneuerns. Dabei existieren Formen der Zusammenarbeit wie z. B. Netzwerke und strategische Allianzen nebeneinander.

Bei der Differenzierung der OE-Ansätze geht es um einen Wechsel des Denkparadigmas mit Focus auf die Kurzfristigkeit zum Paradigma der nachhaltig auf Wirksamkeit ausgerichteten Kommunikation und Entwicklung. Im Vordergrund steht hier nicht die Weiterentwicklung der Optimierung von Routineprozessen und Abläufen sowie finanzwirtschaftlichen Kennzahlen und Managementprozessen, sondern die langfristige Lebensfähigkeit des Unternehmens, die durch die Zufriedenheit der Stakeholder garantiert wird. Dabei spricht man hier von einem längerfristigen Lern- und Kommunikationsprozess „on the job" zur Veränderung von Verhalten. Längerfristig heißt aber nicht automatisch nachhaltig und zukunftsfähig, sondern es besagt nur, dass der Prozess ein Umlernen beinhaltet, mit dem Ziel, über Erfahrungslernen Verhaltensveränderungen zu bewirken. Daraus resultiert im Idealfall die Fähigkeit, die Zukunft selbstorganisiert zu steuern.

Während dieses Prozesses geht man davon aus, das Verbesserungen in Qualität und Leistung nicht durch von außen gesteuerte Umstrukturierungen bewirkt werden, sondern nur von der Organisation und ihren Mitgliedern selbst entwickelt und realisiert werden können. Der Focus liegt hier auf der Erhöhung der Agilität der zwischenmenschlichen, informellen Kommunikationsabläufe. Kontinuierliche Selbsterneuerung und Professionalisierung der Selbstorganisationsdispositionen sowie die Entwicklung der dazugehörigen strategischen Kompetenzen stehen dabei im Mittelpunkt. Diese Selbsterneuerung und Professionalisierung schließt die Neuausrichtung des Managementsystems mit ein, da nur die im Management verankerten Unternehmenswerte auch tatsächlich zum nachhaltigen Handeln führen können (Schmidpeter 2014a, S. 139). Die Wirkungsdimensionen einer kontinuierlichen Verbesserung und erhöhten Agilität durchdringen alle unternehmerischen Dimensionen und führen zur Entstehung gesellschaftlich notwendiger Innovationen.

In der stakeholderorientierten Organisations- und Kompetenzentwicklung geht man von einem dialogischen Zugang zu den unterschiedlichen Stakeholdern aus. Es handelt sich hier um die Entwicklung eines Prozesses, durch welchen die beteiligten Stakeholder selbst erarbeiten können, wie sie die Wirklichkeit von morgen sehen möchten. Es werden Bedingungen geschaffen, damit Neues – welcher Art auch immer – entstehen kann. Auch die Verankerung des wertorientierten Managements in der Unternehmenskultur fördert diese Neuheiten (Schmidpeter 2014a, S. 139). Die Entwicklungsräume ergeben sich dabei auf Basis der Perspektiven, welche die Beteiligten über ihre Vergangenheit, Gegenwart und gewünschte Zukunft haben. Auch stellen die interdisziplinär und interkulturell zusammengestellten Beteiligten, die Meilensteine des Prozesses selbst zusammen. Während dieses gesamten Prozesses geht es dabei nicht um die Neuentwicklung von Geschäftsprozessen, sondern viel mehr um die inhaltliche Qualität dieser. Nur bei inhaltlicher Qualität kann die Zukunftsfähigkeit eines Unternehmens gesichert werden.

4 Der Stakeholderdialog

CSR mit seinem stakeholderorientierten Konzept beinhaltet eine Geisteshaltung, die für den Beginn eines neuen Zeitalters, deren Werte für pro-aktives, energieschonendes, ressourcensparendes und innovatives Verhalten und Performancemanagement stehen. Dieser Paradigmenwechsel in der stakeholderorientierten Organisationsentwicklung soll nun genauer betrachtet werden.

Auch in der stakeholderorientierten OE, welche zuvor bereits eingehend beschrieben wurde, zeigt sich ein tiefgreifender Paradigmenwechsel: weg von einer monistisch legitimierten, monofunktionalen Unternehmung hin zu eine pluralistisch legitimierten und multifunktionalen „Wertschöpfungsveranstaltung". Die folgende Tabelle zeigt die Kernpunkte eines New Style Stakeholderengagements gegenüber dem Old Style Management auf (siehe Abb. 1).

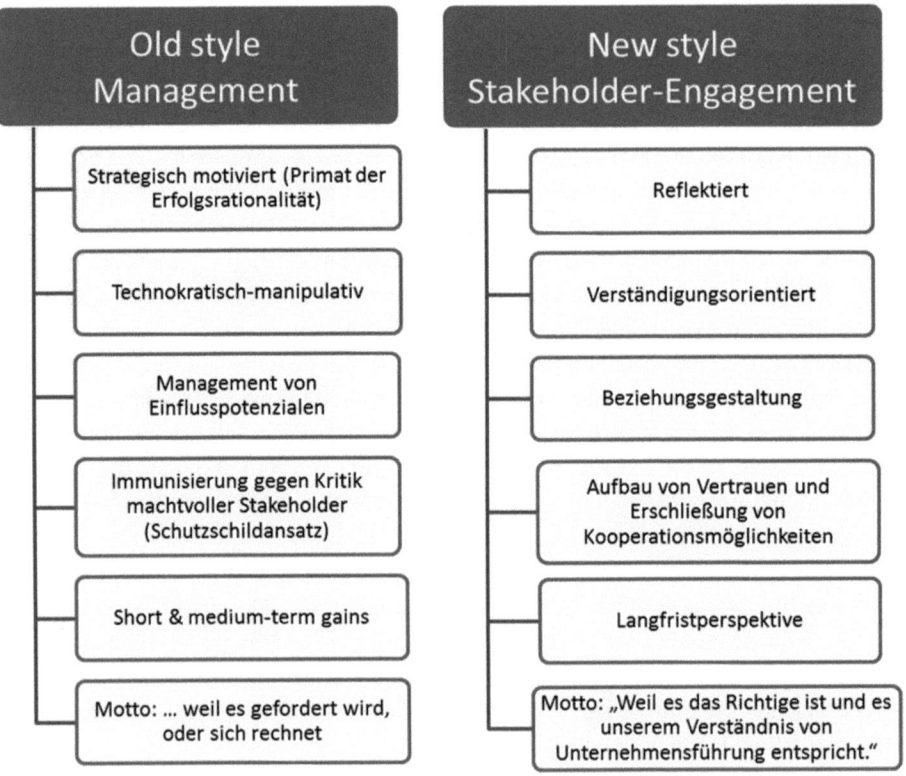

Abb. 1 Eigene Darstellung: Old Style Management versus New Style Stakeholderengagement

Die Umsetzung des New Style Stakeholderengagement kann dabei über unterschiedliche Kanäle erfolgen. Die strategische Personalentwicklung und das Wissensmanagement eines Unternehmens können zu diesem Zweck genutzt werde. So können im Idealfall im Dialog mit Stakeholdern Zukunftsthemen und lebensphasen-orientierte Produkte und Dienstleistungen entwickelt und umgesetzt werden.

4.1 Entwicklung einer auf Stakeholderdialog orientierten Unternehmenskultur

Die Popularität des Stakeholderbegriffes liegt darin begründet, dass dieser hilft, Unternehmensverantwortung greifbar und zurechenbar zu machen. Dies betrifft sowohl die Verpflichtungen innerhalb eines Unternehmens, z. B. gegenüber Mitarbeitern, als auch jene gegenüber externen Anspruchsgruppen wie Lieferanten, NGO's, den Standorten, an denen ein Unternehmen tätig ist und der Gesellschaft im Ganzen. Freeman's ursprüngliche Definition lautete:

> A stakeholder is any group or individual who can affect, or is affected by, the achievement of a corporation's purpose (Freeman 2010).

Stakeholder eines Unternehmens ist somit, wer von dessen Handlungsweise betroffen ist oder es sein könnte – oder umgekehrt mit seinen „Ansprüchen" die Unternehmenstätigkeit beeinflusst oder beeinflussen könnte. Zieht man zudem noch solche Stakeholder in Betracht, die ein Unternehmen berücksichtigen will, weil dies seiner Kultur, seinen Werten oder seiner Verwurzelung in einer lokalen Gemeinschaft entspricht, dann befindet man sich mitten im Assessment relevanter Gruppen und Ansprüche. Es handelt sich beim Stakeholderdialog nicht um einen bloß linearen, einmaligen Prozess, sondern um einen fortlaufenden Prozess in dem sich Assessment und Dialog auf Unternehmensseite wechselseitig ergänzen und über Feedbackschlaufen Informationen und Erkenntnisse gewonnen werden können. Im Rahmen der Betroffenheitsanalyse muss es aus Unternehmenssicht zunächst darum gehen, die Stakeholder zu identifizieren. Relevant sind dabei zunächst sowohl diejenigen, die durch das Unternehmen in irgendeiner Weise, direkt oder indirekt, betroffen sind oder sein könnten und daraus möglicherweise legitime Ansprüche ableiten könnten. Die Frage der Betroffenheit ist dort relativ eindeutig, wo es ein direktes Beziehungsverhältnis gibt, etwa zu Mitarbeitern, Kreditgebern, Lieferanten oder der lokalen Gemeinde.

Das CSR-Zukunftskonzept mit dem Stakeholderengagement und -dialog hilft die unterschiedlich gelagerten Verpflichtungen des Unternehmens und die vielfältigen, zum Teil gegenläufigen Ansprüche, die an die Organisation gerichtet werden, in ein überschaubares, einsichtiges und vor allem praktisches Format zu bringen. Es schafft die Entwicklung von Agilität und Integrität in der Organisation und lässt „den alten Dualismus zwischen Ethik und Ökonomie" (Schmidpeter 2014a, S. 140). hinter sich. Der Stakeholderdialog sollte dabei auf entsprechenden Prinzipien basieren: auf den Prinzipien der wechselseitigen Anerkennung als gleichwertige Gesprächspartner, Verständigungsbereitschaft, Inklusion, Chancengleichheit, Aufrichtigkeit, Reflexionsbereitschaft, Begründungsorientierung und Zwanglosigkeit. Diese Prinzipien des vernünftigen Miteinanders sind eingebettet in den umfassenden Respekt zwischen verständigungsbereiten, an legitimen Handeln und fairen Konfliktlösungen interessierten Personen.

Es kann deshalb auch nur um ethisch reflektiertes stakeholderorientiertes Engagement gehen. In dessen Zentrum steht die Aufgabe, die unterschiedlichen Interessen und Ansprüche von Stakeholdern zu identifizieren, auf Legitimität zu prüfen und so in die unternehmerische Wertschöpfung zu integrieren. Damit wird über eine integre, nachhaltige Beziehungsgestaltung zu den Stakeholdern der langfristige Geschäftserfolg gesichert. Integer bleibt dieser so lange, wie strategische Gesichtspunkte des „erfolgsrelevanten Umgangs mit allen Stakeholdern" in deren legitimen Ansprüchen und Anliegen berücksichtigt werden.

Ziele der Stakeholderinteraktionen in der Entwicklung von Organisationen sind dabei unter anderem eine verbesserte Entscheidungsqualität, wechselseitiges Stakeholderverständnis und die Festigung tragfähiger Stakeholderbeziehungen. Als Forum der Verständigung des Beziehungsaufbaus hat sich in den letzten Jahren der Stakeholderdialog und seine Instrumente, Verfahren und Methoden zur Umsetzung etabliert.

Das mit einer CSR-Strategie geführte Unternehmen strebt nach Integrität, welches Vertrauen schafft. In der Unternehmenskommunikation und im professionellen Beziehungsmanagement im Zeitalter der Stakeholdergesellschaft bedeutet dies, sich mit dem Thema Beziehungen intensiv auseinander zu setzen.

4.2 Prinzipien einer vernünftigen Unternehmenskommunikation mit ihren Stakeholdern

Es ist nicht nur aus ethischer Sicht bedeutsam, sondern längst zu einem überlebenswichtigen Faktor für Unternehmen geworden, mit allen Stakeholdern tragfähige Beziehungen zu unterhalten, deren Ansprüche zu identifizieren und sie im Falle Ihrer Legitimität, in den betrieblichen Entscheidungsprozessen zu berücksichtigen. Der Stakeholderdialog als Forum der Anspruchsklärung schafft bei den Stakeholdern ein Verständnis für unternehmerische Problemlagen und trägt so zu einem besseren wechselseitigen Verständnis bei.

Denkt man noch einmal an die Rolle des Unternehmens in der Gesellschaft zurück, so soll der durch ein Unternehmen geschaffene Mehrwert nicht nur diesem selbst nutzen, sondern auch einen Gewinn für die Gesellschaft darstellen (Schmidpeter 2014b, S. 95 ff.). Daraus ergibt sich die Zustimmungsnotwendigkeit seitens der Gesellschaft, welche nur durch eine erfolgreiche Kommunikation erfolgen kann. Dem Stakeholderdialog kommt dabei eine wesentliche Rolle zu, da nur durch eine transparente Kommunikation ein tatsächlicher Austausch stattfinden kann (Heinrich und Schmidpeter 2013, S. 1 f.). Dieser Austausch kann in unterschiedlichsten Formen stattfinden. Eine Möglichkeit ist dabei das

Unternehmens-Reporting, welches mehr und mehr Unternehmen betreiben, um nicht hinter den Möglichkeiten eines bewussten und verantwortungsvollen Wirtschaftens zurück zu bleiben (Fifka 2013). Im Rahmen einer Konversation – des Sich-Einander-Zuwendens – gibt es dabei einen Punkt, an dem sich entscheidet, ob diese sich in Form eines wirklichen, argumentativen Dialoges, oder in Richtung einer rhetorisch konfrontativen Diskussion entwickelt. Maßgeblich dafür ist die kommunikative Grundhaltung des Moderators, welchem in einer solchen Situation eine bedeutende Rolle zukommt.

Die Prinzipien des vernünftigen Miteinanders in der Unternehmenskommunikation sollen zu jeden Zeitpunkt des stattfindenden Dialoges eingebettet sein in den umfassenden Respekt zwischen verständigungsbereiten, an legitimem Handeln und fairen Konfliktlösungen interessierten Akteuren.

5 Stakeholderorientierte Organisationsentwicklung: Umsetzung in der Praxis

Aufgrund immer geringerer Planbarkeit und erschwerten Rahmenbedingungen und den daraus resultierenden wachsenden Anforderungen an Unternehmen, ist ein radikales Umdenken im Management notwendig. Ein „Weiter-wie-bisher" kann nicht zur Zukunftsfähigkeit von Menschen und Organisationen führen. Nur auf Basis des Reifegrades an Selbstverantwortung, Authentizität und Integrität kann ein Mensch oder eine Organisation sein Bestes geben, seine Potenziale entfalten, menschliches und unternehmerisches Wachstum erfüllen. Selbstverantwortlich, authentisch und integer wird man allerdings nicht von einem auf den anderen Tag, sondern durch tägliches Lernen an den bestehenden Beziehungen. Es braucht aber auch Rahmenbedingungen, die diese Lernprozesse und ihre Qualität und Inhalte fördern.

Hier geht es insbesondere darum, das Lernen im Unternehmen so nahe wie möglich am Arbeitsprozess zu integrieren. So wie die CSR direkt an die Wertschöpfungsprozesse eines Unternehmens eingegliedert werden sollte, ist das Lernen direkt an den Arbeitsprozessen von besonderer Effektivität (D'heur 2013).

Der betriebliche Bildungsbereich mit seinen Maßnahmen muss flexibel auf die sich ändernden inhaltlichen, methodischen und didaktischen Bedürfnisse der lernenden Stakeholder reagieren, oder besser noch diese antizipieren und diese entsprechend mit gestalten. Das tägliche Lernen bleibt in weiten Bereichen ein sozialer Prozess. Aktuell wird häufig von einer Synergie von Selbstlernphasen und sozialen, kooperativen Phasen – kooperativer Selbstqualifikation – gesprochen (Heidack 2001). Lernen im Kontext der CSR und Nachhaltigkeit beinhaltet daher folgende Prinzipien des Lernens (Heidack 2001):

- Beteiligungsorientierung: Beteiligung der Stakeholder an Planung, Durchführung der Aktivitäten und der Entwicklung des Unternehmens an sich sowie partizipative Arbeits- und Prozessgestaltung und Gestaltung der Kommunikation,
- Anforderungsgerecht: Anpassung an den jeweiligen konkreten Bedarf,

- prozessbegleitend: Koppelung von Lernprozessen der Stakeholder, um die für die Entwicklung notwendigen Kompetenzen zeitnah bereit zu stellen und entlang der Prozesse zu vermitteln,
- kooperative Selbstqualifikation: Lernen gemeinsam mit den Stakeholdern, Lernprozesse entlang der Wertschöpfungskette,
- Stakeholderengagement und -dialog: Weg zur Integrität im Unternehmen.

5.1 Umsetzung des stakeholderorientierten Ansatzes „on the job"

Der schnellste und einfachste Weg zur „Business Excellence" ist das Erarbeiten eines ganzheitlichen Stakeholderqualitätskonzeptes. Es geht für Organisationen künftig darum, den bisher gefassten Qualitätsbegriff im Sinne eines systematischen Qualitätsbegriffes auf einen auf Reifegrade undefinierten Qualitätsbegriff zu codieren. Unabhängig von Branche, Größe, Struktur und Reifegrad brauchen Organisationen zu den klassischen Steuerungsinstrumenten auch ein systemisches Steuerungssystem, wenn sie zukunftsfähig bleiben wollen. Es gibt dazu bereits eine große Anzahl von Modellen und Frameworks. Die jedoch am engsten mit dem Thema „Zukunftsfähigkeit" verknüpften Modelle und Frameworks sind das EFQM-Modell für Excellence, der internationale Leitfaden ON 192500 und die internationalen Standards nach ISO 26000. Zu den unternehmensexternen und für Projektfinanzierungen geeignete Frameworks gehören auch die Äquator-Prinzipien. Diese sind ein freiwilliges Regelwerk von Banken zur Einhaltung von Umwelt- und Sozialstandards im Bereich der Projektfinanzierungen.

Der grundsätzliche Charakter dieser Modelle verlangt bereits gelebte, qualitativ hochwertige Prozesse, orientiert sich am Managementsystem, setzt einen hohen Reifegrade an Führen und Steuern von sozialen Prozessen und Ablaufprozessen voraus und bezieht alle Interessensgruppen in hoher Dialogqualität in ihre Konzepte mit ein. In solch einer Organisation erlebt man eine hohe Selbstreflexionsfähigkeit und Selbstbewertungsfähigkeit sowie ein ausgeprägtes reflektiertes Bewusstsein. Der Schritt von der unbewussten zur bewussten Kompetenz ist in dem beschriebenen Fall getan. Auch werden von Zeit zu Zeit Assessments im Rahmen von „Business Excellence"-Aktivitäten durchgeführt. Dabei werden Interessensgruppen und ihre Bedürfnisse in Innovations-, Produktentwicklungs- und Dienstleistungsprojekten ermittelt, um diese in die Unternehmensprozesse miteinbeziehen zu können. Dadurch können nicht nur neue Erkenntnisse erlangt werden, sondern auch die Beziehung zu den Stakeholdern intensiviert sich. Wesentlich ist jedoch, dass man davon spricht.

All dies erfordert Lernen, wobei der effektivste Weg dazu das reflektierte Lernen „on the project" und „on the job" im Sinne praxisnaher Kompetenzentwicklungs-Netzwerke ist. Durch dieses reflektierte Lernen kann der Reife- und Entwicklungsgrad einer Organisation positiv beeinflusst werden und so wiederrum die Zukunftsfähigkeit des Unternehmens gewahrt werden.

6 Fazit und Ausblick

Agilität ist die Fähigkeit eines Unternehmens, auch in sich rasch wandelnden Umfeldern erfolgreich zu bleiben. Unternehmen, die agil sind, sindgeübt im Wandel, welchen sie aus eigenem Antrieb verfolgen. Diese Proaktivität kann als Quelle für die Generierung von Wettbewerbsvorteilen dienen. Der Schlüssel für Agilität liegt im Wesen der Organisation und in der Art und Weise wie das Unternehmen agiert.

Damit eine Organisation agil sein kann, muss sich diese schnell neuen Situationen anpassen können, teilweise auch durch Improvisation. Neben umfangreichem theoretischem Wissen setzt Improvisation praktische Erfahrung voraus. Dies impliziert auch die Bereitschaft zur Überarbeitung bewährter Vorgehen. Das bedeutet nicht, dass sich die Organisation mit jedem Wandel selbst verändern muss. Denn eine sich ständige verändernde Struktur ist keine Organisation. Es gilt somit eine sozio-technische Organisationsstruktur zu finden, die situationsabhängige Anpassung zulässt.

Aus diesem Grunde wird es notwendig sein, sich mit dem Wissen um die „Steuerung von Sozialen Systemen" auseinander zu setzen. Auch wird es notwendig sein sich mit der Endlichkeit von Energie und Ressourcen zu befassen und Wege zu finden, die es ermöglichen, die Zukunft eines Unternehmens zu gestalten. Auf Basis dieser Annahmen eröffnet sich hier für gestaltungswillige und fähige Manager ein weites, noch wenig bearbeitetes Betätigungsfeld für stakeholderorientierte Organisationsentwicklung mit den Prinzipien nachhaltiger CSR-orientierter Unternehmensführung.

Literatur

Altenburger R (2013) Gesellschaftliche Verantwortung als Innovationsquelle. In: Altenburger R (Hrsg) CSR und Innovationsmanagement. Springer, Berlin, S 1–29
Comelli G (1985) Training als Beitrag zur Organisationsentwicklung, Handbuch der Weiterbildung für die Praxis in Wirtschaft und Verwaltung. Hanser, München
D'heur M (2013) CSR und Shared Value Chain Management. Springer, Berlin
Elkington J (2004) Enter the triple bottom line. In: Henriques A, Richardson J (Hrsg) The triple bottom line: does it all add up? Earthscan, London, S 1–16
Fifka M (2013) CSR-Kommunikation und Nachhaltigkeitsreporting. In: Heinrich P (Hrsg) CSR und Kommunikation. Springer, Berlin, S 119–132
Freeman RE (2010) Strategic management: a stakeholder approach. Pitman, Boston
Glasl F, Lievegoed B (2004) Dynamische Unternehmensentwicklung: Grundlagen für nachhaltiges Change Management. Haupt, Stuttgart
Glauner F (2013) CSR und Wertecockpits. Springer, Berlin
Heidack C (2001) Praxis der kooperativen Selbstqualifikation. Rainer Hampp, München
Heinrich P, Schmidpeter R (2013) Wirkungsvolle CSR-Kommunikation – Grundlagen. In: Heinrich P (Hrsg) CSR und Kommunikation. Springer, Berlin, S 1–25
Osburg T, Schmidpeter R (2013) Social innovation. Springer, Berlin
Porter M (2012) Shared Value: Die Brücke von Corporate Social Responsibility zu Corporate Strategy. In: Schneider A, Schmidpeter R (Hrsg) Corporate social responsibility. Springer, Berlin, S 137–154

Schmidpeter R (2014a) CSR, Sustainable Entrepreneurship und Social Innovation – Neue Ansätze der Betriebswirtschaftslehre. In: Schneider A, Schmidpeter R (Hrsg) Corporate Social Responsibility. Springer, Berlin, S 135–144

Schmidpeter R (2014b) „Corporate Social Responsibility" (CSR): Paradigmenwechsel in der Unternehmensführung. In: Hildebrandt A (Hrsg) CSR und Sportmanagement. Springer, Berlin, S 95–101

Sievers B (1977) Organisationsentwicklung als Problem. In: Sievers B (Hrsg) Organisationsentwicklung als Problem. Klett-Verlag, Stuttgart, S 10–31

Brunhilde Schram studierte an der Universität Salzburg, Krems und an der Open University in London sowie in Heidelberg und Bielefeld in den Bereichen „Economic, Psychology und General Management, CSR und Wissensmanagement, Organisations- und Kompetenzentwicklung". CSR/Nachhaltigkeitsexpertin, Beraterin und Coach für ressourcenschonende Unternehmenssteuerung und Change Management, Dozentin, EFQM Assessorin und interne Auditorin rund um den Themenkomplex CSR und Nachhaltigkeit „Implementierung und Verankerung des Zukunftskonzeptes CSR in der Unternehmensführung". Engagement als 2. CSR Bundes- und Landessprecherin zur Förderung des CSR Themenkomplexes. Mitinitiatorin der Fachexpertentagung „Reichersberger Nachhaltigkeitsdialoge".

Resilienz im Spannungsfeld von CSR und Changemanagement

Ulrike Gelbmann und Anton Peskoller

> *Wer will, dass die Welt so bleibt, wie sie ist, der will nicht, dass sie bleibt.* (Erich Fried)

1 Aufgabe und Zielsetzung dieses Beitrages

Der Begriff der Resilienz wird sowohl in der Praxis als auch in der Wissenschaft zunehmend zum Schlagwort – mit allen damit verbundenen Vor- und Nachteilen. In jedem Fall wird Resilienz in Zusammenhang gebracht mit der Fähigkeit von Individuen oder Organisationen (also auch Unternehmen), mit Herausforderungen bzw. negativen Einflüssen, die meist von außen einwirken, erfolgreich umgehen zu können. Der Begriff der Resilienz wurde bereits früh in der Kinder- und Jugendpsychologie verwendet, um die erstaunliche Entwicklung mancher Kinder trotz desolater Familienverhältnisse zu beschreiben (Werner und Smith 2001).

Auch die technischen Wissenschaften setzten den Begriff früh ein, um die Belastbarkeit und Widerstandsfähigkeit bzw. Elastizität von Materialien zu erfassen (Cumming et al. 2008). Schließlich wurde Resilienz zum Thema der Ökosystemforschung, wo untersucht wurde, wie viel an Störung („Krisen") ein System tolerieren kann, bevor es in einen unerwünschten Zustand „kippt" (z. B. ein Süßwassersee).

Daraus wird deutlich, dass Resilienz in einem engen Zusammenhang mit der nachhaltigen Entwicklung steht, die sich mit der Frage befasst, wie man ein System – eine Gesellschaft, ein Ökosystem oder letztlich die ganze Welt – davon abhalten kann, in einen

---

U. Gelbmann (✉) · A. Peskoller
404 Institut für Systemwissenschaften, Innovations- und Nachhaltigkeitsforschung,
Universität Graz, Merangasse 18/I, 8010 Graz, Österreich
E-Mail: ulrike.gelbmann@uni-graz.at

A. Peskoller
E-Mail: Anton.peskoller@aon.at

nicht wünschenswerten Zustand zu kippen (Meadows und Randers 2004), und in einem wünschenswerten Zustand erhält, in dem ökologische, soziale und ökonomische Ansprüche von Mensch und Ökosystem dauerhaft erfüllt werden können (UN 1987). Der Beitrag von Unternehmen bzw. von ähnlichen Organisationen zu einer nachhaltigen Entwicklung kann – unter Wertschätzung der Ansprüche der Stakeholder – als Corporate Social Responsibility (CSR) bezeichnet werden (ISO 26000 2010). Die wesentlichen Aufgaben der Unternehmen im Rahmen ihrer gesellschaftlichen Verantwortung sind „doing no harm" als ethisch korrektes Verhalten und weitgehende Vermeidung von Beeinträchtigungen der Gesellschaft und Umwelt im Kerngeschäft und entlang der Wertschöpfungskette sowie „doing good" als über geltende Gesetze und Normen hinausgehendes proaktiv und innovativ nachhaltiges Verhalten (z. B. Mahoney 1997; Gelbmann et al. 2013). Corporate Social Responsibility kann Risiken verringern oder herausfordernde Situationen gar als Quelle von Wettbewerbsvorteilen nutzen; sie hat daher einen engen Zusammenhang mit Krisenmanagement.

Damit schließt sich der Kreis zur Resilienz, die oben als Fähigkeit beschrieben wurde, mit (negativen) Einflüssen (von außen) und folglich mit krisenhaften Ereignissen umgehen zu können. Die drei Konzepte nachhaltige Entwicklung, Resilienz und CSR sind untereinander verbunden und bedingen sich teilweise gegenseitig. Viel mehr aber noch sind alle drei als dynamische und auf Veränderung ausgelegte Prinzipien zu sehen:

- Resilienz bezieht sich auf die Anpassung an immer neue Herausforderungen (vgl. 2.3),
- unternehmerische Nachhaltigkeit will durch das eigene Handeln die Anzahl sich bietender Möglichkeiten für das Unternehmen und seine Stakeholder gegenwärtig und zukünftig vergrößern („Sustainability") (Gelbmann et al. 2013),
- CSR als Managementprinzip beruht darauf, dass Unternehmen ihre Verantwortung für die Auswirkungen ihrer Unternehmenstätigkeit auf die Gesellschaft und Umwelt kontinuierlich besser wahrnehmen (EC 2011).

Diese kontinuierliche Verbesserung stellt das Bindeglied zum Changemanagement dar. Ob sich Unternehmen verändern sollen, ist in einer Zeit der Dynamisierung und permanent auftretender Irritationen keine Frage des Wollens mehr, sondern unumgängliche Voraussetzung für dauerhaftes Bestehen. Nun ist es aber die Aufgabe des Changemanagements dafür zu sorgen, dass die Unternehmen nicht dieselben bleiben, sondern zumindest auch teilweise ihre Identität ändern. Gerade das zu verhindern, ist Element der Resilienz, die die Identität sichern will. Wie lässt sich diese Diskrepanz auflösen? Die Antwort ist einfach, denn diese Diskrepanz existiert nicht: Nur wenn Dinge sich ändern, können sie dieselben bleiben und ihre Identität bewahren. Diesem Ansatz wird im vorliegenden Beitrag nachgegangen.

Damit kann man zwischen dem Management von Resilienz und der CSR bzw. dem Changemanagement einen direkten Zusammenhang herstellen, der vielschichtig, vielfältig verknüpft und interdependent ist. Dieser Zusammenhang ist bisher wenig untersucht und wissenschaftlich wenig aufgearbeitet. Daher untersucht der vorliegende Beitrag die Überschneidungen und gegenseitigen Synergien der Konzepte CSR, Resilienz und Changemanagement, wobei der Schwerpunkt auf der der Klärung des bislang sehr uneinheitlich diskutierten Konzeptes der Resilienz liegt. Dabei müssen die folgenden Fragen beantwortet werden:

1. Welche grundlegenden Implikationen gehen mit dem Wandel von Organisationen bzw. Unternehmen einher?
2. Was ist Resilienz und welche unterschiedlichen Zugänge gibt es?
3. Gibt es einen gemeinsamen Nenner von Resilienz und Wandel und worin besteht er?
4. In welchem Zusammenhang stehen Resilienz und Wandel mit der CSR?
5. Welche Schlussfolgerungen ergeben sich konkret für das Management?

Aus diesen Fragen ergibt sich unmittelbar die Struktur des vorliegenden Beitrages. Zuerst wird auf die Notwendigkeit der Dynamisierung und der Implementierung von Wandelkonzepten in Organisationen bzw. Unternehmen eingegangen, wobei insbesondere die positiven Aspekte hervorgehoben werden. Der darauffolgende Abschnitt befasst sich sodann mit einer eingehenden Diskussion der drei Hauptströmungen der Resilienz in der Literatur und versucht auch eine Zusammenschau, in der zwei grundlegende Arten von Resilienz bestimmt und unterschieden werden. Diese Zusammenschau leitet über zum Lernen als gemeinsamer Konstante der Dynamisierung von Organisationen. Darauffolgend wird den Zusammenhängen und Inkonsistenzen der Begrifflichkeiten in CSR, Resilienztheorie und Changemanagement nachgegangen, bevor die Implikationen für das Management von Resilienz und Wandel untersucht werden.

2 Management des Wandels in Unternehmen

Wir leben in einer Zeit zunehmender Dynamisierung und Auflösung von altgewohnten Traditionen und Strukturen. Das gilt für die Wirtschaft, für die Gesellschaft und für die Welt als Ganzes – bis hin zu durch den Klimawandel bedingten Wettersituationen, die wir als extrem empfinden und die allem zu widersprechen scheinen, was wir über Jahrhunderte gewohnt waren. Für das Handeln von Unternehmen hat dies ebenfalls Konsequenzen, denn Wandel trifft das Unternehmen nicht nur von außen in Form von exogenen Krisen und Katastrophen sowie sich ständig ändernden Anforderungen der Stakeholder. Wandel kommt auch endogen aus dem Unternehmen heraus, etwa in Form von Innovationen oder Reaktionen auf Krisen (Eichenberg und Behse 2011). Als Konsequenz davon sind langfristiges Planen und der Aufbau von langfristig fixen Strukturen nicht mehr Erfolg versprechend. Vielmehr können das Festhalten an alten Mustern und das Streben zurück in einen Ausgangszustand zu echter Verunsicherung und Energieverlust führen. Stabilität ist in einem instabilen Umfeld nicht erstrebenswert, vielmehr muss das Unternehmen/die Organisation bereit sein, sich auf neue Muster und Prozesse einzulassen. „Einer Organisation, die sich auf Instabilität einlassen kann, öffnet sich die Chance, aus Veränderungsprozessen immer wieder gestärkt hervorzugehen" (Kruse 2002, S. 3).

Solche Veränderungsprozesse gezielt in Gang zu setzen, ist Aufgabe und Inhalt des Changemanagements. Hinter diesem Begriff verbirgt sich ein breites Spektrum von Zugängen zum Wandel, die sich im Hinblick auf die Intensität bzw. Verbindlichkeit des steuernden Eingriffs (Navigationsleistung), die Ausgewogenheit der adressierten Bereiche des Wandels und die Realitätsnähe der jeweiligen Wandelkonzepte unterscheiden (Reiß 2011). Realitätsnähe umfasst dabei nicht nur Zeit und Kosten des Wandelprojektes, sondern auch das Akzeptanzniveau bei den Adressaten der Konzepte, das von totaler Ablehnung bis Euphorie reichen kann. Reiß (2011) empfiehlt hier, zwei Niveaus zu unterscheiden: ein Excellenceniveau, das auf die Begeisterungsfähigkeit und hohe Motivation der Adressaten setzt, und ein Niveau, das auf Nicht-Ablehnung und Duldung durch die Adressaten setzt. Dieses Niveau nennt er „Resilienz" und beschreibt dessen Zielvorstellungen als „Widerstandsfähigkeit und Robustheit der sich wandelnden Organisationen und der betroffenen Menschen in diesen Organisationen" (Reiß 2011, S. 194). Die dort angeführten Literaturstellen werden im vorliegenden Beitrag unter dem Begriff „Organisatorische Resilienz" diskutiert. Und damit wird ein Typus von Changemanagement-Ansätzen mit Resilienz(management) gleichgesetzt. Allerdings wird der im Resilienzmanagement angestrebte Grad an Veränderung als „sedimented change"(Reiß 2011), also als auf alten Konzepten aufgesetzten Wandel bezeichnet, was für Resilienz in dem hier betrachteten Sinne zu kurz greift.

Denn grundlegend sind verschiedene Intensitäten des Wandels zu betrachten: Wandel 1. Ordnung ist demnach eher inkrementell auf einzelne Aspekte und Ebenen der Organisation/des Unternehmens beschränkt und eher in Bezug auf einzelne Inhalte, die in einer ähnlichen wie der bisher gehandhabten Richtung zu sehen sind (Eichenberg und Behse 2011). Als Umsetzungskonzept eignet sich die Organisationsentwicklung, bei der auf der Basis einer Ursachen-Analyse zielorientiert neue Lösungen gesucht werden, die sich kontinuierlich in die bisherige Entwicklung einpassen und vor allem Werte, Normen und Einstellungen betonen (Staehle et al. 2014). Demgegenüber vollzieht sich Wandel 2. Ordnung diskontinuierlich und mehrdimensional auf vielen/allen Ebenen des Unternehmens. Er ist radikal-revolutionär und schlägt eine völlig neue Richtung ein (Eichenberg und Behse 2011). Das hier passende Umsetzungskonzept ist die Organisationstransformation, die typischerweise nach einer Krise der alten Vision oder zumindest nach deren Infragestellen beginnt. Sie richtet sich zweckorientiert auf die Gestaltung einer neuen Mission, auf die Personen und Systeme ausgerichtet werden und betont dabei Ideologie, Politik und Technik (Staehle et al. 2014).

Die Wahrscheinlichkeit dafür, dass sich die Organisation/das Unternehmen und ihre Mitglieder auf eine solche Art des Wandels einlassen, ist umso größer, je früher es der Führung gelingt, proaktiv zu destabilisieren und Begeisterung für Veränderung und Aufbruchsstimmung zu erzeugen (Kruse 2002). Inhalt des Changemanagements ist es daher einer allgemeinen Definition zufolge, einen systematischen Ansatz für den Umgang mit Wandel sowohl auf der Gesamtunternehmens- als auch auf der Ebene des Individuums zur Verfügung zu stellen. Dieser Zugang umfasst zumindest drei unterschiedliche Aspekte: Anpassung an den Wandel, Steuerung des Wandels und bewusstes Ingangsetzen von Wandel. Kern ist der proaktive Umgang mit Veränderung (Rouse 2010).

Dem stehen jedoch Beharrungstendenzen entgegen, die Systemen (und damit auch Organisationen wie Unternehmen) zugrunde liegen. Diese Tendenzen, den einmal eingeschlagenen Weg nicht zu verlassen, auch wenn dies sinnvoll erscheint, bezeichnet man aus Systemsicht als Pfadabhängigkeit (Raven 2007). Es werden nur geringfügige Innovationen in Kauf genommen, die auf alten Mustern und Praktiken aufbauen (Gelbmann et al. 2013), und weitergehende Lernprozesse werden nicht in Gang gesetzt. Aus dem Innovationsmanagement sind als ähnliches Phänomen Innovationsbarrieren bekannt (Gelbmann und Vorbach 2007). Die Barriere des Nicht-Wissens (eher eine Barriere des Nicht-Informiert-Seins) ist auf ein Informationsdefizit der Betroffenen zurückzuführen. Die Führung kann versuchen, entsprechende Informationen zu erheben und dieser Barriere durch gezielte Information entgegenzuwirken. Die Barriere des Nicht-Könnens resultiert aus mangelndem Wissen und Know-how. Sie kann man durch gezielte Aus- und Weiterbildungsprozesse überwinden. Sehr schwierig zu beheben ist die Barriere des Nicht-Wollens, die entsteht, wenn Menschen sich aus Trägheit oder dem Gefühl einer persönlichen Ohnmacht heraus dem Wandel verschließen (Valentino et al. 2007). Dieser Barriere kann nur schwer abgeholfen werden, da man mit Zwang und Drohungen nichts erreichen kann. Ein Ansatz ist es, den Betroffenen soweit möglich ein Gefühl der Sicherheit zu vermitteln und ihre Instabilitätstoleranz durch Trainings zu erhöhen (Peskoller 2014). Dadurch können die Richtung und Geschwindigkeit von Wandelprozessen beeinflusst werden (Gelbmann et al. 2013). Diese Prozesse – sogenannte Transitions- oder Übergangsprozesse – brauchen in der Regel einigen Anstoß von innerhalb oder außerhalb des Unternehmens (etwa von den KundInnen, vom Staat, aber auch vom Management oder gar den MitarbeiterInnen selbst), was auch als „Transition Enabling" (Rotmans und Loorbach 2010) bezeichnet wird.

Kruse (2002) nimmt in diesem Zusammenhang – wie es auch die AutorInnen der sozio-ökologischen Resilienz tun (Gunderson und Holling 2002) (vgl. Abschn. 2.3.2) – Bezug auf einen Phasenübergang in einem dynamischen System: Für einen solchen ist eine kreative Störung Voraussetzung (Schumpeter 2006), denn stabile Zustände sind selbsterhaltend. Damit ist permanentes „Changemanagement" – neben den klassischen Managementprozessen Planen, Organisieren, Kontrollieren, Führen (Eichenberg und Behse 2011) – heute zu einer der wichtigsten strategischen Führungsaufgaben geworden, auch wenn Menschen die Veränderungen als schmerz- oder gar krisenhaft empfinden (Kruse 2002). Wenn es langfristige Ziele nicht geben kann, ist die Entwicklung einer gemeinsamen tragfähigen Vision oder „Idee" (Gelbmann und Peskoller 2009) umso wichtiger, damit eine gemeinsame Vorstellung davon existiert, in welche Richtung die Entwicklung gehen soll (Kruse 2002).

3 Grundlagen der Resilienz

In diesem Abschnitt werden drei verschiedene Zugänge zum Thema Resilienz in ihren Grundzügen erklärt. Im Deutschen haftet dem Wort „Resilienz" etwas Geheimnisvolles an. „Resilient" leitet sich vom lateinischen „resilire" ab, was so viel bedeutet wie „zurückprallen, zurückschrumpfen" (Darnhofer 2014). Das Wort „resilient" wird im Englischen in der Alltagssprache verwendet, um anzuzeigen, dass jemand oder etwas störungstolerant ist. Trotz der ursprünglichen lateinischen Bedeutung darf „störungstolerant" aber nicht mit dem im Deutschen geläufigen Wort „widerstandsfähig" verwechselt werden. Die alltagssprachliche Verbreitung des Wortes „resilient" im Englischen führte dazu, dass das Wort in mehreren Wissenschaftsdisziplinen unabhängig voneinander als sinnvoll erkannt und eingesetzt wurde. Hier werden insbesondere der psychologische, der systemwissenschaftliche (Sozio-Ökosystem-Resilienz) und der organisationale Zugang näher erklärt, da diese auch im Hinblick auf Organisationsentwicklung Impulse zu setzen vermögen.

3.1 Psychologische Resilienz

In der Psychologie ging man vom eher negativ behafteten Konzept des Risikos über zur positiv besetzten Resilienz (Rutter 2012). Man versteht dort unter Resilienz die Fähigkeit eines Individuums, mit Widrigkeiten und krisenhaften Ereignissen fertig zu werden: Diese Neigung kann entweder darin bestehen (Masten 2009), dass das Individuum keine negativen Einwirkungen zeigt, dass es nach dem Ende der Krise in den Ausgangszustand zurückkehrt oder dass das Individuum ein sogenanntes posttraumatisches Wachstum zeigt, bei dem es aus der Krise gefestigt und weiterentwickelt hervorgeht (Tedeschi und Calhoun 2004). Dabei fanden unterschiedliche ForscherInnen(teams) mehrere Charakteristika, die resilienten Menschen offenbar zu eigen sind (Richardson 2002), wie hohe Erwartungen, Selbstdisziplin, eine positive, proaktive Sicht auf die Zukunft und das Leben als Ganzes, soziale Kompetenz, Problemlösungskompetenz und die Fähigkeit zu improvisieren sowie kritisches Denken und Humor (z. B. Garmezy et al. 1984; Werner und Smith 2001; Coutu 2002; Masten 2009). In der Praxis sind Individuen dann besonders resilient, wenn sie eine pragmatische Sicht auf die zum Überleben wesentlichen Teile der Realität haben und über die Fähigkeit verfügen, auch aus widrigen Umständen positive Erfahrungen mitzunehmen (Coutu 2002).

Ein anderer Forschungszugang sieht Resilienz nicht als einen Charakterzug, sondern eher als Prozess (des Erwerbs) einer positiven Anpassungsfähigkeit an widrige Umstände, Tragödien oder Bedrohungen (Richardson 2002). Dabei werden zwei Dimensionen betrachtet: der Grad, in dem das Individuum widrigen Umständen ausgesetzt ist, und das Ausmaß positiver Anpassung an ebendiese widrigen Umstände (Luthar et al. 2000), wofür das Individuum sogenannte Schutzfaktoren entwickelt (Richardson 2002). Richardson (2002) sieht jedoch nur die von ihm sogenannte resiliente Re-Integration als Resilienz im engeren Sinne an, bei der das Individuum durch die Herausforderung Einsicht gewinnt oder in seiner Persönlichkeit wächst. Diesen Prozess bezeichnet er als introspektive Erfahrung, der darin besteht, dass das Individuum Resilienzfaktoren identifiziert, erwirbt und weiterentwickelt. Als weniger fortgeschrittene Resilienz (im weiteren Sinne) sieht Richardson (2002) die Rückkehr zur Ausgangssituation, die Re-Integration mit Verlust (also eine teilweise Verschlechterung) und als schlechteste, nicht-resiliente Option die dysfunktionale Integration, bei der das Individuum eine Verschlechterung seiner psychischen Verfassung hinnehmen muss (etwa der wahrgenommenen Lebensqualität). Allerdings ist im Zusammenhang mit diesen Prozessmodellen nicht ausreichend geklärt, inwieweit kulturelle und Kontextfaktoren eine Rolle spielen und ob man diese von der Resilienz eines Individuums abstrahieren kann (Ungar 2008).

Ein letzter Zugang zu Resilienz, neben der Definition von Resilienzfaktoren und Resilienzprozessen, ist die Überlegung, wie die Resilienz von Personen gestärkt werden kann. Die American Psychological Association (APA) schlägt entsprechend „10 ways to build resilience" vor (APA 2011):

1. gute Beziehungen zu Familie, Freunden und anderen pflegen,
2. Krisen und widrige Umstände nicht als unerträgliche Probleme ansehen,
3. unveränderliche Umstände akzeptieren,
4. sich an realistischen Zielen orientieren,
5. in widrigen Situationen beherzt Handlungen setzen,
6. nach Verlusten nach Gelegenheiten zur Selbst-Findung suchen,
7. Selbst-Bewusstsein entwickeln,
8. Langfristperspektiven verfolgen und Krisen in einem breiteren Zusammenhang sehen,
9. eine positive Grundhaltung einnehmen und Wunschvorstellungen visualisieren,
10. positiv und pfleglich mit Körper und Seele umgehen.

Richardson (2002) sieht Resilienz aber auch in einem größeren Zusammenhang als spirituelle Kraft, die jedem Individuum innewohnt, nach Selbstverwirklichung, Altruismus, Weisheit und Harmonie zu streben. Viktor Frankl (1982) nimmt darauf in seinem Buch „… trotzdem ja zum Leben sagen" Bezug. Sedmak (2013) bezeichnet diese Eigenschaft als epistemische Resilienz, die vor allem vom Kontrollsinn und dem Selbstverständnis des Individuums und von seiner Zukunftsperspektive abhängt. Resilienz hat dann mit der Aufrechterhaltung der Integrität und Identität des Individuums zu tun, da „resilient nicht die Person ist, die nicht berührt oder verletzt werden kann, sondern die Person, die um die eigene Verwundbarkeit weiß" (Sedmak 2013, S. 34).

3.2 Sozio-Ökosystem-Resilienz

Bereits etwas früher als die PsychologInnen haben ÖkologInnen das Konzept der Resilienz untersucht (Holling 1973). Grundsätzlich definieren sie Resilienz als das Vermögen eines Ökosystems auf Störungen zu reagieren, ohne gröberen Schaden zu nehmen, und sich rasch zu erholen. Dabei werden zwei Arten der Resilienz unterschieden:

- die „engineering resilience" oder technische Resilienz, bei der es darum geht, nach einer Störung rasch in einen Ausgangszustand zurückzukehren. Der Fokus liegt hierbei auf Effizienz, Konstanz und Vorhersagbarkeit, nahe an einem stabilen Zustand. Engineering Resilience wird in stabilen Systemen benötigt und beruht auf dem Prinzip der Fehlerfreiheit und Störungssicherheit („fail-safe") (Gunderson et al. 2002).
- die ökologische Resilienz dagegen beruht auf Langlebigkeit, Veränderung und Unvorhersagbarkeit. Ökologische Resilienz wird dort gemessen als Maximum an Störung, die das System toleriert, bevor sich seine Struktur, also seine Steuerungsvariablen und Prozesse, grundlegend verändern. Die wesentlichen Eigenschaften, die hier gefordert sind, sind Beständigkeit und Anpassungsfähigkeit (adaptability). Aus dieser evolutionären Perspektive bekommt die Störungstoleranz zusätzliche Bedeutung: Selbst, wenn ein System versagt, passiert keine Katastrophe (safe-fail) (Gunderson et al. 2002).

Die erstere Form der Resilienz wird in den technischen Disziplinen benötigt und macht dort Sinn, wo sich Computersysteme nach Abstürzen schnell regenerieren sollen oder medizinische Geräte nicht versagen dürfen. Man kann hier auch von Resistenz sprechen, als der Fähigkeit Störungen zu ertragen ohne sich grundlegend zu verändern. Im Hinblick auf dynamische Systeme wie lebende Systeme ist dieses Konzept allerdings nicht zielführend. Hier spielt ökologische Resilienz eine Rolle, die für Bio-Ökosysteme (etwa eine Zelle) genauso kennzeichnend ist wie für sogenannte Sozio-Ökosysteme (etwa ganze Gesellschaften), in denen gesellschaftliche und ökologische Elemente interagieren (Holling 2001). Typische Beispiele für Bio-Ökosysteme sind Biotope wie etwa ein naturbelassener See, für Sozio-Ökosysteme etwa Städte, aber auch Unternehmen. Walker et al. (2004) beschreiben Resilienz als „capacity of a system to absorb disturbance and reorganize while undergoing change so as to still retain essentially the same function, structure, identity and feedbacks" (Walker et al. 2004). Gerade in Hinblick auf die Identität beschreiben Cumming et al. (2008) Resilienz als die Fähigkeit eines Systems, seine Identität angesichts internen Wandels oder eines externen Schock zu bewahren. Die Identität hängt demzufolge ab von den Systemkomponenten, den Beziehungen dieser Komponenten untereinander und der Fähigkeit von Komponenten und Beziehungen, über Zeit und Raum hinweg bestehen zu bleiben.

Als Konsequenz beschreibt sozio-ökologische Resilienz die Störungs*toleranz* des Systems, also seine Neigung bei Störungen nicht aus dem Gleichgewicht zu kippen – im Gegensatz zur Vulnerabilität, die die Störungs*anfälligkeit* eines Systems beschreibt, also seine Neigung bei Störungen aus dem Gleichgewicht zu kippen (z. B. Smit und Wandel 2006; Gallopin 2006) oder seine Identität zu verlieren (Cumming et al. 2008). Ein System ist daher hoch resilient, wenn es zur Selbstorganisation fähig ist und keiner steuernden Eingriffe bedarf (Holling 2001). Ein System ist umso resilienter, je diverser es aufgebaut ist, da das Ausfallen einzelner Systemelemente durch andere Systemelemente abgefedert werden kann. Hingegen ist ein System umso weniger resilient, je komplexer es ist, weil – ähnlich wie beim Dominoeffekt – das Versagen einzelner Elemente zu einem Versagen des gesamten Systems führen kann (Holling 2001) Das bedeutet aber auch, dass Resilienz keine unabhängige Variable des Systems ist, sondern von den jeweiligen spezifischen Zusammenhängen abhängt und immer nur als Resilienz einer Sache oder eines Systems bezüglich einer anderen Sache oder eines anderen Systems gesehen werden kann (Walker et al. 2002). Resilienz ist demnach auch kein eigenständiger Wert, auch wenn er im Sprachgebrauch positiv besetzt ist (Beermann 2013).

Sozio-ökologische Resilienz ist vielmehr als dynamische Eigenschaft von Systemen zu sehen, die periodische Anpassungszyklen an innere und vor allem externe Einflüsse durchlaufen. Diese Anpassungszyklen umfassen längere, zunächst rasch verlaufende, dann langsamere, einigermaßen kontinuierliche Perioden, in denen Ressourcen aufgebaut und genutzt werden (Carpenter et al. 2001). Dieser langsamen, stabilen Phase der Exploitation (Gunderson und Holling 2002) folgt die organisatorische Konsolidierung, wenn der Zyklus gereift und überkomplex ist und sich der Schwelle nähert, wo er krisenartig in eine Phase der Freisetzung (von Ressourcen und Möglichkeiten) kippt. Diesem „krisenhaften Ereignis" folgt eine kürzere, aber als zerstörerisch empfundene Periode des akuten Zusammenbruchs, in der Ressourcen freigesetzt und die Komplexität des Systems verringert werden („release") – ähnlich wie bei einem Turm aus Bausteinen, der zu hoch und instabil geworden ist, zu viele Bausteine gebunden hat. Holling (2001) spricht in diesem Zusammenhang von „schöpferischer Zerstörung" im Sinne Schumpeters (2006). Aus den Trümmern eines krisenhaften Ereignisses kann etwas Neues, Besseres als zuvor entstehen: Auf den Zusammenbruch folgt eine etwas langsamere Phase der „Reorganisation" bzw. des „Recovery". Daher besteht in der folgenden Phase der Reorganisation die Möglichkeit einer (positiven oder negativen) Innovation, mit der der Zyklus wiederum von vorne beginnt.

Die Resilienz ist eine der Kenngrößen eines solchen Anpassungszyklus: Am Beginn eines Anpassungszyklus ist die Resilienz hoch, da das System in dieser Phase wenig komplex ist und auch noch nicht viele Ressourcen und Möglichkeiten angehäuft hat. Je reifer, also komplexer und leistungsfähiger das System wird, desto anfälliger wird es für Störungen: Die Resilienz sinkt. Mit dem Kollaps des Systems und der Freisetzung der Ressourcen nimmt auch die Komplexität des Systems ab, die Resilienz steigt sehr rasch wieder an, da ein zerstörtes System wenig anfällig ist für Störungen (etwa ein gekippter See oder eine Wüste) (Holling 2001). Damit wird deutlich, dass Resilienz nicht unbedingt positiv sein muss, denn Wüstenbildung ist ein sehr resilienter, wenn auch nicht wünschenswerter Zustand. Damit wird aber auch klar, dass die Resilienz eines Systems keine konstante (oder fixe) Eigenschaft eines Systems, sondern dynamisch und damit von verschiedenen Faktoren abhängig ist (Walker et al. 2004):

- vom Ausmaß, in dem das System verändert werden kann, bevor es sich grundlegend ändert,
- von der Widerstandsfähigkeit oder Resistenz eines Systems gegenüber Änderungen,

- von der Unsicherheit bezüglich der Nähe zu einer Schwelle, an der das System kippen kann,
- von der „Panarchie" als Wechselwirkung verschiedener Systeme, deren Anpassungszyklen sich gegenseitig beeinflussen. So können Teilsysteme (etwa das amerikanische Bankensystem) übergeordnete Systeme (die Weltwirtschaft) mit in die Krise reißen, wenn letztere gerade in der Nähe einer Schwelle sind (Holling 2001). Umgekehrt kann ein stabiles übergeordnetes System dazu beitragen, dass sich untergeordnete Systeme nach einem Zusammenbruch wieder erholen (Im skizzierten Beispiel hat die stabile weltpolitische Ordnung zur Überwindung der akuten Finanzkrise beigetragen).

Die in der Sozio-Ökosystem-Theorie vertretene Sicht der Resilienz eröffnet aber auch eine weitere Perspektive: Resilienz ist nicht nur Fähigkeit zur Anpassung an Störungen, sondern beschreibt auch die Fähigkeit des Systems zur Erneuerung, zur Reorganisation und zur Entwicklung – alle drei Phänomene sind unabdingbar für die Nachhaltigkeit von Systemen (Gunderson und Holling 2002): In resilienten Sozio-Ökosystemen ist Störung die Voraussetzung zur Schaffung neuer Möglichkeiten für Innovationen und Entwicklung (Folke 2006). In diesem Sinne kann Resilienz interpretiert werden als Ausmaß an Störung, die das System absorbieren kann, ohne seine grundlegenden Charakteristika zu verlieren. Legt man einen positiven normativen (etwa auf Nachhaltigkeit bezogenen) Fokus an, so beschreibt Resilienz die Fähigkeit des Systems zum Umgang mit Störung, ohne dass es an Attraktivität einbüßt. Resilienz entspricht daher dem Grad, in dem das System sich selbst organisieren kann, und schließlich dem Grad, in dem das System flexible Lern-, Experimentier- und Anpassungsfähigkeit entwickeln und erhöhen kann, wenn neue Herausforderungen neuartige Lösungen erfordern (Carpenter et al. 2001). „Die wichtigsten Stufen im Prozess der Entwicklung sind kreatives Herausfinden neuer Möglichkeiten, Testen der Sinnhaftigkeit neuer Möglichkeiten und das Aufrechterhalten der wichtigsten Möglichkeiten" (Peskoller 2014).

3.3 Resilienz als organisationale Größe

Auch im Bereich des Managements von Organisationen (also vor allem Unternehmen) wird seit einiger Zeit der Begriff Resilienz bemüht. Gibson und Tarrant (2010) sehen Resilienz als komplexes und auf mehreren Faktoren beruhendes, dynamisches Merkmal einer Organisation, das zwar Ergebnis eines Prozesses (vgl. im selben Abschnitt weiter unten), Managementsystems, einer Strategie oder Vorsorgemaßnahme sein kann, selbst aber weder ein Prozess, noch ein Managementsystem, eine Strategie oder Vorsorgemaßnahme ist. Als Resilienz werden einerseits jene Qualitäten bezeichnet, die ein Individuum, eine Gemeinschaft oder Organisation befähigen, mit einem Katastrophenereignis zurande zu kommen, sich daran anzupassen und/oder sich davon zu erholen (Dalziell und McManus 2004). Anderseits und weniger auf Akutereignisse bezogen, sieht man im organisationalen Bereich Resilienz auch allgemein als die Fähigkeit von Organisationen, sich an herausfordernde Bedingungen positiv anzupassen. Als Herausforderungen sind zu verstehen Krisen, Schocks oder plötzliche Routineunterbrechungen, aber auch sich ändernde Wettbewerbsbedingungen, kontinuierliche neue Belastungen und dauerhafte Veränderungen. Die positive Anpassung der Organisation besteht darin, dass sie aus den Problemen gefestigt und ressourcenstärker hervorgeht. Es gibt also im organisationalen Bereich zwei Sichtweisen: die eine bezogen auf die Ursache (akut-krisenhaft versus latent-dauerhaft), die andere bezogen auf die Reaktion der Organisation (anpassend/adaptiv oder in einen Ausgangszustand zurückführend).

Ähnlich wie der Sozio-Ökosystem Ansatz sieht daher auch die organisationale Resilienz einen Unterschied zwischen einem vorauseilenden Ansatz, der darauf gerichtet ist, Fehler durch ein entsprechendes Design zu vermeiden (also einer Art „technischer Resilienz"), und einem Zugang zu Resilienz, der die Fehlbarkeit von Organisationen als Tatsache betrachtet. Dieser Ansatz richtet sich darauf zu erkennen, wie nahe an einer Schwelle zum Kippen sich die Organisation bewegt, und auf das Treffen von Vorkehrungen, um im Falle einer Krise schnellstmöglich reagieren zu können. Resilienz ist dann eine Funktion des Situationsbewusstseins einerseits und der Identifikation bzw. des Managements von Schlüsselvulnerabilitäten sowie der Anpassungsfähigkeit in einem komplexen, dynamischen und vielfach interdependenten Umfeld anderseits (McManus et al. 2007; McManus 2008).

Gibson und Tarrant (2010) beschreiben Resilienz als zeitliche Entwicklung der Fähigkeit, mit Herausforderungen zurande zu kommen: Die reaktive, wenig resiliente Organisation ist im schlechtesten Fall überhaupt nicht auf Herausforderungen vorbereitet oder bestenfalls gerade einmal in der Lage, „gerade noch angemessen" zu reagieren. Vorbereitete Organisationen als nächste Entwicklungsstufe der Resilienz vermögen bereits ein wenig besser mit Herausforderungen umzugehen. Sie handeln geplant oder denken im besseren Fall sogar proaktiv. Die dritte und höchste Entwicklungsstufe in Bezug auf Resilienz wird von adaptiven Organisationen eingenommen. Sie sind flexibel und anpassungsfähig oder weisen sogar eine inhärente Bereitschaft auf, Herausforderungen produktiv zu nutzen. Resiliente Organisationen können also auf schwache Signale besser reagieren und Herausforderungen als Chancen wahrnehmen (Barnett und Pratt 2000). Damit können sie aber auch den Herausforderungen begegnen, die nicht unbedingt in akut-krisenhafter Weise auftreten.

Resilienz darf daher keinesfalls als statische Größe gesehen werden (Gibson und Tarrant 2010), sondern resultiert aus einem prozesshaften, dynamischen Kräftespiel des Schaffens und Bewahrens von kognitiven, emotionalen, strukturellen oder auf Beziehungen gerichteten Ressourcen. Damit setzt Resilienz in jedem Fall das Vorhandensein sogenannter latenter Ressourcen voraus, die im Falle von Herausforderungen aktiviert und beliebig kombiniert werden können (Vogus und Sutcliffe 2007). Diese Ressourcen müssen flexibel, wandelbar bzw. anpassbar sowie dauerhaft verfügbar sein, sodass die Organisation nicht nur erfolgreich mit unerwarteten Ereignissen umgehen kann, sondern daraus auch im Hinblick auf zukünftige Unwägbarkeiten lernt (Sutcliffe und Vogus 2003).

Doch dies erfordert eine gesamthafte Steigerung der organisatorischen Leistungsfähigkeit, insbesondere der Kompetenz, vorauseilend zu recherchieren und Informationen zu sammeln, zu lernen und zu handeln, ohne dass man genau weiß, wann und in welcher Weise man handeln wird müssen (Wildavsky 1991). Resiliente Unternehmen sind also nicht immun gegen Krisen bzw. Änderungen des Umfelds, lernen aber durch entsprechende Lern- und Anpassungsprozesse, auf unerwartete Ereignisse schnell zu reagieren. Resilienz beruht so gesehen auf in der Vergangenheit Gelerntem ebenso wie auf der Förderung von zukünftigem Lernen (Vogus und Sutcliffe 2007).

Um diese Fähigkeiten zu entwickeln, brauchen Organisationen besondere Prozesse, Strukturen und Praktiken. Dazu gehören der offene Umgang mit Informationen, viel Freiraum für die Organisationsmitglieder und eine Umverteilung der Ressourcen. Am wichtigsten ist aber, dass in resilienten Organisationen die Bewältigung von Herausforderungen positiv zu den Fähigkeiten der Organisation rückgekoppelt wird, und so bei neuerlichen Herausforderungen eine verbesserte Anpassung zulässt (Vogus und Sutcliffe 2007).

Vogus und Sutcliffe (2007) erkennen fünf untereinander verbundene Verhaltensprozesse, die auf die Resilienz Einfluss nehmen (vgl. eine ähnliche, aber etwas anders aufgebaute Strukturierung bei (Sutcliffe und Christianson 2013):

- die proaktive und präventive Auseinandersetzung mit möglichem Scheitern,
- die tiefgehende und weitreichende Auseinandersetzung mit bereits erworbenen Fähigkeiten und Wissen, um eine Über-Vereinfachung des Planungsansatzes zu vermeiden,
- die Diskussion von menschlichen und organisationsspezifischen Fähigkeiten zur Gewährleistung einer sicheren Performance,
- den Versuch, gemeinsam aus aufgetretenem Versagen, aus Fehlern und Katastrophen zu lernen,
- die Bereitschaft, Probleme von denjenigen Personen(gruppen) behandeln zu lassen, die über die jeweils größte problembezogene Expertise verfügen, unabhängig von deren Position im Unternehmen.

Gibson und Tarrant (2010) bezeichnen diese Fähigkeit, Präzedenzfälle zu erkennen, als „Scharfsinn" und sehen sie als Basis der Resilienz, gemeinsam mit der Fähigkeit, Unsicherheit zu ertragen, Stress zu bewältigen, Kreativität und Beweglichkeit sowie eben der Fähigkeit, aus eigenen und den Erfahrungen anderer zu lernen. Diese Fähigkeiten sind grundlegend für die Entwicklung eines bestimmten Typus von Resilienzstrategie: Flexibilitätsstrategien stärken in der Organisation die Fähigkeit, sich an externe Herausforderungen anzupassen oder diese sogar zu nutzen, um (Wettbewerbs-)Vorteile zu erzielen (Sheffi 2006).

Neben diesem offensiv auf Krisenbewältigung und Chancenausnutzung gerichteten Typus von Resilienzstrategie gibt es noch drei weniger offensive Typen, die Einfluss auf die organisatorische Resilienz nehmen (Gibson und Tarrant 2010):

- Die relativ statische und konservative Widerstandsstrategie entspricht der Stärkung technischer Resilienz oder dem, was Gunderson et al. (2002) Fail-safe (Abschn. 2.3.2)

nennen – die Organisation versucht robuster gegenüber Störungen zu werden, ohne auf Anpassung oder Beweglichkeit zu setzen. Der Vorteil dieser Strategie ist zugleich ihr größter Nachteil: Sie funktioniert hervorragend bei voraussagbaren Problemen, versagt aber bei unerwarteten Ereignissen möglicherweise völlig.
- Auch die Strategie der Zuverlässigkeit ist eher konservativ. Sie baut auf dem Prinzip des Safe-fail (Gunderson et al. (2002), Abschn. 2.3.2) auf: Wenn ein krisenhaftes Ereignis eintritt, müssen Schlüsselfunktionen und -ressourcen, Informationen und Infrastruktur weiterhin verfügbar sein, auch wenn das Leistungsvermögen und die Performance kurzfristig Einbußen erleiden sollten. Doch auch diese Strategie kann versagen, wenn unerwartete Ereignisse eintreten.
- Die Strategie der Redundanz setzt ebenfalls an der Aufrechterhaltung von wesentlichen Funktionen an, verwendet dazu aber ein anderes Prinzip: Für das Routinegeschäft stehen jeweils zwei oder mehrere Alternativen zur Verfügung, sodass beim Ausfallen einer Alternative eine jeweils andere Alternative greifen kann. Redundanzstrategien basieren meist auf Notfallplänen oder Back-up-Systemen und sind hervorragend geeignet für vorhersehbare Schwankungen.

Doch nur Flexibilitätsstrategien sind hochgradig innovativ und befähigen die Organisation, sich an unerwartete, extreme Bedingungen anzupassen – und Flexibilität bedingt Wandel.

3.4 Zusammenschau der drei Ansätze

Der kurze Überblick zeigt, dass jeder der drei Zugänge aus einer anderen Richtung kommt und dass es zwischen den Zugängen auch erhebliche Unterschiede gibt. Dennoch lassen sich einige Gemeinsamkeiten herausarbeiten. Die wesentlichste davon ist, dass die Gleichsetzung von Resilienz mit Widerstandsfähigkeit nur eine mögliche und zudem sehr verkürzte Sichtweise des Resilienzkonzeptes ist. Alle drei oben dargestellten Resilienzzugänge beinhalten als eine wesentliche Komponente die Anpassung und die Anpassungsfähigkeit. bzw. Adaptation (Im Englischen werden dafür neben „Adaptation" für „Anpassung" die Begriffe „adaptability", „adaptive capacity" oder „adpative capability" verwendet, wobei letzteres im Deutschen oft auch wieder mit dem Begriff der Kompetenz beschrieben wird.). Damit wird Resilienz zu einer Qualität einer Person, eines Systems, einer Organisation bzw. eines Unternehmens, die durch Herausforderungen wachsen kann. Daher sieht keiner der Zugänge die Resilienz als statisches Merkmal an, sondern als Größe, die sich prozesshaft verändert. Nach dem Grad der Änderung, die stattfindet, kann man – wenn man den Begriff der Adaption weiter zerlegt – Stufen der Resilienz unterscheiden (Darnhofer 2014):

- eine weniger innovative, reaktive und im engeren Sinne adaptive Resilienz, die eben tatsächlich auf Anpassung an neue Gegebenheiten abstellt und eher ein „bouncing back", ein Zurückkehren zum Status quo anstrebt,

- eine proaktive, auf starke Veränderung setzende, transformative Resilienz, die Anpassung als Herausforderung interpretiert, neue Prozessmuster zu entwickeln. Hier geht es um „bouncing forward", also die Entwicklung von neuen Strukturen.

Kruse (Kruse 2002). interpretiert diesen Unterschied so, dass ein System auf eine Störung mit trivialem Lernen reagieren kann, was zu einer Funktionsverbesserung führen kann. Ist die Störung groß genug, so wird das System mit nicht-trivialem Lernen reagieren; es wird nicht mehr nur eine vorhandene Funktion verbessert, sondern ein Prozessmusterwechsel findet statt. „Lernen" steht im Mittelpunkt des folgenden Abschnittes.

4 Lernen als gemeinsamer Kontext von Resilienz und Wandel

Daraus wird deutlich, dass Resilienz als prozesshafte Größe, die auf der Änderung und Vermehrung von Fähigkeiten und Kompetenzen beruht, untrennbar mit dem Lernen zu tun hat. Auch das Changemanagement kennt lernbasierte Ansätze, die die Transformierung von altem in neues Wissen zum Inhalt haben (Eichenberg und Behse 2011). Lernen wiederum steht in untrennbarem Kontext mit dem Wandel von Individuen, Organisationen und Systemen insgesamt. Die Lernprozesse, die diesem Wandel zugrunde liegen, können unter Rückgriff auf Lernmodelle aus der Psychologie bzw. Pädagogik strukturiert werden.

Lernen erfolgt in erster Linie anhand sogenannter Schemata. Darunter versteht man organisierte Verhaltensmuster und internalisierte Denkmuster, die die Grundstrukturen des Denkprozesses eines Individuums bilden (Mönks und Knoers 1996). Schemata entstehen aus der Interaktion des Individuums mit der Umwelt und helfen ihm, mit den Anforderungen seiner Umwelt zurande zu kommen bzw. sich daran anzupassen. Damit ist die Parallele zur Resilienz aufgezeichnet – beim Lernen und der Resilienz geht es um die Anpassung/Adaption an Umweltbedingungen (Piaget 1975). Hier kommen mehrere komplementäre Prozesse zum Einsatz (Mönks und Knoers 1996).

Im Rahmen der Assimilation verwendet das Individuum bereits bestehende Schemata, also kognitive Routinen. Informationen werden mithilfe bestehender, passender Schemata verarbeitet und entsprechende routinisierte Handlungen in Gang gesetzt (z. B. Piaget (1975), ähnlich dem Lernen I von Bateson 1981). Genau das ist beim Auftreten von Störungen, die über ein Routinemaß hinausgehen, in der Regel nicht möglich. Um eine Anpassung in Gang zu setzen, müssen daher die Schemata selbst verändert werden. Dies geht im Rahmen der sogenannten Akkommodation vonstatten (z. B. Illeris (2010), auch das Lernen II von Bateson 1981). Dabei werden (Teile von) vorhandene(n) Schemata so verändert (gegebenenfalls sogar zerstört und neu aufgebaut), dass sie der neuen Situation angemessen sind. Dieser Prozess ist nicht-trivial im oben angesprochenen Sinne, denn er ist anstrengend, vielleicht sogar schmerzhaft und erfordert jedenfalls psychische Energie (Illeris 2003). Jedenfalls aber ist die Fähigkeit zur Akkomodation von Schemata nötig, um eine Anpassung/Adaption an krisenhafte Ereignisse zu bewältigen und steht in engem Zusammenhang mit der oben beschriebenen adaptiven Resilienz (Abschn. 2.3.4).

In manchen Situationen reicht aber auch das akkomodative Lernen nicht aus, um mit Herausforderungen zurande zu kommen (Peskoller 2014), in diesen Fällen greift das Individuum zurück auf das sogenannte transformative (Illeris 2010) oder expansive (Holzkamp 1995; Engeström 1999) Lernen (oder in ähnlicher Weise auf Lernen III nach Bateson 1981): Dabei werden alle Dimensionen der Persönlichkeit betroffen und das Individuum muss sich als Ganzes ändern, um mit einer Herausforderung zurande zu kommen: Transformatives Lernen bedingt daher „eine Umstrukturierung der Organisation des Selbst und eine damit zusammenhängende Umstrukturierung und Verknüpfung einer größeren Anzahl von Schemata, die eine Veränderung der Persönlichkeit des Individuums mit sich bringt" (Illeris 2010, S. 58). Diese Art von Lernen ist sehr anstrengend und belastend für das Individuum. Transformatives Lernen dient der aktiven Krisenbewältigung und wird nur in Situationen angewendet, in denen es keinen anderen Ausweg mehr gibt (Illeris 2010).

Hier gibt es einen engen Konnex mit Schumpeters schöpferischer Zerstörung und der transformativen Resilienz (Abschn. 2.3.4). Der Resilienzbegriff der Sozio-Ökosystemtheorie sieht die Resilienz gerade in Phasen nach einem Zusammenbruch als besonders hoch an, wenn auch nicht in einer wünschenswerten Weise, da quasi die Bestandteile des Systems nur mehr als Bruchstücke vorhanden sind. Doch auch die Sozio-Ökosystemtheorie sieht diesen Fall als denjenigen an, in dem die größten und einschneidendsten, also transformativen Veränderungen möglich sind.

Allerdings wäre es eine verkürzte Darstellung, transformative Resilienz nur als Reaktion auf Katastrophenereignisse darzustellen. Vielmehr erhebt gerade sie den Anspruch, proaktiv, also vorauseilend zu sein. In diesem Zusammenhang ist es hilfreich, auf das Konzept einer expansiven und defensiven Lernmotivation nach Holzkamp zurückzugreifen, obwohl dieses zunächst eigentlich für schulisches Lernen entwickelt worden ist (Holzkamp 1995). Der Zweck defensiver Lernmotivationen ist es zu verhindern, dass sich die Lebensqualität (oder umgelegt auf Unternehmen die Wettbewerbsposition oder das Standing in den Augen der StakeholderInnen) verschlechtert. Demgegenüber richten sich die Anstrengungen von Lernenden bei expansiver Lernmotivation darauf, Handlungskompetenzen zu erlangen, die bislang nicht vorhanden waren und von denen das lernende Individuum eine Verbesserung seiner Lebensqualität erwartet (Peskoller 2014). Expansiv motiviertes Lernen steht in einem engen Zusammenhang mit intentionalem Lernen. Dieses kommt dann zur Anwendung, wenn Handlungsroutinen des täglichen Lebens versagen und offenbar wird, dass zwischen den vorhandenen und den zur Problemlösung notwendigen Kompetenzen eine Lücke klafft (Faulstich und Ludwig 2008, S. 21 ff.).

Die vorgestellten Ansätze zur Erfassung und Beschreibung von Lernen beziehen sich auf die Ebene des Individuums. Doch sind es auch in Organisationen die Individuen, deren Lernen erst das Lernen der Organisation ermöglicht. Der Lernprozess kann an jeder Stelle in der Hierarchie der Organisation beginnen und sich hierarchisch nach oben oder unten fortsetzen. Seine gezielte Umsetzung ist eine Aufgabe des Verantwortungsmanagements in der Organisation – und damit der CSR.

5 CSR im Kontext von Resilienz und Wandel

Bereits in der Einleitung zu diesem Beitrag wurde dargelegt, dass CSR als Managementkonzept gesehen werden kann, dessen Aufgabe es ist, die Wahrnehmung von sozialen Belangen und Umweltbelangen in der Organisation bzw. im Unternehmen kontinuierlich zu verbessern. Damit ist auch eine kontinuierliche Weiterentwicklung der Organisation bzw. ihrer nachhaltigkeitsbezogenen Kompetenzen angesprochen (Lorentschitsch und Walker 2012). Insofern ist CSR gleichzusetzen mit (dem Beitrag von Organisationen zu) einem Wandel hin zu einer nachhaltigeren Welt oder – dem einfacheren Ausdruck dafür – mit nachhaltiger Entwicklung. Umgekehrt erfordert dies aber auch, dass sich Organisationen/Unternehmen permanent weiter entwickeln müssen (Beermann 2013). Dazu bedarf es Innovationen in verschiedenen Bereichen – von der Optimierung von Produktionsprozessen über umwelt- und sozialverträglichere Produkte bis hin zu neuen Geschäftsmodellen, Innovationen im sozialen Bereich und Innovationen im Bereich Führung und Management (Gelbmann et al. 2013).

Denn gerade das Commitment – das Bekenntnis zu CSR und das Engagement – des Managements ist besonders bedeutsam, ist doch das Management die Triebkraft eines nachhaltigen Wandels in der Organisation. Dieser Prozess des Wandels und Lernens vollzieht sich über einen längeren Zeitraum und trägt kontinuierlich dazu bei, dass die Organisation in der Lage ist, „die näheren Umstände und das Zusammenspiel der Stakeholderbedürfnisse zu erkennen" (Gelbmann und Baumgartner 2012). Durch permanente Entwicklung der Organisation wird daher auch deren Wahrnehmung sozialer Verantwortung gesteigert, was sowohl ökologischen/gesellschaftlichen Nutzen stiftet als auch die Kernkompetenzen der Organisation erweitert (Heaslin und Ochoa 2008) und deren Fähigkeit begünstigt, mit unerwarteten Ereignissen sowohl von außen als auch von innen umzugehen. Doch ist Resilienz kein Selbstzweck, denn viele nicht nachhaltige Zustände und Prozesse im Unternehmen können eine sehr hohe Resilienz aufweisen (etwa die Beschaffung von Einsatzgütern, die unter Missachtung der Menschenrechte in Entwicklungsländern erzeugt werden). Erst in Zusammenhang mit Nachhaltigkeitszielen gewinnt der Begriff der Resilienz eine positive Bedeutung (Beermann 2013).

Im Hinblick auf den strategischen Umgang mit CSR kann man eine weitere Parallele zur Resilienz herstellen, denn so wie sich Resilienz in eine wenig innovative adaptive und eine proaktive, innovative transformative Variante einteilen lässt, so kann man auch CSR einteilen in (Clarkson 1995):

- eine reaktive (auf Verleugnung gerichtete),
- eine defensive (auf Minimalanforderungen gerichtete),
- eine adaptive (auf Erfüllung gesellschaftlicher Anforderungen gerichtete) und
- eine proaktive (auf aktive Suche nach Verantwortungsübernahme und sich daraus ergebende Chancen gerichtete) Variante.

Legt man diese Ansätze auf die Resilienz um, so zeigt sich, dass ein reaktiver Ansatz eine geringe Resilienz nach sich zieht, da Lernen und Veränderungsfähigkeit in Hinblick auf die Übernahme von Verantwortung hier offenbar nicht implementiert sind. Treten dann externe oder interne Herausforderungen auf, ist das Unternehmen nicht in der Lage, flexibel und adäquat zu reagieren.[1]

Unternehmen, die CSR eher defensiv oder adaptiv betreiben, weisen demnach adaptive Resilienz auf: Sie können einigermaßen vorhersehbaren Störungen und Herausforderungen im Bereich der Umwelt, Gesellschaft und/oder Wirtschaft, die nicht allzu heftig ausfallen, gut begegnen, sind aber möglicherweise mit großen und unerwarteten Problemen überfordert. Mit Herausforderungen dieser Art können Unternehmen gut umgehen, die proaktive CSR betreiben und daher mit transformativer Resilienz gerüstet sind. Der proaktiven CSR entspricht die pro-aktive Suche nach Veränderung, und zwar sowohl bereits vor dem Eintritt einer Katastrophe als auch danach, und ist damit eine transformative Resilienz. Diese trachtet danach herauszufinden, welche Herausforderungen in Umwelt, Gesellschaft und Wirtschaft anstehen, um durch vorauseilende interne Veränderung diesen Herausforderungen nicht nur begegnen zu können, sondern daraus eventuell sogar Nutzen ziehen zu können (vgl. Sutcliffe und Christianson 2013, Abschn. 2.3.3).

6 Schlussfolgerung: Implikationen für das Management von Resilienz und Wandel

Für das Unternehmenshandeln stellt sich nunmehr die Frage, ob und in welcher Weise Wandel und Resilienz „gemanagt" werden können. Grundsätzlich gilt – ebenso wie für Kreativität oder Motivation – dass sich beides einem direkten steuernden Eingriff im Wesentlichen entzieht. Doch es können Bedingungen hergestellt werden, die den Aufbau von Resilienz und den unternehmerischen Wandel begünstigen und vorantreiben, insofern kann man Resilienz bzw. Changemanagement sprechen.

In Hinblick auf das Management von Resilienz im Unternehmen baut Beermann (2013) ein Konzept auf den Sozio-Ökosystemkonzepten von Carpenter et al. (2001) und Walker et al. (2002) (vgl. Abschn. 2.3.2) auf. In einem ersten Schritt werden die Prozesse und Strukturen im Unternehmen festgelegt, die resilient gestaltet werden sollen (Resilienz wovon?). In einem zweiten Schritt wird festgelegt, gegenüber welchen Herausforderungen die definierten Strukturen und Prozesse resilient sein sollen (Resilienz gegenüber was?). Im dritten Schritt werden mithilfe der Methode des sogenannten Backcasting (Baumgartner 2010; Holmberg und Robèrt 2000) unter Einbezug von Nachhaltigkeitskriterien Bilder einer wünschenswerten Zukunft entwickelt, und schrittweise vom Endzustand wiederum in die Gegenwart zurückschreitend, Zwischenziele abgeleitet, die vom Heute aus mithilfe eines entsprechenden Projektmanagement angestrebt werden (Resilienzanalyse).

---

[1] Diese Einteilung entspricht wiederum der Einteilung von Gibson und Tarrant 2010 (siehe Abschn. 2.3.3) in ebenfalls reaktive und daher wenig resiliente, und vorbereitete, also adaptiv handelnde Unternehmen. Hier besteht allerdings eine Diskrepanz in der Terminologie, denn Gibson und Tarrant verwenden den Begriff „transformativ" nicht, sondern sehen als flexible und pro-aktive Anpassung eben die Adaption. Da sich hinter den gegensätzlich verwendeten Begriffen aber ähnliche Ansichten verbergen, wird diesem terminologischen Unterschied hier nicht weiter nachgegangen.

Damit ist klar, dass Management von Resilienz gleichbedeutend ist mit dem (schrittweisen) Management von Wandel im Unternehmen. Es liegt aber auch auf der Hand, dass es keine „Konzepte von der Stange" geben kann für das Management von Instabilität. Kruse (2002) (vgl. diese Quelle auch im Folgenden) schlägt in diesem Zusammenhang vor, auf die Intelligenz und Kreativität aller Beteiligten zurückzugreifen und kreative Störung als wesentliche Chance des Unternehmens zu begreifen. Das heißt aber auch, dass die Kosten der Veränderung in die Budgets der Unternehmen aufgenommen werden müssen. Will man vorhandene Verhaltensmuster aktiv destabilisieren und Querdenken und die Übernahme von Risiken aktiv fördern, so muss man aber auch darauf sehen, die persönliche Instabilitätstoleranz (bzw. die persönliche Resilienz) der Betroffenen zu fördern und zu trainieren und eine gemeinsame Vision und Idee davon zu entwickeln, was möglich ist (dazu auch Peskoller 2014). Dazu ist es aber auch notwendig, die MitarbeiterInnen von Anfang an in den Wandelprozess zu integrieren und eine lösungsorientierte Kommunikation intern, aber auch mit den externen Stakeholdern zu etablieren. Das schließt die Publikation von Initiativen und Erfolgen mit ein, nach dem CSR-Motto „Tu Gutes und rede darüber". Insgesamt kann so eine hohen Transparenz im Prozess geschaffen werden, was nicht nur Widerständen vorbeugt und das Commitment fördert, sondern auch eine der grundlegenden Forderungen der CSR nach Transparenz begünstigt (OECD 2011; ISO 26000 2010). Umgekehrt fördert diese Transparenz auch den Wandel im Unternehmen (GRI 2014).

Die Schlussfolgerung über den Zusammenhang von Wandel, Resilienz und CSR fällt damit eigentlich positiv aus: „Stabilität macht handlungsfähig, Instabilität macht kreativ. Strategisches Changemanagement ist daher die bewusste Balance von Stabilität und Instabilität im Unternehmen" (Kruse 2002, S. 4). Hier öffnet sich ein weites Feld sowohl für die Forschung als auch für die Managementpraxis vor allem in Hinblick auf den Umgang mit externen Herausforderungen. Denn bislang stehen – wenn überhaupt – eher das Vorbeugen, das Bewältigen von Akutsituationen und Zurückkehren zu einem Ausgangszustand im Mittelpunkt der Überlegungen, und damit eine nach hinten gerichtete, reaktionäre Sichtweise. Nachhaltigkeitsmanagement ist aber in evolutionärer Weise verbunden mit dem aus dem Qualitätsmanagement bekannten Konzept des Continuous Improvements (Beermann 2013). Um neue Chancen und auch Innovationen hervorzubringen, ist es notwendig zu lernen, wie man lernt (vgl. Abschn. 2.4). Kontinuierliches Lernen ermöglicht die Anpassung von Perspektiven und schafft neue Lösungswege. Beides gemeinsam steigert die Flexibilität des Unternehmens, mit Herausforderungen umzugehen und neue Entwicklungspfade zu erschließen (Bagheri und Hjorth 2007). Dazu ist allerdings die Etablierung eines Managementprinzips vonnöten, das Herausforderung als Chance ansieht und auf die Implementierung kontinuierlichen Wandels abstellt.

Literatur

APA American Psychological Association (2011) The road to resilience. Brochure. http://www.apa.org/helpcenter/road-resilience.aspx. Zugegriffen: 7. März 2014

Bagheri A, Hjorth P (2007) Planning for sustainable development: a paradigm shift towards a process-based approach. Sustain Dev 15:83–96

Barnett CS, Pratt MG (2000) From threat-rigidity to flexibility: toward a learning model of autogenic crisis in organizations. J Organ Change Manage 13:74–88

Bateson G (1981) Ökologie des Geistes: Anthropologische, psychologische, biologische und epistemologische Perspektiven. Suhrkamp Verlag, Frankfurt a. M.

Baumgartner RJ (2010) Nachhaltigkeitsorientierte Unternehmensführung: Modell, Strategien und Managementinstrumente. Rainer Hampp Verlag, München

Beermann M (2013) Entwicklung unternehmerischer Resilienz. Die Zukunft der deutschen Fischwirtschaft in Zeiten zunehmenden Klimawandels. Metropolis Verlag, Marburg

Carpenter SR et al (2001) From metaphor to measurement: resilience of what to what? Ecosystems 4:765–781

Clarkson MBE (1995) A stakeholder framework for analysing and evaluating corporate social performance. Acad Manage Rev 20:92–117

Coutu DL (2002) How resilience works. Harv Bus Rev 2002:46–55

Cumming GS et al (2008) An exploratory framework for the empirical measurement of resilience. Ecosystems 8:975–987

Dalziell EP, McManus ST (2004) Resilience, vulnerability, and adaptive capacity: implications for system performance. International Forum for Engineering Decision Making (IFED); Switzerland December 2004

Darnhofer I (2014) Resilience and why it matters for family farms. European Review of Agricultural Economics. forthcoming

EC Europäische Kommission (2011) Mitteilung der Kommission an das Europäische Parlament, den Rat, den Europäischen Wirtschafts- und Sozialausschuss und den Ausschuss der Regionen. Eine neue EU-Strategie (2011–14) für die soziale Verantwortung der Unternehmen (CSR), Brüssel

Eichenberg T, Behse M (2011) Changemanagement: Gesteuerter Wandel für eine vitale Unternehmung. In: Eggers B et al (Hrsg) Integrierte Unternehmungsführung. Gabler Verlag/Springer, Wiesbaden, S 175–190

Engeström Y (1999) Lernen durch Expansion Internationale Studien zur Tätigkeitstheorie. BdWi, Marburg

Faulstich P, Ludwig J (2008) Lernen und Lehren – aus subjektwissenschaftlicher Perspektive. In: Faulstich P, Ludwig J (Hrsg) Expansives Lernen. Grundlagen der Berufs- und Erwachsenenbildung. Schneider Verlag Hohengehren, Baltmannsweiler, S 10–28

Folke C et al (2002) Resilience and Sustainable Development: Building Adaptive Capacity in a World of Transformations. In: Ambio. Berlin: Springer, 437–440

Frankl VE (1982) …trotzdem Ja zum Leben sagen: Ein Psychologe erlebt das Konzentrationslager. dtv, München

Gallopin GC (2006) Linkages between vulnerability, resilience, and adaptive capacity. Glob Environ Change 16:293–303

Garmezy N, Masten AS, Tellegen A (1984) The study of stress and competence in children: a building block for developmental psychopathology. Child Dev 55:97–111

Gelbmann U, Baumgartner RJ (2012) Strategische Implementierung von CSR in KMU. In: Schneider A, Schmidpeter R (Hrsg) Corporate Social Responsibility. Verantwortungsvolle Unternehmensführung in Theorie und Praxis, Springer Gabler, Wiesbaden, S 285–298

Gelbmann U, Peskoller A (2009) Sustainability groups as a means of fostering participation in a liquid society. Proceedings of the 15th Annual International Sustainability Research Conference 5.–7. Juli 2009. Utrecht

Gelbmann U, Vorbach S (2007) Strategisches Innovationsmanagement. In: Strebel H (Hrsg) Innovations- und Technologiemanagment. Facultas, Wien, S 158–211

Gelbmann U et al (2013) CSR-Innnovationen in kleinen und mittleren Unternehmen In: Altenburger R (Hrsg) CSR und Innovationsmanagement. Gesellschaftliche Verantwortung als Innovationstreiber und Wettbewerbsvorteil. Springer, Wiesbaden, S 31–54

Gibson CA, Tarrant M (2010) A ‚Conceptual Models' approach to organizational resilience. Aust J Emerg Manage 25(2):6–12

GRI Global reporting Initiative (2014) G4 – Leitlinien zur Nachhaltigkeitsberichterstattung. Global Reporting Initiative Amsterdam. https://www.globalreporting.org/resourcelibrary/German-G4-Part-One.pdf. Zugegriffen: 7. März 2014

Gunderson L et al (2002) Resilience. In: Mooney HA, Canadell JG (Hrsg) Encyclopedia of global environmental change. Volume 2: the earth system: biological and ecological dimensions of global environmental change. Wiley, Chichester, S 530–531

Gunderson LH, Holling CS (Hrsg) (2002) Panarchy: understanding transformations in human and natural systems. Island Press, Washington, DC

Heaslin PA, Ochoa, JD (2008) Understanding and developing strategic corporate social responsibility. Organ Dyn 37(2):125–144

Holling CS (1973) Resilience and stability of ecological systems. Annu Rev Ecol Syst 4:1–23

Holling CS (2001) Understanding the complexity of economic, ecological, and social systems. Ecosystems 4:390–405

Holmberg J, Robèrt K-H (2000) Backcasting from non-overlapping sustainability principles – a framework for strategic planning. Int J Sustain Dev World Econ 7:291–308

Holzkamp K (1995) Lernen. Subjektwissenschaftliche Grundlegung. Campus Verlag. Frankfurt a. M.

ISO 26000 (2010) International Standard ISO 26000 (First Edition 2010-11-01). Guidance on Social Responsibility, Lignes directrices à la responsibilité sociétale, ISO 26000:2010 (E)

Illeris K (2003) Towards a contemporary and comprehensive theory of learning. Int J Lifelong Educ 2(2):296–406

Illeris K (2010) Lernen verstehen: Bedingungen erfolgreichen Lernens. Julius Klinkhardt, Bad Heilbrunn

Kruse P (2002) Veränderung erfolgreich gestalten. Changemanagement: Was von Führungskräften heute verlangt wird. ku-Sonderheft Karriere 7/2002:2–6

Lorentschitsch B, Walker T (2012) Vom integrierten zum integrativen CSR-Managementansatz. In: Schneider A, Schmidpeter R (Hrsg) Corporate Social Responsibility. Verantwortungsvolle Unternehmensführung in Theorie und Praxis. Springer, Wiesbaden, S 299–316

Luthar SS, Cicchetti D, Becker B (2000) The construct of resilience: a critical evaluation and guidelines for future work. Child Dev 71(3):543–562

Mahoney J (1997) Spheres and limits of ethical responsibilities in and of the corporation. In: Enderle G, Almond B, Argandona A (Hrsg) People in corporations: ethical responsibilities and corporate effectiveness. Kluwer Academic Publishers, Dordrecht

Masten AS (2009) Ordinary Magic: Lessons from research on resilience in human development. Education Canada, 49, 28–32

McManus S (2008) Organisational resilience in New Zealand. PhD Thesis, University of Canterbury

McManus S et al (2007) Resilience management a framework for assessing and improving the resilience of organisations. Resilient Organisations Research Report 2007/01. Resilient Organisations Programme New Zealand

Meadows D, Meadows D, Randers J (2004) Limits to growth: the 30-year update. Chelsea Green Publishing, Company White River Junction (VT)

Mönks FJ, Knoers AMP (1996) Lehrbuch der Entwicklungspsychologie. Reinhardt Verlag, München

OECD Organisation for Economic Co-operation and Development (2011) OECD-Leitsätze für multinationale Unternehmen. OECD Publishing. http://dx.doi.org/10.1787/9789264122352-de. Zugegriffen: 7. März 2014

Peskoller A (2014) Nachhaltigkeitsgruppen als Orte der Bildung und des Lernens in einer flüssigen Gesellschaft. Dissertation Graz

Piaget J (1975) Nachahmung, Spiel und Traum: Die Entwicklung der Symbolfunktion beim Kinde. Klett-Cotta, Stuttgart

Raven R (2007) Niche accumulation and hybridisation strategies in transition processes towards a sustainable energy system: an assessment of differences and pitfalls. Energy Policy 35:2390–2400

Reiß M (2011) Erfolgsorientiertes Changemanagement: Excellence und Resilience als Leitbilder für Changemanagement-Ansätze. In: Eggers B et al (Hrsg) Integrierte Unternehmungsführung. Gabler Verlag/Springer, Wiesbaden, S 1991–1200

Richardson G. (2002) The metatheory of resilience and resiliency. J Clin Psychol 58(3):307–321

Rotmans J, Loorbach, D (2010) Towards a better understanding of transitions and their governance. A systemic and reflexive approach. In: Grin J, Rotmans J, Schot J. (Hrsg.). Transitions to sustainable development – new directions in the study of long term transformation change. Routledge, New York, 105–220

Rouse M (2010) Definition Changemanagement. searchcio-midmarket.techtarget.com/definition/change-management. Zugegriffen: 30. Juli 2013

Rutter M (2012) Resilience as a dynamic concept. Dev Psychopathol 24:335–344

Schumpeter J (2006) Theorie der wirtschaftlichen Entwicklung. Nachdruck der 1. Auflage von 1912. Duncker & Humblot, Berlin

Sedmak C (2013) Innerlichkeit und Kraft. Studie über epistemische Resilienz. Herder, Freiburg im Breisgau

Sheffi Y (2006) Building a resilient organization. Bridge 37(1):30–36

Smit B, Wandel J (2006) Adaptation, adaptive capacity and vulnerability. Global Environ Change 16(3):282–292

Staehle WH, Conrad P, Sydow J. (2014) Management: Eine verhaltenswissenschaftliche Perspektive, 9. Aufl. Verlag Franz Vahlen, München

Sutcliffe KM, Christianson MK (2013) Managing for the unexpected. Ann Arbor: Michigan Ross School of Business Executive White paper series

Sutcliffe KM, Vogus TJ (2003) Organizing for resilience. In: Cameron K, Dutton JE, Quinn RE (Hrsg) Positive organizational scholarship. Berrett-Koehler, San Francisco, S 94–110

Tedeschi RG, Calhoun LG (2004) Posttraumatic growth: conceptual foundation and empirical evidence. Lawrence Erlbaum Associates, Philadelphia

UN United Nations (1987) Our common future. Report of the World Commission on Environment and Development. http://www.un-documents.net/ocf-ov.htm. Zugegriffen: 7. März 2014

Ungar M (2008) Resilience across cultures. Br J Soc Work 38(2):218–235

Valentino NA, Gregorowicz K, Groenendyk EW (2007) Emotions, efficacy, and political participation. Paper at the annual meeting of the International Society of Political Psychology. Portland: Classical Chinese Garden. http://www.allacademic.com/meta/p204768_index.html. Zugegriffen: 7. März 2014

Vogus TJ, Sutcliffe KM (2007) Organizational resilience: towards a theory and research agenda. In: Nemeth C (chair) Symposium on Resilience in Human Systems. IEEE SMC Annual Meeting. Montreal

Walker B et al (2002) Resilience Management in Social-ecological Systems: a Working Hypothesis for a Participatory Approach." In: Ecology and Society. Art. 14. Conservation Ecology (= 6/1). Online verfügbar unter: http://www.consecol.org/vol6/iss1/art14, zuletzt geprüft am 07.03.2014

Walker B et al (2004) Resilience, adaptability and transformability in social-ecological systems. Ecol Soc 9(2):5

Werner EE, Smith RS (2001) Journeys from childhood to midlife: risk, resiliency, and recovery. Cornell University Press, Ithaca

Wildavsky A (1991) Searching for safety. Transaction Books, New Brunswick

Mag. Dr.rer.soc.oec. Ulrike Gelbmann forscht und lehrt seit 2008 am Institut für Systemwissenschaften, Innovations- und Nachhaltigkeitsforschung der Universität Graz (zuvor am Institut für Innovations- und Umweltmanagement der Universität Graz). Von der Ausbildung her Betriebswirtin, haben sich ihre Forschungsinteressen bereits früh auf inter- und massiv praxisorientierte transdisziplinäre Felder verlegt. Ihre Forschungsbereiche umfassen Abfallwirtschaft, soziale Nachhaltigkeit, CSR und Stakeholdermanagement vor allem in KMU sowie Nachhaltigkeitsberichterstattung. 2012 war sie als Beraterin der Bundesregierung bei der Erstellung eines nationalen CSR-Aktionsplanes tätig. Ein neuerer Forschungsbereich betrifft Resilienzforschung. Sie arbeitet seit Jahren in einer Vielzahl von Forschungs- und Praxisprojekten (etwa in der Abfallwirtschaft und jüngst in sozialen Unternehmen) mit. Neben universitären Lehrtätigkeiten, engagiert sie sich in der Vermittlung von Forschungsergebnissen an PraktikerInnen.

Mag. Dr. Anton Peskoller ist Netzleiter und Energiemanager in der Zentralen Leitstelle der ÖBB in Innsbruck und als solcher immer wieder in Nachhaltigkeitsagenden involviert. Nebenberuflich leitet er seit 2004 eine Grüne Gemeindegruppe in der Nähe von Innsbruck. Regelmäßige Unterstützung und Organisation von Workshops, Interessengruppen/Bürgerinitiativen und daher große Expertise mit Wandelprozessen. Ausgebildet in Supervision und Organisationsentwicklung. Nach einem Pädagogikstudium und der Absolvierung des psychotherapeutischen Propädeutikums, intensive Auseinandersetzung mit Nachhaltigkeitslernen und -gruppen sowie Resilienz als Überlebensfähigkeit in seiner Dissertation zum Thema „Nachhaltigkeitsgruppen als Orte der Bildung und des Lernens in einer flüssigen Gesellschaft".

CSR und lernende Organisation/ Double-Loop-Learning

Michael Retschitzegger

1 Einleitung

Wie stellen Organisationen sicher, dass sie nicht nur als umweltoffene Systeme in einer turbulenten, oft feindlichen Umwelt überleben, sondern über die Überlebensfähigkeit hinaus Fortschrittsfähigkeit unter Beweis stellen und die Fähigkeit zur Selbsttransformation aufbringen.

Bereits seit Ende der 1970er-Jahre liefert der organisationstheoretische Ansatz der „lernenden Organisation" Antworten auf diese Frage, seit Anfang der 1990er-Jahre und mit Peter M. Senge hat dieses Konzept enorm an Popularität gewonnen und zählt mittlerweile zu den Standards der Managementtheorien.

Zu Beginn des neuen Jahrtausends ist mit der unternehmerischen Gesellschaftsverantwortung ein für die lernende Organisation vollkommen neues Themenfeld in deren Blickfeld geraten. Umgekehrt scheint auch CSR aus dem Antrieb heraus ein wachsendes Interesse an organisationalem Lernen zu entwickeln, dass gerade die lernende Organisation Möglichkeiten zur Implementierung von Instrumenten liefert, die verantwortliches unternehmerisches Handeln zum Zwecke einer nachhaltigen Entwicklung initiieren und forcieren.

Leitfragen zur Annäherung an den Dialog zwischen CSR und lernender Organisation können dabei folgende sein:

- Wie kann eine lernende Organisation auf gesellschaftliche Herausforderungen reagieren?
- Welche internen Instrumente existieren, um Lernprozesse in Bezug auf gesellschaftliche Veränderungen zu initiieren?

M. Retschitzegger (✉)
Weinstrasse 7, 80333 München, Deutschland
E-Mail: m.retschitzegger@icloud.com

© Springer-Verlag Berlin Heidelberg 2016
B. Schram, R. Schmidpeter (Hrsg.), *CSR und Organisationsentwicklung*,
Management-Reihe Corporate Social Responsibility, DOI 10.1007/978-3-662-47700-7_3

- Welchen Beitrag leistet der Ansatz des Double-Loop-Learning für die CSR-Strategie eines Unternehmens?

2 Wie kann eine lernende Organisation auf gesellschaftliche Herausforderungen reagieren?

Einige Experten haben bereits versucht, eine Verbindung zwischen organisationalem Lernen und nachhaltiger Entwicklung herzustellen (Sharma 2000, S. 681). Grundsätzlich wird dabei die Bedeutung der Herausbildung des sozial-ökologischen Bewusstseins der Beschäftigten von Unternehmen herausgearbeitet sowie die Notwendigkeit einer entsprechenden Einstellung innerhalb von Unternehmen, dieses Bewusstsein zu fördern (Bansal 2003, S. 510).

2.1 Die Bedeutung des Einzelnen

Forschungsergebnisse zeigen, dass Beschäftigte, die in dieser Hinsicht von ihren Unternehmen bzw. ihren Führungskräften eine deutliche Motivation erfahren, mit größerer Wahrscheinlichkeit kreative Ideen entwickeln und implementieren, die deren eigenes sowie das Unternehmensumfeld positiv beeinflussen, als deren Kolleginnen und Kollegen, die in dieser Hinsicht nicht entsprechend gesteuert worden sind (Bansal und Roth 2000, S. 717). Diese individuellen Einstellungen werden auch „Ökoinitiativen" genannt und damit als jede Handlung eines Beschäftigten definiert, die mit der Absicht durchgeführt wird, dass dadurch die umfeldbezogene Leistung des Unternehmens verbessert werden kann. Allein im Segment des Umweltschutzes beispielsweise legen diese Forschungen nahe, dass die Ökoinitiativen durch Recycling, die Vermeidung von Umweltverschmutzung, durch das Lösen unterschiedlicher Umweltprobleme, Energiesparmaßnahmen sowie durch die Einsparung gefährlicher Rohstoffe die Ökobilanz ihres Unternehmens zum Wohle der Umwelt und der Gesundheit der Belegschaft deutlich aufwerten (Ramus und Steger 2000, S. 605). Diese Einsichten lassen sich auch auf sämtliche Bereiche des ökosozialen Verhaltens von Unternehmen übertragen (Anderson und Bateman 2000, S. 548).

Andere Ansichten orientieren sich am individuellen Handeln des Einzelnen. Einer der wichtigsten Aspekte gesellschaftlicher Verantwortung von Unternehmen ist dabei die Bedeutung, die soziale Fragestellungen für die Individuen haben, aus denen sich das jeweilige Unternehmen zusammensetzt – bis zu welchem Ausmaß also gesellschaftliche Fragestellungen für diese Personen Sinn machen und bis zu welchem Punkt sie gemäß ihrer möglichen gesellschaftlichen Werte agieren. Weiterhin ist das Interesse des Einzelnen an ökologischen und sozialen Fragen fundamental für die Antworten, die ein Unternehmen auf diese Fragen bereithält. Dieses Interesse des Einzelnen wiederum kann durch die Verfügbarkeit von Bildung, Training und Information angeregt werden, die es ihm ermöglichen, einen Konnex zwischen Armut, unserem Ökosystem und sozial untragbaren Verfahren herzustellen (Reverdy 2005, S. 187).

Obwohl das durch öko-soziale Verantwortung gesteuerte Lernen von ihnen zwar nicht explizit aufgegriffen wird, so passt der Beitrag von Argyris und Schön (1996) doch sehr gut in diesen Kontext, da er veranschaulicht, welche verschiedenen Arten und Phasen des Lernens Beschäftigte durchlaufen sowie welche Konsequenzen daraus resultieren (Argyris und Schön 1996). Im Wesentlichen handelt es sich dabei um das Single-Loop- und das Double-Loop-Learning; unter Kapitel „CSR und Engpassmanagement (EKS)" dieses Artikels wird auf beide Formen des Lernens im Kontext von CSR näher eingegangen.

2.2 Die Bedeutung des Ganzen

Der mit Abstand wichtigste Aspekt, den lernende Organisationen oder lernende Unternehmen bei der Etablierung von Reaktionsmustern auf gesellschaftliche Herausforderungen berücksichtigen können und müssen, ist hingegen die Entwicklung einer entsprechenden Kultur. Zwischen Kultur einerseits und gesellschaftsrelevanten Strategien und Strukturen andererseits gibt es vielfältige Beziehungen. Häufig erfordern dabei neue Strategien, die die gesellschaftliche Verantwortung des Unternehmens in ihr Zentrum rücken, gerade in unserer Zeit nicht nur eine Kulturentwicklung, sondern eine Kulturrevolution.

Der Einflussbereich der Unternehmenskultur erstreckt sich dabei in zweierlei Richtungen. Einerseits lenken die unternehmenskulturellen Werte und Normen die internen Handlungs- und Verhaltensweisen der Mitglieder und andererseits prägt die Kultur das Selbstbild des Unternehmens.

Den Idealfall stellt dabei die Kongruenz zwischen den postulierten Werten und den grundlegenden Überzeugungen dar, die in den gelebten Verhaltensweisen ihren Ausdruck finden. Ist dies nicht der Fall, existiert eine Kulturlücke, die es zu beheben gilt. Von Zeit zu Zeit ist deshalb eine Reflexion der vorherrschenden Kultur, soweit möglich, notwendig, um zu überprüfen, ob die gelebten Werte und Normen mit der postulierten Kultur übereinstimmen. Eine einmal vorhandene Kultur fungiert wie eine Brille, die die Aufmerksamkeit der Kulturträger lenkt und die Aufnahme und Verarbeitung der Informationen selektiv beeinflusst. Handlungsweisen werden als selbstverständlich wahrgenommen, was problematische Auswirkungen hat, wenn sich zu starre Werte und Normengefüge herausbilden. Diese führen zu eingeschränkten Wahrnehmungen äußerer Einflüsse und können das Überleben des Unternehmens bedrohen.

In Praktikerkreisen wird die Kultur auch lapidar als „das, wofür wir stehen" bezeichnet, was dem fehlenden Bewusstsein für kulturelle Ausprägungen Ausdruck verleiht. Da die Ausgestaltung der jeweiligen Unternehmenskultur unternehmensspezifisch ist, gibt es Unternehmen mit mehr oder weniger funktionalen Kulturen. Ein universell gültiges Konzept, was erfolgreiche Unternehmenskulturen ausmacht, gibt es nicht. Jedoch kann von einigen gelebten Kulturen angenommen werden, dass sich Angehörige dieser leichter auf Veränderungen einstellen können bzw. diese antizipieren, als Personen, die in einem kulturellen Umfeld tätig sind, das für die Umsetzung von Veränderungen ungünstiger strukturiert ist.

Die grundlegenden Überzeugungen in Form der Unternehmenskultur prägen die unternehmerischen Aktivitäten und dienen idealerweise als Basis für die Entwicklung von CSR-Programmen. Da strategische Entscheidungen hauptsächlich durch das Top-Management getroffen werden, finden überwiegend die dort vorherrschenden Werte und Normen bei der Strategiewahl Berücksichtigung. Gesamtkulturelle Aspekte können, ohne Partizipation weiterer Mitarbeiter aus unterschiedlichen Unternehmensbereichen und -ebenen, im Entscheidungsprozess nicht authentisch repräsentiert werden. Ist dies der Fall, kann es zu Widerständen bei der Implementierung von CSR-Programmen kommen.

Zusätzlich müssen Maßnahmen ergriffen werden, die den Umsetzungsprozess fördern und den Inhalt sowie die Bedeutung des sozialen Engagements in möglichst alle Unternehmensbereiche und -ebenen transportieren.

Umgekehrt muss aber, wie bei jedem strategischen Eingriff, mit Rückwirkungen auf die Kultur gerechnet werden. Corporate Social Responsibility bietet den Vorteil, dass bei vollständiger Implementierung die vorherrschenden Werte und Normen in das operative Geschäft integriert und die Kultur gelebt werden kann.

Die Dominanz der Unternehmenskultur ist dabei in der interdependenten Beziehung mit CSR unumstritten. Dass sich Unternehmen mit den sozialen Folgen ihres Handelns beschäftigen und entsprechende Aktivitäten entwickeln, ist eine strategische Entscheidung, die durch die Unternehmensführung getroffen wird.

Die Implementierung in die Gesamtkultur folgt nicht automatisch, sondern muss gefördert werden, damit sozialverantwortliches Handeln in der alltäglichen Geschäftspraxis angewendet wird und dieses Engagement sich auszahlt. Das wichtigste Motiv, das Unternehmen bereits heute sozialverantwortlich handeln lässt, ist gemäß diverser Umfragen bei Top-Entscheidern der deutschen Wirtschaft eine darauf ausgerichtete Unternehmenskultur. Diese bestimmt das Spektrum an plan- und realisierbaren Strategien und deren interne Umsetzung.

Bei der Strategiewahl müssen kulturelle Aspekte folglich ausreichend Berücksichtigung finden, auch wenn ihre Komplexität, mögliche konträre Subkulturen sowie unterschiedliche Machtinteressen eine Hürde darstellen. Das letzte Wort bei der Strategiewahl hat das Top-Management, wodurch deren unternehmenskulturell geprägte Entscheidungen ihre Bedeutung und Interpretation für das Unternehmen erhalten.

Die Entscheidung und demzufolge auch das Bekenntnis der Unternehmensführung zur sozialen Verantwortung ist einer der ersten, aber nicht der einzige und wichtigste Schritt zu ihrer erfolgreichen Implementierung. Die Partizipation von Mitarbeitern bzw. deren Vertretern an den Entscheidungsprozessen ist ebenfalls von großer Bedeutung. Von der Zustimmung und Unterstützung der Mitarbeiter ist letztlich abhängig, ob und wie die erlassenen CSR-Programme umgesetzt werden.

Eine gänzliche Übereinstimmung zwischen der Strategiewahl und der vorherrschenden Kultur kann es aufgrund dynamischer Entwicklungen dieser nicht geben und wäre für das Überleben des Unternehmens wenig sinnvoll. Ist der Blick für strategische Neuausrichtungen durch zu starre Vorstellungen getrübt, kann die Anpassungs- und Wandlungsfähigkeit des Unternehmens eingeschränkt werden. Bedeutende Umwelt- und Kontextfaktoren, die für die Weiterentwicklung unerlässlich sind, können nicht mehr wahrgenommen und verarbeitet werden.

In den letzten Jahren haben sich die Umweltfaktoren weitreichend und in einer nie dagewesenen Form verändert. Ökologische und soziale Forderungen gegenüber dem Unternehmen nehmen in ihrer Intensität und in ihrem Ausmaß zu. Die alleinige Versorgung mit wirtschaftlichen Gütern sowie die Gewinnorientierung sind aus der Perspektive der Anspruchsgruppen nicht mehr ausreichend.

Diese neuen Herausforderungen müssen kulturell wahrgenommen und transformiert werden, wobei die Wahrnehmung das kleinere Problem darstellt. Vielmehr bereitet die interne Umsetzung sozialverantwortlicher Programme den Unternehmen große Schwierigkeiten. Die erfolgreiche Implementierung ist aber unerlässlich, um die gesellschaftlichen Forderungen als wirtschaftliche Chance nutzen zu können.

Erfolgsentscheidend sind die konkrete Ausgestaltung der jeweiligen Kultur sowie die davon abhängige interne Umsetzung, die sich letztlich in konkreten Verhaltensweisen widerspiegelt und in bestimmten Ergebnissen mündet. Durch die Formulierung einer sozialen Vision und Ausarbeitung entsprechender Leitlinien demonstriert das Unternehmen seinen Mitarbeitern die langfristigen sozialverantwortlichen Ziele. Diese öffentlich propagierten Werte und Normen dienen als Orientierungsrahmen für das Verhalten der Mitarbeiter. Allein die Niederschrift reicht nicht aus, um Verhaltensänderungen hervorzurufen. Der Prozess zur erfolgreichen Implementierung von CSR-Programmen muss weiterhin durch Maßnahmen begleitet werden, die Mitarbeitern den Sinn dieser und die dafür notwendigen Veränderungen nahe bringen. Ein abgestimmtes Changemanagement ermöglicht den reibungsloseren Ablauf und vermindert Widerstände seitens der Mitarbeiter.

Menschen sind nicht, wie häufig in wirtschaftlichen Theorien unterstellt, rational handelnde, sondern eher soziale Wesen, die emotional reagieren und sowohl Angst vor Unsicherheit und Veränderung haben, als auch nach persönlicher Zuwendung und Anerkennung streben. Werden diese sozialen Komponenten bei der Implementierung nicht ausreichend berücksichtigt, kann dies zum Scheitern der CSR-Strategie führen.

Die spezifischen Charakteristika der Mitarbeiter sind ebenso wie die generelle Orientierung des Unternehmens durch die zugrunde liegenden Werte und Normen geprägt. Konträre kulturelle Ausprägungen zwischen den öffentlich formulierten Werten und dem tatsächlich gelebten Verhalten sind dabei keine Seltenheit. Um dies zu vermeiden, bedarf es der kulturellen Annäherung durch entsprechende Maßnahmen. Diese müssen in der Lage sein, kulturelle Veränderungen zu ermöglichen und in allen Unternehmensbereichen und -ebenen zu greifen, was durch eine vorherige Analyse zu überprüfen ist.

Die kulturgeleitete Strategiewahl, deren interne Umsetzung und die daraus resultierenden Ergebnisse können sich positiv auf den wirtschaftlichen Erfolg des Unternehmens und dessen Wettbewerbs- und Innovationsfähigkeit auswirken. Die daraus resultierenden Leistungsfaktoren wirken wiederum auf das Unternehmen, sein Umfeld und seine Kultur zurück. So können Unternehmen nicht nur auf die Anforderungen aus der Umwelt reagieren, sondern haben auch die Möglichkeit der Einflussnahme. Durch proaktives Vorgehen können Unternehmen beispielsweise zukünftigen Anforderungen frühzeitig begegnen, etwaige negative Auswirkungen abwenden und Vorteile aus ihrem Engagement ziehen.

Idealerweise reflektiert die Strategiewahl in repräsentativem Maße die Unternehmenskultur durch Einbindung verschiedener Mitarbeiter in den Entscheidungsprozess, wodurch die Implementierung der Strategie sozialer Verantwortung von vornherein erleichtert wird. Der Implementierungsprozess muss zusätzlich durch den Einsatz ausgewählter, effektiver Maßnahmen unterstützt werden, denn trotz repräsentativer Berücksichtigung unternehmenskultureller Werte können nicht alle Mitarbeiter einbezogen werden.

3   Welche internen Instrumente existieren, um Lernprozesse in Bezug auf gesellschaftliche Veränderungen zu initiieren?

Die Unternehmenskultur ist also gleichzeitig Einflussfaktor und Ergebnis der unternehmerischen Prozesse. Entscheidungen und Handlungen werden durch diese beeinflusst, wobei das Konstrukt ständig dynamische Veränderungen erfährt. Um einen kulturellen Wandel, der die Anwendung sozialer Aspekte ermöglicht, herbeizuführen, ist die aktive Einflussnahme mit Hilfe verschiedener Instrumente auf das bestehende Werte- und Normengefüge durch die Unternehmensführung gefordert.

Drei Schlüsselfaktoren kristallisieren sich dabei als ausschlaggebende Stimuli des Lernens in Unternehmen bezüglich gesellschaftlicher Veränderungen heraus (Margerison und Kakabadse 1984, S. 5):

- Einflüsse aus der Unternehmensumwelt,
- eine als antiquiert wahrgenommene Unternehmensstruktur,
- persönliche Frustration.

3.1   Einflüsse aus der Unternehmensumwelt als Lernstimulus

Durch unternehmensexterne Einflüsse verursachte Veränderungen der Marktbedürfnisse und Marktkräfte, das Verhalten der Konkurrenten, marktrechtliche Deregulation und das Eindringen in bisher verschlossene Märkte sowie veränderte Kundenbedürfnisse fordern zweifelsohne die Unternehmen zu Antworten und Wandel (Kakabadse und Dainty 1988, S. 106).

Unternehmen unterscheiden sich im Allgemeinen in ihren Reaktionsmustern und Reaktionszeiten. Unternehmen, die überwiegend in einem turbulenten Umfeld tätig sind, tendieren zu rascher Reaktion, indem sie frühzeitig den Charakter der Veränderungen analysieren und angemessene Anpassungsmuster explizieren und debattieren. Unternehmen, die an Agieren in schnell wechselnden Märkten weniger gewohnt sind, analysieren Veränderungen eventuell erst dann, wenn eine Neubeurteilung bisheriger Gepflogenheiten aufgrund aller akkumulierter Daten dringend angezeigt ist.

Unabhängig von der Reaktionszeit begegnet man veränderten äußeren Einflüssen in den meisten Organisationen wohl dadurch, dass man zunächst in einen Datensammlungsprozess eintritt, entweder unter Nutzung interner Ressourcen oder mit Hilfe externer Agenturen, zum Beispiel Berater. Ein solcher datenorientierter Prozess basiert überwiegend auf rationalen, wissenschaftlich abgesicherten Prinzipien und wird daher vom Management kaum als bedrohlich empfunden. Interessanterweise werden die aus der Datensammlung resultierenden Empfehlungen keineswegs immer umgesetzt bzw. weiterverfolgt. Im Gegenteil: Berater werden häufig kritisiert, dass sie die spezifischen Gegebenheiten ihrer Klienten nicht richtig einschätzen bzw. berücksichtigen. Dies ist ohne Zweifel teilweise berechtigt, jedoch kann sich hinter dieser Kritik ebenso der Widerwille des Klienten verbergen, Strategien zu verfolgen, die mit unerwünschten und unbequemen Veränderungen verbunden sind.

3.2 Eine als antiquiert wahrgenommene Unternehmensstruktur als Lernstimulus

Organisationsstrukturen sind Mittel zum Zweck. Sie sind das Mittel, mit dem Ressourcen sowie Aufmerksamkeit und Aktivität der Menschen auf die Realisierung bestimmter Zielsetzungen gerichtet werden. Obwohl Mittel zum Zweck, bildet die Struktur gleichzeitig auch den Mechanismus, der Mitarbeitern und dem gesamten Unternehmen Identität verleiht. Das Individuum erhält seine Identität über die Rollen, die es innehat, über die Autorität und Verantwortung, die mit diesen Rollen verknüpft sind, sowie über den tatsächlichen bzw. wahrgenommenen Status, der diesen Rollen zugeschrieben ist.

In Abhängigkeit vom Charakter des Geschäftes und der grundlegenden Strukturkonfiguration werden die Verhaltensmuster der Organisationsmitglieder von diesen beiden Faktoren gleichermaßen stark beeinflusst. Je länger eine bestimmte Strukturkonfiguration bewahrt wird, desto stärker wächst der Druck auf die Menschen, nach einem bestimmten Grundmuster zu interagieren. Je ausgeprägter und intensiver ein Verhaltensmuster mit der Zeit wird, desto wahrscheinlicher ist die Formierung eines spezifischen Normensets: die Unternehmenskultur. Wird die Struktur als veraltet bzw. als nicht förderlich für die Aufgabenbewältigung empfunden, ergeben sich ernsthafte Probleme, die zu nicht vertretbaren, alarmierenden Verhaltensmustern bei den Mitarbeitern führen können.

3.3 Persönliche Frustration als Lernstimulus

Belastungen und Frustrationen, die der Einzelne erlebt, setzen unausweichlich Emotionen frei, was wiederum den nötigen Lern- und Veränderungsanreiz erzeugt. Unzufriedenheit eines Individuums kann auf Veränderungen seiner Funktion bzw. Rolle, das heißt der von ihm geforderten Tätigkeiten, oder auf geänderte Anforderungen und Tätigkeitsprofile zurückzuführen sein. Es fühlt sich möglicherweise für neue Tätigkeiten oder Aufgaben schlecht vorbereitet und beklagt sich über mangelnde Personalentwicklung „on" oder „off the job". Die Unzufriedenheit beruht vielleicht gar nicht auf dem Mangel entsprechender

Fähigkeiten, sondern vielmehr auf der Wahrnehmung bzw. dem Standpunkt, dass die Veränderungen subjektiv nicht tragbar sind. Der emotionale Kontrakt zwischen dem einzelnen Organisationsmitglied und der Organisation wird als unannehmbar empfunden, so dass der Betroffene das Unternehmen verlässt oder sich massiv dafür engagiert, dass der Veränderungsprozess in einem für ihn akzeptablen Maß wirkt.

Negative Emotionen können auch durch Arbeit in einer unangemessenen Struktur entstehen, obwohl die Tätigkeit selbst als akzeptabel betrachtet wird. Die Qualität der Beziehungen zwischen oberen und obersten Führungskräften, die durch strukturelle Einflüsse gravierend beeinflusst wird, ist Kernursache für Zufriedenheit oder Unzufriedenheit. Die Situation, dass man von Vorgesetzten, Kollegen oder Mitarbeitern (die, ihrem Verhalten nach zu schließen, kein Verständnis für die zur Realisierung einer funktionierenden Struktur an sie gestellten Anforderungen haben) abgeblockt, ausmanövriert oder schlicht und einfach nicht unterstützt wird, ist häufig anzutreffen. Häufig werden solche negativen Interaktionsmuster unter den Managern der mittleren und höheren Führungsebenen durch veraltete Funktions- und/oder Produktstrukturen gefördert.

Zusätzlich kann das Management einer komplexen Matrixstruktur mit ihren Wechselbeziehungen zwischen „straight lines" und „dotted lines" für die betroffenen Führungskräfte frustrierend sein. Jede in eine solche Matrix eingebettete Führungskraft kann zu dem Ergebnis kommen, dass sie eigentlich miteinander inkompatible Anforderungen, die sich aus zentralen, regionalen oder funktionalen Gegebenheiten ergeben, ausbalancieren soll. Je nach den unterschiedlichen Interessen, die im Spiel sind, sowie dem Reifegrad der jeweiligen Führungskräfte in der Matrixstruktur, können sich entweder qualitativ hochwertige Diskussionen zum Geschäft oder negative Beziehungen zwischen den Führungskräften ergeben. Viele Manager haben sich im Rahmen von Interviews und Workshops über die Frustrationen und Belastungen beklagt, mit denen sie in der Matrixstruktur konfrontiert werden, insbesondere wenn sie mit schlecht ausgebildeten Kollegen zusammenarbeiten müssen bzw. mit Kollegen, die kein Wissen und keine Erfahrung haben, wie man in einer Matrix effizient zusammenarbeitet. Solche Frustrationen und Spannungen führen entweder zu einem Veränderungsbedürfnis oder zur Demotivation der im Unternehmen tätigen Führungskräfte.

3.4 Lernpfade

Ob nun unternehmensexterne Einflüsse, Reaktionen auf die bestehende Unternehmensstruktur oder persönliche Spannungen Triebfeder des Lernens sind, das Resultat ist wahrscheinlich die Infragestellung bestehender Handlungsmuster, Gegebenheiten und Werte. Entscheidend ist dabei, dass diese Energie so aktiviert und genutzt wird, dass Mitarbeiter des Unternehmens aus ihren Erfahrungen lernen und in einer für sie bedeutungsvollen Art ihre Belange thematisieren. Zwei grundlegende Ansätze lassen sich identifizieren:

- Feedback,
- strategische Personalentwicklung.

3.4.1 Feedback

Information ist sozusagen das Herzblut jedes Unternehmens. Daten, die auf spezifische Weise erfasst, aufbereitet und dargestellt werden, bilden die Wissensbasis, die man benötigt, um Aufgaben zu erledigen, vorgeschriebene Standards zu erfüllen und zu verstehen, wer die Autorität zum Auslösen und Lenken von Handlungen besitzt. Da Information und Informationsaustausch wesentlich zum „Betrieb" eines Unternehmens beitragen, sowohl die Erfassung und Verarbeitung neuer Informationen wie auch eine Rückmeldung an unterschiedlichste Menschen, wie effektiv Systeme und Menschen arbeiten, sind sie ein leistungsfähiges Instrument für Anpassungen und Veränderungen (Nadler 1977, S. 31).

Um in einem Unternehmen Veränderungen zu initiieren, muss bekannt sein, welche Informationen weshalb und von wem zu erfassen sind. Eine ebenso wichtige Rolle spielen Verfahrensfragen, das heißt, wie Informationen zu erfassen sind und auf welche Weise die Informationsrückmeldung erfolgen soll (Nadler 1981, S. 191). Die Steuerung des Informationsgewinnungsprozesses ist zwar ein Schlüsselthema, jedoch nicht schlussendlich Determinante für den Erfolg von Änderungsvorhaben.

Zu wissen, wie man mit den am Änderungsvorhaben beteiligten Parteien umzugehen hat, ist ebenso wichtig wie das Wissen um die einzusetzenden Methoden der quantitativen Datenanalyse. Bei jedem Informationsgewinnungsprozess sind Emotionen und Einstellungen der Beteiligten zu berücksichtigen, um sicherzustellen, dass die richtigen Informationen präzise erfasst werden. Der Informationsgewinnung muss eine sorgfältige Planung der Feedback-Strategie folgen. Entsprechende Forschungsarbeiten lassen zunehmend den Schluss zu, dass „sanftere/humanistischere" Führungsqualitäten sowohl auf Unternehmens- als auch auf individueller Ebene entscheidenden Einfluss auf erfolgreiche oder weniger erfolgreiche Handlungsergebnisse besitzen. Da der Umgang mit Menschen in dieser Frage einer der kritischsten Punkte ist, kommt der Einschätzung darüber, welche Rückmeldungen, in welchem Umfang und wie erforderlich sind, um besondere, positive Reaktionen zu induzieren, große Bedeutung zu. Man sagt nicht einfach die Wahrheit. Dies muss ggf. in mehreren Schritten erfolgen, und zwar so, dass sich die Betroffenen als Eigentümer der gesammelten Daten empfinden können.

3.4.2 Strategische Personalentwicklung

Wer sich mit dem lernenden Unternehmen beschäftigt, denkt selbstverständlich an Training und Weiterbildung. Das eigentliche Kunststück liegt jedoch nicht in Training und Weiterbildung, sondern in der integrierten Entwicklung des Individuums und des Unternehmens. Dies bedeutet, die Humanpotenziale der Organisation zu entwickeln, indem man ihre Fähigkeits- und Qualifikationsbasis steigert und sie gleichzeitig befähigt, die Unternehmensentwicklung als konstanten und sich selbsttragenden Prozess weiterzuführen.

Wir wissen heute eine Menge über das Trainieren von Gruppen und das Fördern individueller Lernprozesse; und wir wissen sogar viel über das Initiieren und Bereichern von Selbstentwicklungsprozessen. Wir wissen jedoch noch zu wenig, wie eine Synthese all dieser Ausbildungs- und Lernergebnisse bewerkstelligt werden kann, um Effektivität, Effizienz und Wachstum der Organisation zu erhöhen. Die Lösung dieses Problems wäre für das lernende Unternehmen der große Durchbruch.

Die von Pedler, Boydell und Burgoyne stammende Definition des lernenden Unternehmens verbindet individuelles Lernen mit organisationaler Transformation (Pedler et al. 1989, S. 6). Bei näherer Betrachtung werden die Implikationen dieses Konzeptes deutlicher, vor allem hinsichtlich des Unternehmensklimas, der Kultur, der Strategie der Human-Resource-Entwicklung und der organisatorischen Transformation:

Das Unternehmensklima ermutigt und befähigt, zu lernen und das eigene Potenzial zu entwickeln, was sich auf alle Aspekte der Arbeit und auf das Unternehmen als Ganzes auswirkt. Dies wiederum erzeugt bzw. nährt eine Kultur, die sich zusehends nach außen in Richtung Markt orientiert und alle Hauptakteure einbezieht.

Die Personalentwicklungsstrategie, innerhalb derer Training und Weiterbildung nur eine von mehreren Komponenten ist, wird somit zu einem zentralen Thema der Geschäftspolitik. Die für Personalentwicklung verantwortlichen Manager müssen das Geschäft ebenso gut und bodenständig kennen wie ihre Kollegen im Linienmanagement, um die Personalentwicklungs-Strategie so auslegen zu können, dass sie das Geschäft produktiv fördert. Dazu muss die PE-Funktion genauso viel Zeit auf die Analyse der Unternehmensbedürfnisse verwenden wie auf die Lieferung ihrer „Produkte".

Herzstück eines solchen Prozesses ist die kämpferische Herausforderung des Status quo durch Menschen, die zwar über das erforderliche Repertoire an Fähigkeiten verfügen, die aber vielleicht nie wirklichen rangmäßigen Status in der Organisation genossen haben. Dies ist zwar zweifelsohne ein sehr heikler politischer Prozess, der eine hohe beraterische Leistung erfordert, mit hohen Risiken behaftet und bei Misserfolg mit einem hohen Preis zu bezahlen ist. Im Erfolgsfall jedoch wird die PE-Strategie ein zentraler Teil der Unternehmenspolitik und individuelles und organisatorisches Lernen sind in das Herzstück der Geschäftsaktivität integriert.

Höhepunkt allerdings ist der kontinuierliche Prozess organisatorischer Transformation, innerhalb derer die drei bereits identifizierten Schlüsselfaktoren folgendermaßen in einem integrierten Ansatz übergeführt werden:

- geeignete Antworten auf Einflüsse aus der Unternehmensumwelt: keine blindlings über das Knie gebrochenen Reaktionen auf Druck von außen,
- geeignete Antworten auf veraltete Organisationsstrukturen: Vermeidung von irrationalem Verhalten, widersprüchlichen Botschaften, konfusen Aktivitäten und negativ ausgeprägter Unternehmenskultur,
- geeignete individuelle Selbstentwicklung: Vermeidung unklarer Rollen, schlecht definierter Aufgaben, emotionalen Stresses und dysfunktionaler und unreifer Beziehungen.

Diese organisatorische Transformation ist der Schlüssel zur Unternehmenszukunft. Sie unterscheidet sich von traditioneller Organisationsentwicklung dadurch, dass sie unmittelbar mit dem Prozess zu tun hat, durch den sich das Unternehmen bewusst selbst entwickelt, anstatt sich durch zufällige und unbeeinflussbare Kräfte von außen verändern zu lassen. Dadurch nähert sich das Unternehmen der Möglichkeit, die Früchte aller individuellen Lern- und Selbstentwicklungsprozesse zu ernten, um damit das Unternehmenspotenzial und die Unternehmensentwicklung zu stimulieren.

Begründung für alle diese Überlegungen ist es, Wettbewerbsvorteile zu erzielen. Es geht um wesentlich mehr, als das bloße Überleben des Unternehmens. Dies umfasst eine ganze Reihe aktueller Herausforderungen:

- Unkontrollierbarkeit und Dynamik der Märkte,
- massive Konkurrenz aus nichttraditionellen Bereichen,
- zunehmende Veränderungsgeschwindigkeit,
- Kundenorientierung und Komplexität der Kundenstrukturen,
- Endlichkeit der Ressourcen jeglicher Art, insbesondere auch der Human-Resource,
- Qualität der Produkte und der Dienstleistungen als wesentlicher Unterschied im Wettbewerb.

Wenn es Faktoren gibt, die Unternehmen dazu zwingen, lernende Unternehmen zu werden, so gibt es auch Kriterien, nach denen sich ein solches, zu dieser Lernqualität strebendes Unternehmen beurteilen lässt – wie offen es ist, wie sehr es Teilhabe fördert, wie sehr es Fragen stellt, wie sehr es Partizipation gestaltet, wie austauschorientiert es handelt, wie reich und fündig es an Ressourcen ist und insbesondere, ob es ein sinnvolles Feedback in beiden Richtungen fördert, damit sich echtes Lernen aus Experimentieren, Entwicklung, Versuch und Irrtum bzw. Fehlschlag ergibt.

Diese Liste ist bei weitem unvollständig und mit vielen weiteren Beispielen zu versehen, je nach Standort und Zielsetzung. Welche Parameter man auch betrachtet, das Endergebnis steht wohl außer Frage – aus der Vision muss Realität werden, aber der Preis für Misserfolg ist so hoch, dass man ihn nicht einmal in Betracht ziehen mag.

4 Welchen Beitrag leistet der Ansatz des Double-Loop-Learning für die CSR-Strategie eines Unternehmens?

Wie bereits in Kapitel „Resilienz im Spannungsfeld von CSR und Changemanagement" angedeutet, bieten die diversen Lernformen, die sich aus dem Konzept der lernenden Organisation heraus ergeben, Ansatzpunkte für die Implementierung und Weiterentwicklung einer für das Unternehmen probaten CSR-Strategie. Erfolgreiche Organisationen müssen diese beherrschen und wissen, wann welcher der zur Verfügung stehenden Ansätze verfolgt werden muss (Berthoin Antal et al. 2001, S. 928). Unter den für die CSR-Strategie eines Unternehmens wichtigsten befinden sich das Single-Loop-, das Double-Loop- und das Deutero-Learning sowie das Entlernen (Hedberg 1981, S. 3) und die Wissensschaffung (Nonaka 1994, S. 14). Indem Organisationen unterschiedliche Lernstrategien anwenden und miteinander kombinieren, schaffen sie es, mit einem multidimensionalen Rahmen (ökonomisch, sozial, umweltbezogen usw.) sowie einem breiteren Horizont (lokal, national, regional, weltweit) zurechtzukommen. Indem sie sich zusammen und miteinander beschäftigen, lernen Organisationen in aller Regel mehr und schneller. Jüngste Erkenntnisse hinsichtlich organisationalen Lernens zeigen die große Bedeutung zwischen-organisationaler Zusammenarbeit für Wissensteilung und die Schaffung synergetischer Lösungen auf (Hardy et al. 2003, S. 321).

Zu lernen, wie man eine CSR-Strategie in einem Unternehmen implementiert, bedeutet nicht nur, einige Dinge besser als zuvor zu machen, sondern auch frühere Vorgehensweisen innerhalb und zwischen Organisationen in Frage zu stellen. Aktuelle Verfahrensweisen zu verbessern ist eine Form des Lernens, das klassischerweise als das Single-Loop-Learning in Abgrenzung zum Double-Loop-Learning bezeichnet wird. Beispielsweise haben bereits einige Unternehmen damit begonnen, ein CSR-Berichtswesen einzuführen, um auf diesen Erfahrungswerten aufzubauen und den erweiterten Anforderungen und Ansprüchen einer weltweiten CSR-Strategie Genüge tun zu können (Preston et al. 1981, S. 117). In diesen Fällen wäre die Verbesserung bereits bestehender Durchführungsformen (Single-Loop-Learning) geeignet, um quantitatives und qualitatives Datenmaterial über die Leistung in verschiedenen Bereichen zu generieren und zu kommunizieren. Im Gegensatz dazu müssen Unternehmen, die ihre Aufmerksamkeit im Berichtswesen bislang primär auf ihre ökonomische Leistungsfähigkeit gerichtet haben, künftig sehr differenziert darüber nachdenken, wie sie ihre Gesamtleistung unter Berücksichtigung anderer, gleichwertiger Leistungsdimensionen beurteilen und darüber Bericht erstatten. Sofern dabei das Drei-Säulen-Modell nachhaltiger Entwicklung mitaufgenommen und in der Praxis umgesetzt wird, ist damit automatisch Double-Loop-Learning involviert. Auf ähnliche Art und Weise werden Organisationen des öffentlichen Dienstes, die bislang nicht öffentlich über die ökonomischen, umweltbezogenen, sozialen und anderweitigen Auswirkungen ihrer Aktivitäten berichtet haben, ihre internen Abläufe überdenken und neue Instrumente zur Leistungsmessung einführen müssen.

Über die Bedeutung des Double-Loop-Learning für die CSR-Strategie eines Unternehmens hinaus geht das Deutero-Learning, also die Fähigkeit, das Lernen zu lernen. Das Feld der Sozialverantwortung von Unternehmen verlangt nach dieser Form des Lernens, weil die davon betroffenen Themen und Akteure nicht stillstehen. Um auf Augenhöhe mit neuen Fragestellungen und veränderten Konstellationen zu bleiben bzw. um sich vor dieser Welle zu befinden, werden Organisationen ihre Lernfähigkeiten verfeinern müssen und sie werden lernen müssen, wie man gemeinsam lernt. Ein Deutero-Learning für eine passende CSR-Strategie verlangt nach interaktiven Lernprozessen zwischen Organisationen auf lokaler, regionaler, nationaler und internationaler Ebene.

Lerntheorien legen nahe, dass Lernen kein linearer Prozess des Anhäufens und Anwendens von Wissen ist. Tatsächlich ist es manchmal notwendig, verwurzelte Praktiken abzustreifen, um dazu in der Lage zu sein, neue Ansätze bewältigen zu können, also Entlernen zu können. Bestimmte Geisteshaltungen und Praxismethoden, die überholt sind, müssen beiseite gelegt werden, damit Organisationen passendere Wege entwickeln können, um gegenwärtige und zukünftige Herausforderungen zu bewältigen. Zusätzlich zu dem Entlernen engstirniger organisationaler Begrenzungen erfordert eine probate CSR-Strategie das aktive Vergessen einfacher, binärer Konzeptualisierungen bei der Verteilung von Rollen und Verantwortlichkeiten zwischen Unternehmen und ihren Interessengruppen. Es ist ein Fehler, Unternehmen auf der einen und deren Interessengruppen auf der anderen Seite zu betrachten, wobei die Interessengruppen die Rolle einnehmen, den vom Unternehmen erreichten Verantwortungsgrad zu überwachen. Tatsächlich ist jeder Akteur einer Organisation gleichzeitig ein Interessensvertreter, jeder Interessensvertreter ist gleichzeitig Akteur. Jeder trägt dabei die Verantwortung für die Nachhaltigkeit der Unternehmensentwicklung im Sinne einer passenden CSR-Strategie. Die überalterten Rollen- und Verantwortungskonzepte müssen entlernt werden, bevor Organisationen lernen können, wie sie eine Geisteshaltung gemeinsamer, aber abgegrenzter Verantwortlichkeiten einnehmen können.

Lernen umfasst also nicht nur das Erfassen bestehenden Wissens, sondern auch das Schaffen neuen Wissens. Wenn man das Wesen und den Umfang der Herausforderungen für CSR-Strategien von Unternehmen in Betracht zieht, wird klar, dass die Fähigkeit, neues Wissen zu schaffen und anzuwenden, eine organisationale Kernkompetenz geworden ist. Sobald man erkennt, dass die Wissensschaffung ein interaktiver Prozess ist, versteht man auch, wie wichtig es ist, Bereiche für gemeinsames Lernen abzugrenzen. Solche Bereiche können physisch in Unternehmen platziert sein, es kann sich um Anlagen handeln, die gemeinsam von Organisationen genutzt werden oder sie können virtuell sein. Die neuen Kommunikationstechnologien und das Internet erweitern den Handlungsspielraum von Organisationen und ihren Interessengruppen drastisch, um voneinander und miteinander zu lernen, um verantwortliches Verhalten zu fördern (Berthoin Antal et al. 2002, S. 22). Informationen über organisationale Leistungen in unterschiedlichen Gegenden können sehr schnell weltweit verteilt werden und dadurch als Quelle zur Wissensbildung dienen.

Persönliche Interaktionen, um innerhalb und gemeinsam mit anderen Organisationen zu lernen, beispielsweise informelle und formelle Treffen, Fokusgruppen oder Open Space-Konferenzen, können mittlerweile durch virtuelle Lernbereiche unterstützt werden. Zum Beispiel können Intranets so aufgebaut werden, dass sie den Lernprozess innerhalb von Organisationen unterstützen. Indem eine Organisation Erkenntnisse darüber gewinnt, wie Ideen in der Praxis in unterschiedlichen Regionen des eigenen Unternehmens gelebt werden, und sie dann mit lokalem Wissen kombiniert, um die Ideen für eine andere Einheit in einen modifizierten Kontext zu bringen, kann sie ihre Fähigkeit verbessern, um aus Erfahrung zu lernen. In ähnlicher Weise können verschiedene Unternehmen einen gemeinsamen virtuellen Lernbereich für zwischen-organisationales Lernen und Wissensschaffung einrichten. Interne und externe Interessensvertreter, die die organisationale Leistung des Unternehmens überwachen, können ebenfalls den virtuellen Bereich nutzen, den das Internet bietet, um Informationen über die organisationale Leistung in verschiedenen Ländern zu teilen und vergleichen zu können, um dann rasch möglicherweise auftauchende Lücken und Abweichungen aufzudecken, um Druck auf den Lernprozess der Organisation dergestalt auszuüben, dass sie ihrer CSR-Verantwortung besser nachkommt. Das Internet und verwandte Kommunikationsmittel beschleunigen nicht nur das Teilen von Information über nationale und organisationale Grenzen hinweg, sie befähigen Organisationen auch dazu, Lernbereiche zu schaffen, die schnelle Interaktivität mit einem weit größeren Einzugsradius an Interessensvertretern erlauben, als es mit den traditionellen Kommunikationsmitteln möglich gewesen ist. Beispielsweise können Organisationen proaktiv Feedbacks von Interessensvertretern bereits in einer frühen Phase der Strategieformulierung einfordern. Sie können einen virtuellen Lernbereich verwenden, um sich in einem Prozess des weltweiten Meinungsaustausches mit unterschiedlichen Interessensvertretern über organisationale Zwecke, Ziele und Leistungsmessungen zu engagieren und um ein gemeinsames Verständnis darüber zu entwickeln, für welche davon die Organisation zur Rechenschaft gezogen werden kann.

5 Schlussbemerkung

Strategien für lebenslanges Lernen des Einzelnen waren im Hinblick auf die 1990er-Jahre gerechtfertigt, das Konzept der lernenden Organisation hat zu dessen Entwicklung und Etablierung sehr gute Ansätze und Rahmenbedingungen beigetragen. Der Beginn des neuen Jahrtausends zeigte und zeigt, dass organisationales Lernen weit über Grenzen der Weiterentwicklung der produktiven und ökonomischen Kernkompetenzen hinausgeht und hinausgehen muss.

CSR und alle seine Wirkungsbereiche in Organisationen sind ein spannendes Forschungsfeld, das die Zukunft der Entwicklungen in der Betriebswirtschaftslehre massiv beeinflussen und bestimmen wird. Um hierbei deren konkrete Einführung und Etablierung in die strategische Ausrichtung von Unternehmen zu initiieren, zu unterstützen und zu katalysieren, steht mit der lernenden Organisation, ihren organisationalen Anforderungen und definierten Lernebenen eine effektive Methodik zur Verfügung.

Literatur

Anderson LM, Bateman TS (2000) Individual environmental initiative: championing natural environmental issues in US business organizations. Acad Manage J 43(4):548–570

Argyris C, Schön DA (1996) Organizational learning II: theory, method, and practice. Addison-Wesley, Reading

Bansal P (2003) From issues to actions: the importance of individual concerns and organizational values in responding to natural environmental issues. Organ Sci 14(5):510–527

Bansal P, Roth K (2000) Why companies go green: a model of ecological responsiveness. Acad Manage J 43(4):717–736

Berthoin Antal A, Dierkes M, Child J, Nonaka I (2001) Organizational learning and knowledge: reflections on the dynamics of the field and challenges for the future. In: Dierkes M, Berthoin Antal A, Child J, Nonaka I (Hrsg) Handbook of organizational learning and knowledge. Oxford University Press, New York, S 921–939

Berthoin Antal A, Dierkes M, MacMillan K, Marz, L (2002) Corporate social reporting revisited. J Gen Manage 28(2):22–42

Hardy C, Phillips N, Lawrence TB (2003) Resources, knowledge, and influenced: the organizational effects of interorganizational collaboration. J Manage Stud 40(2):321–347

Hedberg B (1981) How organizations learn and unlearn. In: Nystrom PC, Starbuck WH (Hrsg) Handbook of organizational design, vol 1. Adapting organizations to their environments. Oxford University Press, New York, S 3–27

Kakabadse AP, Dainty P (1988) Police chief officers: a management development survey. J Manage Psychol 3(3):106–108

Margerison CM, Kakabadse AP (1984) How American chief executives succeed: implications for developing high-potential employees. In: An American management association survey report

Nadler DA (1977) Feedback and organisation development: using data feedback methods. Addison-Wesley, Reading

Nadler DA (1981) Managing organisational change: an integrating perspective. J Appl Behav Sci 17:191–211

Nonaka I (1994) A dynamic theory of organizational knowledge creation Organ Sci 5(1):14–37

Pedler MJ, Boydell T, Burgoyne JG (1989) Towards the learning company. J Manage Educ Dev 20(1):1–8

Preston LE, Rey F, Dierkes M (1981) Comparing corporate social performance: Germany, France, Canada, and the U.S. In: Sethi SP, Swanson CL (Hrsg) Private enterprise and public purpose. Wiley, New York, S 117–128

Ramus CA, Steger U (2000) The roles of supervisory support behaviors and environmental policy in employee eco-initiatives at leading-edge European companies. Acad Manage J 43(4):605–626

Reverdy T (2005) Management environmental et dynamique d'apprentissage. Revue Française Gestion 31(158):187–205

Sharma S (2000) Managerial interpretations and organizational context as predictors of corporate choice of environmental strategy. Acad Manage J 43(4):681–697

Michael Retschitzegger Jahrgang 1973. Studium der Betriebswirtschaftslehre an der Berufsakademie Heidenheim und am Augsburg College, Minneapolis/St. Paul, Minnesota, USA. Von 2005 bis 2012 als Geschäftsstellenleiter bei der Debeka verantwortlich für die Betreuung des Marktbereiches der Geschäftsstelle Erding bei München. Anfang 2013 Wechsel zur HanseMerkur Versicherungsgruppe, dort als Gebietsdirektor verantwortlich für den Vertrieb der Spezialorganisation in Süd-Bayern. Seit 2002 Dozent an der Berufsakademie Villingen-Schwenningen, Fachbereich „Banken und Bausparkassen", Themenschwerpunkt „Versicherungswesen". Seit 2003 Mitglied der Prüfungskommission zur mündlichen Diplomhauptprüfung an der Berufsakademie Villingen-Schwenningen, Fachbereich „Banken und Bausparkassen". Tätigkeitsschwerpunkte: Fachliche Schwerpunkte finden sich in den Bereichen der Altersvorsorgeberatung, private und gesetzliche Krankenversicherung, allgemeine und Sachversicherungen, Bausparen. Inhaltlich liegen die Hauptaufgaben in der Rekrutierung, Einstellung, Einarbeitung, Aus- und Weiterbildung neuer HanseMerkur-VertriebspartnerInnen, der Intensivierung der Marktbearbeitung im Verantwortungsbereich, der fachlichen, verkäuferischen und methodischen Qualifizierung des vorhandenen Vertriebspartnerstamms sowie der Erhöhung der Marktanteile im verantworteten Einzugsgebiet.

CSR und Engpassmanagement (EKS)

Klaus Plecher

1 Kann Engpassmanagement einen Beitrag für die CSR-Strategie hinsichtlich der Organisationsentwicklung (OE) eines Unternehmens leisten?

Im Prinzip lässt sich diese Frage mit einem Wort beantworten: Ja! – In der hier skizzierten Fragestellung treffen jedoch drei theoretische Konstrukte zusammen, deren Zusammenwirken für jedes Unternehmen in ihrer Wechselwirkung auch *praktisch* genutzt werden können.

Während sowohl Corporate Social Responsibility (CSR) als auch die Organisationsentwicklung (OE) als prozessbestimmende Faktoren vermehrt im Betriebsalltag wahrgenommen werden, ist dies dem Engpassmanagement im Sinne der Engpasskonzentrierten Verhaltens- und Führungsstrategie (EKS) nach Mewes (1984) bisher selten gelungen. Da alle drei Konzepte einen systemischen Hintergrund haben, welcher auf denselben Gegenstand, das (System) Unternehmen, bezogen werden kann, liegt es nahe, ihre Interdependenzen zu ergründen und möglichst *für die Praxis nutzbringend* zu erarbeiten. Ohne auf Details einzugehen, wird in diesem Zusammenhang auf Luhmann (1987, insbes. S. 15–91) sowie auf Maturana/Varela als Promotoren des Begriffes der Autopoiesis (Maturana und Varela 1987) verwiesen:

Das Inhalt des Kapitels handelt sich um die private Sichtweise und Perspektive von Herrn Plecher.

K. Plecher (✉)
IHK für München und Oberbayern, Balanstrasse 55–59, 81541 München, Deutschland
E-Mail: Plecher@muenchen.ihk.de

- Systeme haben erkennbare Grenzen (System/Umwelt-Differenz). Diese entstehen durch die Beziehungen und Interaktionen der zum System gehörigen Komponenten.
- Systeme besitzen sog. konstitutive Elemente und bestehen aus Komponenten. Dabei bestimmen die Beziehungen der Komponenten untereinander die Eigenschaften des Gesamtsystems (Systemleistungen).
- Systeme sind autopoietisch, d. h., sie reproduzieren sich selbst und unterliegen einer operativen Geschlossenheit.
- Für *soziale Systeme* ist die Operation (das Ereignis) der Kommunikation konstituierend, da diese das System zu anderen abgrenzt und es reproduziert. Vereinfacht gesagt: *Soziale Systeme, also auch Unternehmen, entstehen durch Kommunikation.*
- Soziale Systeme reduzieren Komplexität. Somit entsteht ein Komplexitätsgradient zwischen dem System und seiner Umwelt, die aus weiteren Systemen besteht.

Dazu kommt ein weiteres Element, das insbesondere die EKS beschäftigt:

- Alle Systeme haben Engpässe. Diese können intern oder extern sein.

Vor diesem Hintergrund wird folgend an ausgewählten Beispielen die EKS kurz allgemein und dann hinsichtlich ihrer Wirksamkeit in gesellschaftlichen Fragestellungen und als Lieferant von Instrumenten für die OE dargestellt.

2 Die vier Ebenen unternehmerischen Denkens und Handelns

Um den Nutzen der EKS für die Unternehmenspraxis darzustellen, wird auf das „*Konzept der vier Ebenen unternehmerischen Denkens und Handelns*" nach Hihn (Hihn 2012a) zurückgegriffen. Darauf basierend können Unternehmer Methoden und Tools verorten und nach ihrer potenziellen Wirksamkeit bewerten. Zwei Aspekte sind dabei grundlegend: 1) Das Konzept der vier Ebenen ist ein ganzheitliches System, in dem 2) jede Ebene auf die unter ihr liegenden Ebenen wirkt. Zusätzlich folgt das Konzept dem Prinzip von Ockhams Rasiermesser, nach dem die einfachste Erklärung eines Sachverhalts, also diejenige mit den wenigsten Variablen und Hypothesen, allen komplexeren vorzuziehen ist (Tarnas 1998, S. 250–261).

Dies ist deshalb für die Praxis relevant, weil Geschwindigkeit und Dynamik gesellschaftlicher und wirtschaftlicher Prozesse zu einer Inflation an Management-Theorien, -Techniken und -Tools führen (Andler 2013, Töpfer 2009). Aus wissenschaftlicher Sicht genügen viele jedoch nicht den an sie zu stellenden Gütekriterien (Validität, Reliabilität und Objektivität (Bryman und Bell 2011, insbes. S. 41–45.), sondern erwachsen häufig Branding-Strategien von Beratungsfirmen u. ä.: So werden wenige oder sogar Einzelfälle zu einem Patentrezept verarbeitet, dessen Nutzen praktisch wie wissenschaftlich noch zu beweisen ist (dazu bspw. eine offene Anleitung unter (Ferriss 2007)).

Für den Unternehmer ergibt sich durch das so generierte unüberschaubare Angebot ein Entscheidungsproblem bzgl. Methodenwahl, optimalem Einsatz der dazu gehörigen

Prozesse bzw. Tools. Hier liefert das Vier-Ebenen-Modell eine Orientierungshilfe, um unternehmensadäquate Entscheidungen zu treffen sowie über mehrere Stufen hinweg miteinander verknüpfte Ursache-Wirkungs-Gefüge aufzuspüren (Hihn 2012b):

2.1 Die geistige Ebene

Aus den auf der geistigen Ebene dominierenden Wertentscheidungen leiten sich die auf den darunter liegenden Ebenen zu treffenden Entscheidungen ab. Die gegenwärtig meistgewählte Werteentscheidung folgt der Gewinnmaximierung im Unternehmen nach Smith (Friedrich et al. 2012, S. 37–45). Eine langfristig nachhaltigere Alternative besteht in der Nutzenmaximierung für den Kunden nach Mewes: Ist das Unternehmen der beste Problemlöser für den Kunden, so sichert diese Kompetenz das langfristige Bestehen am Markt einschließlich Gewinngenerierung (vgl. Kapitel „CSR und Engpassmanagement (EKS)", 4. Prinzip). Dadurch entstehen Räume, die es dem Unternehmen ermöglichen, CSR zu leben (McWilliams und Siegel 2001, S. 117–127 sowie Baumann et al. 2011).

Dass ein aktives Praktizieren der CSR nicht unproblematisch ist, zeigt eine bereits 1976 von Holmes (1976, S. 34–40) erstellte Studie. Diese ergab, dass CSR neben direkten v. a. indirekt fassbare Vorteile hatte (Image-Verbesserung, Goodwill, Stärkung des Unternehmensumfelds; Arbeitszufriedenheit steigt, Attraktivität für Bewerber; Wettbewerbsfähigkeit). Als negativer Hauptpunkt wurde eine kurzfristig *verminderte Profitabilität* benannt sowie Zielekonkurrenz (Finanzen, soziale Aspekte der Unternehmung).

Zwar herrscht heute weitgehend Konsens, dass CSR eine Hauptpriorität sein (The Economist 2008) und möglichst umfassend interpretiert werden solle, jedoch schreckt viele Unternehmen die Möglichkeit eines temporären Profitabilitätsverlustes ab. Dies kann insbes. in Zeiten wirtschaftlicher Unsicherheit (Reinhart und Rogoff 2011) in den Nachwehen der aktuellen Finanzkrise(n) ab September 2007 (Subprime-Krise) bzw. ab Oktober 2010 (Eurokrise beginnend mit der Griechenland-Krise) postuliert werden (The Economist 2008).

In dieser Situation spielt gerade die Unternehmensführung und dabei ausdrücklich deren leitende Unternehmerpersönlichkeit eine Schlüsselrolle. Authentizität und Leadership (Bass 1990, S. 19–31)[1] der Unternehmenslenker manifestieren sich in einer durchschlagsfähigen Unternehmensvision, deren Umsetzung sich in der Auswahl der Mitarbeiter (MAs) und deren Bereitschaft, die gewählte Unternehmensstrategie mitzutragen (Hihn 2012b, Young und Simon 2005)[2], ausdrückt. Systemtheoretisch kann dies als Internalisierung von externen Komponenten (MAs samt deren Wissen) interpretiert werden. Sind diese MAs zu ihm kompatibel, so wird das System mittels erfolgreicher Kommunikation gestärkt.

---

[1] Im Zuge der ersten Präsidentschaft von Barack Obama wurde das Phänomen der charismatisch-visionären und transformierenden Leadership in der wissenschaftlichen Diskussion erneut fokussiert.
[2] Als Negativbeispiel sei hier Steve Jobs angeführt, dessen Führungsstil zum Ausschluss aus Apple führte.

2.2 Die strategische Ebene

Die aus dem altgriechischen „strategós" (Feldherrenkunst) abgeleitete Strategie (Hungenberg 2012, S. 5) bedeutet unternehmensbezogen, Ressourcen und Kräfte effektiv zur (langfristigen) Zielerreichung einzusetzen (Hungenberg 2012, S. 8). In der EKS hat sich die Strategie der „Schiefen Schlachtordnung" bewährt. Seit der Antike bekannt, wurde sie in Deutschland u. a. durch Friedrich den Großen und von Clausewitz bekannt (Kroener 2003, S. 169–183). Militärisch beinhaltet dieses Vorgehen die Konzentration der Stoßkraft des angreifenden Heeres auf den schwächsten Punkt des gegnerischen. In der EKS wurde dieses Prinzip von Mewes umgedeutet, indem sich ein Unternehmen auf das drängendste Bedürfnis seiner Zielgruppe konzentriert und dieses löst. Zentrale Fragen betreffen hier ein tiefes Verstehen von Kunden und Markt, Innovationen, Kooperationen und Kommunikation (Hihn 2012b). Da zu den Stakeholdern nicht nur Kunden und Kapitalgeber, sondern auch MAs, Lieferanten usw. zählen, wird auf dieser Ebene der Rahmen für ein wirkungsvolles CSR aufgebaut.

Verallgemeinert kann die Schiefe Schlachtordnung somit als Situation abgebildet werden, in der höchste Problemlösekompetenz auf (existenz-) bedrohende Handlungsdefizite trifft.

Systemtheoretisch kann dies wie folgt interpretiert werden: Soziale Systeme entstehen durch die in ihnen stattfindende Kommunikation, die auch die Systemleistung bestimmt. Systeme benötigen weiterhin den „Austausch" mit ihrer Umwelt in dem Sinn, dass sie bestimmte Komponenten von dieser benötigen. Die Schiefe Schlachtordnung kann in diesem Sinne als Austausch einer hochspezifischen Systemleistung gegen Komponenten (Ressourcen) eines anderen Systems (mit genau an dieser Stelle defizitärer Systemleistung) interpretiert werden.

2.3 Die operative Ebene

Die der strategischen Ebene nachgelagerte operative Ebene deckt alle Prozesse ab, welche die Wertschöpfungskette eines konkreten Auftrages ermöglichen und umfassen (Hihn 2012b). Auf dieser Ebene werden Unternehmensvisionen und -strategien konkretisiert, also in Maßnahmen und Handlungen heruntergebrochen. Die dazu investierten Ressourcen und die daraus entstehenden Handlungsergebnisse sind messbar, z. B. in speziellen Kennzahlen, aber auch in Finanzflüssen, sowie von allen Stakeholdern nachvollziehbar.

Die EKS zeichnet auf dieser Ebene eine Vielzahl von Methoden, Tools und Checklisten aus, die diesen Prozess unter ganzheitlichen Gesichtspunkten effizient und effektiv gestalten (Worcester 1993).

Systemtheoretisch wird dies durch die unternehmensinterne Kommunikation pointiert. Diese besteht nach Luhmann aus Information, Mitteilung und Verstehen, welche ausgewählt und nach bestimmten Parametern verarbeitet (prozessiert) wird (Luhmann 1987, S. 193–210).

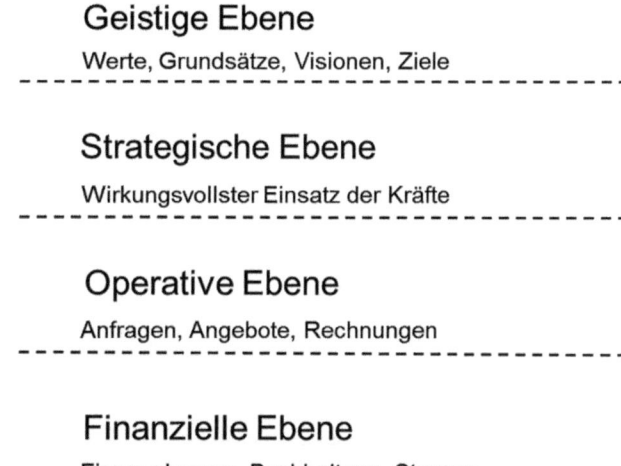

Abb. 1 Die vier Ebenen unternehmerischen Denkens und Handelns. (Quelle: Hihn 2012b)

2.4 Die finanzielle Ebene

Auf dieser untersten Ebene findet die Monetarisierung der Unternehmensaktivitäten statt. Zusätzlich umfasst sie u. a. Unternehmensentscheidungen zu Investition, Eigenkapitalbildung usw. Hihn fasst dies so zusammen: „Zielsetzung dabei ist die Vermeidung von Abhängigkeiten, die Stärkung der eigenen Überlebensfähigkeit und die Verbesserung der Infrastruktur" (Hihn 2012b).

Im Sinne der EKS wird hier der Erhalt der eigenen Unternehmensgrundlagen propagiert, welche noch vor einem Wachstum aus der Monetarisierung des erfüllten Kundennutzens steht (Friedrich et al. 2013, S. 27–29).

Systemtheoretisch kann dies als Autopoiesis (Maturana und Varela 1987) (s. o.) interpretiert werden (siehe Abb. 1).

3 Wie kann EKS helfen, auf gesellschaftliche Herausforderungen zu reagieren?

3.1 Die vier Grundprinzipien der EKS

Mewes hat bei erfolgreichen Entitäten (Unternehmen, Einzelpersonen) die zentralen Erfolgsfaktoren als einfache, von Laien leicht nachvollziehbare Grundprinzipien extrahiert. Ihre volle Wirkung entfalten sie im Zusammenspiel (Mewes 1984). Dazu Hihn: „Die EKS schafft mit diesen vier Grundsätzen aus meiner Sicht als einzige Strategielehre einen durchgängigen und konsistenten Orientierungsrahmen für alle vier Ebenen des unternehmerischen Denkens und Handelns" (Hihn 2014).

3.1.1 Konzentration und Spezialisierung

Das erste und wichtigste Prinzip der EKS fordert eine völlige Konzentration des Unternehmens auf die eigenen Stärken und eine daraus abgeleitete Spezialisierung. Langjährige Analysen von Mewes ergaben, dass zu Beginn aller untersuchten Erfolgsbeispiele immer eine Konzentration und Spezialisierung auf genau definierte Produkte oder Leistungen stand (Friedrich et al. 2012, S. 19).

3.1.2 Minimumprinzip

Diesen Ansatz weiterführend, beantwortet das zweite EKS-Prinzip die Frage: „Wo liegt der wirkungsvollste Punkt für den Einsatz meiner Kräfte?" Die EKS stellt hier auf einen allgemeinen Leverage-Effekt[3] (Hebeleffekt) ab, der die Wirkung von Konzentration und Spezialisierung potenziert. Die Frage nach dem Leverage-Punkt ist in komplexen Situationen entscheidend, denn ein optimaler Ansatz repräsentiert die größte Chance für den Problemlöser, da er das brennendste Problem seiner Zielgruppe beseitigt (Friedrich et al. 2012, S. 129–140). Um das Minimumprinzip wirksam werden zu lassen, ist zuerst eine umfassende Situationsanalyse (Friedrich et al. 2012, S. 25). zu erstellen, z. B. als SWOT-Analyse (Andler 2013, S. 238–245), Prozessanalyse (Andler 2013, S. 216–219) oder in Anwendung der Theory of Constraint (ToC) (Goldratt 2002). Den dort gefundenen Minimumfaktor (als schwächstes Glied der Prozesskette) gilt es im nächsten Schritt zu bearbeiten.

3.1.3 Immaterielle vor materiellen Vorgängen

Die klassische Betriebswirtschaftslehre (BWL) fokussiert seit Jahrhunderten mit ihren Instrumenten auf das Kapital, seinen Einsatz und seine Vermehrung. Dies spiegelt sich in der Dominanz rein finanzwirtschaftlicher Kennzahlen, u. a. Return on Investment (ROI), Eigenkapitalquote oder Gewinn vor Steuern (Meyer 2011). Eine wachsende Kritik dieser Sicht zeigt die Entwicklung des sogenannten *Integrated-Reporting*. Auf der Erkenntnis, dass materielle Unternehmensvorgänge nicht „alles" sind, bildet dieses wissenschaftlich fundierte System neben sozialen und ökologischen Faktoren immaterielle Vorgänge ab (PricewaterhouseCoopers Aktiengesellschaft Wirtschaftsprüfungsgesellschaft 2012) und bestätigt so die EKS: In ihr ist die Zukunftsfähigkeit eines Unternehmens, welche durch immaterielle Faktoren, wie bspw. Know-how, Innovationsfähigkeit oder Kundenvertrauen begründet wird, entscheidend. Durch „Werte, die sich nicht anfassen, anschauen, messen, wiegen oder zählen lassen [können]" (Friedrich et al. 2012, S. 33), so Friedrich. Dies sind jedoch genau die Werte, aus denen materielle Werte entstehen.

3.1.4 Nutzenoptimierung vor Gewinnmaximierung

Für die klassische BWL ist Gewinnmaximierung das übergeordnete Unternehmensziel. Dies spiegelt sich in den dazu eingesetzten Instrumenten, z. B. Kalkulation und Kosten-

---

[3] Der „Leverage-Effekt" wird heute meist finanzwirtschaftlich interpretiert. Die EKS verwendet dieses Prinzip verallgemeinernd in dem Sinne, dass ein Element durch Nutzung eines Angelpunktes verstärkt und der physikalischen Hebelgesetze analog seine optimale Wirkung entfalten kann.

rechnung. Dieser Fokus führt jedoch dazu, dass sich Unternehmen samt Leitung zuerst mit sich selbst befassen und erst danach mit den Kundenbedürfnissen sowie -wünschen. Dieses materiell orientierte Denken führt u. a. zu einer Vernachlässigung des Allgemeinwohls, z. B. durch Externalisierung von Kosten, der Funktionalisierung von Beziehungen, etwa durch rein nutzenorientiertes Netzwerken, sowie dem Verschwinden menschlicher Werte, indem oft reflexartig MAs in finanziell schwierigen Zeiten gekündigt wird, da dies schnell ‚bessere' Zahlen schafft. Den Gegenpol stellt die EKS dar: Die indirekte Gewinnerzielung stellt darauf ab, den Nutzen für die Zielgruppe zu maximieren. Mit wachsendem Nutzen für die Zielgruppe steigt der Unternehmensgewinn als dessen Funktion (Friedrich et al. 2012, S. 44–48). Der Fokus verschiebt sich: *Nutzen ist stets der Nutzen eines Gegenübers*, welcher in einem (direkten) Kommunikationsprozess zu erkunden ist (Friedrich et al. 2013, S. 134–140). Dies zwingt das Unternehmen, sich inhaltlich-qualitativen Fragen zu stellen.

3.2 Praxisbeispiel: Stufen zum Erfolg

Neben der Systemtheorie (Luhmann 1987, insbes. S. 15–91) und der ToC (Goldratt und Cox 2012) gehört die EKS zu den wenigen universell einsetzbaren Theorien. Folgend wird die EKS auf gesellschaftliche Probleme, hier der künftige Mangel der Ressource Auszubildende (MAs), angewendet.

Der sozio-demografische Wandel (Bernardi 2006) führt bereits heute zu gravierenden gesellschaftlichen und damit auch wirtschaftlichen Umbrüchen. Um die Funktionsfähigkeit und Stabilität einer Gesellschaft zu gewährleisten, sind genügend „Leistungsträger" mit adäquater Qualifikation erforderlich. Als gesellschaftliche Herausforderung wurde daher der Zusammenhang von sozio-demografischem Hintergrund und Bildungserfolg gewählt, welcher durch Anwendung des EKS-Prinzips „Konzentration/Spezialisierung" aufgebrochen wird. Konkret wird dieser Zusammenhang erarbeitet an einer von (Müller et al. 2013, S. 18) aufgestellten und in einem Projekt bearbeiteten These für das Jahr 2030:

Das Potenzial eines Menschen – nicht die Herkunft – entscheidet über den Bildungserfolg.

Das Idealbild einer offenen Gesellschaft postuliert, dass der individuelle Bildungserfolg von der Leistungsfähigkeit, Intelligenz u. Ä. des Individuums abhängt, d. h. persönlichen Faktoren, die im Rahmen einer integrativen Funktion des Bildungssystems gefördert werden (Müller et al. 2013, S. 18). Demgegenüber zeigen Untersuchungen der bundesdeutschen Bildungswirklichkeit, dass Bildungs-, Berufs- und letztlich soziale Aufstiegschancen von Kindern weitgehend durch die soziale Herkunft der Eltern determiniert werden (Vester 2009). Bildungserfolg beeinträchtigende Faktoren sind u. a. Eltern, die nicht im Erwerbsleben integriert sind (soziales Risiko), ein geringes Haushaltseinkommen (finanzielles Risiko) sowie geringes elterliches Ausbildungsniveau (Bildungsferne) haben. Untersuchungen ergaben zudem, dass sich gesamtgesellschaftlich paradoxerweise eine verbesserte Förderung bildungsferner Kinder zur Gesamtverschlechterung von deren Situation führen kann (Wippermann et al. 2013).

Kinder aus einem sozial schwierigen Umfeld können ihr Potenzial somit weder individuell noch gesamtgesellschaftlich voll entfalten. Langzeitfolgen zeigen eine massive Beeinflussung zentraler Lebensbereiche: Etwa in einer verminderten Erwerbsquote, geringerem durchschnittlichen Monatseinkommen sowie erhöhter Gefahr der Arbeitslosigkeit (Quenzel und Hurrelmann 2011).

Thesen, dass in etwa zwei Jahrzehnten der individuelle Bildungserfolg durch Leistungsfähigkeit (statt Herkunft) determiniert wird, sehen Bildungsforscher kritisch: Das heutige deutsche Bildungssystem (2014) ist nur ungenügend flexibilisiert und „Patentrezepte" haben bisher keine nachhaltige Wirkung gezeigt (Müller et al. 2013, S. 18). Systeme reproduzieren sich grundsätzlich (Varela et al. 1974, S. 187–196). Um eine grundlegende Änderung der Situation zu bewirken, ist daher ein fundamentaler Wandel von Systemelementen und Kommunikation erforderlich, z. B. durch Anwendung der EKS:

Hardy erweitert die Korrelation von einem materiell schlecht gestellten sowie bildungsfernen Elternhaus auf eine fehlende Zielsetzung und (Selbst-)Motivation von betroffenen Kindern und Jugendlichen. Um diesem entgegen zu wirken, setzt er auf zwei Faktoren der „Erfolgs-Einstellung" (Wagner 2004, S. 19), welche auf positiver Motivation und Selbstwertgefühl beruhen, sowie der Umsetzung der richtigen Strategie, um eine nachhaltige Situationsverbesserung zu erzielen. „Erfolg ist lernbar und ermöglicht bspw. einem Hauptschüler mit EKS-Umsetzung größeren Erfolg als einem Akademiker ohne diese" (Mewes 2010, S. 8). Damit belegt Hardy, dass für den Lebenserfolg der „objektiv gemessene" Intelligenzquotient der Schulnoten zu hinterfragen ist.

Praktisch umgesetzt wird dieses EKS-basierte Konzept im Rahmen der Bildungsstiftung „Stufen zum Erfolg", die Jugendliche bei der Ausschöpfung ihres Potenzials unterstützt. Erfolgsbausteine zur Entwicklung „grundlegender Schlüssel-Kompetenzen" finden Anwendung im allgemeinen Bildungssystem wie auch in der dualen betrieblichen Ausbildung (Wagner 2014). Auf Grund ihres erfolgreichen Wirkens wurde „Stufen zum Erfolg" für den Großen Preis des Mittelstandes 2014 nominiert (Sabath 2014). Dies zeigt, dass die EKS einen ganzheitlichen, nachhaltigen und ressourcenschonenden Beitrag zur Lösung gesellschaftlicher Probleme leisten kann: Die vermittelten Konzepte fördern die Individualentwicklung der Schüler sowie zugleich Erfolge und Veränderungen im gesellschaftlichen wie im Unternehmensumfeld (siehe Tab. 1).

4 Welche internen Instrumente existieren, um mit EKS notwendige OE-Schritte im Bereich der Nachhaltigkeit zu initiieren?

Die EKS kann mittels Umsetzung ihrer vier Grundsätze organisationale Effektivität gewährleisten und damit zu einer nachhaltigen OE beitragen. OE kann als organisationstheoretisches Konzept definiert werden, das Interventionsstrategien mittels gruppendynamischer Prozesse anwendet, um gezielte Veränderungen in Einstellungen und Verhalten der

Tab. 1 Schlüsselkompetenzen „Stufen zum Erfolg" und EKS-Prinzipien. (Quelle: eigene Darstellung)

Bausteine	EKS-Prinzipien	
	Konzentration	Spezialisierung
Persönlichkeitsentwicklung	✓	
Wertschätzende Kommunikation	✓	
Ziel-, Zeit- und Selbstmanagement	✓	
Berufs-Ziel-Entwicklung	✓	✓
Karriere-Strategien	✓	✓
Lebenslanges Lernen		✓

Organisation (Organisationskultur) zu bewirken (Rowlandson 1984, S. 91–93). Um dies zu erreichen, werden humanethologische (Eibl-Eibesfeld 2004) und psychologisch fundierte Erkenntnisse genutzt. Übergeordnetes Ziel ist eine erhöhte organisationale Effektivität (Bowman und Asch 1987, S. 219) auf den unterschiedlichsten Größeneinheiten der Organisation (Individuum, Gruppe(n), ganze Organisation) (Mabey und Pugh 1999). Daneben ist die OE durch einen prozessorientierten, partizipativen und moderierten Ansatz mit einem mittel- bis langfristigen Zeithorizont gekennzeichnet. Ihre bisherige Domäne sind große Organisationen, die MA-orientiert operieren sowie Dynamiken sozialer Gemeinschaften gezielt nutzen (Mabey und Pugh 1999). Nachfolgend werden die EKS-Prinzipien auf die OE angewendet.

1. Prinzip: Konzentration und Spezialisierung

Im Sinne der EKS können Stärken definiert werden als gebündelte Ressourcen, Fertigkeiten und Fähigkeiten mit dem Potenzial, ein Unternehmen 1) konkurrenzfähiger zu machen und 2) strategische Ziele umzusetzen (Andler 2013, S. 269).

Tendenziell ist die EKS eine konservative Strategie, da sie evolutiv vorgeht, indem sie an Bestehendes anknüpfend dies schrittweise verändert: *Strategy follows structure* (Friedrich et al. 2012, S. 61–62).[4] Dies ist besonders in der Anfangsphase einer Strategieentwicklung zentral (Friedrich et al. 2012, S. 61–62). Zusätzlich senkt dieses Vorgehen Innovationswiderstände (Rüggeberg 2009), da bekannte Elemente frühzeitig in einen neuen Bezugsrahmen gesetzt werden, welcher anschließend strategisch umgedeutet wird (Freeth und Smith 2011, S. 141–154).[5] Dies erleichtert es Skeptikern, im Einklang mit verhaltenspsychologischen Erkenntnissen einen langsamen Wandlungsprozess, wie ihn die OE anstrebt, zu beschreiben (Schiersmann und Thiel 2014).

---

[4] In Anlehnung an *Form follows function* von Greenough (1852) sowie Sullivan als Vertreter der Architekten der Chicago School (1896). Dieses Gestaltungsprinzip – hier eines ästhetischen Purismus – wurde auch von der Bauhaus-Bewegung aufgegriffen.
[5] Es handelt sich prinzipiell um Reframing.

Ab einem individuellen, systemdeterminierten Punkt dreht sich das Prinzip *Strategy follows structure* um: *Structure follows strategy*. Unternehmensbezogen bedeutet dies, dass die Zielgruppenbedürfnisse in ihrem dynamischen Umfeld nicht nur Aufbau- und Ablauforganisation prägen, sondern auch Lernprozesse und davon getriggert: das weitere Innovationsverhalten (Friedrich et al. 2012, S. 61–62).

Instrument: Stärkenanalyse

Zu den bestehenden Strukturen zählen die Stärken und die sog. Differenz-Eignung. In der Praxis werden dazu alle vorhandenen Stärken (und Schwächen) erfasst, wobei der Fokus auf den im Vergleich zu Konkurrenzunternehmen positiv differierenden Merkmalen liegt. So ergibt sich für einen Nachfrager das Bild des optimalen Problemlösers (Friedrich et al. 2012, S. 63). Das Stärkeprofil kann theoretisch (Analyse) wie praktisch (Befragung) gewonnen werden. Tendenziell ist die Befragung wegen ihrer Zeitökonomie sowie der Aktualität der Ergebnisse vorzuziehen (IHK Erfurt 2010, S. 5–7).

Zusätzlich kann sie, sofern als qualitative Analyse durchgeführt, auch vollkommen neue Stärken aufdecken. Dieses entspricht wissenschaftlich dem Vorgehen der sogenannten Grounded Theory (Bryman und Bell 2011, S. 464–500). Dabei erweist es sich als fruchtbar, neben Unternehmensmitgliedern aller Ebenen auch externe Stakeholder (z. B. Lieferanten, Kunden, Joint Venture-Unternehmen) zu befragen, da diese durch ihre Außensicht oft ein anderes Stärkenprofil erkennen (IHK Erfurt 2010, S. 5–7).

Die theoretische Analyse beinhaltet insgesamt vier Kategorien:

- *Tatsächliche und potenzielle Fähigkeiten und Leistungen*: mit Fokus auf den herausragenden Leistungen des Unternehmens in Differenz-Eignung. Langfristziel ist die Entwicklung zur (marktbeherrschenden) Spitzenleistung, wie bspw. bei den „Hidden Champions" (Venohr und Meyer 2007).
- *Eine Analyse, durch die Herausforderungen bereits erfolgreich bewältigt worden sind*: Methodisch wird hier Brainstorming (Rawlinson 1981) empfohlen. Bei der Ergebnisanalyse sollte zudem die Wiederholbarkeit mit aktuell bestehenden Ressourcen, insbesondere MAs mit implizitem Wissen (Neuweg 2001), ein zentrales Kriterium sein.
- *Eine Erfassung der immateriellen Werte, der Intangible assets*: Zu diesen Wettbewerbsvorteilen zählen Kundenstamm, Patente, Motivation, Know-how etc. sowie Beziehungen; also *alles Dinge, die in traditionellen Bilanzen nicht erfasst sind*. Zentral ist Zielgruppenbesitz. Dies gilt insbesondere für übersättigte Märkte. Weiterhin ist das Know-how-Vermögen der MAs als Problemlösekompetenz bedeutsam.
- *Eine Darstellung der Ziele und Missionen*: Für Unternehmenslenker ist eine 10- bis 20-Jahres-Perspektive der Organisation wichtig, da dies die unternehmensinterne Kommunikation, die Auswahl der MAs sowie alle Entscheidungen steuert. Die Einbindung der MAs durch ein Sinn- und Motivationsgerüst (Identifikation mit dem Unternehmen, Wertegemeinschaft) erleichtert die Kräftekonzentration und Spezialisierungsprozesse (Friedrich et al. 2012, S. 63–66).

Für die Unternehmensentwicklung ist schon an dieser Stelle eine intensive MAs-Einbindung entscheidend, da sie die „Software" der zukünftigen Entwicklung durch die bei ihnen bestehenden immateriellen Vermögenswerte darstellen. Gerade in Zeiten eines War for Talents (Busold 2013) und des Entstehens eines Arbeitnehmermarktes (Holste 2012, S. 5–15) kommt den MAs eine immer gewichtigere Rolle in Unternehmensbestand und -entwicklung zu.

2. Prinzip: Minimumprinzip

In diesem Prinzip wird auf den wirkungsvollsten Punkt (im Sinne des Hebels) in einem vernetzten System abgestellt. Ist er identifiziert, so kann das System entsprechend arbeiten. Historisch leitet sich das Minimumprinzip vom Minimumfaktor beim Pflanzenwachstum ab, der von Sprengel entdeckt und durch Liebig bekannt gemacht wurde. Verkürzt gesagt, besagt dieses Prinzip, dass von allen Wachstumsfaktoren derjenige das Wachstum bestimmt, welcher in minimaler Konzentration vorliegt, selbst wenn alle anderen Faktoren überschüssig sind (Friedrich et al. 2012, S. 27–28). Im Sinne der Bionik (Mutschler 2002, S. 120–121) lässt sich dies auch auf die Entität Unternehmen übertragen: Derjenige Faktor im Unternehmen, der im Minimumbereich liegt, bestimmt die Unternehmensgesundheit. Als einfaches Beispiel sei hier die Liquidität angeführt: Fehlt sie, so führt dies i. d. R zum Unternehmenstod (Insolvenz). Ist sie begrenzt, so kann das Unternehmen nur bedingt agieren und ist sie gegeben, so entsteht sofort als wandernder Engpass ein anderer (o.V. 2006, S. 14).

Instrument: Engpassanalyse

Dieses den Engpass identifizierende Vorgehen wurde in der ToC so weit perfektioniert, dass eine ganze Theorie darum entwickelt wurde. In der EKS werden Engpass- und Zielgruppenanalyse häufig kombiniert. Eine detailreiche Zielgruppendefinition erlaubt durch effektive Bedürfnis- und Wunschidentifikation eine funktionale Zuordnung des wirksamsten Punktes (Friedrich et al. 2012, S. 132–133).

Um den wirkungsvollsten Punkt zu identifizieren, sind folgende Punkte wichtig:

- *Kritik und Reklamationen als Informationsinstrument*: Zusammen mit Verbesserungsvorschlägen identifizieren sie drängende Engpässe (ungelöste Kundenprobleme).
- *Regelmäßige Bedarfs- und Problemanalysen*: Durch diese kann z. B. ein sich auftuender Engpass antizipiert werden, wodurch der wandernde Engpass rechtzeitig detektiert wird und somit verbesserte Handlungsoptionen bestehen. Zusätzlich können Akzeptenzhindernisse, die Zielgruppenmitglieder vom Kauf abhalten, identifiziert werden.
- *Hineindenken in die Zielgruppe*: Dieses Gedankenexperiment erleichtert eine gemeinsame Engpassanalyse mit der Zielgruppe selbst. Zusätzlich wird die Kommunikation durch Ansprechen kritischer Punkte offener (Friedrich et al. 2012, S. 132–133).

Als ein interessanter Ansatz zur Motivation und zum „Mitdenken" der MAs bietet sich das Konzept der Intrapreneurship an. Es zielt, wie schon der Name suggeriert, auf ein Binnenunternehmertum ab, was jedoch eine entsprechende Unternehmenskultur sowie MAs-„Pflege" erfordert (Draeger-Ernst 2003).

3. Prinzip: Immaterielle vor materiellen Vorgängen

Systemimmanente sowie extern orientierte Vernetzung bedingt, dass wirtschaftliche, materiell erfassbare Handlungen mit immateriellen auf höheren Ebenen wechselwirken (Mewes 2003, S. 10). Wie oben dargelegt, wird dies inzwischen auch betriebswirtschaftlich anerkannt, was sich u. a. im Integrated-Reporting niederschlägt. Dass aus immateriellen Werten, z. B. Patenten, implizitem MAs-Wissen, aber auch Vernetztheit von Menschen, Werte entstehen, zeigt bspw. die Entwicklung der sogenannten Sozialen Netzwerke. So wurden von Facebook nicht nur Instagram (dpa Deutsche Presse-Agentur GmbH Nachrichtenagentur 2012), sondern auch WhatsApp (Thomson Reuters Deutschland GmbH Nachrichtenagentur 2014) sowie Oculus (AFP news agency (Agence France-Presse) Nachrichtenagentur 2014) gekauft. Die im zweistelligen Milliardenbereich gehandelten immateriellen Werte betrafen dabei u. a. persönliche Verbindungen bzw. Kontakte sowie Nutzerverhalten in den Netzwerken sowie privates Individualverhalten: Selbst einfache Metadaten, d. h. Verbindungsnachweise zu Telefon- und Internetnutzung, erlauben tiefgehende Schlüsse auf künftiges Handeln, wie eine Stanford-Studie zeigte (Mayer 2014). In diesem Sinne bekräftigen Facebooks Unternehmenkäufe und die Stanford-Studie, dass immaterielle Werte als Informationsflüsse und Vorläufer ihrer Materialisierung erheblich höher zu bewerten sind als materielle Werte (siehe Abb. 2).

Instrument: Spannungsbilanz

Traditionelle Bilanzen sind unzureichend: Ocean Tomo (2013) beziffert den durchschnittlichen Wertanteil der immateriellen Güter der im S&P 500-Index (Engst und Morrien 2011, S. 215) zusammengefassten Unternehmen auf mehr als 80 % an deren Gesamtwert – Tendenz: steigend – (Tomo 2013) und bestätigt so die EKS (Patt 2006, S. 149). Wird diese neue Gewichtung jedoch nicht in Handlungsstrategien umgesetzt, so entste-

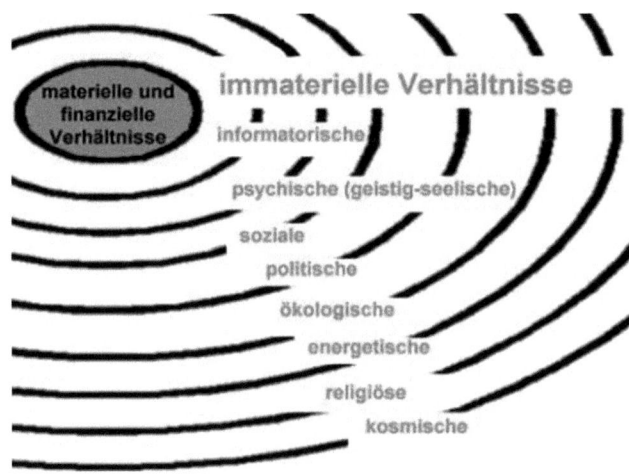

Abb. 2 Immaterielle Verhältnisse. (Quelle: Strategie Journal 2008, Heft 03, S. 10)

hen Spannungen als Ausdruck des Ungleichgewichts zwischen verschiedenen Komponenten der immateriellen Werte. Als Beispiel wird die Diskrepanz zwischen Eigen- und Fremdwahrnehmung des Unternehmensimages angeführt: Dass diese sich messbar materialisieren kann (Faustmann 1997, S. 4), zeigt etwa der spektakuläre Mitgliederverlust des Deutschen Allgemeinen Automobilclubs (ADAC), nachdem verschiedene Skandale durch Imageschädigung zu Mitgliederabwanderung (dpa Deutsche Presse-Agentur GmbH Nachrichtenagentur 2014) und damit Einnahmeeinbrüchen führten. Im Rahmen des Reputationsmanagements wird dem eine Imagekampagne entgegengesetzt (Fasse 2014). Der ADAC folgt damit dem seit Jahrzehnten von der EKS belegten Prinzip, dass immaterielle Prozesse sich wirtschaftlich materialisieren (Patt 2006, S. 149). Ein Positivbeispiel könnte dagegen ein Reisebüro sein, das Kundenbedürfnisse durch sein optimales Angebot befriedigt und damit die Spannungen auflöst (Faustmann 1997, S. 4). Auf Unternehmensebene bedeutet dies, dass eine Spannungsbilanz frühzeitig Trends aufdeckt und somit ein effektives Chancen- und Risikomanagement sowie vorausschauende Krisenpolitik ermöglicht (Patt 2006, S. 150). Systembezogen lassen sich diese Beispiele auf das Grundprinzip reduzieren, dass Unternehmen jeweils den (wandernden) Engpass samt dem zugehörigen Minimumfaktor der Zielgruppe erkennen und mit der eigenen, auf diesen wirkungsvollsten Punkt hin optimierten Leistung in Übereinstimmung bringen müssen.

In diesem Prozess sind folgende Punkte ausschlaggebend:

- *Problemadäquate Kriterienwahl*: Durch eine Prozessanalyse lassen sich Indikatoren (Kriterien) identifizieren, die den Spannungsbereich quantitativ abbilden. In dem oben angeführten Beispiel des ADAC wären dies bspw. Mitgliederfluktuation oder Umfragenoten (dpa Deutsche Presse-Agentur GmbH Nachrichtenagentur 2014).
- *Frühzeitige Chancen- und Risikoidentifikation*: Die Spannungsbilanz fokussiert auf Indikatorenidentifikation und -interpretation. Wichtige Informationen liefern insbes. nichtmonetäre Kennzahlen, da diese i.d. R weniger aggregiert sind, einen stärkeren Gegenwartsbezug haben (Ewert und Wagenhofer 2005, S. 559–560; Ewert und Wagenhofer 2008, S. 555–556), sich auf qualitative Faktoren konzentrieren und zusätzlich Ursache-Wirkungs-Zusammenhänge (Ewert und Wagenhofer 2005, S. 559; Ewert und Wagenhofer 2008, S. 555; Gladen 2011, S. 52–56) abbilden. Eine geschickte Wahl der Frühindikatoren (leading indicators) kann die Spannungsbilanz als strategisches Instrument zusätzlich aufwerten, da diese Kennzahlen auf Sachverhalten beruhen, die fundamental der Formalzielerreichung (den langfristigen strategischen Unternehmenszielen) dienen (Gladen 2011, S. 55).

Somit liefert die Spannungsbilanz eine der Materialisierung vorangehende Trendanalyse innerhalb der immateriellen Vermögenswerte. Das Unternehmen ist dadurch in der Lage, effektiv zu agieren statt aus einer nachteiligen Position heraus zu reagieren (Faustmann 1997, S. 5).

Auf die OE bezogen bedeutet dies u. a., dass das Know-how der MAs und ihre intimen Kenntnisse der Firmenabläufe ein unschätzbares Kapital darstellen. Dieses kann sowohl für eine frühzeitige Trendidentifikation als auch zur Entwicklung und Verfeinerung des Indikatorensystems samt abzuleitender Maßnahmen genutzt werden. Eine entsprechende Unternehmens- und Kommunikationskultur sind dafür Voraussetzungen.

4. Prinzip: Nutzenoptimierung vor Gewinnmaximierung

Wie in Abschnitt „Die vier Grundprinzipien der EKS" dargelegt, verfolgt ein EKS-orientiertes Unternehmen vor allem den Nutzen seiner Kunden, um aus dessen Erfüllung den eigenen Gewinn zu schöpfen. Für diese indirekte Strategie hat sich die in Abschnitt „Die strategische Ebene" eingeführte Schiefe Schlachtordnung bewährt.

Instrument: Schiefe Schlachtordnung

Um eine effektive Schiefe Schlachtordnung zu entwickeln, wird eine Gesamtanalyse der Unternehmensaktivitäten durchgeführt. Aus diesem i. d. R breit angelegten Ist-Zustand wird unter Berücksichtigung der Unternehmensaffinität und -eignung ein besonders Erfolg versprechender Teil isoliert, was durch Spezialisierung zu Effizienzgewinnen führt. In evolutiven Schritten (vgl. Kapitel „CSR und Engpassmanagement (EKS)", 1. Prinzip) erfolgt unter sorgfältiger Prozessanalyse eine langsame Verlagerung des Angebotes zur Abdeckung des brennendsten Bedarfs am Markt. Daraus resultiert automatisch eine Schiefe Schlachtordnung durch Ausnutzung der Lernkurve (Kerth et al. 2011, S. 23–29). Konsequent umgesetzt, verschafft dies dem Unternehmen Effektivität durch Fokussierung sowie zusätzliche Effizienz durch Reduktion unproduktiver Leistungen. Es entwickeln sich hieraus 1) durch das Renommee des Problemlösers Anziehungskräfte (vgl. Abschnitte „Welche internen Instrumente existieren, um mit EKS notwendige OE-Schritte im Bereich der Nachhaltigkeit zu initiieren?", 1. Prinzip zu den Hidden Champions), 2) vermehrte Nutzung von MAs-Motivation und Know-how für Innovation und Marktpenetration sowie 3) Interaktion, die durch konsequent dynamische Nutzengenerierung für den Kunden den Unternehmensbestand sichert.

Hinsichtlich der OE ist auf die MAs-Sensibilisierung hinsichtlich maximaler Nutzenoptimierung für den Kunden zu rekurrieren. In diesem Sinne ersetzt idealerweise die optimale Befriedigung des Kundenbedürfnisses letztlich die Fokussierung der meisten MAs auf Vorgesetzte. Kann der MAs den Kundennutzen auf Grund seines Knowhows und der oben besprochenen Analysetools optimal bedienen, so schafft dies ihm innerhalb seines Unternehmens in seinem Feld selbst den Status eines „Hidden Champions", welcher dadurch unverzichtbar wird (siehe Abb. 3).

5 Welchen Beitrag leistet der Ansatz des Engpassmanagements für die CSR-Strategie eines Unternehmens?

Wir leben in einem Zeitalter der Komplexität. Dörner konkretisiert „Komplexität, Intransparenz, Dynamik, Vernetztheit und Unvollständigkeit oder Falschheit der Kenntnisse über das jeweilige System" (Dörner 1989, S. 63) als allgemeine Merkmale komplexer Hand-

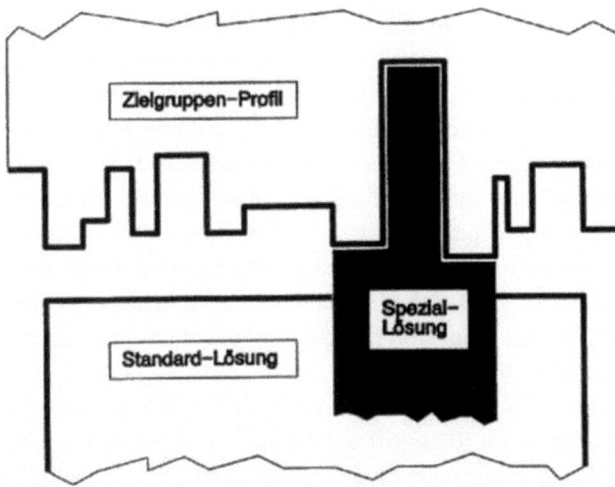

Abb. 3 Die schiefe Schlachtordnung. (Quelle: Die EKS-Strategie; Frankfurter Allgemeine Zeitung GmbH Informationsdienste, 1991, Heft 10, S. 21)

lungssituationen. Zusätzlich erschwerend kommt für das Individuum hinzu, dass es nur einen Realitätsausschnitt erfassen kann, in dem es zu agieren gilt: Das Gesamtsystem wird durch unausgesetzte Globalisierung laufend komplexer; durch ansteigende Medialisierung bei gleichzeitiger Fragmentierung *und* Interdependenzzunahme wird diese Komplexität noch potenziert. Sowohl für Individuen wie Unternehmen stellt sich daher die Frage, wie Handlungsfähigkeit geschaffen werden kann. Die oben angeführten Beispiele liefern zwei wichtige praktische Hinweise:

- systemisches Denken bzw. Denken in komplexen Modellen (im Sinne von EKS, ToC und Systemtheorie) sowie
- strategisches Vorgehen

sind für den künftigen Erfolg entscheidend. Beides kann trainiert werden. Gerade die EKS verfügt über ein vielfältiges und bewährtes Instrumentarium zur Problemlösung (Friedrich et al. 2013, S. 231–232) durch ihre Herkunft aus der Kybernetik (Regelungstechnik)[6]. Dabei steht jeweils[7] ein System im Mittelpunkt, dessen Ist- an den Soll-Zustand mittels verschiedener Prozesse hingeführt werden soll (Cube 1970). Durch tiefer gehende Analysen hat Mewes die sogenannten sieben Phasen der EKS (Friedrich et al. 2013, S. 59–225) isoliert, durch die systemkritische Faktoren planmäßig aufgedeckt und mittels Spezia-

---

[6] Klassisches Beispiel ist das Thermostat, das die Differenz zwischen Ist- und Soll-Temperatur regelt.
[7] Diese ursprünglich naturwissenschaftlich ausgerichtete Disziplin hat sich inzwischen in viele Bereiche differenziert, u. a. auch in die Management- und Soziokybernetik.

lisierung samt Konzentration auf den Engpass aufgelöst werden können. Dies gewährleistet für Unternehmen den geschäftlichen Erfolg (Friedrich et al. 2013, S. 231–232). Ist die wirtschaftliche Grundlage gesichert, so kann ein Unternehmen auch seiner sozialen Verantwortung aktiv nachkommen – und zwar ohne durch Stakeholder-Forderungen in Bedrängnis und Aufgabe von CSR „als Luxus" zu geraten (Holmes 1976, S. 34–40). Bei optimaler Anwendung kann durch EKS sogar CSR materialisiert werden, wie etwa Henry Ford mit seinem Modell T gezeigt hat: Durch Komplexitätsreduktion und Treffen des wirkungsvollsten Punktes in seinem Produktionskonzept revolutionierte er die Automobilindustrie (Friedrich et al. 2013, S. 234) und gab dadurch einen wesentlichen Impuls im dritten Kondratieff-Zyklus (Kingston (2006)[8], der erheblich zur Steigerung des Wohlstandes und Lebensstandards beitrug.

Wie kann nun die EKS konkret einen Beitrag zur CSR-Strategie eines Unternehmens beitragen? Verkürzt kann im Rückgriff auf die systemtheoretischen Überlegungen in der Einleitung folgende Handlungsanregung formuliert werden:

Jedes Unternehmen ist ein soziales System, das durch unternehmensinterne Kommunikation geschaffen, zusammengehalten und im Wachstum gehalten wird. Um eine optimale OE im Rahmen der unternehmenseigenen CSR zu gestalten, wird angeregt

- MAs systemisches Denken, genauer: EKS, als Problemlösungsmodell zu vermitteln.
- eine gemeinsame Unternehmenssprache und -kultur basierend auf EKS-Prinzipien zu implementieren, da durch Nutzenmaximierung für den Kunden unternehmensintern Freiräume geschaffen werden, CSR aktiv auszuüben.
- immaterielle Werte in den Mittelpunkt der Wertschöpfungskette zu stellen. Dazu gehört auch eine aktive Wertschätzung der MAs mit ihrem impliziten Wissen: MAs *sind* das wichtigste Kapital eines Unternehmens! sowie
- MAs als Intrapreneure zu behandeln. Dabei sollte insbesondere Wert auf deren eigenverantwortliches Handeln sowie ihre Fähigkeit, im Sinne der EKS Engpässe aufzudecken und nutzbringend zu beseitigen, Wert gelegt werden.
- Komplexität und besonders Vernetztheit sind als „Normalfall" zu akzeptieren. Dadurch kann die eigene Verantwortlichkeit gegenüber Stakeholdern, den weiteren MAs sowie der Umwelt in das eigene Weltbild integriert und gelebt werden – ganz im Sinn der CSR.
- zu verdeutlichen, dass es sich bei der EKS um eine Universaltheorie handelt. Dass diese erfolgreich auf nicht-wirtschaftliche Probleme angewendet werden kann, zeigt das Beispiel der Stufen zum Erfolg: Transfer, Experimentieren und Implementieren der EKS-Prinzipien kann zur Verbesserung jeglicher Systemleistung beitragen.

EKS sorgt somit durch kreative Anwendung im Komplexitätszeitalter für Unternehmenserfolg und garantiert dadurch, dass die finanzielle Basis für CSR auch in Zukunft vorhanden ist (Faustmann 1997).

---

[8] Dort finden sich auch Anmerkungen zu den variierenden Zykluslängen.

Literatur

AFP news agency (Agence France-Presse) Nachrichtenagentur (2014) http://www.handelsblatt.com/unternehmen/it-medien/datenbrille-der-naechste-milliardendeal-von-facebook/9668430.html

Andler N (2013) Tools für projektmanagement, workshops und consulting. Kompendium der wichtigsten Techniken und Methoden, 5. Aufl. Publicis, Erlangen

Bass BM (1990) From transactional to transformational leadership: learning to share the vision. Organ Dyn 18(3):19–31

Baumann D et al (2011) Organizing corporate social responsibility in small and large firms: size matters. Chair of foundations of business administration and theories of the firm, working paper No. 204, University of Zurich

Bernardi L (2006) http://www.zdwa.de/

Bowman C, Asch D (1987) Strategic management, Macmillan, 219, zit. In: Mabey C, Pugh DS (Hrsg) (1999) Strategies for managing complex change. The Open University, Milton Keynes

Bryman A, Bell E (2011) Business research methods, 3. Aufl. Oxford University Press, New York

Busold M (Hrsg) (2013) War for Talents: Erfolgsfaktoren im Kampf um die Besten. Symposion, Düsseldorf

Chicago School (1896) The tall office building artistically considered, Lippincott's Magazine

Cube Fv (1970) Was ist Kybernetik?, 3. Aufl. dtv, München

Dörner D (1989) Die Logik des Misslingens. Strategisches Denken in komplexen Situationen. Rowohlt, Reinbek

dpa Deutsche Presse-Agentur GmbH Nachrichtenagentur (2012) http://www.handelsblatt.com/unternehmen/it-medien/millionen-deal-facebook-kauftendgueltig-fotodienst-instagram/7104578.html

dpa Deutsche Presse-Agentur GmbH Nachrichtenagentur (2014) http://www.handelsblatt.com/auto/nachrichten/manipulationsskandal-adac-mit-mitgliederschwund/9564402.html

dpa Deutsche Presse-Agentur GmbH Nachrichtenagentur (2014) http://www.zeit.de/mobilitaet/2014-01/adac-reform-autoclub-skandal

Draeger-Ernst A (2003) Vitalisierendes Intrapreneurship: Gestaltungskonzept und Fallstudie. Hampp, Mering

Eibl-Eibesfeld I (2004) Die Biologie des menschlichen Verhaltens: Grundriss der Humanethologie, 5. Aufl. Blank, Vierkirchen

Engst J, Morrien R (2011) Börse leicht verständlich: Von der Depot-Eröffnung zum optimalen Depot, 4. Aufl. FinanzBuch, München

Ewert R, Wagenhofer A (2005) Interne Unternehmensrechnung, 6. Aufl. Springer, Berlin

Ewert R, Wagenhofer A (2008) Interne Unternehmensrechnung, 7. Aufl. Springer, Berlin

Fasse M (2014) http://www.handelsblatt.com/auto/nachrichten/nach-skandal-um-gelben-engel-adacplant-grosse-imagekampagne/9756920.html

Faustmann HGH (1997) Durch Spannungen den Engpässen auf der Spur. Spannungsbilanz: Das Prinzip und wie man es umsetzt. Strat J (8):4–7

Ferriss T (2007) http:\\\www.deandwyer.com/lsh-show-1-deconstructing-tim-ferriss/

Freeth P, Smith S (2011) The NLP practitioner manual. CGW Publishing, Birmingham

Friedrich K (2012) Auslaufmodell Gewinnmaximierung. In: Bürkle H (Hrsg) Mythos strategie: Mit der richtigen Strategie zur Marktführerschaft – Die Erfolgsstrategien von 15 regionalen und globalen Marktführern, 2. Aufl. Springer Gabler, Wiesbaden, S 37–45

Friedrich K et al (2013): Das große 1 × 1 der Erfolgsstrategie. EKS®-Erfolg durch Spezialisierung. 17., aktual. Aufl. Gabal, Offenbach

Gladen W (2011) Performance Measurement: Controlling mit Kennzahlen, 5. Aufl. Gabler, Wiesbaden

Goldratt E (2002) Die kritische Kette. Das neue Konzept im Projektmanagement. Campus, Frankfurt a. M.
Goldratt E, Cox J (2012) The goal. A process of ongoing improvement, Überarb. Jubiläumsaufl. North River Press, Great Barrington
Greenough (1852) The Travels, Observations, and Experience of a Yankee Stonecutter. G. P. Putnam & Co.
Hihn M (2012a) http://www.manager-wiki.com/strategie-grundlagen
Hihn M (2012b) http://www.manager-wiki.com/strategie-grundlagen/85-die-4-ebenen-unternehmerischen-denkens-und-handelns
Hihn M (2014, Jan. 4) Impulsvortrag, Arbeitskreis Wissen managen, München I
Holmes SL (1976) Executive perceptions of corporate social responsibility. Bus Horiz 19(3):34–40
Holste JH (2012) Arbeitgeberattraktivität im demographischen Wandel. Springer, Wiesbaden
Hungenberg H (2012) Strategisches Management im Unternehmen. Ziele – Prozesse – Verfahren, 7. Aufl. Springer Gabler, Wiesbaden
IHK Erfurt (Hrsg) (2010) Schulungsmaterial IHK-Zertifizierungslehrgang Strategieberater IHK. IHK Erfurt, Erfurt
Kerth K et al (2011) Die besten Strategietools in der Praxis: Welche Werkzeuge brauche ich wann? Wie wende ich sie an? Wo liegen die Grenzen? 5., erw. Aufl. Hanser, München
Kingston W (2006) Schumpeter, business cycles and co-evolution. Industry Innovation 13(1):97–106
Kroener BR (2003) Die Geburt eines Mythos – die „Schiefe Schlachtordnung". Leuthen, 5. Dezember 1757. In: Förster S et al (Hrsg) Schlachten der Weltgeschichte: Von Salamis bis Sinai, 3. Aufl. Beck, München, S 169–183
Luhmann N (1987) Soziale Systeme: Grundriß einer allgemeinen Theorie. Suhrkamp, Frankfurt a. M.
Mabey C, Pugh DS (1999) Strategies for managing complex change. The Open University, Milton Keynes
Maturana HR, Varela FJ (1987) Der Baum der Erkenntnis. Die biologischen Wurzeln menschlichen Erkennens. Goldmann, Bern
Mayer J (2014) http://webpolicy.org/2014/03/12/metaphone-the-sensitivity-of-telephone-metadata/
McWilliams A, Siegel DS (2001) Corporate social responsibility: a theory of the firm perspective. Acad Manage Rev 26(1):117–127
Mewes W (1984) Lehrgang ‚Engpass-Konzentrierte Strategie' (EKS). Mewes, Frankfurt a. M.
Mewes W (2003) Jetzt wird es Ernst! Strat J 8:7–13
Mewes W (2010) Größtes Erdbeerparadies Europas. Fallbeispiel von Prof. Wolfgang Mewes. In: Strat J 2:8
Meyer C (2011) Betriebswirtschaftliche Kennzahlen und Kennzahlensysteme, 6. überarb. u. erw. Aufl. Verlag Wissenschaft und Praxis, Sternenfels
Müller S et al (2013) Deutschland 2030: Herausforderungen als Chancen für soziale Innovationen. World Vision Center for social Innovation, Wiesbaden
Mutschler H-D (2002) Naturphilosophie. Kohlhammer, Stuttgart
Neuweg GH (2001) Könnerschaft und implizites Wissen: zur lehr-lerntheoretischen Bedeutung der Erkenntnis-und Wissenstheorie Michael Polanyis, 2., korr. Aufl. Waxmann, Münster
Ocean Tomo (2013) http://www.oceantomo.com/media/newsreleases/Intangible-Asset-Market-Value-Study-Release
o.V. (2006) Der wandernde Engpass. Nichts geht mehr… Wenn ein Engpass zum Minimumfaktor wird. Strat J 1:14
Patt HW (2006) Rechnen Sie mit allem! Die Spannungsbilanz als Autopilot für den Erfolg kleiner und mittelerer Unternehmen. expert, Renningen
PricewaterhouseCoopers Aktiengesellschaft Wirtschaftsprüfungsgesellschaft (2012) http://www.pwc.de/de/rechnungslegung/integrated-reporting-die-zukunft-der-berichterstattung.jhtml
Quenzel G, Hurrelmann K (Hrsg) (2011) Bildungsverlierer. Neue Ungleichheiten. Verlag für Sozialwissenschaften, Wiesbaden

Rawlinson JG (1981) Creative thinking and brainstorming. Gower, Farnborough
Reinhart CM, Rogoff K (2011) This time is different: eight centuries of financial folly. Princeton University Press, Princeton
Rowlandson P (1984) The oddity of OD. In: Management Today, Nr. 11, 91–93. zit. In: Mabey C, Pugh DS (Hrsg) (1999) Strategies for managing complex chang. The Open University, Milton Keynes
Rüggeberg H (2009) Innovationswiderstände bei der Akzeptanz hochgradiger Innovationen aus kleinen und mittleren Unternehmen. Working papers of the Institute of Management Berlin at the Berlin School of Economics and Law (HWR Berlin), Nr. 51
Sabath B (2014) http://www.sabath-media.de/de/referenzen/web/detail/article/stiftung-stufen-zu-merfolg-neu-im-web.html
Schiersmann C, Thiel HU (2014) Organisationsentwicklung. Prinzipien und Strategien von Veränderungsprozessen, 4. überarb. u. aktual. Aufl. Springer, Wiesbaden
Tarnas R (1998) Idee und Leidenschaft. Die Wege des westlichen Denkens, 5. Aufl. Rogner & Bernhard, Hamburg
The Economist (Hrsg) (2008 Jan. 17) Just good business, the economist: Ausg. v. (reprint). http://www.economist.com/node/10491077
Thomson Reuters Deutschland GmbH Nachrichtenagentur (2014) http://www.handelsblatt.com/unternehmen/it-medien/uebernahme-facebook-zahlt-19-milliarden-dollar-fuer-whatsapp/9509672.html
Töpfer A (Hrsg) (2009) Lean six sigma: erfolgreiche kombination von lean management, six sigma und design for six sigma. Springer, Berlin
Varela FJ et al (1974) Autopoiesis: the organization of living systems, its characterization and a model. Biosystems 5:187–196
Venohr B, Meyer KE (2007) The German miracle keeps running: how Germany's hidden champions stay ahead in the global economy. Working papers of the Institute of Management Berlin at the Berlin School of Economics (FHW Berlin), Nr. 30
Vester M (2009) http://www.wiso.uni-hamburg.de/fileadmin/master/oeksoz/Vortrag_Vester.pdf
Wagner H (2004) Erfolg für Teens durch fundiertes Selbstbewusstsein. Nutzung von EKS, Pareto und STUFEN-Bausteinen. Strat J 4(10):19–21
Wagner H (2014) http://www.stufenzumerfolg.de/index.php?id=37
Wippermann K et al (2013) Eltern – Lehrer – Schulerfolg. Wahrnehmungen und Erfahrungen im Schulalltag von Eltern und Lehrern. Lucius & Lucius, Stuttgart
Worcester M (Hrsg) (1993) EKS-Unternehmensstrategie. Ein Arbeitshandbuch. Frankfurter Allgemeine Zeitung, Frankfurt a. M.
Young J, Simon WL (2005) iCon steve jobs: the greatest second act in the history of business. Wiley, Hoboken

Klaus Plecher ist Referent für Existenzgründung sowie Strategieberater bei der IHK für München und Oberbayern. Er ist Experte für die Engpasskonzentrierte Verhaltens- und Führungsstrategie (EKS) nach Prof. Wolfgang Mewes. Seine Expertise beruht auf hunderten von persönlichen Beratungen und zahlreichen Workshops sowie Vorträgen. Er ist Trainer bei der IHK Akademie in München und in Feldkirchen-Westerham. Ihm ist es ein Anliegen, Existenzgründern von vornhinein durch strategisches Vorgehen nach EKS den Weg zum ehrbaren Kaufmann zu ebnen.

Sustainable Entrepreneurship als neues Paradigma in der Organisationsentwicklung

Christina Weidinger

1 Einleitung

Wie uns die gegenwärtige Krise zeigt, braucht unser Handeln wieder ein Mehr an ökologischer und sozialer aber vor allem auch ökonomischer Nachhaltigkeit. Unternehmer können einen wichtigen Beitrag dazu leisten, indem sie ihre Geschäftsmodelle so ausrichten, dass durch ihr Handeln sowohl ein wirtschaftlicher als auch ein gesellschaftlicher Mehrwert entsteht (Porter und Kramer 2011).

Wir benötigen neue Managementansätze und wirtschaftliche Innovationen, um in diesem dynamischen Umfeld zukunftsfähig zu bleiben. Nur so wird es unseren Unternehmen gelingen, die Krise zu überwinden und unserem Kontinent jene Innovationskraft wiederzugeben, über die er jahrhundertelang verfügte. Wir müssen wieder „Innovation Leader" werden und dürfen nicht „Innovation Follower" oder gar Nachzügler bleiben. Das ist der einzige Weg zu ökonomischem Erfolg in einem zunehmend instabilen globalen Umfeld, welches einem dramatischen Wandel unterworfen ist (siehe Abb. 1).

Während der letzten Jahrzehnte sind die gesellschaftlichen Herausforderungen stetig größer geworden. Heute zählen wir bereits mehr als 7 Mrd. Erdenbürger (Handelsblatt 2011) und in vielen Teilen der Welt stehen wir vor dynamischen Entwicklungssprüngen. Wir leben in einem Zeitalter des Wandels. Das nach wie vor schwierige konjunkturelle Umfeld in Europa macht nun für viele offensichtlich, was schon lange bekannt ist:

Dieser Artikel basiert auf den Ausführungen in Weidinger et al. (2013)

C. Weidinger (✉)
Stubenbastei 10/Top 6 A, 1010 Wien, Österreich
E-Mail: christina.weidinger@se-award.org

© Springer-Verlag Berlin Heidelberg 2016
B. Schram, R. Schmidpeter (Hrsg.), *CSR und Organisationsentwicklung*, Management-Reihe Corporate Social Responsibility, DOI 10.1007/978-3-662-47700-7_5

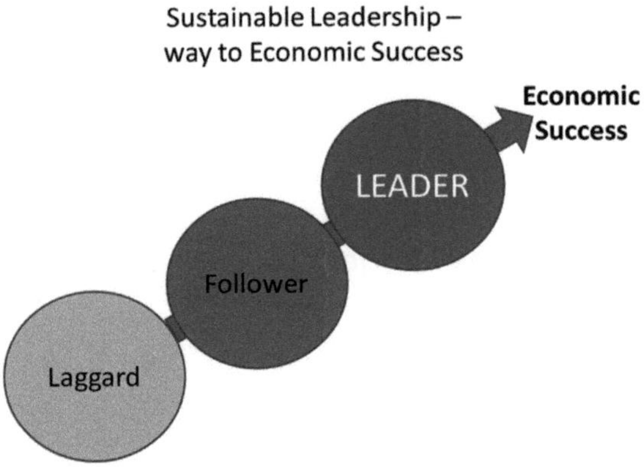

Abb. 1 Vom Nachzügler zum „Leader"

Sustainable Leadership – way to Economic Success

[Laggard → Follower → LEADER → Economic Success]

„Vertrauen in die Wirtschaft" und „unternehmerische Kreativität" sind zu besonders knappen Ressourcen geworden (Edelman 2012). Konnten wir im vergangenen Jahrzehnt noch auf nahezu grenzenloses Vertrauen in die Wirtschaft zurückgreifen, müssen wir nun durch mehr Transparenz sowie durch Innovation verstärkt gesellschaftlichen Mehrwert generieren. Nur so lässt sich allen vermitteln, dass Unternehmen Teil der Lösung und nicht Teil des Problems sind. Das ist ein wichtiger Ansatz zur Abklärung des Begriffs „Sustainable Entrepreneurship": es bedeutet, die positiven Effekte und kreativen Potenziale des Unternehmertums stärker als bisher zu nutzen, um eine nachhaltige Entwicklung unserer Gesellschaft zu erreichen.

2 Entrepreneurship und nachhaltiges Wachstum

2.1 Unternehmen – der Motor der Wirtschaft

Kleine und mittelständige Unternehmen (KMU) spielen eine Schlüsselrolle auf dem Weg zu einer neuen, nachhaltigen und dezentralen Wirtschaft. Dezentralisierung bietet besonders in Europa große Möglichkeiten aufgrund seiner wirtschaftlichen Struktur, die von kleinen und mittelständischen Unternehmen geprägt ist. Das bedeutet in einem ersten Schritt eine Renaissance der KMU, die in der internationalen Wirtschaft – wenn auch oft hinter den Kulissen – den Ton angeben. Im Jahr 2005 gab es in den 27 EU-Staaten 20 Mio. aktive Firmen, die außerhalb des Finanzsektors tätig waren. Die überwältigende Mehrheit, nämlich 99.8 %, waren KMUs mit nicht mehr als 250 Mitarbeitern. Ihre relative Bedeutung in Bezug auf die Schaffung von Arbeitsplätzen und Wohlstand war jedoch geringer, da 67.1 % der außerhalb des Finanzsektors tätigen Arbeitskräfte der EU-27 bei KMU beschäftigt waren, während nur 57.6 % der Wertschöpfung in diesen Branchen von KMU geschaffen wurden (Abb. 2) (Eurostat 2008).

Kleine und mittelständische Unternehmen sind sich der Bedeutung eines stabilen Umfelds – dazu gehören gute Ausbildungs-, Gesundheits- und Sozialsysteme – besonders be-

Structure of the European Economy

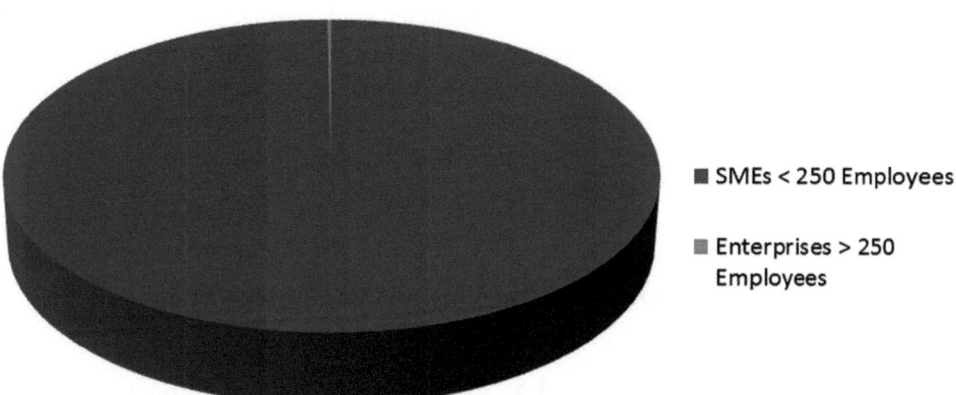

- SMEs < 250 Employees
- Enterprises > 250 Employees

Abb. 2 Die Struktur der europäischen Wirtschaft

wusst. Sie sind häufig fest in ihrer Region verwurzelt, oft seit Jahrzehnten, und investieren in ihr soziales Umfeld (Bertelsmann Stiftung 2011). Dieses Engagement ist heutzutage wichtiger denn je. Es würde Europa guttun, sich an die Stärke der KMU zu besinnen, wenn es seine Rolle als Innovation Leader zurückerobern möchte. Gegenwärtig finden Innovationen außerhalb Europas statt. China und Korea holen auf und sind mit Entwicklung, Forschung und Innovation beschäftigt (Hornacek 2013). Asien ist ebenso ein Vorläufer bei der Adaptierung von Geschäftsmodellen in Hinblick auf sozialen Mehrwert (MIT Sloan Management Review 2012) – in der Technologie, im Management, im Wachstum und in der Standortattraktivität. Aber die Frage ist, welches Konzept langfristig nachhaltiger ist: Wachstum zu jedem Preis – ohne Rücksicht auf gesellschaftliche Entwicklung oder Klimawandel? Oder nachhaltiges Wachstum? Die Antwort darauf ist ganz klar: ohne nachhaltiges Wirtschaften gibt es keine Zukunft. Und nachhaltiges Wirtschaften ist mehr als nur Corporate Social Responsibility.

Unternehmen sind die Motoren unserer Wirtschaft und leisten einen großen Beitrag zum Wohlstand und zur Entwicklung der Gesellschaft (Osburg und Schmidpeter 2013). Es ist auch wichtig, dass sie in dieser Funktion die gesellschaftlichen Herausforderungen akzeptieren, denen wir uns jetzt und in der Zukunft stellen müssen. Das bedeutet das Verfolgen nachhaltiger Lösungen für Umweltprobleme, für soziale Entwicklungen wie den demografischen Wandel und für Wirtschaftskrisen. Nachhaltigkeit breitet sich zunehmend in allen Bereiche aus. Angesichts verstärkten Wettbewerbsdrucks verlangen und erwarten die Konsumenten in zunehmendem Maße Nachhaltigkeit als Alleinstellungsmerkmal. Die Wirtschaft reagiert auf diesen Wandel des Marktes. Das zeigt sich z. B. am steigenden Angebot von Fair-Trade-Produkten, ökologischer Herstellung und sozialer Verträglichkeit.

Große gewinnorientierte Unternehmen wie Rewe oder Siemens, um nur zwei prominente Beispiele zu nennen, reagieren darauf (Rewe 2010; Siemens 2011). Es geht darum, das Streben nach notwendigen Gewinnen mit sozialer Verantwortung zu kombinieren – denn niemand will mit einem Unternehmen zusammenarbeiten, das als nicht vertrauenswürdig gilt. Für das Gros der österreichischen Unternehmen sind Vertrauen und Verantwortung bereits Teil der Strategie und des Kerngeschäfts – und im internationalen Geschäft ein wichtiger Wettbewerbsfaktor. Sustainable Entrepreneurship geschieht natürlich nicht aus reiner Nächstenliebe, und das soll und muss es auch nicht. Sustainable Entrepreneurship kann die Speerspitze dafür sein, unternehmerische Lösungen für die dringendsten ökologischen, wirtschaftlichen und sozialen Probleme zu finden.

2.2 Sustainable Entrepreneurship – die nächsten Schritte der Geschäftsstrategie

Seit einigen Jahren ist der Begriff Corporate Social Responsibility in aller Munde. Was als defensive/reaktive (Compliance-orientierte) Strategie begann, entwickelt sich heute immer mehr zu einem innovativen/proaktiven Management-Konzept (nachhaltiges Unternehmertum bzw. Sustainable Entrepreneurship). Der Begriff Sustainable Entrepreneurship wird seit einiger Zeit in der Wirtschaft zur Beschreibung dieser aktuellen, sehr unternehmerischen und wirtschaftsorientierten Ansicht über Wirtschaft und Gesellschaft verwendet. Während CSR hauptsächlich von großen Firmen und oft nur als Reaktion auf Forderungen der Stakeholder umgesetzt wurde, ist Sustainable Entrepreneurship eine Chance für alle Unternehmen – besonders für jene der großen und bedeutenden Gruppe der KMU – sich in Zukunft von ihren Konkurrenten deutlich absetzen zu können. Sustainable Entrepreneurship kann als der nächste Schritt der Geschäftsstrategie angesehen werden.

Sustainable Entrepreneurship wird zur wichtigsten Säule unserer wirtschaftlichen Zukunft. Sie ist die Basis auf der wir eine neue internationalen Ökonomie aufbauen, um die Wirtschaft aus den momentanen Problemen hinauszuführen. Europa kann nur dann die Krise hinter sich lassen und zukünftige Herausforderungen bewältigen, wenn wir uns der Sustainable Entrepreneurship verpflichten und entsprechend handeln. Jene Firmen die ihre Kernprozesse und Strategien danach ausrichten, werden als Gewinner hervorgehen. Kurz gefasst: Sustainable Entrepreneurship ist Europas Chance, sich wieder als Vorreiter zu etablieren (MIT Sloan Management Review 2012). Bis es so weit ist, liegt aber noch viel Arbeit vor uns. Wir müssen Ideen und Strategien ebenso wie neue Produkte und Dienstleistungen entwickeln.

Sustainable Entrepreneurship ist keineswegs nur eine bloße Frage des Umweltschutzes, sondern hat viele Facetten. Ökonomie, Ökologie und soziale Innovationen stehen gleichberechtigt Seite an Seite. Sustainable Entrepreneurship ist mehr als nur eine Idee – es ist, bei genauer Betrachtung, eine Art von Lifestyle, eine ganz besondere Lebensweise.

Die Grundlagen für dieses neue Denken und für die Zukunft von Geschäftstätigkeiten wurden bereits geschaffen. Wir befinden uns bereits im Prozess des Wandels und sind

Zeugen der dritten industriellen Revolution (Rifkin 2011). Es wird die erste industrielle Revolution sein, die nicht aus technischen Neuerungen – wie der Massenfertigung und später dem Internet – entsteht. Wir erleben eine Revolution der Geisteshaltung und des wirtschaftlichen Denkens. Reines Wachstum allein schafft nicht mehr die Voraussetzungen, um zukünftige Krisen zu bewältigen, vor allem aber hilft es nicht, ein Unternehmen auf die nächsten Jahrzehnte abzusichern. Die Zeit ist reif für eine neue Unternehmensethik, damit Nachhaltigkeit nicht nur als reine Marketingaussage interpretiert wird, sondern wirklich jene Anerkennung bekommt, die ihr zusteht. Nachhaltigkeit wird auch zu einem innovativen Geschäftsmodell, das wirtschaftliche, soziale und ökologische Verantwortung in den Mittelpunkt stellt und damit den Unternehmen letzten Endes einen klaren Wettbewerbsvorteil sichert!

3 Sustainable Entrepreneurship und Geschäftserfolg

Nachhaltige Innovation muss als Unternehmenswert verstanden werden. Es ist kein Deckmantel, keine Aufgabe für Gutmenschen oder Idealisten, sondern vielmehr eine wesentliche strategische Entscheidung. Im Mittelpunkt steht, wie das Unternehmen die Möglichkeiten, die sich aus diesem Alleinstellungsmerkmal ergeben – in Hinblick auf die soziale, ökologische und ökonomische Dimension –, definiert und beurteilt. Innovation ist die beste Strategie, um den angeblichen Gegensatz von Wirtschaft und sozialen/ökologischen Herausforderungen auf konstruktive Weise so aufzulösen, dass alle beteiligten Seiten davon profitieren können (Osburg und Schmidpeter 2013). Das bedeutet, dass sich jeder diese Innovationsstrategie intelligenter Unternehmen anschließen kann, da Ressourcen optimal genutzt und Investitionen in die Zukunft getätigt werden. Dieser Ansatz ist nicht nur gesellschaftlich mehrheitsfähig sondern auch wirtschaftlich tragbar, wenn er richtig umgesetzt wird.

Die Unternehmensberatung Roland Berger meint, dass wer daran geglaubt hat, dass Kostensenkungsprogramme und ambitionierte Wachstumsprogramme das Thema der Nachhaltigkeit von der Agenda des Top-Managements verdrängen würde oder wer es als Luxusproblem hinstellen wollte, sich mit etwas anderem konfrontiert sieht: Nachhaltigkeit ist heutzutage nicht mehr nur eine Modeerscheinung oder ein Marketingtrend (Roland Berger Unternehmensberatung 2010). Sie wird zunehmend zu einem integralen Bestandteil der Philosophie und der betrieblichen Ausrichtung zukunftsorientierter Unternehmen werden. Nachhaltigkeit bedeutet daher also nicht, Rentabilität aufzugeben, sondern ist vielmehr eine Möglichkeit zur (neuen) Rentabilität. Zusammenfassend: Wir brauchen mehr Unternehmertum als Schlüssel zu gesellschaftlicher Nachhaltigkeit.

Unterm Strich muss sich Sustainable Entrepreneurship auszahlen. Daher ist Sustainable Entrepreneurship ein individueller Prozess, der für jedes Unternehmen anders gestaltet wird, da die Stakeholder unterschiedliche Ansprüche haben. Die Wirtschaft unterliegt einem ständigen Wandel. Es ist daher nicht sinnvoll, eine Methode auf verschiedene Branchen anzuwenden, da die Herausforderungen in der Chemie- oder Automobilindustrie andere sind, als etwa in der Freizeitwirtschaft oder im Dienstleistungssektor (Bertelsmann Stiftung 2013). Gleichzeitig bietet Nachhaltigkeit bestimmten Branchen besondere Chancen: vor allem in den zukunftsträchtigen Bereichen urbane Technologien, Umwelt- und Ressourcenschutz sowie erneuerbare Energien verfügen österreichische Unternehmen über wettbewerbsfähige Expertise, die im Ausland verstärkt nachgefragt wird und zur nachhaltigen Entwicklung beiträgt.

4 Die Sustainability Agenda in die Hand nehmen

4.1 Die Einführung von SE: vom Konzept zur Organisationsentwicklung

Was macht ein Unternehmen zum nachhaltigen Wirtschaftsakteur? Wie können Unternehmer abklären, ob sie tatsächlich nachhaltig wirtschaften? Ganz klar, Unternehmen müssen darüber nachdenken, ob die alltäglichen Tätigkeiten und Entscheidungen langfristig einen gesellschaftlichen Mehrwert generieren oder nicht.

Für die Unternehmungsberatung Bain & Company umfasst der Begriff „Nachhaltigkeit" alle Aspekte ethischer Geschäftspraktiken und beschäftigt sich mit sozialen, ökologischen und behördlichen Themen und Fragen des Gemeinwohls in verantwortungsvoller und profitabler Art. Lieferanten, Angestellte, Kunden, Shareholder, Regierungen und Kommunen haben spezifische Interessen, die verstanden und gemanagt werden müssen (Bain & Company Deutschland 2012). Unternehmen sind nicht nur dazu aufgefordert Verantwortung zu übernehmen, sondern auch dazu, ihre Nachhaltigkeitsagenda in die eigene Hand zu nehmen. Nachhaltigkeit wird immer mehr zu einer Voraussetzung für profitables Wachstum, wie eine jüngst durchgeführte Studie ergeben hat: zwei Drittel von 25.000 Kunden in den USA, Kanada und Westeuropa weisen ein Meinungsbild auf, das teilweise auf der Ethik eines Unternehmens, seinen Umweltauswirkungen und seiner sozialen Verantwortung basiert. Paradoxerweise sind jedoch viele Kunden nicht dazu bereit, für nachhaltige Produkte mehr zu bezahlen (siehe Abb. 3) (Bain & Company Deutschland 2012).

Jede Strategie braucht zuerst eine grundlegende Idee. Für ein Unternehmen ist der erste Schritt die Priorisierung seiner Nachhaltigkeitsaspekte (vgl. Abb. 3). Diese müssen aus verschiedensten Blickwinkeln betrachtet werden, da Nachhaltigkeit ein Prozess ist, der das Unternehmen als Ganzes betrifft. Jede Änderung, die sich aus diesem Prozess ergibt, ist gleichzeitig Teil einer zukünftigen Strategie. Bain führt als Beispiel Wal-Mart an: Wal-Marts Initiative zur Reduzierung von Verpackungen wird in den kommenden Jahren zu riesigen Einsparungen führen. Insgesamt 213.000 Lkw weniger auf der Straße bedeuten Einsparungen im Bereich von US$3,4 Mrd. (Bain 2012). Viele konsumentenbasierte Unternehmen integrieren nachhaltige Praktiken in ihr tägliches Geschäft. Die Integration von Nachhaltigkeit verändert Prozesse, Design und Sortiment ihrer Produkte, ihre Supply Chains, ihren ökologischen Fußabdruck und ihre Kommunikation mit Kunden, Investoren und Mitarbeitern (Bain 2012).

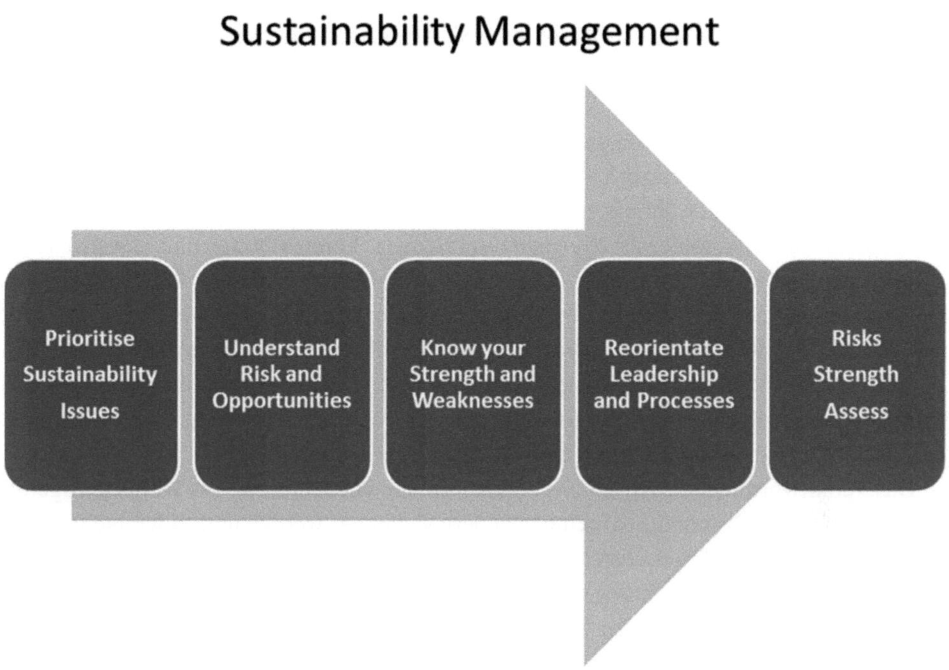

Sustainability Management

- Prioritise Sustainability Issues
- Understand Risk and Opportunities
- Know your Strength and Weaknesses
- Reorientate Leadership and Processes
- Risks Strength Assess

Abb. 3 Die Einführung von Nachhaltigkeit

Ein Unternehmen, das eine effektive Nachhaltigkeitsstrategie einführen möchte, sollte jedoch auch die Risiken und Möglichkeiten verstehen, die zur Nachhaltigkeit gehören, betonen die Wirtschaftsprüfer von PwC (2012). Dazu gehört nicht nur, das Risiko und Potenzial zu erkennen, das sich aus einer glaubwürdigen und effektiven Nachhaltigkeitsstrategie ergeben kann, sondern auch das Management, die Leitung und die Leistungsbewertung einer Firma danach auszurichten.

Sustainable Entrepreneurship steht für die Erweiterung von Corporate Responsibility durch die Aufnahme sozialer und ökologischer Kriterien in eine ganzheitliche Unternehmensstrategie. Für die Umweltpolitik und das Verhalten der Konsumenten ist das ebenso wichtig. Mit innovativen Lösungen kann man sich jedoch auch neue internationale Märkte eröffnen. Europa ist ein Kontinent, der vom Export geprägt ist. Unsere Güter und Dienstleistungen sind in der ganzen Welt gefragt. Es ist unglaublich wichtig, diese Grundlage unseres Wohlstandes zu erhalten: der Außenhandel ist z. B. nicht nur der Motor der deutschen Wirtschaft sondern auch der österreichischen – die Hälfte des österreichischen BIP wird im Ausland erzielt (WKO 2012). Sustainable Entrepreneurship ist in den Bereichen Ökonomie, Ökologie und Soziales ein Kernelement, da SE eine notwendige Voraussetzung für den Erfolg der österreichischen Exportindustrie ist.

4.2 Die Ökonomie als ein Kreislauf: Chancen, Risiken und Profitabilität

Die drei wichtigsten Prinzipien der nachhaltigen Entwicklung sind das Kreislaufprinzip, das Verantwortungsprinzip und das Kooperationsprinzip (Meffert und Kirchgeorg 1993).

Das Kreislaufprinzip entspricht der Idee einer zyklischen Ökonomie, die eine nachhaltige Entwicklung gewährleistet. Nur wenn das komplexe Verhältnis von Ökonomie, Gesellschaft und Ökologie als Kreislauf funktioniert, können Natur und Gesellschaftssysteme langfristig erhalten werden. Die beiden prominenten Vertreter des Kreislaufprinzips McDonough und Braungart verlangen, dass wir „die Art, wie wir Dinge machen, neu gestalten" (McDonough und Braungart 2002) und formulieren zu diesem Zweck das „Cradle-to-Cradle"-Konzept („von der Wiege zur Wiege"). Die Ausrichtung unserer Ökonomie nach dem Kreislaufprinzip erfordert sowohl technischen Fortschritt (bahnbrechender Technologien) als auch soziale Innovation.

Das Verantwortungsprinzip hat zwei Dimensionen: einerseits soll das Wohlstandsgefälle zwischen Industrie- und Entwicklungsländern verringert werden und andererseits sollen die Bedürfnisse zukünftiger Generationen genauso wie die der gegenwärtigen Generation berücksichtigt werden. Die intragenerative und intergenerative Dimension der Verantwortung lässt sich nur dann erfüllen, wenn alle Systeme nachhaltig entwickelt werden. Dies erfordert vor allem Sustainable Leadership und innovative Lösungsansätze, die für die gegenwärtige Generation und für zukünftige Generationen einen Mehrwert generieren.

Das Kooperationsprinzip zeigt klar, dass sich viele Herausforderungen nur dann lösen lassen, wenn mehrere Akteure zusammenarbeiten. Um soziale Innovationen zu bewerkstelligen, müssen sie ihr Verhalten koordinieren oder gemeinsame Ressourcen zur Verfügung stellen. Intelligentes Unternehmertum und die damit verbundenen Marktchancen sind ein wichtiger Motor, ebenso wie die Zusammenarbeit zwischen Politikern, Unternehmen und der Zivilgesellschaft, um gemeinsam gesellschaftliche Rahmenbedingungen zu schaffen, die für die Zukunft gewappnet sind. Von besonderer Bedeutung sind Incentive-Programme die Sustainable Entrepreneurship, die internationale Ausweitung innovativer Ansätze und die Förderung bahnbrechender Technologien vorantreiben. Während dieses Prozesses wird sich nicht nur die Rolle der Unternehmen ändern, sondern auch die Rolle der Politik und der Zivilgesellschaft. Das bedeutet, dass die Frage nicht ist, ob es mehr Markt oder mehr soziale Zusammenarbeit geben sollte, sondern dass Nachhaltigkeit stattdessen sowohl mehr Marktkoordinierung als auch mehr soziale Zusammenarbeit erfordert.

Der Begriff des Sustainable Development und seiner drei Prinzipien ist heutzutage nicht weniger relevant als früher. Unternehmen müssen ihre Verantwortung für zukünftige Generationen übernehmen und entsprechend handeln. Dazu gehören vernünftige Ressourcenplanung und -verwendung ebenso wie Vermeidung von inakzeptablen oder gar irreversiblen negativen Auswirkungen auf die Umwelt. Schließlich kommt in einem Kreislauf alles wieder zurück. Die Dinge beeinflussen sich gegenseitig. Diese Hypothese führt letztlich zum Kooperationsprinzip welches danach strebt, ökonomische Prozesse stärker in Richtung einer ökologischen Ausrichtung zu koordinieren (Meffert und Kirchgeorg 1993). Das führt zu Kreisläufen die über das Unternehmen selbst hinausgehen, durch welche der vollständige Produktlebenszyklus gesteuert werden kann. Alle drei Prinzipien stehen in einer Wechselbeziehung zueinander. Unternehmen, die Sustainable Entrepreneurship ernst nehmen, müssen alle drei meistern.

Zwei aktuelle Studien in Zusammenarbeit mit der WirtschaftsWoche zeigen, welche Unternehmen aus Sicht deutscher Konsumenten sozial und ökologisch am nachhaltigsten handeln. Dabei zeigte sich, dass Unternehmen mit einer verantwortungsvollen Unternehmensausrichtung auch mehr Umsatz erzielen. Konsumenten wurden befragt, wie grün und sozial sie die wichtigsten von Ihnen in Deutschland konsumierten Marken wahrnehmen (Biesalski und Matthes 2012). Auf Platz 1 landete Babykosthersteller Claus Hipp, auf Platz 2 die Babynahrungsmarke Alete und auf Platz 3 der Automobilhersteller BMW. Die Studie machte auch deutlich, dass die Verbraucher immer mehr für Themen der Nachhaltigkeit sensibilisiert sind. Sie werden zudem immer kritischer und wollen immer genauer wissen, ob Unternehmen die Umwelt stärker belasten als notwendig, ob sie ihre Mitarbeiter ausbeuten und wie sparsam sie mit Ressourcen umgehen. Die Studie hat auch belegt, dass ungefähr 15 % des Images einer Marke von Themen wie Umweltschutz, fairem Umgang mit Mitarbeitern und Ressourcenschonung beeinflusst werden.

Einmal mehr zeigt sich, dass Nachhaltigkeit am Markt ebenso wichtig ist wie Qualität, Attraktivität des Produkts und wirtschaftlicher Erfolg der Marke. Mehr noch: Unternehmen mit einem grünen Image können auch mehr Umsatz erzielen (Biesalski und Matthes 2012). Im Durchschnitt trägt eine verantwortungsvolle Unternehmensausrichtung rund 5 % zum Umsatz bei. Ein besonders erfolgreiches Beispiel liefert hier laut den Autoren der Tiefkühlkosthersteller Frosta: 15,6 % des Umsatzes von Frosta sind auf eine klare Nachhaltigkeitsstrategie zurückzuführen.

4.3 Sustainable Entrepreneurship: Wirtschaft, Politik und Gesellschaft

Sowohl Politik als auch Wirtschaft sind Teil der Gesellschaft, insofern ist die Gesellschaft in jedem Fall gefordert. Als Teil der Gesellschaft ist die Zivilgesellschaft dabei die dritte Kraft (vgl. Abb. 4). Langfristig brauchen wir eine adäquate Global Governance. Ihre Durchsetzung ist letztlich eine politische Herausforderung. Die Umstände sind zurzeit jedoch nicht günstig dafür, diese Herausforderung zu bestehen. Deshalb müssen wir im Moment versuchen, in dem Dreieck Politik, Wirtschaft und Zivilgesellschaft voranzukommen. Eine kritische Zivilgesellschaft und kritische Konsumenten können Unternehmen – insbesondere Markenhersteller, die unter hohem Reputationsdruck stehen – in eine nachhaltige Richtung bewegen. Wenn eine ausreichende Anzahl dieser Unternehmen gemeinsam mit der Zivilgesellschaft Maßnahmen in Richtung Nachhaltigkeit setzen, können sich möglicherweise Verhältnisse ergeben, unter denen die Politik das erreichen kann, was von ihr erwartet wird, was sie aber unter den heutigen Rahmenbedingungen der Ökonomie aufgrund des internationalen Wettbewerbs nicht umsetzen.

Nachhaltiges Wirtschaften ist das Ergebnis einer Wechselwirkung zwischen Gesellschaft und Wirtschaft. Die Unternehmen reagieren auf die durch das Nachfrageverhalten ausgedrückten gesellschaftlichen Anforderungen mit entsprechenden Angeboten. Umgekehrt setzen einige Unternehmen bewusst Trends in diesem Bereich, um sich von den Mitbewerbern

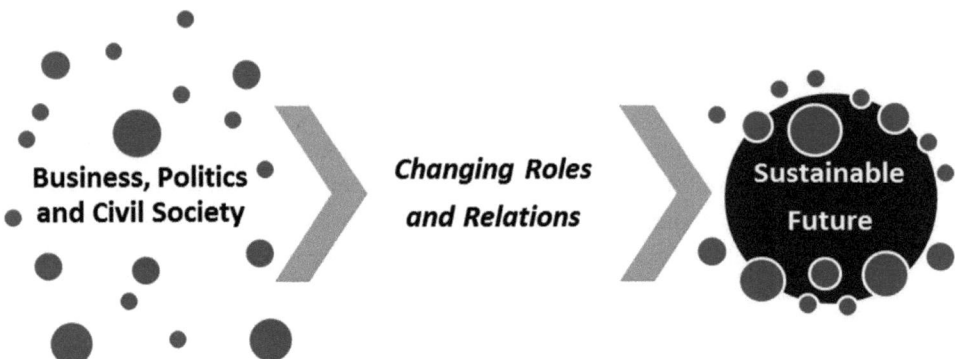

Abb. 4 Wirtschaft, Politik und Zivilgesellschaft ändern

abzuheben, wie es etwa der deutsche Handelskonzern Rewe in Österreich (u. a. Billa, Merkur) mit der „Ja natürlich!"-Linie getan hat. Aufgabe der Politik sollte es sein, diese Entwicklungen zu unterstützen, indem sie die entsprechenden Rahmenbedingungen schafft. Nachhaltige Entwicklung hat eine wirtschaftliche, umweltpolitische und soziale Dimension und gehört zu den allgemeinen Zielen der Europäischen Union (EU Kommission 2012). Verantwortungsvolle Unternehmensführung ist entscheidend für den Aufbau von Vertrauen in die Marktwirtschaft, die Öffnung des Handels und die Globalisierung.

Auch Politik und Zivilgesellschaft ändern ihre Rollen. Beide müssen einsehen, dass keiner die aktuellen Herausforderungen für sich alleine lösen kann. Das neue Ziel ist es, alle gesellschaftlichen Kräfte zu bündeln, um gemeinsam an einer nachhaltigen Gesellschaft zu arbeiten. Die politischen Entscheidungsträger können dabei eine vermittelnde Rolle einnehmen und die entsprechenden Rahmenbedingungen im Dialog mit der Wirtschaft und NGOs erarbeiten, um so einen zusätzlichen Anreiz für nachhaltige Entwicklung zu schaffen. Auch können die Entscheidungsträger in Politik, Wirtschaft und Gesellschaft innerhalb ihrer Entscheidungsbereiche dazu beitragen, die Idee der Nachhaltigkeit durch konkrete Maßnahmen umzusetzen.

Hier spielt die EU eine wichtige Rolle: Sie sollte bemüht sein – und ist dies prinzipiell auch – ein Umfeld zu schaffen, in dem die Wirtschaft die notwendigen Rahmenbedingungen vorfindet, um nachhaltiges Unternehmertum als eine attraktive, wettbewerbsfähige Strategie zu betrachten. Mit dem Competitiveness and Innovation Rahmenprogramm (CIP) der Europäischen Union, welches sich speziell an KMU richtet, fördert die EU innovative Aktivitäten durch bessere Finanzierungsmöglichkeiten und durch unterstützende Maßnahmen. Im Finanzierungszeitraum 2007 bis 2013 stellte die EU 3,6 Mrd. € für CIP zur Verfügung, die auch dem Sustainable Entrepreneurship zugutekommt (Hornacek

2011). Weiteres wird im Zuge des 7. Forschungsrahmenprogramms die Entwicklung von KMU vorangetrieben. Besonders im Bereich der Forschung werden 1,3 Mrd. € bereitgestellt, um die europäischen Klein- und Mittelbetriebe in ihrer Wettbewerbsfähigkeit, Innovationskraft und Nachhaltigkeit zu fördern. Es liegt aber auch an den Unternehmen selbst, in diesem Bereich aktiv zu sein oder zu werden.

5 Ausblick

Resümierend betrachtet, ist eines gewiss: Innovationen werden eine entscheidende Rolle spielen, um Organisationserfolg und Nachhaltigkeit miteinander zu verknüpfen. Um diese Innovationen zum Leben zu erwecken braucht es Führungskräfte, die Zeit und Ressourcen investieren in die Entwicklung neuer Managementprozesse, Produkte und Dienstleistungen, die zu einer nachhaltigen Entwicklung unserer Gesellschaft beitragen.

Das Ziel besteht darin, durch Entwicklung neuer Geschäftsmodelle die Nachhaltigkeit bis in den Kern des Unternehmens zu bringen. Durch Verbindung dieser verschiedenen Forschungsfelder und Ideen werden wir in der Lage sein, ein neues Verständnis für Wirtschaft und Gesellschaft zu entwickeln. Sustainable Entrepreneurship sollte letztlich als „Sweetspot" (vgl. Abb. 5) beschrieben werden, wo wirtschaftliche Interessen auf

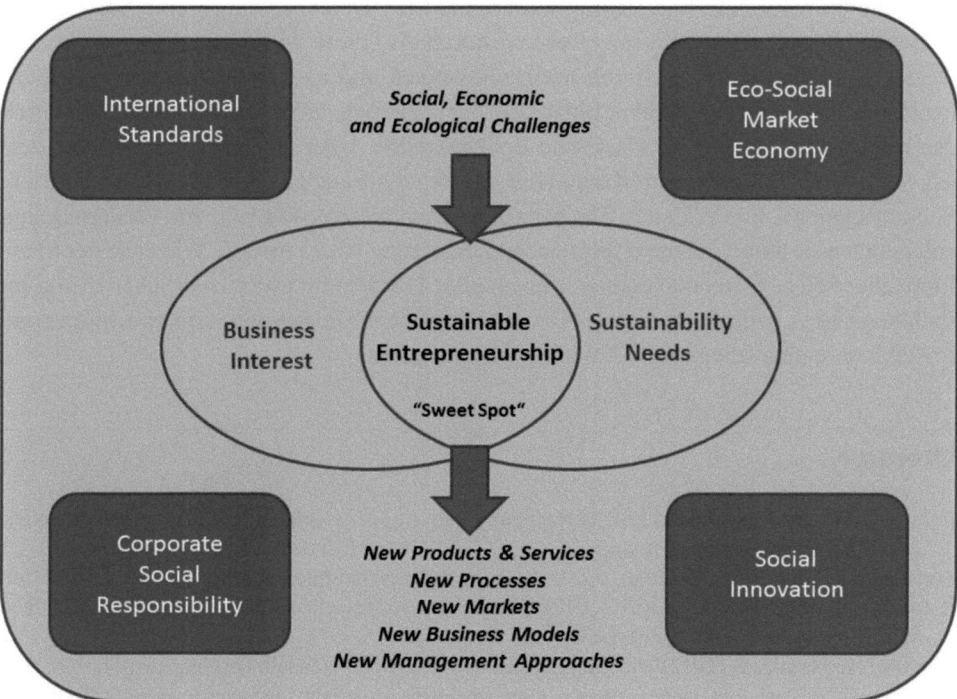

Abb. 5 Sustainable Entrepreneurship ist ein innovatives Managementkonzept. (Adaptiert von Eva Grieshuber in Schneider und Schmidpeter 2012)

Nachhaltigkeitsbedürfnisse treffen, durch Entwicklung neuer Produkte, Dienstleistungen und Verfahren, durch neue Märkte sowie neue Geschäfts- und Managementmodelle. Ein Konzept, für das sich die Investition von Zeit und Ressourcen lohnt, da es nicht nur einen Beitrag leisten wird, die Welt für unsere Kinder zu retten, sondern auch die Grundlage für zukünftigen wirtschaftlichen Erfolg der Teilnehmer an dieser neuen Bewegung schaffen wird.

Wir brauchen jedenfalls Plattformen und Netzwerke zum gegenseitigen Austausch ebenso wie mehr Aufmerksamkeit und Öffentlichkeit für bereits bestehende „Best Practices". Der Sustainable Entrepreneurship Award (SEA) hat sich diesen Prämissen angenommen und beinhaltet mehr als bisherige CSR, Umwelt- oder Klimaschutzpreise. Was vor vier Jahren mit einem klassischen Award begann, wurde mittlerweile zu einer vielseitigen und umfangreichen Initiative zur Förderung von innovativen und nachhaltigen Geschäftsmodellen. Über den SEA werden international gezielt Unternehmen/Projekte/Ideen gesucht, welche den Planeten und die Gesellschaft reparieren und nicht weiter zerstören. Das Team von EU-InnovatE, einem der wichtigsten Forschungsprojekte der Europäischen Kommission, hat die streng wissenschaftlichen Bewertungskriterien erarbeitet, welche der hochkarätigen Expertenjury als Entscheidungsgrundlage dienen. Die erfolgversprechendsten Einreichungen werden bei der jährlichen, exklusiven Gala prämiert und bekommen dadurch eine große, mediale Plattform.

Die Erfahrungen der letzten drei Jahre haben uns allerdings gezeigt, dass viele erfolgversprechende Projekte oft bereits an der Finanzierung scheitern. Resultierend daraus bildet die umfangreiche und ständig wachsende SEA-Datenbank auch eine Schnittstelle zwischen Einreichern und potenziellen Investoren. Auf diese Weise begegnen wir der steigenden Nachfrage von Investoren nach innovativen und nachhaltigen Investitionsmöglichkeiten und schließen darüber hinaus die Finanzierungslücke von Unternehmen durch den erschwerten Zugang zu klassische Bankenkredite. Über entsprechende Partner stellen wir Einreichern außerdem Know-How im Bereich Finanzierung, Marketing/Vertrieb, Public Relations, Förderungen, Zugang zu unserem Netzwerk u.v.m. zur Verfügung und unterstützen sie damit bei der erfolgreichen Umsetzung ihrer Projekte. Wie viele der SEA-Einreicher belegen, stehen verantwortungsvolles Handeln und wirtschaftlicher Erfolg im Einklang und es bedarf genau dieses unternehmerischen Geistes, um unseren Kindern und Enkelkindern eine lebenswerte Zukunft zu hinterlassen.

Literatur

Bain & Company Deutschland (2012) Nachhaltigkeit. http://www.bain.de/managementkompetenzen/strategie/nachhaltigkeit.aspx

Bertelsmann Stiftung (2011) (Hrsg) „Verantwortungspartner" (Partners in Responsibility). Gütersloh

Bertelsmann Stiftung (2013) (Hrsg) „CSR WeltWeit – Ein Branchenvergleich" (CSR Worldwide – A Cross-Sectoral Comparison). Gütersloh.

Biesalski A, Matthes S (2012) Die Gut-Geschäftler. Wie sich Nachhaltigkeit auf den Umsatz auswirkt („The idealistic business people. How sustainability affects turnover"), WirtschaftsWoche vom 4.6.2012. http://www.nachhaltige-konzepte.de/aktuelles/102-mehr-umsatz-durch-nachhaltigkeit.html

Edelman (Hrsg) (2012) Edelman Trust Barometer 2012. http://trust.edelman.com/

EU Kommission (2012) Social innovation. http://ec.europa.eu/enterprise/policies/Innovation/policy/social-Innovation/index_en.htm. Zugegriffen: 9. Dez. 2012
Eurostat regional yearbook 2008 (2008) Luxembourg: Office for Official Publications of the European Communities. http://www.groupedebruges.eu/pdf/Eurostat_regional_statistics_2008.pdf
Handelsblatt (2011) „Und die Erde könnte auch noch mehr" (And the earth could still do more); 31. Oktober 2011
Hornacek H (2013) Expertentalk: Mut zu Reformen und neuen Wegen („Expert talk: the courage to implement reforms and go down new paths"). Business People 1/2013
Hornacek H (2011) Interview with Elisabeth Köstinger, MdEP, interviewt am 29. November 2011, veröffentlicht auf www.se-award.org
Osburg T, Schmidpeter R (Hrsg) (2013) Social innovation. Springer, Heidelberg
McDonough W, Braungart M (2002) Cradle to cradle. North Point Press, New York
Meffert H, Kirchgeorg M (1993) Leitbild des Sustainable Development („Guideline for Sustainable Development"). Harv Bus Manage 2:34–45
MIT Sloan Management Review (2012) Social business: what are companies really doing?
Porter ME, Kramer MR (2011) Creating shared value. Harv Bus Rev 89(1/2):62–77
PwC (2012) Nachhaltiger Erfolg durch Sustainable Business Solutions. www.pwc.com/at/de/nachhaltigkeit/index.jhtml
Rewe Group (2010) Sustainability Report 2009/2010. http://www.Rewe-group.at/download/PDF/Nachhaltigkeit/Lagebericht_zur_Nachhaltigkeit_2010.pdf
Rifkin J (2011) The third industrial revolution: how lateral power is transforming energy, the economy, and the world. Palgrave Macmillan, New York
Roland Berger Unternehmensberatung (2010) Sustainability – a profitable business model. Customer magazine think: act BUSINESS
Schneider A, Schmidpeter R (2012) Corporate social responsibility. Springer Gabler, Heidelberg
Siemens (2011) Sustainability Report 2011. http://www.siemens.com/sustainability/pool/de/nachhaltigkeitsreporting/siemens-nb2011.pdf. Siemens AG
Weidinger C, Fischler F, Schmidpeter R (2013) Sustainable entrepreneurship. Business success through sustainability. Springer, Berlin
Wirtschaftskammer Österreich, WKO (2012) „Österreichs Außenhandel 1.–3. Quartal 2012, AUSSENWIRTSCHAFT-Marktanalysen" (Austria's Foreign Trade Q1-Q3 2012, AUSSENWIRTSCHAFT Market Analyses), veröffentlich am 10. Dezember 2012

Christina Weidinger gründete im September 2009 diabla media Verlag, einen internationalen Wirtschaftsverlag mit Sitz in Wien. Durch die Erfahrungen aus der intensiven Zusammenarbeit mit zahlreichen europäischen Unternehmen vom KMU bis zum Großkonzern kam es 2011 zur Gründung des SEA – Sustainable Entrepreneurship Award. Was ursprünglich als klassischer Award begann, entwickelte sich in weiterer Folge zu einer umfangreichen Initiative zur Förderung und Finanzierung von innovativen und nachhaltigen Geschäftsmodellen. Das war letztendlich auch die Geburtsstunde der future4you GmbH, welche ebenfalls von Frau Weidinger im Jahr 2014 gegründet wurde und mit gezielten Maßnahmen und Angeboten das Engagement rund um den SEA entsprechend ergänzt. Seit Juni 2013 ist Weidinger auch „Climate Leader" und damit eine der wenigen europäischen Botschafter von Al Gore's „Climate Reality Project", einer weltweiten Initiative im Kampf für den Klimaschutz und mehr Nachhaltigkeit. Im Rahmen der SEA-Foren und zahlreicher anderer hielt Frau Weidinger unter anderem Vorträge rund um das Thema Sustainable Entrepreneurship in Harvard, dem House of Lords und dem Europäischen Forum Alpbach.

Teil II
Managementansätze der Organisationsentwicklung

CSR als strategischer Ansatz der Organisationsentwicklung

René Schmidpeter

1 Neues Managementparadigma: vom Shareholder-Value- zum integrativen CSR-Ansatz

Managementtheorien haben die Macht die Realität zu verändern (Schmidpeter 2015c, 2015b)! Managementansätze, wie zum Beispiel der Shareholder-Value-Ansatz (Rappaport 1999) oder die Principal-Agent-Theorie (Picot 2003), hatten sich in den ausgehenden 90er-Jahren an den Hochschulen weitestgehend durchgesetzt. Diese Theorien haben damit in dieser Zeit nicht nur das Denken und Handeln einer ganzen Managergeneration, sondern auch die Realität verändert. Was vor rund 20 Jahren in den Führungsschmieden gelehrt wurde, bestimmte die damalige als auch heutige Sichtweise auf die Realität und damit das gemeine strategische Managementhandeln. Diese Management-Ansätze und -Sichtweisen hatten in einer Zeit der vermeintlich grenzenlosen Ressourcen zunächst große Erfolge gefeiert. Dies änderte sich jedoch spätestens mit dem Zeitpunkt, in dem die globalen Bedingungen sich massiv veränderten. Knappe Ressourcen, demografische Veränderungen und nicht zuletzt die Finanzkrise haben aufgezeigt, dass Gewinne nicht auf Dauer zu Lasten Dritter bzw. der Umwelt gemacht werden können. Daher ergeben sich für die Unternehmen ganz neue Herausforderungen in der Wertschöpfung und daraus abgeleitet neue strategische Schlüsselfragen (Schmidpeter und D'heur 2014) (siehe Abb. 1).

Insbesondere die nachkommenden Manager-Generationen werden neue Dimensionen in der Strategieformulierung berücksichtigen. Denn Unternehmen müssen aufgrund der gestiegenen Transparenz auf den Märkten stärker als bisher darauf achten, dass ihr Handeln nicht nur marktkonform ist, sondern auch zustimmungsfähig bleibt. Erfolgreiche

---

R. Schmidpeter (✉)
Dr. Jürgen Meyer Stiftungslehrstuhl für Internationale Wirtschaftsethik und CSR
Cologne Business School (CBS), Hardefuststr. 1, 50677 Köln, Deutschland
E-Mail: r.schmidpeter@cbs.de

© Springer-Verlag Berlin Heidelberg 2016
B. Schram, R. Schmidpeter (Hrsg.), *CSR und Organisationsentwicklung*,
Management-Reihe Corporate Social Responsibility, DOI 10.1007/978-3-662-47700-7_6

Abb. 1 Gesellschaftliche Herausforderungen und strategische Schlüsselfragen

Unternehmen werden wie Managementvordenker Michael Porter aufzeigt, ein neues Managementparadigma definieren, welches Ökonomie und Gesellschaft nicht länger als Gegensatz definiert (Porter und Cramer 2011)! Führende Managementvertreter erachten es als notwendig, die bis dato oftmals erfolgreichen Geschäftsmodelle (zum Beispiel in der Automobil-, Energie, Finanzbranche) innerhalb kurzer Zeit den veränderten Rahmenbedingungen anzupassen, d. h. die bestehenden Geschäftsmodelle sowohl auf den unternehmerischen als auch gesellschaftlichen Mehrwert neu auszurichten.

In den Schlüsselindustrien der deutschen Wirtschaft haben Vorreiterunternehmen bereits begonnen, vermehrt in Produkt-, Service, und Managementinnovation (neue Mobilitäts-, Finanz-, Energiekonzepte) zu investieren sowie ein neues Managementparadigma der Nachhaltigkeit zu definieren (Rat für nachhaltige Entwicklung 2014; CSR-Forum der deutschen Bundesregierung 2014). Um die unternehmerische Verantwortung neu zu definieren bzw. wiederzubeleben, braucht es einer neuen Sichtweise in der Betriebswirtschaftslehre. Das im 12. Jahrhundert entstandene individualethische Konzept des ehrbaren Kaufmanns ist dafür weiterhin notwendig, aber nicht hinreichend, wenn es nicht mit konkreten Managementmodellen verknüpft wird. In einer globalisierten Welt mit anonymen Märkten, weltweiter Interaktion und technologischen Innovationen bedarf es eines betriebswirtschaftlichen Ansatzes von Verantwortungsmanagement – oder neuhochdeutsch Corporate Social Responsbility (CSR) (Schneider und Schmidpeter 2015).

Dieser neue Managementansatz ist zwar anschlussfähig an die Idee des „ehrbaren Kaufmanns" (IHK München 2014; IHK Nürnberg 2014), geht aber darüber hinaus, indem er die Komplexität der heutigen globalisierten Welt thematisiert und mit unternehmerischer Methode adressiert. Es geht bei CSR nicht um die Grenzen des Wachstums wie oft irrtümlich diskutiert, sondern um das Wachstum der Grenzen. Wie können Unternehmen durch unternehmerische Innovationen einen positiven Beitrag für das Zusammenleben in der Gesellschaft liefern. Hierzu reicht es nicht aus nur defensiv Schaden zu reduzieren, sondern unternehmerisches Handeln muss systematisch auf die Mehrung des gesellschaftlichen Nutzens ausgerichtet werden. Nur dann sind Unternehmen wichtige Treiber für gesellschaftliche Innovationsprozesse („Social Innovation") (Osburg und Schmidpeter 2013).

2 Strategie: Effizienz und Effektivität des Geschäftsmodells

Neben der reinen Effizienzfrage, rückt in der aktuellen CSR-Diskussion zunehmend auch die Frage nach der Effektivität in den Fokus. Ist das Geschäftsmodell des Unternehmens überhaupt zukunftsfähig? Braucht es neue Produkt-, Service- und Managementinnovationen? Müssen, um die langfristige Rentabilität des Unternehmens zu erhalten, ökologische und soziale Fragen stärker als bisher in die Kalkulationen miteinbezogen werden? Ist die Externalisierung von Kosten, zum Beispiel Verschmutzung der Umwelt, auf Dauer gesamtgesellschaftlich ökonomisch sinnvoll bzw. legitim? Wie schätzen die Finanzmärkte die langfristige Zukunftsfähigkeit unseres Geschäftsmodells ein bzw. welche Risiken sind mit unserem unternehmerischen Handeln verbunden?

Insbesondere in der Unternehmensstrategie stellt sich daher heute die Kernfrage: Wie können wir in Zeiten der globalen Unsicherheit nachhaltig wertschöpfen? Parallel dazu müssen wir alle weltweit die zentrale Frage beantworten: Wie können wir die gegenwärtigen wirtschaftlichen, sozialen und ökologischen Herausforderungen bewältigen? Es ist für Unternehmen somit nicht mehr ausreichend, eine Antwort auf die klassische Frage zu geben: Wie kann es gelingen die vorhandenen Ressourcen für die nachfolgenden Generationen zu erhalten bzw. wie kann ich Schäden für die Umwelt vermeiden? Vielmehr zeichnet sich ein neues – sehr viel mehr unternehmerisches – Denken in der Nachhaltigkeitsdiskussion ab: Wie gelingt es, neue Unternehmensmodelle zu entwickeln, welche die Ressourcen der nachfolgenden Generationen nicht nur erhalten, sondern vermehren und somit die zukünftigen Handlungsspielräume vergrößern? (siehe Abb. 2) (Schmidpeter 2014).

3 Dynamische Unternehmensstrategien sprengen alte Grenzen

Die „neueste" progressive Nachhaltigkeitsdiskussion verbindet sich immer stärker mit der Diskussion um die Grundfragen des erfolgreichen Unternehmertums. Unternehmenslenker sprechen in diesem Kontext vermehrt von Social Innovation, Inclusive Business und Sustainable Entrepreneurship als neue Managementansätze zur Lösung der drängenden gesellschaftlicher Herausforderungen (Schmidpeter 2015). Diese Diskussionen werden in den Corporate-SocialResponsibility-Fachkreisen nicht mehr als Gegensatz zwischen Wirtschaft und Ethik konstruiert, sondern es wird vielmehr betriebswirtschaftlich aufgezeigt, wie dieses neue CSR-Paradigma konkrete Wettbewerbsvorteile und Wachstumsmöglichkeiten im internationalen Geschäft ermöglicht und so hilft, bestehende Denkblockaden und vermeintliche Grenzen zu überwinden. Die gegenwärtigen globalen

Mehrwert für Unternehmen und Gesellschaft

Unternehmerischer Mehrwert

reine Gewinnmaximierung	**Verantwortungsvolles Wirtschaften (CSR)**
ohne Ziel und Plan	reine Philanthropie

„business case"

„social case"

Gesellschaftlicher Mehrwert

Abb. 2 Corporate Social Responsibility als Win-win-Situation

gesellschaftlichen Entwicklungen führen zu Marktverwerfungen und steigendem gesellschaftlichen Druck. Gleichzeitig verringern die Finanzkrise und der ökonomische Druck die Möglichkeiten staatlicher bzw. rein philanthropischer Lösungsansätze (siehe Abb. 3). Daher sollten alle Organisationsentwicklungsansätze dazu beitragen, die Überwindung des Trade-off-Denkens zu befördern.

Weil bestehende Geschäftsmodelle dadurch immer unrentabler werden bzw. die Märkte in den Industrieländern weitestgehend gesättigt sind, bieten neue Managementansätze – Social Innovation, Inclusive Business und Sustainable Entrepreneurship – neue Möglichkeiten, um unternehmerisch erfolgreich zu sein. Denn die gegenwärtige Krise schafft neue ökonomische Chancen, wenn diese neuen Managementansätze konsequent genutzt werden. Durch diese anreizkompatiblen Managementmodelle schaffen soziale Innovationen, die sowohl die Grenzen des Wachstums als auch die Grenzen des Gutmenschentums überwinden (siehe Abb. 4).

Der gegenwärtige Wandel unterstützt ein neues Denken des integrativen Wachstums, welches wirtschaftliche und gesellschaftliche Entwicklung nicht als Gegensatz, sondern als komplementär definiert. Durch den globalen Wettbewerb und die internationalen Herausforderungen fokussieren immer mehr Unternehmer auf Geschäftsmodelle, die Mehrwert sowohl für die Gesellschaft als auch für das Unternehmen schaffen: Wenn etwa Leuchtmittelhersteller innovative LED-Solarleuchten an afrikanische Haushalte kostengünstig verleihen, und damit sowohl Licht in die entlegensten Dörfer bringen, als auch Geld verdienen. Wenn Pharmafirmen neue kostengünstige Medikamente für gefährliche

Bestehende Managementansätze geraten unter Druck

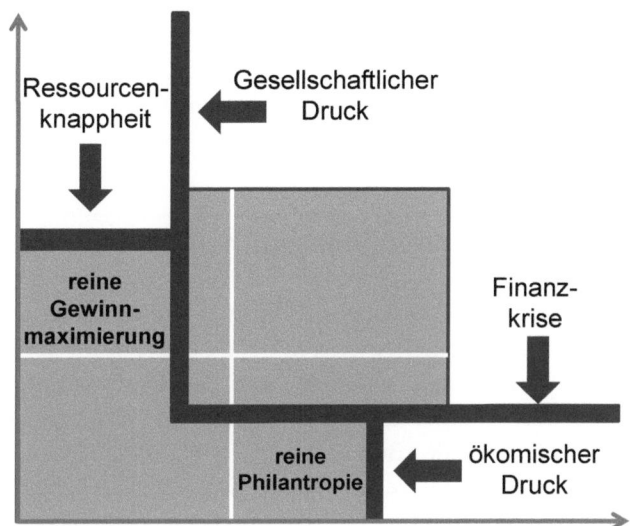

Abb. 3 Altes Management-Paradigma gerät unter Druck

Integratives Wachstum durch neue Business Modelle

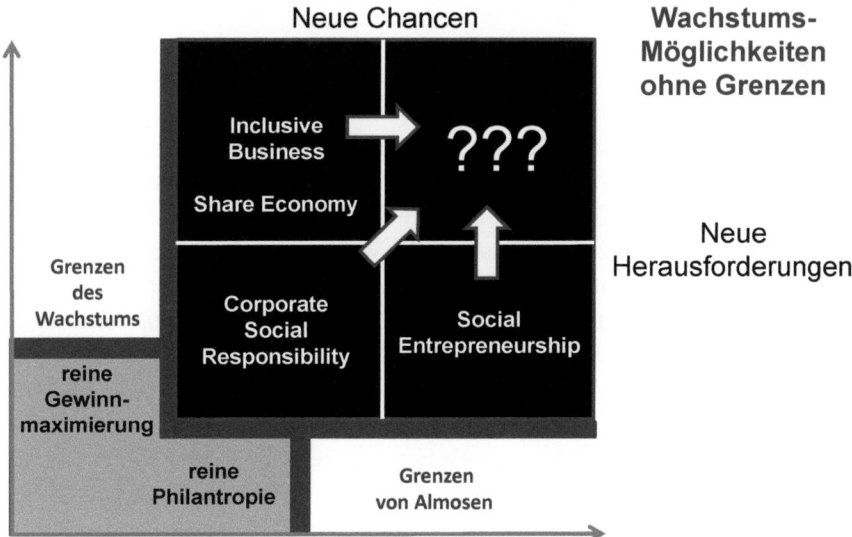

Abb. 4 Integratives Wachstum durch neue Geschäftsmodelle

Krankheiten in Entwicklungsländern zur Verfügung stellen und damit sowohl den Menschen vor Ort helfen als auch eine Basis für die Entwicklung zukünftiger Gesundheitsmärkte schaffen. Wenn Energieunternehmen durch neue alternative Stromgewinnung und -speicherung sowohl die dringend benötigte Energie für den Aufbau regionaler Wirtschaftsräume in Asien liefern als auch neue Absatzmärkte für neue Technologien und innovative Geschäftsmodelle erschließen.

4 Unternehmertum als Treiber nachhaltiger Entwicklung

Unternehmertum wird damit zu einem wichtigen Faktor für eine globale nachhaltige Entwicklung. Soziale Innovationen generieren neue Lösungen für gesellschaftliche Probleme. Insbesondere in Entwicklungsländern sind die Innovationsmöglichkeiten immens. Der Wirtschaftswissenschaftler C. K. Prahalad hat diesen Markt am unteren Ende der globalen Wohlstandspyramide (Bottom of the Pyramid) (Prahalad 2005) auf insgesamt fünf Bill. US$ geschätzt. Dies zeigt, welches wirtschaftliche Potenzial hierin liegt. Mit dem Managementansatz des Inclusive Business können neue Märkte sowohl zur Armutsbekämpfung als auch zum Unternehmenswachstum genutzt werden (World Business Council for Sustainable Development 2015). Neue Geschäftsmodelle in den Entwicklungsländern schaffen die dringend benötigten Angebote und zudem lokale Beschäftigung. Dies wiederum schafft Kaufkraft und führt so zu einem „Upgrading" der dortigen Wirtschaft. Eine ähnliche selbstverstärkende Logik wirkt auch bei der Share Economy. Hier werden insbesondere in gesättigten Gesellschaften durch das Prinzip des Teilens neue Märkte geschaffen. Das Prinzip ist nicht neu. Auch der gute alte Maschinenring – in dem Landwirte gemeinsam auf einen Maschinenpool zugreifen – ist ein bereits lange erfolgreiches Geschäftsmodell. Neu ist, dass dank des Internets die Transaktionskosten gesunken sind und Teilen dadurch immer rentabler wird und auf immer neue Bereiche ausgeweitet werden kann. Dabei steht nicht das moralische Motiv asketischen Lebens im Vordergrund, sondern die ökonomische Effizienz, die zum Teilen motiviert. Harvard-Ökonom Martin Weitzman zeigte in seinen Arbeiten, dass sich der Wohlstand aller umso stärker erhöht, je mehr die Marktteilnehmer untereinander teilen (Weitzmann 1984). Die Share Economy bedeutet nicht eine Verringerung des Wettbewerbs – wie von Sozialromantikern oft gerne dargestellt –, sondern sie weitet die Marktmöglichkeiten auf immer neue gesellschaftliche Bereiche aus. Dies schafft sowohl Mehrwert für die Gesellschaft als auch neue Geschäftsmöglichkeiten.

Dass diese innovativen Geschäftsmodelle boomen, zeigt auch die Diskussion um Sustainable Entrepreneurship (Weidinger et al. 2014). Für Sozialunternehmer steht die Beseitigung eines gesellschaftlichen Problems bzw. die Schaffung von gesellschaftlichen Werten im Vordergrund. Geld zu verdienen ist für sie aber nicht unsozial, da die ökonomische Nachhaltigkeit genauso wichtig ist wie das angestrebte gesellschaftliche Ziel. Ein Unternehmen hat Kosten, und das Geschäftsmodell muss so ausgelegt sein, dass zumindest die Kosten gedeckt sind. Sustainable Entrepreneurs stoßen meist in Marktlücken bzw. in Bereiche vor, in denen weder Staat noch Wohlfahrtsverbände eine Notwendigkeit sehen oder die Möglichkeit haben, gesellschaftlich zu wirken, und andere Unternehmen aufgrund der zu geringen Margen oder des zu großen Risikos nicht aktiv werden. Auch hier führt ein Mehr an Wettbewerb zu höherem Nutzen für die Gesellschaft und insbesondere in Entwicklungs- und Schwellenländern können so gesellschaftliche Herausforderungen unternehmerisch angegangen werden. Unternehmen sind Teil der Lösung und nicht nur wie von vielen postuliert, Teil des Problems von gesellschaftlichen Entwicklungen. So sieht auch die EU Kommission CSR als einen Ansatz, der die Wettbewerbsfähigkeit der europäischen Unternehmen fördert (EU Kommission 2011).

5 Corporate Social Responsibility als betriebswirtschaftlicher Ansatz

In der Betriebswirtschaftslehre war das Thema Nachhaltigkeit und finanzieller Erfolg lange Zeit ein Oxymoron. Neue Studien zeigen jedoch, dass gesellschaftliche Verantwortung und CSR zutiefst mit Unternehmenserfolg zusammenhängen (Clark et al. 2014; Khan et al. 2015). Corporate Social Responsibility entwickelt sich in dieser neuen Perspektive zu einem strategischen Managementansatz, in welchem die gesellschaftliche Dimension unternehmerischen Handelns explizit in die Unternehmensstrategie integriert wird (Schmidpeter 2012). In Unternehmenskreisen ist meist nicht mehr umstritten, dass sich die Übernahme von wirtschaftlicher, sozialer und ökologischer Verantwortung für das Unternehmen lohnen darf und langfristig gesehen auch muss.[1] Insbesondere die neueren, chancenorientierten CSR-Ansätze der Betriebswirtschaftslehre fördern daher, sowohl die Wettbewerbs- als auch die Kooperationsfähigkeit von Unternehmen gleichermaßen. Zahlreiche Unternehmensbeispiele zeigen auf, dass durch eine betriebswirtschaftlich fundierte Übernahme von Verantwortung neue unternehmerische Chancen entstehen und sich damit ein neuer „unternehmerischer" Weg auftut, um unsere Gesellschaft nachhaltiger zu gestalten.[2] Eine unternehmerische Perspektive, die von Strategie, Innovation und Wertschöpfung geprägt ist – CSR als Managementansatz (siehe Abb. 5).

So führte zum Beispiel der Wunsch der Nanogate AG ein internationales Spitzenunternehmen zu werden von Beginn an dazu, dass man sich mit dem Thema verantwortliches Handeln und Wirken im eigenen Kernbereich „Nanotechnologie" intensiv beschäftigte (Zastrau 2014). Internationale Unternehmen wie Intel setzen derzeit auf das Thema „Social Innovation", und geben so ihren Innovationsprozessen eine Richtung, die sowohl der Gesellschaft als auch dem Unternehmen nützt (Osburg 2013). Die Bayer AG berichtet in ihrem integrierten Geschäftsbericht transparent über die Themenfelder „Profitabilität, Innovation und Nachhaltigkeit" und zeigt so, dass eine ganzheitliche Unternehmensentwicklung notwendig ist, um im internationalen Wettbewerb zu bestehen (Bayer AG 2013).

---
[1] Ganz im Sinne: „Der Ehrliche darf auf Dauer nicht der Dumme sein!".
[2] In dieser Sichtweise werden Unternehmen nicht als Problem, sondern als Teil der Lösung gesehen.

Integration von CSR in die Betriebswirtschaft

Abb. 5 CSR als Managementansatz

Des Weiteren erfindet BMW mit dem Projekt „i" und neuen Mobilitätskonzepten, wie zum Beispiel dem „Carsharing", die Mobilität neu und gibt so innovative Antworten auf die Fragen der Individualmobilität der Zukunft (BMW AG 2014).

In der Diskussion um CSR wird die wirtschaftliche Dimension im Vergleich zu ökologischen und sozialen Frage oft unterbelichtet (Schulz und Bergius 2014). Jedoch sind die verschiedenen Dimensionen sogar derart miteinander verbunden, dass ökologische und soziale Aspekte unmittelbaren Einfluss auf den wirtschaftlichen Erfolg eines Unternehmens haben. Somit ist es nicht verwunderlich, dass das Thema CSR auch die Finanzvorstände – Chief Financial Officers (CFOs) – erreicht hat. Für sie stellt sich nicht mehr die Frage, ob gesellschaftliche Verantwortung für den strategischen Erfolg von Unternehmen eine Relevanz hat, sondern wie sie am besten gesteuert und in das Finanzmanagement des Unternehmens integriert werden kann. Denn nur wenn die CSR-Strategie genauso zielorientiert und damit professionell gesteuert wird wie alle anderen Prozesse im Unternehmen, dann erst ist sie in die DNA des Unternehmens erfolgreich integriert.

Wenn CSR für Unternehmen auch finanzielle Relevanz hat, bedeutet dies auch, dass alle Abteilungen eines Unternehmens sowie die Einzeldisziplinen der Betriebswirtschaftslehre das Thema Verantwortung und Nachhaltigkeit in ihren jeweiligen Fachdiskurs aufnehmen müssen. Diese fachspezifischen Kenntnisse werden unter dem neuen BWL-Paradigma der „Corporate Social Responsibility" zu einem neuen Managementparadigma (Schmidpeter 2014) aggregiert und so der kontinuierliche Informationsaustausch zur gesellschaftlichen Dimension wirtschaftlichen Handelns im Rahmen eines interdisziplinären Diskurses koordiniert.[3] Auf diesem Wege unterstützt die Wissenschaft die Praxis dabei,

---
[3] Siehe Abb. 6.2 für eine beispielhafte betriebswirtschaftliche Integration von CSR.

Integration von CSR in die Betriebswirtschaft

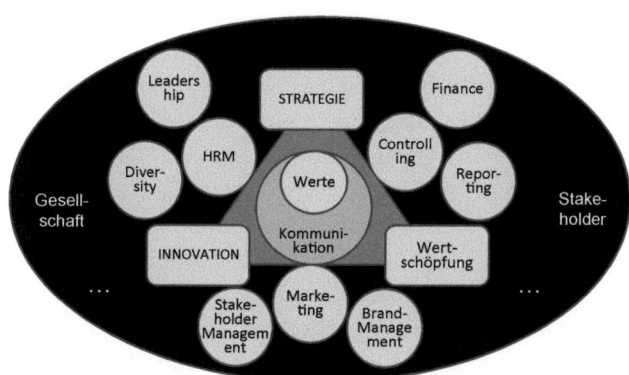

Abb. 6 CSR in der Betriebswirtschaftslehre

ihre unternehmerische Managementexpertise – sozusagen das „Können" – zu verbessern, um das „Sollen" erst zu ermöglichen (Homann 2014). Die Moral ist damit nicht nur in den gesellschaftlichen Rahmenbedingungen (soziale Marktwirtschaft), sondern auch in den Managementinstrumenten (CSR-Management) zu verorten. Diese bedeutende Rolle der Managementinstrumente in Sachen Nachhaltigkeit wird von der Betriebswirtschaftslehre (wieder-)entdeckt und somit auch für Management und business schools mainstreamfähig (siehe Abb. 6).[4]

Es geht dabei jedoch nicht um einen radikalen Systemwechsel,[5] sondern um die Neuorientierung der bewährten betriebswirtschaftlichen Instrumente, um so die Fragen der sozialen, ökologischen aber insbesondere auch wirtschaftlichen Nachhaltigkeit besser zu bearbeiten. Die offene Gesellschaft und soziale Marktwirtschaft sollen gerade nicht durch sozialistische oder antiökonomische Ansätze ersetzt werden. Ganz im Gegenteil: die Potenziale des freien Unternehmertums sollen durch innovative Managementansätze effizient und effektiv dazu genutzt werden, um die drängenden gesellschaftlichen Herausforderungen unternehmerisch zu lösen.

6 FAZIT: Corporate Social Responsibility gehört in die Unternehmens-DNA

Bei den Unternehmen setzt daher das Thema CSR/Nachhaltigkeit mittlerweile genau dort an, wo die Wirkung am größten ist: in den Kernprozessen, der Wertschöpfung, dem Innovationsmanagement und der Unternehmensstrategie (D'heur 2013). Seit den Anfän-

---

[4] Siehe z. B. die wachsende Anzahl von CSR-Lehrstühlen an deutschen Hochschulen sowie die steigende Anzahl an betriebswirtschaftlicher Literatur zum Thema CSR.
[5] Wie zum Beispiel von der Gemeinwohlökonomie-Bewegung gefordert.

gen der Ökonomie ist das Thema der Wertschöpfung zentral für Unternehmen. Unternehmen sind auf die effiziente Organisation von Wertschöpfungsketten getrimmt. Diese Wertschöpfungsprozesse werden jedoch im Zuge der Globalisierung und der damit verbundenen verstärkt arbeitsteilig organisierten Wirtschaft zunehmend komplexer. Auch die Transparenz unternehmerischen Handelns sowie die Ansprüche der verschiedenen Stakeholder-Gruppen (Kunden, Mitarbeiter, NGOs etc.) an die Unternehmen nehmen ständig zu. Wertschöpfungsketten müssen vor diesem Hintergrund neu gedacht und organisiert werden. Nur wenn es Unternehmen schaffen, in ihrer Wertschöpfung sowohl einen unternehmerischen als auch einen gesellschaftlichen Mehrwert zu generieren, haben sie ein nachhaltiges Geschäftsmodell, welches auch für die Zukunft gewappnet ist. Im Innovationsmanagement breitet sich dabei die Erkenntnis aus, das in dem Spannungsfeld Wirtschaft und Gesellschaft die fruchtbarsten Innovationen entstehen (Altenburger 2013). Dieser sogenannte „Sweet Spot", in welchem Unternehmensinteressen und gesellschaftliche Interessen in Einklang gebracht werden, führt nicht nur zu neuen Produkt-, Prozess- und Managementinnovationen, sondern erschließt auch neue Märkte, Kundengruppen und führt zu nachhaltigen Geschäftsmodellen. Somit ist es logisch, dass die gesellschaftliche Verantwortung von Unternehmen ein zentraler Bestandteil des Innovationsmanagements von Unternehmen sein wird. Nur wenn es gelingt, gesellschaftliche und ökologische Themen in den Innovationsprozess des Unternehmens zu integrieren, entstehen Lösungen, die wir dringend brauchen, um die gegenwärtigen Herausforderungen zu lösen. Denn Unternehmer sind sozusagen geborene „Innovateure" – immer auf der Suche nach besseren Lösungen und Wettbewerbsvorteilen. Daher werden nur die Unternehmen dauerhaft auf gesellschaftliche Akzeptanz stoßen und somit längerfristig erfolgreich wirtschaften, welche drängende ökologische und soziale Herausforderung in ihrer Unternehmensstrategie integrativ und innovativ berücksichtigen. Corporate Social Responsibility ist damit zwar freiwillig, aber absolut notwendig, um als Unternehmen erfolgreich wirtschaften zu können. Strategische Investitionen in dieses neue Managementparadigma weisen den Weg in eine wirtschaftlich, sozial und ökologisch erfolgreiche Zukunft.

Literatur

Altenburger R (Hrsg) (2013) CSR und Innovationsmanagement. Managementreihe Corporate Social Responsibility. Springer

Bayer AG (2013) Integrierter Geschäftsbericht. www.geschaeftsbericht2013.bayer.de. Zugegriffen: Aug. 2014

BMW AG (2014) Mobilität der Zukunft auf www.bmw.de. Zugegriffen: Aug. 2014

Clark G, Feiner A, Viehs M (2014) From the stockholder to the stakeholder. University of Oxford and Arabesque Partners

CSR Forum der deutschen Bundesregierung (2014) www.csr-in-deutschland.de. Zugegriffen: Aug. 2014

D'heur M (Hrsg) (2013) CSR und shared value chain management. Managementreihe Corporate Social Responsibility. Springer, Heidelberg

EU Kommission (2011) Mitteilung zur EU Strategie 2011–2014. EU Kommission, Brüssel

Homann K (2014) Sollen und Können. Grenzen und Bedingungen der Individualmoral. Ibera/European University Press, Wien

IHK München und Oberbayern (2014) Rubrik: CSR-gesellschaftliche Verantwortung. Zugegriffen: Aug. 2014

IHK Nürnberg für Mittelfranken (2014) Rubrik: Corporate Social Responsibility. Zugegriffen: Aug. 2014

Khan M, Serafeim G, Yoon A (2015) Corporate sustainability: first evidence on materiality. Working Paper 15-073. Harvard Business School

Osburg T (2013) Social innovation to drive corporate sustainability. In: Osburg T, Schmidpeter R (Hrsg) Social innovation. Springer, Heidelberg, S 13–22

Picot A (2003) Die grenzenlose Unternehmung. Gabler Verlag, Wiesbaden

Porter M, Kramer M (2011) Creating shared value. Harvard Business Review, Boston

Prahalad CK (2005) The fortune at the bottom of the pyramid. Wharton School Publ., Upper Saddle River

Rappaport A (1999) Shareholder value. Schäffer-Poeschel Verlag, Stuttgart

Rat für nachhaltige Entwicklung (2014) www.nachhaltigkeitsrat.de. Zugegriffen: Aug. 2014

Schmidpeter R (2012). Managementreihe Corporate Social Responsibility. Springer. www.springer.com/series/11764

Schmidpeter R (2014) Corporate Social Responsibility (CSR): Paradigmenwechsel in der Unternehmensführung! In: Hildebrandt A (Hrsg) CSR und Sportmanagement. Managementreihe Corporate Social Responsibility. Springer, Heidelberg, S 95–103

Schmidpeter R (2015a) CSR, Sustainable Entrepreneurship und Social Innovation – Neue Ansätze in der Betriebswirtschaftslehre. In: Schneider A, Schmidpeter R (Hrsg) Corporate social responsibility, 2. Aufl. Springer, Heidelberg, S 135–144

Schmidpeter R (2015b) CSR als betriebswirtschaftlicher Ansatz. In: Schneider A, Schmidpeter R (Hrsg.) Corporate social responsibility, 2. Aufl. Springer, Heidelberg, S 1229–1238

Schmidpeter R (2015c) Globale gesellschaftliche Probleme als unternehmerische Chance. FAZ-Magazin Zukunft Verantwortung (1/2015)

Schmidpeter R, D'heur M (2014) Wertschöpfung neu gedacht. FAZ-Magazin Verantwortung Zukunft (4/2014). FAZ-Verlag, S 40–45

Schneider A, und Schmidpeter R (Hrsg) (2015) Corporate Social Responsibility, 2. Auflgae. Springer

Schulz T, Bergius S (Hrsg) (2014) CSR und Finance. Managementreihe Corporate Social Responsibility. Springer, Heidelberg

Weidinger C, Fischler F, Schmidpeter R (Hrsg) (2014) Sustainable entrepreneurship. Springer, Heidelberg

Weitzman M (1984) The share economy: conquering stagflation. Harvard Publication Press, Boston

World Business Council for Sustainable Development (2015): Inclusive business. http://www.inclusive-business.org/

Zastrau R (2014) CSR als Baustein für dauerhaften Unternehmenserfolg am Beispiel der Nanogate AG. In: Schneider A, Schmidpeter R (Hrsg) Corporate Social Responsibility – Verantwortungsvolle Unternehmensführung in Theorie und Praxis, 2. Aufl. Springer, Heidelberg, S 857–868

**Prof. Dr. René Schmidpeter** hat den Dr. Jürgen Meyer Stiftungslehrstuhl „Internationale Wirtschaftsethik und CSR" an der Cologne Business School (CBS) inne. Er forscht und lehrt insbesondere zum Thema „CSR als innovativer Managementansatz", „CSR in der Betriebswirtschaftslehre" und „Internationale Perspektiven auf CSR". Er ist Herausgeber der Managementreihe Corporate Social Responsibility im Springer Gabler Verlag sowie der internationalen Publikationsserie „CSR, Sustainability, Ethics and Governance" bei Springer. Neben seinen umfangreichen Publikations- und Vortragstätigkeiten berät er als CSR-Stratege nationale und internationale CSR-Initiativen, Wirtschaftsorganisationen und Unternehmen bei der strategischen Implementierung von nachhaltigen Managementansätzen. Er ist zudem ständiger Gastprofessor an der Nanjing University of Finance and Economics in China, wissenschaftlicher Leiter des Zentrums für humane Marktwirtschaft in Salzburg, sowie Mitglied in Expertenjurys, wissenschaftlichen Beiräten und internationalen Forschungsprojekten.

CSR und Qualitätsmanagement

Agnes Sendlhofer-Steinberger

1 Einleitung

Jedes Unternehmen, jede Organisation, verfügt über eine individuelle Systematik, die relevante Mechanismen, Funktionen und Wirkweisen des Unternehmens (der Organisation) regelt und abbildet. Dieses Unternehmensführungssystem wird auch als „Managementsystem" bezeichnet, und ist meist nach ganz bestimmten thematischen Zugängen aufgebaut. Praktisch jede Organisation verfügt über ein leistungswirtschaftliches Managementsystem, das die wesentlichen Inhalte der Auftragserfüllung und des Ressourceneinsatzes aufzeigt und über Aufwand und Ergebnis der operativen Steuerung berichtet. Viele Unternehmen verfügen auch über Teilführungssysteme, die sich an genormten Standards orientieren: wie z. B. Qualitäts-, Umwelt-, oder Sicherheitsmanagementsysteme. Laufend werden in neuen Standards wertvolle Erfahrungen abgebildet und als weiterer thematischer Zugang zu einem Managementsystem zur Verfügung gestellt, z. B. Corporate Social Responsibility (CSR), Risiko- oder Energiemanagement (Quality Austria 2013).

Aus Sicht der Autorin verbindet das *Integrierte Managementsystem* (IMS) eines Unternehmens die bestehenden individuellen Führungs- und Steuerungsmechanismen mit den systematisch umgesetzten Anforderungen ausgewählter internationaler Normen, Branchenstandards oder anderer anerkannter Leitlinien zu *einem* einheitlichen Managementsystem, welches jedoch die typischen Eigenheiten des Unternehmens beibehält. Gelebte

---

A. Sendlhofer-Steinberger (✉)
Möslehenweg 2, 5621 St. Veit im Pongau, Österreich
E-Mail: agnes.steinberger@qualityaustria.com

© Springer-Verlag Berlin Heidelberg 2016
B. Schram, R. Schmidpeter (Hrsg.), *CSR und Organisationsentwicklung*,
Management-Reihe Corporate Social Responsibility, DOI 10.1007/978-3-662-47700-7_7

Integrierte Managementsysteme sind in der Praxis dynamisch und lassen sich bedarfsgerecht erweitern und entwickeln. Dieses Managementsystem bildet ein solides Rückgrat für die Erfüllung der strategischen und operativen Ziele, Maßnahmen und Aktivitäten des Unternehmens zur Sicherung der Zukunftsfähigkeit.

Ziel dieses Beitrages ist es, die Möglichkeiten der Integration von CSR in das Managementsystem eines Unternehmens aufzuzeigen und mögliche Nutzenaspekte sichtbar zu machen. Dadurch lassen sich Wege zur Einbindung der CSR-Strategie in das Integrierte Managementsystem, und damit in die gelebte Unternehmensführung und -steuerung, ableiten. Weiter sollen die wesentlichen ökologischen und sozialen Faktoren, die das Integrierte Managementsystem beeinflussen, aufgezeigt werden.

2 CSR-Integrationsansätze in das Managementsystem

Derzeit sind in der Literatur verschiedene Integrationsansätze für Managementsysteme beschrieben. Wirnsperger et al. 1997 definierten 10 verschiedene Ansätze, darauf aufbauend leitete die Quality Austria 12 Integrationsansätze ab (Quality Austria 2013; Kastl und Wirnsperger 2009). Basierend auf diesen 12 Ansätzen soll nachfolgend die Integration von CSR diskutiert werden (siehe Abb. 1):

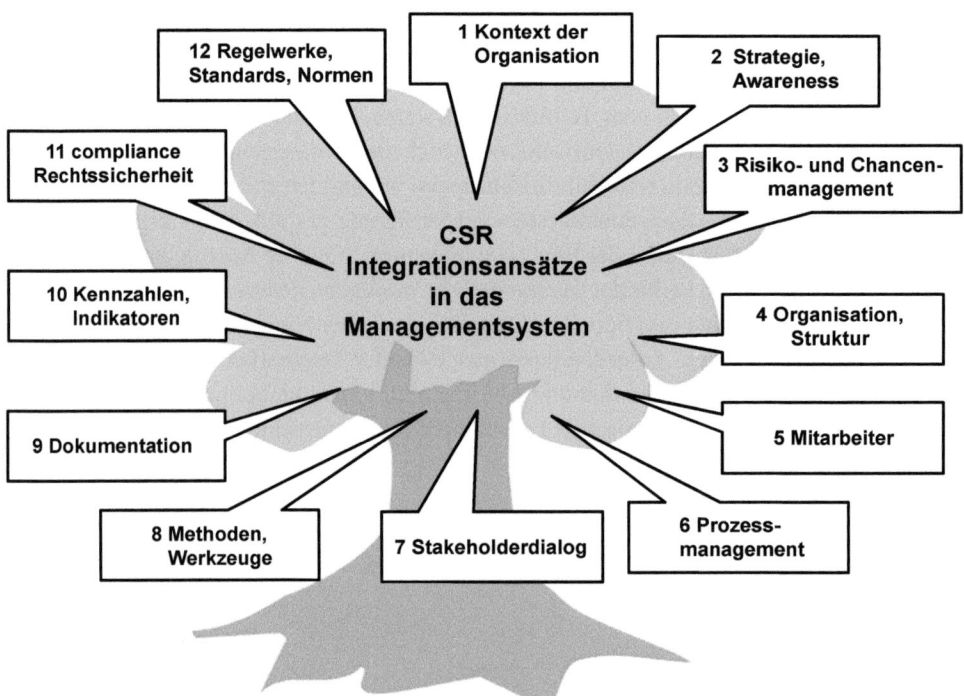

Abb. 1 12 CSR-Integrationsansätze, A. Steinberger

2.1 Kontext der Organisation

Kontext: lat. Contextere – eng verknüpfen – Zusammenhang, Hintergrund, Umfeld (Brockhaus Enzyklopädie 1990).

Der *Kontext eines Unternehmens* beschäftigt sich mit dem Zusammenhang und dem Umfeld eines Unternehmens. Kein Unternehmen arbeitet im „luftleeren Raum" ohne Beziehungen mit anderen Unternehmen und weiteren Stakeholdern. Genau genommen kann zwischen internem und externem Kontext unterschieden werden:

Interner Kontext:

Die Beziehungen, Wechselwirkungen und Mechanismen innerhalb eines Unternehmens, unerheblich ob sie fördernd, hemmend oder neutral auf die Unternehmensentwicklung einwirken, können als interner Kontext bezeichnet werden. Für das Managementsystem und die damit verbundene Entwicklung der Organisation ist das Kennen und Nutzen dieser Zusammenhänge ein wichtiges Instrument. Es empfiehlt sich im Rahmen einer Umfeldanalyse, den internen Kontext eines Unternehmens herauszuarbeiten – zudem grundsätzlich Prozesse und Abläufe in ihrem Zusammenspiel bekannt sind. Dabei können Fragestellungen wie „Welche Informationssysteme werden bereitgestellt? Wie werden Informationsflüsse und Entscheidungsprozesse gestaltet? Welche Modelle, Normen und Richtlinien werden von der Organisation übernommen? Wie werden vertragliche Beziehungen gestaltet? Welche Werte werden gelebt? Was prägt die Unternehmenskultur?" (Quality Austria 2013) hilfreich sein. Aus Sicht von CSR in Verbindung mit Qualitätsmanagement sind Klarheit über die Wertehaltung, Unternehmenskultur, Verhaltensregeln (gleichwohl ob sie als Code of Conduct formuliert und verabschiedet sind oder unausgesprochen praktiziert werden) im Unternehmen ein wichtiger Ansatz für den internen Kontext. Sowohl die ISO 26000, GRI 4.0 als auch bspw. die ISO 9001 bzw. ISO 9004 geben Hilfestellungen, den internen Kontext zu erarbeiten (ISO 26000 (2010); ONR 26000 (2011); Global reporting initiative GRI 4.0, ISO 9001 (2008), ISO 14001 (2015)).

Externer Kontext:

Die bekannten Systemmanagementnormen (ISO 9001, ISO 14001 etc.) betrachten hauptsächlich den Zusammenhang des Unternehmens mit den Kunden, Partnern, Lieferanten, Behörden in unterschiedlicher Ausprägung. Aus Sicht von CSR – sei es durch die ISO 26000, oder ONR 192500 oder GRI 4.0 – ist eine umfangreiche Umfeldanalyse in Zusammenhang mit der Identifizierung der Stakeholder (Interessenspartner/Anspruchsgruppen) erforderlich (ISO 26000 (2010); ONR 26000 (2011); Global reporting initiative GRI 4.0, ISO 9001 (2008), ISO 14001 (2015)).

Egal mit welchen CSR Themen sich eine Organisation beschäftigen möchte, sollte neben der internen Kontextanalyse eine umfangreiche Betrachtung des externen Kontextes als wesentlicher Bestandteil der Erhebung der Ausgangssituation durchgeführt werden. Dadurch erlangt das Unternehmen gute transparente Erkenntnisse über Zusammenhänge, Beziehungen und Wechselwirkungen zu den unterschiedlichsten Interessenspartnern im Umfeld. Es können Ausprägungen bestätigt werden, zusätzlich werden Beziehungen und Wechselwirkungen sichtbar, die bisher nicht als solche in ihrer Intensität transparent wahrgenommen wurden.

Kontextanalysen mit der sogenannten „CSR-Brille" in Organisationen, die Qualitätsmanagementsysteme oder Integrierte Managementsysteme leben, ergeben weitere Sichtweisen und Perspektiven, da Zusammenhänge mit neuem Blickwinkel betrachtet werden. Unternehmen, die sich bereits mit Umweltmanagementsystemen beschäftigen, können durch Betrachtung des ökologischen Kontextes ihr System möglicherweise zusätzlich schärfen. Die Kontextanalyse mit Fokus auf sozialen Faktoren wie bspw. Menschenrechtsaspekte, Arbeitsbedingungen, Arbeitszeiten, Entlohnung intern und extern bspw. bei Lieferanten, Subunternehmern ergibt wichtige Erkenntnisse für die Erarbeitung der CSR-Strategie. Grundsätzlich sollte aus Sicht der Autorin Augenmerk auf generelle Themen, die in der Branche/im Umfeld eine Rolle spielen, gelegt werden. Unternehmen, die sich nicht in der internationalen Supply Chain/Wertschöpfungskette befinden, werden beispielsweise nicht im Detail mit Kinderarbeit beschäftigen.

2.2 Strategie, Awareness für das Ganze

Die Strategie eines Unternehmens stellt sicher, dass die Vision erreicht wird, indem sie Zweck, Verhalten und Vorgehen über einen mehrjährigen Zeithorizont miteinander verbindet. Basis jeder Strategie ist die Kenntnis des externen und internen Umfeldes, der eigenen Möglichkeiten, der Ansichten der Interessenpartner, d. h. des Kontextes der Organisation. Aus der strategischen Analyse wird die strategische Handlungsanleitung – Politik, Ziele und Teilziele – für als wichtig erkannte Gebiete abgeleitet (Quality Austria 2013). Die bekannten Teilführungssysteme wie Qualitätsmanagement oder Umweltmanagement oder Gesundheits- und Sicherheitsmanagement fordern jeweils diesbezügliches schwerpunktmäßiges Vorgehen. Aus CSR-Sicht ist es hier unerlässlich die CSR-Strategie in die bestehende Unternehmensstrategie einzuweben, da das Unternehmen sich in eine strategische Richtung bewegt. Jedes Teilführungssystem liefert Eingaben in die Gesamt-Unternehmensstrategie. Durch Betrachtung der Organisation als großes Ganzes, mit seinen Teilführungssystemen lassen sich Synergien erzielen und mögliche Kontraproduktivitäten frühzeitig transparent erkennen. Beispielsweise lassen sich ökologische strategische Schwerpunkte durch Berücksichtigung entsprechender CSR-relevanter Aspekte, die sich bspw. aus der Kontextanalyse ergaben, optimieren; es könnte aus einem kleinen Linienprojekt ein interdisziplinäres Projekt abgeleitet werden. Aus den CSR-sozialen Aspekten ergeben sich gerade im Bereich der HR-Strategie interessante Verknüpfungspunkte.

2.3 Risiko- und Chancenmanagement

Risiken bedeuten im positiven Sinn „Chancen" (Gewinn) und im negativen Sinn „Gefahr" (Verlust). Das Bewusstsein für die Risiken und Chancen im Unternehmen intern, sowie jenen im Umfeld, der Branche, der Region etc. ist Voraussetzung für den unternehmerischen Erfolg. Hier sollen nicht nur finanztechnische und produktionstechnische/dienstleistungsbedingte Risiken und Chancen betrachtet werden. Das Integrierte Managementsystem bietet die Möglichkeit Qualitäts-, Umwelt- und Sicherheitsrisiken und Chancen zu identifizieren, zu bewerten und entsprechende Maßnahmen abzuleiten. In dasselbe Schema lassen sich wesentliche Risiken und Chancen für das Unternehmen aus CSR-Sicht einarbeiten, um die Zukunftsfähigkeit langfristig zu sichern. Ziel sollte die langfristige Sicherung des Unternehmenserfolges durch die Beherrschung und die dosierte Reduzierung der vorhandenen bekannten Risiken sein.

2.4 Organisation, Struktur

Jedes Unternehmen verfügt über effektive und effiziente Strukturen zur Gestaltung der Arbeitsabläufe. In der Regel sind eine Aufbaustruktur (Organigramm, Stellenbeschreibungen mit Qualifikations- bzw. Kompetenzprofilen, Funktionsbeschreibungen) und eine Prozessstruktur (Prozessmodell) vorhanden (Quality Austria 2013). Hier gilt es CSR-relevante Verantwortungen, Befugnisse und Zuständigkeiten transparent und nachvollziehbar einzubauen bzw. vorhandene sichtbar zu machen, um Doppelzuständigkeiten zu vermeiden. Sofern Funktionen für CSR definiert werden (müssen, da von einem Standard gefordert) wie bspw. CSR-Beauftragte/r oder CSR-KoordinatorIn oder CSR-Kommunikation oder „workers representatives" sollten diese bspw. im Organigramm gut ersichtlich sein. Ebenfalls sind entsprechende Funktions- oder Stellenbeschreibungen hilfreich.

Darüber hinaus beeinflusst der Gesetzgeber mit Regelungen für Beauftragte, welche zu berücksichtigen sind, nicht unerheblich die betriebliche Organisation: Brandschutzbeauftragter, Sicherheitsfachkraft, Abfallbeauftragter, Ersthelfer etc.

2.5 MitarbeiterInnen

Die intensive Einbindung der MitarbeiterInnen in die gemeinsame Gestaltung des Managementsystems fördert die „Integration in das tägliche Tun". Nur Menschen erfüllen die gedachten Strukturen eines Managementsystems mit Lebendigkeit. Systeme, die einfach und übersichtlich sind, sowie für die Bewältigung des täglichen Arbeitsgeschehens konkrete Unterstützung liefern, erhalten Akzeptanz und unterstützen in pragmatischer Form wirksame Führung. Führungskräfte sind besonders gefordert, mit gutem Beispiel voranzugehen, zu motivieren, zu fördern, aber auch die Umsetzung vereinbarter Regeln und Prozesse einzufordern (Quality Austria 2013).

Als wesentlicher Erfolgsfaktor kann das Bewusstsein der Mitarbeiter für die Teilführungssysteme Qualität, Umwelt und Arbeitssicherheit angesehen werden. Es ist ein unbedingtes Muss, dieses Bewusstsein laufend zu stärken und das Wissen darüber regelmäßig aufzufrischen, die diesbezüglichen Kompetenzen der MitarbeiterInnen zu fördern und entsprechend der strategischen Anforderungen weiter zu entwickeln.

Die Integration von CSR über die MitarbeiterInnen ist aus drei wichtigen Blickwinkeln eine unbedingte Basisanforderung: Zum einen sind die sieben Grundsätze für gesellschaftliche Verantwortung, welche seitens der ISO 26000 definiert wurden (ISO 26000 (2010)/ ONR 26000 (2011)), auf die MitarbeiterInnen als wichtige Interessenspartner anzuwenden, zum Anderen betreffen die Kerninhalte der CSR-Säule „Soziales" die MitarbeiterInnen. Ergänzend sind selbstverständlich alle MitarbeiterInnen in verschiedenste CSR-Aktivitäten mit einzubinden. Es ist ein unbedingtes Muss, bereits zu Beginn von CSR Maßnahmen die MitarbeiterInnen zu informieren und auf dem Laufenden zu halten. Immerhin sind sie eine der wichtigsten Stakeholdergruppen.

Die ISO 26000 und auch andere Standards und Leitlinien adressieren folgende Kernthemen: Menschenrechte, Kinderarbeit, Zwangsarbeit, Arbeitsbedingungen, Diskriminierung, Arbeitszeit, Entlohnung sowie Gesundheit und Sicherheit. Diese Kernthemen können mit „Vereinbarkeit von Beruf und Familie, Work-Life-Balance, Gesundheitsfürsorge am Arbeitsplatz etc. beliebig erweitert werden.

2.6 Prozessmanagement

Die ISO 9001 als Teilführungssystem für Qualitätsmanagement verfolgt seit dem Jahr 2000 explizit den prozessorientierten Ansatz. Das bedeutet, die Prozesse einer Organisation sind zu erarbeiten, zu regeln und schließlich konsequent umzusetzen. Ein wichtiges Element ist hier das „Prozessmodell" der jeweiligen Organisation (ISO 9001 (2008 und 2015), Austria 2013). Diese stellt den Führungsprozess, den Wertschöpfungsprozess und den werterhaltenden Prozess grafisch dar. Die Prozesse dienen gleichzeitig als Grundlage für die Beurteilung der Leistungsfähigkeit und als Ansatzpunkt für Verbesserung und Weiterentwicklung.

Sind die Prozesse der jeweiligen Organisation im Prozessmodell entlang der Wertschöpfung sowie betreffend Management und Unterstützung erarbeitet und dargestellt, bieten sie einen hervorragenden Ansatz für eine Integration weiterer Themen betreffend Umwelt, Sicherheit, Gesundheit, Risiko bzw. weiterer branchen- und themenspezifischer Anforderungen (Quality Austria 2013). Hier können die CSR-relevanten Anforderungen eingearbeitet werden. Für die Ermittlung der Umweltbelastungen und für die Bewertung der Umweltauswirkungen beispielsweise ist die umfassende Kenntnis der Prozesse eine zentrale Voraussetzung.

2.7 Stakeholderdialog

Der Dialog mit den Stakeholdern ist für alle CSR-Aktivitäten eine wesentliche Grundlage. Wie bereits unter 2.1 Kontext beschrieben, betrachten die Teilführungssysteme für Qualitätsmanagement/Umweltmanagement/Gesundheits- und Sicherheitsmanagement nur ausgewählte Interessenspartner: wie bspw. Kunden, Mitarbeiter, Lieferanten, Behörden. Dies bedeutet, dass in bestehenden Integrierten Managementsystemen jedenfalls die Analyse der Stakeholder, deren Interessen, Erwartungen, Befürchtungen, Bedürfnisse hinsichtlich zweier Betrachtungsweisen vertieft werden sollte: Einerseits sollten die Stakeholdergruppen erweitert werden wie z. B. NGOs, andererseits liegen in der Regel für CSR-Belange eher oberflächliche Analysen vor. Hilfreiche Inputs können hier der ISO 26000, den GRI-Guidelines und anderen CSR-Leitlinien entnommen werden. Bei (ISO 26000 (2010); ONR 26000 (2011); Global reporting initiative GRI 4.0,) bestehenden Umweltmanagementsystemen sind die ökologischen Bedürfnisse der wesentlichen Stakeholder grundsätzlich erarbeitet, jedoch sollten auch hier diese vertieft und erweitert werden. Die sozialen Faktoren sind bei folgenden Stakeholdergruppen von besonderem Interesse: Mitarbeiter und deren Familien, Lieferanten, Sublieferanten, Dienstleister wie Leasingunternehmen, Werkvertragsnehmern aber auch Anrainer und Nachbarn könnten hier betrachtet werden; letztere sind auch bei ökologischen Belangen von Interesse.

2.8 Methoden, Werkzeuge

Für die Integration von CSR in das bestehende Managementsystem und die wichtige Weiterentwicklung kann auf die gängigen bekannten Werkzeuge zurückgegriffen werden. Der Plan-Do-Check-Act-Zyklus wird in der Praxis als methodische Grundlage für lebendige kontinuierliche Verbesserung umgesetzt. Es bauen alle wesentlichen Systemstandards (ISO 9001, ISO 14001, OHSAS 18001 etc.) darauf auf. Der PDCA-Zyklus ist auch in der ISO 26000, der ONR 192500, der SR10 den GRI-Guidelines als wichtiges Werkzeug genannt (ISO 26000 (2010); ONR 26000 (2011); Global reporting initiative GRI 4.0, ISO 9001 (2008 und 2015), ISO 14001 (2015), Reinartz et. al, ONR 192500 (2011), IQNet Association).

Aus dem Methodenkoffer des Qualitätsmanagements kommen eine Reihe weiterer, seit langem praktisch erprobter Werkzeuge, wie die z. B. klassischen sieben Qualitätsmanagementtools (Q7), die neuen sieben Managementtools (M7), das ISHIKAWA-Diagramm, 5S, FMEA, Risikoprioritätsbewertungen etc. zur Anwendung (Quality Austria 2013). Diese benannten Methoden reduzieren die Komplexität und unterstützen die Visualisierung herausfordernder Situationen als Unterstützung der Entscheidungsfindung. Wichtig dabei ist, dass bei der Bearbeitung konkreter Aufgabenstellungen die gesamte verfügbare Fachkompetenz interdisziplinär und abteilungsübergreifend eingebunden wird.

2.9 Dokumentation

In den genannten Teilführungssystemen ISO 9001, ISO 14001 und OHSAS 18001 wird ISO 9001 (2008 und 2015), ISO 14001 (2015), Reinartz et. al) wird die eindeutige Dokumentation des Systems verlangt. Im Regelfall wird darunter ein Handbuch mit ergänzenden Unterlagen wie Prozess- oder Verfahrensbeschreibungen sowie Arbeits- und Prüfanweisungen verstanden. Die Systemdokumentation nutzt in der Abbildung dieses Regelwerkes sinnvollerweise Grafiken, Ablaufdiagramme, Tabellen und Beschreibungen.

Aus Integrationssicht besteht der Anspruch, auch für mehrere abgebildete Anforderungsmodelle ein integriertes, in sich geschlossenes Gesamt-Regelwerk zu schaffen. Die Harmonisierung der ISO MS-Normen fördert diesen Ansatz (Quality Austria 2013).

Durch die Integration auf der Dokumentationsebene wird ein Diskussions- und Reflexionsprozess über die Inhalte der Prozesse, Verfahren und Arbeitsschritte eingeleitet. Parallelen und mögliche Widersprüche werden erkannt und vermieden. Wechselwirkungen und Beziehungen werden besser sichtbar und bewusst gemanagt. Die Akzeptanz bei den Anwendern erhöht sich im Vergleich zu parallelen Managementsystemen deutlich. Die Dokumentation schafft damit ein pragmatisch hilfreiches Abbild für das tägliche Tun und fördert damit die weiteren Integrationsansätze. Die CSR Belange sollten auf alle Fälle in die bestehende Dokumentation eingewebt werden. Dies erfordert zwar zu Beginn Weitblick und Verständnis, da sehr oft die CSR-Agenden nicht im Qualitätsmanagement angesiedelt sind und diese Systemstrukturen einer eigenen Logik folgen. Diese Zusammenarbeit eröffnet jedoch viele Synergien verbunden mit Effizienz- und Effektivitätssteigerungen, da das bestehende System aus neuem Blickwinkel betrachtet und konstruktiv hinterfragt wird. Ökologische CSR-Aspekte sind in bestehenden Umweltmanagementsystemen bereits strukturiert und systematisch abgebildet, es sind gegebenenfalls inhaltliche Ergänzungen erforderlich. Mehr Aufwand stellt die Darstellung der sozialen CSR-Aspekte dar, da bspw. normalerweise zwar Organigramm und Stellen-/Funktionsbeschreibungen und Schulungspläne vorliegen, diese zu ergänzen sind, jedoch alle typischen fachlichen Forderungen erst gesammelt und im bestehende System eingearbeitet werden müssen. Auch der Code of Conduct (Verhaltenscodex) bspw. sollte ein gelenktes Dokument sein, welches von der Geschäftsführung freigegeben wird. Ebenfalls ist es selbstverständlich, dass ein Nachhaltigkeitsbericht – ob nach GRI (Global reporting initiative GRI 4.0) erstellt oder nicht – als gelenktes Dokument im Integrierten Managementsystem abgebildet wird. Es gibt jetzt keine genauen Vorgaben in welcher Dokumentationsebene ein Nachhaltigkeitsbericht angesiedelt wird, dies ermöglicht dem Unternehmen viel Spielraum. Die Erfahrung zeigt, dass dieser als mitgeltende Unterlage direkt beim Handbuch zugeordnet wird, ebenso ein Code of Conduct. Manche Unternehmen ordnen den Code of Conduct den Personalprozessen zu und den Nachhaltigkeitsbericht zu dem Bereich der Kommunikationsprozesse. Wichtig ist, dass die Platzierung dieser Dokumente für alle im Unternehmen logisch nachvollziehbar ist und sie dadurch leicht gefunden werden können. Durch die Zuordnung sollten die Verantwortlichkeiten transparent werden.

2.10 Kennzahlen, Indikatoren

Die grundlegenden Kennzahlen jeder Organisation zeigen periodenbezogen die leistungswirtschaftlichen Ergebnisse wie z. B. Auftragseingang, Leistungsvolumen, Umsatz, Deckungsbeiträge, Personal- und Materialaufwand auf. Dieses operative Kennzahlenmodell verbindet Prozesse und aufbauorganisatorische Verantwortung und wird durch weitere Kennzahlen, die von den bekannten Teilführungssystemen (für Qualitäts-, oder Umwelt-

oder Gesundheits- und Sicherheitsmanagement) vorgesehen sind, ergänzt: üblicherweise Kunden- und Mitarbeiterzufriedenheit, Anlagenverfügbarkeit, Fehlerraten, Energieeinsatz, Ressourceneffizienz, Abfallaufkommen, Emissionen im Umweltbereich, Risikopotenziale, Unfallzahlen, Krankenstände und Berufskrankheiten etc. (Quality Austria 2013). Im Integrierten Managementsystem gilt es, die Kennzahlen in einem sinnvollen Zusammenhang gemeinsam zu bearbeiten und künftig für die entsprechenden Entscheidungen gemeinsam zu nutzen. Dabei stellen sich Fragen nach notwendigen und sinnvollen Früh- und Spätindikatoren. Kennzahlen, die sich aus den CSR-Themen ergeben, lassen sich in die bestehende Logik integrieren. Für ökologische Bewertungen liegen bei Umweltmanagementsystemen bekannte Strukturen und Systematiken vor, diese sollten bei Bedarf geprüft und erweitert werden. Für die Bewertung der sozialen CSR-Indikatoren empfiehlt es sich, wie bereits vorher beschrieben, die Personalprozesse zu prüfen und neue Kennzahlen zu definieren. Es ist wichtig, alle erforderlichen Kennzahlen in die bestehende Logik einzuarbeiten und die Reportingsysteme und Werkzeuge zu nutzen. Fundierte Beispiele für mögliche themenbezogene Kennzahlen bieten die GRI (Global reporting initiative GRI 4.0)-Leitlinien. Sofern im Unternehmen die Bewertungen auf Basis einer Balanced Scorecard erfolgen, empfiehlt es sich, unbedingt die wesentlichen CSR-Steuerungsgrößen, welche die Strategieerreichung messen, einzubauen.

2.11 Compliance, Rechtssicherheit

Die Achtung der Rechtsstaatlichkeit ist eine der sieben Grundsätze von gesellschaftlicher Verantwortung (ISO 26000 2010/ONR 26000 2011). Im Allgemeinen setzen CSR-Aktivitäten immer Einhaltung und Erfüllung der gesetzlichen Vorschriften (legal compliance) voraus. Dies bedeutet, dass sich Unternehmen, die sich mit CSR als Teil des Managementsystems oder mit CSR in der sogenannten 3. Generation bzw. dem 2. Reifegrad (Schneider 2012) beschäftigen, auf alle Fälle auch mit Rechtssicherheit auseinander setzen müssen. In der Regel bestehen definierte Prozesse, die sicherstellen, dass zutreffende gesetzliche Vorgaben und Bescheide systematisch im Unternehmen adressiert und von den Verantwortlichen bearbeitet und umgesetzt werden. Zusätzlich empfiehlt es sich, ein Rechtsregister einzurichten, in welchem alle CSR relevanten Gesetze, Verordnungen und Bescheide abgebildet sind, wie die jeweilige Vorgabe im Unternehmen geregelt ist, wer im Unternehmen für die Umsetzung der Vorgaben verantwortlich ist, ob wiederkehrende Aktivitäten erforderlich sind und wo und wie diese dokumentiert werden. Es bietet sich an, die Bescheide in derselben Logik zu verwalten. Mit dieser systematischen und strukturierten Vorgehensweise kann ein hoher Grad an Rechtssicherheit erreicht werden. Unternehmen, die bspw. ein Teilführungssystem für Umweltmanagement (ISO 14001) eingeführt haben, können das bestehende Rechtsregister dahingehend erweitern, der definierte Prozess sollte grundsätzlich auch die CSR relevanten rechtlichen Anforderungen abdecken. Ähnliches gilt für OHSAS 18001 (Reinartz et. al, ISO 14001 (2015)). Aus der ISO 9001 lassen sich für diese Anforderungen grundlegende Vorgaben aus dem Bereich der Führungsverantwortung ableiten (ISO 9001 (2015)).

Eine mögliche Vorgangsweise zur Sicherstellung der Rechtskonformität unter besonderer Berücksichtigung von KMU's wird im Buch „Rechtliche Verpflichtungen aktiv managen" (Hackenauer et al. 2005) umfassend vorgestellt; der Praxisratgeber „Unternehmensstrafrecht kompakt – Haftungsminderung durch Risk-Management" (Radinsky und Bauer 2010) enthält hilfreiche Informationen.

2.12 Regelwerke, Standards, Normen

Im Integrationsansatz von Systemmanagement-Normen und anderen Regelwerken wird zwischen der themenspezifischen Integration und der themenübergreifenden Integration unterschieden. Grundsätzlich werden die Wechselwirkungen und Zusammenhänge zwischen den einzelnen Anforderungsregelwerken ermittelt, um die Synergiebereiche zu erfassen und um Parallelen zu vermeiden. Überlappende Anforderungen werden im Integrierten Managementsystem nur einmal erarbeitet und dokumentiert. Die dabei entstehenden Regelungen decken dann überlappende Anforderungen aus mehreren Anforderungsmodellen gleichzeitig ab. Die offenen Detailanforderungen werden sichtbar und ebenso abgebildet. Dadurch entsteht trotz Erfüllung mehrerer Anforderungsregelwerke eine insgesamt schlanke Systemdokumentation. Vor allem bei den Nutzern schafft diese Vorgangsweise eine hohe Akzeptanz. Der Verwaltungsaufwand wird nebenbei auf ein Minimum reduziert (Quality Austria 2013).

Bei der Integration der Anforderungen von CSR-Regelwerken in ein bestehendes Managementsystem wird gleich vorgegangen: die Regelwerke werden sozusagen übereinander gelegt, Synergien transparent gemacht und Ergänzungen passend eingearbeitet. Das Ergebnis wird zeigen, dass bei Integrierten Managementsystemen bereits sehr viele „passende Andockstellen" für CSR-Belange vorhanden sind. Die nachfolgenden beiden Abbildungen zeigen die Schnittmengen von Qualitäts-, Umwelt-, Gesundheits- und Sicherheitsmanagementsystemen und sind mit den CSR-Vorgaben aus der ISO 26000 übereinander gelegt (siehe Abb. 2 und 3) (ISO 26000 (2010); ONR 26000 (2011)):

Aus dem Vergleich dieser beiden Abbildungen ist sehr gut erkennbar, dass CSR grundsätzlich kein komplett neuer Fach-Themenansatz ist und sich mit den Anforderungen der Teilführungssysteme Qualität, Umwelt, Gesundheit und Sicherheit gute Überdeckungen ergeben.

In der folgenden Abbildung wurde der Blickwinkel geändert und die Andockstellen der Kernforderungen der ISO 26000 (ISO 26000 (2010); ONR 26000 (2011)) mit anderen gängigen Regelwerken werden aufgezeigt (siehe Abb. 4).

Hier ist ebenfalls gut erkennbar, dass es viele verschiedene Anknüpfungspunkte für die Integration in ein bestehendes Managementsystem zur Führung des Unternehmens im Sinne des gesamten Ganzen gibt.

CSR und Qualitätsmanagement 111

Abb. 2 Anforderungen von ISO 9001, ISO 14001 und OHSAS 18001 und deren Überschneidungen. (adaptiert nach Wirnsperger et al. (1997); A. Steinberger)

Integriertes Managementsystem und Gesellschaftliche Verantwortung

Abb. 3 Anforderungen von ISO 9001, ISO 14001 und OHSAS 18001, deren Überschneidungen im Vergleich mit ISO 26000; A. Steinberger

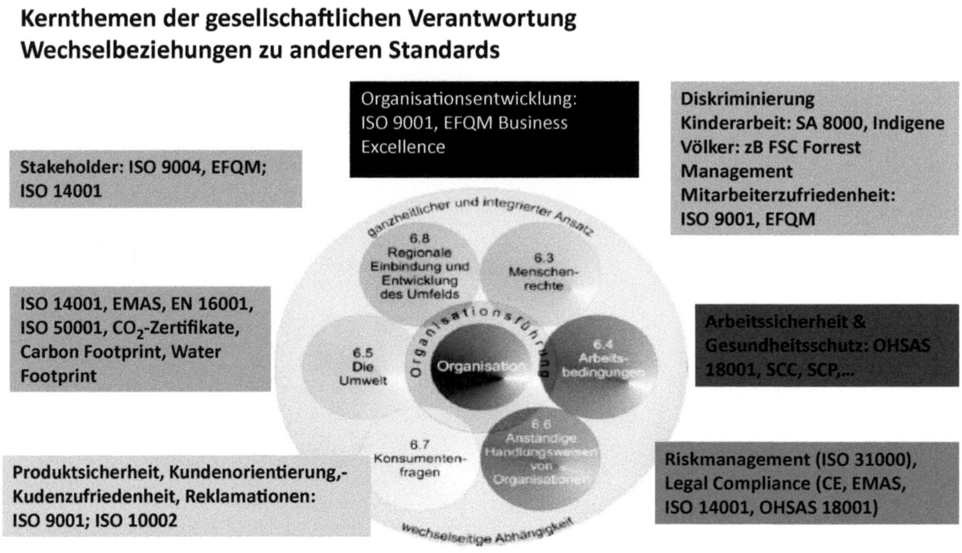

Kernthemen der gesellschaftlichen Verantwortung
Wechselbeziehungen zu anderen Standards

	Organisationsentwicklung: ISO 9001, EFQM Business Excellence	Diskriminierung Kinderarbeit: SA 8000, Indigene Völker: zB FSC Forrest Management Mitarbeiterzufriedenheit: ISO 9001, EFQM
Stakeholder: ISO 9004, EFQM; ISO 14001		
ISO 14001, EMAS, EN 16001, ISO 50001, CO_2-Zertifikate, Carbon Footprint, Water Footprint		Arbeitssicherheit & Gesundheitsschutz: OHSAS 18001, SCC, SCP,...
Produktsicherheit, Kundenorientierung,- Kudenzufriedenheit, Reklamationen: ISO 9001; ISO 10002		Riskmanagement (ISO 31000), Legal Compliance (CE, EMAS, ISO 14001, OHSAS 18001)

Innerer Kreis:
- 6.8 Regionale Einbindung und Entwicklung des Umfelds
- 6.3 Menschenrechte
- 6.5 Die Umwelt
- Organisation / Organisationsführung
- 6.4 Arbeitsbedingungen
- 6.7 Konsumentenfragen
- 6.6 Anständige Handlungsweisen von Organisationen

ganzheitlicher und integrierter Ansatz / wechselseitige Abhängigkeit

Abb. 4 Kernthemen der gesellschaftlichen Verantwortung in Wechselbeziehung mit anderen Standards; Quality Austria, A. Steinberger 2014

3 Beitrag des Integrierten Managementsystems zur CSR-Strategie

Wie im vorherigen Abschnitt ausführlich diskutiert, kann folgendes Fazit aus Sicht der Autorin getroffen werden:

Die Integration in ein bestehendes Managementsystem kann über mehrere Wege erfolgen. Je nach Unternehmenskultur, ausgewählten CSR-strategischen Themenschwerpunkten und den Ergebnissen der Kontextanalysen und Stakeholderbewertungen lassen sich unterschiedliche Integrationsansätze unterschiedlich benutzen. Es steht jedem Unternehmen frei, zur Entwicklung der eigenen Organisation jene Integrationsansätze zu wählen, die hier am besten passen. Wichtig ist, die gängigen zu kennen und deren Möglichkeiten zu nutzen.

Grundsätzlich ist es für ein Unternehmen einfach, eine CSR-Strategie ohne Berücksichtigung des bestehenden Managementsystems zu erarbeiten und die ersten Teilerfolge zu feiern. Jedoch im Hinblick auf eine nachhaltige Zukunftsfähigkeit ist die Einbindung in das bestehende Managementsystem – egal ob es nur aus dem Teilführungssystem Qualitätsmanagement, oder aus weiteren Teilführungssystemen besteht – unerlässlich. Die Nutzung der erprobten jahrelangen Erfahrung, die Werkzeuge zur strukturierten, systematischen und kontinuierlichen Verbesserung sind wesentliche Gelingmerkmale zur Sicherung des langfristigen Unternehmenserfolges.

Literatur

Austrian Standards Institute (Hrsg) (2011a) ONR ISO 26000 Leitfaden zur gesellschaftlichen Verantwortung (ISO 26000:2010); ICS 03.100.01

Austrian Standards Institute (Hrsg) (2011b) ONR 192500:2011, Gesellschaftliche Verantwortung von Organisationen (CSR)

Brockhaus Enzyklopädie (1990) 19. Aufl, Bd 12, S 307. ISBN: 3-7653-1112-X

Global Reporting Initiative (2013) G4 Leitlinien zur Nachhaltigkeitsberichterstattung. Amsterdam. www.globalreporting.org

Hackenauer W, Nohava M, Wirnsperger J (2005) Betriebliche Verpflichtungen aktiv managen. Quality Austria, Wien

International Organisation for Standardisation (ISO) (Hrsg) (2008) ISO 9001:2008, Qualitätsmanagementsysteme – Anforderungen, EN ISO 9001:2008 D, CEN-CENELEC Brüssel

International Organisation for Standardisation (ISO) (Hrsg) (2009) ISO 14001:2009, Umweltmanagementsysteme – Anforderungen mit Anleitung zur Anwendung, EN ISO 14001:2009 D, CEN-CENELEC Brüssel

International Organisation for Standardisation (ISO) (Hrsg) (2010a) ISO 26000:2010 Guidance on social responsibility, EN ISO 26000:2010 E, CEN-CENELEC Brüssel

International Organisation for Standardisation (ISO) (Hrsg) (2010b) ISO 9004:2010, Leiten und Lenken für den nachhaltigen Erfolg einer Organisation – Ein Qualitätsmanagementansatz CEN-CENELEC Brüssel

International Organisation for Standardisation (ISO) (Hrsg) (2015a) ISO 14001:2015, Umweltmanagementsysteme – Anforderungen mit Anleitung zur Anwendung, FprEN ISO 14001:2015 D, CEN-CENELEC Brüssel

International Organisation for Standardisation (ISO) (Hrsg) (2015b) ISO 9001:2015, Qualitätsmanagementsysteme – Anforderungen, EN ISO 9001:2015 D, CEN-CENELEC Brüssel

IQNet Association – The International Certification Network (Hrsg) (2011) IQNet SR 10 Management-Systeme der gesellschaftlichen Verantwortung - Anforderungen. IQNet, Bern

Kastl I, Wirnsperger J (2009) Managementsysteme integriert organisieren. Austrian Standards plus Publishing, Wien

Quality Austria (2013) Integrierte Managementsysteme, die Position der Quality Austria. Quality Austria, Wien

Radinsky O, Bauer E (2010) Unternehmensstrafrecht kompakt. LexisNexis ARD ORAC Verlag, Wien

Reinarzt G, Reinartz SJ (2007) BS OHSAS 18001:2007 – Arbeits- und Gesundheitsschutz-Managementsysteme – Anforderungen, Deutsche Übersetzung, TÜV Media GmbH TÜV Rheinland Group. ISBN: 978-3-8249-1093-9

Schneider A (2012) Reifegradmodell CSR – eine Begriffsklärung und – abgrenzung. In Schneider A, Schmidpeter R (Hrsg) Corporate Social Responsibility Verantwortungsvolle Unternehmensführung in Theorie und Praxis. Springer, Berlin, S 28–29

Wirnsperger J, Pölzl U, Schrammhauser H (1997) Das QSU-Management – Qualität, Sicherheit, Umwelt – Grundlagen, Ideen und Praxisbeispiele. Verlag des ÖGB GesmbH, Wien

**Dipl. Ing. Agnes Sendlhofer-Steinberger** sammelte wichtige Berufserfahrung als Qualitätsmanagerin in der internationalen Lebensmittelindustrie. Derzeit ist sie als Netzwerkpartnerin der Quality Austria Trainings-, Zertifizierungs- und Begutachtungs GmbH als Lead-Auditorin, für die Managementsysteme ISO 9001, ISO 14001, OHSAS 18001, ISO 22000, ONR 192500 und SR10 tätig. Weiters ist sie im CSR-Bereich zugelassene Auditorin für SA 8000 und SMETA. Zusätzlich ist sie als Gutachterin des Bundesministeriums für Familie für die Audit Beruf und Familie – Modelle berufen, validiert Nachhaltigkeitsberichte nach GRI 3.0, 3.1 oder 4.0. Mit ihrem profunden EFQM Wissen ist sie als Assessorin und im Speziellen für das Gütesiegel für soziale Unternehmen tätig. Frau Steinberger vertritt die Quality Austria in verschiedenen nationalen und internationalen CSR-Gremien und Tagungen, sie betreut als Produktverantwortliche für CSR die kontinuierliche Weiterentwicklung des Portfolios. Privat bewirtschaftet sie mit ihrer Familie einen kleinen Bergbauernhof im Salzburger Land, der ihr täglich „Nachhaltigkeit und Zukunftsfähigkeit zum Anfassen" bietet.

CSR & Changemanagement

Thomas Marschall

1 Es geht nicht um CSR

Lassen Sie mich diesen Beitrag gleich damit beginnen, das Thema Corporate Social Responsibility an sich zu rütteln. Es erscheint mir wichtig, das zu tun. Denn: meiner Erfahrung nach ist dieses Thema (und vermutlich jedes Thema mit einer gewissen Geschichte) hervorragend geeignet, ohne Vorbehalte gleich in festen Definitionen und damit Schubladen zu landen. Das wiederum ist, bezogen auf das Gesamtthema dieses Beitrags, CSR & *Changemanagement,* gleich der Anfang vom Ende einer Chance auf gelingende Umsetzung in der eigenen Organisation.

Deshalb geht es mir nun beim Rütteln auch nicht darum, CSR noch einmal zu definieren. Dieses ist in diesem Buch und in der ganzen vorliegenden Buchreihe ausführlich geschehen. Mir geht es um einen erweiterten Blick, der erst ermöglicht, das Thema wirklich so anzugehen, dass sich eben wirklich etwas verändert, und damit meine ich nicht den Aufbau von CSR-Abteilungen oder funktionalen CSR-Positionen.

Zum Rütteln des Themas Corporate Social Responsibility dienen zunächst zwei Ansätze.

Erstens Es geht mir nicht um das funktionale Thema CSR, sondern um das aktive und erfolgsorientierte Steuern aller Effekte und Auswirkungen, die ein Unternehmen oder eine Organisation hat. *Kurz, um unternehmerische und gesellschaftliche Relevanz.*

T. Marschall (✉)
München, Deutschland
E-Mail: marschall@berg23.de

Zweitens Veränderungen beginnen immer mit Energie und Entscheidungen einzelner Personen, nicht mit Strukturen. Deshalb ist es unerlässlich, aktiv, mit Klarheit ebenso wie mit Gespür, planvoll und gleichzeitig flexibel vom „wir sollten" zum „wir können" zu kommen. *Wie gelingt die Umsetzung hochstrebender Pläne in der konkreten täglichen Arbeit der Mitarbeiter?*

Zum ersten Punkt CSR als pure Funktion, als eigenes und paralleles Silo in ohnehin bereichs- und silogetriebenen Organisationsstrukturen führt regelmäßig zum Abarbeiten der Pflicht, oft einer Berichtspflicht (und sei es nur eine gefühlte Pflicht, um nach Außen den Erwartungen nachzukommen). Verortet wird diese Pflicht bei den CSR-Verantwortlichen, die sich wenig Freunde in den Bereichen machen, in denen (vermeintlich) das Geld verdient wird. Dort fordern diese CSR-Verantwortlichen Daten ein oder Maßnahmenpläne, informieren über Reporting-Strukturen und Stakeholdermanagement.

Diese Umsetzungsform von CSR hat ein wesentliches Defizit, das aus Sicht eines auf gelingende Umsetzung orientierten Changemanagements den Erfolg verhindert und das Ganze jedenfalls in seiner Wirksamkeit scheitern lassen wird: *es gibt kein unternehmerisches Ziel, kein Leuchtfeuer, keinen Fixstern.*

Selbst die Unternehmensführung wird in solchen Fällen nur das Ziel eines erfolgreichen Reportings an sich ausgeben, eine Messgröße wird unter anderem die Zahl und Story-Tauglichkeit der Aktivitäten sein. Übrig bleibt sicher nicht nur Dekoratives, vermutlich werden auch auf diese Weise einige Ziele erreicht, die das Unternehmen weniger „schädlich" machen. Der ökologische Fußabdruck zum Beispiel, meist pointiert abgebildet in der CO_2-Bilanz. Ohne ein unternehmerisches Ziel aber, ohne den Fixstern, werden die Entscheider und Mitarbeiter keinen Anlass haben, wirklich wirksame Veränderungen zu entwickeln, anzugehen, zu akzeptieren. Der Status der CSR-Verantwortlichen wird weiter respektvoll wahrgenommen, sie werden lästige Fragesteller bleiben.

Deshalb geht es darum, zu irritieren und eine Wahrnehmungsveränderung zu provozieren. Dabei darf das Ziel durchaus anspruchsvoll sein, ambitioniert und mit großer Anstrengung verbunden. Es ist aber wichtig, dass es erstens ein integriertes und relevantes Ziel in Bezug auf den Unternehmenserfolg ist und zweitens auf einen oder mehrere relevante Effekte zielt, die sowohl im Unternehmen als auch im gesellschaftlichen und ökologischen Umfeld als Auswirkung erkennbar sind. Kurz: es geht nicht darum, den Managern und Mitarbeitern eine Pflicht aufzuerlegen, sondern eine ernstgemeinte geschäftlich relevante Zielsetzung klar, verbindlich, unmissverständlich und wahrnehmbar auszugeben.

Damit ergibt sich einerseits die Chance auf Reibung und damit auf Innovation. Andererseits werden dadurch Zielkonflikte aufgeworfen, die dann für wirksame Entscheidungen und ebensolche Führung als wesentliches Instrument des Changemanagements genutzt werden können.

Zum zweiten Punkt Entscheidungen werden in der Regel immer von Personen getroffen, mindestens aber vorbereitet (um Gremien entscheidungsfähig zu machen). Das betrifft vor allem den Alltag und die vielen auch kleinen Entscheidungen. Das hat zweierlei Bedeutung:

Erstens ist das die Stelle, an der dann die Umsetzung großer Strategien und Ideen scheitert, es bleibt beim „wir sollten", wenn die Teams und Mitarbeiter im Alltag das nicht umsetzen. Möglicherweise weil sie nicht überzeugt sind, möglicherweise, weil der Transfer auf die wirklichen Veränderungen im Alltag nicht klar genug und ohne Feedback mit den Betroffenen entwickelt wurde.

Zweitens ist der Einzelne auch derjenige, der Ideen für Veränderungen antreibt. Selten kommen hier klare Entscheidungen zuallererst „von oben". Es kann aber sein, dass der Mitarbeiter, der mit Blick auf Auswirkungen des wirtschaftlichen Handelns, mit Blick auf weniger schädliche Produkte und innovative Ideen, der zu all dem eine Idee hat und sich auch dafür einsetzt, auch eine Entscheidung „von oben" antreibt oder ermöglicht. Dazu muss er geschickt, politisch versiert, mutig und leidenschaftlich vorgehen – aber dazu später mehr.

Fazit zu diesem Punkt Erstens entscheidet sich der Erfolg des „Change" gerade, aber nicht nur beim Thema CSR in der Umsetzung in den alltäglichen Entscheidungen aller Mitarbeiter und zweitens werden Verbesserungen der Nachhaltigkeits-Leistung in aller Regel dann möglich, wenn Einzelne sich dafür einsetzen und nicht (nur) auf Vorgaben „von oben" warten.

2 Es geht doch um CSR

Um besser zu verstehen, um welche Entscheidungen es sich handelt und welche Blickwinkel notwendig sind, um alle Effekte in Augenschein zu nehmen, ist es natürlich doch wichtig, sich mit CSR auseinanderzusetzen. Hauptsächlich mit dem Ziel, die Erwartungen an das eigene Unternehmen und die eigene Person und das Umfeld als klare Grundlagen für Entscheidungen zu beurteilen.

Die transnationalen Wirtschaftskreisläufe bringen es mit sich, dass Unternehmen zur gleichen Zeit an Orten mit verschiedenen Rechtssystemen und sozialen und kulturellen Normen aktiv sind. Hinzu kommt, dass zwischen diesen Orten ein jedenfalls rechtlich und politisch nicht geregelter Raum existiert. Das führt dazu, dass eines der Kernargumente von Unternehmen ins Leere läuft: sie brauchen, was verantwortliches Handeln betrifft, einen politischen und rechtlichen Rahmen, der definiert, was das (verantwortliches Handeln) konkret bedeutet.

Ein Beispiel: Nehmen wir an, ein deutsches Unternehmen liefert Schlüsseltechnologien in das Simbabwe von 2001. Robert Mugabe regiert als Diktator und nutzt die Technologien, um seinen Machtapparat zu stärken und demokratische Bewegungen im Land zu unterdrücken. Auf die Frage, ob es dem Unternehmen verantwortlich erscheint, die Technologien an Mugabe zu liefern, erfährt man die Antwort: ja – denn noch nicht einmal die Bundesregierung hat eine klare Vorstellung, unter welchen Bedingungen exportiert werden „darf". Jedenfalls hätte sie kein Exportverbot für die Branche erlassen. Man könne sich ja nur im politischen und rechtlichen Rahmen sicher bewegen. Wenn also Lieferungen nach Simbabwe nicht mehr verantwortlich seien, müsse die Bundesregierung den Export verbieten – dann würde man sich danach richten.

Das Beispiel zeigt eine möglicherweise „ehrliche" Sehnsucht nach einem klaren Rahmen, der vorgibt, wo verantwortliches Wirtschaften eindeutig endet. Es zeigt gleichzeitig die Weigerung, selbst Maßstäbe zu etablieren, die subjektiv sind, die aber klar zeigen würden: wir übernehmen die Verantwortung für unser Handeln und stellen uns der Diskussion.

Stattdessen verweist, im Beispiel, das Unternehmen auf den fehlenden politischen Rahmen und agiert vermeintlich konform.

Fazit: Unternehmen agieren in einem Raum, der nicht vollständig mit klaren rechtlichen und politischen Spielregeln abgedeckt ist. Aus diesem Grund sind sie, ob sie das wollen oder nicht, auch politische Akteure, die Entscheidungen in einem nicht eindeutigen Bereich mit Auswirkungen auf die (lokale wie globale) Gesellschaft haben. Die Verantwortung für das Handeln dort kann man aber nicht an die Politik abgeben, jedenfalls nicht kurzfristig.

Die EU-Kommission schreibt 2011: *Jedes Unternehmen hat die Verantwortung für die Auswirkungen seines Handelns.* Das ist der Kern von CSR.

Es geht also doch um CSR, verstanden als eine ganzheitliche Verantwortung, auch bestehende Mechanismen in Frage zu stellen, nicht vorrangig nach der Instanz zu suchen, an die man die Verantwortung abgeben kann (politischer Rahmen), *sondern selbst Maßstäbe zu entwickeln, diese im öffentlichen Diskurs zu überprüfen und schließlich zu handeln,* Entscheidungen zu treffen, Verantwortung für diese Entscheidungen zu übernehmen und dann immer wieder Maßstäbe und Entscheidungen zu überprüfen.

Wenn es gelingt, diesen Kreislauf in Gang zu setzen, kann Schritt für Schritt eine Veränderung erreicht werden, die im Unternehmen eine Entscheidungskultur hoffähig macht, bei der das Finden der verantwortungsorientierten, ganzheitlich besseren und im Markt durchsetzbaren Lösungen das Ziel ist, die sich aber nicht im Suchen der idealsten Lösung verliert.

3 Inhaltliche Treiber der Veränderung

Die Sehnsucht nach der Instanz, die eindeutig vorgibt, was Gut und Böse ist, ist außerhalb der (straf-) rechtlichen Verantwortung eine unerfüllbare Schimäre. Die Gesellschaft ist immer im Diskurs und natürlich gibt es moralische und kulturelle Wertvorstellungen und Grenzen – jedoch global betrachtet auch sehr unterschiedliche Vorstellungen. In Bezug auf den Change im Unternehmen ist diese Sehnsucht einerseits ein Treiber. Andererseits, vor allem in bereits etablierten Organisationen, kann die Erkenntnis, die nach der Sehnsucht kommt, ernüchtern: Ideale klare Gut-und-Böse-Lösungen gibt es nicht.

Was dann folgen kann, ist die Gleichgültigkeit. Weil im Bereich CSR und Nachhaltigkeit gerne die absolute Lösung gepriesen wird, gibt es einen hohen Anspruch. Ja, natürlich zurecht, denn Herausforderungen wie der Klimawandel oder unerträgliche Zustände und Versäumnisse, wie die Arbeitsbedingungen in mancher Fabrik in Bangladesch, brauchen klare Lösungen. Indes, die Welt ist nicht klar und eindeutig, erst recht nicht die ganzheitlichen Effekte auch der am besten gemeinten Entscheidung.

Die Gefahr der eben benannten Gleichgültigkeit aber ist real: Wenn Mitarbeiter erkennen, dass die Veränderungen den vielleicht persönlichen Anspruch nicht erreichen, wenn Sie merken, dass mit Blick auf die Gesamt-Auswirkungen einer Entscheidung nicht eindeutig bessere Effekte geben wird, droht die Leidenschaft für bessere Lösungen zu erlöschen und die Beliebigkeit greift Raum. Schließlich weiß man ohnehin nicht genau, ob das jetzt besser oder schlechter ist – so lauten die resignierten Urteile.

Die oben beschriebene Verantwortung von Unternehmen aber ist solange abstrakt, solange die Mitarbeiter nicht bereit sind, eigenverantwortliche Entscheidungen zu treffen. Um das zu ermöglichen, *braucht es sowohl das Pendant von Verantwortung, nämlich Spielräume für Entscheidungen* (die nicht bei allen Unternehmen und ihren Spielregeln gegeben ist) und einen *Orientierungsrahmen, der erkennbar macht, welche Effekte das Unternehmen erreichen will*, welche Relevanz diese Effekte mit Blick auf das Gesamtunternehmen und mit Blick auf die Gesellschaft haben, und, daraus entwickelt, welche Zielkonflikte zwischen diesen Effekten entstehen können.

Hier setzt ein wesentliches Instrument des Changemanagement in Bezug auf CSR an.

Dabei kommt es darauf an, ob Sie ohne bestehendes Commitment der Unternehmensführung das Thema effektiv vorantreiben wollen. In diesem Fall steht die Frage im Vordergrund: was können Sie selbst entscheiden und auf den Weg bringen, und, noch wichtiger, wer können Ihre Verbündeten sein, um Ihre Idee weiter zu entwickeln und sie bis zur Führung zu tragen?

Gibt es ein Commitment oder sind Sie selbst derjenige, der verbindlich Ziele vorgeben kann, ist, in den meisten Fällen entscheidend, eine doppelte Vorgabe zu machen.

Erstens ein klares Ziel deutlich und klar vorzugeben: den Fixstern Bezogen auf CSR muss dieser Fixstern glaubwürdig sein – und dringlich und notwendig. Die Mitarbeiter haben ein gutes Gespür dafür, ob eine Zielvorgabe alter Wein in neuen Schläuchen ist und sie können gut erkennen, ob die Veränderung nun wirklich sein muss. Ein klares „CSR-Ziel" benennt, zur gleichen Zeit und idealerweise integriert, zwei Effekte, die erreicht werden sollen: Welcher (positive) Effekt für das Unternehmen und welcher (positive) Effekt für Mensch, Umwelt und Gesellschaft. Welche Lösung Ihres Unternehmens soll welchen Effekt erzielen?

Zweitens geht es nun darum, zu ermuntern, Wege zu diesem Ziel zu finden, eine grobe Linie dazu vorzugeben und dann Spielräume für verschiedene Wege zuzulassen. Einen linearen Weg wird es nicht geben – solange das Ziel als Treiber klar im Blick bleibt, sind Umwege hilfreich, um neue und wirksame Lösungen zu finden.

4 Zielkonflikte und Entscheidungskultur

Bei einem Change unter dem Label „CSR" wird ein Ansatz besonders deutlich, der letztlich in allen Veränderungs- und Entscheidungsprozessen eine wesentliche Rolle spielt: *das Einbeziehen vieler Blickwinkel* (wobei nicht alle berücksichtigt werden müssen). Beim Thema CSR ist das besonders wichtig, weil das Feedback der Akteure, der Kollegen,

Kunden, Lieferanten, der Gesellschaft erst wiederspiegelt, ob man wirklich „für alle" relevante und effektive Lösungen bietet.

Die Blickwinkel sind wichtig, weil sie die Dinge in Verbindung bringen. Erst unterschiedliche Blicke auf die angestrebten *Effekte* ermöglichen das Entwickeln von *Erkennungszeichen oder Indikatoren* für diese Effekte. Woran beispielsweise würden Sie erkennen, dass der Effekt „die Region ist entwickelt" eingetreten ist? Wer lebt dort, wer ist beteiligt und betroffen? Wer würde diesen Effekt wann auf welche Weise spüren?

Angenommen, es ginge um ein wirtschaftliches Projekt in Indien – welche Merkmale hätte dieser Effekt dann? Wäre es so, dass alle im Umfeld der wirtschaftlichen Aktivitäten ein vernünftiges Einkommen hätten, selbst über ihre Zeit bestimmen und eigene Perspektiven für sich und ihre Kinder gestalten könnten? Was wäre der Blick der lokalen Regierungen? Was nehmen die bisher dort ansässigen Unternehmen wahr?

Mit Hilfe der Blickwinkel können Sie sicherstellen, dass der Effekt wirklich lebendig wird, dass Erkennungszeichen etabliert werden, die auch aussagen, ob und wann der Effekt in einem relevanten Maß erreicht wurde. Auf diese Weise bekommen alle Beteiligten transparenten Einblick in den Orientierungsrahmen für Entscheidungen und können diese besser nachvollziehen – oder begründet kritisieren.

Die Blickwinkel und die nun gefundenen Indikatoren erlauben also ein Messen und Steuern der Effekte. Das kann auch unangenehm sein, weil die Ergebnisse weitere Hinweise auf Veränderungen liefern – oder bisherige Entscheidungen oder Annahmen jedenfalls in Frage stellen. *Das bringt das entscheidende Instrument ins Spiel: die Zielkonflikte, die jede Entscheidung mit sich bringen.* Diese Zielkonflikte sind nun transparent und im Idealfall sogar messbar, jedenfalls ihre Größenordnung ist erkennbar. Das eröffnet eine wesentliche Chance für Entscheidungen, die die unternehmerischen und gesellschaftlichen Effekte integrieren und mit hohem Wirkungsgrad befördern.

Damit sind wir beim zentralen Element eines im doppelten Sinne nachhaltigen Changemanagements angelangt: *dem Konzentrieren auf eine Entscheidungskultur und -kompetenz, die den Blick auf die Welt öffnet und den Blick aller auf sich ernst nimmt, die sich an ganzheitlichen Effekten mit Indikatoren orientiert und dann als wesentliches Tool zur Entscheidungsfindung die Zielkonflikte klar und transparent erkennbar macht.* Neu daran und spezifisch für CSR ist eben, dass alle Effekte einbezogen werden: wirtschaftliche, unternehmerische und alle Effekte für Mensch, Umwelt und Gesellschaft.

So werden Entscheidungen möglich, die mit klarem Blick auf die Effekte und Zielkonflikte der unterschiedlichen Optionen getroffen werden. Damit ist eine wesentliche Aufgabe der Organisationsentwicklung und des Changemanagements, diese Entscheidungskultur und -kompetenz zu fördern.

5 Entscheidungskompetenz in der Praxis erreichen

In der Praxis haben wir sehr gute Erfahrungen gemacht, die folgenden Schritte immer im Blick zu haben. Dabei geht es nicht um die zeitliche Folge, vielmehr um wiederkehrende Schleifen. Mit jeder Schleife (solange sie sich nicht ewig im Kreis drehen) steigt der

Reifegrad Ihrer Entscheidungen – und damit mutmaßlich die Wirksamkeit Ihres Unternehmens.

1. Nennen Sie ein klares Ziel und die Dringlichkeit und den Grund für dieses Ziel. *Formulieren Sie die integrierten Effekte, die Sie erreichen wollen*: was ist anders in der Welt, wenn Ihr Unternehmen erfolgreich ist? Nehmen Sie dazu die Blickwinkel zu Hilfe: wer schaut auf Ihr Unternehmen und die Auswirkungen? Was ist für diese Akteure erkennbar, was sollte erkennbar sein? Welche dieser Blickwinkel sind für Sie nun relevant?
2. Sorgen Sie dafür, damit diese verantwortliche Entscheidungen treffen können.
3. Formulieren Sie im Zusammenspiel mit den betroffenen Personen die Indikatoren: *was sind die Erkennungszeichen der Effekte?*
4. Sorgen Sie dafür, dass Ihre *Organisationsstruktur absichert und ermöglicht, dass die Ziele und Effekte immer als Entscheidungsmaßstab gelten.* Dazu zählt eine funktionale Absicherung.
5. *Entwickeln Sie ein einfaches aber wirksames Entscheidungsmodell,* das auf alle wesentlichen Geschäftsprozesse angewendet wird. Hier liegt der größte Nutzen für das Management. Wir haben gute Erfahrungen mit unserem jeweils auf das einzelne Unternehmen angepasste *Impact-Dilemma-Assessment IDA* gemacht. Es stellt die Effekte unterschiedlicher Entscheidungsoptionen nebeneinander, zeigt klar die Zielkonflikte und die Größenordnung auf und es *eröffnet*, begleitet mit passenden Moderationsmethoden, *den Blick auf die wesentlichen Stellhebel,* um wirksamer zu sein, die Effekte besser zu erreichen.
6. *Entwickeln Sie mit einem wirksamen didaktischen Konzept die Entscheidungskultur und -kompetenz* bei Führungskräften, Entscheidern, Mitarbeitern. Wir haben mit unserem *Dilemma-Spiel* die Erfahrung gemacht, *dass das spielerische Einüben in kleinen Gruppen hilft, das in „Herz und Hand" zu überführen.* Keine Predigt, kein Handbuch, sondern Einüben, die eigenen Scheuklappen zu öffnen, *vor Entscheidungen Blickwinkel umfassend einzubeziehen und vor allem mutig damit umgehen, Entscheidungen zu treffen die nicht ideal sein können aber nie beliebig sein dürfen.* Das Spiel hilft, das in kurzen Sessions immer wieder aufzufrischen, neue kontroverse Fälle zu diskutieren, besonders wenn es auch in bereichsübergreifenden Teams gespielt wird. Im Train-the-Trainer-Prinzip ausgebildete Dilemma-Fellows, die jeweils 12 Monate „im Amt" sind, sichern die Nutzbarkeit der Ergebnisse für alle und aktualisieren die bekannten Zielkonflikte. Der wiederkehrende Wechsel sorgt dafür, dass nicht einige wenige als „verantwortlich" angesehen werden, sondern viele damit in Berührung kommen.
7. Vernetzen Sie die unterschiedlichen Bereiche: gute Indikatoren für Effekte und Auswirkungen werden durch unterschiedliche Blickwinkel entwickelt, das gilt auch und gerade für intern. Es ist nicht selbstverständlich, dass Sales und Produktentwicklung gemeinsam Effekte anstreben, dass der Einkauf und Marketing sich über Auswirkungen der Interessen des jeweils anderen klar werden. Ich konnte vor einiger Zeit ein Unternehmen kennenlernen, bei dem kein Produkt (und davon gibt es dort viele) in den Markt ging, wenn nicht die Entwicklung, Sales und CSR-Menschen gemeinsam nach ihren Maßstäben grünes Licht gaben.

6 Der klassische Change

Was in diesem Artikel zu kurz kam, sind klassische Ansätze und Methoden des Change. Der Grund ist einfach: ich wollte nicht wiederholen, was andernorts klarer, besser und ausführlicher geschildert ist. Hier verweise ich gerne auf Klaus Doppler, mit dem ich die letzten Jahre den Campus der Initiative „Verantwortung unternehmen" der Eberhard von Kuenheim Stiftung der BMW Group moderieren durfte. Von ihm stammt der Klassiker „Changemanagement", der vertiefende Einsichten gibt.

Ich will an dieser Stelle kurz einige wenige Aspekte aufgreifen, die für das Thema CSR besondere Bedeutung haben. Wichtig ist dabei, dass alle Change-Methoden immer zu prüfen sind: Passen sie im speziellen Kontext des jeweiligen Unternehmens und der Aufgabenstellung?

Eine solche zu prüfende Leitlinie ist: *Nutze vorhandene Spielregeln für deine Zwecke.* Wenn in einem Unternehmen die Mitarbeiter Kraft und Dynamik entwickeln, wenn Jahresziele klar sind, wenn aber strategische 5-Jahres-Ziele keine Kraft entfalten: Bleiben Sie bei den pragmatischen Jahreszielen.

Berücksichtigen (und nutzen) Sie die Interessen, aber auch die Emotionen der Beteiligten. Beides ist nicht immer einfach zu erfahren, Sie brauchen Geschick, Geduld, Beharrlichkeit und Ruhe.

Das gilt gerade für Widerstände, die es geben wird (und muss – wenn kein Widerstand kommt, ist die Veränderung so klein, dass sie niemand interessiert oder alle glauben, dass das ohnehin nicht durchgesetzt wird). *Nutzen Sie die Widerstände, indem Sie erfahren, was der Hintergrund und das Interesse ist.*

Etablieren Sie Feedback-Kreisläufe. Ermöglichen Sie immer wieder Rückmeldungen und Hinweise, nehmen Sie diese ernst – und geben Sie auch Feedback zurück. Man muss nicht alles annehmen oder umsetzen, ernst nehmen und dazu sich verhalten aber schon.

Seien Sie immer auf Überraschungen gefasst – und arbeiten Sie damit. Sie dienen auch dazu, laufend die entwickelten Effekte weiter noch „reifer" zu machen, und dazu, alle Maßnahmen und Aktivitäten immer wieder in Bezug zu den angestrebten Wirkungen und Effekten zu überprüfen.

Literatur

Doppler K, Lauterburg C (2008) Changemanagement. Den Unternehmenswandel gestalten, 12. Aufl. Campus Verlag, Frankfurt a. M.
Maak T, Ulrich P (2007) Integre Unternehmensführung. Ethisches Orientierungswissen für die Wirtschaftspraxis. Schäffer-Poeschel, Stuttgart (eBook 2010)
Palazzo G (2008) Die Banalität des Bösen – Warum gute Manager unethisch handeln. In: Frädrich S (Hrsg) Business book of horror. GABAL Verlag GmbH, S 189–196
Ulrich P (2008) Integrative Wirtschaftsethik. Grundlagen einer lebensdienlichen Ökonomie, Haupt, 4. vollständig neu bearbeitete Aufl. Haupt Verlag, Bern
Wieland J (2007) Die Ethik der Governance, 5. Aufl. Metropolis-Verlag, Marburg

Thomas Marschall 43, Moderator, Entwickler, Coach, Trainer. Inhaber der Beratung Marschall & Andere. Fragt unablässig nach dem „Wozu", ist Expeditionsführer im Wandel und der Projekt- und Organisationsentwicklung für Unternehmen und Organisationen. Im Mittelpunkt steht das Erkennen von Zielkonflikten und das Nutzen dieser für wirksame Lösungen. Als Gründer und Geschäftsführer der SOS Global Partner GmbH, einer Tochter der SOS Kinderdörfer weltweit, entwickelte er wirkungsorientierte Partnerschaften mit Unternehmen wie Esprit, Beiersdorf und der Rewe Group. Er lehrt ethische Führung mit Zielkonflikten an der Universität der Künste Berlin. Er hat an der Hochschule Nürnberg Sozialpädagogik mit Schwerpunkt Erwachsenenbildung studiert.

CSR & Innovationsdesign zur Zukunftsfähigkeit

Günter Goldhahn

1 Einleitung

Zukunftsfähige Organisationen brauchen innovatives Organisationsdesign. Die Herausforderungen der Mega-Trends wie Ressourcenverknappung, Klimawandel, Bevölkerungswachstum und Überalterung werden neue Lösungen im Bereich der Ökonomie, Ökologie und Gesellschaft erfordern. Der Triple-Bottom-Ansatz gesellschaftlicher Verantwortung bietet dazu eine gute Ausgangsbasis, muss jedoch verfeinert und den laufenden Trends angepasst werden. Die Implementierung eines selbstlernenden CSR-Prozesses in eine Organisation wird entscheidend zum Überleben dieser beitragen. Gesellschaftliche Verantwortung wird somit zur Strategie und sichert in den Kernprozessen der Organisationen deren Zukunftsfähigkeit.

2 Was ist Innovationsdesign?

Unter Innovationsdesign einer Organisation verstehen wir ein Modell der Abstimmung von Kontext (Umfeld in welchem sich die Organisation befindet), Struktur (Stichwort Aufbauorganisation), Prozessen (Ablauforganisation) und Akteuren (internen und externen Beteiligten). Daraus schließen wir, dass Organisationen nur zum Teil reproduzierbar und kopierbar sind, und zwar in Struktur, Prozessen und Kontext, aber nicht bei den Akteuren. Das lässt Differenzierung zu, die genutzt werden muss, um die Organisationsvi-

---

G. Goldhahn (✉)
G-Group, Hammerweg 42, 3192 Hohenberg, Österreich
E-Mail: office@g-group.at

© Springer-Verlag Berlin Heidelberg 2016
B. Schram, R. Schmidpeter (Hrsg.), *CSR und Organisationsentwicklung*,
Management-Reihe Corporate Social Responsibility, DOI 10.1007/978-3-662-47700-7_9

sion zu verfolgen und die Organisationsmission umzusetzen – die Organisation somit am Leben zu erhalten (siehe Abb. 1).

Im Wirtschaftsleben heißt das, selbst wenn wir kopiert werden, wir behaupten uns dennoch am Markt. Wo generieren wir nun den Unterschied und wo den Mehrwert für das Unternehmen und den Kunden, im weiteren Sinne den Interessengruppen des Unternehmens?

Die Antwort kann nur sein – in der Auswahl der und den Beziehungen zu den Stakeholdern. Hier sei angemerkt, Stakeholder, also Interessensgruppen eines Unternehmens sind nicht nur Kunden, Lieferanten, Eigentümer, Mitbewerber, auch die MitarbeiterInnen, deren Angehörige, weitere Organisationen und Institutionen, Politik, Gesellschaft und ähnliche mehr.

Beispiele für Stakeholder zeigt folgende Tabelle (siehe Tab. 1):

Um zukunftsfähig zu werden, gilt es also die relevanten Stakeholder zu identifizieren, zu entwickeln und zu fördern und die Beziehungen zu ihnen zu gestalten. Dies gelingt mit einem Organisationsdesign, welches die Belange und Bedürfnisse der Stakeholder erfasst, gemeinsam mit den Stakeholdern die Unternehmensstrategie evolviert, Fähigkeiten, Wissen und Kompetenzen aufbaut, sowie die Verantwortung teilt. Diesen Ansatz nennen wir Innovationsdesign – eine Erneuerung des Organisationsdesigns und eine soziale Innovation, da über das Unternehmen und dessen Markt hinaus die Wirkung auf die Gesellschaft relevant wird. Kurz gesagt, die Organisationen, im besonderen Unternehmen, erwirtschaften durch ihre Geschäftstätigkeit einen Mehrwert – für das Unternehmen und die Gesellschaft.

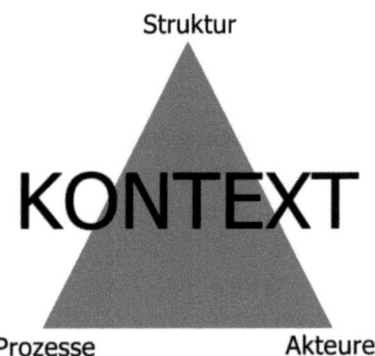

Abb. 1 Grafik Organisationsdesign, eigene Darstellung

Tab. 1 Stakeholderbeispiele. (www.sustainability.com 2007)

Finanz	Regierung	Interessensgruppen	Business
Banken	Gesetzgeber	Gemeinwesen	Mitarbeiter
Shareholders	Regulatoren	NGOs, Vereine	Lieferanten
Analysten	Lokale Regierungen	Religiöse Organisationen	Gewerkschaften, Verbände
	Multilaterale Agenturen	Handelsvereinigungen	Kunden
		Wissenschaft Forschung	Konsumenten
			Mitbewerber

3 Zukunftsfähige Unternehmenssteuerung braucht innovatives Design – Wie gestalten Unternehmen ihren Veränderungsprozess?

3.1 Strategische Ausrichtung und Bekenntnis zur innovativen Verantwortungsorganisation

Am Anfang steht das Bekenntnis der Unternehmensleitung, den Weg unternehmerischer Verantwortung zu gehen. Gemäß der EU-Strategie für die Wirtschaft „Verantwortung von Unternehmen für ihre Auswirkungen auf die Gesellschaft".

Die EU definiert CSR als „die Verantwortung von Unternehmen für ihre Auswirkungen auf die Gesellschaft", es wird von der „Integration von gesellschaftlichen, ökologischen, ethischen und menschenrechtsspezifischen Interessen in die allgemeine Geschäftstätigkeit in enger Einbindung interner und externer Stakeholder" gesprochen (Europäische Kommission 2011).

Warum sollte sich aber eine Organisation, im Speziellen ein auf Gewinn- und Wachstum orientiertes Unternehmen, freiwillig dieser Verantwortung unterordnen?

Bereits in einer zusammenführenden Studie der Oxford University wurde von Kurucz/Colbert/Wheeler der Business Case für CSR bei Unternehmen (Carne et al. 2008) untersucht. Gründe CSR als Unternehmensstrategie einzuführen wurden dabei folgend identifiziert:

- Kosten – und Risikoreduzierung (Unternehmen mit einer CSR-Strategie sparen Kosten durch Ressourceneffizienz. Sie können Risiken und Herausforderungen besser managen, da ihnen die Wechselwirkungen mit ihrem Umfeld bekannt sind. Sie erkennen somit besser ihre Chancen oder können solche, oft mit ihren Stakeholdern, evolvieren.),
- Erzielung von Wettbewerbsvorteilen (Unternehmen mit einer CSR-Strategie unter diesem Fokus nutzen ihre Stakeholder zur gemeinsamen Produkt- und Dienstleistungsinnovation, sie hebeln gemeinsam die Macht am Markt, kreieren neue Märkte und Trends, finden Marktnischen.),
- Legitimation und Reputation (Unternehmen deren CSR-Ziele auf Imagebildung ausgerichtet sind, steigern ihren Markt- und Unternehmenswert, sie steigern ihre Attraktivität als Arbeitgeber und gegenüber ihren Stakeholdern und generieren damit Mehrwert.),
- Erzielen von Win-win-win-Situationen für Unternehmen und Gesellschaft (Unternehmen mit diesem CSR-Fokus hinterfragen ihre Prozesse und evolvieren neue Handlungs- und Denkweisen, sie beziehen ihre Stakeholder mit ein, bauen Synergien auf und lernen durch Verlassen eingefahrener Wege Prozesse mit Win-win-win-Ergebnissen zu gestalten, also Gewinn für Ökologie, Ökonomie und Gesellschaft zu schaffen.).

3.2 Der Weg zur lernenden Verantwortungsorganisation

Der Weg vom Triple-Bottom-Ansatz der verantwortungsvollen Organisation, also dem Bewusstsein Verantwortung für die Auswirkungen auf Ökologie, Gesellschaft und Ökonomie

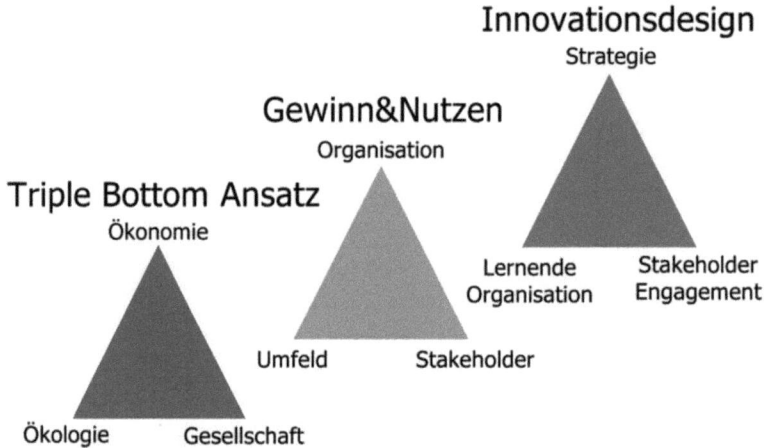

Abb. 2 Innovationsdesign mit Triple-Bottom-Ansatz, eigene Darstellung

durch das Wirken der Organisation soll zu Gewinn und Nutzen führen. Ganz im Sinne, CSR zahlt sich aus. Im Zeitalter der Ressourcenverknappung und enger werdender Märkte und Marktnischen ist Gewinn nicht mehr durch ein mehr an verkauften Produkten oder Dienstleistungen möglich. Gewinn und Nutzen für ein Unternehmen und deren Stakeholder muss über andere Indikatoren, wie Energie- und Rohstoffeinsparung, Wissensaufbau und Innovationskraft usw. definiert werden. Durch Einbindung der Stakeholder und der Berücksichtigung von Trends in der Gesellschaft schafft eine Organisation Innovationsdesign. Innovationsdesign ist das Zusammenspiel von Unternehmensstrategie, lernender Organisation und Stakeholder-Engagement (siehe Abb. 2).

Ausgehend vom Triple-Bottom-Ansatz der die 3 Bereiche Ökonomie, Ökologie und Gesellschaft umfasst und auf den Brundtland Report und die RIO Konferenz zurückgeht, wird in der CSR, also der Verantwortungsorganisation Gewinn und Nutzen für die Organisation, das Umfeld, welches die Umwelt und die Gesellschaft vereint, sowie für die Stakeholder generiert.

Erreicht wird dies durch Innovationsdesign in welchem eine gemeinsame Strategie durch eine lernende Organisation (Senge 1996) und einem Stakeholder-Engagement (AccountAbility 2011) evolviert wird. Damit sichert sich die Organisation durch Innovation und Resilienz, das ist die Fähigkeit eines Systems mit Veränderungen umgehen zu können (Wieland und Wallenburg 2013)[1], ihre Zukunftsfähigkeit.

CSR als verantwortungsvolle Unternehmensstrategie einzusetzen, zahlt sich somit aus, gleich aus welchem Motiv heraus. Der Weg zur verantwortungsvollen zukunftsfähigen Unternehmenssteuerung ist jedoch herausfordernd und bedarf des Dialogs und der Beteiligung. Folgende Abb. 3 zeigt die Entwicklungsstufen einer Organisation auf dem Weg zum Vorreiter verantwortungsvoller Unternehmensführung.

---

[1] Im englischen Original lautet die Definition: „the ability of a [system] to cope with change".

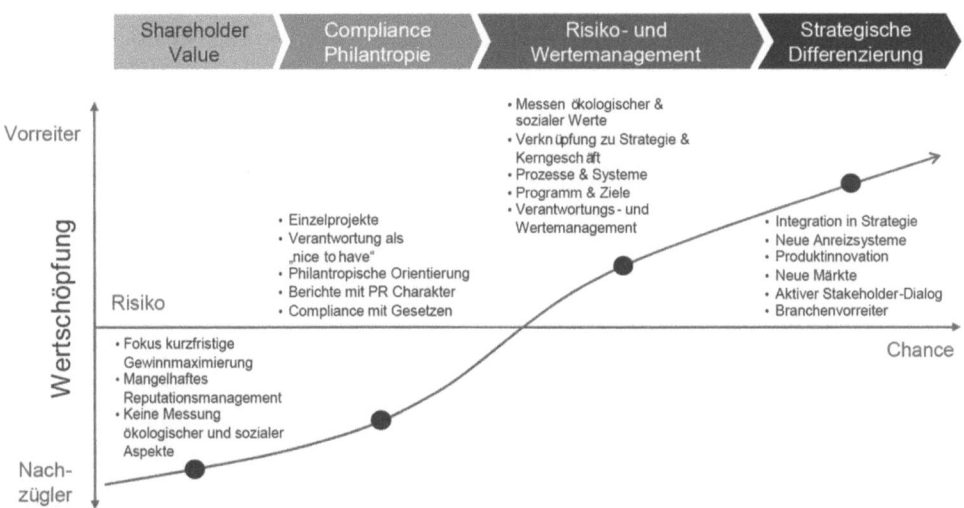

Abb. 3 Entwicklungsstufen von Organisationen. (Quelle: PWC)

Viele Unternehmen sind heute noch auf Gewinnmaximierung ausgerichtet und orientieren ihre Strategie am Shareholder-Value. Doch bereits geringste Veränderungen und unvorhersehbare Ereignisse bringen diese Unternehmen in große Probleme. Da keine Fähigkeiten von Resilienz entwickelt werden, sondern auf alle Anforderungen mit Gewinnmaximierung geantwortet wird, ist die einkehrende Enttäuschung bei den Stakeholdern nur eine Frage der Zeit. Die Risiken ganze Kundengruppen oder Lieferanten zu verlieren ist hoch, die Verführung zur Korruption und Missachtung von Arbeits- und Menschenrechten ist groß zugunsten höherer, meist kurzfristiger Gewinne.

Erste Ansätze zu einer verantwortungsvollen Unternehmenssteuerung sind bei Compliance und Philanthropie Anerkennung von Arbeits- und Menschenrechten, Gesetzen und Richtlinien und der Entwicklung von Unternehmenswerten wie Wohltätigkeit. Auch Imagebildung im Sinne, wir sind auch dabei Verantwortung zu zeigen, sind Handlungen in dieser Entwicklungsphase. Einzelne Maßnahmen unter dem Kosten-Nutzen-Aspekt werden umgesetzt, meist im Bereich der Ressourceneinsparung und Energieeffizienz, d. h. Maßnahmen, die einfach messbar sind und einen raschen ROI (Return on Investment) aufweisen.

Beginnen Unternehmen mehrere Maßnahmen zur Nachhaltigkeit und verantwortungsvollem Handeln umzusetzen, stellt sich bald die Frage nach Synergieeffekten. Eine CSR-Strategie hilft hier, die Vorhaben zu bündeln und Ziele effizienter zu erreichen. Für ein sinnvolles Controlling werden Indikatoren und Messmethoden definiert. In dieser Phase werden auch oftmals Prozesse und Managementsysteme wie ISO 14001 oder EMAS eingeführt. So geraten Nachhaltigkeitsaspekte in die Prozessabläufe und Systeme der Organisation und werden mit der Unternehmensstrategie verknüpft. Der Beginn eines Stakeholderdialoges, um gemeinsame Werte zu identifizieren ist Teil dieser Phase. Ein Risiko- und Wertemanagement wird aufgebaut und hilft der Organisation zu lernen und Resilienz zu entwickeln. Krisen können so oftmals als Chancen genutzt werden und der Grad der Wertschöpfung steigt nicht nur für das Unternehmen, sondern auch für die Gesellschaft.

Vorreiter werden Unternehmen durch strategische Differenzierung, d. h. die CSR-Strategie wird zur Unternehmensstrategie oder anders ausgedrückt, CSR ist im Kerngeschäft des Unternehmens verankert. Gemeinsam mit den Stakeholdern wird die strategische Entwicklung des Unternehmens vorangetrieben, Produkte und Dienstleistungen innoviert, neue Märkte aufgebaut und gemeinsam kommuniziert. Ein stetiger Dialog lässt gemeinsames Lernen zu. So können Risiken frühzeitig erkannt und darauf reagiert werden. Trends können antizipiert oder sogar gemeinsam evoziert werden. Innovation und gemeinsame Weiterentwicklung sind wesentliche Bestandteile der Unternehmensstrategie. Die Aktivitäten des Unternehmens werden in allen Bereich des Triple-Bottom-Ansatzes geplant, gemessen, geprüft und einer kontinuierlichen Verbesserung unterzogen. Die Zukunftsfähigkeit des Unternehmens wird durch das Prinzip der lernenden Organisation mit Fokus auf Innovationsdesign gewährleistet.

Der Weg von Phase 1 zu Phase 4 ist ein langer Lern- und stetiger Verbesserungsprozess, doch viele Unternehmen sind meist schon in Phase 2 oder am Übergang zu Phase 3. Nur wenige sind bereits im Innovationsdesign angelangt und haben CSR in allen Prozessen implementiert. Gerade in den letzten Jahren zeigte sich, dass unternehmerisches Handeln der Phase 1 in die allgemeine Krise führt. Der Crash der Börsen 2008 machte bewusst, dass der Shareholder-Value zu einer Überhitzung des Marktes führt und unweigerlich eine Bereinigung erzwingt, die Folgen spüren wir heute noch. Diesen Überhitzungskreislauf müssen wir beenden und neue Wege der unternehmerischen Verantwortung gehen. Ein Wertewandel vollzieht sich langsam und die gesellschaftlichen Auswirkungen von rücksichtsloser Profitgier werden heutzutage nicht nur bei großen Unternehmen missbilligt, sondern bereits auch bei kleinen regionalen KMUs. Daher haben sich viele kleine und mittlere Unternehmen auf den Weg zur verantwortungsvollen Unternehmenssteuerung gemacht. Erste Maßnahmen waren und sind oft Kostenreduzierung durch Ressourceneffizienz und -einsparung. Meist überwiegen noch Einzelmaßnahmen, doch der Wunsch nach größerem Nutzen und Hebel der eingesetzten Mittel steigt und somit entsteht die Notwendigkeit einer Strategie.

Zukunftsfähige Organisationen evolvieren ihre Strategie gemeinsam mit ihren Stakeholdern. Dieses Miteinbeziehen, das Engagement der Stakeholder wird über einen Dialog gesteuert.

3.3 Stakeholder

Stakeholder eines Unternehmens sind Personen oder Organisationen, die ein Interesse an eben diesem Unternehmen haben. Ein wesentlicher Teil einer gelebten unternehmerischen Verantwortung, eines CSR(Corporate Social Responsibility)-Managements, ist der strukturierte Dialog mit diesen Gruppen.

Denkt man bei Stakeholdern zu allererst an die internen Stakeholder wie Manager und Mitarbeiter, so erweitern sich diese beim Shareholder-Value-Ansatz um Eigentümer des Unternehmens. Beim CRM also dem Customer-Relationship-Management wird die Gruppe der Stakeholder um Kunden und Lieferanten reicher. Innovative Unternehmenssteuerung fasst jedoch den Umfang der Stakeholder noch weiter. So werden relevante Interessensgruppen in der Gesellschaft ausgemacht, das können sein, die Legislative, Politik, die Umwelt und Natur, die allgemeine Öffentlichkeit bis hinunter zur unmittelbaren Nachbarschaft und allen Akteuren, die eine Wechselwirkung auf das Unternehmen ausüben. Aus all diesen Personen und Organisationen werden die relevanten Stakeholder identifiziert. Zukunftsfähige Unternehmen brauchen hier Manager, die systemisch denken und über die Wechselwirkungen ihres Unternehmens mit dem Umfeld Bescheid wissen, bzw. bereit sind, diese zu erkennen.

Für die Identifikation von unternehmensrelevanten Stakeholdern oder auch Interessens- und Anspruchsgruppen genannt, gibt es zahlreiche Methoden und Werkzeuge. Grundsätzlich sind Stakeholder kurz gesagt: *„Stakeholders*; Anspruchsgruppen sind alle internen und externen Personengruppen, die von den unternehmerischen Tätigkeiten gegenwärtig oder in Zukunft direkt oder indirekt betroffen sind." – und ausführlicher *„Stakeholders*; Anspruchsgruppen sind alle internen und externen Personengruppen, die von den unternehmerischen Tätigkeiten gegenwärtig oder in Zukunft direkt oder indirekt betroffen sind. Gemäß Stakeholder-Ansatz wird ihnen – zusätzlich zu den Eigentümern (Shareholders) – das Recht zugesprochen, ihre Interessen gegenüber der Unternehmung geltend zu machen. Eine erfolgreiche Unternehmungsführung muss die Interessen aller Anspruchsgruppen bei ihren Entscheidungen berücksichtigen (Social Responsiveness)" (www. wirtschaftslexikon.gabler.de).

Der Weg zur Integration der Stakeholder in die Unternehmensstrategie ist gekennzeichnet durch unterschiedliche Kommunikationskanäle und die Entwicklungsstufen einer Organisation, die in folgender Tabelle veranschaulicht werden sollen (siehe Tab. 2):

Es wird deutlich, dass nicht jede Kommunikationsmethode in einer beliebigen Organisationsentwicklungsphase angewendet werden kann, doch am Wege zu einer lernenden

Tab. 2 eigene Darstellung. (Vgl. Aston 2013)

Einbeziehung Stakeholder	Informieren	Kennenlernen	Einbinden	Mitwirken	Evolvieren
Methoden der Kommunikation	Aussendungen Newsletter Broschüren Reporte Artikel Presse Präsentationen Anzeigen usw.	Besuche Treffen Besprechungen Workshops Arbeitsgruppen Methoden der Gruppenarbeit usw.	Stakeholder-Forum Beratungsgruppen Gruppenprozesse für Entscheidungs-findung usw.	Gemeinsame Projekte Freiwillige Multi-Stakeholder Projekte Partnerschaften usw.	Gemeinsame Strategie-entwicklung Integration von Stakeholdern ins Projektmanagement gemeinsam wachsen usw.

Organisation wird der Stakeholder-Dialog immer mehr zu einem wesentlichen Bestandteil der Unternehmenssteuerung. Um gemeinsam zu wachsen, braucht es Innovationsdesign, in welchem das Unternehmen als lernende Organisation im Wechselspiel mit ihren Stakeholdern gemeinsam zukunftsfähige Strategien evolviert. Die lernende Organisation garantiert die Agilität des Unternehmens und die richtige Auswahl der Stakeholder garantiert das Hereinholen aller relevanten Bedürfnisse, die der Gesellschaft und deren künftigen Entwicklung.

3.4 Stakeholder Engagement – der Weg zur geteilten Verantwortung am Beispiel gesellschaftlichen Engagements (Corporate Citizenship)

Zusammenkommen ist ein Beginn,
zusammenbleiben ist ein Fortschritt,
zusammenarbeiten ein Erfolg.
(Henry Ford)

Stakeholder Engagements in den Bereichen Ökonomie und Ökologie sind hinreichend bekannt und bewertbar. Beispiele dazu sind Kapitalzufuhr in Unternehmen und deren Berechnung und Bewertung von Return on Investment, Ressourceneinsparungen und deren Messung in physikalischen und monetären Einheiten, gemeinsame Produkt- und Dienstleistungsentwicklung, Forschung, Weiterbildung und Wissensaufbau usw.

Schwieriger wird es bei der Betrachtung gesellschaftlichen Engagements einer Organisation. Die Wirkungen sind oft nicht direkt messbar bzw. es fehlen die dazu notwenigen Schlüsselindikatoren (KPI Keyperformance Indicators). Aus der Entwicklung der CSR (vgl. Abb. 3) sehen wir, dass Philanthropie ein Teil dieser Entwicklung ist. Dabei wird wenig auf Messbarkeit oder gar ROI geachtet, als vielmehr „Gutes zu tun" und vielleicht darüber zu sprechen, um das Image oder das „nice to have" zu kommunizieren. Sponsoring wird so meist in der Entwicklung der Organisation „mitgeschleift", d. h. oft wird aus der Unterstützung eine übliche gute Tat mit wenig Nutzen, im schlimmsten Fall für den Geber gefühltes „verlorenes Investment". Diese Einseitigkeit und Vernachlässigung von Nutzenmessung hat viele Organisationen dazu gebracht, kaum bis gar kein Sponsoring mehr, vor allem im Sozial- und Gemeinwohlsektor, zu betreiben. Entgegenzuwirken ist dem durch Kooperation und gemeinsamer Verantwortung, sodass wieder Nutzen auf beiden Seiten dem Sponsor und dem Gesponserten entsteht. Also weg vom Geber-Empfänger Modell, zum Modell der Kooperation, d. h. gemeinsame Strategie, Verantwortung, Ziele und Nutzen. Ein Weg dazu kann folgendes Modell sein.

4 Ein Modell für strategisches Sponsoring – in 7 Schritten zur Kooperation

> Wenn man schnell vorankommen will, muss man allein gehen.
> Wenn man weit kommen will, muss man zusammen gehen (…)
> (indianisches Sprichwort)

Am Anfang steht die Entscheidung, welchen Weg die Organisation gehen möchte. Fällt diese auf den gemeinsamen Weg mit den Stakeholdern, so hilft das folgende Programm in sieben Schritten, eine erfolgreiche Partnerschaft mit gesellschaftlich relevanten Institutionen einzugehen.

Möchte ein Unternehmen aus der Phase der Philanthropie aussteigen und sich strategisch ausrichten, um größere Hebel zu erwirken, so braucht es einen Plan.

4.1 Erster Schritt – Unternehmensstrategie

Nach dem Einverständnis der Geschäftsleitung diesen Weg zu gehen, muss die Unternehmensstrategie betrachtet werden. Das Unternehmen beschäftigt sich dabei mit Leitfragen wie

- Wonach streben wir? Was ist unsere Vision?
- Worin wollen wir exzellent sein?
- Stärken/Schwächen – Risiken/Chancen (SWOT)
- Welche Herausforderungen kurz-, mittel- und langfristig kommen durch (Mega-) Trends auf uns zu?
- Wie wollen wir unsere Stakeholder einbeziehen, wo werden Partnerschaften für unsere Zukunftsfähigkeit hilfreich sein?

4.2 Zweiter Schritt – Analyse des Kerngeschäfts

Die Unternehmensstrategie ist nicht starr, sondern muss sich dynamisch den Anforderungen anpassen. Unternehmen agieren in einem dynamischen Umfeld und brauchen daher Anpassungsfähigkeit. Diese erhalten Sie durch stetiges Beobachten, durch Dialog und die Fähigkeit zur Veränderung, entsprechend dem Modell der lernenden Organisation. Es ist dies also nicht ein stufenartiger Prozess mit einem Ende auf der höchsten Stufe, sondern eine Lernschleife wie ein KVP (Kontinuierlicher Veränderungsprozess). Steuerung braucht aber einen Orientierungspunkt, dieser ist der IST-Zustand. Wir analysieren also im 2. Schritt den IST Zustand des Kerngeschäfts der Organisation. Fragen zur Mission und dem Nutzen der Organisation begleiten uns dabei

- Was ist unsere Unternehmensmission?
- Wer sind wir, welchen Nutzen stiften wir und bei wem?
- Was ist unser Aufgabe?
- Welche Produkte, Dienstleistungen erstellen wir?
- Wie innovativ, wie nachhaltig, wie wirksam ist unser Handeln?

4.3 Dritter Schritt – Werte und Werteentwicklung

Verantwortungsvolle Unternehmenssteuerung wird von Werten getragen. Diese sind ebenso einem Wandel unterzogen. Besonders gesellschaftliche Veränderungen und Megatrends wie Generationenmanagement, Diversität, neue Arbeitszeitmodelle, technologische Entwicklung, Nachhaltigkeit, Umweltschutz, Klimawandel, Ressourcenverknappung usw. verändern die Werte der Gesellschaft und somit die Werte der Wirtschaft. Diese Veränderungen müssen für die Zukunftsfähigkeit von Unternehmen berücksichtigt werden, d. h. welche Werte fließen in unsere Vision und Mission, also unserem Leitbild, ein? Wir beschäftigen uns in diesem Schritt also mit Fragen wie

- Für welche Werte steht unsere Organisation?
- Welche Werte sind unseren Stakeholdern wichtig?
- Wo decken sich diese Werte?
- Sind diese Werte auch in der Zukunft wichtig?
- Welche Werte müssen wir (gemeinsam) entwickeln, um in Zukunft zu bestehen?

4.4 Vierter Schritt – Recherche und Identifikation der Partner

Die Auswahl der geeigneten Partner für unsere strategische Kooperation kann selbst oder mit Hilfe von Experten und Expertinnen aus dem Non-profit- oder NGO(Nicht-Regierungs-Organisationen, unabhängige gemeinnützige Institutionen)-Bereich vorgenommen werden. Sind Sie ein kleines regional tätiges Unternehmen und wollen das auch weiterhin sein, dann ist die Identifikation der Partner meist regional sinnvoll. In den anderen Fällen ist ein großflächiges Suchen zweckmäßiger. So kann z. B. ein Unternehmen, dass Baustoffe erzeugt eine gemeinnützige Organisation in einem neuen Zielmarkt/-land ausfindig machen, dass Unterkünfte für Bedürftige bereitstellt, saniert oder baut. Damit können die Produkte im neuen Zielmarkt präsentiert werden und Bekanntheit und Image aufgebaut werden. Das Unternehmen lernt die dortigen Rahmenbedingungen und gesetzlichen Auflagen kennen und wird am Markt gesehen, Kontakte werden geknüpft, die NPO (gemeinnützige Vereine oder Institution) bekommen Material und können arbeiten, die Bedürftigen, also die Kunden der NPO, bekommen Unterkünfte. Besser also, als philanthropisch Geld zu spenden und keinen unmittelbaren Nutzen ziehen zu können. Hier zeigt sich eine

Win-win-win-Situation, also Gewinn und Nutzen für das Unternehmen, die NPO und die Gesellschaft– strategisches Sponsoring zahlt sich aus, es rechnet sich für alle!

- Wohin wollen wir? In welche neuen Märkte, welchen Ländern wollen wir aktiv werden?
- Welche Region wollen wir mit entwickeln?
- Welche NPO/NGO gibt es dort?
- Welche dieser Organisationen lebt und zeigt ähnliche Werte wie wir?
- Ist diese Organisation an Partnerschaften interessiert?
- Kann diese Organisation unsere Strategie mittragen, mit entwickeln?

4.5 Fünfter Schritt – Partnerschaftsvertrag

Die Zusammenarbeit muss vereinbart werden, es wird dabei klar kommuniziert, dass es sich nicht um eine Spende handelt, sondern ein gemeinsames Arbeiten zum Nutzen aller Beteiligten ist. Bevor einzelne Maßnahmen und Projekte gezielt geplant und umgesetzt werden können, braucht es eine Basis. Die gemeinsamen Werte sind gefunden und eine Zielrichtung definiert, es sind hier die Fragen:

- Wie sieht unsere gemeinsame Zielrichtung, unsere Strategie aus?
- Welche Bedingungen, welchen Rahmen braucht unsere Partnerschaft?
- Welche Indikatoren für das Controlling brauchen wir, welche Kennzahlen?
- Wie sind Rollen und Aufgaben zu verteilen?
- Was passiert, wenn etwas passiert?
- Wie beenden wir die Partnerschaft?

4.6 Sechster Schritt – Projektmanagement

Planung und Umsetzung gemeinsamer nutzenbringender Maßnahmen in Projektform. In diesem Schritt begleiten die üblichen Fragen und Dokumentationen das Projektmanagement u. a.

- Was wollen wir gemeinsam umsetzen, was erreichen?
- Was brauchen wir, wer stellt welche Ressourcen?
- Wie setzen wir die geplanten Maßnahmen um?
- Wer übernimmt welche Aufgaben und Rollen im Projekt?
- Wer macht was mit wem bis wann?
- Welche projektspezifischen Kennzahlen wenden wir an?
- Wie gehen wir mit kritischen Situationen um, welche kritischen Wege gibt es?
- Wie feiern wir unseren Erfolg?

4.7 Siebenter Schritt – Erfolgskontrolle

Für die Erfolgskontrolle einer strategischen Partnerschaft im gesellschaftlichen Bereich der CSR bietet sich die sogenannte IOOI-Methode (Riess 2010) der Bertelsmannstiftung an.

Dabei steht für I – *Input*, also die eingesetzten Ressourcen, O – *Output*, die Aktivitäten und Leistungen, die erbracht werden, O – *Outcome*, das unmittelbare Ergebnis des Engagements und I – *Impact*, die Veränderung, die in der Gesellschaft durch dieses Engagement eintritt.

Bei unserem Beispiel des Baustofferzeugers wären also der Input die Baustoffe, die vom Unternehmen zur Verfügung gestellt werden, der Output die Aktivität der NGO, des gemeinnützigen Vereins, also in diesem Fall das Herstellen von Unterkünften, der Outcome das Ergebnis beim Kunden des NGOs, also Menschen, die sich keine Wohnung leisten können, bekommen eine Unterkunft und der Impact wäre u. a. das Menschen, die zuvor keinen festen Wohnsitz hatten, nun wieder arbeitsuchend sein können, durch eine feste Behausung weniger krank werden, nicht mehr auf der Straße leben müssen, es einfach weniger Obdachlose mit all den sozialen Auswirkungen und Folgen auf die Gesellschaft gibt. Möglicherweise ist die NGO sogar ein Beschäftigungsprojekt, wo Menschen ohne Wohnsitz und Arbeit, sich ihre Unterkunft selbst bauen oder sanieren können und so einen Beruf erlernen, oder eine Höherqualifizierung erfahren, die es ihnen am Arbeitsmarkt leichter macht eine Beschäftigung zu finden. Ein enormer Impact, der hier generiert werden könnte – der leider allzu oft dem sponsernden Unternehmen gar nicht im vollen Umfang bewusst und somit auch nicht verwertet wird.

Auf Seiten des Unternehmens sind es in erster Linie andere Nutzenfaktoren. Das Unternehmen kommt mit seinen Baustoffen auf einen neuen Markt und bildet dort sein Image. Mit den gebauten Wohnungen kann die Verarbeitung und Qualität präsentiert werden, eventuell Prüfzertifikate und Zulassungen erworben werden (hier kann die Aufgabe des NGOs sein mitzuhelfen, Kontakte herzustellen etc. – siehe Partnervertrag), durch die Unterstützung der NGO werden öffentliche Interessen befriedigt (z. B. weniger Obdachlose, mehr Menschen in Beschäftigung), das verhilft zu Kontakten zu Regierungsorganisationen, was hilft die Handelsbeziehungen aufzubereiten usw. All diese Überlegungen sollten in der Planung zu einer strategischen Partnerschaft einfließen und mit Kennzahlen versehen werden, damit Steuerung möglich wird. So kann Nutzen und Gewinn aus dem Engagement für das Unternehmen generiert werden.

Es kommt zur *Win*-Situation für das Unternehmen, *Win*-Situationfür die NGO und *Win*-Situation für die Gesellschaft.

4.8 Beschreibung der Triple-Bottom-Betrachtung der Organisation und deren Wirkungsanalyse mit IOOI

Input – Output – Outcome – Impact

- Als *Input* werden jene Mittel bezeichnet, die das Unternehmen für die Umsetzung eines geplanten gesellschaftlichen Engagements aufwendet, wie z. B. personelle, finanzielle Mittel und auch Sachmittel.

- Als *Output* bezeichnet man jene Leistungen, die mit diesen Aufwendungen (Inputs) erzielt werden können.
- *Outcome* sind jene Wirkungen, die durch das Engagement unmittelbar in der Zielgruppe erreicht werden.
- *Impact* schließlich bezeichnet jene Wirkungen, die längerfristig für gesellschaftliche Belange erzielt werden können.

Anhand dieser vier Faktoren kann ein Unternehmen sein Engagement in den Bereichen Ökonomie, Ökologie und Gesellschaft erfassen und bewerten. Für die Bereiche Ökonomie und Ökologie gibt es aussagekräftigere Bewertungsmethoden mit fundierten Kennzahlen und Messverfahren, vor allem quantitativ. Hier bietet die Betriebswirtschaftslehre, die Naturwissenschaft und Technik zahllose, erprobte Messverfahren und Benchmarks an. Ergebnisse und Auswirkungen im gesellschaftlichen Bereich können mit Methoden aus der Volkswirtschaft und Soziologie erfasst werden, hier sind aber ebenso qualitative Indikatoren gefragt. Diese zu definieren, ist Aufgabe innerhalb eines Betrachtungsmodells nach der IOOI-Methode und erfordert die Einbeziehung der relevanten Interessensgruppen, eben der Stakeholder.

4.8.1 Hilfreiche Leitfragen zur Bewertung nach der IOOI-Methode

Zu *Input:* Welche Mittel wurden zur Erreichung des gesellschaftlichen Engagements eingesetzt (Riess 2010)?

- Welche finanziellen Mittel wurden für das Engagement (z. B. für gemeinnützige Organisationen, Bildungsprojekte o. Ä.) aufgewendet?
- MitarbeiterInnenzeit und Personalkosten, die aufgewendet wurden (zur Planung, Durchführung, etc.)
- Sachleistungen, die verwendet wurden (Produkte und Dienstleistungen des Unternehmens)
- Infrastrukturkosten, die aufgewendet wurden (z. B. Büroausstattung, Druckkosten, Raummieten, etc.)

Zu *Output:* Welche Aktivitäten, Maßnahmen und Kooperationen wurden umgesetzt?

- Welche Maßnahmen und Aktivitäten wurden mit den eingebrachten Mitteln gesetzt (z. B. Spenden, Finanzierungen von Events und Projekten, Organisation von Veranstaltungen, Medienaktivitäten, Stipendien, Aktionen mit MitarbeiterInnen etc.)?
- Welche Rolle spielte der gemeinnützige Partner (z. B. NGO, Bildungseinrichtung, etc.), wenn vorhanden?

Zu *Outcome:* Welche unmittelbaren Wirkungen wurden für die Gesellschaft und das Unternehmen erreicht?

- Hatte das gesellschaftliche Engagement ein konkretes kurzfristiges Ziel für die Gesellschaft (bestimmte Zielgruppe?) bzw. für das Unternehmen? Wenn ja, welches?
- Wurde das Ziel erreicht und in welchem Umfang? Wie konnte dies gemessen werden?

Zu *Impact:* Welchen langfristigen Impact hat das Engagement auf die Gesellschaft und das Unternehmen?

- Hat das Engagement eine langfristige Veränderung in der Gesellschaft bewirkt bzw. für das Unternehmen als Ziel? Wenn ja, welches?
- Woran kann eine Veränderung und folglich die Zielerreichung des Engagements bewertet werden?

Literatur

AccountAbility.org (2011) AA1000 Stakeholder Engagement Standard (AA1000SES). www.accountability.org

Aston J (2013) Integrating stakeholder engagement: Transcript of Integrating stakeholder engagement. Austrian CSR Day, Krems

Carne A, McWilliams A, Matten D, Moon J, Seigel D (Hrsg) (2008) The Oxford handbook on corporate social responsibility. S 83–112

Europäische Kommission (2011) Eine neue EU-Strategie (2011–14) für soziale Verantwortung der Unternehmen (CSR). Brüssel

Riess B (Hrsg) (2010) Corporate Citizenship planen und messen mit der IOOI-Methode. Bertelsmann Stiftung

Senge PM (1996) Die fünfte Diziplin. Kunst und Praxis der lernenden Organisation. Klett-Cotta, Stuttgart

Springer Gabler Verlag (Hrsg), Gabler Wirtschaftslexikon, Stichwort: Anspruchsgruppen. http://wirtschaftslexikon.gabler.de/Archiv/1202/anspruchsgruppen-v6.html

Sustainability.com (2007) Practices and Principles for Successful Stakeholder Engagement, S 1. http://www.sustainability.com/library/sucessful-stakeholder-engagement

Wieland A, Wallenburg CM (2013) The influence of relational competencies on supply chain resilience: a relational view. Int J Phys Distrib Logist Manage 43(4):300–320

Ing. Günter Goldhahn, DSA Jg. 1964 – Geschäftsführer und Inhaber der G-GROUP Unternehmens- und Prozessberatung. Technische Ausbildung im Ingenieurwesen und Diplomstudium für soziale Arbeit im urbanen Umfeld an der Sozialakademie der Stadt Wien. Absolvent der Summer School am Interaction Design Institute, Ivrea, Schwerpunkt virtual team. Diplomierter Supervisor und Organisationsentwickler, Coach und eingetragener Mediator am BMJ. Langjährige Erfahrung in der Innovations- und Förderberatung für KMU, Verknüpfung des Themenkomplexes CSR mit dem Focus Innovationsmanagement ressourcenschonender Unternehmensführung und partizipativer Dialogmethoden zur Unternehmenssteuerung. Zahlreiche Lehraufträge national und international zu sozialer Kompetenz, Kommunikations- und Konfliktmanagement. Entwicklung und wissenschaftliche Leitung eines Lehrgangs zum Mediator. Akkreditierter CSR-Experte, gerichtlich zertifizierter Sachverständiger für CSR und Nachhaltigkeit, Engagement zum Themenbereich als Landessprecher der CSR-ExpertsGroup Niederösterreich und Aufbau sowie Verwaltung eines Gemeinwohlfonds für strategisches Sponsoring.

Werteorientierte Organisationsentwicklung. Sieben Thesen zu den ethischen und ökonomischen Grundlagen einer nachhaltigen Unternehmensorganisation

Friedrich Glauner

Folgt man der einschlägigen Literatur, hat die Organisationsentwicklung die Aufgabe, das im Unternehmen liegende Wissen und Können durch eine auf den Unternehmenszweck abgestimmte Aufbau- und Ablauforganisation so zu verflüssigen und zu transformieren, dass es in marktfähigen Produkten und Dienstleistungen gerinnt. In dieser Funktion lässt sich die Aufgabe der Organisationsentwicklung als organisatorische *Gestaltungshandlung* definieren, die „eine Struktur, Prozesse und eine systembezogene Ordnung" schafft: als Aufbau eines *Gestaltungsrahmens*, der für die Mitglieder „als Struktur und Kultur in Erscheinung tritt" sowie als Gestaltung einer *sozialen Institution* (Probst 1993, S. 43). Während die Aufbauorganisation das Unternehmen unter Effizienzgesichtspunkten der Arbeitsteilung betrachtet, bei der das Unternehmen organisatorisch in so viele Teilaufgaben aufzuspalten ist, dass „eine sinnvolle arbeitsteilige Gliederung und Ordnung der betrieblichen Handlungsprozesse" (Kosiol 1969, Sp. S. 172, zitiert nach Wöhe und Döhrung 2002, S. 146) entsteht, beschäftigt sich die Ablauforganisation mit der Organisation der Arbeitsprozesse selbst (Wöhe und Döhrung 2002). Dabei ordnet sie alle systembildenden Prozesse, Abläufe und Verfahren so an, „dass das Unternehmen funktionsfähig ist und die Leistungen erstellen kann, die intern und extern von ihm erwartet werden" (Probst 1993, S. 105).

Begreift man die Doppelaufgabe der Organisationsentwicklung, nämlich in der „Trennung von Struktur und Prozess" (Luhmann 1999, S. 65) die formal-strukturelle Gliederung der Organisation und die inhaltliche Ausgestaltung der Ablaufprozesse so aufeinander auszurichten, dass marktfähige Produkte entstehen, stellen sich zwei Fragen. Erstens, nach welchen Kriterien und zu welchen Zwecken erfolgen die strukturelle Gliederung sowie die prozessuale Ausgestaltung der Organisation und zweitens, wie beeinflussen diese Zwecke die Entscheidungen der Organisationsentwicklung?

F. Glauner (✉)
Cultural Images, Aufackerweg 2, 82445 Grafenaschau, Deutschland
E-Mail: friedrich.glauner@culturalimages.de

Bleiben wir zunächst bei der ersten Frage. Unternehmen sind Organisationen, die aus intern motivierten und extern oktroyierten Gründen (beispielsweise durch gesetzliche Vorgaben) „eine ‚Vielzahl von Zwecken' verfolgen, die sich in ihren Mittelanforderungen widersprechen können" (l.c. S. 61).[1] Für die Organisationsentwicklung bedeutet dies, *die Auflösung solcher Widersprüche wird nur dann möglich, wenn eine Hierarchisierung der Zwecke erfolgt.* Hier stellt sich deshalb die Frage, woraufhin – also mit welchem Ziel – solch eine Priorisierung vorgenommen wird. Selbst wenn wir hierfür eine angemessene Antwort finden, bleibt bei der Organisationsentwicklung immer noch offen, nach welchen Kriterien das Verhältnis von Organisationsstruktur (Gliederung) und Organisationsprozessen (Verfahren) ausgestaltet werden soll. Denn weder lässt sich die Struktur „als notwendiges Mittel aus dem Prozesszweck ableiten, noch umgekehrt der Prozess als Mittel der Strukturentscheidung" (l.c. S. 67).[2] Für den Zusammenhang von Struktur und Prozess bedeutet dies, er folgt nicht einer selbsterklärenden Notwendigkeit und ist in seiner Form prinzipiell offen.

Was also leitet die Organisationsentwicklung bei ihrer Hierarchisierung der Zwecke sowie bei Entscheidungen zur strukturellen Gliederung und prozessualen Gestaltung des Unternehmens? Die Antwort lautet bündig: Werte, die von außen in die Organisationsentwicklung hereingetragen werden. Wie aber beeinflussen solche von außen einfließenden Werte die Entscheidungen der Organisationsentwicklung und weshalb müssen für eine zukunftsfähige Organisationentwicklung auch ethische Werte in Unternehmen verankert werden?

1 Die Wertelogik der Organisationsentwicklung

Die Wertegebundenheit der Organisationsentwicklung kommt zum Vorschein, wenn wir die Lebenslogik von Unternehmen betrachten sowie die grundsätzlichen Problemlagen, in denen Unternehmen heute stehen.

Unternehmen sind komplexe lebende Systeme. Als soziale Systeme entspringen sie dem Ziel, „Not zu wenden". Ausdruck dieser „Notwendigkeit" ist das Geschäftsmodell. Es beschreibt, wie und mit welchen Mitteln ein Unternehmen Nutzen stiftet. Unabhängig davon, ob diese Nutzenstiftungsfunktion eindimensional auf reine Profiterzielung reduziert wird oder ob sie ganzheitlich als integrale Mehrwertstiftung interpretiert wird, gilt, Unternehmen werden dann gegründet, wenn der zu stiftende Nutzen nicht mehr in rein subsistenter Weise realisiert werden kann, sondern eine Organisation erfordert, d. i. das Zusammenwirken und den Austausch mehrere Akteure, etwa bei der Fertigung von Automobilen und Flugzeugen oder auch bei der Zurverfügungstellung komplexer Dienstleistungen, wie beispielsweise dem Aufbau von Versicherungssystemen.

---

[1] l.c. S. 61.
[2] l.c. S. 67.

Sind Unternehmen einmal gegründet, folgen sie in ihrer Nutzenstiftungsfunktion einer eigenständigen Operationslogik. Diese wird offensichtlich, wenn wir uns vergegenwärtigen, was der größte anzunehmende Unfall für ein Unternehmens ist. Ein solcher Unternehmens-GAU: das zwangsweise Ausscheiden aus dem Markt, durch Insolvenz, eine unfreundliche Übernahme, eine unfreiwillige Geschäftsaufgabe.

Aus der Möglichkeit des Unternehmens-GAU's lässt sich die *Zwangslogik unternehmerischen Handelns* ableiten. Alles unternehmerische Handeln dient dazu einen Unternehmens-GAU abzuwenden. Die unternehmerische Rationale zielt deshalb primär darauf ab, gesteigert überlebensfähig – also wettbewerbsfähig zu bleiben. Hierbei ist die im Geschäftsmodell ausgedrückte Nutzenstiftungsfunktion Mittel und nicht oberster Zweck. Deutlich wird dies, wenn wir uns die ökonomische Kaskade der Werttreiber in Unternehmen vergegenwärtigen:

Der Aufbau der gesteigerten Wettbewerbfähigkeit folgt der ökonomischen Kaskade der Werttreiber in Unternehmen (siehe Abb. 1):

- Die Vermeidung des zwangsweisen Ausscheidens aus dem Markt erfordert einen gesunden **Ertrag**.
  (Die Ertragsperspektive begründet die *ökonomische Perspektive* der Unternehmenswertsteigerung.)
    - Ein gesunder Ertrag resultiert aus einem ausgewogenen Verhältnis von Wachstum, Rendite und Risiko.

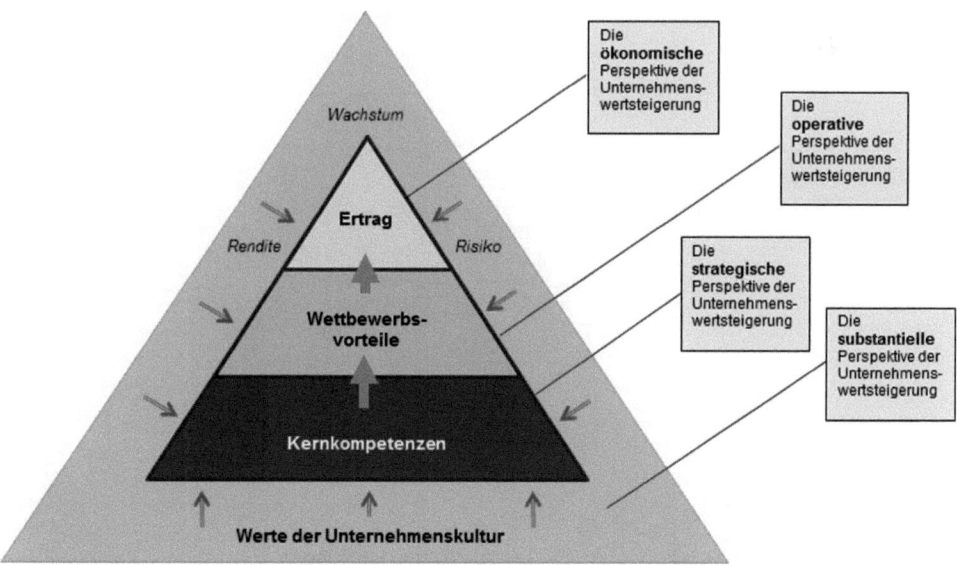

Abb. 1 Die Hierarchie der Unternehmenswerte

- Ein ausgewogenes Verhältnis von Wachstum, Rendite und Risiko entspringt verteidigbaren **Wettbewerbsvorteilen**.
(Die Perspektive der Wettbewerbsvorteile begründen die *operative Perspektive* **der Unternehmenswert**steigerung. Sie konzentriert sich auf die operative Nutze*nstiftung des Unterne*hmens, welche im Kundenversprechen ausgedrückt wird.)
- Verteidigbare Wettbewerbsvorteile gründen in nachhaltigen **Kernkompetenzen**.
(Die Perspektive der Kernkompetenzen begründet die *strategische Perspektive* der Unternehmenswertsteigerung.)
- Nachhaltige Kernkompetenzen werden von einer unverwechselbar gelebten **Unternehmenskultur** getragen.
  - Eine unverwechselbar gelebte Unternehmenskultur erwächst aus unternehmerischen **Leitwerten**, die die *substanzielle Nutzenstiftung und das Geschäftsmodell tragen*.
  (Die Perspektive der Leitwerte und der Unternehmenskultur begründet die *substanzielle Perspektive* der Unternehmenswertsteigerung.)

In dieser Kaskade sind die im Geschäftsmodell und der Unternehmenskultur zum Ausdruck kommenden **Werte die zentralen Treiber für die Tragfähigkeit und Entwicklungsdynamik des Unternehmens**. Trichterförmig prägen sie das Unternehmen in all seinen Facetten (siehe Abb. 2):

Als Ausdruck der gelebten Unternehmenspraxis fungieren die Unternehmenswerte als Wirklichkeitsfilter.

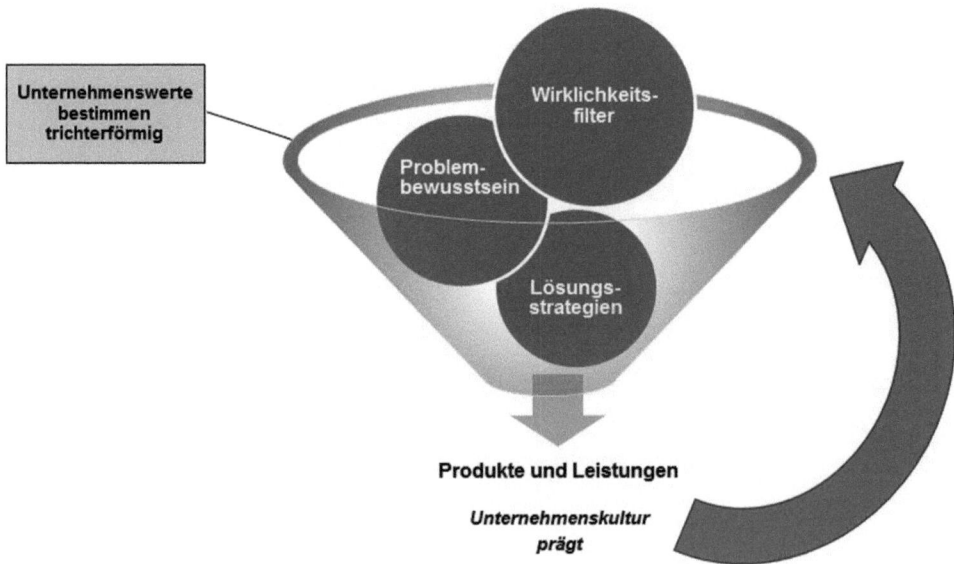

Abb. 2 Die Trichterfunktion der Werte

- Sie legen fest, wie ein Unternehmen seine Wirklichkeit begreift.
  - Dadurch werden die Probleme selektiert, die ein Unternehmen in seiner Umwelt wahrnimmt.
  - Das beeinflusst die Lösungsstrategien, welche zur Problembehebung entwickelt werden.
    - Dies begrenzt die Produkte und Leistungskataloge, die abgeleitet werden.
      - Wie der Produkt- und Leistungskatalog umgesetzt wird, ist selbst wiederum Abbild der gelebten Unternehmenskultur.

Der kontinuierliche Präge- und Rückkopplungsprozess der Unternehmenskultur ist so Klammer und Ausdruck, wie der Prozesstrichter von Unternehmen gestaltet ist und welche Leistungen ein Unternehmen erbringen kann.

Lassen wir die an anderer Stelle ausführlich dargestellte Logik und Funktion der Unternehmenskultur außer acht (Glauner 2013), kann für die Aufgabe der Organisationsentwicklung folgende erste These abgeleitet werden:

These 1: Werte sind nicht die Gloriole unternehmerischer Leitbilder, sondern die Grundlage für ökonomische Wertschöpfung.

Sind Werte die Grundlage ökonomischer Wertschöpfung, müssen sie in der Organisationsentwicklung ihren Niederschlag finden. Und ist bei der Organisationsentwicklung der Aufbau einer tragfähigen Unternehmenskultur einer der Kernfaktoren, die über den wirtschaftlichen Erfolg von Unternehmen entscheiden, stellt sich die Frage, wie die Entwicklung der Unternehmenskultur mit den Mitteln der Organisationsentwicklung gestaltet werden kann. Für die Aufgabe der Organisationsentwicklung bedeutet dies:

These 2: Die primäre, jedoch oft vernachlässigte, weil nicht erkannte Aufgabe der Organisationsentwicklung besteht darin, die Aufbau- und Ablauforganisation so auszurichten, dass eine Unternehmenskultur erwachsen kann, die das Unternehmen langfristig tragfähig macht.

Im Vorgriff auf die weitere Argumentation lässt sich aus These 2 eine dritte ableiten:

These 3: Die Ausgestaltung einer tragfähigen Unternehmenskultur mit den Mitteln der Organisationsentwicklung ist nur dann erfolgreich, wenn auch ethische Werte in die Organisationsentwicklung einfließen.

Diese dritte These bedarf einer Fundierung. Fragen wir also genauer: Gibt es aus Sicht der Organisationsentwicklung Gründe, weshalb die in Unternehmen wirkenden Werte aus menschlicher Sicht ‚ethisch' tragfähig sein sollten? Eine erste, positive Bestätigung finden wir, wenn wir die Entwicklungsdynamik unserer Wirtschaftsweisen auf die Lebenslogik von Unternehmen abbilden und uns fragen, mit welchen zentralen Herausforderungen alle heutigen Unternehmen konfrontiert sind und wie diese auf die Organisationsentwicklung einwirken.

2 Herausforderungen der modernen Organisationsentwicklung.

Unternehmen im Wandel Die rasante Entwicklung im Bereich der neuen Medien und des Internets untergräbt zunehmend die tradierten Geschäftsmodelle von Unternehmen. Zur Absicherung ihrer Zukunftsfähigkeit müssen deshalb alle Unternehmen Antworten auf vier Makroentwicklungen der globalisierten Märkte finden (siehe Abb. 3):

Megatrend 1 Die Beschleunigung aller Prozesse: Wie beeinflusst diese die Organisation, ihre Strategie, das Personal sowie die Anforderungen an Innovations- und Wandlungsfähigkeit?

Megatrend 2 Die Entgrenzung angestammter Märkte und Dienstleistungen: Wie wirken sich die erhöhte Transparenz, der globale Wettbewerb und die Verschränkung von ehemals getrennten Geschäftsmodellen und -formen auf aktuelle und künftige Geschäftsmodelle aus?

Megatrend 3 Der Wegfall angestammter Geschäftsfelder und -modelle: Wie kann man dem Wegfall angestammter Geschäftsfelder und Geschäftsmodelle durch den flexiblen Einsatz neuer Medien und Organisationsformen begegnen?

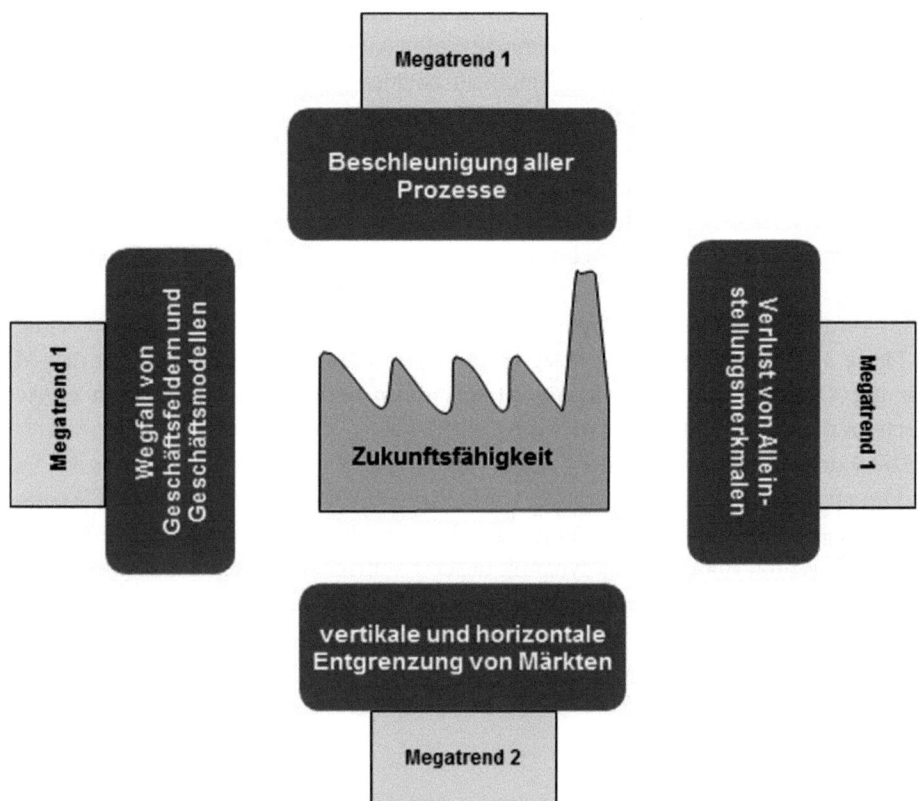

Abb. 3 Megatrends der Unternehmenskompression

Megatrend 4 Der Verlust von Alleinstellungsmerkmalen: Was kann durch den Aufbau unverwechselbarer Kernkompetenzen der Kopierbarkeit von Produkten und Dienstleistungen sowie dem daraus resultierenden Preisverfall entgegen gesetzt werden?

Um angesichts dieser Megatrends marktfähig bleiben zu können, sind Unternehmen aufgefordert, zwei scheinbar gegenläufige Herausforderungen zu meistern. Sie sind angehalten, Strukturen zu etablieren, die das Unternehmen flexibler, anpassungs- und wandlungsfähiger machen. Parallel dazu müssen sie ein nutzenorientiertes Leistungsprofil erarbeiten, dass ihre langfristige Unverwechselbarkeit sichert.

Menschen im Wandel Die Beschleunigung und Entgrenzung aller Wirtschaftsprozesse kann auf Unternehmen als soziale Systeme – Systeme, die durch den Umgang zwischen Menschen getragen werden – fatale Auswirkungen haben. Denn eine auf absolute Flexibilität ausgerichtete Organisation der Arbeitsprozesse führt zur Erosion des Sozialkapitals, aus dem heraus Unternehmen leben und arbeiten (Sennett 2007; Ostrom 2000; Dahrendorf 1995).

Ausdruck dieser Erosion ist die mangelnde persönliche Bindung von Mitarbeitern an ihr Unternehmen, wie es jährlich wiederkehrend in den Gallup-Erhebungen zum Ausdruck kommt. Für Deutschland wurde in 2012 ermittelt, dass im Durchschnitt 24 % der Mitarbeiter keine Bindung zu ihrem Unternehmen und innerlich gekündigt haben, 61 % indifferent sind und lediglich Dienst nach Vorschrift machen und nur 15 % der Mitarbeiter sich als Leistungsträger loyal für ihr Unternehmen engagieren (Gallup 2012a; b).

Im Hinblick auf das in Unternehmen wirkende Sozialkapital bedeutet dies, dass Unternehmen im Schnitt für nur 15 % ihrer Beschäftigten eine hohe motivierende Bindekraft ausgebildet haben. Der Grund für diese niedrige Quote liegt darin, dass mit zunehmender Flexibilisierung aller Arbeitsbereiche und Geschäftsprozesse der Einzelne genötigt wird, sich permanent zu verändern und an immer anderen Orten immer neue Aufgaben zu erledigen. Dabei zerfällt der persönliche Erfahrungsraum in unzusammenhängende Episoden, die nicht mehr in ein übergeordnetes Sinngefüge eingebunden sind. Die Arbeit wird deshalb als „sinnentleert" erfahren, was sich negativ auf Motivation und persönliches Engagement auswirkt, bis hin zu gravierenden Folgen für die psychische und physische Gesundheit von Mitarbeitern (Badura et al. 2013).

Das *Sozialkapital* von Unternehmen besteht gemäß Richard Sennett (2007, S. 52) aus drei Facetten:

1. der *Loyalität*, die Mitarbeiter ihrem Unternehmen entgegen bringen;
2. dem *informellen Vertrauen*, das zwischen den in Unternehmen agierenden Menschen besteht;
3. dem vom Unternehmen benötigten *Wissen*, das *in den Köpfen der Mitarbeiter* gespeichert ist.

Im Zusammenspiel prägen diese drei Faktoren des Sozialkapitals das im Unternehmen vorherrschende Arbeitsethos. Sie entscheiden darüber, wie hoch die unternehmerische Bindekraft und damit die Gesamtleistungsfähigkeit des Systems ist.

Ist das tragende Sozialkapital optimal ausgebildet, führt dies im Bereich von Mitarbeiterloyalität und -engagement zu Zuspruchswerten, die, wie etwa im Fall der 46.000 Mitarbeiter der dm Drogeriemärkte, deutlich über 90 % liegen. Auch 94 % der rd. 20.000 jährlich weltweit befragten Mitarbeiter der Hilti AG sagen, sie würden alles in ihrer Macht stehende unternehmen, damit ihr Team und Hilti erfolgreich bleibt (Glauner 2013, S. 111).

Setzt man das arbeitende Sozialkapital in Relation zum eingesetzten Finanzkapital für Löhne, Gehälter und Anreizsysteme, heißt dies, Unternehmen mit optimal ausgebildetem Sozialkapital erhalten aus 100 % eingesetztem Kapital für Personalkosten bis zu mehr als 90 % Leistungsträger während der Durchschnitt aller Unternehmen mit einer Quote von 100 % Personalkosten zu 15 % Leistungsträger auskommen muss. Das erklärt, weshalb sozialkapitalstarke Unternehmen, wie Hilti oder dm in allen Facetten ihrer unternehmerischen Performanz signifikant leistungsfähiger sind als ihre Marktbegleiter.

Der Aufbau von Sozialkapital erfordert Zeit, Raum und Kontinuität, also einen Rahmen, der den Anforderungen hoch flexibler Organisationsformen diametral entgegen zu stehen scheint.

Unternehmenskultur als Wertschöpfungsfaktor Das unternehmerische Dilemma, in allen Bereichen immer flexibler werden zu müssen, um marktfähig bleiben zu können, und zugleich den Aufbau von Sozialkapital forcieren zu müssen, damit das Unternehmen funktionsfähig bleibt, kann nur gelöst werden, wenn es „systemisch" aufgelöst wird.

Hier kommt die zentrale Funktion von Unternehmenswerten und einer passgenauen Unternehmenskultur für die Organisationsentwicklung zum Tragen. *Unternehmen, die in eine tragfähige Unternehmenskultur investieren, überbrücken das zentrale Paradoxon modernen Wirtschaftens, nämlich gesundes „Sozialkapital" erzeugen zu müssen, um erfolgreich flexibel bleiben zu können.* Der Aufbau einer Unternehmenskultur stiftet die Zeit und den Raum, der für die Ausbildung von unternehmerischem Sozialkapital notwendig ist. Deshalb fungiert eine gut entwickelte Unternehmenskultur als dritter Systemfaktor unternehmerischen Erfolgs. Noch vor den beiden anderen Faktoren, der Marktfähigkeit von Produkten und Leistungen sowie der Innovations- und Erneuerungsfähigkeit des Systems, ist die Unternehmenskultur der zentrale Wertschöpfungsprozess, der allen anderen unternehmerischen Wertschöpfungsprozessen voran geht und in der Organisationsentwicklung abgebildet werden muss.

Für die Organisationsentwicklung lässt sich somit folgende vierte These ableiten:

These 4: Die Organisationsentwicklung gründet in der Organisation von Werten. Ein gezieltes Wertemanagement ist die Grundlage, wie das Dilemma der Hierarchie der Zwecke sowie die Offenheit in der wechselweisen Gestaltung von Strukturen und Prozessen gelöst werden kann.

3 Die Gestaltung der Organisationsentwicklung als Werteprozess

Bevor abgeleitet wird, wie eine zukunftsfähige Organisationsentwicklung aussehen könnte, ist auch die vierte These eigens herzuleiten. Hierzu ist es notwendig, uns die modale Logik der Unternehmenswerte zu vergegenwärtigen:

Die *modale Dimension der Unternehmenswerte* beleuchtet die oben dargestellte Kausalkette der unternehmerischen Werttreiber, d. i. den Zusammenhang von ökonomischen operativen, strategischen und substanziellen Unternehmenswertsteigerungspotenzialen, aus *operativer Perspektive*. Hierbei wird der Zusammenhang von gelebtem Geschäftsmodell und der Ausbildung einer tragfähigen Nutzensubstanz operationalisiert, d. i. durch die Organisationsentwicklung ausgestaltet. *Nutzensubstanz* heißt in diesem Zusammenhang, dass das Geschäftsmodell einen tragfähigen Nutzen ausbildet, der als Grundlage ökonomischer Wertschöpfung das Unternehmen im Markt absichert (siehe Abb. 4).

Wieder als Kaskade formuliert, lautet die modale Logik der Unternehmenswerte:

- Die substanzielle Nutzenstiftung eines Unternehmens gründet in Leitwerten, die den Nutzen und damit das Geschäftsmodell qualifizieren.
    - Unternehmerische Leitwerte, die die substanzielle Nutzenstiftung qualifizieren, benötigen zu ihrer Wirksamkeit gelebte Prozesswerte, welche als Werte der Unternehmenskultur den Umgang im Unternehmen so regeln, dass die gelebte Unternehmenskultur zur Stärkung und Umsetzung der Leitwerte führt, die den substanziellen Nutzen qualifizieren.

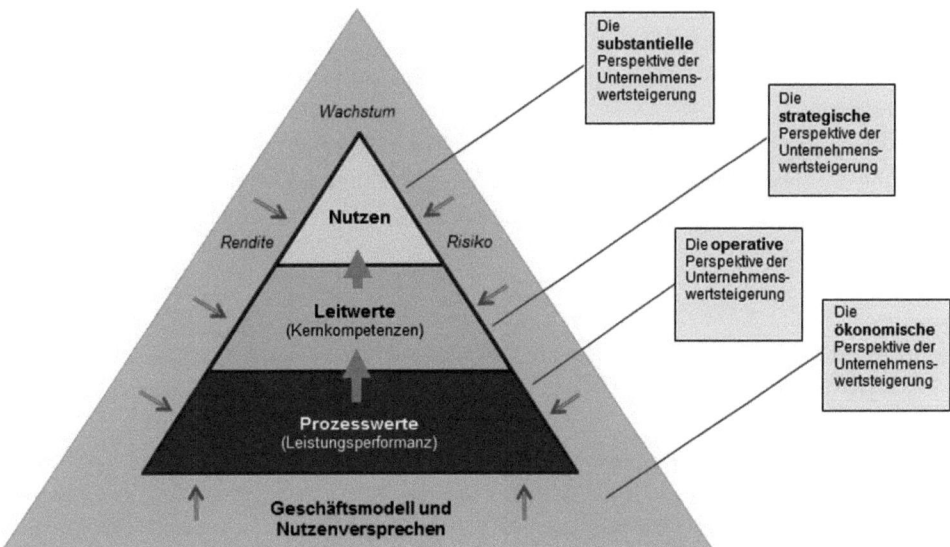

Abb. 4 Die modale Dimension der Unternehmenswerte: Geschäftsmodell und Nutzensubstanz

- Gelebte Prozesswerte, die zur Stärkung und Umsetzung der Leitwerte führen, erfordern ein Verständnis des grundlegenden Geschäftsmodells, mit dem ein Unternehmen Nutzen stiften will.
- Das grundlegende Verständnis des Geschäftsmodells und seiner Nutzenstiftungsfunktion gründet in einem Organisationsverständnis, das alle strukturellen Gliederungen und die Gestaltung der Ablaufprozesse danach ausrichtet, dass die substanzielle Nutzenstiftung ungehindert erfüllt werden kann.

Gleicht man diese Kaskade mit der ökonomischen Kaskade der Werttreiber in Unternehmen ab, sticht sofort ins Auge, dass sich in der modalen Logik die Kaskade der bedingenden Faktoren, und damit die Abfolge der ökonomischen, operativen, strategischen und substanziellen Perspektive umkehrt. *In der modalen Logik der Unternehmensführung steht an erster Stelle die substanzielle und an letzter die ökonomische Perspektive der Nutzenstiftung. Diese Drehung zeigt, dass Unternehmen als ökonomisch handelnde Institutionen nur dann substanziellen Nutzen stiften können, wenn sie ein ökonomisch tragfähiges Geschäftsmodell ausbilden.* Der Abgleich der beiden Kaskaden zeigt aber auch, dass keine der beiden Perspektiven verzichtbar ist. Ökonomischer Ertrag und substanzielle Nutzenstiftung bleiben auf lange Sicht immer aufeinander angewiesen. Für Unternehmen, deren Zweck darin besteht, durch substanzielle Nutzenstiftungen ökonomischen Wert zu schöpfen, heißt dies: *langfristig gesehen sind für Unternehmen beide Seiten, die ökonomische Tragfähigkeit und eine substanzielle Nutzenstiftung, die Basis für Erfolg.* Ist eine der beiden Seiten geschwächt oder fehlt sie ganz, wird ein Unternehmen in seinem Bestand gefährdet bzw. zwangsläufig aus dem Markt ausscheiden.

Für die Organisationsentwicklung lässt sich deshalb folgende fünfte These formulieren:

These 5: Die Aufbau- und Ablauforganisation ist so auszugestalten, dass sie das ökonomische Ziel der Ertragsgewinnung an das substanzielle Ziel der Nutzenstiftung koppelt.

In dieser fünften These wird das Kriterium benannt, nach dem die Organisationsentwicklung die Hierarchie der Zwecke und die Ausgestaltung der Organisationsstruktur und Ablaufprozesse vornimmt. Warum aber gehen in dieses Kriterium gemäß unserer dritten These ethische Werte ein?

4 Die ethischen Grundlagen einer zukunftsfähigen Organisationsentwicklung

Zukunftsfähig sind aus Sicht des Autors Unternehmen, die sich dem Prinzip einer ethischen Nachhaltigkeit verschrieben haben. *Ethische Nachhaltigkeit* wird definiert als ein strategisches und operatives Verhalten, das auf die Herstellung von Gesamtnutzenstiftungen gerichtet ist:

Ethische Nachhaltigkeit ist die Fähigkeit einzelner sozialer Systeme, sich durch Absicherung des übergeordneten Gesamtsystems und seiner es tragenden Elemente und Sub-Systeme langfristig erfolgreich zu erhalten (Glauner 2015, S. 247).

In Abgrenzung zu systemischen Begriffen der Nachhaltigkeit und damit zu Unternehmen, die Nachhaltigkeit als rein selbstbezügliche Steuerungsgröße betrachten[3], handeln ethisch nachhaltige Unternehmen aus der Überzeugung heraus, dass die eigene Überlebensfähigkeit nur durch ganzheitliche Nutzenstiftungen realisiert werden kann. Gemäß dem oben beschriebenen Zusammenhang, dass jegliche Organisationsform Ausdruck von Wertehaltungen ist, sodass die Organisationsbildung auf die Ausbildung unternehmerischer Werteräume zurückwirkt, folgt für die Ausgestaltung einer zukunftsfähigen Organisationsform: zukunftsfähig sind nur solche Organisationsformen, die sich zwei Prinzipien der Organisationsgestaltung unterordnen, dem *Prinzip der Nutzenstiftung* und dem *Prinzip der Offenheit*. Das erste Prinzip richtet sich auf substanzielle Nutzenstiftungen, die einen Mehrwert schaffen, der über die gesamte Prozesskette hinweg trägt und z. B. auch die Organisationsentscheidungen zwischen Make-or-Buy-Alternativen leitet. Das Prinzip der Offenheit gründet dagegen in der Einsicht, dass zur Umsetzung substanzieller Nutzenstiftungen der Umgang mit allen Stakeholdern des Unternehmens so zu gestalten ist, dass er über die gesamte Prozesskette hinweg Wertekonflikte durch Transformationen zweiter Ordnung auflöst (Watzlawick/Weakland/Fisch 2009, S. 99 ff., Watzlawick 1988, S. 131 ff.)[4] und im Sinn der substanziellen Nutzenstiftung notwendige Veränderungsprozesse ermöglicht.

Die Wirkkraft beider Prinzipien für die Organisationsentwicklung liegt auf der Hand. Beide Prinzipien dienen dazu, Entscheidungsvarianten zur Hierarchie von Zwecken sowie der Ausgestaltung der Aufbau- und Ablauforganisation dahingehend zu bewerten, ob sie im Sinn der substanziellen Unternehmenswertsteigerung zur Ausgestaltung von Win-Win-Potenzialen beitragen, die auch ethisch nachhaltig sind.

Als sechste These kann deshalb festgehalten werden:

These 6: Das Kriterium der Organisationsentwicklung bei Entscheidungen zur Hierarchie der Zwecke und zur Ausgestaltung der konkreten Aufbau- und Ablauforganisation hat sowohl beim Innenfokus auf die Ausrichtung der Organisationsent-

---

[3] „Systemische Nachhaltigkeit zielt darauf ab, die Maximierung des Eigennutzens möglichst langfristig erfolgreich abzusichern. Einziges Erfolgskriterium hierfür ist die Überlebensfähigkeit des Eigensystems. Alle anderen Elemente des Gesamtsystems, die unternehmensexternen Akteure und Ressourcen, dienen in der Perspektive der systemischen Nachhaltigkeit ausschließlich der Absicherung des unternehmerischen Eigennutzens." (l.c. S. 247).

[4] „Transformationen zweiter Ordnung sind Änderungen der Rahmenbedingungen für die Spielregeln einer Praxis. Sie beruhen darauf, dass die Zirkularität und Selbstbezüglichkeit individueller Werte- und Weltsichtbrillen anerkannt und durch Abgleich mit anderen Werterahmen hinterfragt wird. Dadurch verändern wir das Spiel. Wir setzen es sozusagen in einen anderen Referenzrahmen, der die Spielregeln und auch die Erfindung neuer Spielzüge in anderem Licht erscheinen lässt." (l.c. S. 249 f)

wicklung als auch beim Außenfokus auf die Gestaltung der Unternehmensleistung in der ethisch nachhaltigen Erschließung von Win-Win-Potenzialen zu liegen.

Was das für die Organisationsentwicklung bedeutet, sei abschließend skizzenhaft umrissen.

Bei der Ausgestaltung ethisch nachhaltiger Win-Win-Potenziale greifen innerhalb der Organisationsentwicklung drei Werteebenen ineinander: die Ebene der *systemischen* Werte, die Ebene der *ethischen* Werte sowie die Ebene der *materialen* Unternehmenswerte.

Die *Ebene der systemischen Werte* umfasst als funktionale Metawerte die systemischen Prinzipien der Nutzenstiftung und der Offenheit. Beide Prinzipien sind funktionale Steuerungsgrößen. Sie dienen dazu, das Unternehmen wertschöpfend flexibel zu halten. Im hier verstandenen Sinn einer *Ethik der Nachhaltigkeit* fungieren beide Prinzipien als Maßstab, mit dem Geschäftsmodelle, die bisher auf eine rein selbstbezogene systemische Nachhaltigkeit setzen, in zukunftsfähige Geschäftsmodelle überführt werden können, die auch ethisch nachhaltig sind. Zur Rekapitulation: Ethisch nachhaltige Geschäftsmodelle sind Geschäftsmodelle, die das eigene System aufrechterhalten, indem sie das Gesamtsystem absichern helfen, in und aus dem heraus sie leben. Was dies konkret heißt, sei am Beispiel von Nestlé und Hilti verdeutlicht.

Nestlé (Maucher et al. 2012) wie Hilti (Glauner 2013) leben innerhalb ihrer Organisationen eine ausgeprägte Verantwortungskultur und richten ihre Geschäftsprozesse an klar kommunizierten Werten aus. Dennoch kann man Nestlé im Unterschied zu Hilti den legitimen Vorwurf machen, dass das Geschäftsmodell von Nestlé unethisch ist, da es ausschließlich auf eine selbstbezogene systemische Nachhaltigkeit ausgerichtet ist. Systemische Nachhaltigkeit wurde definiert als die Fähigkeit einzelner sozialer Systeme – sprich Unternehmen –, sich auf Kosten aller anderen Elemente des übergeordneten Gesamtsystems langfristig erfolgreich zu erhalten. Sieht man in dieser Perspektive, wie Nestlé in der dritten Welt für sich langfristige Wasserquellrechte erworben hat, die das Unternehmen in einigen Ländern und Regionen bei der Verteilung des lebensnotwendigen Rohstoffes Trinkwasser in eine fast monopolhaft marktbeherrschende Position versetzen, so kann man der Geschäftsleitung für diesen Coup gratulieren und zugleich feststellen, dass dieses Geschäftsmodell und die daraus resultierenden Profite dadurch abgesichert werden, dass die Kunden in eine von Kunden nicht mehr revidierbare Abhängigkeit gebracht worden sind.

Ganz anders Hilti. Auch Hilti sucht seine Märkte zu dominieren. Allerdings setzt das Unternehmen dabei auf Kooperation. Ausdruck dieses Kooperationsverständnisses ist u. a. das umfangreiche CSR-Engagement, darunter das Projekt Baustoffe der Zukunft. Gemeinsam mit den beiden Organisationen Homeless People's Federation Philippines (HPFPI) und der United Nations Economic and Social Commission for Asia and the Pacific (UN ESCAP) entwickelte Hilti ein Haus, das aus ökologischen Baustoffen gebaut ist, Wind und Wetter standhält, das sich jeder leisten kann und zwischenzeitlich in großer Zahl gebaut wurde. Im Klartext heißt dies, die von Hilti propagierten Leitwerte Integrität, Mut, Teamarbeit, Engagement fundieren nicht nur den nutzenorientierten Unternehmensclaim: „Hilti. Outperform. Outlast.", sondern auch das gelebte Selbstverständnis, dass Hilti seine

Kunden und sein gesellschaftliches Umfeld aktiviert. Abstrahiert gesprochen, kann man deshalb den ethischen Nachhaltigkeitsclaim von Hilti im Claim „empowering people" kondensieren, d. h. im Anspruch, durch umfassende Nutzenstiftung allen Stakholdern der Gesellschaft Teilhabe und ein Leben in Würde zu gewähren. Der zentrale Unterschied in den Geschäftsmodellen von Hilti und Nestlé besteht somit im unterschiedlichen Menschenbild, das hinter den jeweiligen Geschäftsmodellen steht. Bei Hilti sind alle Stakeholder – also Mitarbeiter, Kunden und Gesellschaft – nicht nur Mittel und Ziel der unternehmerischen Profitmaximierung, sondern freie Agenten, die in Verantwortung für umfassende Zukunftsfähigkeit und Teilhabe mehrwertstiftend miteinander vernetzt werden. Nestlé kann dagegen der Vorwurf gemacht werden, dass sie sich bewusst Kunden und Märkte heranziehen, die am Ende aus reiner Not und mangelnder Alternative unausweichlich und auf lange Jahre an die Produkte des Unternehmens gebunden sind und insofern lediglich als Mittel für systemisch selbstbezogene Profitmaximierung dienen.

Der fundamentale Unterschied zwischen Hilti und Nestlé besteht somit in ihrem primären Nutzenfokus. Bei Nestlé stehen an erster Stelle die systemisch selbstbezogene Steigerung der Stakeholder-Interessen an langanhaltenden Renditen und sicheren Arbeitsplätzen, während es bei Hilti der umfassende Nutzen der Einzelnen vor Ort ist, an erster Stelle die Kunden und daraus abgeleitet alle Stakeholder der Umgebungssysteme. Dieser unterschiedliche Nutzenfokus prägt sich auch in der Organisation der beiden Unternehmen aus. Während Nestlé stark hierarchisch organisiert ist, wobei auch die von Nestlé für sich definierte Werteorientierung Top-down vorgelebt und vorgegeben wird, operiert Hilti sozusagen Bottom-up. Hierbei wird die Pyramide auf den Kopf gestellt, indem sich jede Führungskraft in den Dienst der zu Führenden und somit zuletzt in den Dienst der Kunden stellt, die an der Spitze aller Bestrebungen von Hilti stehen. Hilti setzt somit kundenzentriert auf ein kompromissloses System des Dienens, während Nestlé sein Geschäftsmodell, salopp formuliert, auf ein kompromissloses System des selbstbezogenen Verdienens ausrichtet.

Auch die *Ebene der ethischen Werte* hat einen funktionalen Charakter. Deutlich wird dies, wenn wir uns nochmals die Kausalkette der modalen Logik der Werte im Unternehmen vergegenwärtigen. An oberster Stelle dieser Kette steht der Nutzen, den ein Unternehmen stiftet. Dieser wird getragen durch Leitwerte, die auf diesen Nutzen einzahlen. Wie diese Leitwerte im tagtäglichen Umgang miteinander umgesetzt werden, ist eine Frage der Prozesswerte, d. i. der gelebten Unternehmenskultur. Diese werden ihrerseits durch das Geschäftsmodell geprägt, welches das Unternehmen trägt. Wird der Werteraum eines Unternehmens strukturiert aufgespannt, ist zunächst der Kernnutzen und Motor des Geschäftsmodells zu definieren. Aus ihm sind die Leitwerte abzuleiten, die sachlich den Nutzen qualifizieren. Danach sind die Prozesswerte der Unternehmenskultur zu definieren, die im gelebten Unternehmensalltag zur Stärkung der Leitwerte führen.

Der Werteraum des Unternehmens ist somit aus unternehmerischer Sicht zunächst ein Raum ausschließlich sach- bzw. nutzenbezogener Werte. Diese wirken in unterschiedlicher Weise und mit unterschiedlicher Funktion auf den Geschäftszweck ein. Als solches sind sie weder ethisch noch unethisch, sondern funktionale Steuerungsgrößen. Ethische

Werte spielen in dieser funktionalen Betrachtung deshalb zunächst keine Rolle. Dennoch haben ethische Werte eine signifikante dienende Funktion für die operationale Ausgestaltung von Unternehmen als sozialen Systemen. Denn als *modale Größen des zwischenmenschlichen Umgangs werden ethische Werte benötigt, wenn sich ein soziales System als Hochleistungsorganisation formieren will.* Deutlich wird dies, wenn wir uns nochmals das Paradoxon modernen Wirtschaftens sowie die Voraussetzungen für gesamtnutzenstiftende Geschäftsmodelle vergegenwärtigen. Sowohl der Aufbau tragfähigen Sozialkapitals als auch die Konzeption von gesamtnutzenstiftenden Geschäftsmodellen benötigen ethische Werte, da nur diese ein Nutzenversprechen fundieren, das über sich selbst hinaus weist, motiviert und jene Energie und Bindekräfte freisetzt, die zum Aufbau tragfähigen Sozialkapitals sowie für sinnstiftende Nutzenversprechen in ethisch nachhaltigen Geschäftsmodellen benötigt werden.

Ethische Werte entfalten in der modalen Kette der Werttreiber von Unternehmen auf zwei Ebenen des Werteraums ihre Kraft. Erstens auf der Ebene des Geschäftsmodells, indem sie unternehmerische Geschäftsmodelle mit einer ganzheitlichen Perspektive unterfüttern und so Unternehmen davor bewahren, rein selbstbezogen zu handeln. Zweitens auf der Ebene der Prozesswerte, also der Werte, die den Umgang und die Unternehmenskultur prägen. Auf dieser Ebene ist die Entwicklung ethischer Werte sozusagen das kleine Einmaleins der Unternehmensführung. Es muss von Unternehmen beherrscht werden, wollen sie Hochleistungsteams schaffen, mit denen exzellente Leistungen erzielbar werden. Werte wie Respekt und Achtung, Verantwortung und Freiheit, Achtung und Achtsamkeit, Ehrlichkeit und Transparenz oder auch Toleranz und Menschlichkeit sind die Voraussetzung dafür, dass sich Unternehmen als soziale Systeme so entwickeln können, dass die systemischen Prinzipien der Nutzenstiftung und Offenheit zu gesteigerter Wertschöpfung führen. Das heißt ethische Werte als modale Größen des zwischenmenschlichen Umgangs sind die Voraussetzung dafür, dass Unternehmen im Spiel des großen Einmaleins – also dem nutzenorientierten Zusammenspiel von Leit- und Prozesswerten zur Erfüllung unternehmerischer Nutzenversprechen – erfolgreich sind. Für die Organisationsentwicklung bedeutet dies: ethische Werte sind funktionale Steuerungsgrößen. Sie wirken als Bindeglied zwischen der systemischen Werteebene und der materialen Ebene der Unternehmenswerte. Daraus folgt in Abwandlung der Einsicht, dass die in Unternehmen gelebten Werte die Grundlage für ökonomische Wertschöpfung sind: auch die im Unternehmen gelebten ethischen Werte sind unverzichtbarer Bestandteil der fundamentalen Grundlage ökonomischer Wertschöpfung. Und das bedeutet im Umkehrschluss: kümmern sich Unternehmen in ihrer Organisationsentwicklung nicht auch um den Aufbau tragfähiger ethischer Werte, verstoßen sie in der ökonomischen Ratio der Werte sowohl gegen das Ziel der substanziellen Unternehmenswertsteigerung als auch gegen das ökonomische Ziel der nachhaltigen Ertragsschöpfung.

Kommen wir damit zur *Ebene der materialen Unternehmenswerte*. Sie wird konstituiert durch die Leit- und Prozesswerte, in denen sich das Geschäftsmodell konkretisiert. Diese Ebene der Werte ist insofern Material und als solches die zentrale Messebene der Organisationsentwicklung, da die auf das Unternehmen abgestimmten Leit- und Prozesswerte dazu dienen, das Unternehmen in seinen Nutzenstiftungsversprechen unverwechselbar zu machen.

Führt man die drei Werteebenen unter der Perspektive der materialen Dimension der Unternehmenswerte zusammen, wird ersichtlich, dass die materialen Unternehmenswerte – also die auf das Unternehmen abgestimmten Leit- und Prozesswerte des Geschäftsmodells – unternehmensindividuelle Argumente sind, die in die Funktionen der systemischen und der ethischen Unternehmenswerte eingesetzt werden. Sozusagen mathematisch gesprochen heißt dies, *nur dann erhalten wir in ein Ergebnis, das zählt, sprich das zu einem Nutzen führt, der real trägt und Erträge abwirft, wenn wir in die Funktionen der systemischen und ethischen Werte materiale Werte einsetzen, also Leit- und Prozesswerte, die auf den Geschäftszweck hin konkretisiert sind.* Werden solche Erträge im Sinn des Shared-Value-Ansatzes von Porter und Kramer (2011) geteilt, wäre das ein zusätzlicher Treiber, der die ethische Nachhaltigkeit des Geschäftsmodells stützt und zum Ausdruck bringt.

Mit dieser Entfaltung der drei Werteebenen, die die Organisationsentwicklung bei der Ausgestaltung ethisch nachhaltiger Win-Win-Potenziale leiten, können wir nun auch die einzelnen Fragen beantworten, die die bisherige Argumentation vorangetrieben haben:

Frage: Was sind die Grundlagen und Ziele einer tragfähigen Organisationsentwicklung?
Antwort: Werteentscheidungen, die den Zweck des Unternehmens definieren.
Frage: An welchen Zwecken sollten sich die Werteentscheidungen des Unternehmens ausrichten?
Antwort: An solchen, die die Zukunftsfähigkeit des Unternehmens absichern.
Frage: Welche Zwecke sichern die Zukunftsfähigkeit von Unternehmen ab?
Antwort: Solche, die ökonomisch tragfähig zu substanzieller Nutzenstiftung führen.
Frage: Wie werden substanzielle Nutzenstiftungen ökonomisch tragfähig?
Antwort: Indem sie in ethisch nachhaltige Geschäftsmodelle gegossen werden.
Frage: Wie prägen ethisch nachhaltige Geschäftsmodelle die Organisationsentwicklung?
Antwort: Dadurch, dass sie die Organisationsentwicklung auf die Prinzipien der Nutzenstiftung und der Offenheit verpflichten und beide zum Entscheidungskriterium dafür machen, wie die Aufbaustruktur und Ablaufprozesse zu gestalten sind.
Frage: Wie verankert die Organisationsentwicklung die Prinzipien der Nutzenstiftung und der Offenheit in der Aufbau- und Ablauforganisation?
Antwort: Durch die Ausgestaltung der sieben Treiberfaktoren der Unternehmenskultur sowie durch ein konsequent verfolgtes C4-Management (Glauner 2013, S. 53 ff.).[5]

---

[5] Die Treiberfaktoren der Unternehmenskultur – das sind das Kommunikationsverhalten, das Kooperationsverhalten, der Führungsstil, die Gestaltung von Entwicklungschancen, das Förder- und Lernverhalten, die Anreiz- und die Sanktionssysteme – sind so zu gestalten, dass sie die im Wertecockpit des Unternehmens definierten Leit- und Prozesswerte stützen. Und im C4-Management, d. i. der Ausrichtung der Entwicklungs- und Stabilisierungsachsen des Unternehmens, sind die Unternehmensdimensionen des Wissens (Corporate Knowledge), der Organisation und Entwicklung (Corporate Development), der Identität (Corporate Identity) und der Werte (Corporate Values)

Frage: Nach welchen Kriterien erfolgen die Ausgestaltung der sieben Treiberfaktoren der Unternehmenskultur, des C4-Managements sowie die daraus resultierenden Entscheidungen zur Ausgestaltung der Aufbaustruktur und der Ablaufprozesse?

Antwort: Dadurch, dass die Organisationsentwicklung die Dynamik der Werte als zentrale Handlungsgrößen im Unternehmen anerkennt und durch aktives Wertemanagement eine Organisation entwickelt, die in allen Facetten der Organisationsentwicklung stimmig auf das Ziel der substanziellen Unternehmenswertsteigerung ausgerichtet wird.

Frage: Wie sind Entscheidungen zur Aufbau- und Ablauforganisation zu treffen?

Antwort: So, dass innerhalb der Organisationsentwicklung kulturellen Gepflogenheiten und individuellen Wertedispositionen Rechnung getragen wird (beispielsweise zwischen Abteilungen der Buchhaltung und des Vertriebs oder zwischen Geschäftseinheiten in unterschiedlichen Ländern, Regionen und Kulturkreisen), ohne dass dabei die Gesamtnutzenstiftungsfunktion durch selbstreferenzielle, kurzfristige, egozentrierte Nutzeninteressen der einzelnen Elemente der Organisation geschwächt und verraten wird.

Frage: Sind Organisationsentwicklungswerte, die den individuellen Gepflogenheiten innerhalb einer Organisation Rechnung tragen, ethische Werte?

Antwort: Ja, sie sind ethische Werte, weil nachhaltig tragfähige Geschäftsmodelle immer schon das Double Bind von Ökonomie und Ethik anerkennen und im Sinn der doppelten Kontingenz begreifen[6], dass die Schaffung von ethisch nachhalti-

---

so aufeinander abzubilden, dass das Unternehmen in allen seinen Dimensionen stimmig ausgerichtet wird.

[6] Das unternehmerische Problem der doppelten Kontingenz besteht darin, dass sich die Marktakteure wechselseitig nicht durchschauen und prognostizieren können. Die funktionale Dimension der Selbstreferenzfalle lautet somit: *Es gibt keinen privilegierten und ungefilterten Zugang zu einer objektiven Wirklichkeit, an dem unternehmerische Aktivitäten ausgerichtet werden können.* Für Unternehmen bedeutet dies, sie richten ihr Verhalten an einem fiktiven Gegenüber aus – dem Kunden – ohne dabei gewiss zu sein, dass der Kunde das unternehmerische Verhalten mit dem aus Sicht des Unternehmens wünschenswerten Kaufakt beantwortet. In der Formulierung Luhmanns gesprochen: „Das soziale System ist gerade deshalb System, weil es keine basale Zustandsgewissheit und keine darauf aufbauende Verhaltensvorhersage gibt. Kontrolliert werden nur die daraus folgenden Ungewissheiten in Bezug auf das eigene Verhalten der Teilnehmer" (Luhmann 1984, S. 157).

In eine Normalsprache übersetzt heißt dies, Unternehmen sind dynamische Systeme. Sie werden geprägt durch das Zusammenspiel seiner Elemente, d. h. Menschen, Teams, Abteilungen, Divisionen. Diese tragen eigene Ziele in die Unternehmung ein. Deshalb gibt es keine Gewissheit darüber, wie einzelne Teile zusammenspielen und wie sich das System zukünftig verhalten wird. Die daraus resultierende Ungewissheit darüber, wo das System steht und wie es sich entwickelt, ist somit ein zentraler Aspekt der Systemdynamik. Sie ist zu managen, da ansonsten unvorhergesehene und unerwünschte Aktivitäten der einzelnen Elemente eintreten und das Unternehmen in Gefahr bringen können, – beispielsweise durch kriminelles oder geschäftsschädigendes Verhalten einzelner Teile. Die reale Basis für die Notwendigkeit, diese Ungewissheit im Zusammenspiel der Teile aktiv zu managen, liegt in einem Faktum, das ich an anderer Stelle ausführlich dargestellt habe. Es lautet: Das flexibelste dominante Element eines Systems beeinflusst das System am meisten (vgl. Glauner gen Nutzenversprechen, die ökonomisch operationalisierbar sind, die einzige Handlungsgrundlage sein kann, die unternehmerischen Erfolg zukunftsfähig macht. Dies umfasst den organisatorisch gelenkten Aufbau von Mehrwertketten, die nicht beim Unternehmen Halt machen, sondern das gesamte Umfeld und damit auch die Wertehaltungen aller einbezieht, die mit dem Unternehmen in Verbindung stehen.

Für die Frage nach den Grundlagen einer in der Organisationsentwicklung verankerten Unternehmensethik bedeutet dies:

These 7: Unternehmen handeln zukunftsfähig, wenn sie sich auf die hier entfaltete ethisch Logik der Werte ernsthaft einlassen und damit dem Kern der eigenen Lebenslogik Folge leisten, indem sie eine sich selbst tragende Organisationsentwicklung betreiben, die der ökonomischen Logik der Werte folgt.

Mit dieser letzten These reiht sich das hier entfaltete Konzept einer werteorientierten Organisationsentwicklung aus unternehmenspraktischer Sicht in eine Argumentationslinie ein, die sich den Prinzipien des humanistischen Managements verpflichtet sieht (Kimakowitz et al. 2010; Dierksmeier et al. 2011). Im Rückgriff auf die Moralphilosophie von Adam Smith (Dierksmeier 2011, S. 265 ff.) sowie die Tugend- und Gerechtigkeitsvorstellungen von Immanuel Kant (Dierksmeier 2013) und Thomas von Aquin (Dierksmeier 2012) argumentiert sie, dass nicht nur die Wirtschaft als Ganzes dem Menschen zu dienen habe (Sen 2000; Hemel 2013), sondern auch die Organisationsentwicklung jedes einzelnen Unternehmens darauf zu achten hat, dass sich das Unternehmen in den Dienst der Menschen stellt, die mit ihm direkt und indirekt verbunden sind bzw. von seinen Aktivitäten berührt werden. Hierzu sind Unternehmen, insbesondere im Bereich der Organisationsentwicklung, auf eine *Ethik der Nachhaltigkeit* einzuschwören, die ihren Gehalt aus zwei Einsichten zieht: *Erstens*, dass die durch unsere auf kurzfristige Ertragsziele ausgerichteten Wirtschaftsweisen ausgelösten globalen Bedrohungslagen nur dann gelöst werden, wenn sich Unternehmen aus der Ratio des eigenen Überlebenswillens ethisch nachhaltigen Geschäftsmodellen verschreiben. Diese sind auf eine Mehrwert- und Nutzenstiftung ausgerichtet, die auch den Gesamtsystemen der natürlichen und gesellschaftlichen Umgebungssysteme dienlich ist. *Zweitens* entspringt eine Ethik der Nachhaltigkeit einem Verständnis, dass sich den humanistischen Werten der Achtung vor dem Lebenden, der Gerechtigkeit und Solidarität, der Wahrheit und Toleranz sowie der Freiheit und Menschlichkeit verpflichtet fühlt. Beide Einsichten eint die Auffassung, dass der rein profitgetriebene Tanz ums Kapital Ausdruck einer pervertierten Epiphanie ist, die im Geld ein materiales Gottessurrogat verehrt, dass in seinem absoluten Herrschaftsanspruch unsere personale Integrität bedroht (Hemel 2013, S. 101 f.) und damit nicht nur die Grundlagen

---

2013, 30 ff. und 2015, S. 242). Wie beispielsweise der Fall von Enron zeigt, können dabei einzelne Elemente des Systems das Unternehmen quasi über Nacht korrumpieren und in die Insolvenz treiben. Neben entsprechenden organisatorischen Vorkehrungen ist es deshalb so außerordentlich wichtig, jederzeit darauf zu achten, dass, so Jim Collins, die richtigen Leute im Bus sitzen und den falschen die Mitfahrt verwehrt bleibt (vgl. Collins 2001, S. 44).

einer humanen Gesellschaft, sondern insbesondere auch die Voraussetzungen für eine Sozialkapital schöpfende Unternehmensorganisation untergräbt, die am Anfang jedes ethisch nachhaltigen Geschäftsmodells steht.

In Erweiterung des globalen Weltethos-Ansatzes für die Wirtschaft, wie er 2009 von namhaften Politikern, Unternehmern und Philosophen im Manifest „Globales Weltethos" formuliert worden ist (Küng 2012, S. 205 ff.), handelt es sich hier um *eine Individualethik, die aus der Mikroebene der einzelnen Unternehmen heraus entwickelt und gestaltet wird*. Zu ihrer eigenen Zukunftsfähigkeit ist sie so auszurichten, dass sie ideologische Überhöhungen ebenso ausschließt wie eine selbstbezogene, totalitäre Verabsolutierung der eigenen Werte.

Damit siedelt sich die hier aus der Logik der Unternehmensorganisation abgeleitete Ethik der Nachhaltigkeit unterhalb der auf der Mezzo- und Makroebene geführten Debatten an, die das Verhältnis von Unternehmen und Gesellschaft bzw. Wirtschaft, Politik und Gesellschaft behandeln und danach fragen, welchen Beitrag Unternehmen und die Wirtschaft als Ganzes für die Gesellschaft zu leisten haben. Denn der hier entfaltete Ethikansatz postuliert weder ein Primat des Ethischen über die Ökonomie, das als Postulat der ökonomischen Vernunft zur Grundlegung einer lebensdienlichen Ökonomie herangezogen wird (Ulrich 1986; Ulrich 1997) noch eine ökonomische Ethik, die zur Regulierung unternehmerischer Aktivitäten mit dem Ziel herangezogen werden kann, Vertrauensressourcen für unternehmerische Wertschöpfungsprozesse zu erschließen (Suchanek 2007; Suchanek 2012). Auch geht es dieser Ethik der Nachhaltigkeit weder darum, Unternehmen als gute Bürger erscheinen zu lassen, mit dem Effekt, auch hier über Vertrauen und Verantwortung unternehmerisches Sozialkapital schöpfen zu können (Habisch und Schwarz 2012), noch darum, sie mit Blick auf Nachhaltigkeitsforderungen, die von der Gesellschaft an Unternehmen gestellt werden, mit gesetzlich vorgegebenen Corporate-Governance-Regelungen zu belegen, die dazu beitragen, dass Unternehmen ethisch handeln (Wieland 2002).*Vielmehr geht es der Ethik der Nachhaltigkeit darum, das Unternehmen im Kern seiner ökonomischen Logik zu stärken.*

Für die Organisationsentwicklung bedeutet dies: zukunftsfähig sind nur solche Organisationsentscheidungen, die sich im Sinn der hier entfalteten Argumentation einem unternehmerischen Verantwortungsverständnis verschreiben, das die eigene Lebenslogik, d. i. die Logik der ökonomischen Werttreiber des Unternehmens, ernst nimmt. Sie begreift, dass innerhalb dieser ökonomischen Logik Organisationsentwicklungen nur dann zukunftsfähig sind, wenn sie in der Ausgestaltung der Aufbaustrukturen und Ablaufprozesse eine ethische Grammatik der Unternehmensführung und Organisationspraxis entfalten. Diese ethische Grammatik gerinnt in der zentralen Aufgabe der Organisationsentwicklung, nämlich das Unternehmen so auszurichten, dass es auf allen Ebenen der Produkt- und Serviceketten substanziellen Nutzen stiftet. Das von René Schmidpeter postulierte neue CSR-Paradigma, „Was für die Gesellschaft gut ist, ist für die Wirtschaft gut" (Schmidpeter 2012, S. 13), ist deshalb aus Sicht der einzelnen Unternehmen umzuformulieren: Für Unternehmen ist nur das gut, was auch für die es umgebenden Gesellschaften gut ist (Gesellschaften hier verstanden im ganzheitlichen Sinn der Absicherung von vielfältigen natürlichen und kulturellen Ressourcen). Für die Logik und Grammatik einer zukunftsfähigen Organisationsentwicklung bedeutet dies: das Ziel einer langfristig tragfähigen ökonomischen Wertschöpfung realisiert sich ausschließlich über die Funktion einer ethisch nachhaltigen Werteschöpfung. Damit entpuppt sich die hier entfaltete ökonomische Logik der Wert- und Wertetreiber von Unternehmen, d. i. das Prinzip der ethisch nachhaltigen Wert- und Werteschöpfung, als zentrale Aufgabe und als Leitkriterium dafür, wie eine zukunftsfähige Organisationsentwicklung umzusetzen ist.

Literatur

Badura B, Greiner W, Rixgens P, Ueberle M, Behr M (2013) Sozialkapital. Grundlagen von Gesundheit und Unternehmenserfolg (2. erw. Aufl). Springer, Berlin
Collins J (2001) Good to great. Why some companies make the leap... and others don't. HarperCollins, New York
Dahrendorf R (1995) Economic opportunity, civil society, and political liberty. United Nations Research Institute for Social Development, Genf
Dierksmeier C (2011) The freedom-responsibility nexus in management philosophy and business ethics. J Bus Eth 101:263–283
Dierksmeier C (2012) Thomas Aquinas on justice as a global virtue in business. Bus Eth Q 22(2): 247–272
Dierksmeier C (2013) Kant on virtue. J Bus Eth 113(4):597–609. doi 10.1007/s10551-013-1683-5.
Dierksmeier C, Wolfgang A, Kimakowitz E von, Spitzeck H, Pirson M (Hrsg) (2011) Humanistic ethics in the age of globality. Palgrave MACMILLAN, Basingstoke
Gallup (2012a) http://www.gallup.com/strategicconsulting/160901/pressemitteilung-zum-gallup-engagement-index-2012.aspx. Zugegriffen: 6. März 2013
Gallup (2012b) http://www.gallup.com/strategicconsulting/160904/praesentation-gallup-engagement-index-2012.aspx. Zugegriffen: 6. März 2013
Glauner F (2013) CSR und Wertecockpits. Mess- und Steuerungssysteme der Unternehmenskultur. Springer, Berlin
Glauner F (2015) Dilemmata der Unternehmensethik – von der Unternehmensethik zur Unternehmenskultur. In: Schneider A, Schmidpeter R (2015) Corporate Social Responsibility, 2. erw. Aufl. Springer, Berlin, S 237–251
Habsich A, Schwarz C (2012) CSR als Investition in Human- und Sozialkapital. In: Schneider A, Schmidpeter R (Hrsg) Corporate social responsibility. Verantwortungsvolle Unternehmensführung in Theorie und Praxis. Springer, Berlin, S 113–133
Hemel U (2013) Die Wirtschaft ist für den Menschen da. Vom Sinn und der Seele des Kapitals. Patmos, Ostfildern
Kimakowitz E von, Pirson M, Spitzeck H, Dierksmeier C, Amann W (Hrsg) (2010) Humanistic management in practice. Palgrave MACMILLAN, Basingstoke
Kosiol E (1969) Aufbauorganisation. In: Grochla von E (Hrsg) Handwörterbuch der Organisation. Erwin Poeschel, Stuttgart
Küng H (2012) Handbuch Weltethos. Eine Vision und ihre Umsetzung. Pieper, München
Luhmann N (1999) Zweckbegriff und Systemrationalität. Über die Funktion von Zwecken in sozialen Systemen, 6. Aufl. Suhrkamp, Frankfurt a. M.
Luhmann N (1984) Soziale Systeme. Grundriß einer allgemeinen Theorie, 2. Aufl. Suhrkamp, Frankfurt a. M. 1985
Maucher H, Malik F, Farschtschian F (2012) Maucher und Malik über Management. Maximen unternehmerischen Handelns. Campus, Frankfurt a. M.

Ostrom E (2000) Social capital: A fad or a fundamental concept. In: Dasgupta P, Serageldin I (Hrsg) Social capital. A multifaceted perspective. The World Bank, Washington, S 172–214

Porter ME, Mark RK (2011) Shared value. How to reinvent capitalism – and unleash a wave of innovation and growth. Harv Bus Rev 1:62–77

Probst GJB, Mercie J-Y, Bruggimann O, Rakotobarison A (1993) Organisation. Strukturen, Lenkungsinstrumente. Entwicklungsperspektiven. Verlag moderne industrie, Landsberg

Schmidpeter R (2012) Unternehmerische Verantwortung. In: Schneider A, Schmidpeter R (Hrsg) Corporate social responsibility. Verantwortungsvolle Unternehmensführung in Theorie und Praxis. Springer, Berlin, S 3, 1–14

Sen A (2000) Ökonomie für den Menschen. Wege zu Gerechtigkeit und Solidarität in der Marktwirtschaft. Hanser, München

Sennett R (2007) Die Kultur des neuen Kapitalismus. Berlin Verlag, Berlin

Suchanek A (2007) Ökonomische Ethik (2. Überarbeitete und erweiterte Aufl.). Mohr Siebeck UTB, Tübingen 2007

Suchanek A (2012) Vertrauen als Grundlage nachhaltiger unternehmerischer Wertschöpfung. In: Schneider A, Schmidpeter R (Hrsg) Corporate Social Responsibility. Verantwortungsvolle Unternehmensführung in Theorie und Praxis. Springer, Berlin, S 55–66

Ulrich P (1986) Transformation der ökonomischen Vernunft. Fortschrittsperspektiven der modernen Industriegesellschaft. Haupt, Bern

Ulrich P (1997) Integrative Wirtschaftsethik. Grundlagen einer lebensdienlichen Ökonomie, 4. Aufl. Haupt, Bern 2008

Watzlawick P, Weakland J.H, Fisch R (2009) Lösungen. Zur Theorie und Praxis menschlichen Wandels. 7. unveränderte Aufl. Huber, Bern

Watzlawick P (1988) Münchhausens Zopf oder Psychotherapie und „Wirklichkeit": Aufsätze und Vorträge über menschliche Probleme in systemisch-konstruktivistischer Sicht. Hans Huber, Bern

Wieland W (2002) WerteManagement und Corporate Governance. KIeM – Working Paper Nr. 03/2002. Konstanz Institut für WerteManagement

Wöhe G, Döhring U (2002) Einführung in die allgemeine Betriebswirtschaftslehre, 21. neubearbeitete Aufl. Vahlen, München

Dr. Friedrich Glauner geb. 1960, verbindet 20 Jahre Erfahrung als Unternehmer, Manager und Berater mit 17 Jahren Lehre und Forschung im Bereich Philosophie, Systemtheorie, Kommunikationstheorie sowie werteorientierte Unternehmensentwicklung. Er lehrte an der Technischen Universität Berlin, der Freien Universität Berlin sowie an der ebs European Business School, Oestrich-Winkel und ist Dozent und Trainer an der Universität der Bundeswehr München dem Weltethos Institut der Universität Tübingen sowie weiteren Hochschulen. Er studierte Philosophie, Wirtschaftswissenschaften, Religionswissenschaften, Semiotik und Geschichte an den Universitäten Köln, FU-Berlin, TU-Berlin sowie als Post Graduate Fulbright Fellow an der University of California, Berkeley. Zusatzausbildungen absolvierte er an der London School of Economics (Department of Management) und an der Wirtschaftsfakultät der Universität St.Gallen. Er leitet das DNWE Regionalforum Bayern sowie das Fachforum Werte im DNWE Deutsches Netzwerk Wirtschaftsethik EBEN (European Business Ethics Network) Deutschland e.V. und begleitet Unternehmen beim Aufbau von Wertecockpits und Geschäftsmodellen.

ISO 26000 und das EFQM-Modell: Ein holistischer Ansatz zur Entwicklung einer verantwortlich handelnden Organisation

Annette Kleinfeld und Joachim Rottluff

Summary

Die ISO 26000 schafft einen international anerkannten Referenzrahmen für die Wahrnehmung gesellschaftlicher Verantwortung durch Organisationen aller Art (Unternehmen, staatliche Institutionen, Vereinigungen). Sie bleibt bewusst vage hinsichtlich einer zweckdienlichen Organisationsgestaltung, die gewährleistet, dass alle Organisationsmitglieder und -einheiten jederzeit entsprechend der gesellschaftlichen Anforderungen agieren. Denn sie ist keine zertifizierbare Managementsystemnorm.

Aus Sicht der Autoren bietet sich das Excellence Modell der EFQM als Referenz an, um an dieser Stelle die ISO 26000 zu ergänzen und damit gleichzeitig eine ihrer zentralen Empfehlungen umzusetzen. Es wird aufgezeigt, wie sich ein integriertes, umfassendes Managementsystem so gestalten lässt, dass die Führung darauf vertrauen kann, dass alle rechtlichen, normativen und moralischen Ansprüche erfüllt werden und gleichzeitig der nachhaltige wirtschaftliche Erfolg (bei Unternehmen) bzw. die Erfüllung des Auftrages (bei anderen Organisationen) gewährleistet wird.

A. Kleinfeld (✉)
HTWG Konstanz/Dr. Kleinfeld CEC GmbH & Co. KG, Wollgrasweg 10, 38518 Gifhorn, Deutschland
E-Mail: info@kleinfeld-cec.com

J. Rottluff
Excellence-Center-Nürnberg GmbH, Jülicher Straße 42, 90425 Nürnberg, Deutschland
E-Mail: info@j-rottluff.de

© Springer-Verlag Berlin Heidelberg 2016
B. Schram, R. Schmidpeter (Hrsg.), *CSR und Organisationsentwicklung,*
Management-Reihe Corporate Social Responsibility, DOI 10.1007/978-3-662-47700-7_11

1 CSR, Nachhaltigkeit, werteorientiertes Handeln – wovon ist die Rede?

Die Frage, was anständiges Verhalten von verwerflichem Verhalten unterscheidet, wird seit Menschengedenken hin- und hergewendet. Dies gilt nicht zuletzt im Zusammenhang mit wirtschaftlichem Handeln, wo augenscheinlich das Streben nach unmittelbarem Nutzen schnell in Konflikt mit moralischen Grundsätzen gerät. Erneute Brisanz gewinnt diese Diskussion angesichts des Erfolges der globalisierten Marktwirtschaft, der möglicherweise die Grundlage dafür ist, dass wir die natürlichen Grundlagen des menschlichen Lebens untergraben, die sozialen Konflikte bis zur Unbeherrschbarkeit verschärfen und die Wirtschaft in den Kollaps treiben.

Es gibt seit langer Zeit Bemühungen, schädliches Verhalten zu bändigen. Die geschieht in hohem Maße durch Gesetze. Diese haben jedoch eine begrenzte Reichweite, weil die Durchsetzung über Klage- und Gerichtsprozesse teilweise ins Leere läuft. Die begrenzte Wirkung von Gesetzen wird insbesondere in einer globalisierten Wirtschaft deutlich, in der die nationalstaatlichen Instanzen nur begrenzte Möglichkeiten haben, die Gesetze auch im internationalen Raum, insbesondere gegenüber international aktiven Wirtschaftssubjekten, durchzusetzen.

Neben den gesetzlichen Regelungen stehen Versuche, über die Verständigung auf gemeinsame ethische Maßstäbe und Werte – im Sinne von handlungs- und entscheidungsleitenden Grundsätzen – menschliches Verhalten dahingehend zu „zivilisieren", dass nicht wegen des kurzfristigen Gewinns die Bedingungen für gesellschaftliches Zusammenleben untergraben werden.

Befördert durch teilweise höchst problematische Verhaltensweisen nationaler und internationaler Konzerne und Institutionen bei der Ausbeutung der Ressourcen in Entwicklungsländern und der damit einhergehenden Verstärkung des „Nord-Süd-Gefälles", sowie angesichts diverser Umweltproblematiken und nicht zuletzt der krisenhaften Entwicklung der Weltwirtschaft gab es eine Vielzahl von Initiativen, um eine Rückbindung der Wirtschaftsakteure an moralische Grundsätze wieder herzustellen bzw. zu verstärken.

Beispiele dafür sind:

AA1000 (1995)
AA1000 beschreibt eine Serie von Standards zur Verankerung von Nachhaltigkeit in Organisationen (In Anlehnung an www.accountability.org/standards/ Stand 08.01.2016).

SA8000 (1997)
ist ein internationaler Standard mit dem Ziel, Arbeitsbedingungen von Arbeitnehmern (Angestellte, Arbeiter, aber auch Leiharbeiter) zu verbessern (aus Wikipedia, Stand 06.01.2016).

Die Global Reporting Initiative – GRI – (1997)
entwickelt in einem partizipativen Verfahren Richtlinien für die Erstellung von Nachhaltigkeitsberichten von Großunternehmen, kleineren und mittleren Unternehmen (KMU), Regierungen und NGOs.

Global Compact (1999)
oder auch United Nations Global Compact ist der englische Name für einen weltweiten Pakt (deutsch: Globaler Pakt der Vereinten Nationen), der zwischen Unternehmen und der UNO geschlossen wird, um die Globalisierung sozialer und ökologischer zu gestalten (aus Wikipedia, Stand 06.01.2016).

Die OECD-Leitsätze für multinationale Unternehmen (1976, aktualisiert 2011)
sind Handlungsempfehlungen der 34 OECD-Mitgliedsstaaten sowie 8 weiterer Staaten an international tätige Unternehmen. Dieser Verhaltenskodex wurde von den OECD-Mitgliedsstaaten in Zusammenarbeit mit Unternehmen, Gewerkschaften und der Zivilgesellschaft entworfen, um so weltweit verantwortliche Unternehmensführung (Corporate Social Responsibility) zu verwirklichen. Sie bieten Unternehmen einen Handlungsrahmen in den Bereichen Grundpflichten, Informationspolitik, Menschenrechte, Beschäftigungspolitik, Umweltschutz, Korruptionsbekämpfung, Verbraucherinteressen, Wissenschaft und Technologie, Wettbewerb und Besteuerung (CSR-Forum der deutschen Bundesrepublik).

Aktionsplan CSR der Bundesregierung (2010)
Das Bundeskabinett hat am 06. Oktober 2010 die „Nationale Strategie zur gesellschaftlichen Verantwortung von Unternehmen" (Corporate Social Responsibility – CSR) in Form eines Aktionsplans verabschiedet.

(Für eine nähere Erläuterung dieser Initiativen siehe Anhang)

Neben diesen Initiativen stehen internationale Normen. Im gegebenen Kontext sind insbesondere die ISO 14001 (Umweltmanagementsystem), OHSAS = BS 18001 (Arbeitssicherheitsmanagement) und ISO 50001 (Energiemanagement) zu nennen.

Alle bisher genannten Ansätze beleuchten das Thema CSR und Nachhaltigkeit aus verschiedenen Perspektiven und mit thematisch isolierten Akzentsetzungen.

Aus Sicht der Autoren ist zurzeit die ISO 26000 „Leitfaden zur gesellschaftlichen Verantwortung" die wichtigste Bezugsnorm für das Verständnis von CSR und Nachhaltigkeit. Sie stellt einen internationalen Konsens dar, der in einem langwierigen Prozess in der Zeit von 2005 bis Ende 2010 unter Beteiligung von 400 Experten und Beobachtern aus 99 Mitgliedsländern der ISO sowie 42 Organisation des privaten und öffentlichen Sektors erarbeitet wurde. Wenn im Weiteren von CSR und Nachhaltigkeit die Rede ist, dann im Sinne dieses Leitfadens. Damit stellen die Autoren die ISO 26000 nicht in Konkurrenz zu den vorhergenannten Initiativen. Sie sind der Meinung, dass diese Norm in hervorragender Weise die Anregungen aus anderen Regelwerken aufgreift, bündelt und in einem schlüssigen Konzept strukturiert zusammenführt.

Zu beachten ist, dass im Kontext von CSR die Verantwortlichkeit nicht nur auf die einzelne handelnde Person sondern auf die Corporation (das Unternehmen, die Institution, …) bezogen wird, was zusätzliche Fragen nach der Verantwortlichkeit kollektiver Akteure aufwirft und unter dem Aspekt der Integration von CSR in die Organisation zu beantworten ist.[1]

Die ISO 26000 gibt Antworten auf folgende übergeordnete Fragenkomplexe:
- Was ist unter „gesellschaftlicher Verantwortung" zu verstehen?
- Welches sind die allgemeinen Grundsätze im Sinne von Mindestanforderungen für die Wahrnehmung gesellschaftlicher Verantwortung?
- Wie weit reicht die Verantwortung der einzelnen Organisation und wie sind die Anspruchsgruppen/die Stakeholder in die Festlegung der zu erfüllenden Ansprüche einzubeziehen?
- Auf welche Handlungsfelder ist besonderes Augenmerk zu legen?
- Wie kann die Wahrnehmung gesellschaftlicher Verantwortung wirksam in die Aufbau- und Ablauforganisation des Unternehmens eingebunden werden?

2 Die ISO 26000 als Referenz für ethisch verantwortliches wirtschaftliches Handeln von Unternehmen und Institutionen

Abbildung 1 gibt einen Überblick über die ISO 26000:

Während die Abschn. 1 bis 4 einige grundsätzliche Fragen zum Verständnis von CSR klären, geht es in den Abschn. 5 bis 7 um das, was eine Organisation für sich entscheiden und tun muss, um für sich die Wahrnehmung von CSR beanspruchen zu können.

An dieser Stelle sei hervorgehoben, dass die ISO 26000 die Integration von gesellschaftlicher Verantwortung in die Organisation empfiehlt. Diese Forderung ist angelegt

---

[1] Verantwortung ist eine genuin moralische Kategorie und eine mindestens dreistellige Relation. Als solche sagt sie nicht nur, wer (Verantwortungssubjekt), wofür (Verantwortungsobjekt), verantwortlich ist, sondern auch wem gegenüber (Verantwortungsinstanz). Im Kontext von CSR stellt sich diese Relation wie folgt dar: Subjekt ist die Organisation/das Unternehmen, Objekt ist das eigene Tun, die Folgen der vollzogenen bzw. initiierten Entscheidungen und Aktivitäten, Verantwortungsinstanz ist die nachhaltige (u. a. gesunde, gerechte) Entwicklung der Gesellschaft. Dies entspricht 1:1 der Definition gesellschaftlicher Verantwortung der ISO 26000. Diese Definition ebenso wie die Inhalte der Norm selbst, geben zudem Auskunft darüber, worin diese Verantwortung genau besteht und wie sie wahrzunehmen ist. In einem ersten Zugang ist sie durch ein grundsätzlich für Dritte nachvollziehbares, ethisch reflektiertes Handeln wahrzunehmen, zu dessen Mindestanforderung gehört, geltendes Recht und die legitimen Interessen der eigenen Stakeholder zu beachten. Unter „Recht" werden dabei nicht nur die geltenden nationalen Gesetze, sondern auch übergeordnete ethische Rechte und Pflichten – vor allem die Einhaltung der Menschenrechte – verstanden.

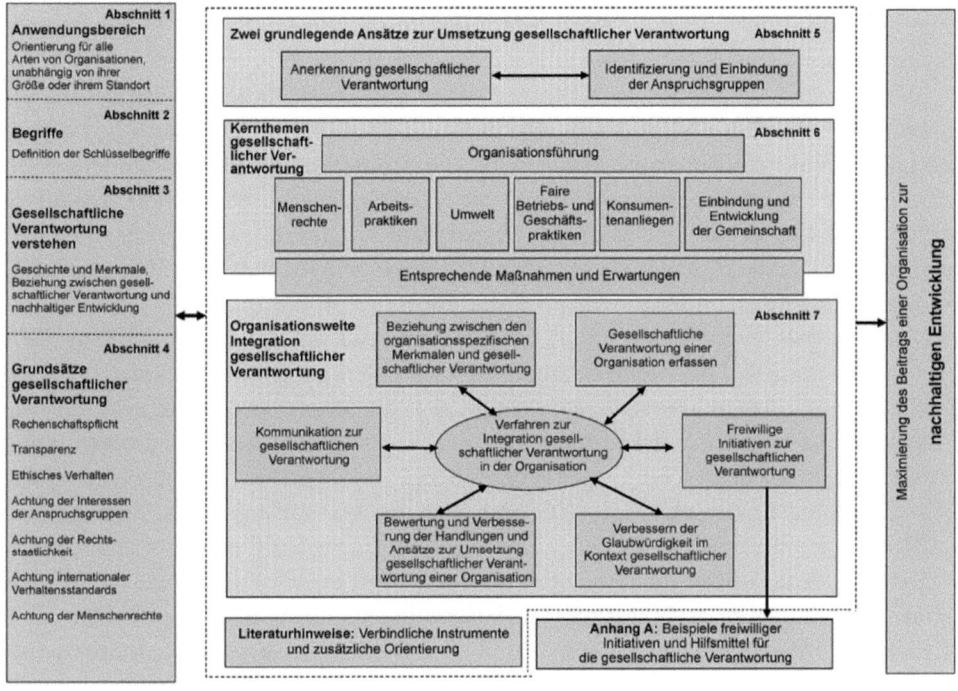

Abb. 1 Überblick über die Struktur der ISO 26000 (ISO 26000, Seite 12)

im Abschn. 6, Kernthema 1 „Organisationsführung" und im Abschn. 7, insbesondere 7.4 „Verfahren zur Integration gesellschaftlicher Verantwortung in die Organisation".

Die Norm gibt diesbezüglich nur sehr allgemeine Hinweise. Aus Sicht der Autoren können hier weitergehende Hinweise zweckdienlich sein und die Umsetzung der Norm unterstützen.

Im folgenden Kapitel soll deshalb zunächst der Frage nachgegangen werden, wie eine Organisation (ein Unternehmen, eine staatliche Institution) sicherstellen kann, dass jede Organisationseinheit, jedes Organisationsmitglied jederzeit seine Entscheidungen unter Beachtung seiner Verantwortlichkeit trifft und entsprechend handelt.

3 Warum mit Managementmodellen arbeiten?

Organisationen (engl.: corporations) haben die Aufgabe, das Handeln des einzelnen Organisationsmitgliedes auf die Ziele der Organisation auszurichten, die zu erledigenden Arbeiten aufzuteilen und diese zueinander in Beziehung zu setzen, zu synchronisieren. Denn das ist der Sinn jeder Organisation – die Logik des kollektiven Handelns – dass durch Arbeitsteilung und Koordination bei gegebenen Ressourceneinsatz ein besseres Ergebnis erreicht werden kann, als wenn jeder Einzelne für sich agiert. „Das Ganze ist mehr als die Summe seiner Teile".[2]

Einschlägige Organisationslehren gehen davon aus, dass sich diese gute Synchronisation nicht von alleine herstellt, sondern dass es bestimmter Mechanismen bedarf, die diese Synchronisation bewirken. Diese Betrachtungsweise impliziert, dass die Interessen der einzelnen Organisationsmitglieder bzw. einzelner Organisationseinheiten (Partialinteressen) einerseits und die Interessen der Organisation als Ganzes (wohlverstandenes Gesamtinteresse) andererseits nicht nur nicht völlig deckungsgleich sind, sondern partiell in Widerspruch stehen.

Damit ist jede Organisation immer auch das organisierte Misstrauen und jede Führung hat die Aufgabe, das wohlverstandene Gesamtinteresse gegen Partikularinteressen durchzusetzen. Dazu gehört auch, Mechanismen zu etablieren, die verhindern, dass die Führungskräfte ihre persönlichen Interessen mit den Interessen der Gesamtorganisation verwechseln. Gefordert ist ein System von „Checks and Balances", das geeignet ist, das Gesamtsystem auf Erfolgskurs zu halten und dabei die Beachtung der Anforderungen des Umfeldes zur Aufrechterhaltung der „License to Act" zu gewährleisten.

Die Frage, wie Aufbau- und Ablauforganisation so zu gestalten sind – wie die Organisation so zu entwickeln ist – dass die von der jeweiligen Organisation angestrebten Ziele effektiv und effizient erreicht werden, umreißt den Gegenstandsbereich der Betriebswirtschaftslehre. Diese Thematik hat eine grundlegende Tücke, die darin besteht, dass allgemeingültige Aussagen getroffen werden sollen für Betriebe, die dann im Wettbewerb erfolgreich sein werden, wenn sie sich durch etwas Besonderes von allen anderen unterscheiden.

Damit lässt sich die im Kontext von CSR zu beantwortende Frage nach der guten und verantwortlichen Gestaltung einer Organisation wie folgt konkretisieren: Welchen allgemeinen Anforderungen muss die Aufbau- und Ablauforganisation genügen, um bei aller Individualität der einzelnen Institution (Corporation) zu gewährleisten, dass die organisationsspezifischen Ziele unter Einhaltung allgemeinverbindlicher gesellschaftlicher Regeln angestrebt und verwirklicht werden?

---

[2] Diese Darstellung geht davon aus, dass der Bildung von Organisationen ein höchst egoistisches Motiv zugrunde liegt, nämlich dass der jeweilige einzelne Akteur durch Einbindung in die Organisation sein eigenes „Aufwand ⇔ Nutzen-Verhältnis" optimiert. Anders formuliert: Der Mensch ist sozial, weil er egoistisch ist. Damit verschiebt sich der Widerspruch von egoistisch ⇔ altruistisch bzw. individualistisch ⇔ sozial hin zu kurzsichtig ⇔ weitsichtig bzw. dumm ⇔ intelligent. Diese Betrachtungsweise eröffnet einen zusätzlichen Zugang zur Behandlung dieses Widerspruchs, weil er den (seine Wirkung häufig verfehlenden) moralischen Appell ergänzt um ein rationales Kalkül im Sinne der Wahrnehmung langfristiger Interessen und Sicherung von Zukunftsfähigkeit. Moralische Prinzipien erscheinen vor diesem Hintergrund als Ausdruck von über Generationen hinweg herausgebildeter Weisheit über die Bedingung der langfristigen Existenzsicherung sozialer Gebilde. Diese Sichtweise behauptet damit, dass sich auf lange Sicht individuelle Interessen und Gesamtinteressen decken, allerdings analog der Aussage, dass sich Parallelen im Unendlichen schneiden. In der jeweiligen konkreten Situation können trotzdem die subjektiv wahrgenommenen Einzelinteressen sehr wohl mit dem letztendlich fiktiven Gesamtinteresse (wer definiert das?) in Widerspruch geraten.

Benötigt wird also eine Referenz, die auf einem mittleren Abstraktionsniveau einen Orientierungsrahmen für die Organisationsgestaltung vorgibt, der dann organisationsbezogen spezifisch gefüllt werden kann.

Dazu bietet sich das Excellence Modell der „European Foundation for Quality Management" an, das seine theoretische Fundierung in der Sankt Gallener Management-Schule findet (EFQM EXCELLENCE MODELL 2013; Rüegg-Stürm 2002).

Das EFQM Modell hilft, einen strukturierten Blick auf komplexe Organisationen zu werfen, hinter der Vielfalt von Zielen, Prozessen, Strukturen sowie kulturellen Erscheinungen die wesentlichen Wirkungszusammenhänge herauszudestillieren und die Ansatzpunkte für eine anforderungsgerechte und zukunftsfähige Organisationsgestaltung zu benennen.

Es wird unterstellt, dass es die vornehmste Aufgabe der Führung einer Institution, eines Unternehmens ist, der Organisation eine geeignete Gestalt zu geben. Dafür hat die Führung prinzipiell drei Zugänge/Ansatzpunkte:

- die Ziele/das Zielsystem,
- die Entscheidungsstruktur/die Aufbauorganisation,
- die Prozesse und Verfahren/die Ablauforganisation.

Daraus, wie und auf welcher Wertebasis diese drei Dimensionen konkret gestaltet werden, ergibt sich eine spezifische Unternehmenskultur. Im Laufe der Zeit entwickelt sich diese zu einer mehr oder weniger starken Steuerungsgröße unternehmerischen Handelns und Entscheidens (Corporate Behaviour) und verleiht dem Unternehmen seine Identität. Formelle und informelle Steuerung prägen den individuellen, und unter Wettbewerbsgesichtspunkten nicht leicht kopierbaren, Charakter eines Unternehmens bzw. einer Institution (= Corporate Identity).

4 Das EFQM-Modell als Referenz für exzellentes Management

Das Excellence Modell der European Foundation for Quality Management entstand Ende der 80er-Jahre. Auslöser war der Versuch, japanischen und amerikanischen Modellen eines umfassenden Qualitätsmanagements (TQM) ein europäisches Konzept gegenüberzustellen. Im Unterschied zu dem japanischen Modell, das ausdrücklich auf die Qualität fokussiert war, und dem amerikanischen Modell, das stark von der Diskussion um den Shareholder-Value beeinflusst war, war das EFQM-Modell von vornherein ein werteorientiertes Modell, das neben dem wirtschaftlichen Erfolg auch die Berücksichtigung der Interessen weiterer Anspruchsgruppen zum Maßstab erfolgreichen (unternehmerischen) Handelns erhob.

Das Excellence-Modell umfasst drei Komponenten:

- die acht Grundkonzepte (siehe Abb. 2),
- das Kriterienmodell (siehe Abb. 3),
- die RADAR-Logik (siehe Abb. 4).

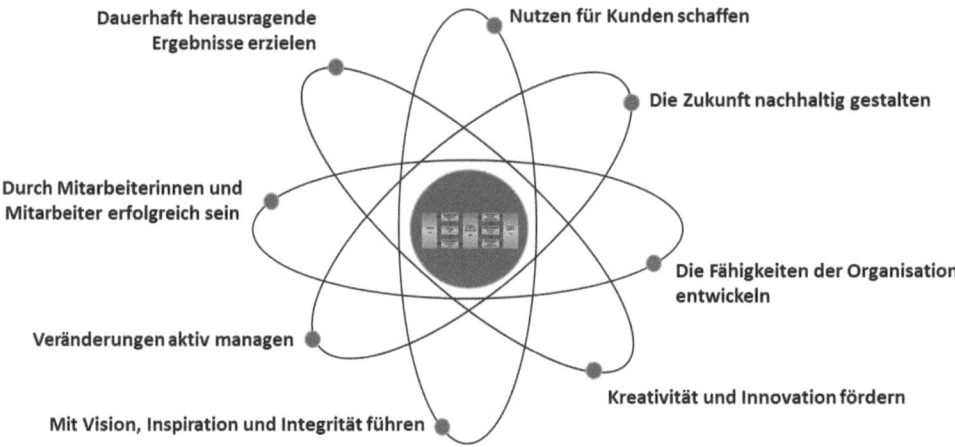

Abb. 2 Die acht Grundkonzepte (c) EFQM

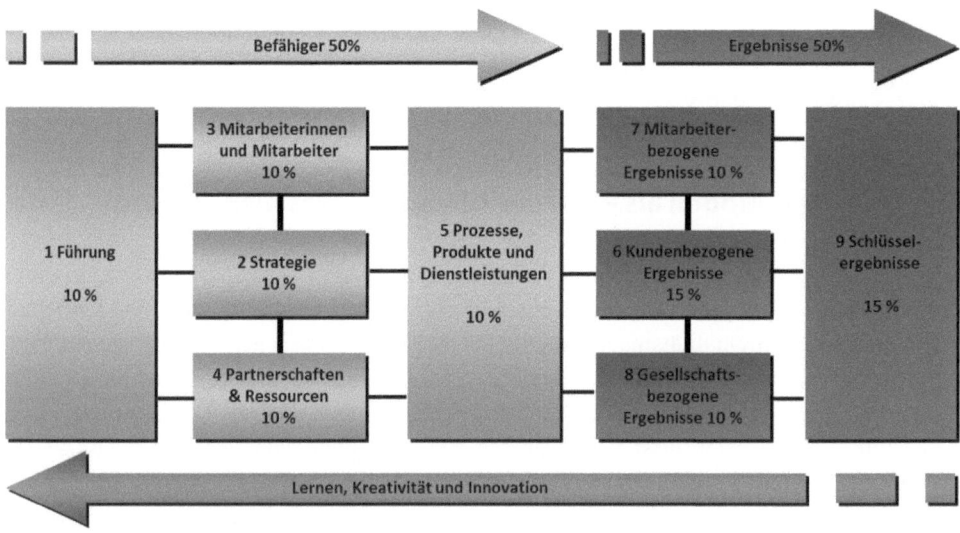

Abb. 3 Das Kriterienmodell (c) EFQM

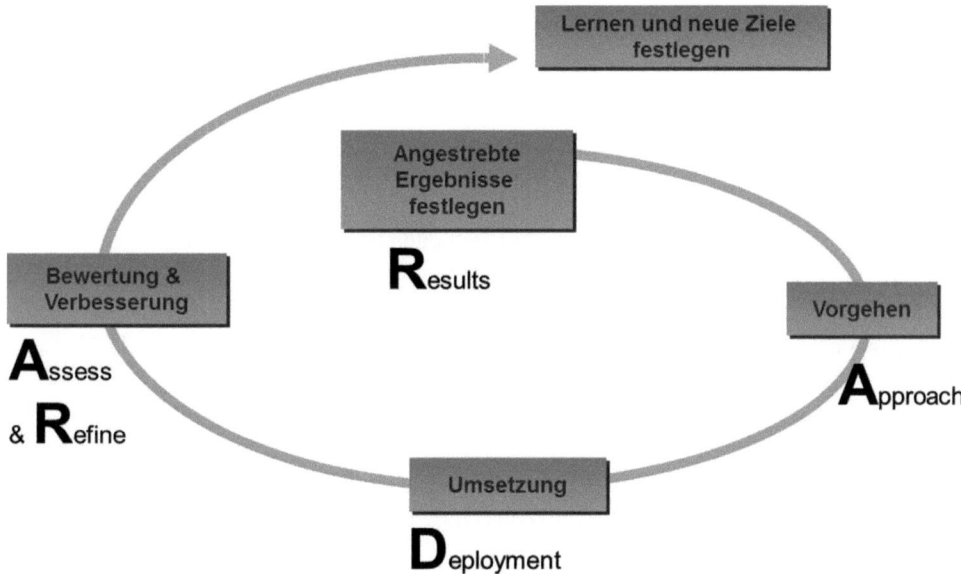

Abb. 4 Die RADAR-Logik (c) EFQM

4.1 Die acht Grundkonzepte

Die Grundkonzepte der Excellence definieren, was grundsätzlich erforderlich ist, um nachhaltige Excellence zu erreichen. Sie zeigen auf, welche Merkmale eine exzellente Organisation auszeichnen. Im Top-Management sind sie die entscheidenden Leitlinien. (EFQM EXCELLENCE MODELL 2013, S. 3).

4.2 Das Kriterienmodell

Das Kriterienmodell erlaubt Führungskräften die Ursache-Wirkungs-Zusammenhänge zwischen dem, was die Organisation tut und den resultierenden Ergebnissen besser zu verstehen. Mit Hilfe der RADAR-Logik ist es möglich, dass jede Organisation verlässlich ihren individuellen Reifegrad überprüfen kann. (EFQM EXCELLENCE MODELL 2013, S. 3).

4.3 Die RADAR-Logik

Die RADAR-Logik ist einerseits ein Reifegrad-Modell, mit dem hinterfragt wird, ob dem Vorgehen begründete Konzepte zugrunde liegen, ob die Konzepte konsequent umgesetzt wurden, ob die Wirksamkeit der Maßnahmen überprüft wird und ob aufbauen auf diesem Regelkreis die Weiterentwicklung der Organisation systematsich gestaltet wird. Außerdem ist die RADAR-Logik die Grundlage für eine Punktebewertung der Organisation.

Das EFQM Modell wird in vielen Fällen vor allem zur Bewertung einer Organisation im Rahmen von sogenannten Selbstbewertungen oder bei der Fremdbewertung zur Ermittlung der Gewinner von (europäischen) Qualitätspreisen herangezogen.

Die besondere Fruchtbarkeit dieses Modells erweist sich aber vor allem dann, wenn man es als „Blaupause" für die Ausgestaltung einer Organisation benutzt.

Übersetzt in Handlungsaufforderungen liest sich dann das Modell wie folgt:

Bezogen auf die Grundkonzepte: Schaffe eine grundlegende Orientierung (ein Leitbild), die mit den acht Grundkonzepten kompatibel ist.

Bezogen auf die Kriterien:

1. FÜHRUNG:
   1a ⇨ Sorge dafür, dass alle Führungskräfte ein vorbildliches Verhalten zeigen, gemessen am Leitbild der Organisation!
   1b ⇨ Schaffe eine geeignete Aufbau- und Ablauforganisation, gestalte ein geeignetes Managementsystem aus!
   1c ⇨ Kümmere dich um deine externen Partner und etabliere Beziehungen zum gegenseitigen Nutzen und fairen Interessenausgleich!
   1d ⇨ Sichere eine faire und zweckdienliche Beziehung zwischen den Führungskräften und der Mitarbeiterschaft!
   1e ⇨ Bedenke: Nur der Wandel ist kontinuierlich! Stelle die Fähigkeit der Organisation als Ganzes und aller ihrer Teile sicher, sich immer wieder auf neue Anforderungen einzustellen und entsprechende Herausforderungen zu bewältigen!
2. STRATEGIE
   2a ⇨ Baue deine Strategie auf einer gründlichen Analyse deines Umfeldes auf, ermittle die Herausforderungen (Chancen und Risiken)!
   2b ⇨ Ermittle im Rahmen einer gründlichen Organisationsdiagnose deine Stärken und Verbesserungsbereiche und setze diese zu den Chancen und Risiken in Beziehung!
   2c ⇨ Formuliere auf der Grundlage der Ergebnisse der Umfeldanalyse und der Organisationsdiagnose eine Strategie, die geeignet ist, den nachhaltigen Erfolg der Organisation zu sichern, unter angemessener Berücksichtigung der legitimen Ansprüche der relevanten Interessengruppen einschließlich der normativen gesellschaftlichen Vorgaben!
   2d ⇨ Etabliere Mechanismen und Prozeduren, die die Umsetzung der gewählten Strategie sicherstellt.
3. MITARBEITER
   3a ⇨ Ermittle die Personalbedarfe und hole die Leute an Bord, die in der Lage sind, die Strategie umzusetzen!
   3b ⇨ Sichere eine Personalentwicklung für die kontinuierliche Anpassung der personellen Kapazitäten an aktuelle und zukünftige Anforderungen in quantitativer und qualitativer Hinsicht!

3c ⇨ Sorge für eine Arbeitsorganisation, die die Selbststeuerung der einzelnen Mitarbeiter und der Teams fördert!

3d ⇨ Schaffe Kommunikationsmöglichkeiten, die sicherstellen, dass das Know-how der Mitarbeiter in geeigneter Form in die Entscheidungsfindung der Führungskräfte einfließt!

3e ⇨ Nimm deine Fürsorgepflicht als Arbeitgeber wahr, sorge für gesundheitsförderliche Arbeitsbedingungen und stelle eine angemessene Entlohnung und Anerkennung sicher!

4. PARTNERSCHAFTEN UND RESSOURCEN

4a ⇨ Gestalte die Lieferketten so, dass auch über die einzelnen „Kettenglieder" hinweg eine optimale Wertschöpfung unter Beachtung entsprechender Anforderungen erreicht wird!

4b ⇨ Handhabe die finanziellen Ressourcen im Sinne eines optimalen Einsatzes zur Erreichung der Unternehmens-/Institutionsziele, beachte dabei die rechtlichen und normativen Vorgaben!

4c ⇨ Manage deine sachlichen Ressourcen so, dass sie bestmögliche Rahmenbedingungen für die Herstellung der Produkte bzw. für Erbringung der Dienstleistung schaffen und beachte dabei insbesondere ökologische Gesichtspunkte!

4d ⇨ Nutze und entwickle Technologien zur Sicherung von Wettbewerbsvorteilen, kontrolliere die Nebenwirkungen und verhindere (minimiere) schädliche Folgen!

4e ⇨ Entwickle zielgerichtet das organisationale Know-how, schaffe eine lernende Organisation!

5. PROZESSE

5a ⇨ Schaffe ein geeignetes Prozessmanagement für die wertschöpfenden Prozesse/Kernprozesse, beachte dabei einschlägige Normen!

5b ⇨ Entwickle deine Produkte und Dienstleistungen unter Beachtung der Markterfordernisse, beachte dabei insbesondere die legitimen Konsumentenerwartungen und Umweltbelange!

5c ⇨ Vermarkte deine Produkte und Dienstleistungen, beachte dabei insbesondere die Grundsätze fairen Wettbewerbs!

5d ⇨ Produziere deine Produkte, bzw. erbringe deine Dienstleistungen in beherrschten Prozessen mit minimalen negativen Wirkungen in ökonomischer, ökologischer und sozialer Hinsicht!

5e ⇨ Sichere durch eine dialogorientierte Kommunikation mit Kunden und anderen Interessengruppen das Feedback bezüglich deiner Produkte und Dienstleistungen und der davon ausgehenden Nebenwirkungen!

In den Ergebniskriterien 6 bis 9 steckt der Appell, systematisch Daten zu den Geschäftsergebnissen, zu kunden-, mitarbeiter- und umfeldbezogenen Kennzahlen und Indikatoren zu erheben, auf der Grundlage von Zahlen, Daten und Fakten die Performance der Organisation zu bewerten und diese Ergebnisse zur Steuerung des Unternehmens/der Institution zu nutzen (EFQM EXCELLENCE MODELL 2013).

5 Die Zusammenführung von ISO 26000 und EFQM-Modell als Referenz für die Ausgestaltung eines auf gesellschaftliche Verantwortung und wirtschaftlichen Erfolg ausgerichteten Managementsystems

Die folgende Darstellung zeigt das Prinzip, wie sich die ISO 26000 und das EFQM-Modell zueinander in Beziehung setzen lassen (siehe Abb. 5).

In der praktischen Handhabung bedeutet dies, dass man im Rahmen einer Selbstbewertung die im EFQM-Modell bereits vorhandenen Ansatzpunkte um die von der ISO 26000 angesprochenen Aspekte ergänzt. Wenn nicht die Analyse des Vorhandenen, sondern die Ausgestaltung der Aufbau- und Ablauforganisation im Vordergrund steht, dann sollten die den EFQM-Kriterien entsprechenden Aspekte und Prozesse so ausgestaltet sein, dass die Berücksichtigung der Empfehlungen aus den Kernthemen 2 bis 7 der ISO 26000 gewährleistet wird. Diese Verknüpfung selbst entspricht dabei wieder der Empfehlung von Kernthema 1: Organisationsführung.

Zwei Beispielen sollen das erläutern:

- Das Kriterium 1a fordert von den Führungskräften die Formulierung einer Grundsatzaussage zu den ethischen Grundsätzen. Unter Berücksichtigung der ISO 26000 darf man erwarten, dass dabei neben den 7 allgemeinen Grundprinzipien (Kap. 4 der ISO 26000) gesellschaftlicher Verantwortung auch organisationsspezifische Positionierungen zu den übrigen 6 Kernthemen (Kap. 6 der ISO 26000) (Menschenrechte, Arbeitspraktiken […]) explizit angesprochen werden.

Organisations-führung / EFQM	Menschen-rechte	Arbeits-praktiken	Umwelt	Geschäfts-praktiken	Konsu-menten	Gemein-schaft
Führung	X	X	X	X	X	X
Strategie	X	X	X	X	X	X
Mitarbeit.	X	X				
Ressourcen			X			
Prozesse	X	X	X	X	X	X
Kundenerg.				X	X	
MA-Ergeb.	X	X				
Umfeld-Erg.			X			X
Geschäfts-ergebnisse				X	X	

Abb. 5 Matrix der Beziehung der EFQM-Kriterien zu den Anforderungen der ISO 26000

- Das Kriterium 5d bezieht sich auf die Produkte und Dienstleistungen: „Exzellente Organisationen managen Produkte und Dienstleistungen über den Lebenszyklus, (…) und berücksichtigen die Auswirkungen auf die öffentliche Gesundheit, Sicherheit und Umwelt". Unter Bezugnahme auf die ISO 26000 würde das auch umfassen, dass der gesamte Prozess von der Gewinnung der Rohstoffe über die Herstellung der Vorprodukte, über die Transportaufgaben, über die Herstellung der Endprodukte bis hin zum Gebrauch/Verbrauch und zum Recycling so ausgestaltet wird, dass die Empfehlungen aus Abschn. 6 (Umwelt) berücksichtigt werden.

6 Vorschlag zum Vorgehen bei der Ausgestaltung eines Managementsystems unter Verwendung der ISO 26000 und des EFQM-Modelles[3]

Erläuterungen der einzelnen Schritte sind in Abb. 6 und Tab. 1 zu finden.

7 Zusammenfassung

In vielen Gesprächen und Projekten wird das Thema „Corporate Social Responsibility" als zusätzliche Anforderung, um nicht zu sagen, Belastung behandelt. Ähnliches ist aus den frühen Phasen des Arbeitssicherheitsmanagements bekannt. Auch damals wollten viele zunächst einmal die Arbeit erledigen und wenn dann noch Zeit und Kraft blieb, wollte man sich um Arbeitssicherheit und Gesundheitsschutz kümmern. Auch in den Anfängen des Qualitätsmanagements gab es vergleichbare Positionen: „Wir machen erst mal unsere Arbeit und dann kümmern wir uns um die Qualität".

Heute werden solche Positionen glücklicherweise nur noch selten vertreten.

Genauso wie man Arbeiten mehr oder weniger sicher, mit höherer oder niedriger Qualität, mit mehr oder weniger Beachtung von Energie- und Umweltaspekten ausführen kann, genauso kann man bei seinen Entscheidungen und Handlungen die legitimen Ansprüche der relevanten Interessengruppen, die rechtlichen Vorgaben und die allgemein akzeptierten Verhaltensgrundsätze berücksichtigen oder sich über diese hinwegsetzen.

CSR ist also nichts Zusätzliches zum Tagesgeschäft, sondern es ist die Art und Weise, wie man das Tagesgeschäft erledigt.

Das verantwortungsvolle Verhalten in allen geschäftlichen Belangen schafft ein sehr wertvolles Gut: Vertrauen! Vertrauen macht die Zusammenarbeit leicht, Misstrauen untergräbt die Bedingungen für erfolgreiches Wirtschaften.

---

[3] Die Darstellung lehnt sich in vielerlei Hinsicht an Hardtke und Kleinfeld (2010) an, betont aber noch stärker die Bedeutung der Ausgestaltung der Aufbau- und Ablauforganisation als Einflussfaktor auf eine gelingende Wahrnehmung von CSR.

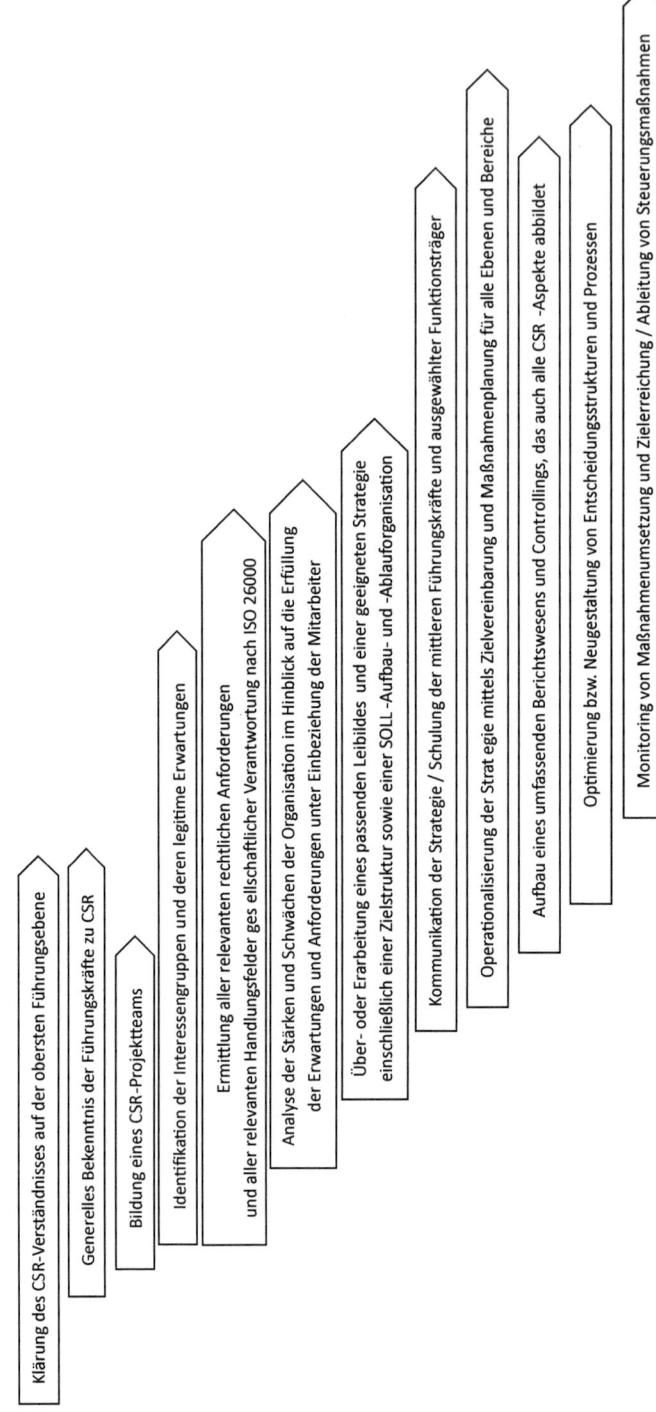

Abb. 6 Vorgehensvorschlag zur Umsetzung der ISO 26000 unter Nutzung des EFQM-Modells.

Tab. 1 Erläuterung des Vorgehensvorschlages aus Abb. 6

Schritt	Erläuterung
Klärung des CSR-Verständnisses auf der obersten Führungsebene	Es ist außerordentlich wichtig, dass die obersten Führungseben sich mit dem Thema CSR auseinandersetzten und sich darüber im Klaren werden, was eine konsequente Ausrichtung der Organisation an den entsprechenden normativen Anforderungen und eine Auseinandersetzung mit wesentlichen Handlungsfeldern bedeutet. Erfahrungsgemäß steht fast jede Organisation immer wieder vor verschiedenen Entscheidungsdilemmata, die bewältigt werden müssen.
Generelles Bekenntnis der Führungskräfte zu CSR	Bereits in einer frühen Phase der CSR-Initiative sollte das Top-Management weitere Führungsebenen in die Meinungsbildung einbeziehen. Dazu eignen sich einerseits konventionelle Schulungen, um die erforderliche Wissensbasis zu schaffen, andererseits bieten sich Workshops an, in denen die Führungskräfte ihre Überlegungen einbringen können und in denen über die erstrebenswerte Bewältigung schwieriger Situationen gesprochen werden kann.
Bildung eines CSR-Projektteams	Auch wenn auf lange Sicht die CSR-Aktivitäten ein integraler Bestandteil des Tagesgeschäftes sein sollten, so bedarf es doch in der Regel einer Instanz im Unternehmen, die die anstehenden Aufgaben plant, koordiniert, unterstützt und überwacht. Das kann in kleinen Unternehmen ein CSR-Beauftragter sein, oder bei größeren Unternehmen ein entsprechender Stab. Vermutlich bietet sich zunächst die Bildung einer Projektgruppe an, die möglichst eng an die oberste Führung angebunden ist und die die Führungskräfte aller Ebenen bei der Umsetzung der CSR-Aktivitäten unterstützt. (Die Leitung der Projektgruppen sollte bei den jeweiligen Prozess- oder Bereichsverantwortlichen liegen, um zu vermeiden, dass die Projektarbeit neben dem Tagesgeschäft ein Eigenleben entwickelt.)
Identifikation der Interessengruppen und deren legitime Erwartungen	Die ISO 26000 sieht ganz bewusst vor, dass sich das Unternehmen explizit mit den relevanten Interessengruppen in Verbindung setzt und deren Erwartungen ermittelt. Die Ausgestaltung eines solchen Stakeholderdialoges muss dem Unternehmen unter Berücksichtigung von Größe und Art angepasst sein.
Ermittlung aller relevanten rechtlichen Anforderungen	Betriebe in Deutschland und in der EU bewegen sich in einem „rechtlich verminten" Terrain. Nimmt man allein das Umweltrecht oder die Vorgaben für die Arbeitssicherheit, so hat es jeder Verantwortliche im Unternehmen mit einem unübersichtlichen Regelwerk zu tun Selbst bei guten Absichten werden schnell rechtliche Anforderungen übersehen.
Analyse der Stärken und Schwächen der Organisation im Hinblick auf die Erfüllung der Erwartungen und Anforderungen unter Einbeziehung der Mitarbeiter	Jede der einschlägigen Managementsystem-Normen (9001, 14001, OHSAS, 50001) geben reichlich Anleitung zur Analyse der jeweiligen Organisation auf Stärken und Schwächen. Die Autoren empfehlen für eine umfassende Organisationsdiagnose das EFQM-Modell zu nutzen. Eine EFQM-Selbstbewertung schafft ein umfassendes Bild von der Performance bzw. vom Reifegrad eines Unternehmens bzw. einer Institution. Aus der Selbstbewertung ergeben sich üblicherweise sehr viele Verbesserungspotenziale, nicht alle sind gleich bedeutsam. Im Rahmen des Strategieprozesses ist aus den vielen Möglichkeiten das für das Unternehmen „Spielentscheidende" herauszudestillieren.

Tab. 1 (fortsetzung)

Schritt	Erläuterung
Über- oder Erarbeitung eines passenden Leitbildes und einer geeigneten Strategie einschließlich einer Zielstruktur sowie einer SOLL-Aufbau- und -Ablauforganisation	Wurden im ersten Schritt (Klärung des CSR-Verständnisses) bereits grobe Aussagen zu den ethischen Werten gemacht, so gilt es diese nunmehr in ein umfassendes Leitbild (Vision, Mission, Werte) zu integrieren und gleichzeitig im Lichte der verschiedenen Analysen (Umfeldanalyse, Organisationsdiagnose) zu präzisieren. Im Spannungsfeld von Leitbild, Umfeldanforderungen (Chancen und Risiken) und Organisationsdiagnose (Stärken und Schwächen) sollte eine Strategie formuliert werden. Diese sollte sich nicht auf die Marktpositionierung beschränken, sie sollte auch Aussagen machen zur Ausgestaltung der wertschöpfenden Prozesse über den gesamten Lebenszyklus der Produkte (Cradle to Cradle), über das Partner- und Mitarbeitermanagement, über Finanzierungen usw.
Kommunikation der Strategie/Schulung der mittleren Führungskräfte und ausgewählter Funktionsträger	Eine Strategie setzt sich nicht von alleine um. Aus der Rahmenstrategie für das ganze Unternehmen sind Bereichsstrategien für einzelne Organisationsteile abzuleiten. Das fordert viel von den mittleren und unteren Führungskräften. Diese müssen dementsprechend „in die Lage versetzt" werden.
Operationalisierung der Strategie mittels Zielvereinbarung und Maßnahmenplanung für alle Ebenen und Bereiche	Üblicherweise erfolgt die Kaskadierung einer Strategie über die verschiedenen Ebenen einer Organisation mit Hilfe des Zielvereinbarungsprozesses. Den verabredeten Zielen werden Maßnahmen zugeordnet. Wünschenswert erscheint für umfangreichere Maßnahmen die Etablierung eines professionellen Projektmanagements, das sich nicht zuletzt durch realistische Planung (auch des Ressourcenbedarfes) auszeichnet.
Aufbau eines umfassenden Berichtswesens und Controllings, das auch alle CSR-Aspekte abbildet	Aller Erfahrung nach werden Strategien nur dann konsequent umgesetzt, wenn es eine starke Aufmerksamkeit der Führung (Management Attention) gibt. Die strategische Steuerung des Unternehmens setzt ein entsprechendes Controlling voraus. Dieses darf in der Regel im Hinblick auf die betrieblichen „hard facts" als gegeben betrachtet werden. Es mangelt aber häufig an einem ganzheitlichen Controlling, das die Bewertung der Erreichung anderer Ziele einschließt und auch die Umsetzung der strategischen Projekte bewertet.
Optimierung bzw. Neugestaltung von Entscheidungsstrukturen und Prozessen	Will man CSR wirklich in der Organisationsführung verankern, wird das wahrscheinlich tief in die vorhandene Zielstruktur, in die Aufbauorganisation (wer darf/muss was entscheiden/verantworten) und in das Prozessmanagement eingreifen. Man wird mit Phänomenen konfrontiert, die vielen Betrieben schon aus dem Aufbau von Qualitäts-, Umwelt-, Arbeitssicherheitsmanagementsystemen bekannt sind. Aber angesichts der Tatsache, dass man diese Änderungen mit einem professionellen Changemanagement auch in anderen Fällen bewältigt hat, darf man darauf vertrauen, dass dies auch im Falle CSR bei der Weiterentwicklung der Organisation gelingt.
Monitoring von Maßnahmenumsetzung und Zielerreichung/Ableitung von Steuerungsmaßnahmen	Unter Nutzung des bereits aufgebauten Controllings geht es nun darum, den Fortschritt in geeigneter Form zu erfassen und zu bewerten. Typischer Weise erhält die Geschäftsführung/der Vorstand ein strategisches Cockpit, das ihm zeitnah den Stand der Strategieumsetzung darstellt und damit die Entscheidungsgrundlagen für gezielte Interventionen liefert.

8 Anhang

Überblick über verschiedene Initiativen zur Stärkung von CSR und Nachhaltigkeit

SA8000
ist ein internationaler Standard mit dem Ziel, Arbeitsbedingungen von Arbeitnehmern (Angestellten, Arbeitern, aber auch Leiharbeitern) zu verbessern. Ins Leben gerufen von der Social Accountability International (SAI), einer internationalen Nichtregierungsorganisation mit Sitz in New York (USA), dient er vor allem transnationalen Unternehmen als Mindestanforderung an Sozial- und Arbeitsstandards. Für die Zertifizierung melden sich Unternehmen selbständig bei der SAI an. Im Gegensatz zu nationalen Gesetzen und Verordnungen ist SA8000 eine internationale Norm, deren Zertifizierung und Befolgung auf freiwilliger Entscheidung der Unternehmen beruht. Sie basiert auf Konventionen der Internationalen Arbeitsorganisation (ILO) und der Vereinten Nationen (UN). SAI ist finanziell unabhängig.

AA1000
AA1000 beschreibt eine Serie von Standards zur Verankerung von Nachhaltigkeit in Organisationen. AA1000 wurde im Jahre 1999 von der Non-Profit-Organisation AccountAbility entwickelt. Zum Beispiel enthält der AA1000 Assurance-Standard-Leitsätze für die Verifizierung von Nachhaltigkeitsberichten. Der AA1000 Standard-for-Stakeholder-Engagement gibt wiederum Hilfestellung bei der Einbeziehung relevanter Stakeholder in den organisationsweiten Nachhaltigkeitsprozess.

Aktionsplan CSR der Bundesregierung
Das Bundeskabinett hat am 06. Oktober 2010 die „Nationale Strategie zur gesellschaftlichen Verantwortung von Unternehmen" (Corporate Social Responsibility – CSR) in Form eines Aktionsplans verabschiedet. Wichtiges Anliegen des Aktionsplans CSR ist es, einen Bewusstseinswandel dahingehend herbeizuführen, dass CSR sich für Unternehmen und Gesellschaft lohnt. Denn CSR bietet für Deutschland die Chance, sowohl die internationale Wettbewerbsfähigkeit der Unternehmen nachhaltig zu stärken, als auch Antworten auf gesellschaftliche Herausforderungen zu finden. Der „Aktionsplan CSR" stützt sich auf die Empfehlungen des „Nationalen CSR-Forums", das die Bundesregierung bei ihrer Politik für gesellschaftliche Unternehmensverantwortung berät und begleitet. Damit ist der Aktionsplan der Startschuss für eine strategische Allianz zur Stärkung der gesellschaftlichen Verantwortung von Unternehmen in Deutschland. Das „Nationale CSR-Forum" unterstützt die Bundesregierung auch in der aktuellen Umsetzungsphase.

Global Compact
oder auch „United Nations Global Compact" ist der englische Name für einen weltweiten Pakt (deutsch: Globaler Pakt der Vereinten Nationen), der zwischen Unternehmen und der UNO geschlossen wird, um die Globalisierung sozialer und ökologischer zu gestalten.

Am 31. Januar 1999 wurde der Pakt offiziell von UN-Generalsekretär Kofi Annan in einer Rede anlässlich des Weltwirtschaftsforums in Davos allen interessierten Unternehmensführern angeboten. Die Internationale Handelskammer (ICC) war nicht nur der erste, sondern lange Zeit auch der einzige Ansprechpartner aus der Wirtschaft, der diese Initiative aufgriff. Bereits im Juli 1999 vereinbarten die ICC und Kofi Annan eine enge Zusammenarbeit. Die ICC gewann die ersten 50 multinationalen Unternehmen. Am 26. Juli 2000 wurde in New York die operative Phase gestartet.

Die Teilnahme am Global Compact ist denkbar einfach. In einem kurzen Brief an den UN-Generalsekretär erklärt ein Unternehmen seinen Willen, sich darum zu bemühen, in Zukunft bestimmte soziale und ökologische Mindeststandards einzuhalten (Praxisratgeber zur Erstellung einer Fortschrittsmitteilung). Diese Grundsätze sind in zehn Prinzipien gefasst, die hier sinngemäß wiedergegeben werden.

Unternehmen, die den Global Compact unterschreiben, sollen …
1. die international verkündeten Menschenrechte respektieren und ihre Einhaltung innerhalb ihrer Einflusssphäre fördern,
2. sicherstellen, dass sie nicht bei Menschenrechtsverletzungen mitwirken,
3. die Rechte ihrer Beschäftigten, sich gewerkschaftlich zu betätigen, respektieren sowie deren Recht auf Kollektivverhandlungen effektiv anerkennen,
4. alle Formen von Zwangsarbeit bzw. erzwungener Arbeit ausschließen,
5. an der Abschaffung von Kinderarbeit mitwirken,
6. jede Diskriminierung in Bezug auf Beschäftigung und Beruf ausschließen,
7. eine vorsorgende Haltung gegenüber Umweltgefährdungen einnehmen,
8. Initiativen zur Förderung größeren Umweltbewusstseins ergreifen,
9. die Entwicklung und die Verbreitung umweltfreundlicher Technologien ermutigen,
10. gegen alle Arten der Korruption eintreten, einschließlich Erpressung und Bestechung.

Die Korruptionsbekämpfung wurde nachträglich aufgenommen.
Die unterzeichnenden Unternehmen sollen einen jährlichen Bericht darüber verfassen.

Die Global-Reporting-Initiative (GRI)
entwickelt Richtlinien für die Erstellung von Nachhaltigkeitsberichten von Großunternehmen, kleineren und mittleren Unternehmen (KMU), Regierungen und NGOs.

Die Global-Reporting-Initiative versteht sich als ein kontinuierlicher internationaler Dialog, der eine Vielzahl von Anspruchsgruppen einbezieht. Die Grundlage einer Berichterstattung nach GRI ist Transparenz, ihr Ziel eine Standardisierung und Vergleichbarkeit.

Die GRI wurde 1997 von Ceres (früher: Coalition of Environmentally Responsible Economies, aktuell: Investors and Environmentalists for Sustainable Prosperity) in Partnerschaft mit dem Umweltprogramm der Vereinten Nationen (UNEP) gegründet. Die GRI arbeitet weltweit unter aktiver Beteiligung von Firmen, Menschenrechts-, Umwelt-, Arbeits- und staatlichen Organisationen und weiteren Anspruchsgruppen.

Die GRI-Richtlinien sollen nachhaltige Entwicklung weltweit unterstützen und gleichzeitig Firmen, Regierungen, Investoren, Arbeitnehmern und einer interessierten Öffentlichkeit vergleichbare Entscheidungs- und Orientierungshilfen bieten. Sie sollen Unternehmen/Organisationen bei der Erstellung von Nachhaltigkeitsberichten mit einem freiwilligen Rahmen für die Berichterstattung unterstützen. Durch die Forderung der Richtlinie nach bestimmten Kennzahlen und Indikatoren zu wirtschaftlichen, ökologischen und gesellschaftlichen Aspekten ihrer Tätigkeiten, Produkte und Dienstleistungen wird die Vergleichbarkeit der Berichte erhöht. Sie ergänzen damit das betriebliche bzw. institutionelle Nachhaltigkeitsmanagement und -controlling. Den Mitgliedern des Global Compact der Vereinten Nationen wird mittlerweile empfohlen, einen CSR- oder einen Nachhaltigkeitsbericht vorzulegen, der nach den Richtlinien der GRI verfasst ist.

Literatur

EFQM EXCELLENCE MODELL (2013) Brüssel (Eigendruck)
Hardtke A, Kleinfeld A (2010) (Hrsg) Gesellschaftliche Verantwortung im Unternehmen. Wiesbaden Gabler
Rüegg-Stürm J (2002) Das neue St. Galler Management-Modell. Bern, Haupt

Prof. Dr. Annette Kleinfeld ist Inhaberin und Geschäftsführerin der 2004 von ihr gegründeten Dr. Kleinfeld CEC – Corporate Excellence Consultancy GmbH & Co. KG, dem deutschen Partnerunternehmen der CSR Company International. Als Initiatorin und Vorstandsmitglied der Stiftung Club of Hamburg® leitet sie seit 2013 die Ideenwerkstatt „Vom ehrbaren Kaufmann zum ehrbaren Unternehmen: Unternehmensethik im 21. Jhd." Seit März 2014 ist die promovierte Unternehmensethikerin zudem Professorin für Business & Society an der University of Applied Sciences (HTWG) Konstanz und Direktorin für CSR und Nachhaltigkeit am Konstanzer Institut für Corporate Governance (KICG).

Dipl. Sozialwirt (Uni) Joachim Rottluff geboren 1951 in Hannover. Studium der Sozialwissenschaften an der wirtschafts- und sozialwissenschaftlichen Fakultät der Georg-August-Universität Göttingen. Seit 1979 tätig als freiberuflicher Unternehmensberater für strategische Organisationsgestaltung im In- und Ausland, u. a. in Kooperation mit „Dr. Kleinfeld CEC GmbH & Co. KG – Corporate Excellence Consultancy". Branchenschwerpunkte: Automotive, Logistik, Kommunikation und Bildungswesen. Arbeitsschwerpunkte: Umfassende Managementsysteme in Anlehnung an das Excellence Modell der European Foundation for Quality Management (EFQM). Seit 2011 geschäftsführender Partner der „Excellence Center Nürnberg – Partnergesellschaft".

Corporate Social Responsibility und Organisationsentwicklung – aus Sicht gesunder Führung

Heribert Jaklin

1 Einführung, Abgrenzung

Corporate Social Responsibilty (CSR), Organisationsentwicklung (OE) und Gesunde Führung (GF) sind Maßnahmen, die eine Entwicklung der Wirtschaft zu menschlich und ökonomisch gesundem Verhalten zum Ziel haben. Insofern sind sämtliche Aspekte der Wirtschaft angesprochen und relevant. Im Folgenden beschränke ich mich auf einige Gedanken zum Thema „Änderung von Verhalten im Hinblick auf Verhaltensmuster und deren Aktivierung bei besonders belastenden wirtschaftlichen Veränderungen sowie Möglichkeiten zur Reduzierung und Lösung von inadäquaten Verhaltensreaktionen". Dabei geht es um die Verstärkung der intrinsischen Motivation zu verändertem, korrektem wirtschaftlichen Verhalten. Die möglichen und wichtigen Einflüsse von OE, die Wirkungen von extrinsischen Führungsinstrumenten sowie von Gesetzen und Verordnungen auf das Verhalten werden nicht oder nur soweit nötig am Rande erwähnt.

2 Besondere Einflüsse auf die Entwicklung der Wirtschaft in den letzten 30 Jahren

Die soziale Verantwortung, die richtige Organisation und der Anspruch auf gesunde Führung in der Wirtschaft, die sich in aktuellen Themen, wie z. B. „enkeltaugliches, nachhaltiges Wirtschaften" oder „der ehrbare Kaufmann" wiederfinden, sind Werte, die z. T. Jahrhunderte alt und allgemein akzeptiert sind.

H. Jaklin (✉)
Spessartweg 26, 91065 Erlangen, Deutschland
E-Mail: heribert@jaklin.de

Welche Umstände ließen sie verblassen und führten zu den gegenwärtigen ökologischen, ökonomischen, politischen und sozialen Krisen?

Der Zusammenbruch der UdSSR, die Grenzöffnungen, die IT-Entwicklung in allen Bereichen der Wirtschaft sowie der Wunsch der Politik nach sozialer Absicherung und Wohlstand für alle führten weltweit zu Liberalisierungstendenzen. Man sah darin das „Heil für die sofortige ertragreiche Zukunft und Lösung aller Probleme" (z. B. USA: Änderung im Finanzbereich; weitgehende Aufhebung der US Bundesgesetze Glass Steagall Act von 1933 in 1999 und McFadden Act von 1927 in 1994).

Die zunehmende internationale Konkurrenz, die Sorge vor feindlichen Übernahmen (Heuschrecken) und die Chance auf Wachstum durch Übernahmen von Konkurrenten verstärkten den Anspruch auf eigene Umsatz- und Ertragszuwächse sowie auf eine entsprechende Entwicklung der Eigenkapitalrendite der Wirtschaft. Die Folge waren u. a. Kosteneinsparungsprogramme, Schließung von Produktionsstätten mit Verlagerung von Arbeitsplätzen in Billiglohnländer. Ferner kam es zu Ziel-, Takt- und Ergebnisvorgaben für die Produktion und den Vertrieb.

Die Unternehmensgruppen organisierten sich in dieser Weise – auch unter steuerlichen Gesichtspunkten – relativ rasch weltweit. Die nationalen Rechtsordnungen und Kontrollmechanismen verloren durch die zunehmende Komplexität der internationalen Wirtschaft immer mehr ihren Einfluss auf die globale Wirtschaft. Auch der „blinde" Wunsch nach mehr Wirtschaftswachstum und die Freude über die wachsenden Staatseinnahmen stärkten nicht die Neigung der Verantwortlichen, sich sofort den nötigen Über- und Weitblick zu verschaffen.

Die zunehmende Anonymität zwischen Gesetzesbrechern und Geschädigten sowie der häufige bestehende Mangel an Möglichkeiten zur Strafverfolgung, wie z. B. mangelnde Sachkenntnis der neuen Entwicklungen und dadurch Unvermögen zeitnah auch die internationalen Kartellabsprachen oder die Manipulationen von Zinssätzen und Wechselkursen zu erkennen, die Umweltbelastungen den Verursachern einwandfrei zuordnen zu können oder die wirtschaftlichen Grenzen der geschädigten Verbraucher zur Verfolgung ihrer Rechte – „wo kein Kläger, kein Gericht und auch kein Richter" –, öffneten scheinbar weltweit ein Ventil zu mehr „Gewinn" unabhängig von der „Realwirtschaft".

Die Begleiterscheinungen und Konsequenzen dieser Geschäftsgebaren für die betroffenen Unternehmen sind bereits – wenn auch mit einer Verzögerung von mehreren Jahren – eingetreten: Strafen/Vergleichszahlungen, auch im zweistelligem-Milliarden-Dollar-Bereich, Vertrauensverlust im Markt, Kundenabwanderungen, emotional belastete Mitarbeiter und Mitarbeiterinnen, Zunahme der Fehltage, Zunahme der Demotivation und der internen Diskussionen mit kontinuierlich sinkender Arbeitsmoral, insbesondere nach Aufdeckung der Fehlverhalten bei der folgenden Suche nach den Beteiligten und der in der Regel anschließenden Umstrukturierung, sowie psychische Erkrankungen bis zum Burnout.

Die bisherigen Erfahrungen zeigen, dass die Aufarbeitung und die Implementierung eines „Kulturwandels" zusammen mit den Straf- und Schadensersatzzahlungen sowie mit den Kosten der Neuorientierung und den entgangenen Gewinnen aus der damit zwangsläufig reduzierten Unternehmensentwicklung ein Mehrfaches des Gewinns aus dem Fehlverhalten betragen können. So musste die Finanzindustrie bereits über 100 Mrd. US$ an Strafen und Vergleichen bezahlen (2014, S. 22).[1]

Zur Veranschaulichung sollte eine Rechnung dieser Kosten für die europäische Wirtschaft länderübergreifend über alle Branchen erstellt werden. Hier könnten mehrere Billionen Euro zusammen kommen.

Welche sind die treibenden Kräfte dieser Eskalation von Fehlern im Wirtschaftsleben, wenn doch der gesünde Verstand signalisieren müsste, dass das auf längere Sicht nicht funktioniert?

Die besonders auf quantitatives Wachstum ausgerichteten Unternehmen versuchten, wie oben ausgeführt, mit ihren bewährten Methoden aus der Vergangenheit Erfolge zu erzielen. Das wurde schwieriger; der Konkurrenz-, Veränderungs- und Erfolgsdruck auf das gesamte Unternehmen wuchs. Dies schürte und vergrößerte vorhandene Unsicherheiten und Ängste. Um dem zunehmenden Druck zu begegnen, wurden kurzfristig scheinbar gefahrlose oder risikoarme Auswege beschritten. Ein Unrechtsbewusstsein und auch Ängste traten aufgrund der oben genannten Umstände, der gewaltigen Bonifikationen und Erfolgsfeiern vorübergehend in den Hintergrund. Das System intern und extern schien dies zu tolerieren, ja sogar zu begleiten.

Die gegenwärtigen Krisen, ökonomisch, sozial, politisch und ökologisch sowie die ausufernde Staatsverschuldung waren und sind die Folgen!

Wie kam es dazu? Verhaltensmuster mit einem starken emotionalen Anteil lassen sich immer schwerer durch den Verstand und das Gewissen beherrschen, vor allem wenn es einige Zeit „gut" gegangen ist. Angst und auch die Gier nach materieller Unabhängigkeit kennen jedoch in der Regel keine Grenzen, sondern tendieren zur Eskalation. Das Ergebnis dieser Entwicklung in der Breite der Wirtschaft weltweit sind die oben angeführten Krisen mit ihren negativen Begleiterscheinungen für die Menschen, die Unternehmen, die Gesellschaft und die Umwelt.

3 Kurze Erwähnung einiger bisherigen Maßnahmen (z. T. geplant) zur Aufarbeitung und Bewältigung der Schäden und zur Vermeidung künftiger Krisen

Staatsorgane:

- Verfolgung der kriminellen Handlungen, Einklagen von Schadensersatz
- Stärkung der Kontrollorgane und Ausweitung der Kompetenzen sowie internationale Zusammenarbeit

---

[1] Kno: „Seit 2009 mehr als 94 Milliarden Dollar Strafen-und die Banken sind kein bisschen weise- ‚Kein Geschäft ist es wert, den Ruf unserer Bank aufs Spiel zu setzen'": Frankfurter Allgemeine Zeitung 131 (07.06.2014): 22.

- Entwicklung von Sachkenntnis und technischen Mitteln zur Verfolgung von verbotenen Handlungen
- Gesetze zur Kapitalstärkung sowie Klarheit, wer eventuelle weitere Problemlösungen zu bezahlen hat (Gläubigerhaftung, Bankenunion in Europa zur Entlastung des Staates/ Steuerzahlers)

Unternehmen:

- Erarbeitung und Änderung von Unternehmensgrundsätzen, Einleitung eines Kulturwandels sowie Einsetzung von Verantwortlichen für die Umsetzung
- Einsetzung auch externer Revisionen mit anschließender Umorganisation, Einsetzung oder Verstärkung der Verantwortlichen für die Anwendung der Corporate Governance Regeln im Konzern
- Management- und Mitarbeiterseminare zu Führung, Gesundheit am Arbeitsplatz, Stressbewältigung, Resilienzstärkung etc.
- Reduzierung der Ertragserwartungen sowie der Gehälter und Bonifikationen der Mitarbeiter und Verteilung der Auszahlung auf mehrere Jahre um die Nachhaltigkeit der Leistung messen zu können

Mitarbeiter:

- Seminarbesuche zur Entspannung und Resilienzsteigerung
- Wahrnehmung von Coaching- und Therapieangeboten.

4 Ergebnis der Maßnahmen

Alle Maßnahmen, z. B. zeitnahe exakte Kontrollen, die verhindern, dass sich ein Fehlverhalten lohnt, haben gewirkt. Als Folge der Recherchen der Bankenaufsicht, der verhängten Strafzahlung von bisher über 100 Mrd. US$. sowie der anhängigen Klagen von Fonds gegen die betroffenen Banken, haben die meisten Finanzinstitute reagiert, umorganisiert und Teile des Eigenhandels eingestellt. Die weiteren Maßnahmen führten i. d. R. zum Nachdenken und Innehalten sowie bei am Fehlverhalten nicht beteiligten Mitarbeitern zur Entlastung von internem Druck. Aber in welchem Umfang das gesunkene Image des Unternehmens die Mitarbeiter belastet und trotz der oben genannten Erleichterungen zusammen mit der Angst um den Arbeitsplatz diese Entlastungen der Mitarbeiter über kompensiert, ist noch im Einzelfall zu untersuchen.

Ferner ist heute, sechs Jahre nach Beginn der Finanzkrise, noch nicht abzusehen, wie und wann man zu einem mit den wirtschaftlichen Entwicklungen Schritt haltenden Organisations- und Kontrollsystem kommt, das hinreichend schnell Fehlverhalten meldet, ohne positive Entwicklungen zu gefährden oder gar zu unterdrücken.

Offen ist, in welchem Umfang ein positives Verhalten stabil bleibt, wenn die Umsätze und Erträge sinken und der Druck (Angst, Gier) steigt. Die Gefahr ist groß, dass wieder alte Denk- und Verhaltensmuster Platz greifen, wenn die Hoffnung besteht, die Kontrollsysteme überlisten zu können.

Bundeskanzlerin Frau Dr. Merkel sagte dazu, dass die finanzielle Lage weiterhin zerbrechlich ist (2014, S. 15).[2]

5 Qualitatives Wachstum

Trotz der ständigen und immer schnelleren Veränderungen des Unternehmensumfeldes, gelang es etlichen Firmen nachhaltig zu wirtschaften und gute Umsatz- und Ertragszuwächse zu erzielen. Die Betrachtung dieser Firmen zeigt, dass dort Führungspersönlichkeiten nicht nur ein auf Innovation ausgerichtetes Konzept hatten, sondern auch in der Lage waren, die richtigen Mitarbeiter am richtigen Platz zu haben. Es gelang ihnen die Mitarbeiter so zu führen, dass diese voll motiviert und inspiriert nachhaltig leisteten. Diese Mitarbeiter sind i. d. R. auch emotional stabiler und körperlich gesünder.

Schon lange gibt es zu den o. a. Themen „die richtige Person am richtigen Platz", Führungsstile, Führungspersönlichkeiten, Führungsinstrumente etc. genügend sichere Erkenntnisse und Literatur sowie diverse Trainingsangebote. Es stellt sich angesichts der Krisen jedoch die Frage, warum es nicht überall so positiv funktionieren konnte?

6 Erfolgsfaktor Mensch

Die Antwort wird einfacher, wenn man die Typologie der Basiserfolgsgründe und ihren Einfluss auf die Leistung ansieht.

Diese Erfolgsgründe sind:

- Biologie
- Kognition
- Emotion
- Motivation
- Kommunikation
- Sozialverhalten
- Umwelt

Eine Betrachtung der Basiserfolgsgründe macht deutlich, wie die einzelnen Erfolgsressourcen zur Zielerreichung zusammenwirken und zum Erfolg beitragen können und welche Einflüsse auf sie möglich sind:

---

[2] mas./ppl.: „Merkel besorgt über Lage im Euroraum": Frankfurter Allgemeine Zeitung 160 (14.07.2014): 15.

1. Die Erfolgsressourcen beeinflussen sich gegenseitig! Es ist einfach nachzuvollziehen, dass bei über 40 °C Fieber z. B. Kognition, Motivation i. d. R. sinken.
2. Für die jeweilige Zielerreichung ist ein entsprechendes Maß von jeder Ressource nötig. Für jedes Maß gibt es einen Rahmen mit Minimum und Maximum. So kann sowohl zu wenig Motivation als auch Übermotivation den Erfolg verhindern.
3. Je nach Aufgabenstellung und dem Umfang der einzelnen Ressourcen kann im Rahmen des Minimums und Maximums ein Weniger einer Ressource durch ein Mehr einer anderen Ressource eine gewisse Zeit erfolgreich ausgeglichen werden (z. B. ein begrenzter Mangel an Biologie durch ein Plus an Motivation).
4. Es ist leicht erkennbar, dass jeder selbst in einem gewissen Rahmen auf diese persönlichen Erfolgsgründe Einfluss nehmen kann, dass aber auch die Umwelt (Chef, Kollegen Mitarbeiter, Familie etc.) einwirken kann.

Wie helfen diese Feststellungen in Richtung gesunder Führung weiter?

Zu allen Erfolgsgründen gibt es reichhaltige Analysen und Studien sowie Weiterbildungsangebote, wie diese in Zusammenarbeit von Unternehmen und Mitarbeiterschaft entwickelt und verstärkt werden können. Wieso gelingt, wie die Ergebnisse in der jüngsten Vergangenheit es zeigen, die gesunde Führung dennoch in erheblichem Ausmaß nicht?

Die Antwort ist, dass die Entwicklung gesunder Selbstführung als Voraussetzung für gesunde Führung häufig vernachlässigt wird.

7 Gesunde Selbstführung

1. Wie entwickelt sich Selbstführung?
2. Wie kann man zu gesunder Selbstführung kommen?
3. Wie verändert die Entwicklung gesunder Selbstführung die Möglichkeiten zu gesunder Führung im Unternehmen?

Ad 1.) Jeder Mensch kommt mit einem Lernprogramm auf die Welt. Es gehört zur biologischen Grundausstattung und funktioniert weitgehend automatisch. Das Kind lernt krabbeln, laufen, sprechen. Es steht seiner Umwelt erst einmal positiv gegenüber und übernimmt auch meistens unbewusst die Verhaltensweisen seiner Umgebung.

Schwierigen Umständen, z. B. Konkurrenz von Geschwistern oder Problemen der Eltern, versucht das Kind entsprechend seinem jeweiligen Horizont zu begegnen. Da in den ersten Lebensjahren die Versorgung durch die Umgebung überlebensnotwendig ist, werden in der Regel Fehlverhalten, z. B. Verletzungen oder auch emotionale Unterversorgung, nicht der Umgebung angelastet. Um zu überleben werden ja diese Personen weiterhin noch benötigt. Das Kleinkind weiß das instinktiv. Es verdrängt daher oft diese negativen Ereignisse, um nicht ständig davon belastet zu sein. Ein häufiger Weg, um die Situation zu entschärfen und um einen Konflikt, bei dem das Kind aus Erfahrung keine Chance zu gewinnen sieht, zu vermeiden, ist, die Ursache für die Probleme sich selbst zuzuschreiben (z. B. „ich werde so behandelt, weil ich nicht liebenswert oder nichts wert bin").

Oft resultiert aus dieser Zuschreibung ein Bedürfnis nach einem „Ersatzwert". Entsprechend den Erfahrungen des Kindes in seiner Umgebung wird ein Glaubenssatz, eine Überzeugung gebildet. Das Kind denkt z. B. „Wenn ich gewinne und der Erste bin oder wenn ich mich stets für andere einsetze, halten mich andere – und hoffentlich auch meine näheren Bezugspersonen – für wertvoll". Im Erfolgsfall wird dieses Verhalten immer wieder eingesetzt, da es vorübergehend Erleichterung und Befriedigung bringt. Es ändert in der Regel jedoch nachhaltig nichts am Selbstwertgefühl.

Ein Verhalten, das immer wieder eingesetzt wird, bildet nach und nach ein Verhaltensmuster. Jedes Verhaltensmuster wird ursprünglich in positiver Absicht gebildet. Es baut auf den Möglichkeiten, die das Kind sieht, auf, d. h. jedes Problem wird individuell beantwortet. Verhaltensmuster werden nach einer gewissen Zeit nicht mehr hinterfragt sondern automatisch eingesetzt. Dieser Automatismus bestimmt dann oft, unabhängig von objektiven Ereignissen, entsprechend der subjektiven Wahrnehmung und den Erfahrungen des jeweiligen Menschen, sein Verhalten. Dies tritt vor allem dann auf, wenn starke Emotionen dabei sind.

Aus diesen gesamten Erfahrungen entwickeln sich bei jedem Kind ein Selbstbild, eine Identität und ein entsprechendes Verhalten. Diese überlagert in der Regel die natürliche Persönlichkeit dieses Menschen und weichen von ihr ab. Es spricht in einem solchen Fall einiges dafür, dass diese automatisch eingesetzten Verhaltensmuster nicht notwendigerweise diesen Menschen zu Erfolg und gesunder Selbstführung bringen. In der Regel verursachen sie innere Konflikte.

Die hier aufgeführten Entwicklungen geschehen fast immer unbewusst.

Ad 2.) Wie läuft Verhalten ab? Wie kann man es ändern? Reize werden über die Sinnesorgane (Auge, Ohr etc.) aufgenommen und an das Gehirn zur Verarbeitung weitergeleitet. Die Verarbeitungskapazität des Verstandes ist begrenzt. Deshalb hat die Entwicklung die selektive Wahrnehmung eingerichtet, d. h. der Verstand rastert je nach Situation *interessant oder uninteressant, ungefährlich oder gefährlich, wichtig oder unwichtig* etc. Die als bedeutungslos eingestuften Reize gelangen erst gar nicht zur Weiterverarbeitung. Die als wichtig eingestuften ankommenden, selektierten Teile werden zu einem auf der persönlichen Erfahrung beruhenden Gesamtbild ergänzt, d. h. die Situationen werden nicht objektiv erfasst!

Danach wird vom Verstand im Gedächtnis eine zu diesem subjektiv geschaffenen Bild einigermaßen als stimmig angesehenen Reaktion ausgewählt und eingesetzt.

Alle diese Schritte erfolgen automatisch und in wenigen Augenblicken.

Ein kleines Beispiel aus dem täglichen Leben kann dies verdeutlichen:

An einem heißen und schwülen Morgen Mitte Juli bekam eine ältere Dame gerade ihr Frühstück an einem der Außentische eines Cafés in der Leopold-Straße in München-Schwabing serviert. Wir, ca. 30 Leute, warteten auf der anderen Straßenseite auf das Grün der Ampel zur Überquerung und beobachteten die Szene ziemlich unbeteiligt. Wir sahen auch, wie ein allem Anschein nach heruntergekommener, ca. 20-jähriger dürrer Kerl mit ca. zwei Metern Größe, langem ungepflegten Haar, bekleidet mit einem verdreckten dicken, an Ellbogen und Kragen eingerissenen Winterpullover, kaputten Jeans und in, am Absatz nach innen eingetreten, schmutzigen Tennisschuhen, von hinten auf die alte Dame zu schlurfte. Unmittelbar hinter der Dame griff er mit seinem langen Arm über sie, nahm ein Croissant und biss ein Stück ab. Die alte Dame zuckte mit einem kleinen Schrei erschreckt und überrascht zusammen.

Die Reaktionen bei uns waren unterschiedlich: Ausrufe wie z. B. „Drecksack", „typisch moderne Jugend", „Kind der 68er-Generation" oder „der hat wohl ziemlich Hunger" waren einige. Einer wollte direkt eingreifen, sprang auf die Straße und entging haarscharf einer Kollision mit dem mit ca. 50 km/h vorbei fließenden Verkehr.

Als die alte Dame den Mann sah, umarmte sie ihn herzlich. Vermutlich war er ihr Enkel.

Die Reaktionen auf unserer Seite hatten sicher weniger mit dem objektiven Tatbestand auf der anderen Straßenseite zu tun, sondern mehr mit unserer jeweiligen Wahrnehmung und der automatischen Verarbeitung derselben.

Wie kann man inadäquate, störende und nicht zielführende Verhaltensmuster verbessern und verändern?

Nicht zielführende Verhaltensmuster kann man umlernen. Dies gelingt in der Regel jedoch nicht besonders schnell. Denn die im Langzeitgedächtnis gespeicherten Reaktionen werden so lange eingesetzt, wie das Ergebnis subjektiv noch erfolgreich ist. „Subjektiv erfolgreich" kann von „objektiv erfolgreich" durchaus verschieden sein. Sofern das inadäquate Verhalten nicht starke Emotionen enthält, erleichtern alle Entspannungsübungen oder Methoden zum Innehalten die angestrebte Verhaltensänderung (z. B. vor einer spontanen Reaktion tief ausatmen, Ausgleichsport oder Meditation etc., d. h. alle Übungen die beruhigen und die emotionale Balance stärken).

Wenn in dem inadäquaten Verhaltensmuster ein starker emotionaler Teil enthalten ist, ist eine Änderung, sofern nicht ein extremes Erlebnis passiert, eher unwahrscheinlich. Durch dieses inadäquate Verhalten wird jede Zielerreichung erschwert oder sogar ganz verhindert.

Welche Auswirkungen auf unsere Ressourcen (Biologie, Kognition, Emotion, Motivation, Kommunikation, Sozialverhalten und Umwelt) kann diese Kraftvergeudung haben? Fortgesetztes inadäquates, emotionales Verhalten wirkt sich negativ auf unsere Ressourcen aus. Damit entsteht auch ein negativer Einfluss auf unsere Wahrnehmung, unser Lernen und unser Verhalten. Das behindert uns an „gesunder Selbstführung" und an der positiven Ausübung unserer Führungsverantwortung.

Insbesondere, wenn inadäquate emotionale Verhaltensweisen ihre Wurzeln in erlittenen Verletzungen haben, ist häufig zu beobachten, dass die Betroffenen immer wieder in Situationen kommen, dieses automatisch einzusetzen. Man kann fast den Eindruck gewinnen, dass sie diese Situationen geradezu „anziehen". Das kann in eine Negativspirale führen, die Eigendynamik entwickelt und dann eskaliert. Das kostet Kraft, frustriert und kann zu psychischen und auch körperlichen Leiden führen. Denn nach Damasio (2000,

S. 92 ff.)³ kann man vereinfacht sagen: „Alle Emotionen haben ihre Spiegelung im Körper". Aussagen, wie z. B. „Das geht mir an die Nieren.", oder „Dem ist etwas über die Leber gelaufen.", oder „Das hat ihm das Kreuz gebrochen.", stehen auch in diesem Kontext.

Emotionen und Gefühle sind das bewusst werdende Ergebnis von unbewussten Prozessen (LeDoux 2012, S. 288).

Die Emotionen sind ein mächtiges Erbe unserer menschlichen Entwicklung. Das Ziel unserer emotionalen Verhaltensmuster ist im weitesten Sinne die Existenzsicherung. Der Verstand, d. h. unser Urteilsvermögen, folgt in der Regel festgelegten Bahnen und ist dann meistens nicht geeignet, ein nicht zielführendes, inadäquates, emotionales Verhaltensmuster zu ändern. Im Gegenteil, die fest gelegten Bahnen führen uns oft im Kreis, können auch z. B. Schlafstörungen verursachen und uns Kraft kosten.

Wie kann die Lösung aussehen?

Eine Möglichkeit ist es, die Urteilskomponente des Verstandes ruhig zu stellen. Dies ist auf mehreren Wegen möglich. Am einfachsten und schnellsten ist das zu erreichen, indem man die Wahrnehmung auf etwas richtet, das der Verstand nicht beurteilt (z. B. das Atmen). Natürlich geht das bei entsprechend fortgeschrittenen Könnern auch über Meditation, Yoga etc.

Parallel dazu nimmt man die Emotionen zu dem inadäquaten Verhaltensmuster im Körper wahr.

Es entsteht eine Frage und es entsteht eine Antwort. Man selbst bleibt in der Beobachterposition emotionslos.

Man folgt als Beobachter den entstehenden Fragen und Antworten bis zurück zu der Kenntnis der Gründe und der Umstände für die Entstehung dieses emotionalen Verhaltensmusters.

Durch das Verstehen und das Bejahen der damaligen Umstände und der eigenen Möglichkeiten gegenüber der heutigen Situation und der zusätzlichen jetzt vorhandenen Möglichkeiten wird der automatische Einsatz des inadäquaten Verhaltens entkoppelt.

Neue zielführende Verhaltensweisen können ausgewählt und gelernt werden.

Dieser Weg klingt einfach und ist es auch. Voraussetzung ist aber, dass die persönlichen Ressourcen in ausreichendem Umfang vorhanden sind (Biologie, Kognition [...]). Es kann auch auf dem Weg zur Wurzel der Verhaltensmuster Hindernisse geben. Dies

---

³ Emotionen (emotions) sind komplizierte Kombinationen von chemischen und neuralen Reaktionen des Gehirns, die eine regulatorische Rolle spielen mit dem ursprünglichen *biologischen Zweck, günstige Umstände für das Überleben des Organismus zu schaffen.* Sie haben Einfluss auf alle Organe, auf das skeleto-muskuläre System und auf Gehirnfunktionen. Emotionen beruhen auf angeborenen Gehirnfunktionen, die einer langen evolutionären Entwicklung entstammen. Individuelle Lernprozesse und kulturelle Einflüsse verändern jedoch die Emotionen hinsichtlich ihrer Auslöser und ihres Ausdrucks. Von diesen emotionalen Veränderungen des Körpers und der Gehirnfunktionen entstehen im Gehirn wiederum Repräsentationen, die im Bewusstsein wahrgenommen werden können. Diese Repräsentationen der emotionalen Veränderungen heißen Gefühle (feelings).

kommt vor, wenn bei Verletzungen zum Schutz die Erinnerung daran unterdrückt wurde, um die eigene weitere Entwicklung nicht zu belasten. Hier ist es empfehlenswert, sich zu Beginn die Begleitung eines kompetenten Coaches oder eines Therapeuten zu suchen bis man die nötige Erfahrung und Selbstsicherheit erlangt hat.

Ad 3.) Die Entkopplung von inadäquaten emotionalen Verhaltensmustern bringt eine Entlastung und Erleichterung für die gesamte Person. Die darin gebundene Kraft wird frei. Die Reduzierung der Wahrnehmung durch die inadäquaten Emotionen (z. B. Zorn, Angst oder Gier) fällt weg. Die Klarheit und der Umfang der Wahrnehmung, auch der Selbstwahrnehmung, nehmen zu. Verkehrte Glaubenssätze werden zunehmend bewusst und können gelöst und passend zur eigenen Natur eingebunden werden. Man erkennt bei weiteren Entkopplungen auf diesem Weg immer klarer seine Möglichkeiten und die verschiedenen Wege zur Zielerreichung. Das Bewusstwerden von eigenen Handlungsalternativen stärkt auch das eigene Sicherheitsgefühl, das Vertrauen in sich selbst und die Resilienz. Das zunehmende Selbstvertrauen, das gewachsene Selbstwertgefühl und die gestiegene heitere Gelassenheit machen diese Person in positiver Weise attraktiver für sich selbst und die Umgebung. Mit der eigenen Wertschätzung steigt auch die Achtsamkeit für sich und andere. Außerdem verändert sich parallel, wenn z. B. Angst oder Zorn nur mehr im adäquaten Ausmaß stattfinden, die Wichtigkeit und auch die Rangfolge von Werten auf der persönlichen Werteskala.

Dieser Weg der Lösung von inadäquatem Verhalten, den dazu gehörigen belastenden Glaubenssätzen und Kraft bindenden inneren Konflikten ist ein Weg zu sich selbst. Je konsequenter und je weiter dieser Weg verfolgt wird, desto interessanter und faszinierender wird er. Es macht jedoch keinen Sinn, jetzt in der eigenen Vergangenheit zu kramen. Die passenden Probleme zeigen sich ohnehin im täglichem Leben und sind dann auch jetzt da und aufzulösen. Natürlich liegt die Entscheidung und Verantwortung dafür bei jedem selbst.

Dieser Weg zur Selbstführung bringt automatisch Möglichkeiten zur besseren und gesünderen Führung. Die durch die Lösung von belastenden Verhaltensmustern vergrößerte Wahrnehmung hilft auch, die Mitarbeiter mit ihren Stärken und Probleme besser zu erkennen. Der Verantwortliche sieht damit auch nach und nach immer mehr Chancen, anderen achtsam und unaufdringlich zu helfen, mehr zu sich zu kommen. Die Freude des Mitarbeiters über seinen gelungenen Entwicklungsschritt schafft auch in der Regel mehr gegenseitige Wertschätzung und zusätzlich Motivation bei dem Mitarbeiter. Je umfangreicher dies bei den Mitarbeitern gelingt, desto besser wirkt dies auf die Ressourcen der Gruppe. Im ersten Schritt wachsen die Soft Skills und stoßen dann im zweiten Schritt auch nach und nach die Etablierung der nötigen soft facts an. Eine bessere Gesundheit ist die Folge. Nötige organisatorische Veränderungen werden besser erklärt und abgefedert und auch auf Grund gewachsener Resilienz mehr verstanden.

Fazit

CSR, OE, und GF sind wichtige Aufgaben, die, richtig entwickelt, sich gegenseitig zur Erreichung des gemeinsamen Ziels helfen und unterstützen.

CSR-Initiativen stärken zunehmend weltweit die Aufmerksamkeit und das Bewusstsein in den Medien, der Bevölkerung, der Unternehmen, der Institutionen und der Politik für das nötige soziale Handeln der Wirtschaft. Damit steigt das Verstehen, dass das Thema jeden etwas angeht. Damit erhöht sich nach und nach die Neigung von Geschäftspartnern und Kunden, sich bei Fehlverhalten von Partnern ab einem gewissen Betroffenheitsgrad anderen Firmen und Produkten zu zuwenden. Das kann dazu führen, dass sich sozial unverantwortliches Handeln nicht mehr lohnt. Im „bestraften" Unternehmen werden ab einem bestimmten Wirkungsgrad der Konsequenzen fast immer eine Umorientierung, neue Unternehmensleitlinien, eventuell auch Unternehmensziele, Organisationsänderungen mit entsprechenden Kontrollen gebraucht.

Die OE ist dann ein nötiger größerer Schritt auf dem Weg zum sozialeren Wirtschaften.

Die häufig damit verbundene neue Ausrichtung – diese auch oft notwendigerweise mit einem Schwerpunkt in Richtung qualitatives Wachstum –, die internationale Konkurrenz, die immer bessere Transparenz sowie der Wettbewerb um gute Mitarbeiter erhöhen die Anforderungen an Unternehmen und das Management.

Um dies zu erreichen, ist gesunde Führung, die mit gesunder Selbstführung beginnt, der richtige Weg. Beide helfen den Menschen in eine bessere Beziehung zu sich, zu anderen und zu seiner Umwelt zu kommen. Sie stärken die Gesundheit, die intrinsische Motivation, die passende Ausrichtung und Führung des Unternehmens und bewirken nach und nach eine verbesserte Akzeptanz des Unternehmens im Markt.

Literatur

Damasio AR (2000) Ich fühle, also bin ich. Die Entschlüsselung des Bewusstseins. List Verlag, Berlin

LeDoux J (2012) Das Netz der Gefühle – wie Emotionen entstehen. dtv Verlag, München

Dr. jur. Dr. rer. pol. Heribert Jaklin geboren 1943 in Klagenfurt, verh., Studium der Rechts- und Staatswissenschaften, ab 1967 Mitarbeiter der Deutschen Bank AG; Arbeitsschwerpunkte: Führungsverantwortung und Personalentwicklung im Privat- und Firmenkundengeschäft, strategische Planung, Generalia-Firmenkunden; seit 2003 freiberuflicher Unternehmensberater, Coach und Seminarleiter.

Systemische CSR-Organisationsentwicklung

Reinhold Poensgen

1 Einleitung

Die Auswüchse unserer Konsum- und Effizienzgesellschaft haben viele Menschen zum Nachdenken angeregt. Tragische Unfälle fernab von Europa, sind alarmierend und machen uns deutlich, dass wir zwar zu Hause nach unseren Werten und Maßstäben leben wollen, diese aber an anderen Orten, bei der Produktion unserer Produkte, nicht gelten. Die Diskussion über soziale Verantwortung wurde damit wieder belebt und wirkt sich auf Corporate Social Responsibility (CSR) aus.

Somit erfährt CSR aktuell eine intensive Aufmerksamkeit in unserer Gesellschaft. Viele Unternehmen haben bereits gehandelt, teilweise, weil sie aufgrund von Regularien dazu seit langem gezwungen sind oder auch, weil sie es als Chance für sich erkannt haben. Was das aber für die Unternehmen als Organisation bedeutet, stellt sich sehr unterschiedlich dar.

Dieser Beitrag zeigt Wege auf, CSR durch Organisationsentwicklung in Unternehmen bestmöglich zu nutzen. Eine positive und authentische Außenwirkung von CSR kann gelingen, wenn sich mit Unternehmensidentität und Unternehmenswerten intensiv auseinander gesetzt wurde. Das stellt die Grundlage der CSR-Glaubwürdigkeit dar, die durch die Beteiligung der Belegschaft vielfache Verstärkung erfährt.

R. Poensgen (✉)
Poensgen, Spitalhofstr. 5 b, 85051 Ingolstadt, Deutschland
E-Mail: rp@poensgen.pro

1.1 Die Möglichkeiten von CSR

Werden CSR-Berichte mit der Motivation „mehr über das berichten, was wir schon immer gut tun" erstellt, ist der Fokus auf die Verbesserung des Ansehens gerichtet. Hierdurch werden auch die Offenlegung gegenüber Stakeholdern und der Wille, sich zu verbessern – anhand von Kennzahlen und Verbesserung von Zielgrößen – erreicht. Allein die Erhebung von Kennzahlen kann Anreize liefern, effizienter zu werden, denn das Management wird aus ökonomischer Sicht immer bestrebt sein, diese zu verbessern (Fifka 2013, S. 1). Allerdings sind deutsche Unternehmen fortwährend gezwungen effizienter zu werden (Größenordnung pro Jahr: 3 bis 5 %) und nutzen dazu beispielsweise kontinuierliche Verbesserungsprozesse (KVP) (Poensgen 2008).

Das trifft im Besonderen auf inländisch produzierende Unternehmen zu, die KVP zur Standortsicherung benötigen. Der Zwang zur Optimierung steht also im Vordergrund. Die reine Darstellung von Kennzahlen und deren positive Entwicklung, ist somit noch kein Indiz für gute und gegebenenfalls außergewöhnliche CSR-Erfolge.

Doch Unternehmen, die sich nach CSR ausrichten, können Beachtliches leisten und gleichzeitig ökonomisch, sozial und ökologisch erfolgreich sein. Die Blueeconomy Initative hat dadurch seit 2004 in mehr als 180 Projekten über 3 Mio. Arbeitsplätze geschaffen (greenmarketing 2014). Als Beispiel sei hier *Papier aus Stein* erwähnt. Dieses Papier benötigt keine Bäume als Ausgangsmaterial, sondern nutzt die Abfälle, den Steinstaub, der bei der Gewinnung von Kupfer oder Gold anfällt. Damit ergibt sich einerseits eine direkte Verbesserung bei der CO_2-Reduzierung und andererseits entsteht zusätzliche Wertschöpfung im Bergbau. Es ergeben sich weiterhin innovative Produkteigenschaften, die normales Papier nicht hat. Und zudem ist die Produktion des Steinpapiers umweltfreundlich und benötigt kein Wasser (Pauli 2014; greenmarketing 2014).

Selbst wenn dieses außergewöhnliche Beispiel die Papierindustrie noch nicht grundlegend verändern kann (ZERAP Germany e. V. 2014b) und auch nicht der Standard für unsere Unternehmen ist: Erfolg und Außergewöhnlichkeit gehen nicht auf äußere Faktoren und Optimierungszwang zurück, sondern sind in der inneren Ausrichtung, den Werten und Prinzipien begründet (ZERAP Germany e. V. 2014a).

1.2 Wege zu authentischem CSR

Damit CSR Wirkkraft entfalten kann, muss eine tatsächliche Beschäftigung mit der Thematik stattfinden. Corporate Social Responsibility darf dann kein Parallelprozess auf oberster Ebene bleiben, bei dem einzelne Maßnahmen und Projekte im Vordergrund stehen. Wenn dies dann noch einseitig berichtet und medial überzogen dargestellt wird, ist die authentische Außenwirkung gefährdet (siehe Abb. 1).

Wenn bei CSR-Maßnahmen die PR-Wirkung im Vordergrund steht, wirken sie kontraproduktiv (Glasl 2008).

Glaubwürdige CSR kann gelingen, wenn das Unternehmen und seine Belegschaft auf breiter Grundlage erreicht werden. Wichtig ist, dass die Außenwirkungen des Unterneh-

Abb. 1 Authentisches CSR (eigene Darstellung)

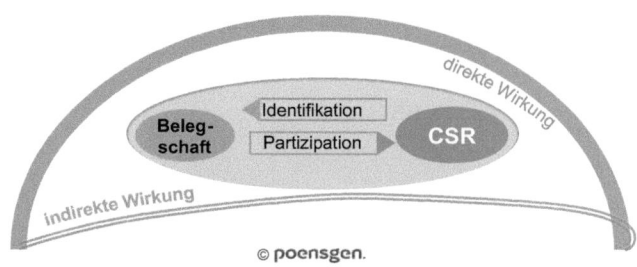

mens zueinander passen. Über die CSR-Berichterstattung entsteht durch Berichte, Internetauftritte oder Projekte und Fördermaßnahmen eine direkte Wirkung. Unvermeidlich entsteht aber immer auch eine indirekte Außenwirkung durch die Belegschaft. Gerade bei großen Unternehmen macht dies einen nicht zu unterschätzenden Einfluss aus und es entsteht ein untrügerisches Bild in der Öffentlichkeit. Wenn Mitarbeiter und Führungskräfte also die in den CSR-Berichten genannten Fakten bestätigen können, wenn sie in ihrem Alltag die mit CSR verbundenen Werte erleben können, dann ergibt sich dieses stimmige Außenbild, wie in Abb. 1 dargestellt.

Wenn eine glaubwürdige CSR-Strategie existiert und diese auch tief im Unternehmensinneren verankert ist, wird dadurch das betriebsinterne Klima positiv beeinflusst (Glasl 2010). Die Identifikation mit dem Unternehmen wird dadurch erhöht. Gleichsam sind dann Führungskräfte und Mitarbeiter eher bereit, sich an CSR-Maßnahmen zu beteiligen, vorausgesetzt die entsprechende Möglichkeiten zur Partizipation sind gegeben. Höhere Identifikation und Beteiligungs- und Gestaltungsmöglichkeiten haben folglich einerseits einen positiven Effekt auf die indirekte Wirkung des CSR und sorgen andererseits dafür, dass Qualität und Schlagkraft von CSR-Maßnahmen steigen. Es entsteht ein sich selbst unterstützendes System.

Corporate Social Responsibility muss in die Mitte des Unternehmens, zum Unternehmenskern gelangen. Konkret bedeutet dies, die Beschäftigung mit den Unternehmenswerten, mit der Firmen- und Führungskultur und schließlich mit den Ablaufprozessen und der Aufbauorganisation.

1.3 Identität und Werte

Den Unternehmenskern bildet die Identität des Unternehmens. Darunter ist das Selbstverständnis im Unternehmen zu verstehen und zwar so, wie es tatsächlich gelebt wird. Das Unternehmen bildet dabei eine soziale Gruppe von Menschen, die gemeinsame Ziele verfolgen. Je nach Unternehmenszweck, prägen sich Werte, Haltungen und Überzeugungen. Wie ist der Umgang miteinander im Unternehmen? Wie erleben die Partner das Unternehmen und die Belegschaft im Alltag? Mit Partner sind hier Kunden, Lieferanten und Dienstleister gemeint. Entsteht bei allen Partnergruppen das gleiche und stimmige Außenbild?

Unsere Handlungen orientieren sich konsistent und wiederholt an unseren Werteprioritäten (Hall 2004).

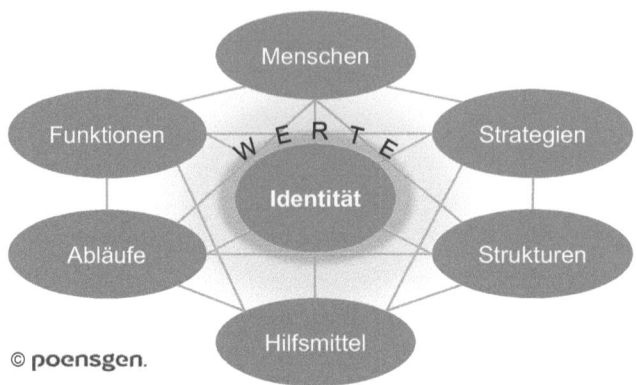

Abb. 2 Systemmodell (eigene Darstellung in Anlehnung an Glasl 2010)

Durch Unternehmenswerte wird die Identität im Unternehmen stark geprägt. Damit dies geschieht, ist eine formale Auseinandersetzung nicht zwingend nötig. Werte wirken immer und zwar diese, die für das tatsächliche Handeln bestimmend sind. Informationen, Bilder und Dokumente von und über Unternehmenswerte, können unterstützend wirken, wenn die Stimmigkeit mit den gelebten Werten gegeben ist. Wenn es sich um Werteänderungen handelt, die durch diese mediale Unterstützung kommuniziert werden, muss das ernsthafte Bemühen im Handeln und Tun von Unternehmensleitung und Management erlebbar sein. Selbst eine beeindruckende und überzeugende mediale Darstellung, wird aber weit hinter den Möglichkeiten einer aktiven Beteiligung zurückbleiben (siehe Abb. 2).

Um die Notwendigkeit von CSR zu unterstreichen, müssen Werte angepasst oder geändert werden. Wie in dem Systemmodell in Abb. 2 dargestellt, ist die Identität in innerer und zentraler Position und erzeugt eine hohe Strahlkraft in die anderen Systemteile. Damit dieser Effekt eintreten kann, ist eine intensive Auseinandersetzung notwendig, denn es reicht nicht aus, CSR in einem Strategieworkshop zu behandeln, kurz anzudiskutieren und als Punkt in einer Maßnahmenliste abzuhaken. Zu kurz gegriffen ist auch, Beschlüsse und Maßnahmen medienwirksam, im Unternehmen bekannt zu machen. Diese Art von Werteveränderungen wird durch Widerstände und Beharrungskräfte im Unternehmen ersticken. Die Menschen bleiben außen vor, sind nicht beteiligt, und Abläufe, Funktionen und Strukturen sind nicht angepasst. Neben Beharrung und Widerstand, fehlt zudem die Expertise und Gestaltungskraft der Betroffenen, damit in der Veränderung auch gute und tragbare Lösungen entstehen.

2 Veränderung von Innen nach Außen

Die Fragen der Unternehmensleitung: „Was ist uns wichtig? Auf was sind wir stolz? Was zeichnet uns aus, wenn wir CSR ernsthaft betreiben wollen?" führt zu Werten, die CSR ausmachen. Also beispielsweise zu *Fairness, sozialer Verantwortung, ressourcenschonendem Umgang* oder *Umweltschutz*. Diese eher weichen Werte müssen mit den klassischen Werten, die den Unternehmenszweck und Wertschöpfung repräsentieren, in Einklang ge-

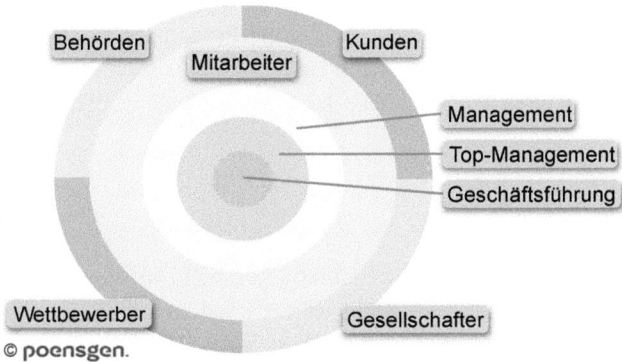

Abb. 3 Organisationsmodell (eigene Darstellung)

bracht werden. Scheinbar ergeben sich bei einer ersten und vordergründigen Betrachtung angespannte Zielkonflikte. Beispielsweise stehen *soziale Verantwortung* (CSR) und *Gewinnorientierung* (klassisch) im starken Widerspruch zueinander. Deren Auflösung und Überführung in ein stimmiges und wettbewerbs-differenzierendes Wertegerüst, ist Kernaufgabe der Unternehmensleitung (Unger et al. 2007, S. 34–36) (siehe Abb. 3).

Es muss also im Inneren begonnen werden und das in zweifacher Weise. Einerseits ist aus systemischer Sicht (vgl. Abb. 2) die Identität das zentrale Element. Andererseits sind Leitung und Management diejenigen, welche die Organisation prägen und den größten Einfluss bewirken, wie in Abb. 3 dargestellt.

Obwohl Werte unsere Handlungen stark prägen (wie weiter oben bereits ausgeführt) und unsere Handlungen damit auch erklär- und vorhersehbar machen, sind wir uns unserer eigenen Werte häufig wenig bewusst. Es fällt uns schwer, wenn wir unsere persönlichen Werte aus dem Stehgreif nennen müssen, und dann sprechen wir in der Regel nicht in exakten Begriffen, sondern Umschreibungen. Diese können von Mensch zu Mensch sehr unterschiedlich ausfallen. Für ein und denselben Wert entsteht somit ein großer Interpretationsraum. Persönliche Werte und Unternehmenswerte müssen deshalb parallel und gemeinsam betrachtet werden. Beide müssen ins Bewusstsein gelangen. Wenn große Diskrepanzen dazwischen bestehen, kann das beispielsweise die Vorbildfunktion der Leitung einschränken und es entsteht ein nicht authentisches Außenbild der Führungskraft. Dieser Umstand muss bei Wertearbeit berücksichtigt werden und kann durch Einzelcoaching bearbeitet werden. Bei der Arbeit in Gruppen, sind Reflexions-Interventionen förderlich (Poensgen 2013b). Ziel muss hier sein, eine gemeinsame Sichtweise auf die Unternehmenswerte zu erhalten.

Die Qualität dieser gemeinsamen Sichtweise kann an Fragen wie:

- Wird vom Leitungsteam der gleiche Wert authentisch kommuniziert und vorgelebt?
- Ist der Wert einerseits exakt genug und andererseits kurz und aufmerksamkeitsfördernd beschrieben?

erkannt werden.

Liegt eine gemeinsame Sichtweise vor, zu der die Fragen oben gute Ergebnisse liefern, liegen die nächsten Schritte in der weiteren Beteiligung. Aus dem jetzt vorliegenden Wertegrundgerüst entsteht dann Zug- um-Zug das Wertegebäude des Unternehmens.

2.1 Veränderungsprozess

Bei einem Veränderungsprozess sollte Schnelligkeit nicht im Vordergrund stehen. Nicht weil schnelle Ergebnisse nicht gewünscht wären, sondern weil Schnelligkeit und Reflexionsfähigkeit starke Gegenspieler bilden. Denn es werden gut reflektierte und durchdachte Ergebnisse, die Reife und damit Wirksamkeit haben (vgl. Abschn. 3.2), benötigt.

Bei der Erstellung des Wertegrundgerüstes unterliegt die Unternehmensleitung lediglich ihren eigenen Beschränkungen (seitens Unternehmenszweck, Gesellschafter und Kapitalgeber) und hat ansonsten die maximalen Freiheiten im Veränderungsprozess.

Der weitere Ablauf sieht die Erweiterung der Beteiligten vor. Die Unternehmensleitung erstellt dann beispielsweise mit dem Topmanagementkreis, aus dem Wertegrundgerüst ein erweitertes Wertegerüst. Die Impulse kommen dabei von der Unternehmensleitung, die Rückmeldung, Reflexionen und Ergänzungen vom Topmanagement. Hieran wird ein weiterer wichtiger Zusammenhang erkennbar: Die gegenseitige und positive Unterstützung von Reflexion und Partizipation.

Durch diese Vorgehensweise wird einerseits die Reife im Prozess gesteigert (in Standardverfahren, geschehen häufig Einbrüche in Bezug auf Reife und Wirksamkeit) und anderseits der Kreis der Beteiligten und Unterstützer rasch größer. Denn gutes CSR benötigt alle im Unternehmen – jeden, mit seinem individuellen Beitrag.

Zum Ende des Veränderungsprozesses hin, verringern sich die Einflussmöglichkeiten in den Prozess. Bei einer in der Großgruppe angelegten Mitarbeiterveranstaltung, wird dann nicht mehr grundsätzlich über die Werte diskutiert, sondern eher wie deren Konkretisierung und Ausgestaltung aussieht. Der Rahmen ist nichtdestotrotz offen und wird in der gleichen Haltung wie die davorliegenden Stufen durchgeführt.

3 Alle erreichen und beteiligen

3.1 Standardverfahren

Vier wichtige Stellhebel in der Organisationsentwicklung sind (Pühl 2012, S. 257):

- Führung
- Partizipation
- Kommunikation
- Qualifizierung

Wird sich in der Veränderungsarbeit alleinig auf diese vier Felder konzentriert, ist die Wahrscheinlichkeit für den Veränderungsverfolg bereits hoch. Wie sich die Stellhebel konkret auswirken, wird nachfolgend beschrieben (Poensgen 2008).

Eine starke, anerkannte und charismatische Führungsperson wird beispielsweise durch seine Vorbildfunktion sowohl Management und Mitarbeiter authentisch ansprechen. Dadurch kann bereits der größte Teil des Veränderungsweges bestritten sein und es wird der Belegschaft leicht fallen, zu folgen. Aber selbst diese scheinbar leichte Veränderung, ist damit noch nicht automatisch umgesetzt.

Wie Partizipation im Unternehmen gelebt wird, hängt stark von Führungskultur und Selbstverständnis im Management ab. Nicht selten sind offene, direkte und unkontrollierte Rückmeldungen aus der Belegschaft, beispielsweise bei Mitarbeiterveranstaltungen, nicht erwünscht. Die Angst des Managements vor Vorwürfen, Widerständen und Kritik ist hier groß. Entsprechend sind solche Veranstaltungen häufig eventähnlich, als Werbung und Motivation für die eigene Sache, angelegt. Die dadurch hervorgerufene positive Inszenierung steht im Vordergrund und die Teilnehmer werden im Nachgang darüber berichten können: „Ich durfte bei dieser Veranstaltung dabei sein!". Partizipation hat damit aber lediglich einen bestätigenden Charakter.

Ein ähnliches Bild ergibt sich bei der Kommunikation. Mehr zu informieren, haben sich viele Unternehmen vorgenommen, gerade wenn sie erfolgreich sind und schnell wachsen. Der direkte Kontakt zu den Mitarbeitern kann dann nach und nach leiden. Steht hier auch das Werbende und Motivierende im Vordergrund, wird allein dieser Umstand von den Teilnehmern sofort erkannt werden. In einigen Fällen werden solche Veranstaltungen als *Dialoge* bezeichnet, obwohl sie als Einweginformations-Veranstaltung mit aufwendig multimedialer Unterstützung durchgeführt werden.

Mittels Qualifizierungsmaßnahmen, werden thematische Schwerpunkte, die sich durch oder mit der Veränderung ergeben haben, gezielt verbessert. Hierzu zählen spezifische Trainings- und Personalentwicklungsmaßnahmen. Manager und Mitarbeiter, die von der Veränderung direkt betroffen sind, werden damit unterstützt, in neue Rollen hinzufinden und im geschützten Rahmen des Trainings, zu üben und zu lernen.

Die hier beschriebenen Stellhebel, sind wirkungsvolle Instrumente in Veränderungsprozessen. Sie kommen einzeln oder koordiniert in der späten Phase von Organisationsentwicklungen zum Einsatz (Pühl 2012, S. 257), dann, wenn bereits Rollenklarheit und ausreichend Aktivierung bei den Beteiligten erreicht wurden.

3.2 Gemeinsames Lernen

Der Beginn und die frühe Phase in einem Veränderungsprozess können sehr zäh und langwierig sein. Den Verantwortlichen fehlt es an Klarheit, Einschätzung und die Beteiligten sind eben noch nicht betroffen. Die Organisation steckt fest in ihren Strukturen, Abläufen und Funktionen. Wird nur an einzelnen Stellen verändert, wird sofortiger starker Veränderungswiderstand spürbar (vgl. Abb. 3).

Tab. 1 Verfahrensvergleich

	Standardverfahren	Gemeinsames Lernen
Führung	(Top-)Management als Vorbildfunktion	Hierarchieübergreifend und eigenverantwortlich
Partizipation	eingeschränkt, bestätigend	offen, gestalterisch
Kommunikation	informierende Veranstaltungen	beteiligende Dialoge
Qualifizierung	spezifische Trainings	ganzheitliches Verstehen

Wirkliches Denken führt zu Überraschungen – zu Gedanken, die man noch nicht gedacht hat, an die man sich nicht erinnern kann (Isaacs 2011, S. 64).

Doch durch *gemeinsames Lernen* gelingt es Managern und Mitarbeiter gleichsam, die Organisation ganzheitlich zu verändern. Der Vergleich mit den vorher beschriebenen Standardverfahren ist in Tab. 1 dargestellt.

Durch *gemeinsames Lernen* tritt eine Aktivierung auf breiter Ebene im Unternehmen ein. Obwohl Rollen, Funktionen und Hierarchien unangetastet bleiben, findet die Belegschaft nun in einem Großgruppen-Setting und hierarchieübergreifend zusammen. Durch das offene Format wird vor allem die Eigenverantwortung der Teilnehmer gestärkt.

Die Partizipation findet vielfältig und in vielerlei Richtung statt. Mitarbeiter können sich untereinander, mit Projektteilnehmer oder Vorgesetzten direkt austauschen. Und auch für Vorgesetzte, ist der offene Austausch wichtig. Sie können sich mit Personen unterhalten, zu denen sie sonst keinen offenen Zugang haben. Es entsteht ein Kontakt auf Augenhöhe, der gerade für Führungskräfte wichtig ist. Sie erhalten ungeschönt und ungetrübt Informationen von der Basis.

Kommunikation erhält bei *gemeinsamen Lernen* seine ursprüngliche Bedeutung zurück: Informationsaustausch, Kontakt und Verständigung. Dies sind die Grundvoraussetzungen für eine tatsächliche Beteiligung der Belegschaft. Diese Art der Verständigung entspricht *wirksamen Dialogen*, die zu einer Selbstaktivierung bei den Teilnehmer führt (im Unterschied zu reinen Informationsveranstaltungen, bei denen versucht wird, von außen, ohne aktive Beteiligung, Bereitschaft für Veränderungen zu erreichen).

Im Hinblick auf Qualifizierung bietet *Gemeinsames Lernen* den Rahmen, Wissen, Zusammenhänge und Kontext ganzheitlich zu verstehen. Diese Art der Erkenntnis stellt sich als Aha-Erlebnisse für die Teilnehmer dar. Im Nachgang führt dies zu selbst-motiviertem Handeln, die richtigen und sinngemäßen Schritte selbst einzuleiten und ergänzend sich weitere Informationen, Trainings und Unterstützung zu holen.

3.3 Wirksame Dialoge

Die ursprüngliche Form des *Dialogs* ist die Voraussetzung für *gemeinsames Lernen* (Bohm 2011; Isaacs 2011). David Bohm gilt als einer der Wiederentdecker des *echten Dialogs* und meint damit den Fluss von Gedanken. Im heutigen Sprachgebrauch ist der Begriff *Dialog* allerdings zu einem Modewort geworden.

Weil der Begriff also positiv besetzt ist, wird er gerne genutzt, auch wenn damit ein rein sachlicher Austausch von Positionen, eine oberflächliche Unterhaltung oder ein medienwirksamer Monolog durchgeführt wird. Deshalb wird zur Unterscheidung die Bezeichnung *wirksamer Dialog*, die sich auf die ursprüngliche oder echte Form des Dialogs bezieht, eingeführt.

Ich kenne dreierlei Dialog: den echten – gleichviel, geredeten oder geschwiegenen –, wo jeder der Teilnehmer den oder die anderen in ihrem Dasein und Sosein wirklich meint und sich ihnen in der Intention zuwendet, das lebendige Gegenseitigkeit sich zwischen ihm und ihnen stifte; den technischen, der lediglich von der Notdurft der sachlichen Verständigung eingegeben ist; und den dialogisch verkleideten Monolog, in dem zwei oder mehrere im Raum zusammengekommene Menschen auf wunderlich verschlungenen Umwegen jeder mit sich selber reden (Mandl et al. 2008, S. 13 Zitat Martin Buber).

Merkmale von echten, wirksamen Dialogen sind durch vier Haltungen erkennbar:

- hören, in sich selbst und zu anderen,
- begegnen, mit Respekt und auf Augenhöhe,
- offen, zu eigenen Gedanken und denen der anderen,
- mitteilen, mit glaubwürdigem und stimmigem Ausdruck.

Durch das *Hören* wird der Dialog erst ermöglicht. Die Person muss dabei in Kontakt mit sich selbst sein, in sich hineinhören können. Erst der zweite Schritt ist das Zuhören der anderen.

Die Haltung, wie sich Teilnehmer *begegnen*, drückt die Art und Qualität des Kontaktes aus. Damit der Gedankenfluss stattfinden kann, ist eine Verbindung zwischen den Teilnehmer notwendig und zwar unabhängig von Rollen-, Status- und Hierarchie-Unterschieden.

Offen zu sein für seine und andere Gedanken stellt eine große Herausforderung für die Teilnehmer dar. Es bedeutet einerseits zwar seine Beiträge und Ideen einzubringen und für und hinter diesen zu stehen. Andererseits bedeutet es nicht, wie in Diskussion und Debatten, um jeden Preis an den eigenen Vorstellungen zu haften und zu verteidigen, sondern diese in der Schwebe halten zu können. Damit bleibt die Person *offen*, durch die eigenen Erkenntnisse und den Beiträge der anderen, zu neuen Gedanken zu gelangen.

Die Art und Weise, sich *mitzuteilen* ist eine weitere wichtige Qualität für wirksame Dialoge. Hierzu braucht es Mut, sich sowohl sachlich als auch emotional zu verständigen.

In Summe entsteht eine Dialog-Haltung, die sich ergänzt und als Zusammenspiel die Basis für ein gemeinsamen Denken und Lernen darstellt.

3.4 Dialoge im Alltag

Unser Alltag ist durch Schnelligkeit, effiziente Abläufe und Ergebnisorientierung geprägt. Gespräche verlaufen in einer Diskussion- und Debattenkultur (franz. débattre: niederschlagen). *Gemeinsames Lernen* tritt hier schnell in den Hintergrund oder ist wegen dieser Störungen schlicht nicht möglich (vgl. Abschn. 3.2 und 3.3).

Mit dem Abstand zum Unternehmen, sowohl örtlich wie auch gedanklich, sind diese Störungen zwar weitestgehend ausgeschaltet. Eine Dialog-Haltung stellt sich jedoch nicht automatisch ein. Außerdem muss für solche „Auszeiten" viel Zeit vorher für die Organisation sowie Zeitaufwand für die häufig mehrtätige Veranstaltung eingeplant werden. Ob und wie es die Erkenntnisse daraus in den Alltag hinein schaffen, bleibt fraglich und damit auch die Wirksamkeit der Veränderung.

Wirksame Dialoge werden also in einem alltagstauglichen Format benötigt. Die Anforderung daran sind (Poensgen 2013a):

- Dialog-Haltung muss schnell erreicht werden,
- kurze Dialog-Dauer und wenig Vorlaufzeit,
- von Kleingruppen bis zu sehr großen Gruppen einsetzbar,
- für verschiedene Organisationsentwicklungsthemen geeignet.

Grundlage für *Dialoge im Alltag* ist die Dialog-Haltung. Durch Moderation, räumliches und organisatorisches Setting und die Vorbereitung der Teilnehmer, wird dies erreicht. Konkret kann sich das für eine CSR-Werte Thematik so darstellen: Ein Leitungsteam, das ihre Werte bereits erarbeitet hat, trifft sich mit den nächsten Führungsebenen. *Dialoge im Alltag* nutzen Elemente der Systemischen Beratung, um die beiden Teilgruppen in Reflexion und Austausch zu bringen. Kernbotschaften der Vorarbeit des Leitungsteams werden vor und während der Veranstaltung in Form von kurzen Key-Note Einheiten, Kurzfilmen, Postern allen zur Verfügung gestellt.

Dialoge im Alltag nutzen weiterhin Großgruppen-Mechanismen, beispielsweise von Open Space, wodurch im wahrsten Sinne ein offener Raum entsteht, den die Teilnehmer eigenverantwortlich nutzen (Dittrich-Brauner et al. 2008). Das *Dialoge-im-Alltag* Format benötigt im Gegensatz zu Open Space aber nicht zwei Tage Zeit und bietet darüber hinaus einen strukturierten Rahmen.

Die Dialog-Haltung wird methodisch unter anderem durch mediative Elemente ergänzt. Dadurch werden konfliktträchtige Themen besprech- und im weiteren Verlauf nutzbar (Poensgen 2011).

Mit dem *Dialoge-im-Alltag* Ansatz erreichen Menschen in Unternehmen und Organisationen große Ziele als zusammenwirkende Gruppe.

4 Fazit und Ausblick

Corporate Social Responsibility unter Beteiligung der Belegschaft sorgt für ein authentisches Außenbild und gelingt durch:

- Betrachtung des Unternehmens als systemischen Organismus,
- Beginn bei Identität und Werten, statt Strategie und Prozessen,

- Nutzung von Dialogen in ihrer echten und ursprünglichen Form,
- Veränderung im Alltag, im Unternehmen und von Innen nach Außen.

Wird CSR in dieser Form eingeführt, ergeben sich nützliche Nebeneffekte. Unter anderem wird die Identifikation der Mitarbeiter zum Unternehmen steigen. Damit eröffnen sich auch Beteiligungsmöglichkeiten, für Mitarbeiter, die bereits innerlich gekündigt haben (Orizon 2014).

Weiterhin können Dialoge im Umgang mit Stakeholdern eine neue Qualität erreichen, da ein Unternehmen, das innerhalb seiner Organisation *wirksame Alltagsdialoge* führt, mit seinen Partner in der gleichen Haltung in Dialog treten kann.

Literatur

Bohm D, Nichol L (Hrsg) (2011) Der Dialog: Das offene Gespräch am Ende der Diskussionen, Aufl 6. Klett-Cotta, Stuttgart

Dittrich-Brauner K, Dittmann E, List V, et al. (2008) Großgruppenverfahren: Lebendig lernen – Veränderung gestalten, Aufl 2008. Springer, Heidelberg

Fifka MS (2013) CSR-Kommunikation und Nachhaltigkeitsreporting. In: Heinrich P (Hrsg) CSR und Kommunikation: Unternehmerische Verantwortung Uberzeugend Vermitteln, Aufl 2014. Springer Gabler, New York, S. 119–131

Glasl F (2008) CSR – Ethik oder Kosmetik? In: Tages-Anzeiger (Schweiz), 2.2.2008

Glasl F (2010) CSR – Verantwortungsvolle Unternehmensentwicklung: Wettbewerbsvorteile durch eine CSR-Strategie. http://www.trigon.at/mediathek/pdf/trigon_themen/2010/TT102.pdf. Zugegriffen: 2. Nov. 2014

greenmarketing (2014) gunter pauli: Geht nicht, gibt's nicht! http://greenmarketing.wordpress.com/tag/gunter-pauli/. Zugegriffen: 2. Nov. 2014

Häfele W (2000) OE-Prozesse: Die Prinzipien systemischer Organisationsentwicklung – Ein Handbuch für Beratende, Gestaltende, Betroffene, Neugierige und OE-Entdeckende. Paul Haupt Verlag, Bern

Hall B (2004) The omega factor: a values-based approach for developing organizations and leadership. http://www.valuestech.com/gui/OmegaFactor4.pdf. Zugegriffen: 2. Nov. 2014

Isaacs W (2011) Dialog als Kunst gemeinsam zu denken von William Isaacs, Aufl 2. Edition Humanistische Psychologie – Ehp – Verlag Andreas Kohlhage

Mandl C, Hauser M, Mandl H (2008) Die schöpferische Besprechung: Kunst und Praxis des Dialogs in Organisationen. Bergisch Gladbach: EHP Edition Humanistische Psychologie

Orizon (2014) Innerlich gekündigt. http://www.orizon.de/ueber-uns/presselounge/detail/?tx_ttnews%5Btt_news%5D=54. Zugegriffen: 2. Nov. 2014

Pauli G (2014) Papier aus Stein, Fabel Nr. 44. aprintia, Dreieich

Poensgen R (2008) Beratung KVP- und Veränderungsprojekte, Projektstatusberichte

Poensgen R (2011) Widerstände und Konflikte in Veränderungsprozessen. Berlin Change Days, 5.11.2011.

Poensgen R (2013a) Diapolog Methode – unser Vorgehen und Selbstverständnis. http://www.poensgen.pro/Diapolog-Methode.html. Zugegriffen: 9. Nov. 2014

Poensgen R (2013b) Strategie Diapolog Strategieentwicklung. http://www.poensgen.pro/strategieentwicklung.html. Zugegriffen: 9. Nov. 2014

Pühl H (2012) Handbuch Supervision und Organisationsentwicklung, Auf 3. Springer, S.1

Unger S, Hattendorf K, Korndörffer SH (2007) Was uns wichtig ist: Eine neue Führungsgeneration definiert die Unternehmenswerte von morgen: Eine Neue Fuhrungsgeneration Definiert Die Unternehmenswerte Von Morgen, Aufl 1. Wiley-VCH Verlag GmbH & Co. KGaA, Weinheim

ZERAP Germany e. V. (2014a) Die Prinzipien. http://www.blueeconomy.de/page/dieprinzipien. Zugegriffen: 2. Nov. 2014

ZERAP Germany e. V. (2014b) StonePaper – Das umweltfreundliche Papier der Zukunft? http://www.blueeconomy.de/m/imagenews/view/StonePaper-Das-umweltfreundliche-Papier-der-Zukunft. Zugegriffen: 2. Nov. 2014

Reinhold Poensgen gebürtiger Rheinländer, MBA (Univ. of the Witwatersrand, Johannesburg) und Dipl.-Ing. (FH Dieburg) Nachrichtentechnik, ist Inhaber von „poensgen. Erfolg durch Beteiligung". Mit einer 20-jährigen Praxiserfahrung als Organisationsentwickler und Leiter von Strategie- und Veränderungsprojekten im Technologie- und Automobilbereich, hat er die diHelix®- und Diapolog®-Methoden entwickelt, welche die herkömmliche Beratung und Prozessbegleitung in puncto Wirksamkeit deutlich übertreffen. Als gelernter Elektroingenieur, zertifizierter Wirtschaftsmediator (BMWA) und Systemischer Coach (dvct) unterstützt Poensgen und seine Partner Geschäftsführer und Führungskräfte in Unternehmen und Organisationen. Seine Vorträge, Seminare und Workshops sind gefragte Bausteine in der Führungskräfteentwicklung, im Changemanagement und für fachspezifische Ausbildungen.

Integrative Organisationsentwicklung

Thomas Walker

1 Die Welt im Wandel

Obwohl sich in den letzten Jahren die Begriffe von CSR (Corporate Social Responsibility) und Nachhaltigkeit in ihren Definitionen gefestigt haben, gibt es immer noch viel Platz für Interpretationen. Und genau diese Interpretationsmöglichkeiten bieten den nötigen Freiraum, dass sich die Gedanken und Ideen weiterentwickeln können, aber bergen auch Gefahren. Die vorhandenen Spielräume eröffnen einerseits Menschen mit Verantwortung die Chance, sich Gedanken über die Wirtschaftsmodelle der Zukunft zu machen, anderseits bieten diese aber auch Platz für ideologische Gedanken und „normative Kurzschlüsse".

Daher gleich eine wichtige Warnung – Wenn der Gedanke von CSR und Nachhaltigkeit für ideologische Ideen missbraucht wird, kann dies die Überlebensfähigkeit von Organisationen massiv gefährden. Aus diesem Grund muss der Reifeprozess einer Organisation immer auf einem „ethischen Fundament" gegründet sein. Ethik im Sinne einer „reflektierenden Ethik", die bei Menschen Fragen erzeugt und nicht wie bei der „Zeigefinger Moral" die Fragen bereits für die Menschen beantwortet hat, bevor genau jene Menschen eine solche gestellt haben. Wenn wiederum verstärkt der Mensch in den Mittelpunkt des Handelns und Wirtschaftens rücken soll, so wie es auch Papst Franziskus in seinem Apostolischem Schreiben „Evangelii Gaudium" im Jahr 2013 und im LAUDATO SI' im Jahr 2015 gefordert hat, bedarf es der Weiterentwicklung in Richtung ethischer und integrativer Wirtschaftsformen der Zukunft, die zum Wohle der Menschen arbeitet.

Jene mitteleuropäischen Länder, die eine „soziale Marktwirtschaft" praktizieren, haben immer versucht, Regeln zu schaffen, die eine menschenwürdige Wirtschaft fördern.

T. Walker (✉)
walk-on/Institute for sustainable solutions, Horngach 21a, 6352 Elmau, Österreich
E-Mail: thomas.walker@walk-on.co.at

© Springer-Verlag Berlin Heidelberg 2016
B. Schram, R. Schmidpeter (Hrsg.), *CSR und Organisationsentwicklung*,
Management-Reihe Corporate Social Responsibility, DOI 10.1007/978-3-662-47700-7_14

Speziell dialogische Instrumente, wie das erfolgreiche Modell der Sozialpartnerschaft, haben diese Gedanken gefördert und dazu beigetragen, Lösungen für die jeweils aktuellen Probleme der Zeit zu finden. Leider haben Gier und Macht begonnen, diese Regeln auszuhebeln und somit sehr bedenkliche Entwicklungen eingeleitet. Da menschliche Systeme immer versuchen, in Balance zu kommen, führten diese Entwicklungen auf der anderen Seite zu einer Renaissance von Werten und ethischer Verantwortung. Auf Basis dieser Tatsache lässt sich auch erklären, warum bei den neuen SDG's (Sustainable Development Goals) der Vereinten Nationen der Begriff „profit" (Gewinn) durch den Begriff „prosperity" (Wohlstand) ersetzt wurde. (United Nations 2015). Somit ist die neue Nachhaltigkeitsdimension wie folgt definiert: people, planet, prosperity, peace and partnership. Doch eine Renaissance alleine ist für die Lösung der aktuellen Probleme zu wenig Was es jetzt braucht, sind gesellschaftliche Innovationen. Innovationen, die in allen Bereichen des Lebens wirken. Innovationen, die das „Bewahrenswerte" mitnehmen, kritisch hinterfragen und so weiterentwickeln, dass auch noch unsere Kinder und Kindeskinder ein menschwürdiges Leben haben werden.

Und dafür gibt es nicht eine einzige Antwort. Dafür gibt es viele Antworten, die im jeweiligen Kontext gesehen und umgesetzt werden müssen. Auch gibt es nicht einen Weg, sondern viele Wege – zum Teil außerhalb der ausgetretenen Pfade – bei deren Beschreitung es Mühe, Durchhaltevermögen, Zutrauen, Mut und Offenheit bedarf. Denn diese Wege sind mit vielen Hürden und Steinen gepflastert. Daher kann der Weg zu Lösungen nur „nichtlinear" von statten gehen und dieser ist durch menschliche Begegnungen, Überraschungen, Freud' und Leid, Vertrauen, Zuversicht, Weisheit, Wertschätzung geprägt und orientiert sich an einem menschlichen Maß.

Und diese Wege brauchen eine Richtung – einen gemeinsamen Leuchtturm mit großer Strahlkraft und Stabilität. Auch wenn dieser Leuchtturm derzeit vielleicht noch hinter dem Horizont oder „im Nebel" verborgen liegt, ist dieser vorhanden und muss – im jeweiligen Kontext der Organisation gesehen – identifiziert und definiert werden, damit eine gemeinsame Reise in die Zukunft gelingen kann. Zum Finden dieses Leuchtturms sind unterschiedliche Zugänge hilfreich. Ein Zugang hat sich in der Praxis als sehr tauglich herauskristallisiert, das Reife- bzw. Generationenmodell von CSR:

2 Das Generationen- bzw. Reifegradmodell von CSR

Aktuell gibt es vier Generationen im Reifegradmodell (Walker 2013a)von CSR, wobei an der Identifikation der fünften Generation bereits geforscht wird (siehe Abb. 1)

Wie kann nun dieses Modell helfen, den individuellen Leuchtturm der Zukunftsfähigkeit sichtbar zu machen? Und wie kann diese Modell helfen die richtigen Instrumente und Methoden einer Organisationsentwicklung zu wählen? Und wie kann es helfen die Instrumente der OE zu innovieren?

Indem es die Komplexität der Thematik in verständliche Sprache bringt, damit die Menschen es verstehen können. Als Rückgrat („back-bone") bzw. „statisches Grundgerüst" kann die Metapher der organisationalen DNA hilfreich sein. Eine der Zielsetzung der

Abb. 1 Generationenmodell/Reifegradmodell CSR (Walker und Schmidpeter 2014)

OE, im Zuge der Reifeentwicklung der Organisation, ist es, die Ideen der Verantwortung und Nachhaltigkeit in die DNA der Organisation zu integrieren, und diese langfristig zu stärken und resilienter gegenüber Krisen und Störungen (disturbences) (Walker und Beranek 2015) zu machen.

2.1 CSR der ersten Generation – unkoordiniertes CSR

Vielfach starten CSR-Entwicklungsprojekte in Situationen mit sehr losen DNA-Strängen, die an vielen Stellen schwach und äußerst verletzlich sind und nur an wenigen Stellen Stabilität besitzen. Hier befinden sich Organisationen in der Regel in einem Reifegrad von CSR der ersten Generation. Es passieren bereits unkoordinierte Maßnahmen, welche einem gesellschaftlichen – und fallweise auch einem unternehmerischen Mehrwert – dienlich sind. Dieser unternehmerische Mehrwert entsteht in der Regel „zufällig" und ist in dieser Form nicht bzw. nur sehr schwer steuerbar.

Diese Entwicklungen sind wertvoll. Doch – im Sinne einer langfristigen Entwicklung – stellt sich rasch die Frage, wie das vorhandene Potenzial verbessert und für eine strategische Unternehmensentwicklung genutzt werden kann.

2.2 CSR der zweiten Generation – integriertes/strategisches CSR

Es gilt die Entwicklungen aus der Zufälligkeit herauszuholen, um in der weiteren Folge die DNA der Organisation in eine sinnstiftende Grundstabilität bringen zu können (CSR der zweiten Generation).Dieser Entwicklungsschritt bedarf eines großen Aufwands. Warum? In dieser „Turn-over-" bzw. Übergangsphase muss sich die Organisation klar werden, wie zukunftsfähig ihre derzeitigen Tätigkeiten sind. Im Sinne einer ethischen Reflexion gilt es – in einer nichtlinearen Art und Weise – die Geschäftstätigkeiten zu hinterfragen und herauszufinden, welchen zukünftigen Nutzen und Mehrwert das Unternehmen stiften soll und will. Und hier beginnt bereits die erste Phase nach der Suche des individuellen „Leuchtturms der Zukunftsfähigkeit" des Unternehmens.

Speziell in dieser Phase gilt es die „Weisheit der Organisation" (Entrepreneurial Wisdom) (Walker 2015a) zu nutzen, um jene Fragen identifizieren zu können, deren Antworten Zukunftspotenzial haben. Zusätzlich muss sich die Organisation in dieser Phase von „alten Lasten" trennen. Was ist damit gemeint? In jeder Organisation gibt es mit der Zeit „Wildwüchse" – z. B. im Bereich der internen Bürokratie, bei längst überholten Verfahren, bei den Produkten (nicht mehr zukunftsfähige Produkte und Dienstleistungen), in den Kunden- und Stakeholderbeziehungen, in der internen Kommunikation, bei „kalten Konflikten" (Konflikte, die nie gelöst wurden), im gesellschaftlichen Engagement, bei der Ressourcenver(sch)wendung, in der Lagerhaltung und Logistik, in Lieferantenbeziehungen, bei „ersessenen" Rechten im MitarbeiterInnenbereich, in der Komplexität der Wertschöpfungskette u. v. m. Schumpeter nennt diese Prozess die „Schöpferische Zerstörung" (Schumpeter 1912/2006).

Hier handelt es sich oft um eine Gratwanderung der Identifikation von einerseits sehr wichtigen – zum Teil unsichtbaren – Verhaltensmustern, die es wert sind, in die Zukunft mitgenommen zu werden und anderseits um überholte Lasten, die es wiederum wert sind, abgelegt zu werden. Essenziell in dieser Übergangs- und Perspektivenfindungsphase ist der Faktor Zeit. Menschen brauchen Zeit, um herauszufinden, was losgelassen werden muss/soll/kann und darf und was nicht.

Spannend ist die Beobachtung, dass erst dann Neues entstehen kann, wenn Altes losgelassen wurde *und* neue Perspektiven vorhanden sind.

Dieses *und* wird leider immer wieder übersehen. Wenn bei OE-Entwicklungsprozessen primär auf die „Innensicht" der Organisation fokussiert wird, fällt die Entscheidung was „bewahrenswert" und was „entwickelbar" ist schwer. Zur Entwicklung neuer Perspektiven ist der Stakeholderansatz (die Identifikation und das Engagement der relevanten Interessen- und Anspruchsgruppen) der zentrale Schlüssel. Dies wurde bereits in vielen internationalen Entwicklungen erkannt und geht auch aus der CSR-Definition der Europäischen Kommission hervor, die „Corporate Social Responsibility" als „die Verantwortung von Unternehmen für ihre Auswirkungen auf die Gesellschaft" (Europäische Kommission 2011, S. 7) definiert. Wobei hier Gesellschaft als der Überbegriff (die äußere Klammer) für Stakeholder steht, so wie es auch in der ISO 26000 im Kap. 4 definiert ist.

Aus der aktuellen Resilienz-Forschung weiß man, dass nachhaltige Entwicklungen und ein langfristiges wirtschaftliches Überleben nur dann möglich sind, wenn sich Organisationen in dynamischen und lernenden Interaktionen mit gesund evolvierenden Umwelten befinden. Was ist damit gemeint? Die Gesellschaft ist in einem steten Wandel (derzeit vielleicht ein wenig massiver). Jede Organisation beeinflusst einerseits – im Rahmen ihres Wirkungskreises – diesen Wandel und anderseits ist diese von den Auswirkungen des Wandels mittelbar betroffen. Es besteht somit eine mittelbare und zum Teil unmittelbare Zirkularität zwischen Organisation, Gesellschaft und Umwelt.

Diese wechselseitigen Auswirkungen können positiv und negativ sein, wobei es wichtig ist, zu erkennen, wo die Chancen und wo die Risiken liegen. Dazu bedarf es an humanen, ethischen und fachlichen Kompetenzen, welche jedenfalls im Zuge einer Organisationsentwicklung ganzheitlich gefördert werden müssen.

2.3 CSR der dritten Generation/transformatives CSR

Diese Kompetenzentwicklung der Menschen in der Organisation muss einhergehen mit der Entwicklung der Managementsysteme. Was ist damit gemeint? Zum Beispiel hat sich das Innovationsmanagement seinem Stakeholderumfeld zu öffnen – womit aus meist geschlossenen Innovationssystemen (die auf der Produkt-, Prozess- und Sozialebene agieren) offene Systeme („Open Innovations") werden, die auch die relevanten Interessens- und Anspruchsgruppen mit einbinden. Durch diese Öffnung werden Entwicklungen eingeleitet, die gesellschaftliche Innovationen („Social/Societal Innovations") ermöglichen, welche über die Organisationsgrenzen hinaus wirken (CSR der dritten Generation).

Oder im Risikomanagement. Hier gilt es, nicht nur monetäre Risiken zu erkennen und zu steuern, sondern auch potenzielle Risiken zu identifizieren, die aus den Interaktionen mit den Anspruchsgruppen entstehen können. Außerdem müssen die in den regelmäßig gewonnenen Lernerfahrungen in die Bewertung der Zukunftsrisiken mit einfließen und in einen ganzheitlichen Rahmen (z. B. entlang der Kernthemen der ISO 26000) gebracht werden. Oder im Compliance Management. Unternehmen haben nicht nur rechtliche Vorschriften und internationale Standards einzuhalten, sondern müssen auch sicherstellen, dass sie die „Versprechen", die sie geben, halten können. So müssen auch normative Regeln und Selbstverpflichtungen (z. B. ein Ethik- und Verhaltenskodex) integrativer Teil des Compliance Managements werden. Auch hier gilt es, die Interessen der Stakeholder zu berücksichtigen und in die Managementprozesse zu integrieren.

Dabei handelt es sich um einen kontinuierlichen Lern- und Verbesserungsprozess, der nicht nur im Kerngeschäft, sondern auch in den begleitenden und steuernden Prozessen und entlang der Wertschöpfungskette zu wirken hat. Im Übergang zu einem CSR der dritten Generation innoviert der KVP (Kontinuierliche Verbesserungsprozess) in sich selbst. Was ist damit gemeint? Der KVP – der normalerweise auf einer technischen/prozessualen Ebene wirkt – erweitert sich auf eine humane/menschliche und ethische Ebene.

Dabei orientiert sich der KVP – in seiner transformativen Rolle – am identifizierten Leuchtturm der Organisation (welcher in der Regel in der CSR-Politik bzw. Unternehmenspolitik definiert ist). Da dieser Leuchtturm neben „hard facts" auch „soft facts" beinhaltet (z. B. Unternehmenswerte, ethische Prinzipien, Unternehmenskultur [...]) beginnt der KVP diese Elemente zu verbinden und zu stärken, was zu einer Verbesserung der Stabilität der unternehmerischen DNA führt. Doch selbst der „Leuchtturm der Zukunftsfähigkeit" ist nicht vom KVP ausgeschlossen und innoviert (allerdings mit langsamerer Geschwindigkeit) mit. Sozusagen finden ab einem CSR der dritten Generation Innovation in drei Dimensionen statt, womit der Übergang zu …

2.4 CSR der vierten Generation – integratives CSR oder Corporate Resilience

… eingeleitet ist.

Da die detaillierte Beschreibung von CSR der vierten Generation den Rahmen in diesem Beitrag sprengen würde, beschränken wir uns hier in der Darstellung jener Elemente/Aspekte, welche unmittelbar in Bezug zur Organisationsentwicklung stehen.

Eines der Ziele von CSR der vierten Generation ist die Reduktion der relevanten Inkonsistenz zwischen menschlichem Verhalten und der normativen und strategischen Ausrichtung des Unternehmens. Und hier kommen die Instrumente der OE ins Spiel.

Was ist mit dieser relevanten Inkonsistenz gemeint? Die Erklärung folgt dem Modell des integrativen Ansatzes von CSR (Walker 2013b) (siehe Abb. 2).

In jeder Organisation gibt es eine Lücke (Inkonsistenz) zwischen den strukturellen und normativen Vorgaben (normatives/strategisches Management) und dem Verhalten der Menschen im täglichen Tun (operationales Management).

Einerseits ist die Lücke notwendig, da Menschen auf Veränderungen schneller reagieren können als dies die normative Vorgaben und Strukturen tun können, aber anderseits auch hinderlich, wenn deren Verhalten der gemeinsamen Zielerreichung (dem „Leuchtturm der Zukunftsfähigkeit") widersprechen. Sehr gefährlich kann es werden, wenn durch das Verhalten der Menschen in der Organisation Unstimmigkeiten entstehen und Versprechen, die von der Organisation gegeben wurden, dadurch nicht gehalten werden können.

Daher kann eine Organisationsentwicklung niemals losgelöst von den relevanten Interessens- und Anspruchsgruppen erfolgen und muss die permanente Lernschleife bzw. Brückenfunktion zwischen strategischem Management, Adaption der normativen Rahmenbedingungen und dem menschlichen Verhalten bilden. Hierbei handelt es sich um eine bidirektionale Brücke, die auf einem stabilen ethischen und werteorientierten Fundament gegründet sein muss. Warum?

Immer wieder gibt es den Wunsch von MangerInnen, dass doch die Menschen in der Organisation doch endlich mal so „funktionieren" sollten wie geplant. Es gibt durchaus Situationen, in welchen dieser Wunsch Sinn macht. So ist es zum Beispiel in einer Streitkraft unumgänglich, dass die Soldaten so funktionieren, wie die oberste Leitung strategisch bestimmt hat. Die Soldaten dürfen die Entscheidung nicht bzw. nur bedingt hinterfragen und müssen entsprechend den vorgebenden Befehlen, Regeln und ihren Fähigkeiten möglichst *effizient* funktionieren.

ACHTUNG: Die Betonung liegt auf EFFIZIENT. – Nicht auf EFFEKTIV.

Und hier ist der Unterschied, der den Unterschied ausmacht?

Unter „effizient" versteht man „Die Dinge richtig tun". Welche „Dinge" genau zu tun sind, ist bereits definiert und entschieden. Sei es in den Definitionen der Prozessabläufe, den Gesetzen und normativen Vorgaben, dem Verhaltenskodex, den Strukturen der Entscheidungsfindung, den Spielregeln der Zusammenarbeit, den Führungsinstrumenten, den Karriereplänen, den Stellenbeschreibungen, den Befehlen und Plänen u. v. m.

Integrative Organisationsentwicklung

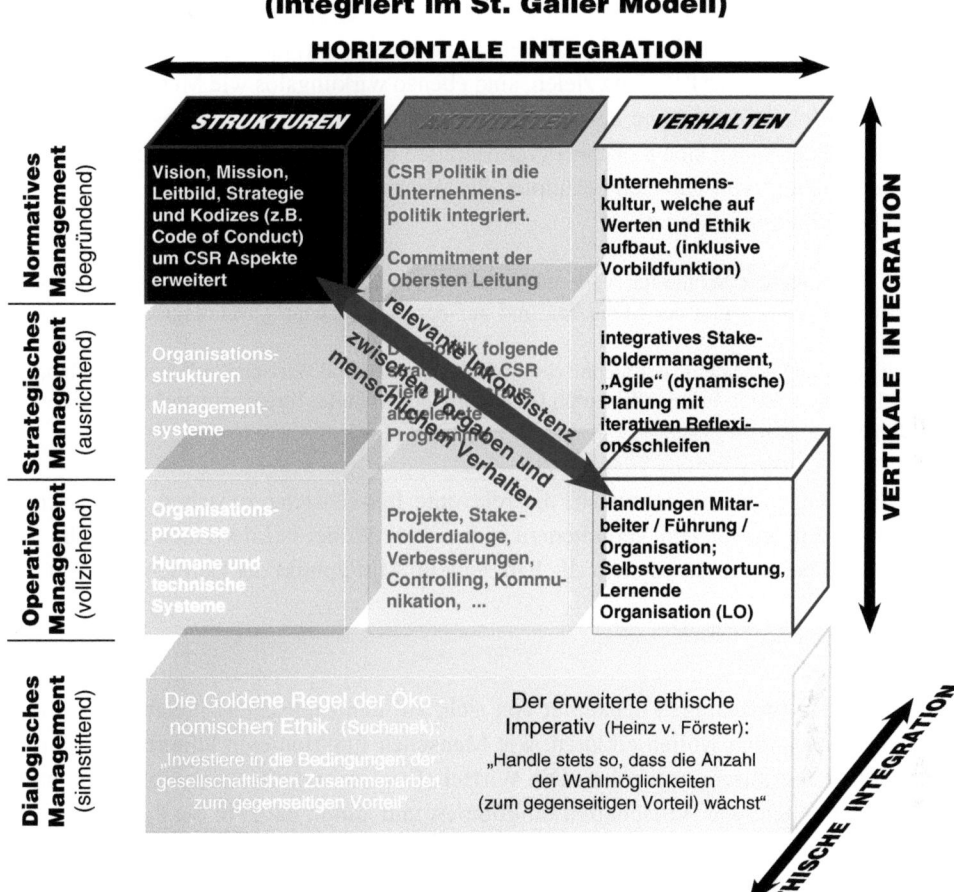

Abb. 2 Darstellung der relevanten Inkonsistenz an Hand des St. Gallner Managementmodells

Zu beachten gilt, dass eine gesteigerte Effizienz zur Erreichung von einem CSR der vierten Generation zu wenig ist. Es gilt einen Wandel einzuleiten und am Leben zu erhalten, der die Organisation zukunftsfähiger und die DNA der Organisation, nach und nach, widerstandsfähiger macht. In anderen Worten – die Organisation nicht nur „effizienter" sonder vor allem auch „effektiver" macht.

Unter „effektiv" versteht man „die richtigen Dinge zu tun". Was nun die richtigen Dinge sind, kann nur in der Interaktion mit dem Umfeld (relevante Stakeholder) herausgefunden werden und befindet sich, so wie die Umwelt und die Gesellschaft, in einem permanenten Wandel. Um diesen Wandel einigermaßen beherrschbar machen zu können, bedarf es eines kontinuierlichen Lernprozesses, der es schafft, Wissen auf das Wesentliche zu reduzieren. In der Regel sprechen wir hier vom Lernen auf Basis von „Musterveränderungen" bzw. „Patterns".

In jeder Organisation benötigen wir – so wie im Yin und Yang – Effektivität und Effizienz. Aus diesem Grund müssen die Instrumente der Organisationsentwicklung beide Ebenen abdecken können. Methoden, die nur hinterfragen, was das Richtige ist, aber nicht auf die Verbesserung der Effizienz zielen, sind ebenso wirkungslos wie Methoden, die nur die Effizienz fokussieren, ohne den Freiraum eines ethischen Reflektierens und Lernens zu öffnen. Leider haben sich hier zwei grundsätzlich unterschiedliche Strömungen entwickelt, wobei jede davon von sich behauptet, die Wahrheit gefunden zu haben.

Welche Strömungen sind dies?

a) die Strömung der Schule der Verhaltenswissenschaften, welche die Lösung im systemischen Zusammenspiel der Menschen und auf der individuellen psychologischen Ebene sieht.
b) die Strömung der Schule der technischen Wissenschaften und Wirtschafts-Wissenschaften, welche die Lösung in der effizienten Gestaltung der Abläufe, Strukturen und Rahmenbedingungen sieht.

Beide Strömungen zielen darauf ab, die relevante Inkonsistenz zwischen strategischen Vorgaben und menschlichen Verhalten zu reduzieren. Wobei bei der einen mehr die Effektivität und bei der anderen mehr die Effizienz im Mittelpunkt der Betrachtungen steht.

Und wo bleibt der Mensch?

Jede der beiden Strömungen behauptet von sich, auf den Menschen zu achten. Die Verhaltenswissenschaften wollen erklären, wie Menschen funktionieren könnten und laufen dabei Gefahr moralisch zu werden. Die Wirtschaftswissenschaften behaupten von sich, erklären zu können, wie Wirtschaften funktioniert und laufen dabei in die Falle, der „Gewinnoptimierung" (Walker 2015b) zu folgen und haben nur den „Mammon" im Fokus. Dabei sollte eigentlich alles dem Menschen dienen. Tut es das heute auch wirklich?

Teilweise ja und teilweise nein.

Um eine Organisation zu einem CSR der vierten Generation entwickeln zu können, bedarf es mehr. Die OE muss in sich selbst innovieren. Es geht darum, diese aus der zweidimensionalen Ebene herauszuführen und auf die drei Dimensionen zu erweitern. Dabei sprechen wir von einem Wandel zu einer integrativen Organisationsentwicklung. Integrativ im Sinne der Erweiterung des Fokus in die dritte Dimension in der wirtschaftliche, psychologische, ethische, moralische, gesellschaftliche und menschliche Aspekte mitberücksichtig werden, um einen generationenübergreifenden und gesellschaftlichen Mehrwert zu ermöglichen.

3 Die Innovation zu einer integrativen OE (Organisationsentwicklung)

Wie kann diese Innovation von statten gehen? Was sollte jedenfalls in diesem Innovationsprozess zu einer integrativen OE (Organisationsentwicklung) Berücksichtigung finden?

Als Beispiel dazu kann die Entwicklung vom integrierten zum integrativen Managementansatz von CSR dienen (Lorentschitsch und Walker 2012/2015).

Obwohl sich dieser Ansatz selbst auch in den letzten drei Jahren weiter entwickelt hat, ist er in den Grundlagen konstant und stabil geblieben. Die Grundmuster der Entwicklung bauen auf ethischen Prinzipien auf, die sich als äußerst stabiles Wertefundament bestätigt haben.

Für die Innovation der OE sind vor allem die Ideen der Zirkularität, der Kybernetik der II. Ordnung und der Stakeholderansatz von großem Nutzen. Was ist damit gemeint und was braucht es, damit eine integrative OE entstehen kann?

Als erstes braucht es die Definition des Rahmens einer Organisation. Das klingt zwar lapidar, ist jedoch von vehementer Wichtigkeit. Die aktuellen Definitionen in der OE greifen hier viel zu eng. Obwohl mit dem Aufkommen der systemischen Wissenschaften begonnen wurde, auch Menschen und Gruppen außerhalb der Organisation in die OE mit einzubinden, hat sich dieser Gedanke noch viel zu wenig durchgesetzt. Eine Organisation muss in ihrer Gesamtheit immer mit deren Umfeld gesehen wurden und sich der Verantwortlichkeit für ihr Wirken (Auswirkungen) bewusst sein.

Es gibt nicht nur eine „Unternehmenskultur", die zu berücksichtigen ist, sondern auch eine „Gesellschaftskultur", die Auswirkungen auf die Entwicklungsprozesse hat. Diese Kulturen überschneiden und beeinflussen sich gegenseitig. Die Potenziale aber auch Risiken dahinter können am besten mit Hilfe der Idee der Zirkularität simuliert und erfasst werden. In der Regel führt dies dann zur Erkenntnis, dass sich die dahinter liegenden Muster immer und immer wiederholen, da diese in der DNA der Organisation (die ja mit dem Umfeld verwoben ist) tief verankert sind. Um diese Muster erkennen und letztendlich verändern zu können, bedarf es eines Ebenenwechsels der Wahrnehmung. Womit wir in der Kybernetik der II. Ordnung angelangt sind. Dieser Ebenwechsel hat zur Folge, dass sich die OE ethischen und moralischen Fragestellungen widmen muss. Was darf in der der DNA der Organisation bleiben, was muss sich verändern und was muss sich unter Umständen sogar auflösen? Und noch die allerwichtigste Frage: Welche Rolle spielt der Mensch in diesem Entscheidungsfindungsprozess? Wie mündig und reif sind die Menschen und die daraus gebildete Organisation? Was dürfen wir diesen Menschen und der Organisation zumuten?

In der integrativen OE stehen wir immer wieder vor diesen Fragen und brauchen Entscheidungshilfen. Diese finden wir in der Ethik, wobei die Betonung auf Ethik und nicht auf Moral liegt.

3.1 Der Unterschied zwischen Ethik und Moral

Die „Ethik" gibt es nicht.

Bereits Ludwig von Wittgenstein hat in seinem „Tractatus logico-philosophicus" (Wittgenstein 1997, Satz 6.421) Folgendes festgehalten: „Es ist klar, dass sich Ethik nicht aussprechen lässt."

Diese Aussage hat eine große Auswirkung auf den Innovationsprozess der OE hin zu einer integrativen OE. Genaugenommen muss in dieser Weiterentwicklungsphase die Frage gestellt werden, ob die OE im herkömmlichen Sinn noch effektiv ist. Tun wir noch das Richtige? Oder haben sich das Wissen und das Umfeld so verändert, dass es höchste Zeit ist, zu überlegen, welchen Mehrwert die OE für die Zukunftsfähigkeit von Organisationen und Gesellschaften leisten kann bzw. soll?

Dabei ist es nicht hilfreich, wenn jemand von außen kommt und sagt „Du sollst". Zum Beispiel wenn jemand sagen würde: „Du sollst mit der OE eine menschwürdigere Wirtschaft ermöglichen!" In diesem Fall wären wir in der Moral. Diese Aussage scheint auf das erste Hinsehen recht plausibel, da – dem aktuellen Trend der Zeit folgend – mehr Menschenwürde von außen gefordert wird. Doch wer definiert, was „menschenwürdig" ist und wer gibt hier die Vorgaben? Ist dies der ideologische Gedanke einer „Gemeinwohlökonomie" oder sind dies die verstaubten Ideen der konservativen Kräfte in der Kirche? Wenn die OE den moralisch-ideologischen Gedanken zur Schaffung einer „besseren Welt" folgen würde, dann würde diese rasch in die Falle tappen, für unethische Entwicklungen missbraucht zu werden. Die Versprechen einer „besseren Welt" hat es in der Geschichte immer wieder geben und es werden immer wieder neue „Heilsbringer" kommen, die dies predigen werden. Wenn man in der Geschichte zurückblickt, so sind alle Versuche der Definition einer „besseren Welt" (z. B. Marxismus) in der Praxis gescheitert. Warum? Sie alle haben das wichtigste vergessen – den Faktor Mensch.

Die Frage, der wir uns im Innovationsprozess der OE stellen müssen, ist nicht nach dem „Du sollst", sondern die nach dem „Ich soll/ Wir sollen".[1] Wie sollen und können wir/ich mit der OE eine menschenwürdige Wirtschaft (Aristoteles 2000) ermöglichen? Wen brauchen wir, um den Rahmen der „Menschenwürde" definieren zu können. Welche Definitionen gibt es und wie passen diese in den Kontext, in dem wir wirken? Wo sind die Grenzen der Interventionen? Wer wäre von diesen Veränderungen eher betroffen und welche nachhaltigen Auswirkungen hätten diese Ideen über die Interventionsgrenzen hinweg? Wie können wir Lernprozesse initiieren, die offen sind, Altes zu hinterfragen und humane Entwicklungen zu fördern?

Hiermit wird offensichtlich klar, dass die OE für dessen Innovationsprozess selbst einen ethischen Rahmen benötigt. Doch wo finden wir diesen, wenn es die „Ethik" nicht gibt? In dem wir uns an erprobten ethischen Regeln orientieren und versuchen, diese, je nach Kontext und Wirkungsebene, so anzuwenden, dass Entscheidungen möglich werden,

---

[1] Anmerkung des Autors: Hier wird gezielt das Wir (anstatt dem Ich) verwendet, da diese Innovationsprozesse nur in OE-Entwicklungsteams möglich sind.

die dann wiederum in den Lern- und Reflexionsschleifen für die weiteren Entwicklungen der OE genutzt werden.

Für diese Entwicklung muss das Spannungsfeld, welches zwischen den ethischen Regeln gegeben ist, genutzt werden, damit Lernen und somit nachhaltige Entwicklung möglich werden. Selbst die OE verpasst sich, so wie auch die Organisation selbst, einen kontinuierlichen Verbesserungsprozess. Welche Kompetenzen dabei entwickelt werden könnten, wird im nächsten Kapitel dargestellt.

Nun zur Praxis: Welche ethischen Regeln haben sich als hilfreich und praktikabel herausgestellt?

Dies sind:

> a. Die Goldene Regel der ökonomischen Ethik von Prof. Andreas Suchanek (Suchanek 2007).
> „Investiere in die Bedingungen der gesellschaftlichen Zusammenarbeit zum gegenseitigen Vorteil."
> b. Der ethische Imperativ von Heinz von Förster (Foerster von 1993).
> „Handle stets so, dass die Anzahl der Wahlmöglichkeiten größer wird."

Zwischen diesen Regeln ergibt sich ein Spannungsfeld einerseits zwischen dem Wirken auf die Organisationsstrukturen (Goldene Regel der ökonomischen Ethik) und anderseits mit dem Wirken auf der Verhaltensebene (der ethische Imperativ). Bei der integrativen OE stellen wir uns permanent die Frage: „Wie können sich Rahmenbedingungen entwickeln, die einen unternehmerischen und gesellschaftlichen Mehrwert ermöglichen und die Menschen im Organisationsumfeld in ihrer Selbstverantwortung stärken?" Denn erst die Summe der gelebten Selbstverantwortung ergibt ein verantwortungsvolles Unternehmen (CSR).

Dies kann nur möglich werden, wenn sich das ethische Spannungsfeld im Organisationsentwicklungsprozess wiederfindet. Wie bereits Humberto Maturana beim Weltkongress für systemisches Management im Jahr 2001 bemerkte:

> Ethik ermöglicht zufriedene und selbstverantwortliche MitarbeiterInnen. Moral erzeugt hingegen nur funktionierende MitarbeiterInnen (Humberto Maturana 2001).

Für ein CSR der vierten Generation mit einer resilienten DNA brauchen wir zufriedene, motivierte und selbstverantwortliche Menschen, die effektive und nachhaltige Entscheidungen fällen und effiziente Handlungen setzen. Auf dieses Ziel muss die Kompetenzentwicklung der integrativen OE ausgerichtet sein.

4 Kompetenzentwicklung

Genaugenommen fördern wir die Kompetenz der Menschen, Fragen zu erkennen, die prinzipiell nicht zu beantworten sind. Dies ist ein Ausdruck des ethischen Spannungsfeldes. Da auf diese Fragen, obwohl diese prinzipiell nicht beantwortbar sind, Antworten gefunden werden müssen, verlangt dies zwingend der Einführung von Instrumenten, Verfahren und Methoden (Schneider und Schmidpeter 2012b, S. 317–328), die den Menschen helfen, mit diesen Unsicherheiten und Ungewissheiten umzugehen. Die Entwicklung dieser Instrumente ist integrativer Bestandteil der OE und einer lernenden Organisation.

Darüber hinaus müssen Menschen in Organisationen die Chance bekommen, sich entlang ihren Stärken und Fähigkeiten zu entwickeln. Dabei geht es nicht nur um die sichtbare, sondern vor allem um die unsichtbaren Kompetenzen und Talente – auch verborgene Schätze genannt. Zur Erkennung dieser Schätze kann das ethische Spannungsfeld dienlich sein, da sich in der Regel Menschen über ihre aktuellen Grenzen hinaus entwickeln müssen, um im Spannungsfeld Sinn zu finden.

Des Weiteren braucht es eine Richtung, die die gemeinsame und sinnstiftende Entwicklung der Organisation festlegt. Dieser „Leuchtturm" muss die Zukunftsfähigkeit der Organisation zum Ziel haben und in einem entsprechend partizipatorischen Prozess erarbeitet worden sein. Wobei es sich hier nicht um einen „starren" Leuchtturm handelt, sondern einen, bei dem erst nach und nach die Facetten, Ecken und Kanten sichtbar werden. Ebenso ist der Leuchtturm integrativer Bestandteil des lernenden KVP's und entwickelt sich stetig weiter. Damit dieser Leuchtturm Standfestigkeit entwickeln kann, bedarf es zusätzlich an Wissen über die europäischen und internationalen Entwicklungen – speziell in Bezug zu einer ganzheitlichen und nachhaltigen Unternehmensführung (ISO 26000, OECD Guidelines für MNE, UN Global Compact u. v. m.).

Und zu guter Letzt brauchen die Menschen im Organisationsumfeld ein entwickeltes Bewusstsein über den Umgang mit ihren relevanten Anspruchsgruppen, die Kompetenz die Dynamiken in den Beziehungen erfassen und daraus – im Sinne des ethischen Lernens – Wesentliches erkennen zu können. Auf Basis der gewonnen Erkenntnisse und des Wertefundamentes entsteht Handlungskompetenz, welche Zufriedenheit ermöglicht. Zufriedenheit und Wohlstand (gemäß den neuen SDG's der Vereinten Nationen) in der Organisation und im Umfeld der Organisation, die der Garant für die Zukunftsfähigkeit der Menschheit ist.

Wenn wir gemeinsam diesen metaphysischen Weg zu einer integrativen Organisationsentwicklung einschlagen, folgen wir den Aristotelischen Weg zur Erreichung einer humanen Glückseligkeit, womit gemeint ist „das vollkommene und selbstgenügsame Gut und das Endziel des Handelns" (1097 b20).

Literatur

Aristoteles (2000) Nikomachische Ethik. dtv, München
Europäische Kommission (2011) A renewed EU strategy 2011–14 for Corporate Social Responsibility (CSR) (COM 681 final)
Lorentschitsch B, Walker T (2012/2015) Vom integrierten zum integrativen CSR-Managementansatz (Article). In: Schneider A, Schmidpeter R (Hrsg) Verantwortungsvolle Unternehmensführung in Theorie und Praxis. Springer, Heidelberg
Schumpeter JA (1912/2006) Theorie der wirtschaftlichen Entwicklungen. Duncker & Humblot, Berlin

Suchanek A (2007) Ökonomische Ethik, 2. Aufl. Mohr Siebeck, Tübingen
von Foerster H (1993) KybernEthik. Merve, Berlin
Walker T (2013a) Der Stakeholderansatz als Fundament der CSR-Kommunikation (Artikel). In: Heinrich P (Hrsg) CSR und Kommunikation. Springer, Heidelberg
Walker T (2013b) The Integrative Management Approach of CSR (Article). In: Idowu S (Hrsg) Encyclopedia of Corporate Social Responsibility. Springer, Heidelberg
Walker T (2015a) The Entrepreneurial Wisdom (Article). In: Habisch A, Schmidpeter R (Hrsg) Practical Wisdom. Springer, Heidelberg
Walker T (2015b) Von der Gewinn- zur Nachhaltigkeitsmaximierung (Artikel). In: Wunder T (Hrsg) CSR und strategisches Management. Springer, Heidelberg
Walker T, Beranek F (2015) Corporate Resilience (Entry). In: Idowu S (Hrsg) CSR Dictionary. Springer, Heidelberg
Walker T, Schmidpeter R (2014) Maturity Model of CSR (Entry). In: Idowu S (Hrsg) CSR Dictionary. Springer, Heidelberg
Wittgenstein L (1997) Tractatus logico-philosophicus, Tagebücher 1914–1916, suhrkamp, taschenbuch wissenschaft, 11. Aufl. Frankfurt a. M.

Hon.-Prof. Thomas Walker CMC, Honorary Professor at the London Metropolitan University, President of the Corporate Resilience Institute, Leiter von walk-on/Institute for sustainable solutions, certified CSR Expert, UNIDO reap26 Seniorconsultant and chief developer, langjähriger Fachexperte im ÖNORM Ausschuss zu CSR, Mitglied in diversen Multistakeholderdialogen der Europäischen Union, Beiratsmitglied im Zentrum für humane Marktwirtschaft und im Wirtschaftsethik Institut Stift St. Georgen, diplomierter Coach, Team- und Organisationsentwickler am Milton Erickson Institut in Heidelberg, Mitglied im Expertendialog der deutschen Genossenschaftsbanken. Thomas Walker ist seit über 14 Jahren im Bereich CSR (Corporate Social Responsibility), Social Innovations und Nachhaltigkeit beratend, forschend, publizieren und lehrend tätig.

Teil III
Rahmenbedingungen und intermediäre Organisationen

Die Rolle von intermediären Organisationen

Markus Litzlbauer

1 Einleitung

Aus aktuellem Anlass sei angemerkt, dass das nachstehend skizzierte Projekt des AMS Oberösterreich bereits über drei Jahre zurückliegt und sich daher vor allem in den letzten Jahren die zusätzlichen Aufgaben und Herausforderungen des Arbeitsmarktservice bzw. des Arbeitsmarkts generell stark verändert haben. Im Hinblick auf Herausforderungen wie die Vermittlung von beeinträchtigen Personengruppen bis hin zu Kompetenzanalysen und Sprachkursen für Asylberechtigte lässt sich der Bogen unserer Zuständigkeiten immer weiter spannen. Selbstverständlich hätten diese Aufgaben die Inhalte eines Projekts „Wissensmanagement" dahingehend verändert, da für die Bewältigung dieser Herausforderungen einerseits zusehends neuer Wissenserwerb bei uns selbst gefragt ist und andererseits uns ganz aktuell durch zahlreiche Pensionierungen genau dieses Wissen verloren geht. Ausgehend von einem Projekt zur Implementierung von Wissensmanagement erhielt ich die Einladung, den vorliegenden Artikel zum Thema „Die Rolle von intermediären Organisationen" zu verfassen. „Intermediär" (lateinisch „dazwischenliegend") beschreibt im wirtschaftlichen Sinne die Vermittlerrolle zwischen verschiedenen Akteuren bzw. Interessenslagen.

Auf den folgenden Seiten werde ich Ihnen einen Überblick über die Organisation des Arbeitsmarktservice (kurz: AMS) geben und die Rolle(n) des AMS als intermediäre Organisation aus den Gesichtspunkten steigender Herausforderungen in sozialen, wirtschaftlichen und ökologischen Belangen beleuchten.

M. Litzlbauer (✉)
Arbeitsmarktservice Oberösterreich, Europaplatz 5, 4021 Linz, Österreich
E-Mail: markus.litzlbauer@ams.at

2 Die Organisation des AMS Österreich

2.1 Aufgaben und Ziele

Im Zuge der Reform der Arbeitsmarktverwaltung (kurz: AMV) ab 1994 erfolgte u. a. eine Bereinigung der Aufgaben und Konzentration auf arbeitsmarktpolitische Kernaufgaben und eine Reform der Organisations- und Entscheidungsstrukturen. Aus der ursprünglichen AMV entstand somit das AMS als öffentliche Arbeitsagentur auf gesetzlicher Basis mit starken Selbstverwaltungselementen unter Mitwirkung von Regierung und Sozialpartner (drittelparitätische Struktur mit Regierung, Arbeitnehmer- und Arbeitgeberverbänden).

Die gesetzlich festgelegten Ziele des AMS ab 1994 gem. § 29 AMSG (Arbeitsmarktservice-Gesetz) sind folgende

- Im Rahmen der Vollbeschäftigungspolitik der Bundesregierung zur Verhütung und Beseitigung von Arbeitslosigkeit
- … unter Wahrung sozialer und ökonomischer Grundsätze,
- … im Sinne einer aktiven Arbeitsmarktpolitik,
- … auf ein möglichst vollständiges, wirtschaftlich sinnvolles und nachhaltiges Zusammenführen von Arbeitskräfteangebot und -nachfrage hinzuwirken
- … und dadurch die Beschäftigung aller Personen, die dem österreichischen Arbeitsmarkt zur Verfügung stehen, bestmöglich zu sichern.
- Dies schließt die Sicherung der wirtschaftlichen Existenz während der Arbeitslosigkeit im Rahmen der gesetzlichen Bestimmungen ein.

Abgeleitet von diesen Zielen ergeben sich für das AMS daher folgende Aufgabenschwerpunkte
   Aktive Arbeitsmarktpolitik

- Arbeitsvermittlung (Service für Arbeitsuchende)
- Stellenbesetzung (Service für Unternehmen)
- Arbeitsmarktforschung und -information
- aktive arbeitsmarktpolitische Maßnahmen (Qualifizierung, Beschäftigungsförderung, besondere Vermittlungsunterstützung)

Passive Arbeitsmarktpolitik

- Arbeitslosenversicherung (Existenzsicherung)

Ordnungspolitik

- Regulierung der Beschäftigung von Ausländern

Abb. 1 Stakeholdermap des AMS Oberösterreich

Selbstverständlich ließe sich die Liste an Aufgaben des AMS noch wesentlich länger fortsetzen – für einen groben Überblick und zum besseren Verständnis für die Vielfalt an Aufgaben, Zielen und Interessen (der Eigentümervertreter) ist diese Auflistung vorerst ausreichend.

2.2 Stakeholder des AMS

Eine Stakeholder-Map des AMS Oberösterreich – um auch hier nochmals auf die häufig unterschiedlichen Interessenslagen hinzuweisen – am Bsp. des Projekts Wissensmanagement (siehe Abb. 1):

2.3 Aktuelle und künftige Herausforderungen

Die Herausforderungen für das AMS in der jüngsten Vergangenheit, Gegenwart und voraussichtlich auch für die kommenden Jahre sind:

- hohe Konjunkturschwankungen in immer kürzeren Zeiträumen und dadurch Verschlechterung der Arbeitsmarktlage
- Zuwanderung ausländischer Arbeitskräfte im Zuge der Ostöffnung (steigender Anteil von Personen mit Migrationshintergrund)

- zunehmender Fachkräftemangel in einigen Berufsbereichen (trotz Umsetzung der Rot-Weiß-Rot-Card als kriteriengeleitetes Zuwanderungsmodell)
- immer engere Verknüpfung von aktiver Arbeitsmarktpolitik und Bildungspolitik im Bereich des lebenslangen Lernen – Strategie 2020
- Verhinderung der Ausgrenzung und der Verfestigung von Langzeitarbeitslosigkeit von arbeitsmarktfernen Personen
- Ausbau der Internet- und Selbstbedienungsangebote (Online Betreuung von arbeitslosen Personen und personalsuchenden Unternehmen)

Bezugnehmend auf diese und noch weitere Herausforderungen für die Organisation des AMS Österreich, entstand im Jahr 2012 die Idee zu einem Projekt, welches sich mit der Einführung von Wissensmanagement im AMS (Ober-)Österreich beschäftigen sollte.

3 Das Projekt

Vor dem Gesichtspunkt der vielfältigen Aufgaben und Ziele des AMS und darüber hinaus mit Hinblick auf stetig steigende Anforderungen auf die unterschiedlichen Berater und Beraterinnen des AMS, wurde ich im Jahr 2012 von der Landesgeschäftsführung des AMS Oberösterreich mit der Leitung des Projekts „Wissensmanagement im AMS Oberösterreich" betraut.

Der Projektauftrag hatte das Hauptaugenmerk darauf, das vorhandene (implizite und explizite) Wissen dahingehend zu differenzieren, inwieweit es für die tägliche (operative) Arbeit unserer Berater von Bedeutung ist.

Der Ablauf unseres Projekts ließe sich in etwa wie folgt gliedern (siehe Abb. 2):

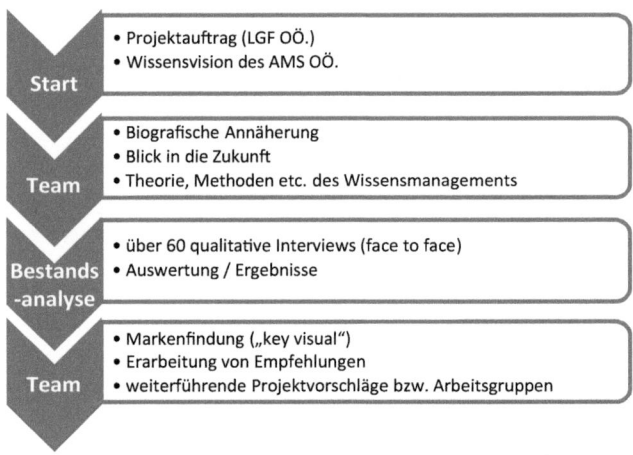

Abb. 2 Projektphasen des Projekts „Wissensmanagement im AMS OÖ"

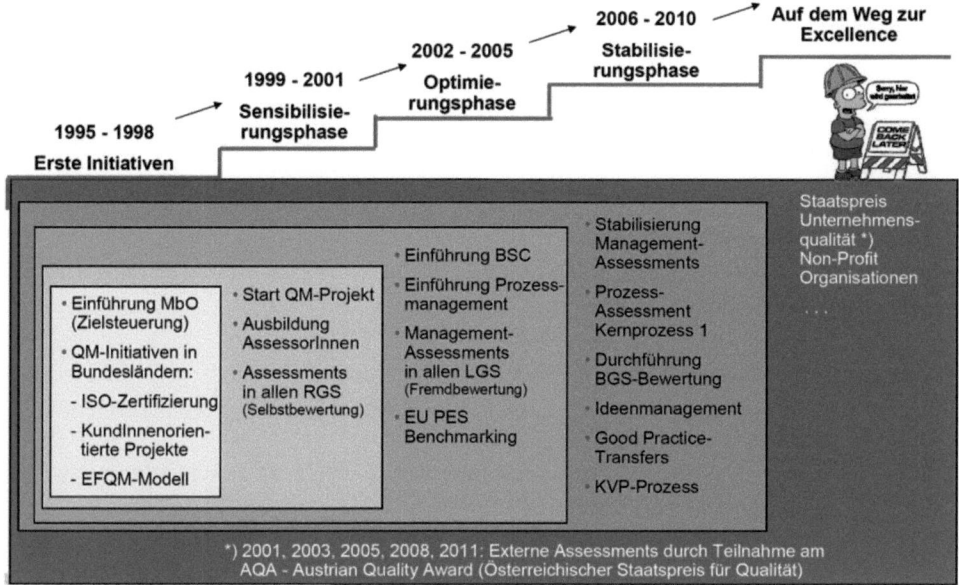

Abb. 3 Biografische Annäherung an die Entwicklung des AMS Oberösterreich

3.1 Projektphase 1 – Orientierung

Bei der Zusammenstellung des Projektteams erschien es mir besonders wichtig, möglichst alle Bereiche, Abteilungen und Prozesse des AMS abzubilden. Dadurch entstand eine sehr heterogene Gruppe sowohl auf die Inhalte ihrer Arbeit bezogen, als auch im Hinblick auf die Dauer der Zugehörigkeit zum AMS. Logischerweise war damit auch ein sehr unterschiedliches Wissen, bezogen auf die Entwicklung der Organisation verbunden, welches bestmöglich auf ein annähernd vergleichbares Niveau gebracht werden musste.

Somit war der Kick-Off unseres gemeinsamen Projekts verbunden mit einer biografischen Annäherung an die Entwicklung von der AMV zum AMS bzw. von der Steuerung des Fortschritts in der Vergangenheit des AMS seit dem Jahr 1995 bis jetzt.

Die nachstehende Grafik soll im Groben diese Entwicklungsschritte seit 1995 skizzieren (siehe Abb. 3):

Dieser Betrachtung der Steuerung des Fortschritts in der Vergangenheit folgt automatisch die Frage nach der Steuerung des Fortschritts in der Zukunft. Dieser Fragestellung näherten wir uns wie folgt:

- Wie viel kundenferne Dienstleistungen verträgt die Organisation in Zeiten der Ressourcenknappheit und steigender Komplexität?
- Inwieweit können wir qualitative (immaterielle) Beratungsleistungen in bestehenden Management-Systemen abbilden?

- Sich daraus ergebende Konsequenzen könnten aus unserer Sicht sein:
- Implementierung von Wissens- und Kompetenz-Management-Systemen zur Förderung der Zukunftsfähigkeit von Menschen und Organisationen

VERSUS

- Förderung und Ausreifung von (weiteren) Instrumenten zur Erstellung von weiteren Kategorien im Bereich Kennzahlen und Förderung von Konkurrenzdenken (zwischen den Kernprozessen des AMS)

Aus diesem gemeinsamen Prozess der Orientierung kamen wir letztlich zu folgender zentraler Überlegung hinsichtlich der Positionierung des Projekts „Wissensmanagement":

> Welchen innovativen Beitrag kann die Organisationsentwicklung zur Zukunftsfähigkeit des AMS OÖ durch das Projekt „Wissensmanagement" leisten und wie wird es sichtbar?

Diese Phase der Orientierung und Sensibilisierung erscheint mir im Nachhinein betrachtet als eine der erfolgskritischsten im Laufe des Projekts. Reden wir vom Selben? Sind wir – zumindest in Etwa – alle noch immer auf derselben Reise mit demselben Ziel?

Selbstverständlich hatten wir zu diesem Zeitpunkt bereits mehrmals darauf hingewiesen, was Wissensmanagement NICHT ist – wie z. B. Wissensmanagement ist nicht IT. Viel schwieriger zu verstehen oder zu beantworten ist allerdings die Frage: „Was ist Wissensmanagement?". Antworten wie „Paradigmenwechsel" und ähnliches erzeugen oftmals mehr Angst als Zustimmung. In Zusammenhang mit der Organisation AMS und der demografischen Struktur der Mitarbeiterinnen und Mitarbeiter des AMS konnten wir dann aber doch eine sehr verständliche und klare Antwort geben: „Der Umgang mit Wissen schafft Orientierung und bedeutet für uns und unsere Organisation Zukunftsfähigkeit."

3.2 Projektphase 2 – Hypothesen

Ausgangspunkt(e) für das Erstellen unserer Hypothesen waren vor allem gesellschaftliche Rahmenbedingungen und deren mögliche Auswirkungen auf das AMS:

- demografische Veränderungen mit allen einhergehenden Konsequenzen, wie z. B. I-Pensionen, multi-kulturelle Herausforderungen etc.
- Betriebe befinden sich zunehmend auf volatilen Märkten, Planbarkeit wird schwieriger (Steuerung der Un-Planbarkeit auf strategischer und operativer Ebene, betriebliche ad-hoc-cratie)
- Technologisierung der Kernkompetenz „Vermittlung" mit der Konsequenz eines sich verändernden Jobprofils des/der Beraters/in (Aufgabe, Funktion und Rolle)

Sich daraus ergebende Hypothesen/Forschungsfragen waren folglich:

- Wird sich durch diese veränderten Rahmenbedingungen die Aufgabe, Funktion und Rolle des AMS in der Gesellschaft verändern?
- Werden sich Aufgaben, Funktionen und Rollen der Mitarbeiter/innen verändern?
- Wenn ja, wie steuern wir den Umgang mit Wissen, damit es Orientierung bietet?

Selbstverständlich hatten wir uns zu diesem Zeitpunkt bereits intensiv mit Theorien und Methoden des Wissensmanagements befasst, auf welche ich jedoch hier nicht eingehen werde. Theorie ist zwar ein ebenso unverzichtbarer Bestandteil wie die erwähnten Methoden, Sie werden dazu aber eine ganze Fülle von Literatur aus weitaus berufenerem Munde wie dem meinen finden.

3.3 Bestandsanalyse

Etwa zur Halbzeit des Projekts war es an der Zeit, eine Bestandsanalyse im AMS Oberösterreich durchzuführen. Ziel war es herauszufinden, welche Informationen für die tägliche Arbeit benötigt werden, welche davon nur schwer zugänglich sind und warum, ob bzw. wie derzeit Wissenstransfer passiert und welche Anregungen die Mitarbeiter/innen selbst haben, um ihre tägliche Arbeit einfacher und effizienter erledigen zu können.

Diese Bestandsanalyse beschlossen wir mittels qualitativer, halbstrukturierter Interviews durchzuführen und baten die Mitarbeiter/innen (auf freiwilliger Basis) sich für diese Interviews anzumelden. Immerhin ca. 10 % der Belegschaft (mehr als 60 Interviews) erklärten sich schlussendlich auch dazu bereit.

Die Erkenntnisse daraus waren für unser Projekt von großer Bedeutung und zugleich die Ausgangsbasis für das weitere Vorgehen. Nachstehend ein kleiner Auszug mit den meiner Meinung nach bedeutsamsten Ergebnissen:

- die Mitarbeiter/innen des AMS OÖ teilen sich in zwei (etwa gleich große) Gruppen – digitale und analoge Personen,
- Intranet polarisiert – sehr wichtig, Struktur/Systematik wird massiv kritisiert,
- individuelle Lösungen dominieren,
- Bedeutung von Generationenmanagement nimmt massiv zu (Demografie!),
- Wunsch nach mehr Zeit (und Raum) für persönlichen Austausch,
- „Wissensmanagement" ist als Begriff im Alltag ungeeignet.

Vor allem der letzte Punkt war für uns im Projekt eine Bestätigung, da für uns bereits im Vorfeld feststand, Wissensmanagement im Unternehmen eben nicht unter diesem Begriff einzuführen. „Management" allein ist für operativ tätige Mitarbeiter/innen an der Basis oft schon Grund genug ein Thema von vornherein abzulehnen. So sahen wir unseren nächsten Schritt also im Finden einer Marke oder besser noch eines Key Visuals.

Abb. 4 key visual für Wissensmanagement des AMS OÖ

3.4 Das Key-Visual

Im Rahmen eines zweitägigen (vorläufigen) Abschlussworkshops befassten wir uns in Kleingruppen intensiv mit der Kreation eines Key Visuals für die Einführung von Wissensmanagement im AMS Oberösterreich.

Wie so oft, war für uns vor allem klar was wir nicht wollten:

- keine Anglizismen (gibt es schon zu viele)
- keine Abkürzungen (gibt es v. a. im AMS schon zu viele)
- keine erklärungsbedürftigen, hochtrabenden Begrifflichkeiten

Ziel war es vielmehr einen (oder mehrere) Begriffe zu finden, die selbsterklärend sind und mit denen sich „spielen" lässt – sei es eine Geschichte darum zu erfinden oder Wortspiele zu kreieren.

Letztendlich kamen viele solcher Vorschläge und der kreative Prozess wollte kaum enden. Dennoch konnten wir uns am Ende des Tages auf ein Key Visual einigen und ließen dieses gleich auch grafisch dem CI des AMS grafisch anpassen (siehe Abb. 4):

Der Begriff „Merk-Werk" gibt uns künftig genügend Spielraum z. B. Fantasiefiguren zu kreieren („Merkwürden"), regelmäßige Werk-Tage (statt Lerntage) zu veranstalten, Werk-Shops abzuhalten (statt der üblichen Workshops) etc.

Der eine oder andere stellt sich nun vielleicht die Frage, warum wir einem scheinbaren „Randthema" so viel Zeit widmeten. Zum einen ist meiner Ansicht nach die Implementierung von Wissensmanagement zu einem sehr hohen Prozentsatz ein emotionales Thema (Stichwort „Paradigmenwechsel") und zum anderen ist die Rolle des AMS als intermediäre Organisation geprägt vom oftmaligen Interessenskonflikten zwischen Arbeitnehmer- und Arbeitgebervetreter/innen – dieses Spannungsverhältnis kann und soll durch ein weiterführendes Projekt „Wissensmanagement 2.0" aufgelöst werden.

3.5 Empfehlungen aus dem Projekt

Zum (vorläufigen) Ende des Analyseprojekts „Wissensmanagement im AMS OÖ" standen als Ergebnisse zum einen eine Roadmap zur Einführung von Wissensmanagement im

AMS und zum anderen eine ganze Reihe an Empfehlungen an die Bundesorganisation des AMS Österreich bzw. an die Landesorganisation des AMS Oberösterreich fest.

Die Empfehlungen im Überblick gliedern sich wie folgt:
An die Bundesorganisation des AMS Österreich:

- Gesamtstrategie CSR/Wissensmanagement
- Intranet NEU
- Software-Lösung für (in Intranet integriertes) Wissensmanagement
- Methodentrainings (für Methodenset „Wissensmanagement")

An die Landesorganisation des AMS Oberösterreich:

- Didaktik-Handbuch und Methodenkoffer „MerkWerk"
- Methodentrainings (für Methodenset „Wissensmanagement")
- Personal-Kompetenz-Entwicklung
- Wissenslandkarten/-datenbank
- Infomanagement für Führungskräfte

Diese Empfehlungen sind als Vorschläge für weiterführende Projekte/Arbeitsgruppen zu verstehen und letztlich konnten sich die Führungskräfte des AMS Österreich auf vorerst fünf konkrete Umsetzungsprojekte einigen:

- Gesamtstrategie CSR/Wissensmanagement
- Intranet NEU
- Kompetenzentwicklung
- Generationenmanagement
- Diversity

Ein weiteres Projekt – „Didaktik-Handbuch und Methodenkoffer" – wird von mir innerhalb Oberösterreichs ohne Bundesbeteiligung umgesetzt. Vom Vorstand des AMS Österreich ebenfalls nicht priorisiert wurde die Einführung des vorhin präsentierten Key Visuals, da Wissensmanagement per se nicht als emotionales Thema wahrgenommen wird. Auch dieses Thema wird nun in Oberösterreich – vorangetrieben durch das Büro der oö. Landesgeschäftsführung – umgesetzt.

3.6 Wissensmanagement 2.0 – ein Ausblick in die Zukunft?

Zu Beginn des Projekts „Wissensmanagement im AMS OÖ." wurde für mich nach relativ kurzer Zeit klar, dass ein solches Projekt mit dem Ziel der Komplexitätsreduzierung im Endeffekt nur dann erfolgreich umgesetzt werden kann, wenn alle Stakeholder unserer Organisation (sh. Pkt. 2.2) darin eingebunden sind. Dennoch war es im ersten Schritt nötig, hier eine Abgrenzung vorzunehmen und sich vorerst ausschließlich AMS-intern mit dem Arbeitstitel „Wissensmanagement 1.0" auseinanderzusetzen.

Das AMS als intermediäre Organisation
„Ganz allgemein bezeichnet ein intermediäres Element oder System ein Bindeglied. Damit wird auf zwei weitere Elemente verwiesen, die durch das intermediäre Element verknüpft, also in einen Funktionszusammenhang gebracht werden. Intermediäre Systeme verbinden (mindestens) zwei externe Systeme, zwischen denen Kommunikationsschranken existieren oder die sogar in einem spannungsreichen bzw. widersprüchlichen Verhältnis zueinander stehen" (Rucht 1991, S. 5).

Die teilweise sehr unterschiedlichen Interessenslagen mit denen sich das AMS in der täglichen Arbeit konfrontiert sieht, werden deutlich bei Betrachtung der Zusammensetzung des obersten Gremiums des AMS – dem Verwaltungsrat (VWR):

- Bundesministerium für Arbeit, Soziales und Konsumentenschutz
- Bundesministerium für Finanzen
- Österreichischer Gewerkschaftsbund (ÖGB)
- Gewerkschaft VIDA
- Bundesarbeiterkammer
- Vereinigung der österreichischen Industrie
- Wirtschaftskammer Österreich

Damit „Wissensmanagement" nun Lösungsansätze für diese Intermediarität geben kann, bedarf es – nach Meinung des Autors – einiger grundsätzlicher Voraussetzungen, die derzeit nicht überall zur Gänze erfüllt erscheinen:

- Paradigmenwechsel hin zu einer offenen Wissenskultur
- Offenheit in der Kommunikation zwischen den Stakeholdern
- ein klares Bekenntnis zu gesellschaftlicher Verantwortung

Selbstverständlich ließe sich diese Liste noch weiter fortführen, jedoch sehe ich diese drei Voraussetzungen als Grundpfeiler für funktionierendes Wissensmanagement an, um damit letztendlich die Zukunftsfähigkeit intermediärer Organisation wie dem AMS zu sichern.

4 Resümee

Wenn auch in vielen Bereichen und Unternehmen Begrifflichkeiten wie CSR, Wissensmanagement, Employer Branding etc. nach wie vor hauptsächlich Marketingcharakter haben, sollten uns doch Projekte wie dieses des AMS Oberösterreich Hoffnung für die Zukunft geben. Immerhin befasst sich nun ausgehend von diesem Projekt die gesamte Organisation des AMS Österreich mit Themen wie Gesamtstrategie CSR, Generationenmanagement, Kompetenzentwicklung u. v. m.

Die nächsten Monate und Jahre wird es an uns – als Mitarbeiter/innen und Führungskräfte – liegen, sich mit Fragen zur Zukunftsfähigkeit auseinanderzusetzen und visionär mit aller Offenheit in der Kommunikation die Organisation neu zu denken. Es gilt nun Verantwortung zu übernehmen – Verantwortung unseren Mitarbeiter/innen gegenüber, der Gesellschaft gegenüber und nicht zuletzt natürlich unseren Eigentümer-Vertreter/innen gegenüber.

Die großen Herausforderungen der nächsten Zeit werden NICHT darin liegen, uns mit den Methodensets aus dem Wissensmanagement zu beschäftigen und diese zu erlernen, sie werden auch NICHT im bloßen Schreiben einer „Gesamtstrategie CSR" zu finden sein. Nein – die wirklich großen Herausforderungen liegen einzig und allein bei und in uns selbst.

„Wissensmanagement" per se ist aus meiner Sicht ein hochemotionales Thema und kann einzig und allein beim Individuum ansetzen. Es bedarf eines Paradigmenwechsels bei vielen von uns im Umgang mit unserem impliziten Wissen – weg von oftmals über Jahre hinweg erfolgreich „verteidigten" Wissensinseln hin zu einer (neuen) offenen Kultur der Wissensteilung.

Dadurch werden plötzlich derzeit noch als problematisch empfundene Rahmenbedingungen wie z. B. die demografische Struktur der Mitarbeiter/innen des AMS Oberösterreich künftig als große Chance empfunden werden. Knapp 40 % aller Beschäftigten des AMS Oberösterreich wechseln innerhalb der nächsten 10 Jahre in den Ruhestand bzw. in die Pension. Im derzeitigen „System" geht mit diesen Personen auch ihr (implizites) Wissen in den Ruhestand – und das wird zu Recht als bedrohlich empfunden.

Im neuen „System" wird eine so hohe Anzahl an älteren Mitarbeiter/innen als große Chance wahrgenommen werden, da deren (implizites) Wissen bewahrt und auf einen etwaigen Nachfolger übertragen werden wird. Dies wiederum ermöglicht das Vermeiden von bereits in der Vergangenheit begangenen Fehlern und das Abkürzen von Entscheidungswegen durch die Vermittlung von organisationalem Wissen an neue Mitarbeiter/innen.

Wissensmanagement 2.0
Die (Vermittler-)Rolle des AMS als intermediäre Organisation können wir am besten als Initiator eines Projekts unter dem Arbeitstitel „Wissensmanagement 2.0" ausüben. Dies würde bedeuten, dass unter Einbeziehung der Mitglieder des oö. Landesdirektoriums – das oberste Gremium auf Bundeslandebene – das Projekt „Wissensmanagement im AMS OÖ" auf diese erweitert wird. Das oö. Landesdirektorium setzt sich zusammen aus Vertretern von

- Arbeiterkammer OÖ
- Wirtschaftskammer OÖ
- Industriellenvereinigung OÖ
- Gewerkschaftsbund OÖ

So unterschiedlich die Interessen dieser Personen bzw. Interessensvertretungen auch sein mögen, so sollte ihnen doch zweierlei gemein sein:

1. Das Interesse an der Erhaltung der Zukunftsfähigkeit der eigenen Organisation
2. Die Bereitschaft zur Übernahme von gesellschaftlicher Verantwortung

Die Praxis wird uns dann zeigen, ob die weiteren Voraussetzungen für funktionierendes Wissensmanagement

- offene Wissenskultur,
- Offenheit in der Kommunikation

erfüllt werden können.

Visionär in die Zukunft blickend – was wäre anders bzw. wo lägen die Möglichkeiten für das AMS und seine Eigentümervertretungen?

Um dies zu beantworten versetzen wir uns am besten ins Jahr 2020 und gehen davon aus, dass ein Projekt „Wissensmanagement 2.0" bereits erfolgreich beendet und umgesetzt wurde. Dies hat zur Folge dass

- Qualifizierungsmaßnahmen und Förderangebote des AMS gemeinsam mit Arbeitnehmer- und Arbeitgebervertretungen entwickelt und auf Nachhaltigkeit überprüft werden.
- das AMS laufend unter Einbeziehung aller relevanten Stakeholder kreative Lösungsansätze für absehbare Herausforderungen, wie z. B. nachhaltige Beschäftigung älterer Arbeitnehmer, Integration von Personen mit Migrationshintergrund in den Arbeitsmarkt, Vermittlung von Personen mit Einschränkungen in den ersten Arbeitsmarkt etc. erarbeitet,
- das AMS für eben diese Stakeholder Ansprechpartner Nr. 1 in allen Fragen betreffend Arbeitsmarkt, Personalrekrutierung, Beratungsleistungen zu personalpolitischen Themen etc. ist,
- Arbeitnehmer- und Arbeitgeberorganisationen das AMS aktiv in eigene Projekte mit ein binden, um frühzeitig etwaige Überschneidungen zu vermeiden und damit Ressourceneffizienz zu gewährleisten.

Vor allem aber – und das erscheint mir persönlich ganz wesentlich – hat jede/r von uns eine innere und völlig selbstverständliche Haltung, sein (implizites und explizites) Wissen zu teilen und zum Wohle aller Beteiligten einzusetzen bzw. weiterzugeben.

Intermediäre Organisationen wie das AMS Österreich werden in ihrer Vermittlerrolle künftig noch stärker gefordert werden, um konsensorientiert Lösungen zwischen den unterschiedlichen Interessenslagen zu erarbeiten. Unabdingbar dafür ist zum einen die vorhin erwähnte innere Haltung zur Wissensweitergabe und zum anderen muss uns allen – die wir in solchen Organisationen tätig sind – die Verantwortung bewusst werden, die damit einhergeht. Verantwortung zu übernehmen für nachhaltiges Handeln, ist allerdings ein Aufruf an alle Organisationen, Individuen und Staaten – dies verlangen wir alle voneinander und vor allem erwarten es die nachfolgenden Generationen von uns.

Möglicherweise sind die Aufgaben des AMS im Jahr 2020 noch wesentlich vielfältiger als derzeit absehbar. Zur Sicherung der Zukunftsfähigkeit – nicht nur des AMS – wird es jedenfalls ganz wesentlich sein, solche und ähnliche Projekte voranzutreiben. Mit aller nötigen Ernsthaftigkeit, Kreativität und vor allem mit Optimismus.

Literatur

Rucht D (1991) Parteien, Verbände und Bewegungen als Systeme politischer. Interessenvermittlung

Markus Litzlbauer MBA 1975 in Linz geboren, arbeitete nach der Matura in der Bundeshandelsakademie Linz/Auhof im Verkauf im Bereich Großhandel und wechselte nach einigen Jahren als Produkt- bzw. Brandmanager in den Lebensmittelbereich. Im Jahr 2005 begann seine Tätigkeit beim AMS Oberösterreich im Service für Unternehmen, wo er dann berufsbegleitend an der WU Wien das Masterstudium „Sozialmanagement und Management für NPOs" erfolgreich beendete und seine Masterthesis zum Thema „Atypische Beschäftigung" 2013 vom dt. Akademikerverlag als Buch herausgegeben wurde. Markus Litzlbauer ist verheiratet und Vater von zwei Töchtern, wegen derer – wie er selbst sagt – das Thema Nachhaltigkeit einen völlig neuen Stellenwert in seinem Leben bekam.

Wirtschaftskammern: Impulsgeber, Change-Manager, Bremser?

Thesen zur Rolle von intermediären Organisationen auf dem Weg zu mehr Nachhaltigkeit

Kurt Oberholzer

1   Einleitung

Die spezifische Aufgabenstellung, die Rolle von „intermediären" Organisationen wie den Wirtschaftskammern im Themenfeld von Nachhaltigkeit und Verantwortung in der Wirtschaft herauszuarbeiten, kann nur ausreichend erfüllt werden, wenn wir in einem ersten Schritt auf die eigentlichen, vom Gesetz definierten Kernaufgaben der Wirtschaftskammern eingehen. Von dieser Basis aus ist schließlich eine gültige Positionierung zu erarbeiten, die auf die angesprochenen Notwendigkeiten abzielt, mehr Nachhaltigkeit im Wirtschaftsprozess zu verankern. Es stellt sich somit folgende grundlegende Frage: können Wirtschaftskammern auf Basis der österreichischen Rechtslage einen und wenn, welchen Beitrag zu einer „Wirtschaftskultur der Verantwortung" leisten, wie dies in der WK Salzburg ausgedrückt wurde (Wirtschaftskammer Salzburg 2009)? Und gehen sie dabei intermediär, also nur vermittelnd vor – oder ist da eine etwas aktivere Rolle möglich? Und wenn auch diese Frage mit Ja zu beantworten ist, welche Ansätze sind hier zu beobachten und in welche Richtung sollte es gehen?

K. Oberholzer (✉)
Stabsstelle Öffentlichkeitsarbeit und Marketing – Zimmer 421,
Wirtschaftskammer Salzburg, Julius-Raab-Platz 1, 5027 Salzburg, Austria
E-Mail: koberholzer@wks.at

© Springer-Verlag Berlin Heidelberg 2016
B. Schram, R. Schmidpeter (Hrsg.), *CSR und Organisationsentwicklung*,
Management-Reihe Corporate Social Responsibility, DOI 10.1007/978-3-662-47700-7_16

2 Gesetz, Grundsätze und „Corporate Responsibility" (CR)

2.1 Als „Manager des Wandels" Interessen vertreten und fördern

Das Wirtschaftskammergesetz in seiner geltenden Fassung (2012) ist eindeutig. Der § 1 des WKG stellt auf die Vertretung der „gemeinsamen Interessen ihrer Mitglieder" ab, welche durch die Wirtschaftskammern zu erfolgen hat. Allgemein ausgedrückt sind „ihre wirtschaftlichen und rechtlichen Interessen" (§ 19) zu vertreten. Daraus ergibt sich weiter (und wird auch in den einzelnen Passagen des WKG ausgeführt), dass „die Mitglieder der gewerblichen Wirtschaft und einzelne ihrer Mitglieder" durch entsprechende Einrichtungen, Vorschläge an die Politik, Gesetzesbegutachtung, Aus- und Weiterbildung, Beratung und Unterstützung etc. zu fördern sind. Es bleibt natürlich der Interpretation überlassen, ob das Thema „CR" als ein Teil des Services und der Interessenvertretung wahrgenommen wird. So wird diese Zugehörigkeit zum Aufgabengebiet der Wirtschaftskammern nicht in allen Bundesländern geteilt oder gleich stark wahrgenommen. Grundsätzlich lässt sich aber aus dem Gesetz nicht ableiten, dass „Unternehmensverantwortung" und die damit verbundene intermediäre Wissensvermittlung und auch die damit zusammenhängende Interessenvertretung nicht zu den Aufgaben der WK-Organisationen gehört.

Nicht zuletzt legt das Gesetz fest, dass alle gewerblichen Unternehmen im Wege der Pflichtmitgliedschaft erfasst werden – ein zentraler Punkt, auf den später einzugehen ist.

Ergänzend zum WKG hat sich die Wirtschaftskammerorganisation „Grundsätze" (WKO, o. J.) gegeben, die den sehr breiten gesetzlichen Rahmen spezifisch ergänzen. Darin finden sich ausdrücklich Festlegungen im Selbstverständnis der Wirtschaftskammern, die eine weitere Hinführung zum Thema „Verantwortung" darstellen. Etwa die Passage „Soziale Verantwortung übernehmen":

> Durch verantwortungsvolles Handeln schaffen die Unternehmerinnen und Unternehmer wirtschaftlichen Erfolg, soziale Sicherheit für die Menschen und eine intakte Umwelt. Die Wirtschaftskammern unterstützen das Konzept der gesellschaftlichen Verantwortung von Unternehmen und übernehmen selbstbewusst Verantwortung für Staat und Gesellschaft.

Die Wirtschaftskammern unterstützen daher auch Maßnahmen (Auswahl)

- für ein nachhaltiges, stetiges Wirtschaftswachstum,
- für den Schutz des Privateigentums, um die unternehmerische Freiheit zu garantieren,
- für eine Wettbewerbsordnung, die wirtschaftliche Machtkonzentration beschränkt und Missbrauch verhindert,
- für die Förderung einer ausgewogenen Wirtschaftsstruktur mit kleinen und mittleren Unternehmen sowie Großbetrieben,
- für eine menschengerechte Arbeitswelt, die auf die Bedürfnisse der Arbeitnehmer und Arbeitgeber Rücksicht nimmt,
- für eine verantwortungsbewusste Umweltpolitik, die Kosten/Nutzen im Sinne einer Partnerschaft von Mensch und Natur abwägt.

Nicht zuletzt ist auch diese Passage der „Grundsätze" im Sinne einer Leitlinie zu begreifen:

> Die Wirtschaftskammern verstehen sich als ‚Manager des Wandels'. Sie wirken auf Bezirks-, Landes- und Bundesebene sowie auf Ebene der Europäischen Union gestaltend mit.

2.2 (Soziale) Marktwirtschaft als Grundlage

Sowohl Gesetz als auch fokussierte „Mission Statements" der WK-Organisation bilden jedenfalls eine Ausgangslage für eine verstärkte Auseinandersetzung und allfällige Förderung tauglicher Konzepte von Verantwortung in der Wirtschaft. Zwar ist der thematisch-inhaltliche Auftrag im österreichischen Wirtschaftskammerrecht nicht so stark ausgeprägt wie etwa im deutschen IHK-Gesetz (§ 1 des deutschen IHK-Gesetzes), in dem ausdrücklich die Förderung von „Anstand und Sitte" des „ehrbaren Kaufmannes" die Grundlage für eine Fülle an einschlägigen Aktivitäten ausgelöst hat (Porter und Kramer 2011). Dennoch liefern WK-Gesetz und wesentliche Grundsätze das hinreichende Legitimationsfundament für eine Bearbeitung des Themas „Corporate Responsibility" (CR). Geht es doch auch in diesem Fall wie in vielen anderen relevanten Trends, welche die WK-Organisation in den vergangenen Jahrzehnten bearbeitet hat, darum, sich im Interesse seiner Mitglieder den inhaltlichen Herausforderungen neuer Entwicklungen ausreichend, vor allem problemadäquat zu stellen.

Denn „CR" und Nachhaltigkeit sind durchaus ein zweischneidiges Schwert für eine Interessenvertretung. Auf einer Seite wäre Ignoranz dem Thema gegenüber schon länger nicht mehr intellektuell auf der Höhe der Zeit. Die Finanzkrise, aber auch ökologische Probleme, die sich in den Vordergrund schieben, haben gezeigt, dass es eine Re-Kalibrierung des gängigen Verständnisses von Wirtschaft und der damit verbundenen Ordnungspolitik im Zeichen von Verantwortung bräuchte, was auch längst diskutiert wird.

Auf der anderen Seite ist das Misstrauen vieler Unternehmer gegenüber noch einer drohenden bürokratischen Belastung durch diverse Berichtspflichten, Zertifizierungen etc. auch im Zeichen von „make the world a better place" verständlich – angesichts der Bürokratielasten, welche der österreichische Staat der Wirtschaft zumutet. So changiert das Verständnis von CR als Managementansatz auch in der WK-Organisation durchaus von „teuer und nicht notwendig" bis hin zu einer chancen- und innovationsorientierten Auffassung.

Und auch wenn es eine proaktive Auseinandersetzung mit CR im Kammerbereich gibt, wie etwa in der Wirtschaftskammer Salzburg, ist eine entscheidende und unverzichtbare Markierung anzubringen: Die Berücksichtigung von Privateigentum, unternehmerischer Freiheit und Wettbewerb auf Basis einer marktwirtschaftlichen Ordnung!

Dieses Unterscheidungsmerkmal ist insofern von Bedeutung, als in der „Sustainability- und CSR-Szene" eine, vorsichtig ausgedrückt, ideologische Vielfalt blüht, die nicht in der sinnvollen (und durchaus notwendigen) Weiterentwicklung der (sozialen) Marktwirtschaft und ihrer ordnungspolitischen Grundsätze ihr Ziel sieht, sondern teils auf radikale Systemüberwindung abzielt.

Dies treibt vor allem im deutschsprachigen Raum besondere Blüten, in dem sich prinzipielle Marktwirtschafts-Ablehnung, teils aus Unkenntnis, teils aus vorsätzlicher Ideologie, insbesondere nach der Finanzkrise von 2008/2009 neu aufgeladen hat. Deren Proponenten bemächtigten sich nun zunehmend des Themenfeldes „CR". Zusätzlich werden diese Tendenzen durch das breitgefächerte und populär gewordene Theoriefeld der Post-Wachstumsökonomie befeuert, die das Thema „Corporate Responsibility" zumindest in unseren Breiten zu erledigen versucht, bevor es sich noch als „Business Case" ausreichend entfalten kann.

Es ist klar, dass eine per Gesetz berufene Interessenvertretung mit einer jahrzehntewährenden marktwirtschaftlichen Tradition ihr Verständnis von „CR" keinesfalls aus der Ablehnung von Marktwirtschaft, Eigentum und Wettbewerb herleiten kann – im Gegenteil! Für die Wirtschaftskammern (aber nicht nur für sie) eröffnet sich aber genau hier an den „Systembruchstellen" ein besonderes Feld der Auseinandersetzung. Denn es müsste doch auch darum gehen, die gesellschaftlich erwünschten Bemühungen um Verantwortung und Nachhaltigkeit in der Wirtschaft nicht nur jenen zu überlassen, die hinter diesem positiv besetzten Begriffs-Paravent eine Art Wellness-Kommunismus vorbereiten, der aggressiv begriffserobernd freigewordene Interpretationsräume nutzt.

Hier ist die Gemeinwohlökonomie anzusprechen, die einen Verschnitt aus kapitalismuskritischer ATTAC-Ideologie und einem von selbst postulierten Tugenden getriebenen Kommunitarismus darstellt.

2.3 Wirtschaftskonforme Antworten sind gefragt

Ohne ihre Bedeutung übertreiben zu wollen: Freilich ist die Gemeinwohlökonomie eine Antwort, wenngleich eine falsche, auf die Herausforderung der weltumspannenden Finanzkrise und der sich offenbarenden Dysfunktionalitäten der Marktwirtschaft. Diese verfiel in ihrer finanztechnischen Ausprägung schlicht der Hybris, nachdem sie zuerst ordnungspolitische Rahmen weglobbyierte, um dann einem unethischen „anything goes" zu huldigen. Die Effekte der Krise freilich wirken fünf Jahre später – ökonomisch, mental und politisch – noch immer nach. Nicht zuletzt schadete sie der Glaubwürdigkeit von Marktwirtschaft und der Idee des freien Unternehmertums. Dies führte und führt zu einem sich immer mehr festsetzenden Unverständnis von Sinn und Funktion von Marktwirtschaft, Eigentum, Wettbewerb, Wachstum und Unternehmertum bzw. gibt Modellen Raum, die letztlich wohlstandsgefährdend sind.

Auf der anderen Seite wächst aber das Bedürfnis vieler Menschen nach wirtschaftskonformen Antworten auf die Herausforderungen: Eine der positiven Folgen aus dieser Erschütterung der Jahre 2008/2009 ist, dass sich in der Wirtschaft selbst weltweit ein neuer Diskurs entfaltet, der – stark verkürzt und auf ein Schlagwort gebracht – als Neuorientierung von „Shared Value" statt „Shareholder Value" bezeichnet werden kann (Porter und Kramer 2011). Gleichfalls ist in den relevanten Foren und Think-Tanks ein Nachdenkprozess im Gange, wie neue Formen des „inklusiven" und nachhaltigen Wachstums erzielbar sind. Wie ein neues glaubwürdiges „Narrativ" für eine globale, freie Marktwirtschaft entwickelt werden könnte, welche mit unternehmerischen Mitteln durch „Social Innovation" (Osburg und Schmidpeter 2013) und mit in den Geschäftsprozessen integrierter Verantwortung neben Staat und Zivilgesellschaft einen entscheidenden Beitrag zur Lösung der anstehenden Probleme liefert. Doch dieser neue Unternehmensbegriff und seine flächendeckende Ausrollung in Management-Techniken (CR, CSR etc.) und Technologiekonzepte (z. B. „Circular Economy") ist noch weit davon entfernt, ökonomisch-politischer Mainstream zu sein (Grayson 2014). Gleichwohl bräuchte er massive theoretische und praktische Unterstützung – was wohl auch eine Aufgabe einer Interessenvertretung wäre, als Manager des Wandels wirtschaftskonforme Change-Prozesse einzuleiten und zu fördern, steht doch auch die vielzitierte „Licence to operate" bei immer mehr Menschen auf dem Prüfstand.

Doch eher dominiert noch das herkömmliche Rechts-Links-Schema aus dem 20. Jahrhundert, das zur Lösung der Problemlagen des 21. Jahrhunderts (Verschuldung, Klimaschutz, demografischer Wandel, Mega-Urbanisierung, Ressourcenfrage etc.) jedoch nicht mehr produktiv genug ist, wenn es das je war. Gilbert Lenssen, einer der führenden CR-Experten, macht auf die eingefahrenen Positionen aufmerksam, die es zu überwinden gilt:

> The right is still not convinced that social inequality and environmental care matter and the left is rediscovering the electoral capital of taxing the rich and further regulating the economy. (Lenssen 2013, S. 10)

Die Rechte verschließt sich dem Thema Nachhaltigkeit, die Linke verlängert ihre schalen Konzepte der längst überfordernden Umverteilung und Staatskontrolle der Wirtschaft und diffamiert nebenbei die „CSR"-Idee als „neoliberale" Finte, der nicht Glauben geschenkt werden dürfe. Die Grünen schaffen es wiederum ideologisch nicht, Marktwirtschaft und Unternehmertum jene Innovationspotenziale zuzugestehen, die es freilich dringend braucht, um wirksam Nachhaltigkeitsprozesse jenseits staatlicher Bürokratie durchzusetzen. In den sehr weit aufgespannten Orientierungs- und Ordnungs-Notstand dringt stattdessen wirtschaftspolitischer Obskurantismus und Post-Wachstums-Verzichtsideologie vor, die den Diskurs in die falsche Richtung drängen, wenn nicht überhaupt in die Sackgasse.

3 Warum Verantwortung und Nachhaltigkeit in der Wirtschaft? Und warum ist das ein Thema für die Wirtschaftskammern?

Die in Gesetz und Leitbild der Wirtschaftskammerorganisation zugrundeliegenden Prinzipien berücksichtigend sind – so die Auffassung des Autors – insbesondere daher auch die Wirtschaftskammern gefordert, sich in diesen grundlegenden Diskurs einzuklinken und an Lösungen mitzuarbeiten. Es schlüge geradezu die Stunde der Wirtschaftskammern, in dieser Umbruchs- und Orientierungsphase als selbst definierte „Change-Maker" die kräftigsten Impulse zu liefern:

- So wäre der „Change"-Diskurs insbesondere in deutschsprachigen Ländern in die richtige – marktwirtschaftlich orientierte – Richtung zu lenken. Vor allem deswegen, da wohl nur die Organisationskraft der freien Unternehmen mächtig genug ist, einen Wandel nachhaltig und innovativ zu gestalten. Die Themenvielfalt der notwendigen inhaltlichen Adaption durch Wirtschaftskammern wäre enorm. Sie reicht von einer Ausformulierung neuer Wachstumspolitiken bis hin zu wirksamen Klimaschutz-Strategien, Ressourceneffizienz, Kreislaufwirtschaft, sozialem Impact von Unternehmen und anderem mehr.
- Nicht zuletzt sind angesichts des drängenden gesellschaftlichen und wirtschaftlichen Wandels die Grundlagen des Wirtschaftens (Ressourcen, Energie, gesellschaftliche Akzeptanz – „Licence to operate") ebenso berührt wie die regulatorischen Rahmenbedingungen, die sich mittlerweile im Bürokratismus erschöpfen, aber nicht mehr problemadäquat reagieren. Die reine Abwehr unliebsamer Entwicklungen ist fallweise notwendig, das Momentum der Geschichte fängt aber ein, wer proaktiv agiert statt reagiert.

Es erscheint daher dringend geboten, auf Basis der „sozialen bzw. ökosozialen Marktwirtschaft" einen neuen und übergeordneten ordnungspolitischen Rahmen anzustreben, um die richtigen Antworten geben zu können, welche die Gesellschaft von Wirtschaft und Politik fordert. Dabei ist nachdrücklich und umfassend darauf zu achten, dass die für eine funktionierende Wirtschaft unverzichtbare „Werte-Infrastruktur" von unternehmerischer Freiheit, Eigentum, Leistung, Wettbewerb und Marktwirtschaft nicht nur erhalten bleibt, sondern wieder als Grundlage für Wohlstand und Gemeinwohl wahrgenommen wird. Gleichzeitig muss aber dem Wert der „Verantwortung" bzw. der „Selbstverantwortung" in Wirtschaft, Gesellschaft und Politik und gegenüber nachfolgenden Generationen und der Natur (Nachhaltigkeit) ein zentraler und aktiv zu sichernder Stellenwert eingeräumt werden.

3.1 Ein Vorschlag für gemeinsame Handlungsfelder

Dies mündet in ein Verständnis von freiem Unternehmertum, in dem die ökonomische Verantwortung (mit dem Ziel des unternehmerischen Gewinns) mit der gesellschaftlichen

Verantwortung zusammenfällt. Gewinn oder Verantwortung ist eine falsche Gegensatzpaarung. CSR wird oft in diesem Sinne falsch verstanden. Vielmehr bilden ethische Werte und unternehmerische Tugenden eine Einheit und dürfen nicht gegeneinander ausgespielt werden.

Dies würde gleichfalls in neue, zusätzliche Aktivitätsfelder der Wirtschaftskammern münden, die aktiv Impulse gebend das Bedeutungsfeld aufrollen und so für die mittelständische Unternehmenswelt verfügbar und bearbeitbar machen. So könnte etwa eine Ergänzung der „Grundsätze" lauten:

- Die Wirtschaftskammern treten aktiv und verstärkt öffentlich für ein zeitgemäßes, auf Unternehmertum und Marktwirtschaft basierendes Modell von sozialer und ökologischer Verantwortung der Wirtschaft ein.
- Die Wirtschaftskammern schaffen und fördern das Bewusstsein von Nachhaltigkeit, Verantwortung und Fairness im Wirtschaftsleben und sorgen für einen jeweils aktuellen Wissenstransfer über entsprechende Managementinstrumente.
- Sie unterstützen ihre Mitgliedsbetriebe nach Maßgabe ihrer Möglichkeiten bestmöglich bei der Umsetzung von freiwilligen Verantwortungsstrukturen in den Betrieben, auf Basis eines KMU- und mittelstandstauglichen Modells von „Corporate Responsibility", das ständig weiterentwickelt wird.
- Als gesetzliche Interessenvertretungen berichten sie aber auch selbst glaubhaft über ihr gesellschaftliches Engagement (Bildung, Interessenvertretung, Service, gesellschaftliche Vernetzung mit unterschiedlichen Stakeholdern) und ihren positiven gesellschaftlichen Impact (so wie dies die WKÖ in ihrem Geschäftsbericht 2013 vorbildlich getan hat).

4 Welche Antwort hat die WKS gegeben?

Einen bis dato einmaligen Weg in Fragen der Unternehmensverantwortung ist die Wirtschaftskammer Salzburg gegangen.

Ausgehend von der Wirtschafts- und Finanzkrise kristallisierte sich schon Mitte 2008 heraus, dass die Wirtschaftskammer Salzburg ihr Schwerpunktthema 2009 nicht einem wirtschafts- und standortpolitischen Standardthema widmen würde, sondern, in Erkenntnis der tieferen Auslöser der Finanzkrise, entschieden auf die ethischen Defizite der Finanzmärkte hinweisen würde. „Verantwortung" wurde im Leitthema 2009 („Wirtschaft trägt Verantwortung") unter dem Eindruck der Finanzkrise im Umkehrschluss zu einem Kernwert erhoben, in der Realwirtschaft verortet (wie ist Verantwortung im Betriebsalltag ausgeprägt und was leisten die Betriebe monetär und ideell für die Gesellschaft?) und als Leitwert für ein Wirtschaftsmodell der Zukunftsfähigkeit erkannt.

Diese Bestrebungen der Wirtschaftskammer Salzburg gipfelten folgerichtig in einer umfassenden programmatischen Erklärung („Salzburger Erklärung"), die Verantwortung und Nachhaltigkeit als konstituierend für eine erweiterte, eine „humane" Marktwirtschaft betrachtet – ein bisher einzigartiger konzeptiver Ansatz für eine gesetzliche

Interessenvertretung der Wirtschaft, die sich folgerichtig als Treiber und intermediärer Transmissionsriemen für eine „Kultur der Verantwortung in Wirtschaft, Gesellschaft und Politik" sieht.

Im Zuge des Themenjahrs wurde auf mehreren Ebenen angesetzt, die – allgemein betrachtet – durchaus ein kopierbares Aktivitätsmuster ergeben. Die WKS hat dabei mehrere Instrumente angewandt, um folgende Ziele zu erreichen:

- Im Sinne von Agenda-Setting die Platzierung des Themas in der Teilöffentlichkeit der Unternehmerschaft,
- die Aktivierung hin zu „Verantwortung" durch geeignete Methoden,
- der Ausdruck der Wertschätzung für engagierte Unternehmen,
- das Anstoßen weiterer Engagements,
- die Präsentation besonders engagierter Unternehmen in der Öffentlichkeit,
- und die Grundlage für die Etablierung des Themas über das Jahr 2009 hinaus.

4.1 Verantwortung zum Thema machen

- Unter dem thematischen und organisatorischen Dach von „Wirtschaft trägt Verantwortung" wurde zur Themenplatzierung eine Reihe von Veranstaltungen abgewickelt, die insgesamt 1500 BesucherInnen – in der Regel Wirtschaftstreibende – mit den inhaltlichen Ausprägungen des CSR-Themas in Kontakt brachten.
- Etabliert wurde außerdem eine eigene über das Jahr 2009 hinausreichende öffentliche Gesprächsreihe („Wirtschaft weiter denken") mit Top-Vortragenden wie Michael Braungart („Cradle to cradle"), Max Schön (Desertec und Club of Rome), Pastoraltheologe Paul Zulehner und anderen, die auch bis heute weitergeführt wird.
- Nicht zu unterschätzen ist im Zusammenhang der Thematisierung von CSR in den Regionen auch die mediale Unterstützung durch PR-Kampagnen. Das gesamte Jahr 2009 schaltete die WKS entsprechende Inserate, in denen engagierte Unternehmen in den Mittelpunkt gerückt wurden, begleitet von klassischer Pressearbeit.
- „MUT-Cafés" (MUT = „Mehr Ungewöhnliches Tun") gaben Impulse zum Engagement: Dabei handelte es sich um eine professional begleitete Serie an „World-Cafés" in allen Bezirken Salzburgs, zu denen Unternehmen eingeladen wurden, für sich und für die Region mögliche Zukunftsthemen zu identifizieren. Diese erstmals in Salzburg in der Wirtschaft angewandte Methode brachte infolge bemerkenswerte Resultate der Vernetzung der Unternehmer in Bezug zu einer neuen Wahrnehmung ihrer Möglichkeiten in der Region.
- „Verantwortungspartner in der Region": Ähnlich ging auch das Projekt „Verantwortungspartner in der Region" vor. In Zusammenarbeit mit der Bertelsmann-Stiftung, welche das Projekt methodisch begleitete, fanden sich 45 engagierte Salzburger Unternehmerinnen und Unternehmer, um allgemeine wichtige Zukunftsthemen zu klären und in Projekten umzusetzen. Salzburg wurde in diesem Zusammenhang zu einer der ersten Pilotregionen des Bertelsmann-Programms „Unternehmen für die Region"

außerhalb Deutschlands. Eines der weiteren konkreten Projekte, die aus dem „Verantwortungspartner"-Programm hervorgingen, war die Veranstaltung eines erfolgreichen „Marktplatzes der guten Geschäfte", der in Zusammenarbeit mit mehreren Partnern, unter anderem der Bertelsmann-Stiftung, dem österreichischen Fundraising-Verband und der CSR-Plattform respACT, organisiert wurde.

- Die Wirtschaftskammer nahm dabei die Rolle als Organisationspartner, Plattform für die Veranstaltung und Marketing-Partner wahr. Die Veranstaltung wurde allgemein als sehr positiv wahrgenommen.
- „Erfolg mit FAIRantwortung": 26 kleine und mittelständische Betriebe aus Salzburg beteiligten sich am Projekt „Erfolg mit FAIRantwortung", in dem Betriebe durch professionelle CSR-Beratung zum Thema und zur konkreten betrieblichen Umsetzung geführt wurden.
- Wertschätzung für Bürger-Engagement der Unternehmen: Bei dieser erstmals 2009 eingegangenen Kooperation zwischen Wirtschaftskammer und Hilfsorganisationen (Rotes Kreuz, Feuerwehren, Rettungsorganisationen) ging es darum, besonders engagierte Unternehmen in einer öffentlichen Veranstaltung mit einem „Ehrenamt-Award" auszuzeichnen. Die Kooperation wurde auch in den Folgejahren bis heute weitergeführt.
- Der Wertschätzung für das gesellschaftliche Engagement von Firmen dient die Preiskategorie „Verantwortungsvolles Unternehmertum" im Rahmen des großen „Salzburger Wirtschaftspreises", der seit 2009 jährlich vergeben wird. Hier gilt es zu erwähnen, dass aus einem „Sonderpreis" eine fix etablierte Preiskategorie wurde.
- Verantwortung im Netzwerk und Plattformen vorantreiben: 2010 wurde das Symposion „Marktwirtschaft für Menschen" in Zusammenarbeit mit der „Salzburg Ethik Initiative", der Universität Salzburg und Erzdiözese Salzburg abgehalten, das 2012 seine Fortsetzung gefunden hat („Marktwirtschaft für die Zukunft").
- Um das Thema Unternehmensverantwortung weiter inhaltlich und organisatorisch zu verankern, gründete die Wirtschaftskammer Salzburg schließlich im Rahmen ihrer Privatstiftung Akademie Urstein das „Zentrum für humane Marktwirtschaft", das als „Think Tank" und „Do Tank" in Sachen Verantwortung in Wirtschaft, Gesellschaft und Politik angelegt ist.
- Als wissenschaftliche, aber auch praxisorientierte Einrichtung wendet sich das „Zentrum" sowohl an die akademische als auch die unternehmerische Welt – ist also an der Schnittstelle zwischen aktueller Theorie und bewältigbarer Praxis von „CR" angesiedelt. Mit dem „Zentrum", das einen überregionalen Anspruch stellt und sich auch in der internationalen Fachwelt einen Namen machen konnte, hat die WKS ein Instrument zur Verstetigung der Teilhabe am „Verantwortungsdiskurs" geschaffen. Auch hier wird mit wissenschaftlichen Studien („edition verantwortung"), Veranstaltungen, Dialogrunden und Teilnahmen an nationalen und internationalen Foren daran gearbeitet, einen zeitgemäßen, am internationalen Diskurs orientierten Wissensbestand von „CR" zu erarbeiten, um diesen der Unternehmenswelt zur Verfügung zu stellen. Diesem Zweck dient auch ein eigener Lehrgang „CSR-Manager in der Praxis", der 2013 erstmals startete.

- Und nicht zuletzt verstärkte die Wirtschaftskammer Salzburg als Trägerin von vier Tourismusschulen ihr glaubhaftes Engagement im Bereich Unternehmensverantwortung, indem die jüngste Schule, die Tourismusschule Bramberg, ausdrücklich einem „nachhaltigen Tourismus" verpflichtet ist, was in Bramberg in der Nationalparkregion Hohe Tauern umso besser gelingen kann.

5 Wohin geht der Weg?

Bis dato ist der Grad der aktiven Annahme des Themas Unternehmensverantwortung in den Landeskammern unterschiedlich ausgeprägt. Einer sehr tief gehenden Beschäftigung und einem Verständnis von „CR", wie sie die WK Salzburg vorangetrieben hat, steht eine gewisse abwartende Haltung anderer Landeskammern gegenüber. Ein aktives Bremsen des Themas ist kaum zu beobachten, die Chancen, als Impulsgeber tätig zu sein oder gar als „Change-Maker", sind jedoch so notwendig wie ausbaufähig und vielversprechend.

Dies deshalb, da die Wirtschaftskammern einen unschlagbaren Organisationsvorteil in die Waagschale zu werfen hätten: die gesetzliche Pflichtmitgliedschaft. Diese sorgt nicht nur für Organisationspower und Reichweite, sondern für Effektivität in der Sache. Wie generell die Rolle der Wirtschaftskammern im Hinblick auf die Pflichtmitgliedschaft neu zu bewerten wäre. Wirtschaftskammern (aber auch andere) sind dank ihrer vielfältigen Funktionen – vom Interessenausgleich über Bildungsangebote, von praktischer Beratung und Problemlösung bis zur wirtschaftspolitischen Gestaltung – und dank demokratischer Verankerung Organisationen mit einem überaus positiven sozialen Impact. Sie sind kraft Gesetz und Praxis „inklusive" Organisationen, die auf die Teilnahme möglichst vieler Unternehmer abzielen und eine Gemeinwohlorientierung aufweisen, die ihren Namen tatsächlich verdient.

Mit großer Treffsicherheit weisen Daron Acemoglu und James A. Robinson in ihrem wichtigen Werk „Warum Nationen scheitern" (Acemoglu und Robinson 2013) nach, dass inklusive gesellschaftliche Institutionen der wesentliche Erfolgsfaktor für Nationen sind. Ihr Fehlen lässt Nationen scheitern und liefert ganze Völker Oligarchien und Ungerechtigkeiten aus. Es scheint, dass sich Politik, Zivilgesellschaft und die Interessenvertretungen selbst dieses inklusiven Ordnungsfaktors wieder stärker bewusst werden müssen. Er wäre jedenfalls ein enorm wirksamer Transmissionsriemen, um ein neues inklusives, nachhaltiges Wachstum zu entwickeln, das durch Innovationen lernt, Wohlstand mit gesellschaftlicher und planetarer Lebensfähigkeit in Einklang zu bringen.

Literatur

Acemoglu D, Robinson JA (2013) Warum Nationen scheitern. S. Fischer, Frankfurt a. M.
BGB. http://www.bundesrecht.juris.de/ihkg/index.html. Gesetz zur vorläufigen Regelung des Rechts der Industrie- und Handelskammern vom 18. Dezember 1956 (BGBl. I, 920), zuletzt geändert durch Artikel 7 des Gesetzes vom 11. Dezember 2008 (BGBl. I S. 2418)

Grayson D (2014) „Rewiring capitalism: we need a narrative we can believe in". World Economic Forum 2014, Blog
Lenssen G (2013) Social innovation. Springer
Osburg T, Schmidpeter R (hrsg) (2013) Social innovation. Solutions for a sustainable future. Springer
Porter ME, Kramer MR (2011) Creating shared value. Harv Bus Rev 89(1):62–77
Wirtschaftskammer Salzburg (2009) Für Verantwortung in Politik, Wirtschaft und Gesellschaft. Prinzipien der Wirtschaftskammer Salzburg. Salzburg, November 2009
WKO. Grundsätze der WKO. www.wko.at/Wir über uns
World Economic Forum (2014) Towards the circular economy: accelerating the scale-up across global supply chains. Reports 2014

Dr. Kurt Oberholzer 1959 geboren, arbeitete nach dem Studium der Kommunikationswissenschaften und Germanistik als Journalist bei ORF und „SN". Seit 1992 ist er Leiter der Stabstelle Öffentlichkeitsarbeit und Marketing der Wirtschaftskammer Salzburg und seit 2005 Chefredakteur der „Salzburger Wirtschaft". 2009 war er für den Jahresschwerpunkt „Wirtschaft trägt Verantwortung" der Wirtschaftskammer Salzburg zuständig. Seit damals hat er zahlreiche Vorträge und Symposien zum Thema Nachhaltigkeit und Unternehmensverantwortung organisiert und ist Herausgeber der „edition verantwortung" und der wissenschaftlichen Schriftenreihe der WKS. Er ist darüber hinaus Mitbegründer des „Zentrums für humane Marktwirtschaft", welches das Ziel hat, in der Wirtschaft noch stärker eine Kultur der Verantwortung und Nachhaltigkeit zu etablieren.

Die globalen Äquatorprinzipien für die Finanzierung von Projekten

Karen Wendt

1 Ökosoziale Kontextfaktoren und ihre Systemrelevanz im Bankgeschäft

1.1 Äquatorprinzipien als Mittel des Krisenmanagements

Das Investmentbanking hat für das besonders risikobehaftete globale Geschäft der Finanzierung von Großprojekten mittlerweile freiwillige Soft Law Standards entwickelt. Warum? Zum einen, um die mit solchen Großprojekten verbundenen besonders hohen Umwelt- und gesellschaftlichen Risiken besser in den Griff zu bekommen und Menschenrechtsverletzungen in Finanzierungen erkennen und ausschließen zu können. Mit besserem Risikomanagement, das auch die ökosozialen Themen erfasst, schützen Banken nicht nur ihre Finanzierungen, sondern auch ihre Reputation. Wichtiger noch ist vermutlich, dass Banken 2003 – zum Zeitpunkt der Entstehung der Äquatorprinzipien – an einem Punkt angelangt waren, wo sie nicht weitermachen konnten wie bisher. Großdemonstrationen vor ihren Häusern wegen Finanzierung von Umweltzerstörung und soziale Spannungen, neue Megatrends ausgelöst durch die Globalisierung, die man kennen und richtig deuten musste und international geostrategisch bedeutsame Projekte, die das Risikomanagement der Banken deutlich an Grenzen führten. Für die Bankorganisationen bedeutete dies, sie standen vor einem Problem, das aus einem komplexen Mix aus Kontextfaktoren bestand (Umwelt- und gesellschaftliche Faktoren, Politik, gesellschaftliche Erwartungen, neue Megatrends ausgelöst durch die Globalisierung). Dieser Mix brachte neue Risiken

---

K. Wendt (✉)
Responsible Investmentbanking, Ährenfeldstr. 5, 82194 Gröbenzell, Deutschland
E-Mail: Karen_Wendt@responsible-investmentbanking.com

© Springer-Verlag Berlin Heidelberg 2016
B. Schram, R. Schmidpeter (Hrsg.), *CSR und Organisationsentwicklung*,
Management-Reihe Corporate Social Responsibility, DOI 10.1007/978-3-662-47700-7_17

zum Vorschein, die meisten zunächst nicht finanzieller und nicht technischer Art, sogenannte extrafinanzielle Risiken.

Nichttechnische Risiken aus der Sphäre Umwelt und Gesellschaft können sich über Nacht in Cash Flow Risiken wandeln und mit einem Handstreich ein gesamtes Unternehmen auslöschen. Ein bekanntes Beispiel von einem Umweltrisiko, das zu einem Cash Flow Risiko wird, ist der „Deepwater Horizon" Unfall 2010 von BP Macondo im Golf von Mexiko.

Auch soziale Spannungen in finanzierten Projekten zeigen sich mittelfristig in der Finanzrechnung. So illustriert die Studie „Die Kosten von Konflikten mit lokalen Kommunen", die die beiden Professoren Davis und Franks 2011 in ihrem ersten Seminar zum Thema verantwortungsbewusstes Minengeschäft vorgestellt haben, gleichermaßen die hohen Risiken von Konflikten mit lokalen Kommunen und ihre Folgekosten, die sich dann dergestalt manifestieren, dass Finanzierungen und Projekte gestoppt werden müssen.

Bankmanagementsysteme waren mit dieser neuen Kategorie von Risiko einfach überfordert, gleichzeitig erlebten die Institute große Kampagnen gegen ihre Art, internationale Projekte zu finanzieren, und als Folge dieser Kampagnen liefen ihnen die Kunden weg, worauf in Abschn. 17.3 „CSR und Lernende Organisation/Double-Loop Learning" dieses Beitrages noch näher eingegangen wird. Die Banken standen vor einer Herausforderung. Wie sollten sie das Thema Nachhaltigkeit, Zukunftsfähigkeit und Veränderung der Risikokultur in den Managementsystemen der Bank verankern und zwar so, dass es auch nachweislich wirkt.

1.2 Die Organisationstheoretische Bedeutung der Äquatorprinzipien

Die Organisationsentwicklung (OE) wird in ihrer breitesten Definition als ein organisationstheoretisches Konzept gesehen, um geplanten sozialen Wandel in Organisationen umzusetzen. OE wird sehr allgemein definiert als *„Interventionsstrategie, welche gruppendynamische Prozesse verwendet, die sich auf die Organisationskultur konzentriert, um geplante Veränderungen herbeizuführen"* (Bowman und Asch 1987). Mit leicht verschobenem Schwerpunkt beschreiben Bowman und Asch OE als *„langfristiges Interventionsprogramm in die sozialen Prozesse von Organisationen unter Verwendung von Prinzipien und Praktiken der Verhaltenswissenschaften mit dem Ziel, Verhaltens- und Einstellungsänderungen herbeizuführen, die zu gesteigerter organisationaler Effektivität führen"* (Bowman und Asch 1987).

Kontext-Faktoren wie Umwelt und Gesellschaft schaffen hohe Interdependenz und Komplexität für die Finanzinstitute. Die Systemtheorie bietet eine nützliche methodische Grundlage für die Ermittlung der Komplexität (Forrester 1977). Nach dieser Theorie sind die Unternehmen als offene Teilsysteme zu verstehen, die mit ihrem übergeordneten System (d. h. der Unternehmensumgebung) interagieren.

Nach Sargut und McGarth charakterisieren die folgenden vier Parameter das Design eines Systems (Sargut und McGarth 2011):

1. Vielfältigkeit – Wie viele Elemente definieren das System: Elemente sind entweder Entscheidende (Stakeholder) oder Entscheidungsobjekte (Produkte, die einer Interaktion mit den Stakeholdern unterliegen).
2. Interdependenz – In welchem Umfang sind Systemelemente in einem Bündel von Wechselbeziehungen als Ursache/Wirkung-Systeme miteinander verflochten?
3. Diversity – Inwieweit sind Systemelemente und die Art ihrer Zusammenhänge ähnlich oder unähnlich?
4. Dynamik – Wie stark unterliegen die Elemente sowie deren Zusammenhänge im Laufe der Zeit dem Wandel? In welchem Umfang – und in welchem Ausmaß – haben die Beteiligten oder Beziehungsmuster innerhalb einer bestimmten Zeit sich nicht mehr geändert, und inwieweit kann man erwarten, dass sie dies in der Zukunft tun werden?

Gemäß dem Organisationsforscher Luhmann ergibt sich die Funktion eines Systems – und das gilt auch für Unternehmensorganisationen – erst aus der Beziehung eines Systems zu seiner Umwelt, also den Stakeholdern, den Kontextfaktoren, in denen ein System operiert. So fragt auch der **funktional-strukturelle Ansatz** von Luhmann zunächst nach der Funktion von Systemen und dann erst nach der dafür notwendigen Struktur. Da sich eine Systemfunktion erst aus der Beziehung des Systems zu seiner Umwelt ergibt, ist dieser Ansatz primär eine **System-Umwelt-Analyse**. Die Umwelt bekommt damit nicht nur Einfluss auf die Struktur eines Systems, sondern erstmals auch auf die Systembildung selbst. Aus Sicht des Systems gilt es, die Komplexität der Umwelt auf angemessene Weise (mit Blick auf eigene Stabilität) verarbeiten zu können (Luhmann 2014).

Genau vor dieser Frage standen die Banken 2003. Die Umwelt-/Stakeholdererwartungen, die Anforderungen an nachhaltige Finanzierung von Projekten hatten sich geändert, gleichzeitig wurde die Welt multipolar und Banken hatten plötzlich Kunden aus emergenten Ländern mit großen geostrategischen Projekten, die in schwach regulierten Märkten mit vielen politischen Risiken stattfanden. Sie mussten eine Möglichkeit finden, diese neuen systemrelevanten Kontextfaktoren zu verstehen, die neu wahrgenommenen Risiken zu begrenzen und die Stakeholdererwartungen an nachhaltige Finanzierung von Projekten irgendwie zu erfüllen, und sie wussten, sie konnten dies nicht alleine erreichen. Die Kontextfaktoren waren vielfältig, interdependent, divers und dynamisch. Somit standen die Unternehmen als offene Teilsysteme vor einem komplexen, internationalen System, in dem sie durch die Verwendung von Prinzipien und Praktiken aus den Verhaltenswissenschaften einen Umsteuerungsprozess herbeiführen mussten. Hierzu sei wiederum auf Abschn. 17.3, der eine vertiefende Analyse liefert, verwiesen. Sie mussten Maßnahmen und Rahmenwerke gemeinsam finden und diese mit Kunden, Stakeholdern, der Zivilgesellschaft und den internen Kunden und Gremien ihres eigenen Instituts verhandeln. Dabei war es hilfreich, dass bereits ein internationaler Standard existierte, der von der Weltbank entwickelt und von ihr in ihren eigenen Finanzierungen umgesetzt wurde.

Mit der Annahme der Äquatorprinzipien verpflichten sich Banken, ihre Großprojekte vor allem in Schwellen- und Entwicklungsländern gemäß den ökosozialen und Gesundheits-Richtlinien der Weltbank sowie den sog. Performance Standards der Weltbanktochter

IFC zu prüfen, und nicht nur nach nationalem Recht, um schwachen Regulierungsstrukturen begegnen zu können. Die Äquatorprinzipien, die seit ihrer Einführung und Unterzeichnung durch 10 Gründungsbanken 2003 zweimal verändert wurden, nämlich 2006 (Äquatorprinzipien zwei) und 2013 (Äquatorprinzipien drei), adressieren Themen wie Umweltschutz, Arbeitssicherheit, Internationales Arbeitsrecht, Schutz von Kommunen, Ressourceneffizienz, Erhalt von Ökosystemen, Stakeholder Engagement mit von Projekten Betroffenen, Schutz von Kulturerbe und indigener Bevölkerung sowie Schutz der Bevölkerung bei unfreiwilliger Umsiedlung, die durch das Projekt bedingt ist.

Die Äquatorprinzipien drei wurden am 4. Juni 2013 verabschiedet und ersetzen alle Vorversionen der Äquatorprinzipien. Sie spiegeln die gemeinsame Lernkurve der Äquatorbanken wider. Wie haben sich die Äquatorprinzipien verändert und sind sie mittlerweile Teil einer strategischen Neuorientierung im Großkundengeschäft von Banken? Von 2003 bis 2013 haben die Äquatorprinzipien ein rasantes Mitgliederwachstum verzeichnet. Mittlerweile unterwerfen sich 78 Finanzinstitute diesen Prinzipien. In den Teenagerjahren angekommen, widmen sich die Äquatorprinzipien in ihrer dritten Auflage jetzt auch Themen wie Klimawandel und Menschenrechte und wagen den Schritt von einer reinen Risikomanagementbetrachtung hin zu einer Orientierung am Menschen (sog. People Orientation). Die Wandlung der Äquatorprinzipien an sich ist ein weiteres wichtiges Systemelement, denn zur stabilen Verarbeitung der Komplexität der Kontextfaktoren, insbesondere Umwelt, Gesellschaft und Stakeholder im dynamischen Umfeld, gehört die lernende Organisation, die mit der Dynamik der Kontextfaktoren Schritt hält.

Daher sollen hier zunächst die Inhalte der neu überarbeiteten Äquatorprinzipien und ihre Wandlungsfähigkeit beleuchtet werden, verbunden mit einer Analyse ihrer Wirkkraft als Game Changer. Dabei soll auch dargestellt werden, wie sie die Risikokultur und Sprache im Investment Banking sowie die Prozess und die Managementsysteme im Bankgeschäft verändert haben.

2 Darstellung und Analyse der 2013 überarbeiteten Äquatorprinzipien

2.1 Intentionen der Äquatorprinzipien

Die Äquatorprinzipien sind ein freiwilliger Industriestandard für die Finanzierung von Großprojekten. Sie sind in Aushandlungsprozessen zwischen Banken und in einem breit angelegten Stakeholder-Engagement und Review-Prozess mit Weltbank, **International Finance Corporation (IFC)**, Entwicklungsbanken, Kunden, Kreditversicherern und Nichtregierungsorganisationen (NGOs) entstanden und weiterentwickelt worden. Sie schaffen durch niveauangleichende internationale Spielregeln gleiche Wettbewerbsbedingungen für alle, ein sogenanntes „Level Playing Field" für die Risikoprüfung und das Management von ökosozialen Themen. Die Banken haben sich geeinigt, dass es in Ordnung ist, im Wettbewerb über Preise, Strukturen und Angebote zu stehen, nicht aber um den niedrigsten Umwelt- und sozialen Standard, und wenden bei der Prüfung von Großprojekten nicht nur nationales Recht, sondern die Umwelt- und Gesundheitsschutz-Richtlinien der Weltbank (sog. Environmental Health and Safety Guidelines, kurz EHS-Guidelines) und die Standards der Weltbanktochter IFC an.

Kritisiert wird jedoch immer wieder, dass sich die Äquatorprinzipien nur auf einige Kreditprodukte beziehen und nicht für die gesamte Produktpalette greifen, und dass sie nicht stringent umgesetzt werden. Je nachdem werden sie als Erfolg einer Vision oder als Papiertiger gesehen. Was leisten die Äquatorprinzipen nach zehn Jahren Kinderschuhen also wirklich? Zumindest so viel lässt sich hier schon sagen: Anders als vor zehn Jahren wird in vielen Banken heute in den Kreditgremien jetzt nicht nur über finanzielle Profite, sondern regelmäßig auch über ökologische und gesellschaftliche Effekte, die Triple Bottom Line People, Profit, Planet und Nachhaltigkeit gesprochen.

Eine offenen Frage ist, inwieweit die Äquatorprinzipien so wirken, dass sie zu finanzierende Projekte tatsächlicher besser machen, soziale Spannungen vor Ort mildern und die Umwelt und Ressourcen schonen, also kurz gesagt effektiv sind.

Großbanken müssen neben der Frage nach der Legalität ihres Handelns auch die Frage nach der Legitimität und Zukunftsfähigkeit stellen und diese beantworten können.

Das Erreichen eines Zustandes legalen Verhaltens und das Erreichen von Profiten per se wird nicht ausreichen, um die Frage nach der Legitimität und der **Zukunftsfähigkeit** des Bankgeschäftes zu beantworten, und es reicht auch nicht, um die Dynamik der eingangs beschriebenen Kontextfaktoren zu beherrschen. Banken sollten ihren Kunden und der Gesellschaft erklären können, welchen nicht nachahmbaren Nutzen sie stiften, um ihre gesellschaftliche Lizenz zu behalten und Vertrauen wieder aufzubauen. Banken sind Spiegel der Gesellschaft, insofern spiegeln sich Werte-Dilemmata der Gesellschaft unerbittlich in den Büchern der Banken wider. Dies wird bei der Entstehungsgeschichte der Äquatorprinzipien deutlich und auch immer wieder bei politisch gewollten geostrategischen Projekten.

Positive Zukunftsbilder sind wichtig bei der Stärkung des Nachhaltigkeitsansatzes im Bankgeschäft. Internationale Banken werden gebraucht bei der Finanzierung globaler Infrastruktur, insbesondere in der sich entwickelnden Welt. Während einige Marktteilnehmer argumentieren, die Äquatorprinzipien seien visionär, halten andere sie für einen Papiertiger. Ohne konsequente, robuste und konsistente Implementierung sowohl in den Bankprozessen als auch in den zu finanzierenden Projekten sind sie das auch. Inwieweit sie wirksam werden, was sie regeln, wo ihre Grenzen und Möglichkeiten liegen, soll in diesem Kapitel diskutiert werden. Der Beitrag endet mit Vorschlägen zur Zukunftsfähigkeit der Äquatorprinzipien.

Da sich eine Systemfunktion erst aus der Beziehung des Systems zu seiner Umwelt ergibt, dies gilt auch für die Äquatorprinzipien, ist dieser Ansatz primär eine System-Umwelt-Analyse. Die Umwelt bekommt damit nicht nur Einfluss auf die Struktur eines Systems, sondern erstmals auch auf die Systembildung selbst. Dies soll am Beispiel der erweiterten Äquatorprinzipien gezeigt werden, die viele Anregungen der Stakeholder aufgenommen haben in Bereichen, wo es um Umwelt und sozialen Frieden geht.

Im Englischen heißt *equate* soviel wie ausbalancieren. Die *Equator Principles* – wie sie im englischen heißen – sollten eine Ausbalancierung von ökonomischen, ökologischen und gesellschaftlichen Interessen bei der Finanzierung von Großprojekten herstellen und gleichzeitig global anwendbar sein, also um den gesamten Äquator laufen. Diese schöne doppelte Bedeutung lässt sich leider im Deutschen nicht herstellen, dennoch ging und geht es um die Ausbalancierung von Profit, Planet und People mithilfe eines Risikomanagementrahmens, der rund um den Äquator globale Gültigkeit hat.

Das Beachten ökosozialer Risiken und Erfordernisse bringt sowohl dem Unternehmen selbst als auch der finanzierenden Bank Risikoersparnisse. Neue Risikoquellen für Finanzierungen und Kapitalinvestitionen kommen im erheblichen Maße aus dem Bereich Umwelt und Gesellschaft (Rowley 2011). Umweltkatastrophen, steigender Ressourcenverbrauch, Klimawandel und eine abnehmende gesellschaftliche Stabilität bei wachsender Ungleichheit sowie Menschenrechtsverletzungen und Nichtbeachtung von Menschenrechten haben das Verständnis für Risiken verändert. Goldman Sachs hat in einer Studie festgestellt, dass sich nichttechnische Risiken als finanzielle Risiken in den Bankbüchern niederschlagen. Diesen kann nur durch Identifizierung, Evaluierung, Vermeidung oder Verminderung (diese Reihenfolge wird auch oft Mitigationshierarchie genannt) begegnet werden Drei Arten von Nachhaltigkeitsrisiken lassen sich bei finanzierten Projekten unterscheiden.

1. Auswirkungen und Risiken, die vom Projekt selbst ausgehen und auf die Umwelt und die Bevölkerung der umliegenden Gemeinden wirken, in sogenannten „Inside-Out"-Beziehungen (Porter und Kramer 2006). Ein Beispiel hierfür ist der BP Macondo Unfall im Golf von Mexiko.
2. Das Projekt/die Finanzierung selbst kann von ökosozialen Risiken getroffen werden. Oft sind dies Folgen einer Vernachlässigung von guten Beziehungen zu Kommunen und Stakeholdern. Das sind neben den oben bereits dargestellten Kosten von Konflikten extreme Wetterbedingungen, Änderungen im Muster der Wetterereignisse, Sturmfluten, Hurrikans, Erdbeben, Streiks von Arbeitern, Straßenblockaden und Besetzung des Projektgrundstückes. Diese Risiken werden als „Outside-In"-Risiken bezeichnet (Porter und Kramer 2006). Sie haben Auswirkungen auf die finanzielle Performance und den Cash Flow eines Projektes und damit für die Schuldentragfähigkeit des Projektes.
3. Außerdem unterliegen Projekte Reputationsrisiken. Kontroverse Finanzierungen können die Reputation der Banken beschädigen. Reputationsrisiken unterscheiden sich von den beiden vorgenannten Risiken aus Sicht der Bank dadurch, dass sie einen anderen Adressaten haben – nicht die Projektgesellschaft wird in erster Linie getroffen, sondern die kreditgebende Bank selbst. Diese drei Risikokategorien wollen die Äquatorprinzipien adressieren.

2.2 Organisationales Lernen der Äquatorbanken nach zehn Jahren Praxis und Konsequenzen für die Äquatorprinzipien III

Folgende Faktoren haben die Neuausrichtung der Äquatorprinzipien geprägt und die Diskussion um ihre Neuausrichtung bereichert:

1. Fast alle Äquatorbanken haben bereits Reputationskampagnen hinter sich und wurden kritisiert für ihre Rolle als Financier bei kontroversen Projekten. Reputationsrisiken lassen sich nicht immer durch die Anwendung von Äquatorprinzipien beheben. Äquatorprinzipien mildern durch ihre Aktionspläne die negativen Auswirkungen von Projekten, sie können jedoch nicht grundsätzliche strategische Entscheidungen ersetzen, wie z. B. die Frage, ob Banken aus der Finanzierung von Kohle oder Atomenergie aussteigen sollen. Hier stoßen die Äquatorprinzipien momentan an Grenzen.
2. Ebenso gibt es Projekte, die starke Unterstützung durch Politik und wichtige Bankkunden haben, obwohl sie große ökosoziale Auswirkungen haben. Da müssen Banken entscheiden, ob die Anwendung der Äquatorprinzipien alleine ausreicht. Diese Fragen sind strategische Grundsatzentscheidungen von Banken und hängen stark mit dem Risikoappetit der Bank auf Reputationsrisiken dieser Art und Größe zusammen. Hier können die Äquatorprinzipien unerwünschte Folgen für die Umwelt und soziale Spannungen nicht verhindern, aber abfedern. Durch die Ausweitung des Geltungsbereiches der Äquatorprinzipien werden noch mehr großvolumige Finanzierungen erfasst. Somit haben sich Äquatorbanken mit der Ausweitung des Standards auf weitere Geschäftsfelder befasst.
3. Ist es ausreichend, die oben genannten Risiken zu managen? Der klassische, reine Risikomanagementansatz würde implizieren, dass Banken nichts tun, um per se die Umwelt oder die Leute zu schützen (z. B. beim Thema Menschenrechte), sondern nur dann, wenn Risiken dadurch vermieden werden. Die Vermeidung von Risiken gehört sicherlich zu den Risikomanagementaufgaben einer Bank, die Einhaltung von Menschenrechten und den Dienstleistungen der Ökosysteme für den Menschen hingegen orientieren sich an den Menschen selbst und vollziehen somit die Wende vom reinen Risk-Management-Ansatz hin zum menschlichen Fokus, auch *People Orientation* genannt. Neben den drei bisherigen Risikokomponenten aus der klassischen Sphäre des Risikomanagements in Banken vollziehen die Äquatorprinzipien III, verabschiedet am 4. Juni 2013, auch die Hinwendung zur *People Orientation* mit der Anerkennung der Notwendigkeit, Menschenrechte und Ökosysteme als langfristig wichtige Lebensgrundlagen zu respektieren – unabhängig von jedweden Risikoüberlegungen – sowie indigenen Völkern ein Mitspracherecht zu gewähren bei Projekten, die diese Völker direkt betreffen.
4. Die Verhinderung des Klimawandels mit den Mitteln der Äquatorprinzipien gestaltet sich schwierig, denn die Hauptemittenten sitzen nicht in den Ländern, für die diese Prinzipien ursprünglich geschaffen wurden.

2.3 Change Management durch neue Risikokultur und neue Sprache dargestellt an der Präambel?

Die Äquatorprinzipien sind ein Rahmenwerk zur Beherrschung von Umwelt und gesellschaftlichen Risiken. Sie bestehen aus einer Präambel, der Festlegung des Geltungsbereiches und zehn Prinzipien, die im Folgenden verkürzt dargestellt werden. Interessierte Leser werden für eine vollständige Fassung der Äquatorprinzipien auf die Website der *Equator Principles Financial Institutions Association* (EPFI-Association) verwiesen.[1]

In der Präambel der im Juni 2013 verabschiedeten Äquatorprinzipien III (2013) steht:

> Wir, die Equator Principles Financial Institutions (EPFIs), haben die Äquatorprinzipien eingeführt, um sicherzustellen, dass die von uns finanzierten Projekte und die Projekte, die wir beraten, in einer Weise entwickelt werden, die sozial verantwortlich ist und robuste Umweltmanagementpraktiken reflektiert. Wir erkennen die Bedeutung des Klimawandels, der Biodiversität und der Menschenrechte an und glauben, dass negative Auswirkungen auf durch Projekte betroffene Ökosysteme, Gemeinden und das Klima möglichst vermieden werden sollten. Wenn diese Wirkungen unvermeidbar sind, sollten sie minimiert werden, gemildert und/oder kompensiert.
>
> Wir glauben, dass die Annahme und Einhaltung der Äquatorprinzipien erhebliche Vorteile für uns, unsere Kunden und die lokalen Stakeholder hat. Die Einhaltung wird durch das Engagement unserer Kunden mit lokal betroffenen Gemeinden wahrgenommen. Wir erkennen an, dass unsere Rolle als Geldgeber uns Möglichkeiten bietet, Führung beim Thema Umweltschutz sowie beim Thema gesellschaftlich verantwortungsvolle Projektentwicklung zu übernehmen und diese Ziele voranzutreiben, einschließlich der Einhaltung der Menschenrechte, bei von uns finanzierten Projekten, die wir durch Durchführung von sorgfältiger Prüfung (due diligence) in Übereinstimmung mit den Äquatorprinzipien respektieren.
>
> Die Äquatorprinzipien sollen uns als eine gemeinsame Grundlinie und als Rahmen dienen. Wir verpflichten uns zur Umsetzung der Äquatorprinzipien in unserer internen Umwelt- und Sozialpolitik, in unseren internen Dienstanweisungen, Prozessen und Standards für die Finanzierung von Projekten. Wir werden keine Projektfinanzierung oder projektbezogene Unternehmenskredite an Projekte ausgeben, wenn der Kunde nicht willens oder nicht in der Lage ist, die Äquatorprinzipien zu befolgen. Da Überbrückungskredite und Beratungsleistungen für Projekte früher in der Projektzeitachse geschehen, verlangen wir, dass der Kunde ausdrücklich seine Absicht kommuniziert, die Äquator-Prinzipien einzuhalten.

Unabhängig von Aktionen des Regulators ist Kultur von Großbanken kein leeres Schlagwort, sondern ein Werkzeugkasten, der die Effektivität von Kontrolle unterminiert oder verstärkt. Eine Bank-Kultur mit freiwillig gemeinsam ausgehandelten Werten, die Selbstengagement und die Akzeptanz solcher Werte fördert, kann eine tiefere Bindung oder Selbstbindung erzeugen als harte Regulierung. Die Betonung liegt dabei auf ausgehandelten Werten. Es geht darum, diese sich zu eigen zu machen, sozusagen ins persönliche Eigentum zu übernehmen als Individuum sowie als Organisation. Dazu müssen die Werte nicht nur gemeinsam ausgehandelt sein, um Akzeptanz zu erzielen, sie müssen auch mit externen Stakeholdern abgeglichen und ein Gleichlauf (Alignment) mit

---

[1] Im Folgenden: EP-Website (2014).

gesamtwirtschaftlichen Zielen hergestellt werden. Die Präambel der Äquatorprinzipien ist hierfür ein gute Beispiel. Sie ist getragen von gemeinsam ausgehandelten Werten, die freiwillig angenommen wurden und in einer beispiellosen Zusammenarbeit über Institutsgrenzen hinweg als gemeinsames Team für das gemeinsame Ziel erreicht wurden. Damit haben die Äquatorprinzipien nicht nur Teamgeist vorgelebt, sondern auch die Kraft einer positiven gemeinsamen Vision sowie eines gut organisierten Stakeholder-Dialogprozesses dargelegt. Die Sprache zur Beschreibung der Ziele und auch der extrafinanziellen Risiken und ihres Managements musste neu erfunden werden. Sie unterscheidet sich, wie an der Präambel zu erkennen ist, fundamental von der ansonsten gepflegten Investmentbankersprache. Um die Umsetzung dieser hier formulierten Vision ins Tagesgeschäft und in die Köpfe der Mitarbeiter tragen zu können, war es notwendig, 10 Prinzipien der Umsetzung zu formulieren, die die Management-Systeme der Investmentbanken verändern sollten.

Diese Ansätze werden auch gerade von Kritikern der Bankenkultur anerkannt und gelobt (Williams und Conley 2014) und als Positivbeispiel zitiert. Die gemeinsame Wahl hebt die Motivation die Standards einzuhalten, die Banken sind dem Regulator voraus, die Selbstwirksamkeitswahrnehmung der beteiligten Teilnehmer wird gestärkt (Williams und Conley 2014).

2.4 Der Change-Management-Prozess der Äquatorbanken dargestellt an den zehn Äquatorprinzipien

Um Wirkkraft zu entfalten, mussten die Gründer der Äquator-Initiative auch ein Regelwerk erfinden, dass dafür sorgte, dass die Äquatorprinzipien Eingang in die Systeme der Bankorganisation und in den Wertschöpfungsprozess der Projektfinanzierung hielten. Die zehn Äquatorprinzipien haben somit auch Auswirkungen auf die Organisation der betroffenen Institute. Dies wird für die Prinzipien im Folgenden dargestellt.[2]

Prinzip 1: Risikoüberprüfung und Kategorisierung
Die Risiken und Auswirkungen, die von einem Projekt des Umwelt- und Sozialbereichs ausgehen, sind vom Finanzinstitut intern entsprechend den Selektionskriterien der IFC zu kategorisieren: in A (hochkritisch), B (industriespezifische Risiken) oder C (kaum oder keine Umwelt- und sozialen Auswirkungen). Die Prüfung richtet sich nach Art und Umfang des Projekts sowie nach dem Umfang seiner möglichen ökologischen und sozialen Auswirkungen.

Die Kategorisierung von Projekten erwies sich als der wichtigste Baustein und das Steuerungsinstrument zur internen Implementierung der Äquatorprinzipien in den Systemen der Banken. Insbesondere verknüpft mit der Berichtspflicht an den Äquatorbankenverband und Ausschluss aus dem Verband bei Nichtvorlage des Implementierungsberichtes und der Kategorisierung der Transaktionen erlangt die Pflicht zur Kategorisierung ihre

---
[2] Die zehn Prinzipien sind in voller Länge auf der EP-Website unter www.equator-principles.com nachzulesen. Hier wird ein verkürzter Text verwendet.

volle Wirkkraft. Die Kategorisierung ist von allen Instituten zu leisten, die die Äquatorprinzipien unterzeichnet haben.

Prinzip 2: Gutachtenerstellung bezüglich der ökosozialen Risiken
Für alle Projekte der Kategorien A und B ist eine Sozial- und Umweltverträglichkeitsprüfung (SUP) erforderlich, um die ökologischen und sozialen Auswirkungen und Risiken des Projekts zu identifizieren und zu adressieren. Dabei ist die Mitigationshierarchie einzuhalten, Risiken und Auswirkungen sollen vermieden, wo nicht vermeidbar, minimiert, und wo nicht minimierbar, mitigiert oder kompensiert werden. Die SUP sollte auch Minderungs- und Managementmaßnahmen vorschlagen, welche für Art und Umfang des vorgeschlagenen Projektes angemessen sind. Unter bestimmten Umständen ist auch ein Menschenrechtsgutachten angebracht.

Das Element der *Due Diligence* ist in anderen Sphären der Projektfinanzierung (technische Analyse, rechtliche Analyse, finanzielle Analyse etc.) gut verankert. Es wurde durch die Äquatorprinzipien um eine ökosoziale *Due Diligence* erweitert. Dies hat neue Diskussionsprozesse auf unbekanntem Terrain sowohl bei den betroffenen Instituten, Kunden und technischen Beratern ausgelöst. Es hat somit den Marktstandard in diesem Bereich erweitert.

Prinzip 3: Anzuwendender Standard (Benchmark) für die Prüfung ökosozialer Risiken
In erster Linie sind nationale Gesetze einzuhalten. Äquatorbanken arbeiten in unterschiedlichen Märkten: einige mit robusten ökologischen und sozialen Governancestrukturen, stringenter Gesetzgebung, Systemen und institutionellen Kapazitäten, um ihre Menschen und die natürliche Umwelt zu schützen; und anderen Märkten, mit sich noch entwickelnden technischen und institutionellen Kapazitäten, um ökologische und soziale Aspekte zu beherrschen. Für Projekte in Ländern, die nicht zu der Liste der Designierten Länder gehören (die robuste Umwelt- und soziale Standards sowie stringente Regulierungs- und Implementierungsstrukturen haben), wird die Überprüfung der Umwelt- und gesellschaftlichen Risiken anhand der *IFC-Performance Standards* und der industriespezifischen Umwelt-, Gesundheits- und Sicherheitsrichtlinien der Weltbank („EHS Guidelines") vorgenommen. Die *IFC Performance Standards* und EHS-Richtlinien decken sensible Themen wie die Umsiedlung von Menschen, Einhaltung internationalen Arbeitsrechtes, den Schutz von Minderheiten und indigener Bevölkerung, Gender, Umgang mit Gebrauch gefährlicher Substanzen, Transportrisiken, Treibhausgase, Schutz der Gesundheit von Arbeitern und Kommunen, Schutz kulturellen Eigentums und Weltkulturerbe, Schutz der Biodiversität, gefährdeter Arten und Ökosysteme, sowie Schutz der einheimischen Bevölkerung sowie bestimmte arbeitsbezogene Menschenrechte ab. Außerdem beschreiben die *IFC Performance Standards*, wie der Risikoidentifizierungsprozess aussehen muss, welche Umwelt- und sozialen Managementsysteme die Projektgesellschaft haben muss und wie sie ihren permanenten Stakeholder-Engagement-Prozess gestalten muss, um transparente und dennoch anonyme Beschwerdemechanismen zu etablieren.

Für Projekte in Designierten Ländern untersucht der Prüfprozess Einhaltung des nationalen Rechtes bzw. im Falle von Designierten Ländern innerhalb der EU auch des übergeordneten EU-Rechtes.

Der Standard macht klar, dass die Einhaltung des nationalen Rechtes in den meisten Fällen bei der Prüfung nicht ausreicht und legt Leitplanken für die erweiterte Prüfung der ökosozialen Risiken.

Prinzip 4: Managementsystem für Umwelt- und gesellschaftliche Risiken und Äquator-Aktionsplan
Für alle Projekte der Kategorie A (und gegebenenfalls der Kategorie B) muss der Kreditnehmer auf der Grundlage der SUP ein Umwelt-Managementsystem etablieren und unterhalten.

Ferner wird ein Umwelt- und Sozialmanagementplan (ESMP) durch den Kunden erstellt, um die identifizierten Risiken und Auswirkungen, die sich im Prüfverfahren gezeigt haben, auszuräumen und die erforderlichen Maßnahmen zu integrieren, um den geltenden Normen (Äquatorprinzipien) zu entsprechen. Wo die geltenden Normen nicht zur Zufriedenheit der Äquatorbank erfüllt sind, wird der Kunde zusammen mit der Äquatorbank einen Aktionsplan (AP) abstimmen. Der Äquator-Aktionsplan (AP) hat die Intention, Lücken zu skizzieren und Kunden-Verpflichtungen festzulegen, damit der Kunde die Anforderungen der Äquatorbank erfüllen kann.

Der Standard hat ein neues Überdenken der existierenden Strukturen im Investment Banking ausgelöst. Wenn man vom Kunden Risikomanagementsysteme für ökosoziale Risiken verlangt, ist es dann nicht auch recht und billig, dass man als finanzierendes Institut solche ebenfalls aufzuweisen hat? Die meisten Äquatorbanken haben mittlerweile solche sog. Managementsysteme mit ökosozialen Risiken eingeführt.

Prinzip 5: Stakeholder-Engagement
Bei allen Projekten der Kategorie A (und gegebenenfalls der Kategorie B) muss den Kreditgebern in zufriedenstellender Weise nachgewiesen werden, dass der Kreditnehmer einen strukturierten und kulturell angemessenen und auf Dauer angelegten Stakeholder-Engagement mit den vom Projekt Betroffenen und gegebenenfalls anderen Stakeholdern geführt hat und weiter führen wird, einschließlich indigener Bevölkerungsgruppen. Dieser Prozess sollte frei von äußeren Manipulationen, Störungen, Nötigung und Einschüchterung sein.

Um Stakeholder-Engagement zu erleichtern, wird der Kunde die entsprechende Dokumentation den Betroffenen frühzeitig zur Verfügung stellen. Im UMP müssen die Ergebnisse des Stakeholder-Engagement-Prozesses berücksichtigt werden. Der Kunde dokumentiert die Ergebnisse des Stakeholder-Engagement-Prozesses inklusive aller dort beschlossenen Aktionen.

Äquatorbanken erkennen an, dass indigene Völker besonders von den Projektauswirkungen betroffen sein können. Die Rechte und der Schutz indigener Völker im jeweiligen nationalen Recht werden anerkannt, einschließlich der Gesetze zur Umsetzung internationaler völkerrechtlicher Verpflichtungen.

Im Einklang mit *IFC Performance Standard* Nr. 7 werden Projekte mit nachteiligen Wirkungen für indigene Völker vorzeitig deren freie und informierte Zustimmung einholen (*Free Prior Informed Consent* oder FPIC).

Auch der Stakeholder-Dialog wurde stark ausgedehnt, und mittlerweile haben Banken in kulturell diversem Kontext viel Erfahrungen mit Stakeholder-Dialogen gesammelt.

Prinzip 6: Beschwerdemechanismus
Bei allen Projekten der Kategorie A (und gegebenenfalls der Kategorie B) muss der Kreditnehmer, entsprechend den Risiken und negativen Einflüssen des Projektes, einen Beschwerdemechanismus als Teil des Management-Systems einrichten. Der Mechanismus darf den Zugang zu Gerichten oder der Verwaltung nicht behindern. Der Kunde wird die betroffenen Gemeinden über den Mechanismus im Wege des Stakeholder-Engagement-Prozesses informieren.

Der Projektbeschwerdemechanismus hat dazu geführt, dass Banken neu überlegt haben, wie sie selbst mit Beschwerden ihrer Kunden und Stakeholder umgehen und welche Mechanismen sie sich selbst abverlangen wollen.

Prinzip 7: Unabhängiges Spezialistengutachten und Validierung
Bei allen Projekten der Kategorie A (und gegebenenfalls der Kategorie B) muss ein unabhängiger Experte die Sozial- und Umweltverträglichkeitsprüfung, den dazugehörigen Umwelt-Managementplan, die Umwelt- und Sozialrisikomanagementsysteme des Kunden sowie die Unterlagen und Dokumentation des Stakeholder Engagement-Prozesses überprüfen und bestätigen, um die Äquatorbank bei der Einhaltung der Äquatorprinzipien zu unterstützen.

Banken stellen sich mittlerweile immer offensiver der Frage der unabhängigen Überprüfung. Die Nachhaltigkeitsberichte der meisten Äquatorbanken werden heute extern verifiziert.

Prinzip 8: Integration der Äquatorprinzipien in Kreditverträge durch bindende Verpflichtungen des Kunden
Für alle Projekte der Kategorien A und B muss sich der Kreditnehmer im Kreditvertrag dazu verpflichten, alle Gesetze des Gastlandes einzuhalten, die Äquatorprinzipien sowie den Umwelt-Managementplan und den Äquator-Aktionsplan umzusetzen und einzuhalten und den kreditgebenden Banken während der Bau- und Betriebsphase periodisch Bericht zu erstatten. Nach Ablauf der Bau- und Betriebsphase wird der Kunde die durch den Kredit erstellten Anlagen gemäß dem vereinbarten Stilllegungsplan stilllegen.

Prinzip 9: Überwachung durch unabhängigen Spezialisten während der Implementierung des Projektes und regelmäßige Berichterstattung durch den Kunden
Bei allen Projekten der Kategorie A (und gegebenenfalls der Kategorie B) muss der Kreditnehmer während der Laufzeit des Kredites einen unabhängigen Experten benennen, welcher für die kreditgebenden Banken die Überwachungsberichte des Kunden verifiziert.

Dieses Vorgehen hat Auswirkungen auf das Portfoliomanagement im Bankbetrieb, das jetzt nun auch die extrafinanzielle Performance der Projektfinanzierungskunden überwacht.

Prinzip 10: Transparenzpflicht und Berichterstattung der finanzierenden Institute
Die folgenden Berichtspflichten des Kreditnehmers gelten zusätzlich zu den in Prinzip Nr. 5 genannten Berichtspflichten. Für Kategorie A und gegebenenfalls Kategorie B Projekte wird der Kunde sicherstellen, dass zumindest eine Zusammenfassung der Umwelt- und Sozialprüfung online für jedermann erhältlich ist, und der Kunde wird über durch sein Projekt verursachte Treibhausgasemissionen (sowohl die direkt durch das Projekt verursachten als auch die induzierten Emissionen) öffentlich berichten, sofern diese 100.000 t/ Jahr überschreiten.

Jede sich zu den Äquator-Prinzipien verpflichtende Finanzinstitution berichtet mindestens einmal pro Jahr öffentlich über die Erfahrungen und Umsetzungsprozesse im Zusammenhang mit den Prinzipien mit Rücksicht auf die geltenden Vertraulichkeitsbestimmungen.

Das Transparenz- und Offenlegungsgebot entspricht den Nachhaltigkeitsgrundsätzen und lief der jetzt durch die EU festgelegten Berichterstattungspflicht von Banken über Umwelt und Menschenrechte voraus.

2.5 Die wichtigsten kulturellen Errungenschaften der dritten Generation der Äquatorprinzipien

Die im Juni 2013 veröffentlichte dritte Generation der Äquatorprinzipien unterscheidet sich von den beiden Vorgängerversionen (Äquator eins, verabschiedet 2003, und Äquator zwei, verabschiedet 2006) vor allem in folgenden Punkten:

1. Ihrem **Anwendungsbereich** (Scope), anstatt wie bisher nur Projektfinanzierungen im Sinne von Basel II umfasst der Anwendungsbereich jetzt auch Überbrückungskredite und projektbezogene Unternehmenskredite. So sind zum ersten Mal teilweise Exportfinanzierungen betroffen. Ebenso wird die Anwendung der Äquatorprinzipien auf Beratungsmandate (sog. Advisory Mandate) erweitert. Advisory Mandate sind diejenigen Mandate, bei denen die Bank dem Kunden gegen eine Gebühr hilft, den Kredit zu strukturieren und danach bei anderen Banken zur Finanzierung zu platzieren. Je nach Bankorganisation und Produktsilo ist es für Banken nicht immer ganz einfach, die projektbezogenen Unternehmenskredite zu identifizieren. Das Thema hatte viel Diskussion ausgelöst unter den Äquatorbanken. Die Beraterin der Äquatorbanken beim Strategischen Revisionsprozess, Suellen Lazarus, meint dazu: Ob es sich um eine äquatorrelevante Finanzierung handelt, findet man am besten mit dem Ententest heraus (Lazarus 2015). Danach kann man eine Ente daran erkennen, dass sie läuft wie ein Ente, dass sie schwimmt wie eine Ente und dass sie quakt wie eine Ente, also muss es wohl eine Ente

sein (Lazarus 2015). Ebenso kann man sagen, wenn eine Transaktion wie ein Projekt aussieht, wie ein Projekt strukturiert und wie ein Projekt von außen durch Stakeholder wahrnehmbar ist, dann handelt es sich wohl um ein Projekt. Dennoch geben die Äquatorprinzipien in ihrem Definitionsteil (Exhibit 1, Supporting Information) weitere konkrete Handreichungen, um die Unternehmenskredite identifizieren zu können, die unter die Äquatorprinzipien fallen (EP Website 2014).

2. Ebenso widmen sich die neuen Äquatorprinzipien dem Problem des Klimawandels. Beim Thema Klimawandel wollen Äquatorbanken darauf hinwirken, dass ihre Klienten/Kreditnehmer eine Analyse von Alternativen durchführen (alternative Projektgrundstücke, alternative Lage, alternative Technologie und Verwendung alternativer Brennstoffe und Transportwege). Die Analyse von Alternativen bedeutet in diesem Zusammenhang, andere Optionen zu überlegen, zu evaluieren und zu dokumentieren. Ebenso sollen durch die Alternativen-Analyse Möglichkeiten eruiert werden, Treibhausgase zu verringern. Für Projekte mit über 100.000 t CO_2 Ausstoß pro Jahr ist diese Analyse verbindlich. Ebenso müssen solche Projekte öffentlich über ihre CO_2 Emissionen berichten (sowohl die direkten als auch die induzierten, Interessenten werden hierzu auf die Scope 1 bis Scope 3 Klassifizierung des *World Resources Institutes* hingewiesen, die den bei den Äquatorprinzipien verwandten Methoden zugrunde liegt) und dafür ein Emissionsregister intern führen. Gleichzeitig werden Klienten ermutigt, bereits bei einem CO_2 Ausstoß von 25.000 t/Jahr zu berichten, da sie nach den den Äquatorprinzipien zugrunde liegenden *IFC Performance Standards* dem Kreditgeber bereits intern ein solches Register zu liefern haben, jedoch ohne Veröffentlichungspflicht.

3. Menschenrechte sind zum ersten Mal in den Äquatorprinzipien explizit genannt, im Gegensatz zu den Standards einiger Entwicklungsbanken, die versuchen, den Term Menschenrechte ganz zu vermeiden. Die Äquatorbanken unterstützen den von dem ehemaligen UN-Sonderbeauftragten für Menschenrechte, John Ruggie (2008), entworfenen „*Protect, Respect, Remedy Framework*" sowie dessen Umsetzung durch die Vereinten Nationen in den mittlerweile verabschiedeten „*UN Guiding Principles on Business and Human Rights*" (United Nations 2011). Ebenso findet sich in den Äquatorprinzipien jetzt eine Anerkennung der Erklärung der Vereinten Nationen über die Rechte Indigener Völker (EP Website 2014).

4. Außerdem stärken die Äquatorbanken den Stakeholder-Engagement-Gedanken, der sich besonders auf die betroffenen Kommunen sowie benachteiligte und marginalisierte Bevölkerungsgruppen konzentriert. Es geht um die frühzeitige Einbindung betroffener Kommunen in die Entscheidungsprozesse. Dies ist insbesondere oben beim 5. Prinzip dargestellt.

5. Der Transparenzgedanke in Prinzip 10 ist ebenfalls gestärkt worden. Um beweisen zu können, dass die Äquatorprinzipien wirken, werden Äquatorbanken zukünftig auf der EP-Website eine Liste von Transaktionen veröffentlichen, die nach den Äquatorprinzipien strukturiert wurden, ebenso wird der Kunde verpflichtet, eine Zusammenfassung der Sozial- und Umweltprüfung (SUP) online zugänglich zu machen. Zudem steigen

die Reporting-Pflichten der Äquatorbanken. Sie sollen jetzt nicht nur über die Anzahl der abgeschlossenen Transaktionen mit einem Breakdown berichten, sondern auch über die Implementierungsstrukturen, die Anzahl der geprüften Transaktionen und die Anzahl der Mitarbeiter, die sich mit dem Thema Implementierung der Äquatorprinzipien beschäftigen, über die Einbettung in Kreditprozesse und sonstige Prozesse sowie über Details zum Training von Geschäftseinheiten im ersten Jahr.
6. Äquatorbanken haben die konsistente Umsetzung der Äquatorprinzipien als Schwachstelle identifiziert. Mehr dazu ist unten im Abschn. „Entstehungsgeschichte Äquatorbanken und Risikomanagement" zu lesen. Dem Problem soll mit gemeinsam erarbeiteten und veröffentlichten Richtlinien entgegengewirkt werden. Es gibt eine Anzahl von Richtlinien, sogenannte Guidance Dokumente, die auf der EP-Website veröffentlicht sind. So z. B. die Implementierungs-Note der geänderten Äquatorprinzipien, die Richtlinie zur Implementierung der Äquatorprinzipien in Kreditverträgen, die Richtlinie für Berater zu Qualitätsanforderungen an einen SUP. Außerdem werden die Äquatorprinzipien selbst durch den Annex zum Klimaschutz und den Annex zum Thema Transparenz und Reporting verstärkt.
7. Zum ersten Mal erhalten die Äquatorbanken laut den Äquatorprinzipien die Möglichkeit, Informationen zum Thema ökosoziales Risikomanagement zu teilen. In den Äquatorprinzipien heißt es dazu: In Anerkennung des Geschäftsgeheimnisses und der geltenden Gesetze und Vorschriften werden mandatierte Äquatorbanken gegebenenfalls relevante ökologische und soziale Informationen mit anderen Mandatsfinanzinstitutionen teilen, jedoch ausschließlich für Zwecke der Erzielung einer konsistenten Anwendung der Äquatorprinzipien. Ein solcher Informationsaustausch gilt nicht für wettbewerbsrelevante Informationen.

Vergleicht man diese Punkte mit den Empfehlungen des Strategischen Revisionsberichtes aus dem Jahre 2010/2011, der auf der EP-Website erhältlich ist, erkennt man, dass wichtige Themen umgesetzt wurden, wie Erweiterung des Anwendungsbereiches, Einbeziehung von Klimaschutz und Menschenrechten, erhöhte Offenlegungspflichten durch Kunden und Banken. Es sind dennoch nicht alle Empfehlungen des Strategischen Berichtes umgesetzt. So fehlt zum Beispiel die externe Verifikation von Äquatorberichten, die nicht nur die Informationen auf Richtigkeit geprüft, sondern auch die internen Prozesse untersucht und verifiziert hätte, was zur Erreichung einer konsistenten Anwendung der Äquatorprinzipien sicherlich hilfreich gewesen wäre. Außerdem bleiben die Empfehlungen zur Governance-Struktur, der Ausstattung des Sekretariats mit weiteren Ressourcen sowie die gestaffelte Mitgliedschaft weiter auf der To-do-Liste. Trotz aller Kritik an den Äquatorprinzipien durch Nichtregierungsorganisationen lässt sich dennoch deutlicher Fortschritt feststellen bei den Äquatorprinzipien. Die lange Diskussionsphase vor der Verabschiedung in ihrer dritten Auflage, die von 2010 bis Ende 2012 dauerte, möge ein Indiz dafür sein, wie viel harte Arbeit es war, innerhalb der Äquatorbanken eine Kompromisslinie zu finden, die ausreichend Fortschritt bringt und gleichzeitig von allen Mitgliedsinstituten mitgetragen werden kann.

2.6 Kulturelle Wirkungsanalyse

Die Äquatorprinzipien haben also über das Produkt hinaus positive Ansteckungseffekte und freiwillige Mitwirkung ausgelöst (Williams und Conley 2014). Somit haben sie die Denkweise der Führungskräfte und Mitarbeiter verändert, eine neue Risikokultur geschaffen und auch eine neue Sprache zur Beurteilung nichttechnischer Risiken. Gleichzeitig ist diese nachhaltigere Betrachtungsweise auch gut fürs Geschäft, da sie für die beteiligten Banken Portfolios mit geringen Kreditrisiken und geringeren Reputationsrisiken schafft, denn die eingangs angesprochenen nichttechnischen Risiken werden evaluiert und beherrschbar gemacht. Es ist Gleichlauf zwischen Geschäftsinteressen und gesellschaftlichen Interessen entstanden. Auch wenn die Standards selbst nicht für die gesamte Produktpalette anwendbar sind, liegt hier die Chance darin, auch in anderen Bereichen durch gemeinsam ausgehandeltes *Soft Law* positive Effekte für die Kultur und die Gesellschaft zu schaffen. Dabei kann der Fokus vom Risikomanagement zu einem Fokus auf Chancen und Potenziale erweitert werden.

3 Die Einführung der Äquatorprinzipien 2003 – ein erfolgreicher Change-Management-Prozess und organisatorischer Wandel?

Zunächst soll dargestellt werden, warum die EPs ursprünglich entworfen und von einer kleinen Gruppe von führenden Finanzinstituten angenommen wurden. Als die Diskussion 2002 darüber begann, was später die Äquatorprinzipien werden sollten, hatten die führenden Projektfinanzierungsbanken eine lange Pipeline von Großprojekten in der Planung, viele davon in Entwicklungsländern mit großen Auswirkungen. Projekte fanden in Sektoren wie Bergbau, Öl- und Gas-Pipelines, Energiegewinnung und -verteilung, Petrochemie- und Wasserkraftanlagen, der Zellstoff- und Papierherstellung, Erstellung von Infrastruktur statt. Sie überforderten die Risikomanagementsysteme der Banken. Einige dieser Projekte waren in abgelegenen, unberührten Gegenden, in schwierigen Märkten mit schwachen Regulierungsstrukturen und einer erst im Aufbau befindlichen Administration. Die Projekte, die zur Finanzierung anstanden, bedrohten indigene Völker, bedrohten seltene Arten von Flora und Fauna, fragile Ökosysteme, andere kreuzten internationale Grenzen, ohne dass ein Dialog zwischen den Staaten stattfand, oder es fehlten internationale Verträge zwischen diesen Staaten. Dieser Kontext war verbunden mit schwachen Regulierungssystemen oder einer Historie von Menschenrechtsverletzungen (Lazarus 2015).

Alle diese Banken sahen sich komplexen ökologischen und sozialen Fragen gegenüber, und in den meisten Fällen hatten die Banken wenig Kapazitäten für die Analyse oder Steuerung dieser Risiken (Lazarus 2015).

Gleichzeitig war und ist die Projektfinanzierung eine Finanzierungsmethode, bei der es keinen Rückgriff auf ein starkes Unternehmen und seine Bilanz gibt. Der Kreditnehmer ist meist ein neu gegründetes Vehikel, das nur zur Durchführung dieses einen speziellen Projektes gegründet wurde, ein sogenanntes *Special Purpose Vehicle* (SPV). Der

Hintergrund einer solchen Neugründung ist, dass große Unternehmen nicht wollen, dass sie unbegrenzt für den Schuldendienst gegenüber den Banken mit ihrer Bilanz geradestehen müssen. Deshalb gründen sie für ein solches Projektvorhaben mit den beschriebenen Kontextfaktoren ein neues Vehikel, das als einziges Asset das noch zu bewerkstelligende Projekt enthält. Banken übernehmen somit bei solchen Finanzierungen den Löwenanteil des Risikos, das Projekt muss sich aus dem Cash Flow tragen und alle Risiken müssen durch die Strukturierung der Finanzierung adressiert werden. Das multinationale Unternehmen tritt als Projektentwickler und Planer sowie als Eigenkapitalgeber auf, während der Bankkredit meistens 80 % des Projektes abdecken muss. Solche Projekte operieren somit in einem Hochrisiko-Kontext, in dem sich hohe Kundenrisiken (ein neues Vehikel ohne Track Record) mit einem riskanten Marktkontext, Reputationsrisiken und nichttechnischen Risiken verbinden.

Nicht-Regierungsorganisationen (NGOs) fuhren damals aktiv Kampagnen gegen einige der profilierten Projekte. Sie erschienen bei ordentlichen Aktionärsversammlungen und reichten auf der Hauptversammlung Aktionärsbeschlüsse gegen Projekte zur Abstimmung ein, um diese Projekte zu blockieren.

Ein anderes bekanntes Beispiel für eine intensive Reputationskampagne war die *„Cut your Card"*-Kampagne gegen eine der größten US-Finanzinstitutionen im Jahr 2002. Rainforest Action Network (RAN) hatte Kritik an der Bank wegen der Finanzierung von Projekten geübt, die den Regenwald zerstören. Im Jahr 2003 begann RAN eine TV-Kampagne, bei der die Clips der Zerstörung mit der Frage überlagert wurden: *„Wissen Sie, wo Ihr Geld gerade ist?"* Berühmtheiten aus Film und Fernsehen schnitten ihre Kreditkarten in dem Clip durch und forderten das Publikum auf, das Gleiche zu tun. Auf dem Schreibtisch des Vorstandsvorsitzenden stapelten sich Boxen mit zerschnittenen Kreditkarten. Es war eine sehr effektive Kampagne und ein wichtiger Wendepunkt. Andere Banken waren an ähnlichen Wendepunkten angelangt. Eine ziemlich aufgebrachte Öffentlichkeit, die nicht einverstanden war, in was Banken das Geld ihrer Kunden investieren, war der Auslöser für die Kampagnen.

Die Beziehungen des Systems Bank zu seinen Stakeholdern und zur Umwelt insgesamt waren gestört und es mussten Modelle gefunden werden, die Abhilfe schaffen. Die Gründung der Äquatorprinzipien war ein solches Erfolg versprechendes Modell, um die Komplexität der Umwelt nachhaltig und konsistent in angemessener Weise beherrschbar zu machen.

Damals fehlten den Banken ein Rahmen und eine Methode, um Projekte nach Umwelt- und Sozialrisiken in den Schwellenländern zu analysieren. Es fehlte ihnen auch das interne Know-how, um diese Risiken zu bewerten, und es ist unwahrscheinlich, dass Banken die richtigen Fragen zu stellen wussten (Lazarus 2015). In den entwickelten Ländern konnten sie sich in der Regel auf nationale Gesetze, Verordnungen, Genehmigungen und Aufsicht verlassen. Die Projekte in den Entwicklungsländern überforderten die Risikomanagement-Funktionen der Banken, aber gleichzeitig waren ihre wichtigsten Kunden Eigenkapitalgeber und somit Sponsoren dieser zu finanzierenden Projekte (Lazarus 2015). Es war schwer, nein zu diesen Kunden zu sagen und nicht Gefahr zu laufen, das Geschäft sofort an Wettbewerber zu verlieren (Lazarus 2015). Ein Projekt abzulehnen bedeutete nicht, dass es nicht getan wurde, oder dass die Umwelt-und Sozialperformance verbessert würde. Es bedeutete nur, dass eine andere Institution die Finanzierung führen würde und die damit verbundenen Gebühren verdiente (Lazarus 2015).

So entschlossen sich Vordenker in namhaften Banken, wichtige Grundwerte in Zusammenarbeit mit Stakeholdern neu zu definieren. Einige der großen Banken überlegten sich, wie sie Umwelt- und soziale Fragestellungen in neuen Projekten gemeinsam angehen könnten. Sie machten sich Sorgen über den Wettbewerb untereinander zu diesen Themen. Kunden konnten damals bei den Banken auf Einkaufstour gehen und sich den niedrigsten Umweltstandard einkaufen und zwar bei der Bank, die die geringste Aufmerksamkeit auf diese Themen verwendete (Lazarus 2015). Dennoch erkannten die Banken, dass sie echte Umwelt-und Sozialrisiken mit Blick auf diese Projekte hatten, die sowohl zu finanziellen Verlusten als auch Rufschädigung führen konnten (Lazarus 2015). Aber keine Bank konnte das Problem alleine angehen. Sie hielten es für wichtig, gleiche Wettbewerbsbedingungen und niveau-angleichende Standards zu haben, ein sogenanntes „Level Playing Field" zu schaffen. So kamen sie zusammen, um den Paradigmenwechsel einzuleiten und gemeinsam einen neuen Standard zu definieren. So wurden die Äquatorprinzipien im Jahr 2003 ins Leben gerufen. Von vier Banken ausgearbeitet und von zehn Banken nur sieben Monate später aus der Taufe gehoben und verabschiedet, legen die Äquatorprinzipien Verfahrensschritte für die Banken bei der Analyse und Bewertung von Projekten fest. Die Verfahrensschritte erforderten die Identifizierung von ökologischen und sozialen Risiken und Auswirkungen und leiteten dann zu einer Bewertung dieser Risiken und Auswirkungen über sowie zu einem Aktionsplan und einem Mitigierungsprozess. Mit der Annahme der Äquatorprinzipien waren die Banken befugt, Umwelt- und Sozialrisiken in Projekten zu prüfen, zu begreifen und diese Fragen in einer fundierten Art und Weise zu diskutieren, um mit ihren Kunden zu für die Bank akzeptablen Lösungen zu kommen.

Das Ziel damals war, ein „Level Playing Field" zu schaffen, daher war es wichtig, so viele Institutionen wie möglich an Bord zu holen.

4 Grenzen des Change Managements durch die Äquatorprinzipien – Chancen und Ausblick?

Das Hauptziel für die Äquatorbanken war bei Einführung die Nivellierung der Wettbewerbsbedingungen für Finanzinstitute in der Projektfinanzierung, um den Wettbewerb für den niedrigsten ökosozialen Standard und minimale ökologische und soziale Risikomanagement-Praktiken zu beseitigen. Daher mussten sie von den wichtigsten Akteuren in der Projektfinanzierung angenommen werden, um eine hohe Marktdurchdringung zu erreichen (Lazarus 2015). Sehr schnell waren sie auf dem besten Weg zur Erreichung dieses Ziels. Von den zehn Gründungsbanken waren die meisten führend im weltweiten Projektfinanzierungsgeschäft. Zum Zeitpunkt der Annahme war der Marktanteil dieser Banken schätzungsweise 30 % mit rund US$14,5 Mrd. Projektkrediten im Jahr 2002 (Lazarus

2015). Per Ende 2013 hatten 78 Institute die Äquatorprinzipien unterzeichnet, diese haben verschiedenen Schätzungen zufolge einen Marktanteil von ca. 70 % (Meyerstein 2015). Wenn man Marktdurchdringung als Erfolgskriterium akzeptiert, waren die Äquatorbanken also sehr erfolgreich. Sie haben das „Level Playing Field" erfolgreich etabliert und Nicht-Äquatorbanken müssen heutzutage Projekte gemäß den Äquatorprinzipien strukturieren, ansonsten gibt es für solche Projekte keinen Syndizierungsmarkt, der Passierschein für eine erfolgreiche Syndizierung fehlt.

Man kann argumentieren, dass Projektfinanzierungen nur einen ganz kleinen Teil des Bankfinanzierungsportfolios ausmachen. 2012 machten Projektfinanzierungen bzw. Unternehmensfinanzierungen mit Projektbezug, die jetzt auch unter die Äquatorprinzipien fallen, US$197,5 Mrd. aus. Wäre diese Summe das Bruttosozialprodukt eines Landes, würde dieses Land weltweit auf den 15. Rang kommen (Weber 2014). Verglichen mit den Gesamtbankportfolien, die mehr als 10 Trill. US$ in 2012 ausgemacht haben, nimmt sich die Zahl von US$197,5 Mrd. eher klein aus (Weber 2014). Es ist jedoch zu berücksichtigen, dass die Äquatorprinzipien diejenigen Transaktionen mit besonders hohen ökosozialen Risiken identifizieren und diese nichttechnischen Projektrisiken beherrschen wollen. Aufgrund der Kombination aus Kontextfaktoren in Schwellenländern, der Sektoren mit sensitiven ökosozialen Themen sowie der hohen Finanzierungsvolumina bei Projekten verbunden mit Off-Balance-Sheet-Finanzierungsstrukturen sind hier in erster Linie die projektbezogenen Unternehmensfinanzierungen und Projektfinanzierungen zu betrachten.

Die Äquatorprinzipien haben dazu geführt, dass in vielen Banken in den Kreditgremien jetzt nicht nur über finanzielle Profite, sondern auch über ökologische und gesellschaftliche Effekte, die *Triple Bottom Line People*, Profit, Planet gesprochen wird, auch außerhalb der Projektfinanzierung oder der projektbasierten Unternehmensfinanzierung. Viele Banken haben Sektorpolitiken eingeführt, die von den Äquatorprinzipien befruchtet worden sind. Nachhaltigkeit wird über die betroffenen Produkte hinaus stärker diskutiert (Williams und Conley 2015). Somit haben die Äquatorprinzipien über das Produkt hinaus positive Ansteckungseffekte und freiwillige Mitwirkung ausgelöst (Williams und Conley 2015). Sie haben die Denkweise der Führungskräfte und Mitarbeiter verändert, eine neue Risikokultur geschaffen und auch eine neue Sprache zur Beurteilung nichttechnischer Risiken.

Also alles gut? Die Äquatorprinzipien können nur dann global wirken, wenn sie auch konsequent und konsistent umgesetzt werden. Und das ist vielleicht momentan ihre größte Schwäche. Jede Bank führt ihren eigenen Äquator-Prozess durch. Dies war mit Hinblick auf Anti-Wettbewerbsgesetzgebung (Anti Trust Law) auch so gewollt. Der Preis hierfür ist jedoch, dass die Prozesse in den Banken nicht vergleichbar sind. Auch die Äquatorprinzipien müssen in die Wertschöpfungskette der Kreditgenerierung und Kreditprüfung integriert sein als ganz normaler Risikobestandteil, um wirklich wirksam zu werden. Das ist noch nicht überall der Fall. Zudem besteht die Gefahr, dass es wieder zu neuen Einkaufstouren von Kunden für den geringsten ökosozialen Standard kommen kann, wenn es den Äquatorbanken nicht gelingt, neue Wettbewerber aus Asien, Russland und Afrika mit an Bord zu nehmen und an die Äquatorprinzipien zu binden. Der Marktanteil von chinesischen und indischen Banken, die keine Äquatorbanken sind, steigt jedenfalls, und gleichzeitig intensiviert sich der Wettbewerb unter den Banken. Nur wenn Äquatoraktionspläne auch wirklich implementiert und überwacht werden, können die Äquatorprinzipien Projekte tatsächlich besser machen. Das ist bei steigendem Wettbewerb und Marktwachstum von chinesischen und indischen Instituten, die keine Äquatorbanken sind und auch auf den Syndizierungsmarkt nicht angewiesen sind, eine Herausforderung. Die Liste der größten Projektfinanzierungsbanken aus 2012 zeigt ein paar Institute, die sich den Äquatorprinzipien nicht verschrieben haben.

Mandatierte Konsortialführer – Projekte 2012

Arrangierende Bank	Herkunftsland	Äquatorbank
Mitsubishi UFJ Financial Group	Japan	Ja
State Bank of India	Indien	Nein
Sumitomo Mutsui Financial Group	Japan	Ja
Mizuho Financial Group	Japan	Ja
Korea Development Bank	Südkorea	Nein
HSBC Holding PLC	Großbritannien	Ja
Crédit Agricole CIB	Frankreich	Ja
Société Générale	Frankreich	Ja
BNP Paribas SA	Frankreich	Ja
BBVA	Spanien	Ja

Quelle: Thomson Reuters (2013)

Die entscheidende Frage ist jedoch: machen die Äquatorprinzipien Projekte besser oder nicht. NGOs finden, dass es immer noch viel zu viele „dreckige Geschäfte" gibt, die Banktrack auf seiner Dodgy-Deal-Liste zusammenträgt und im Internet veröffentlicht (Banktrack). Und so bleibt die Frage: finanzieren Banken immer noch „die falschen Projekte", nur mit einem besseren Standard? Die NGOs meinen Ja. Jedoch sind die Äquatorprinzipien so konzipiert, dass sie schwierige Projekte bankfähig machen und gleichzeitig die Situation vor Ort verbessern sollen. Das funktioniert aber nur bei konsequenter Implementierung der Äquatorprinzipien durch Aktionspläne und Managementsysteme und deren strikter Überwachung. Dies nachzuweisen wird der nächste notwendige Schritt für Äquatorbanken sein. Gleichzeitig sollten Banken weiter an der Herbeiführung von Konsistenz arbeiten. Jedenfalls wollen die Äquatorbanken durch die Liste der äquatorgeführten Finanzierungen, die sie ab 2014 auf der EP-Website veröffentlichen wollen, demonstrieren, dass sie in der Tat Projekte besser gemacht haben, auch wenn für manche Geschäfte die Grundsatzfrage bleibt, ob es bessere Projektalternativen gibt.

Es bleibt auch noch festzuhalten, dass ein Wunsch der NGOs war, dass der Geltungsbereich der Äquatorprinzipien weiter ausgedehnt werden soll. Sie wollen, dass Banken keine Arbitrage mehr beim Thema ökosoziale Risiken betreiben können, indem sie einfach Transaktionen umwidmen und intern nicht als Projektfinanzierungsstruktur behandeln. Diesem Vorwurf ist mit der Erweiterung der Äquatorprinzipien jetzt begegnet worden.

Inweweit Äquatorbanken bereit sein werden, die Prinzipien für alle ihre Finanzgeschäfte anzuwenden, bleibt abzuwarten, da dies einen sehr hohen administrativen Aufwand bedeuten würde bei gleichzeitig abnehmendem Leverage, geringeren Transaktionsvolumina und ausgeglichenen Risikoprofilen in vielen Geschäftsarten.

Aber der grundsätzliche Spagat zwischen Erweiterung des Netzwerkes, um auch chinesische und indische Banken mit an Bord nehmen zu können, und Vertiefung der Standards bleibt (broadening versus deepening). So hat auch die letzte Revisionsrunde der Äquatorprinzipien, die sich fast drei Jahre hingezogen hat, gezeigt, dass sich bei diverser Mitgliedschaft Aushandlungsprozesse intensivieren und prolongieren.

Von internen Fachleuten in den Banken wird immer zudem angeführt, dass die Äquatorprinzipien deshalb funktionieren, weil ihr Anwendungsbereich relativ limitiert ist, die Bankmitarbeiter und Manager bei dieser Geschäftsart noch einen Bezug zur Realwirtschaft haben und abends nach Hause gehen und ihren Kindern von all den Windparks, die sie heute in der Arbeit „gemacht" haben, erzählen können.

Schlussfolgerungen
Die Äquatorbanken haben viel erreicht. Sie sind beispielhaft dafür, das „weiche" auf Freiwilligkeit basierende Regulierung, entstanden durch einen gemeinsamen Aushandlungsprozess von Werten und Kooperation zwischen Banken zu einem „Level Playing Field" führen und den Markt und die Spielregeln verändern kann. Gleichzeitig zeigen sie, dass größeres Engagement und eine tiefere Auseinandersetzung mit ökosozialen Werten im Investmentbanking möglich ist. Die Banken sind dem Regulator in vielen Ländern voraus, die Selbstwirksamkeitswahrnehmung der beteiligten Teilnehmer wird gestärkt.

Die Äquatorprinzipien haben dazu geführt, dass in vielen Banken in den Kreditgremien jetzt nicht nur über finanzielle Profite, sondern auch über ökologische und gesellschaftliche Effekte, die *Triple Bottom Line People*, Profit, Planet gesprochen wird und Nachhaltigkeit über die betroffenen Produkte hinaus stärker diskutiert wird. Das Risikomanagement im Bankgeschäft hat sich verändert. Während es vor zehn Jahren nicht möglich war, mit Kunden über Klima und Menschenrechte zu reden, sind diese Themen jetzt Bestandteil der *Due Diligence*. Damit die Äquatorprinzipien weiter der Goldstandard im globalen Finanzierungsgeschäft bleiben, müssen sie es schaffen, gleichzeitig Inklusion zu erzeugen und trotzdem die konsistente Anwendung durch ihre Mitglieder zu verbessern und wenn möglich, auch ihren Anwendungsbereich zu erweitern.

Gleichzeitig sind die Äquatorprinzipien auch gut fürs Geschäft, da sie für die beteiligten Banken Portfolios mit geringen Kreditrisiken und geringeren Reputationsrisiken schaffen.

Auch wenn ihre Wirkung und konsistente Umsetzung verbessert werden kann, haben die Äquatorprinzipien jetzt schon eine neue Risikokultur, eine neue Risikosprache und eine neue Denkweise bei Führungskräften und Mitarbeitern geschaffen und auch eine neue Werkzeugkiste zur Beurteilung nichttechnischer Risiken etabliert.

Wenn es gelingt, die Finanzkraft internationaler Banken und die Anlageprodukte von Banken neu auszurichten auf Projekte und Produkte, die dabei helfen, die globalen Herausforderungen zu meistern, entsteht der gesellschaftliche Gleichlauf, freiwillig ausgehandelte Werte können greifen und ein Innovationsschub entsteht.

Literatur

Bowman C, Asch D (1987) Strategic management. Macmillan, S 219; zitiert in Mabey C, Pugh DS (1999) Strategies for managing complex change. The Open University, Milton Keynes

EP Website (2014) www.equator-principles.com

Davis R, Franks DM (2011) The costs of conflict with local communities in the extractive industry. Conference Papers 10/01/2011 Shift Network. http://www.shiftproject.org/publication/costs-conflict-local-communities-extractive-industry

Forrester JW (1977) Industrial dynamics, 9. Aufl. MIT Press, Cambridge

Lazarus S (2015) The equator principles: retaining the gold standard – a strategic vision at 10 years. In: Wendt K (Hrsg) Responsible investment banking. Springer International, Cham

Luhmann N (2014) http://www.luhmann-online.de/luhmann-einfuehrung.htm

Meyerstein A (2015) Are the equator principles green wash or game changers? Effectiveness, transparency and future challenges. In: Wendt K (Hrsg) Responsible investment banking. Springer International, Cham

Porter ME, Kramer MR (2006) Strategy and society, the link between competitive advantage and corporate social responsibility. Harv Bus Rev 84(12):78–92

Rowley P (2011) Keeping mega oil & gas project moving. http://www.erm.com/en/Analysis-and-Insight/Articles/Keeping-oil-and-gas-mega-projects-moving–grappling-with-Non-Technical-Risk/

Ruggie J (2008) 2008 report by John Ruggie to UN Human Rights Council, Business and Human Rights Resource Centre. http://business-humanrights.org/en/documents/2008-report-by-john-ruggie-to-human-rights-council-and-related-material

Sargut G, McGarth RG (2011) Learning to live with complexity. Harv Bus Rev 9:1–10

Thomson Reuters (2013) Corporate respect for human rights: sustainability's new black? http://sustainability.thomsonreuters.com/2013/02/18/corporate-respect-for-human-rights-sustainabilitys-new-black/

United Nations Guiding Principles on Business and Human Rights (2011) http://www.ohchr.org/Documents/Publications/GuidingPrinciplesBusinessHR_EN.pdf

Weber O (2014) The equator principles: ten teenage years of implementation and a search for outcome. CIGI Papers No. 24. www.cigionline.org. Zugegriffen: Jan. 2014

Williams CA, Conley JM (2014) The social reform of banking: osgoode legal studies research paper series. http://digitalcommons.osgoode.yorku.ca/cgi/viewcontent.cgi?article=1021&context=olsrps

Williams CA, Conley JM (2015) Reforming the banking culture. In: Wendt K (Hrsg) Responsible investment banking. Springer International, Cham

Karen Wendt besitzt einen MBA der University of Liverpool. Sie hat 19 Jahre Erfahrung im Bankenbereich in wechselnden Positionen, davon 17 Jahre im Investment Banking. Ihre Tätigkeitsschwerpunkte lagen in den Bereichen Konzernentwicklung, Bankbeteiligungen, Projektfinanzierung. Seit 2007 ist sie für das Management von Reputationsrisiken und Prüfung von Finanzierungen auf Einhaltung von Umweltrichtlinien und Menschenrechten gemäß den Weltbankstandards bei großen Projektkrediten für eine internationale Großbank zuständig. Sie begleitete seit 2003 und damit seit ihrer Gründung die Einführung und Umsetzung der Äquatorprinzipien und der damit verbundenen Risikomanagementprozesse. Diese umfassen auch die Analyse, Erkennung und Beherrschung von Umweltrisiken und Beachtung der Menschenrechte bei Finanzierungen. Karen Wendt ist außerdem Mitglied im Steuerungskomitee und Leitungsorgan der Equator Principles Financial Institutions Association, dem Steuerorgan der Äquatorprinzipien und hält den Vorsitz mehrerer Arbeitsgruppen. Außerdem war sie 1993 als Gastprofessorin in Minsk und Moskau tätig.

Nachhaltige Organisationsentwicklung in Vereinen

Stephanie von Rüden

1 Einleitung

Wenn über Organisationsentwicklung gesprochen wird, denken wir meist an Organisationsentwicklung in Unternehmen. Jedoch gibt es noch andere Formen von Organisationen, die solch einer Entwicklung unterliegen bzw. die sich entwickeln lassen. Eine dieser Organisationsformen ist der Verein.

Doch warum ist es wichtig, dass wir uns mit CSR und Organisationsentwicklung in Vereinen beschäftigen? Nicht nur die sehr häufig diskutierten Handlungsfelder wie Wirtschaft, Politik und Bildung haben einen Einfluss auf den Fortschritt von zukunftsfähigen Konzepten und Maßnahmen. Vereine stellen einen, zu den oben genannten, einzigartigen und zum Teil unersetzlichen Bestandteil unserer Gesellschaft und unserer Wirtschaft dar. Der Unterschied zu den genannten Handlungsfeldern, in denen sich ein Bürger automatisch und ohne Entscheidung dafür oder dagegen bewegt, durch Schulpflicht, Konsum und Staatbürgerschaft, ist der Faktor der Freiwilligkeit und der bewussten Entscheidung, beizutreten. Dabei macht es zunächst wenig Unterschied, ob man sich als aktives oder rein leistungsbeziehendes Mitglied bei einem Verein einschreibt.

Ziel dieses Beitrages ist es, zu erläutern, inwiefern Change Management und Organisationsentwicklungs-Modelle, die sich in der bestehenden Literatur fast ausschließlich auf Unternehmen beziehen, auf Vereine und deren Struktur anwendbar sind. Und wie mithilfe dieser in Vereinen Nachhaltigkeit integriert werden kann. Ebenso soll dargestellt werden, welchen Stellenwert und welche Bedeutung in Bewusstseinsbildung und Vorantreiben der Thematik Vereine im Allgemeinen und speziell Vereine mit dem ideellen Zweck

S. von Rüden (✉)
Stadtplatz 16, 4600 Wels, Österreich
E-Mail: stephanievr@gmail.com

„CSR" haben. Wichtig ist es, anzumerken, dass dieser Beitrag sich auf nicht gewinnbringende Vereinsformen (Nonprofit-Organisation, NPO) im deutschsprachigen Raum (vorwiegend Österreich) bezieht, deren aktive Mitglieder vorwiegend ehrenamtlich arbeiten, da gewinnerwirtschaftende Vereine meist vom Aufbau einem Kleinst- bis Kleinunternehmen gleichen und daher für diese Betrachtung nicht relevant sind. Der Beitrag stützt sich auf wissenschaftliche und theoretische Grundlagen und wird durch Thesen aus Praxiserfahrung und Beobachtung erweitert, wovon Handlungsempfehlungen und Konzepte abgeleitet werden.

2 Vereine als Gestalter im gesellschaftlichen Wandel

Zunächst wird definiert, was in diesem Artikel unter NPO und Verein verstanden wird. Die im internationalen Gebrauch gängigste Definition von NPOs ist, dass sie Organisationen sind, die ein Mindestmaß an formaler Organisation, Selbstverwaltung bzw. Entscheidungsautonomie und Freiwilligkeit aufzeigen. Es sind private, nicht staatliche Organisationen, die keine Gewinne an Eigentümer oder Mitglieder ausschütten (Badelt et al. 2007). NPOs können als gemeinnützige Stiftungen, Kapitalgesellschaften und Genossenschaften registriert sein, meist sind sie aber als Verein gemeldet und organisiert (Simsa und Schober 2012, S. 3). Ein Verein ist laut österreichischem Vereinsgesetz wie folgt definiert: „Ein Verein im Sinn dieses Bundesgesetzes ist ein freiwilliger, auf Dauer angelegter, auf Grund von Statuten organisierter Zusammenschluss mindestens zweier Personen zur Verfolgung eines bestimmten, gemeinsamen, ideellen Zwecks." (Vereinsgesetz 2002 § 2 Abs. 1).

Liest man das Vorwort von Frau Redmann in ihrem Buch „Erfolgreich führen im Ehrenamt" wird einem schnell bewusst, dass das Vereinsleben einen besonderen Stellenwert in unserem sozialen System hat: „Ehrenamtliches Engagement stellt nicht nur eine wichtige Stütze unserer Gesellschaft dar, sondern wird von Menschen mit viel Leidenschaft und Liebe betrieben. Bei meinen Recherchen und Interviews habe ich so viel wunderbare Begeisterung erlebt, wenn mir Menschen von ihren freiwilligen Tätigkeiten erzählt haben – egal ob es sich hier um eine karitative, soziale oder sportliche Aufgabe gehandelt hat. So viel positives Empfinden ist heute selten." (Redmann 2012, S. VII)

Freiwilligenarbeit hat einen großen gesellschaftlichen Nutzen (Bundesministerium für Arbeit, Soziales und Konsumentenschutz 2009, S. 18 f.):

- in wirtschaftlicher Sicht als Beitrag zur Wertschöpfung
- im politischen Sinne durch die Teilnahme an kollektiv bindenden Entscheidungen
- im Sozialen, da sie den Aufbau von sozialem Kapital unterstützt, welches aus gemeinsam geteilten Normen und vertrauensvollen Beziehungen zwischen den AkteurInnen besteht
- im instrumentellen Sinne durch Realisierung von Zielen in den gesellschaftlichen Teilsystemen Kultur, Kunst, Sport, Religion, Soziales und Gesundheit

NPOs besetzen eine wesentliche soziale, kulturelle und ökonomische Rolle in Österreich. Da sie aber in der amtlichen Statistik keine eigenständige Kategorie darstellen, existieren nur unzureichende statistische Aufzeichnungen, und die Datenlage ist sehr unbefriedigend (Simsa und Schober 2012, S. 3).

Rein quantitativ betrachtet stellt der Verein die mit Abstand wichtigste Rechtsform österreichischer NPOs dar. In Österreich waren laut Statistik Austria (2012) 116.556 Vereine im Jahr 2010 registriert. Um die Bedeutung dieser Zahl besser verständlich zu machen: Im Jahr 1960 waren 42.269 Vereine registriert, durch kontinuierliche Zunahme hat sich also die Anzahl in den letzten 50 Jahren fast verdreifacht. Gemessen in Vollzeitäquivalenten waren 85.570 Beschäftigte und ca. 2 Mio. Freiwillige, was einem Vollzeitäquivalent von 230.000 entspricht, im NPO-Sektor 2001 tätig. 27,9 % der ÖsterreicherInnen leisteten 7.918.682 h pro Woche freiwillig im Jahr 2006. Und dies stellt nur die durch die Statistik erfassten Stunden dar. Viele Freiwillige sind in dieser Statistik sicherlich nicht erfasst. Aber allein diese Zahlen machen deutlich, dass freiwilliges Engagement einen wesentlichen Beitrag zum gesellschaftlichen Zusammenhalt, zur Integration und auch kostengünstigen Erbringung einer Vielzahl von Dienstleistungen erbringt (Simsa und Schober 2012, S. 3 ff.). Simsa und Schober (2012, S. 3) sind die meisten Innovationen im Sozialbereich im Rahmen von NPOs entstanden und wurden die meisten neuen Themen auf der politischen Agenda zunächst von Organisationen der Zivilgesellschaft aufgegriffen. Das heißt, der Sektor der NPOs erbringt zusätzlich Sozialleistungen, ermöglicht gesellschaftliche Vielfalt, Partizipation und Innovation (Simsa und Schober 2012, S. 11). Ein wesentliches Ziel von einem Großteil der NPOs ist die Einflussnahme auf das gesellschaftliche Geschehen. Sie beschäftigen sich mit ihren Zielen und Aktivitäten, mit gesellschaftlichen Problemen und möchten bestehende Verhältnisse verändern. Dies kann die Verbesserung von Lebensbedingungen für bestimmte Klienten, die Interessenvertretung einer Bevölkerungs- oder Berufsgruppe, der Schutz des Ökosystems sowie die Verbreitung von Kulturgut und Wissen sein. Laut Luhmann (1998b), Baecker (1993), Schimank (1997), Wilke (1995) und Mayntz (1992) sind gesellschaftliche Veränderungen, die von Organisationen durchgeführt werden, besonders stabil und weisen eine hohe Reichweite auf.

Doch wie bewirken NPOs bzw. Vereine Veränderungen? Schadensbegrenzung, Konfrontation, Kooperation und Leistungserbringung sind die vier Einflussformen, auf die sich ein Verein spezialisieren kann bzw. an welchen er sich orientiert. Bei der Schadensbegrenzung ist das Ziel die Milderung von negativen Effekten, die durch andere Organisationen erzeugt werden. Beispiele hierfür sind humanitäre Leistungen wie Hilfsorganisationen, entwicklungspolitische Arbeit oder soziale Dienste. Bei der Konfrontation nimmt eine Organisation durch Kritik und Protest Einfluss. Darunter fällt die Organisation von Streiks, Boykotts oder anderen Blockaden, Demonstrationen oder Protestkampagnen, aber auch die Veröffentlichung von Informationen über Zustände oder Verhalten, die sich gegen Abkommen, Richtlinien oder ethische Grundsätze richten. Salamon (1994, S. 96) sieht diese Form des Einflusses als eine zentrale Stärke von NPOs. Das Gegenüber dazu stellt die Kooperation dar. Sie ist geprägt durch ein Zusammenspiel unterschiedlicher Organisationen, um ein Ziel zu erreichen. Die häufigsten Formen der Kooperation von NPOs sind mit anderen NPOs und mit staatlichen Organisationen. Es gibt aber auch Vereine, die Leistungen erbringen, die auch von wirtschaftlichen oder staatlichen Organisationen erbracht werden. Dies sind meist Angebote in den Bereichen Kultur, soziale Arbeit, Ausbildung oder Kinderbetreuung. Das Angebot findet in diesen Bereichen entweder parallel statt oder subsidiär, d. h. wenn die Leistungserbringung anderer Organisationen mangelhaft ist. Der Schritt zur „Konkurrenz" wird aber nicht nur von NPOs getätigt, viele Leistungsbereiche, die ursprünglich nur durch NPOs abgedeckt wurden, sind nun auch für kommerzielle, gewinnorientierte Organisationen interessant geworden (Simsa und Schober 2012, S. 3). Durch diese Entwicklung stehen NPOs vor der Herausforderung, sich den veränderten Rahmenbedingungen anzupassen.

3 Den Wandel in Vereinen gestalten

Vereine, bzw. NPOs generell, stehen vor der Herausforderung der zunehmenden Professionalisierung und Komplexität der Ansprüche, was den Bedarf an professionellen Managements hervorbringt. Um die Abläufe zu professionalisieren, benötigt es state-of-the-art-Management, welches fähige, professionell agierende Mitarbeiter notwendig macht (Simsa und Schober 2012, S. 13). Diese neue Anforderung an einen Verein bedeutet Veränderung. Wie diese im Falle eines Vereins bewerkstelligt werden kann, soll hier erläutert werden.

Welchen ideellen Zweck und welche Einflussform ein Verein verfolgt, ist für die Betrachtung des Change Managements im ersten Schritt eher unbedeutend. Viel wichtiger ist, wie sich die Vereinsstruktur zusammensetzt und welche Entscheidungs- und Meinungsträger es formell sowie informell gibt. Mit dieser ersten Überlegung stellt man sich bereits eine der vier zentralen Fragestellungen, die es bei der Wandelgestaltung zu beantworten gilt (Johnson et al. 2006, S. 592):

- Wer gestaltet den Wandel?
- Wo beginnt die Veränderung?
- Auf welchen Themen liegt der Fokus?
- Wann finden die Schritte statt?

Die Beantwortung der ersten Frage nach den Akteuren, die den Wandel gestalten, differenziert sich, zumindest begriffsmäßig, bei einem Verein von der bei einem Unternehmen. In einem Unternehmen gibt es im Grunde drei übergeordnete Rollen im Laufe des Change Managements: Strategische Führungskräfte, Führungskräfte aus dem mittleren Management und Außenstehende (Johnson et al. 2006, S. 515 ff.). Diese Rollen sind in einem Verein aber in dieser Form nicht vorhanden. Lt. Vereinsgesetz (Vereinsgesetz 2002, §5) muss ein Verein ein Leitungsorgan, welches meist als Vorstand bezeichnet wird und aus mindestens zwei Personen bestehen muss, und zwei Rechnungsprüfer stellen. Ein Verein, der einen erweiterten Jahresabschluss erstellen muss, muss zusätzlich einen Abschlussprüfer bestellen. In den Vereinsstatuten kann festgelegt werden, dass ein Aufsichtsorgan bestellt wird, welches aus drei natürlichen Personen bestehen muss. Die Mitglieder sind natürlich ein ebenso wichtiger Bestandteil des Vereins. Hier unterscheidet man zwischen ordentlichen, außerordentlichen Mitgliedern und Ehrenmitgliedern.[1] – Es wird hier nun nicht näher auf die einzelnen Rollen aus Rechtssicht eingegangen, da sich diese in den deutschsprachigen Ländern unterschiedlich definieren. – Vergleicht man nun die Rollen im Verein mit denen im Unternehmen, kann man den Vereinsvorstand sicherlich mit den strategischen Führungskräften eines Unternehmens gleichstellen. Beide Rollen sind wesentlich mit dem Aufbau der Vision und der Kontrolle der Aktivitäten beschäftigt. Die im Change Management definierte Rolle des mittleren Managements gibt es im Fall des Vereins, rechtlich gesehen, nicht, denn der Rechnungsprüfer oder auch Abschlussprüfer hat die erforderlichen Rollenaufgaben nicht inne. Diese Ebene kann aber formell, durch ein definiertes Vereinsorganigramm, oder informell in einem Verein vorhanden sein, wenn an ordentliche Mitglieder gewisse Aufgaben- oder Aktivitätsgebiete der Vereinstätigkeit übergeben werden. Diese ordentlichen Mitglieder reflektieren in Zeiten eines Wandels die Idee des Vorstandes oder haben diese in der Mitgliederversammlung mitbeschlossen. Sie sind in der Ausführung ihrer übertragenen Tätigkeit dann auch diejenigen, die die strategische Entscheidung (mit-) durchführen. Gibt es diese Ebene der ordentlichen Mitglieder jedoch nicht, so vereint sich die Ebene der strategischen Führung mit der des mittleren Managements im Vorstand, der alle Aufgaben dieser Rollen trägt. Die Rolle der Außenstehenden, welche zum Beispiel Berater und Stakeholder beinhaltet, kann im Fall eines Vereins von jedem Mitglied (ordentlich, außerordentlich oder Ehrenmitglied) eingenommen werden. Sie können den Wandlungsprozess positiv wie auch negativ beeinflussen (Johnson et al. 2006, S. 519 ff.). Unabhängig von der Hierarchie und Stellung der involvierten Personen gibt es Rollen, die sich rein in der Zeit des Wandels finden. Die Ideenträger, sprich Strategen, sind im Fall eines Vereins der Vereinsvorstand sowie, wenn vorhanden, die ordentlichen Mitglieder. Sie sind vor allem zu Beginn des Wandels aktiv und starten den Wandlungsprozess. Die Promotoren, die den notwendigen Rückhalt geben, sowohl politisch, fachlich als auch ressourcentechnisch, sind in einem Verein nicht so vertreten wie in einem Unternehmen, da es hier nicht die Hierarchie- und Entscheidungsstufen gibt, die überwunden werden müssen. Es ist aber durchaus denkbar, dass Mitglieder in gewisser Weise politisch als auch fachlich Beistand leisten, um die Idee voranzutreiben. Was sich dann mit der Rolle der Multiplikatoren, auch „Change Agents" genannt, überschneidet. Wie auch in der Belegschaft in einem Unternehmen gibt es unter den Mitgliedern eines Vereins die Zweifler und Opponenten, welche den Erfolg des Wandels gefährden können. Eine Vielzahl der Mitglieder wird die passive Rolle des Zuschauers einnehmen. Diese Masse, die sich durchaus auch aus Zynikern und Skeptikern zusammensetzt, ist im Wandel genauso unerwünscht wie die „aktiven" Zweifler und Opponenten, da sich unter ihnen Taktierer verbergen können, bzw. diese bei Problemen, unerwartet, den Verein verlassen könnten. Unter den Mitgliedern wird es aber auch Enthusiasten geben, die andere Vereins-

---

[1] Vgl. https://www.help.gv.at, Zugegriffen: 24.03.2014.

mitglieder immer wieder auf das Gute der Maßnahmen hinweisen. Diese unterstützen den Wandlungsprozess im positiven Sinne und sollten identifiziert werden und, soweit möglich, als Multiplikatoren schon zu einem früheren Zeitpunkt eingesetzt werden (Müller-Stewens und Lechner 2005, S. 542 f.). Eine detailliertere Zuordnung der Rollen, wie man es in einem Change Projekt in einem Unternehmen tun würde, wäre, meines Erachtens, für einen Verein zu aufwändig und nicht sinnbringend. Nichtsdestotrotz ist eine kurze Betrachtung dieser unumgänglich. Denn eines muss man sich in einem Verein, der gänzlich oder zumindest nahezu aus ehrenamtlichen, sprich unbezahlt leistungsbringenden Mitgliedern besteht, bewusst sein: Ist ein Mitglied strikt gegen die geplante Veränderung, hält ihn kein Dienstvertrag oder eine monatliche Zahlung von einem Austritt ab. Ein Wandel, der also für Mitglieder in ihrer Sicht Unannehmlichkeiten oder sogar Nachteile bringen könnte, wird sehr rasch grundsätzlich hinterfragt, wenn auch, wie schon erwähnt, nur aus der „Zuschauerposition".[2]

Wie auch in Unternehmen gibt es auch bei Vereinen Rahmenbedingungen. Man stellt bei der Literaturrecherche sehr schnell fest, dass die zu beachtenden Dimensionen in einer Organisation eher allgemein definiert sind und daher sehr leicht auch auf einen Verein umgelegt werden können. Im Grunde gibt es drei Dimensionen: die strukturelle, die politische und die kulturelle. Die strukturelle Dimension beschäftigt sich mit den formalen Strukturen und geht davon aus, dass der Wandel durch das Schaffen von Regeln umgesetzt werden kann. In einem Verein ist diese Dimension auf den ersten Blick sehr einfach zu bewerkstelligen, da es, wie bereits erwähnt, keine Hierarchieebenen zu überwinden gibt. Jedoch darf nicht vergessen werden, dass eine Vorgehensweise wie das top-down-Verfahren in Unternehmen bei Mitgliedern Trotzreaktionen auslösen kann und diese somit zu einem Austritt drängt. Daher soll das Vorgehen und dessen Hintergründe, warum der Wandel notwendig ist bzw. für den Verein gut ist, von Beginn an ehrlich an alle Mitglieder kommuniziert werden. Dafür muss sich die strategische Führungsebene aber einig sein und die gleichen Interessen verfolgen. Als Durchsetzung von Interessen wird der Wandel in der politischen Dimension angesehen, welche im Falle eines Vereines durch gegensätzliche Standpunkte im Vorstand bzw. den ordentlichen Mitgliedern zur Dimension, welche die größte Aufmerksamkeit verlangt, macht. Eine Organisation, so auch der Verein, ist ein System von Werten, was durch die kulturelle Dimension beleuchtet wird. Hierbei wird versucht, den Erfolg des Wandels durch die Anknüpfung an die Befindlichkeiten der Organisation zu erreichen. Je nach Art und ideellem Zweck des Vereins kann diese Dimension eine sehr wichtige, aber auch eine unbedeutende Rolle spielen.

In einem Wandel gilt es, Schwerpunkte zu setzen. Man muss sich bewusst werden, welche Ausprägung der Wandel hat und was das Ziel des Wandels ist. So gibt es unter anderem die Repositionierung bzw. Reorientierung, die darauf abzielt, die strategische Position neu auszurichten, um so ein neues Portfolio zu kreieren bzw. neue oder mehr Stakeholder anzusprechen. Dies ist wahrscheinlich die häufigste Form von Wandel, die ein Verein durchlebt. Ebenso kann ein Verein eine Restrukturierung oder Revitalisierung

---

[2] Vgl. http://www.umsetzungsberatung.de/unternehmenskultur/ngos.php, Zugegriffen: 26.03.2014.

durchleben, in der Prozesse, Strukturen und Systeme verändert werden. Solch ein Wandel wird meist mit den beiden oben genannten Typen einhergehen oder aber auch im Nachhinein angestoßen werden (Müller-Stewens und Lechner 2005, S. 832 ff.).

Je nach Aufbau des Vereins und der Bedeutung der Werte ist die Fokussierung auf Schwerpunkte wichtig, und die zeitliche Schiene, wann welche Schritte durchgeführt werden, spielt eine ebenso bedeutende Rolle. Entscheidet und führt der Vorstand den gesamten Wandel allein durch und ergeben sich durch Aufbau und Werte keine Barrieren für Änderungen, ist es zwar wichtig, dass sich der Vorstand konkrete Ziele setzt und die Maßnahmen zur Umsetzung priorisiert, jedoch ist der Faktor Zeit in dieser Situation sehr leicht planbar, da nicht viele Personen involviert sind und die Maßnahmen sehr gut kontrolliert durchgeführt werden können. Besteht das Team, welches den Wandel durchführt, aber auch aus ordentlichen Mitgliedern, erweitert sich der Kreis. So ist es sehr wohl wichtig, sich mit dem zeitlichen Ablauf konkret zu beschäftigen. Für die Planung des zeitlichen Ablaufs gibt es lt. Literatur fünf Dimensionen. Für einen Verein wichtig sind, meines Erachtens, aber nur zwei: Die Epoche, die angibt ob der Wandel inkrementell oder fundamental durchgeführt wird (sprich: ändert man alles Schritt für Schritt oder in einem Schwung), und der Zyklus, der den Zeitraum aufzeigt, den man für die Aktivitäten benötigt (Müller-Stewens und Lechner 2005, S. 596 ff.).

Die Tabelle fasst die wichtigen Punkte nochmals zusammen und kann als Leitfaden zur Planung des Wandels herangezogen werden (Tab. 1).

4 Vereine im Wandel zu mehr Nachhaltigkeit

Vereine, die Nachhaltigkeit als ideellen Zweck innehaben oder nachhaltig handeln, haben einen hohen Einfluss auf das Vorantreiben der Nachhaltigkeitsthematik und Bewusstseinsbildung. Ohne Initiativen, Vereine, Organisationen und Netzwerke, die von überzeugten und motivierten Menschen gegründet und vorangetrieben werden, wäre das Thema Nachhaltigkeit und CSR, meiner Meinung nach, noch lange nicht auf dem Stand, den wir heute kennen.

Jeder Verein kann nachhaltig handeln und somit Bewusstseinsbildung „ganz nebenbei" betreiben. Egal ob Sport-, Kultur-, oder auch Sparverein. Jeder Verein bezieht Leistungen von Dritten, beschafft, erbringt selbst Leistung und steht im Verhältnis zu Stakeholdern. All diese Bereiche können (und sollten) nachhaltig gestaltet werden.

Durch die Beschäftigung mit Nachhaltigkeit im ehrenamtlichen Bereich wird eine Art Schneeballeffekt erzeugt. Aktive ordentliche Mitglieder und Vorstände eines Vereins, die an der Implementierung von nachhaltigem Handeln beteiligt sind, entwickeln so eine persönliche Kompetenz und Wissen. Vereinsmitglieder, die durch die Implementierung und Kommunikation dieser mit dem Thema Nachhaltigkeit konfrontiert werden, erkennen dies im Idealfall als positive Entwicklung und tragen die Idee durch Mundpropaganda in ihr Umfeld. Jeder, der also in „seinem" Verein mit Nachhaltigkeit eine positive Assoziation entwickelt, wird dies auch weitertragen, davon berichten und sogar danach handeln.

Tab. 1 Leitfaden zum Vereinswandel. (Eigene Darstellung)

Wer ist am Wandel beteiligt und nimmt welche Rolle ein?		
Strategische Führung	Aufbau der Vision Kontrolle der Aktivitäten	Bsp.: Vereinsvorstand
Durchführungsebene (mittleres Management)	Reflektieren der Idee Strateg. Entscheidung durchführen	Bsp.: ordentliche Mitglieder
Promotoren / Multiplikatoren / Change Agents / Enthusiasten	Politischer und fachlicher Beistand	Bsp.: Ehrenmitglieder, außerordentliche Mitglieder
Opponenten	Zweifler und Skeptiker Aktiv und passiv	Bsp.: Ehrenmitglieder, außerordentliche Mitglieder
Was ist das Ziel des Wandels und wie soll dieses erreicht werden?		
Repositionierung bzw. Reorientierung	Neues Portfolio Neue/mehr Stakeholder	Bsp.: erweitertes Angebot, neue Zielgruppe LOHAS
Restrukturierung bzw. Revitalisierung	Prozesse, Strukturen und Systeme verändern	Bsp.: Beschaffungsprozess und dessen Kriterien
Welche Rahmenbedingungen gibt es?		
Strukturell	Formale Strukturen und Regeln	Bsp.: Regeln, die nur Entscheidungen des Vorstandes beeinflussen, oder Strukturänderungen, die auch (ordentliche) Mitglieder betreffen
Politisch	Durchsetzung von Interessen Wichtig: Gibt es unterschiedliche/gegensätzliche Interessen in der strateg. Führung oder der Durchführungsebene?	Bsp.: Unterschiedliche Auffassung der Priorisierung bzw. der notwendigen Maßnahmen
Kulturell	Welche Werte gibt es und wie stark sind diese ausgeprägt? Müssen Werte verändert werden, um den Wandel erfolgreich durchzuführen?	Bsp.: Der Grundwert „Gesundheit fördern" widerspricht der Idee von CSR nicht, sondern unterstützt diese
Wie ist der zeitliche Ablauf?		
Fundamentaler Wandel	Bis wann soll die Umstellung durchgeführt werden?	Bsp.: Umstellung von Beschaffungsprozess ist kurz- bis mittelfristig möglich, wenn eine Person bzw. nur der Vorstand dafür verantwortlich ist
Inkrementeller Wandel	Welche Einzelschritte sind durchzuführen und wie sind diese priorisiert? Bis wann muss welcher Schritt durchgeführt werden?	Bsp.: Repositionierung ist mittelfristig mithilfe von Einzelschritten durchführbar

Somit beschäftigen sich mehr Menschen im Privat- aber auch im Berufsleben mit Nachhaltigkeit und hinterfragen Gegebenheiten oder stoßen sogar Veränderungen an.

Seit über zehn Jahren werden Vereine, Netzwerke und andere Organisationen gegründet, die sich als definiertes Ziel die Bewusstseinsbildung, den wissenschaftlichen Fortschritt oder die Unterstützung bei CSR-Implementierungen gesetzt haben. Diese Organisationen haben eine Reichweite, die von lokal bis international reicht und so eine Vielfalt an Veranstaltungen, Weiterbildungen usw. bietet. Leider entsteht durch diese Vielfalt an Angeboten und unterschiedlichen Organisationen, die sich für das gleiche Thema einsetzen, Konkurrenz. Die Fülle an Angeboten, die inzwischen existiert, macht es nicht automatisch einfacher für interessierte Außenstehende oder potenzielle Mitglieder bzw. Kunden, sich mit dem Thema Nachhaltigkeit zu beschäftigen. Mit Sicherheit hat zu Beginn die steigende Anzahl an Vereinen und das steigende Angebot geholfen, um Nachhaltigkeit und CSR präsent und greifbarer zu machen. Die aktuelle Entwicklung ist, meiner Meinung nach, aber inzwischen entgegengesetzt. Interessierte oder auch noch nicht interessierte Personen, vor allem Entscheidungsträger in Unternehmen und Politik, sind durch die Flut an Angeboten der verschiedensten Organisationen überfordert, was meist zu Ablehnung und Desinteresse führen kann. In den Kreisen der CSR-Experten und Nachhaltigkeitskoryphäen wird von der notwendigen Änderung unseres Wirtschaftssystems gesprochen, es sei nicht zukunftsfähig. Und doch wird auch im Bereich der Organisationen, die sich ideell mit dieser Idee beschäftigen, im Grunde nach dem Konkurrenzprinzip gehandelt. Ich glaube, auch hier ist ein Wandel und eine Veränderung der Denkweise vonnöten. Die gute Nachricht ist aber, dass dies nun schon passiert und erste Ansätze zu übergreifenden Kooperationen sichtbar werden.

5 Praxisbeispiele

Im Folgenden werden anhand zweier Beispiele die bisher behandelten Themen in der Praxis betrachtet. Das Beispiel des „Alumni Club FH-Wels" legt dar, wie Nachhaltigkeit in die allgemeine Vereinstätigkeit integriert werden kann und der Wandel dazu aussehen könnte. Der Verein „CSR Dialogforum" zeigt reelle Herausforderungen eines Vereins auf, dessen Zweck die Bewusstseinsbildung zum Thema Nachhaltigkeit und CSR ist, und welchen Wandel er durchlebte und aktuell noch durchlebt.

5.1 Alumni Club FH-Wels

Der Alumni Club FH-Wels ist der Absolventenverein der Fachhochschule Oberösterreich Campus Wels, der 2003 gegründet wurde. Ideeller Zweck und Ziel des Vereins ist es, ein soziales sowie fachliches Netzwerk zu schaffen, zwischen den Absolventinnen sowie zu anderen Absolventenvereinen, und die Bindung zu der Fachhochschule aufrechtzuerhalten. Das Angebot des Vereins besteht aus diversen Veranstaltungen und Vorträgen (selbst-

und fremdorganisiert), Vergünstigungen bei diversen Weiterbildungen, die durch die FH angeboten werden, sowie einer Online-Plattform zum Austausch mit integrierter Jobbörse. Der Verein besteht aus einem Vorstandsteam, bestehend aus drei Personen, Schriftführer und Rechnungsprüfer und deren jeweiligen Stellvertretern, sowie aus ordentlichen und außerordentlichen Mitgliedern und Ehrenmitgliedern. Aktuell besteht der Absolventenverein des Standortes Wels aus über 650 Mitgliedern, die Gründungsmitglieder sind bis auf eine Person nicht mehr aktiv im Verein tätig, wurden jedoch zum 10-Jahres-Jubiläum zu Ehrenmitgliedern erhoben. Alle Personen, die im Vereinsregister gemeldet sind, sowie die ordentlichen Mitglieder arbeiten ehrenamtlich. Neben den gesetzlich vorgeschriebenen jährlichen Generalversammlungen finden regelmäßig Arbeitsmeetings statt, in denen aktuelle Themen besprochen und Aufgaben verteilt werden. Ausgenommen der behördlich gemeldeten Organe gibt es keine konkret definierte Organisationsform im Verein. Hauptaufgaben, die bei Arbeitsmeetings verteilt werden, sind Aktivitäten zur Mitgliedergewinnung, Organisation eines Winterausfluges sowie Organisation des jährlichen Absolvententreffens „Sommerempfang". Nach Gründung eines oberösterreichweiten campusübergreifenden Absolventenvereins (über 1700 Mitglieder) besteht eine enge Zusammenarbeit mit diesem und den jeweiligen Standortvereinen. Da das jährliche Absolvententreffen immer am Campus der FH Wels stattfindet, wird dieses in Kooperation mit dem für Marketing und Eventorganisation zuständigen Mitarbeitern der Fachhochschule organisiert. Eine weitere Kooperation, die in Zukunft noch weiter ausgebaut werden soll, besteht mit den ehrenamtlichen ordentlichen Mitgliedern der Österreichischen Hochschülerschaft, welche an der Fachhochschule vertreten sind.

Bei der Überlegung, wie der Verein Nachhaltigkeit implementieren kann, wurden zwei Bereiche gefunden: Beschaffung bzw. Leistungsbeziehung bei der Organisation von Veranstaltungen sowie Angebote von Vorträgen und Veranstaltungen zum Thema Nachhaltigkeit. Um den Wandel, der dazu notwendig ist, zu beschreiben, beginne ich mit dem oben vorgestellten Leitfaden (Tab. 2).

Die Wandelgestaltung stellt sich im Falle des Absolventenvereins relativ einfach dar. Ein Umstand, der grundsätzlich für den Verein eine Herausforderung darstellt, ist im Falle des Wandels positiv. Die aktiven Tätigkeiten des Vereins werden bei den Mitgliedern nur mit geringem Interesse wahrgenommen. Dies bedeutet, dass Veranstaltungen zwar besucht und wertgeschätzt werden, die aktive Beschäftigung mit dem Verein selbst aber nicht oder kaum stattfindet. Da sich das Veranstaltungsspektrum für die Mitglieder erweitern würde und die Umstände, unter welchen diese organisiert werden, für die Mitglieder nicht von Bedeutung sind, zumindest gab es bisher auch bei Umfragen noch nie Anmerkungen in Richtung Nachhaltigkeit, entsteht keinerlei Unannehmlichkeit für diese. Ganz im Gegenteil behaupte ich, dass wenn die Kriterien für die Organisation von Veranstaltungen konsequent beachtet werden und eine Veranstaltungsreihe zum Thema Nachhaltigkeit gestartet wird, und aktiv an die Mitglieder kommuniziert wird, dass diese die Entwicklung gutheißen werden.

Tab. 2 Eckpunkte des Wandels des Alumni Clubs FH-Wels

Wer ist am Wandel beteiligt und nimmt welche Rolle ein?		
Strategische Führung	Aufbau der Vision Kontrolle der Aktivitäten	*Vereinsvorstand → 3 Personen*
Durchführungsebene (mittleres Management)	Reflektieren der Idee Strateg. Entscheidung durchführen	*Vereinsvorstand, sowie ordentliche Mitglieder (inkl. im Vereinsregister gemeldete Personen) → 8 Personen*
Promotoren / Multiplikatoren / Change Agents / Enthusiasten	Politischer und fachlicher Beistand	*Angestellte und Professoren der FH-Wels, aktive ÖH-Mitglieder*
Opponenten	Zweifler und Skeptiker Aktiv und passiv	*Angestellte und Professoren der FH-Wels*
Was ist das Ziel des Wandels und wie soll dieses erreicht werden?		
Repositionierung bzw. Reorientierung	Neues Portfolio Neue/mehr Stakeholder	–
Restrukturierung bzw. Revitalisierung	Prozesse, Strukturen und Systeme verändern	*Kriterien zur Beschaffung und Leistungsbeziehung bei Veranstaltungen Angebote von Vorträgen und Veranstaltungen zum Thema Nachhaltigkeit*
Welche Rahmenbedingungen gibt es?		
Strukturell	Formale Strukturen und Regeln	*Bisher keine vorhanden, außer rechtliche Strukturen. Festlegung von Regeln über das Meetingprotokoll*
Politisch	Durchsetzung von Interessen Wichtig: Gibt es unterschiedliche/gegensätzliche Interessen in der strateg. Führung oder der Durchführungsebene?	*Muss geklärt werden*
Kulturell	Welche Werte gibt es und wie stark sind diese ausgeprägt? Müssen Werte verändert werden, um den Wandel erfolgreich durchzuführen?	*Nicht relevant bzw. nicht widersprechend*
Wie ist der zeitliche Ablauf?		
Fundamentaler Wandel	Bis wann soll die Umstellung durchgeführt werden?	*Kann in einem Arbeitsmeeting beschlossen werden (zu betrachten sind auch Veranstaltungen, die in Kooperation organisiert werden)*
Inkrementeller Wandel	Welche Einzelschritte sind durchzuführen und wie sind diese priorisiert? Bis wann muss welcher Schritt durchgeführt werden?	–

Eine immerwährende Herausforderung des Absolventenvereins ist es, für Absolventen attraktiv genug zu sein, um diese zum Beitritt zu animieren. Übliche Mitgliedergewinnungsmaßnahmen werden im Laufe des Jahres getätigt, auch von Angestellten und Professoren, welche als Promotoren für den Verein agieren. Meines Erachtens könnte die Ausrichtung und Kommunikation in Richtung Nachhaltigkeit das Interesse von potenziellen Mitgliedern wecken, nicht zuletzt, weil es eine sehr aktuelle Thematik ist.

Was trägt der Wandel zur Bewusstseinsbildung für Nachhaltigkeit bei? Durch die Beschäftigung mit CSR in den Meetings wird Bewusstsein und Kompetenz bei den ehrenamtlich tätigen Personen entwickelt, welche diese wiederum in das Privatleben sowie in die Unternehmen tragen. Durch die Kommunikation und Wissensvermittlung an die bestehenden sowie potenziellen Mitglieder werden diese auf das Thema aufmerksam gemacht und im Rahmen von Veranstaltungen informiert. Im Idealfall regt dies die Mitglieder an, sich noch mehr mit dem Thema zu beschäftigen und dies auch in Privatleben und Arbeitsalltag zu integrieren.

Zusammenfassend kann man also sagen, dass ein Wandel des Absolventenvereins hin zur Nachhaltigkeit, relativ einfach und vor allem mit vielen positiven Auswirkungen versehen, durchführbar ist und auch durchgeführt werden sollte.

5.2 CSR Dialogforum

CSR-Dialogforum – Verein zur Förderung nachhaltigen Wirtschaftens, kurz CSR Dialogforum, ist ein Verein, dessen ideeller Zweck und Gründungsgrund die Bewusstseinsbildung und Verbreitung der Thematik Nachhaltigkeit bzw. CSR ist. Der Verein wurde 2007 in Linz, Oberösterreich, gegründet. Von den damaligen Gründungsmitgliedern und ordentlichen Mitgliedern sind mittlerweile noch zwei Personen aktiv am Verein beteiligt, darunter die damalige und noch heutige Vereinspräsidentin. Dies spiegelt, wie auch im oberen Beispiel, sehr gut die Problematik wider, mit der viele Vereine konfrontiert sind: die sich immer wieder verändernden aktiven Mitglieder.

Ende des Jahres 2012 wurde den damals aktiven ehrenamtlichen Mitgliedern sowie dem Vorstand klar, dass sich der Verein verändern musste, wenn er weiterhin bestehen wolle. Idee war es, Qualitätsstandards und -voraussetzungen für aktive Mitglieder festzulegen sowie ein Buddy-System für neue Mitglieder einzurichten. Schnell wurde jedoch ersichtlich, dass diese Art der Veränderung nicht ausreichen würde, um professionelle aktive Mitglieder zu gewinnen und vor allem diese auch im Verein zu halten. Der Wandel musste tiefgreifender wirken, d. h. eine Umstrukturierung und Neuausrichtung des Vereins war notwendig. So übernahm Anfang 2013 ein neuer Vorstand, und ein erweiterter Vorstand aus kooptierten Mitgliedern wurde gewählt sowie ein wissenschaftlicher Beirat bestellt. Dies war der erste Schritt der bevorstehenden Entwicklung der Vereinsorganisation. Es galt nun folgende Fragestellungen zu beantworten:

- Wie organisiert sich das Vorstandsteam intern, um effizient zu arbeiten?
- Wie kommunizieren wir mit all unseren Stakeholdern und potenziellen Mitgliedern?
- Wie werden Veranstaltungen organisiert?

Das Vorstandsteam, inkl. erweiterter Vorstand, besteht großteils aus selbstständig tätigen Entrepreneuren und Geschäftsführern sowie Managern, die sich auch hauptberuflich mit dem Thema CSR beschäftigen. Dies bringt einerseits extrem hohes Niveau und Kompetenz in den Verein, birgt aber auch gewisse Herausforderungen für die Organisation. Es wurden Entwürfe gestaltet, wie die Organisation im Verein aussehen soll, wie Aufgaben- und Verantwortungsbereiche aufgeteilt werden und somit Entscheidungsprozesse vereinfacht werden könnten. Jedoch kam es zur Entscheidung für diese Überlegungen innerhalb der nächsten Meetings nach der Vorstandswahl nicht. Grund hierfür war unter anderem, dass es durch die Auslastung der Einzelpersonen sehr schwer war, einen gemeinsamen Termin für ein Arbeitstreffen zu finden, hatte man einen Termin vereinbart, an dem fast alle Mitglieder teilnehmen konnten, wurde natürlich über die aktuell anstehenden To-Dos gesprochen. Nachdem einerseits keine Besserung im Sinne der Effizienz, Vereinfachung der Kommunikation und Festlegung der Entscheidungsprozesse stattfand und andererseits der Druck, mit Angeboten und Veranstaltungen „nach außen" zu gehen, größer wurde, wurde den Vorstandsmitgliedern bewusst, dass eine Assistenz für den Vorstand, welche nicht ehrenamtlich arbeitet, sondern angestellt ist, benötigt wird. Daher wurde Anfang 2014 eine neue Stelle der Vorstandsassistenz geschaffen, deren Aufgabe vorrangig die Projektorganisation und die Unterstützung des Vorstandteams ist. Es gilt nun, mithilfe der Vorstandsassistenz die Vereinsorganisation aufzubauen und die Prozesse festzulegen.

Neben der Restrukturierung musste der Verein auch mit der Repositionierung beginnen. Der erste Schritt hierzu war ein neuer und professioneller Auftritt des Vereins. Die Kooperation mit anderen Vereinen und Organisationen, die sich im selben Tätigkeitsbereich bewegen, war ein weiterer wichtiger Schritt. Wie im Kapitel davor erwähnt, ist das Ziel der Organisationen, die sich mit CSR als ideellem Zweck beschäftigen, das gleiche, weshalb man von der Konkurrenz gegeneinander hin zur Kooperation miteinander kommen sollte. „Konkurrenz belebt das Geschäft" ist zwar ein häufiger alltäglicher Ausspruch, jedoch kann diese auch einen Markt zerstören, und er sollte auch nicht als eigentlicher Widerspruch zur Nachhaltigkeit und CSR gelebt werden. Dies wurde auch im Verein erkannt und schon in der Vergangenheit umgesetzt.

Im Zuge der Professionalisierung und Repositionierung muss nun auch darauf geachtet werden, dass der Verein verschiedene Gruppen hat, die er anspricht und ansprechen will. Schon bei der ersten Beschäftigung mit der Restrukturierung des Vereins wurde klar, dass man diese nicht zusammen und übergreifend ansprechen kann und dass es nicht ein einziges Kommunikationsmittel gibt, um alle zu erreichen. Daher orientierte man sich damals im Organisationsstrukturvorschlag an den vorhandenen Untergruppen. Die Personengruppe, die der Verein erreichen möchte, unterteilt sich in solche, die sich noch in Ausbildung befinden, wie zum Beispiel Schüler und Studenten, Berufseinsteiger, die sich mit der Thematik CSR und Nachhaltigkeit befassen möchten, Personen, die in ihrer beruflichen Tätigkeit mit CSR zu tun haben und ihr Wissen erweitern bzw. durch Teilnahme an diversen Veranstaltungen auf dem aktuellen Stand bleiben möchten, sowie Personen, die sich mit der wissenschaftlichen Betrachtung der Thematik befassen. All diese Anspruchsgruppen erwarten eine professionelle Leistungserbringung durch den Verein, wobei der Anspruch von den in Ausbildung Befindlichen hin zu den wissenschaftlich Interessierten steigt.

Obwohl der Wandel im CSR Dialogforum schon in der Durchführung ist, möchte ich den Leitfaden ausgefüllt darstellen (Tab. 3).

6 Schlussbetrachtung

Vereine, Stiftungen, Netzwerke und NPOs, wie auch immer man diese nennt und gruppiert, Organisationen, die Werte leben und vermitteln, die Bürger, Mitglieder und Engagierte erreichen, in denen ehrenamtlich oder auch bezahlt Leistung erbracht wird und die die Gesellschaft beeinflussen, sind sehr wichtige, aber unterschätzte Träger und Verbreiter von Wissen und Bewusstsein. Durch nachhaltiges Handeln und Kommunikation zu den bestehenden und potenziellen Mitgliedern sowie zu Sponsoren und weiteren Stakeholdern kann eine Organisation Bewusstsein zum Thema Nachhaltigkeit verbreiten, ohne dass dies der ideelle Zweck ist. Um diesen Schneeballeffekt anzustoßen, ist in den meisten Organisationen ein geführter und gestalteter Wandel notwendig, um Nachhaltigkeit zu verankern und positive Effekte für die Organisation zu erzeugen.

Organisationen, die Nachhaltigkeit als ideellen Zweck verfolgen, steht eine Phase der Professionalisierung bevor, welche Restrukturierungen und eventuell Repositionierungen bedeutet. Gleichzeitig ist, meiner Ansicht nach, ein Wandel im Zusammenspiel der Organisationen aktiv angestoßen worden. Es sollte nicht um Mitglieder und Veranstaltungsbesucher konkurriert werden, sondern vielmehr für die maximale Reichweite und professionellste Aufbereitung des Themas kooperiert werden. Nach dem vielfach zitierten Motto „Think global, act local" sollten Organisationen lokal Mitglieder werben und Bewusstsein schaffen, um über Kooperationen österreichweit, und in weiterer Folge im deutschsprachigen Raum oder weiter, Professionalität und wissenschaftlichen Fortschritt voranzutreiben.

Tab. 3 Eckpunkte des Wandels des CSR-Dialogforums

Wer ist am Wandel beteiligt und nimmt welche Rolle ein?		
Strategische Führung	Aufbau der Vision Kontrolle der Aktivitäten	*Vereinsvorstand → 4 Personen*
Durchführungsebene (mittleres Management)	Reflektieren der Idee Strateg. Entscheidung durchführen	*Vereinsvorstand, erweiterter Vorstand, Vorstandsassistenz sowie ordentliche Mitglieder → 7 Personen*
Promotoren / Multiplikatoren / Change Agents / Enthusiasten	Politischer und fachlicher Beistand	*Nicht vorhanden*
Opponenten	Zweifler und Skeptiker Aktiv & passiv	*Nicht vorhanden*
Was ist das Ziel des Wandels und wie soll dieses erreicht werden?		
Repositionierung bzw. Reorientierung	Neues Portfolio Neue/mehr Stakeholder	*Portfolio erweitern, um alle Interessengruppen anzusprechen*
Restrukturierung bzw. Revitalisierung	Prozesse, Strukturen und Systeme verändern	*Vereinsaufbau anpassen und festlegen Kommunikations- und Entscheidungsprozesse festlegen*
Welche Rahmenbedingungen gibt es?		
Strukturell	Formale Strukturen und Regeln	*Bisher nur informell existente Strukturen und Regeln*
Politisch	Durchsetzung von Interessen Wichtig: Gibt es unterschiedliche/gegensätzliche Interessen in der strateg. Führung oder der Durchführungsebene?	*Muss geklärt werden*
Kulturell	Welche Werte gibt es und wie stark sind diese ausgeprägt? Müssen Werte verändert werden, um den Wandel erfolgreich durchzuführen?	*Die Werte des Vereins orientieren sich an den Werten zur nachhaltigen Entwicklung. Diese sollten also einer nachhaltigen Organisationsentwicklung nicht widersprechen*
Wie ist der zeitliche Ablauf?		
Fundamentaler Wandel	Bis wann soll die Umstellung durchgeführt werden?	–
Inkrementeller Wandel	Welche Einzelschritte sind durchzuführen und wie sind diese priorisiert?	*1) Aufbauorganisation gestalten*
	Bis wann muss welcher Schritt durchgeführt werden?	*2) Entwickeln des neuen erweiterten Portfolios*
		3) Prozesse festlegen
		Zeitlicher Rahmen für diese Teilschritte wird ein Jahr sein

Literatur

Badelt C, Meyer M, Simsa R (Hrsg) (2007) Handbuch der Nonprofit Organisation, 4. Aufl. Schäffer-Poeschel Verlag, Stuttgart

Baecker D (1993) Die Form des Unternehmens. Frankfurt a. M.

Bundesministerium für Arbeit, Soziales und Konsumentenschutz (2009) Freiwilliges Engagement in Österreich, 1. Freiwilligenbericht

Johnson G, Scholes K, Whittington R (2006) Exploring corporate strategy: enhanced media edition: text & cases, 7. Aufl. Financial Times Prentice Hall, Harlow

Luhmann N (1998b) Die Gesellschaft der Gesellschaft. Zweiter Teilband, Frankfurt a. M.

Mayntz R (Hrsg) (1992) Verbände zwischen Mitgliederinteressen und Gemeinwohl. Gütersloh

Müller-Stewens G, Lechner Ch (2005) Strategisches Management: Wie strategische Initiativen zum Wandel führen, 3. Aufl. Schäffer-Poeschel Verlag, Stuttgart

Redmann B (2012) Erfolgreich führen im Ehrenamt – Ein Praxisleitfaden für freiwillig engagierte Menschen. Gabler, Wiesbaden

Salamon L (1994) The nonprofit sector and the evolution of the American welfare state. In: Herman R (Hrsg) The Jossey-Bass handbook of nonprofit leadership and management. San Francisco, S 83–99

Schimank U (1997) Zur Verknüpfung von Gesellschafts- und Organisationstheorie. In: Ortmann G, Sydow J, Türk K (Hrsg) Theorien der Organisation. Opladen, S 312–314

Simsa R, Schober D (2012) Nonprofit Organisationen in Österreich. NPO-Kompetenzzentrum, Wien

Vereinsgesetz (2002) VerG BGBl. I Nr. 66/2002

Willke H (1995) Systemtheorie III: Steuerungstheorie. Stuttgart

Stephanie von Rüden MSc studierte „Innovations- und Produktmanagement" an der Fachhochschule Wels und wählte im Bachelorstudium „Nachhaltige Produktentwicklung" als Schwerpunkt. Sie verfasste ihre erste Bachelorarbeit zum Thema „soziale Nachhaltigkeit" und ihre Masterarbeit zum Thema „Gesellschaftliche Entwicklung in der Pharmabranche". Seit über 5 Jahren ist sie im Qualitätsmanagement bei Richter Pharma AG tätig und hat ihren Aufgabenbereich 2011 um CSR-Management erweitert. Seit Abschluss des Studiums ist sie Teil des Organisationsteams des Alumni Clubs der FH Wels sowie seit 2012 als aktives Mitglied bzw. seit 2013 als Mitglied des erweiterten Vorstandes beim CSR Dialogforum ehrenamtlich tätig.

Organisations-Bildung und Entwicklung

Birgit Kohlmann

1 Einleitung

Eine Organisation ist vor allem eines: Kollektives Bewusstsein in einem Energiesystem, das nach ständigem Ausgleich sucht. Wie auch das Universum ist alles Eins in unterschiedlichen Facetten des kollektiven Bewusstseins. Da dies dem Menschen bewusst ist, hat er die Wahl, und das birgt Risiko und Chance zugleich. Denn es ist die Chance auf die bewusste Bildung einer Organisation, in der sich jeder Einzelne seines Da-Seins und seiner Aufgabe bewusst ist und diese damit auch bewusst weiterentwickeln kann. Nicht selten ist jedoch auch das Gegenteil der Fall und so beginnen die Probleme, die sich zu Krankheiten und Krisen entwickeln. Alles, was erschaffen wird, ist die Auswirkung des Bewusstseins und das bedeutet auch, dass die Lösung für eine gesunde Organisation schon da ist.

Dass diese trotzdem immer wieder Krisen erfahren muss, liegt unter anderem auch daran, dass sie sich nicht die Zeit nimmt, die nötig wäre, um das individuelle und damit das kollektive Bewusstsein zu schärfen. Es wird stattdessen unmittelbar ein System entwickelt, das einen kontrollierten Ablauf gewährleisten soll. Denn auch das ist die Organisation. Ein Kontrollsystem. Damit ist alles fest im Griff. Mit dieser einseitigen Ausrichtung geht jedoch auch die Angst vor fehlender Kontrolle einher, weil etwas ganz Entscheidendes fehlt: Das Bewusstsein des Einzelnen „WARUM" man einer Organisation angehören möchte.

> *Wir tun so, als seien Bequemlichkeit und Luxus das Wichtigste im Leben. Dabei brauchen wir nur etwas, das uns begeistert, um glücklich zu sein (Charles Kingsley).*

B. Kohlmann (✉)
Zeitwandel, Pfarrweg 20, 90547 Stein bei Nürnberg, Deutschland
E-Mail: info@zeitwandel.net

Mit der Sinn-Verantwortung entwickelt sich das Selbst-Bewusstsein zur Selbst-Verwirklichung hin und es entsteht das Einzigartige und Individuelle, das den Unterschied macht.

Eine Organisation mit Menschen, die im gemeinsamen Tun den Sinn entwickeln und erfahren, lebt. Sie funktioniert nicht nur nach System. Hier passiert etwas Einzigartiges. Hier wird Frei-Raum geschaffen, in dem sich jeder Einzelne wiederfindet ohne Angst vor Ablehnung, denn er erfährt Anerkennung und Erfüllung in dem, was ihn ausmacht.

In einem ganzheitlichen Managementsystem Freiraum und Kontrolle miteinander zu verbinden, bedeutet die echte Chance auf eine gesunde Organisation, die sich im gesunden Energiesystem nachhaltig entwickeln darf. Sie stellt sich, gerade in Zeiten des starken Wandels immer wieder „in Frage" und gestaltet damit das kollektive Bewusstsein lebendig.

2 Organisations-Bildung

2.1 Aus der Perspektive des Einzelnen

Nachhaltiges Wirken, das von Verantwortungsbewusstsein und Mitgefühl geprägt ist, muss und kann nur bei jedem Einzelnen beginnen. Egal, ob man leitet oder geleitet wird. Es geht um die Ein-Stellung.

Prägung – Entwicklung – Selbst-Wert

Zum einen prägt die Kultur der Heimat und deren Umwelt, in der man aufwächst. Aber insbesondere die Erziehung der Eltern und die Schulbildung haben einen starken Einfluss auf die Persönlichkeitsentwicklung. Diese beiden einflussnehmenden Strömungen sollten zunächst selbstverantwortlich anerkannt und angenommen werden. Denn mit dem Wissen um die eigenen Wurzeln und der damit verbundenen Prägung wird das Wesentliche sichtbar:

Die Authentizität! Diese kann sich nur aus dem eigenen Selbst-Bewusstsein heraus entwickeln. Das gesunde Mitglied in einer nachhaltigen Organisation ist sich somit seiner Herkunft, seiner Persönlichkeit sowie seiner Stärken und Schwächen bewusst und erkennt den eigenen Selbst-Wert an.

Damit ist man in der Lage, auch den Wert in der Umgebung anzuerkennen und daraus bildet sich die ganzheitlich wertvolle Grundlage für das Handeln, was von Verantwortung und Mitgefühl geprägt ist. Diese Werte werden damit zur Orientierung und zur Kraftquelle. Sie sind der Ursprung von allem und zunächst unabhängig von dem, was man tut und mit wem man es tut.

Auch die Achtsamkeit und realistische Wahrnehmung spielt hierbei eine entscheidende Rolle und ist die Voraussetzung für ein gesundes Leben. Wer nicht achtsam für sich selbst sorgt, kann nicht von anderen erwarten, dass sie es tun. In der Achtsamkeit werden auch die eigenen Gegensätze wahrgenommen, die so in Balance gebracht werden können. Aus dem gesunden Gleichgewicht heraus kann sich nachhaltiges Wirken stets weiterentwickeln, weil sich aus beiden Polen immer wieder aufs Neue die gesunde Mitte bilden kann.

Und genau aus diesem Grund ist es wichtig, sich damit auseinanderzusetzen. Mit dem rechten Maß. Um dies einhalten zu können, sind Werte wie Kräfte- und Ressourcenmanagement sowie Zeitmanagement unabdingbar. Mit dem starken Glauben an sich selbst und an die Mitmenschen, der Hoffnung auf eine gute Zukunft und dem Mitgefühl wird ein Fundament geschaffen, das den Menschen in seinem Gleichgewicht festigt.

2.2 Aus der Perspektive der Leitung

Warum ist diese Grundlage für den Erfolg oder Misserfolg entscheidend und warum muss sich auch die Leitung einer Organisation damit in Zukunft massiv auseinandersetzen?

Stress und stressinduzierte Krankheiten werden weltweit die häufigsten Erkrankungen in den nächsten 10 Jahren sein (WHO), und das ist ein Alarmsignal, wenn sich eine Organisation gesund bilden und am Leben bleiben will.

Die Leitung einer Unternehmensorganisation ist sich dessen bewusst, dass es insbesondere darum geht, gemeinsam im Team die Produktivität zu steigern. Das was man allein niemals erreichen kann, schafft man dann zusammen und stärkt damit das Wir-Gefühl.

Wann ist der Mensch am produktivsten?

„Die Beobachtung von Wirtschaftshistorikern zeigt, dass die Geschichte der Produktivität parallel zur Geschichte der persönlichen Freiheit verläuft. Das bedeutet, je freier der Kopf ist, desto kreativer und damit produktiver ist der Mensch" (D. Allen). Dies kann die entscheidende Erkenntnis sein, um ein leistungsfähiges Team zu bilden, das weiterentwickelt und gestärkt werden will. Hier geht es insbesondere darum, dass die Leitung den einzelnen Menschen in seiner Authentizität und Einstellung wahrnimmt. Und das ist nicht zwingend der Bestqualifizierte, sondern vor allem auch der offene und wissbegierige Mitarbeiter, der sich aus dieser Motivation heraus seinen Aufgaben widmet. Dieser Mitarbeiter will lernen, weil er neugierig ist und Freude daran hat. Das ist eine gute Grundlage für eine gemeinsame Sinn-Entwicklung und für mögliche Innovationen, weil die Leitung versteht, den Mitarbeiter darin zu stärken und nicht durch ein Kontrollsystem allein im Keim erstickt.

Die tägliche Herausforderung eines Unternehmers bzw. einer Leitung besteht somit darin, eine Balance zu schaffen zwischen sozialer Verantwortung den Mitgliedern gegenüber und dem unternehmerischen Handeln. Dies ist nicht selten auch eine Zerreißprobe und bedarf nicht zuletzt auch der Empathie, Klugheit und nötigen Weitsicht, Entscheidungen treffen zu können. Um das Team und die Organisation bilden und weiterentwickeln zu können, muss er durch seinen verantwortungsbewussten und mitfühlenden Führungsstil Sicherheit bieten.

3 Organisation Schule

Um die Menschen in eine Organisation zu integrieren, muss auch das Selbstverständnis des Schulsystems, wie dieses strukturiert ist und wie Schüler damit umgehen, betrachtet werden. Denn es ist insbesondere die Organisation Schule, die für die Vermittlung von Wissen, Leistung und Wettbewerb verantwortlich ist und die Grundlagen für die spätere Arbeitswelt schafft.

Der Beschwerdebrief einer Vorzugsschülerin[1] (Karakurt 2011) eines Hamburger Gymnasiums macht deutlich, wie auch die Schule sich als Organisationssystem wandeln muss, wenn es künftig jungen Menschen die Freude am Lernen vermitteln will.

Die Schülerin klagt an, dass jeder weiß, dass das Leben nicht die Schule ist, ihr Leben jedoch die Schule sei, was ihr klarmache, dass da was schiefgelaufen sein muss. Dass sie erst spätnachmittags aus der Schule komme und nicht vor 23 Uhr schlafen kann, weil ihr Kopf voll ist, wäre ein eindeutiger Beweis dafür. Sie merkt weiter an, dass es auch den Eltern nichts bringen kann, wenn ihre Kinder zwar in 30 Jahren ihre Renten sichern, jedoch heute schon kaputt gemacht werden. Vielleicht übertreibt sie tatsächlich ein wenig, wenn sie sagt, dass die Schule ihr das Wichtigste zu nehmen scheint, ihre Kindheit. Aber was sie vermisst, ist schlichtweg auch die Zeit für Hobbies. Denn sie habe keine Zeit für Interessen, und ihren Freunden gehe es ebenso. Sie ist der Auffassung, dass die Schule viel mehr aus ihrer schlichten Aufgabe machen könnte, nämlich die Schüler auf das richtige Leben vorzubereiten.

Wenn man dem Professor des Instituts für Pädagogik der Naturwissenschaftlichen Universität in Beijing[2] Glauben schenken kann, dann mangelt es heute insbesondere an Selbständigkeit und der Fähigkeit, sich gesellschaftlichen Veränderungen zu stellen und Dinge zu hinterfragen. In China, so sagt er, werden Kinder mit Drachen verglichen, die von den Eltern und Schulen getragen werden in der Hoffnung, dass sie höher fliegen. Tatsächlich gehe es insgeheim jedoch darum, „die Drachen" zu kontrollieren und sie auch weiter unter Kontrolle zu behalten. Das Wertesystem in China strebt nach Aufstiegsquote und dem Eintritt in die Elite-Unis. Dass diese extreme Form von Prüfungswettbewerb jedoch gegen die Natur des Kindes ist, und damit die Kreativität im Keim erstickt wird, das ist die Kehrseite der Medaille. Denn ist es doch das prüfungsorientierte System, das auf eine Standardantwort abzielt, damit unterschiedliche Meinungen nicht mehr gefragt sind. Er spricht von einer Parole, die es derzeit in China gibt: „Kinder dürfen nicht an der Startlinie verlieren"! Das beziehe sich darauf, dass bereits sehr kleine Kinder dem Wettbewerb ausgesetzt sind. Es ist eine Entwicklung, die vorhersehbar macht, dass sie höchstwahrscheinlich am Start gewinnen, jedoch im Ziel verlieren, weil die Kinder nicht zu Menschen ausgebildet werden, sondern zu Prüfungsmaschinen, so seine Einschätzung.

---

[1] Der Brief von Yakamoz Karakurt ging an die Verantwortlichen des Schulsystems. Grund war die Verkürzung der Gymnasialzeit auf 8 Jahre.

[2] Quelle: Der Film „Alphabet" von Erwin Wagenhofer (2013). Yangdong Ping spricht als Verantwortlicher über das Schulsystem in China.

Ob die gleich mehreren Top-Ten-Plätze der Pisa-Studie ein Gütesiegel für das Bildungssystem der Volksrepublik ist, die Elite wie am Fließband produziert, lässt sich bezweifeln, wenn man weiß, dass dieses System nur mit Drill und Auswendiglernen funktioniert.

Ein sehr erfahrener Personalverstand unseres Landes stellt Deutschland betreffend fest, dass das Ministerium des Unterrichts aus dem alten Preußentum es nicht geschafft hat, sich mit zu entwickeln in eine Zeit, wo eben das Unterrichten, das Richten und das Geradebiegen, nicht mehr das „Zentrale" ist. Es entstanden in dieser Zeit zwei Kategorien von Menschen: Akademiker und Nicht-Akademiker[3].

Die Menschen, die jedoch auf ihre eigene Art und Weise brillant sind, wurden und werden immer noch aufgrund dieses Bewertungssystems nicht erkannt und können sich damit auch nicht entfalten.

So fehlt es später in der Arbeitswelt nicht selten an der Kreativität „anders zu denken". Viele Führungskräfte nehmen sich in solchen Systemen nur noch als „Hamster im Rad" war und versuchen verzweifelt, eine Work-Life-Balance zu schaffen. Dieser Ansatz reicht heute und in der Zukunft jedoch nicht mehr aus. Die sogenannte Life-Balance ist ein sinnvolles Bestreben, wenn Depressionen und Burn-Out nicht das Ende markieren sollen.

„Die Verkürzung des Lebens auf die Ökonomie ist eine der schlimmsten Entwicklungen unserer heutigen Zeit" (Sattelberger), und es gilt die enormen Herausforderungen, die Bildung und Entwicklung mit sich bringen, anzugehen.

4 Organisations-Entwicklung

Standort-Bestimmung und Quo Vadis

Sich der Realität bewusst zu sein, wo man steht, ist die entscheidende Grundlage, um eine Organisation weiterentwickeln zu können. Das Phasenmodell für Organisationen (Glasl und Lievegoed 2011), welches sich zu einem der erfolgreichsten Modelle in der Organisationstheorie entwickelte, baut weiter auf der Logik zweier Organisationsentwicklungsmodelle (Trigon Modell) auf. Zum einen sind das die Entwicklungsphasen der Organisation in 4 Phasen:

- Pionierphase
- Differenzierungsphase
- Integrationsphase
- Assoziationsphase

---

[3] Quelle: Der Film „Alphabet" von Erwin Wagenhofer (2013). Thomas Sattelberger, 40 Jahre Personalverantwortlicher, zuletzt bei der Deutschen Telekom, engagiert sich heute vorrangig für soziale und Bildungsprojekte.

Dies bezieht sich auch auf das ganzheitliche Systemkonzept mit folgenden Merkmalen:

- Identität
- Unternehmenspolitik, Leitsätze, Strategien
- Struktur der Aufbauorganisation
- Menschen, Führung, Zusammenarbeit, Klima
- Einzelfunktionen, Organe
- Prozesse und Abläufe
- Physisch-materielle Mittel

Bei der Identifizierung kommt es insbesondere auf das Selbstverständnis der Organisation an. Wer in der Lage ist, realistisch zu reflektieren, Schlüsse daraus zu ziehen, um diese Erkenntnisse dann in einen Veränderungsprozess überzuleiten, entwickelt sich weiter. Deshalb ist es bei dieser Analyse entscheidend wichtig, dass sie nicht nur vom Top-Management durchgeführt wird, sondern das mittlere und untere Management sowie Betriebsrat und die Fachkräfte, also die internen Stakeholder, unbedingt miteinbezogen. Nur so lassen sich verschiedene Perspektiven wahrnehmen, die das Gesamtbild realistisch widerspiegelt und „Schönfärberei" verhindert.

Die Pionierphase (Glasl et al. 2008) zeichnet sich insbesondere dadurch aus, dass sich die Organisation um die prägende Leitfigur herum gebildet hat und als solches funktioniert. Jeder nimmt sich als Familienmitglied wahr, sie stehen füreinander ein und engagieren sich über die Maßen hinaus. Im besten Falle entwickelt sich das Unternehmen gut, die Organisation wächst, wird damit jedoch auch komplexer und so muss man sich neuen Herausforderungen stellen, weil beispielsweise die Abstimmung und Kommunikation zwischen den Mitarbeitern nicht mehr reibungslos läuft. Die Integration schwindet und damit auch das eigene Engagement. Das und weitere Merkmale sind Anzeichen dafür, dass Grenzen erreicht werden, und mithilfe eines Systems kann nun Transparenz und Kontrolle geschaffen werden.

Konnte die Organisation in dieser weiteren Differenzierungsphase (Glasl et al. 2008) beherrschbare, steuerbare Strukturen gestalten, nimmt sich nun jedoch eher als Steuerungsapparat wahr, dann funktioniert zwar das Kontrollsystem, die menschlichen Beziehungen blieben jedoch auf der Strecke und damit auch der Frei(e)-Geist.

Und so bedarf es in jedem Fall einer weiteren Entwicklung, die nun verstärkt das kulturell-soziale System wieder in den Blickpunkt rücken muss. Die persönlichen Beziehungen unter Mitarbeitern und mit den Kunden sowie die Sinnstiftung durch die Arbeit spielen nun wieder eine sehr wichtige Rolle.

Es entsteht eine Unternehmenskultur als Wegbereiter zur eigenverantwortlichen Selbstorganisation, woraus sich das Selbstverständnis bildet. In kleineren Teams werden beispielsweise nun ganzheitliche Aufgaben übernommen, von der Planung, Steuerung bis hin zur Kontrolle.

Nicht selten wird in dieser Phase das CSR-Team gebildet, das als Stabsfunktion direkt der Geschäftsleitung zugeordnet ist. Dieses Bindeglied ist entscheidend wichtig, um

Führung und Mitarbeiter gemeinsam in diesen Wandel zu überführen. Denn auch die Leitung durchlebt den Wandel. Es geht nicht mehr darum, anzuordnen, zu befehlen und zu kontrollieren. Zuhören, Fragen stellen, sich eine Meinung daraus bilden, um dann die nächsten Schritte vorzugeben, ist der Organisationsleitung zuzuordnen. Expertenwissen, das sich mittlerweile auf das ganze Unternehmen aufteilt, wird nun zusammengebracht, um daraus einen gemeinschaftlichen Nutzen zu erzielen.

Wir sprechen jedoch erst dann von einer Unternehmenskultur, wenn sich die Organisation aus der eigenen inneren Kraft heraus, also von den Talenten und Fähigkeiten der Menschen heraus gestaltet. Selbstorganisation mit antrainiertem Werkzeug zu delegieren allein reicht nicht, um einen Wandel authentisch vollziehen zu können.

Grenzen und die Gefahr in dieser sogenannten Integrationsphase (Glasl et al. 2008) bestehen darin, dass das Unternehmen mit sich selbst so beschäftigt ist, dass der Blick zur Unternehmens-Umwelt verloren geht. Der Vernetzung und auch den Abhängigkeiten wird zu wenig Aufmerksamkeit geschenkt. In Zeiten der Globalisierung ist es wichtig, die Organisation hier weiterzuentwickeln.

Grenzen sind immer die Chance, den Horizont zu erweitern, der nicht unbedingt noch größer, weiter, schneller oder höher sein muss. Ein erweiterter Horizont darf sich in unserer heutigen Zeit dadurch kennzeichnen, dass bereits bestehende Beziehungen verfestigt und intensiviert werden, dass Verantwortung übernommen und gemeinsam mit der Umwelt eine nachhaltige Organisationsentwicklung gelebt wird.

„Das Hirn macht es uns vor. Wenn man im Hirn irgendetwas zustande bringen will, muss man zusammenarbeiten" (Gerald Hüther)[4]. Man wächst immer weiter, entwickelt sich, macht neue Erfahrungen, das Hirn wird dadurch jedoch nicht größer. Dieser Art von Wachstum liegt auch CSR als integrativer Managementansatz (Schneider und Schmidpeter 2012) zugrunde, weil es darum geht, die Beziehungen zwischen den Menschen immer stärker und intensiver werden zu lassen.

Das ist die Dimension, die das Hirn schon erfunden hat. Es geht also nicht mehr darum, immer noch erfolgreichere Systeme zu entwickeln, sondern Menschen zur Zusammenarbeit einzuladen.

Dass sich diese Phasen grundsätzlich nicht 1:1 für jede Organisation widerspiegeln lassen, ist klar, wenn man von einem sozialen, nicht-linearen System spricht, das von Menschen gebildet und entwickelt wird. Jedoch ist es wichtig, Entwicklungsphasen in ihren grundlegenden Charakteristika zu erkennen und sich der Herausforderungen, die Chancen und Risiken mit sich bringen, bewusst zu sein.

Die sogenannte Assoziationsphase (Glasl et al. 2008), die sich aufgrund der beschriebenen Grenzerfahrung nun abzeichnet, lässt sich mit einem entscheidenden Merkmal für die Entwicklung von CSR vergleichen:

---

[4] Quelle: Der Film „Alphabet" von Erwin Wagenhofer (2013). Gerald Hüther, Neurobiologe und Professor, Uni Göttingen, engagiert sich, Wissen der Neurobiologie in die Praxis umzusetzen.

Unternehmen sind sich bewusst, dass sie sich immer weniger der gesamtökonomischen, ökologischen und gesellschaftlichen Verantwortung entziehen können.

Und damit wird nun die Entwicklung in eine erweiterte Dimension eingeleitet. Was bei der Assoziationsphase (Glasl et al. 2008) eine Grundlage bildet, beschreibt CSR als ganzheitliches Betriebsmanagement in der Weiterentwicklung als Selbstverständnis einer Organisation.

5 CSR – ganz selbstverständlich

Um CSR als ganzheitliches Betriebsmanagement zu verstehen, bedarf es eines Rückblicks auf die Entwicklung für nachhaltiges Bewusstsein und einer Analyse, warum CSR in der Zukunft ganz selbstverständlich Sinn schafft. Dies wird im Folgenden deutlich:

5.1 Nachhaltige Entwicklung – die Geschichte[5]

Meadows Studie (1972) und die Grenzen des Wachstums Sie wurde von 17 Wissenschaftlern am Massachusetts Institute of Technology im Auftrag des Club of Rome und mit Unterstützung der Volkswagen-Stiftung unter der Leitung von Dennis Meadows entwickelt und kam dabei zu folgender Schlussfolgerung: „Wenn die gegenwärtige Zunahme der Weltbevölkerung, der Industrialisierung, der Umweltverschmutzung, der Nahrungsmittelproduktion und der Ausbeutung von natürlichen Rohstoffen unverändert anhält, werden die absoluten Wachstumsgrenzen auf der Erde im Laufe der nächsten 100 Jahre erreicht. Mit großer Wahrscheinlichkeit führt dies zu einem ziemlich raschen und nicht aufhaltbaren Absinken der Bevölkerungszahl und der industriellen Kapazität" (Meadows et al. 1972, S. 17).

Der Brundtland Bericht (1987), 42. UN Generalversammlung in New York „Nachhaltige Entwicklung ist eine Entwicklung, die die Bedürfnisse der Gegenwart befriedigt, ohne die Möglichkeiten künftiger Generationen zu gefährden, ihre eigenen Bedürfnisse zu befriedigen". (S. 46).

Agenda 21 (1992), weltweites Aktionsprogramm, UN Conference, Rio de Janeiro (Auszüge) Teil I: Soziale und wirtschaftliche Dimension

- Internationale Zusammenarbeit zur Beschleunigung der nachhaltigen Entwicklungsphase

---

[5] Quelle: Deutsche Nachhaltigkeitsakademie, World of Corporate Social Responsibility, Nachhaltige Entwicklung. Schulz, T. (2011).

Organisations-Bildung und Entwicklung

- Kampf gegen die Armut
- Veränderung des Konsumverhaltens
- Bevölkerung und nachhaltige Entwicklung
- Schutz und Förderung der menschlichen Gesundheit
- Nachhaltige menschliche Siedlungsformen
- Integration von Umwelt und Entwicklung in Entscheidungsfindung

Teil II: Erhaltung und Bewirtschaftung der Ressourcen für die Entwicklung

- Schutz der Atmosphäre
- Nachhaltige Bewirtschaftung von Bodenressourcen
- Bekämpfung der Entwaldung, Wüstenbildung und Dürren
- Erhaltung der biologischen Vielfalt
- Umweltverträgliche Nutzung der Biotechnologie
- Schutz der Ozeane
- Umweltverträglicher Umgang mit toxischen Chemikalien
- Sicherer und umweltverträglicher Umgang mit radioaktiven Abfällen

Teil III: Stärkung der Rolle wichtiger Gruppen

- Globaler Aktionsplan für Frauen zur Erziehung der nachhaltigen, gerechten Entwicklung
- Kinder und Jugendliche und deren nachhaltige Bildung und Entwicklung
- Anerkennung und Stärkung eingeborener Bevölkerungsgruppen und der Gemeinschaften
- Globaler Aktionsplan für Frauen zur Erziehung der nachhaltigen, gerechten Entwicklung
- Stärkung der Rolle nichtstaatlicher Organisation
- Stärkung der Arbeitnehmer und Gewerkschaften
- Wissenschaft und Technik, etc.

Kyoto-Protokoll (1997), 3. Klimaschutzkonferenz Erstmals rechtsverbindliche Verringerungsverpflichtungen für Industrieländer mit sechs THG/-Gruppen:
Reduzierung um 5% bis 2012 unter das Niveau von 1990 in der Annahme, dass sich die durchschnittliche Welttemperatur um 1,0 bis 3,5 Grad Celsius bis 2100 erhöht.

Die Europäische Union als Gesamtes konnte dieses Ziel übererfüllen. „Trotz dem wirtschaftlichen Wachstum in der EU seit 1990 um die Hälfte, wurden die Treibhausgas-Emissionen seither um 18% gesenkt" (EU-Klimakommissarin Connie Hedegaard).
Angesichts zunehmender Verelendung, Ungerechtigkeit und Umweltzerstörung in vielen Entwicklungsländern entstanden die
Millenniumsziele (2000/2001) bei der 55. UN-Generalversammlung in New York

MDG 1: Verminderung von extremer Armut und Hunger
MDG 2: Grundschulbildung für alle Kinder
MDG 3: Gleichstellung und stärkere Beteiligung von Frauen
MDG 4: Senkung der Kindersterblichkeit
MDG 5: Verbesserung der Gesundheit von Müttern
MDG 6: Bekämpfung von HIV, AIDS, Malaria und anderen Krankheiten
MDG 7: Sicherung der ökologischen Nachhaltigkeit
MDG 8: Aufbau einer weltweiten Entwicklungspartnerschaft
Zielvorgabe: 2015

Copenhagen/Cancún-Accord, 15. und 16. UN-Klimaschutzkonferenz (2009/2010)

- Erstmalige Anerkennung des 2-Grad-Ziels
  (max. Erderwärmung um 2 °C bis 2100 gegenüber 1990)
- Höhepunkt der THG-Emissionen soll so bald wie möglich erreicht werden
- Freiwillige Nennung von Reduktionszielen durch einzelne Staaten
- Überprüfung des Accords und des 2-Grad-Ziels in 2015
- Revision der bisherigen Reduktionsziele bis 2015
- Finanzielle Unterstützung der besonders vom Klimawandel bedrohten Entwicklungsländer durch die Industrieländer
- Fortführung des Kyoto-Protokolls (inkl. Anerkennung der THG-Reduktionsziele von 25–40 % bis 2050 gegenüber 1990)

CSR-Berichtspflicht (2014), Plenumssitzung der EU am 15. April Es wurde der sogenannten CSR-Berichtspflicht zugestimmt, welche Richtlinien zur Offenlegung nicht-finanzieller Informationen enthält. Dies betrifft Unternehmen, die mehr als 500 Mitarbeiter beschäftigen, und Organisationen, die von öffentlichem Interesse sind (primär Banken, Versicherungen, Fondsgesellschaften).

Die nachhaltige Entwicklung macht in dieser Übersicht eines klar:Sie wurde im Laufe der Jahre immer konkreter und insbesondere auch messbar gemacht. Denn jede Organisation und deren Entwicklung benötigt ein Kontrollsystem, mit dem sich Ziele definieren und messbar machen lassen. Und daraus entwickelt sich:

5.2 CSR – als selbstverständliche Organisationsentwicklung

Mit der Geschichte der Nachhaltigen Entwicklung (Auszug) und mit der Erkenntnis der Grenzen in der eigenen Organisation lassen sich die eigenen Treiber, die sogenannten Megathemen und daraus resultierende Maßnahmen definieren, welche für die Organisation relevant sind, um CSR und Nachhaltigkeit als integrativen Bestandteil in der DNA nicht nur wahrzunehmen, sondern ganz und gar in der Geschäftstätigkeit wiederzugeben.

Die Grenzen, die zur Weiterentwicklung zwingen, werden insbesondere immer dann schmerzhaft wahrgenommen, wenn Ressourcen knapper werden. Ist die Organisation dessen nicht selbst-bewusst genug, reagiert sie in der Folge nur. Sie ist angreifbar, weil es die Grenzerfahrungen nicht als Chance für den Energieausgleich wahrnimmt, um so „zur eigenen Mitte" zu finden.

Und damit kommen wir zu einer anderen wichtigen Erkenntnis, die CSR und die Assoziationsphase (Glasl et al. 2008) vereint:

Die Organisation befindet sich nicht mehr im Kampf, stets zum „Angriff bereit" oder ist nur mit sich selbst beschäftigt, sondern beginnt nun die assoziative und proaktive Vernetzung mit seiner Umwelt, mit seinen Stakeholdern wie Lieferanten, Kunden, Vertriebs- oder Verkaufspartnern zu berücksichtigen und Einfluss zu nehmen. Dies geht auch über die gesetzlichen Anforderungen auf regionaler und internationaler Ebene hinaus. Sie übererfüllt die Anforderungen und Erwartungen und ist damit auch in der Lage, weltweit neue Rahmenbedingungen mitzugestalten. Unternehmensverbände sind auf internationaler Ebene aktiv und engagieren sich gemeinsam für die sogenannten Megathemen.

Hier bündelt sich eine immer stärker werdende Einheit, weil sie nicht nur die Bedürfnisse und den damit verbundenen Mehrwert für die gemeinsame Geschäftstätigkeit identifiziert, sondern auch verantwortlich pro-aktiv über die eigenen Grenzen hinaus entwickelt.

Eine sogenannte Stakeholder-Analyse ist hier sehr hilfreich und die Basis für eine Standortbestimmung. Ganz selbstverständlich findet hier der Dialog auf Augenhöhe statt, weil jeder versteht, warum nur die gemeinsame und nicht die voneinander trennende Geschäftstätigkeit den nachhaltigen Erfolg bringen kann.

Die Identifizierung der CSR-Megathemen im Rahmen des Kerngeschäfts und die damit verbundene Zieldefinierung ergänzt die Analyse. Entlang der Wertschöpfungskette wird das Prinzip des nachhaltigen Mehrwertes für alle angestrebt. Nachhaltig deshalb, weil anhand der Analyse die Abhängigkeiten zur Umwelt wahrgenommen werden und die Organisation anhand der zielführenden Maßnahmen lernt, mit und gerade wegen dieser Abhängigkeit gemeinsam erfolgreich zu sein. Sie lernt diese Beziehungen langfristig und verbindlich zu gestalten, weil auch gerade in der heutigen Gesellschaft Expertenwissen ein ganz entscheidender Erfolgsfaktor sein kann, welcher den gemeinsamen Nutzen erzielt.

Nicht selten ergibt sich hier in der Zusammenführung der Interessen der sogenannte „Sustainability Sweet Spot" (Grieshuber E.) (Schneider und Schmidpeter 2012). Hier entstehen neue Produkte oder Dienstleistungen, neue Prozesse, neue Märkte, neue Geschäftsmodelle sowie neue Management- und Reportingsysteme.

Diese „Mitte", die man mit System und verantwortungsbewussten Handlungs-Freiraum schafft, bedeutet „Comfort Zone" und „Veränderungspotenzial" zugleich. Es bietet die Voraussetzung, um in dem nicht-linearen System „Organisation", das von Mensch und Natur abhängig ist, nachhaltig fortzubestehen.

5.3 Frei(e) Geister trotzen dem System

und machen die Organisation zu jeder Zeit wandelbar und damit krisenfest.

Jegliches Querdenken regt zum Andersdenken an, und darauf kann kaum noch verzichtet werden. Die „out of the box" Einstellung ist für eine Führungskraft ebenso wichtig wie für einen Mitarbeiter. Nur wer in der Lage ist, „auszusteigen", um damit seinen Standpunkt bewertungsfrei und in der Unabhängigkeit nach außen zu verlagern, kann nun nicht nur den Blick wieder nach innen richten, sondern nimmt auch die Umwelt und deren Bedürfnisse anders wahr, weil er hinterfragt. Diese Perspektive verlangt, dass man sich „abhebt", um dann in der natürlichen Konsequenz die gesamte Organisation abzuheben, weil sie sich „Frei(e) Geister" leistet, die querdenken, hinterfragen, in Frage stellen und den Spieß umdrehen. Jeder auf seine individuelle Art und Weise, was den Unterschied macht.

Frei(e) Geister zeigen sich nicht, wenn sie dazu gezwungen werden. Sie geben sich dann zu erkennen, wenn sie in ihrer Tätigkeit den Sinn erfahren und diesen mit Begeisterung weiter entfalten dürfen. Hier trifft der Frei(e) Geist auf den Zeit-Geist der in sich geschlossenen CSR-Generation, die nicht nur in einem nachhaltigen Kreislauf funktioniert, sondern diesen auch lebt. Sie formt. Sie gibt den Ton an aus dem Selbstbewusstsein und dem Selbstverständnis heraus, dass Mitgefühl und Verantwortung für das unternehmerische Handeln die allumfassenden Triebfedern sind, um eine nachhaltig gute Zukunft mitzugestalten.

Mit dem Spirit der Frei(e) Geister ist die Energie in Bewegung, weil sie auch Herkunft, Hautfarbe, Geschlecht, Bildungsstand berücksichtigen, um es in einem Spannungsbogen zu vereinen. In einer global ausgerichteten Wirtschaftskultur kann dies der Klebstoff sein und das, was zusammenführt, weil es ein großes Sinn-Bild für die Zukunft widerspiegelt. Hier wird die Brücke zum gemeinsamen Selbstverständnis gebaut und der Wandel der Zeit wird als Chance angenommen, weil er längst zur Routine geworden ist.

Ein freier Geist wohnt jedoch auch in einem freien Kopf und so ist es entscheidend wichtig, zu wissen, wie dieser funktioniert.

„Der Kopf ist zum einen ein phantastischer Diener, der nicht besonders intelligent ist, sondern verzweifelt versucht, allen Aufgaben und Verpflichtungen nachzukommen, die ihm auferlegt werden (D. Allen)". Dieser Teil des Gehirns versucht alle Dinge gleichzeitig zu tun, weil er die Differenzierung von Vergangenheit, Gegenwart und Zukunft nicht umsetzen kann. Und das führt nicht selten ins Chaos. Der andere Teil jedoch kann dies auflösen, weil er anders funktioniert. Dieser Bereich führt in die Atmosphäre geistiger Freiheit, weil er in der Lage ist, zur richtigen Zeit die Kontrolle zu übernehmen. Er erkennt Prioritäten und kann so Entscheidungen treffen. Er akzeptiert auch, dass es nicht notwendig ist, zwei Dinge gleichzeitig zu tun, was wieder in die Verstrickung führen würde. Es bedarf einer disziplinierten Herangehensweise, um das unter Kontrolle zu bringen. Ein objektives und messbares System ist notwendig, dem man sich voll anvertrauen kann. So kann Kreativität ungezwungen Schritt für Schritt in Projekten umgesetzt werden[6].

---

[6] Allen D (2010) So kriege ich alles in den Griff. Selbstmanagement im Alltag, 2. Aufl. Piper Verlag GmbH, München.

Damit diese Kreativität jedoch nicht schon in der Schulzeit aufhört, weil das Geniale in uns zerstört wird, ist es wichtig, dass die Kinder und Jugendlichen nicht nur die Erwartungen der Erwachsenen und deren Aufgaben erfüllen, sondern erfahren dürfen, dass es keinen Auftrag braucht, seine Begabungen in Aufgaben zu verwandeln. Und Erwachsene dürfen lernen, dass ein Begabungssystem nicht mit einem Bewertungssystem zu verwechseln ist.

In einer Langzeitstudie für unangepasstes Denken[7] wurde deutlich, dass 98 % der Menschen als Genie auf die Welt kommen. Unangepasstes Denken ist nicht dasselbe wie Kreativität, aber eine wichtige Voraussetzung dafür. Es ist die Fähigkeit, viele mögliche Antworten für eine Frage zu finden. Viele Arten, eine Frage zu interpretieren, die Fähigkeit, nicht nur linear oder eindimensional zu denken. 1500 Kinder wurden getestet und es zeigte sich, dass der Status „Genie" im Laufe der Entwicklung drastisch absinkt. Auffallend zu Beginn der Schulzeit im Alter von 810 Jahren, denn hier konnten nur noch 32 % als Genie identifiziert werden. Zur Kontrolle wurde dieser Test mit 200.000 Erwachsenen gemacht (ab 25 Jahren), hier erreichten noch 2 % das Level eines Genies. Keinem Lehrer wird unterstellt, dass er derartige Entwicklungen durch Unterrichten anstrebt, weil es schlichtweg im Selbstverständnis des Bildungssystems liegt.

Auch aus diesem Wissen heraus muss künftig massiv darauf geachtet werden, dass es nicht zu einer globalen Krise menschlicher Ressourcen kommt.

Wenn ein Mensch seine Begabungen erkennen und voll entfalten darf, wird er immer sein Bestes geben, weil er liebt, was er tut. Er ist dann in seinem Element. Mit welchem Bildungsniveau auch immer. Das nachhaltig zu fördern, sollte der Anspruch an eine Organisationsbildung und -entwicklung sein.

> Es gibt 3 Arten von Menschen auf dieser Welt: die unbeweglichen, die beweglichen und solche, die sich bewegen. (Benjamin Franklin)

Literatur

Allen D (2010) So kriege ich alles in den Griff. Selbstmanagement im Alltag, 2. Aufl. Piper Verlag GmbH, München

Glasl F, Kalcher T, Piber H (2008) Professionelle Prozessberatung. Das Trigon-Modell der sieben OE-Basisprozesse. Haupt Verlag, Bern

Glasl F, Lievegoed BCJ (2011) Dynamische Unternehmensentwicklung, 4. Aufl. Haupt Verlag, Bern

Karakurt Y (2011) Mein Kopf ist voll. www.zeit.de. Hamburg: „Die Zeit Online GmbH"

Meadows et al. (1972) Die Grenzen des Wachstums. Bericht des Club of Rome zur Lage der Menschheit, Dennis Meadows, Donella Meadows, Erich Zahn, Peter Milling, Deutsche Verlags-Anstalt Stuttgart

Schneider A, Schmidpeter R (Hrsg) (2012) Corporate Social Responsibility, 1. Aufl. Springer Gabler Verlag, Berlin

Schulz T (2011) Deutsche Nachhaltigkeitsakademie, Grafik „World of Corporate Social Responsibility"

---

[7] Quelle: Der Film „Alphabet" von Erwin Wagenhöfer (2013): George Land and Beth Jarman Studie, Breakpoint and Beyond (1993).

Birgit Kohlmann 1976 in Immenstadt (Allgäu) geboren. 1996 Ausbildung zur Reiseverkehrskauffrau (IHK) in einer Incentivereisen-Agentur. Umfangreiche und mehrjährige Berufserfahrung im Reisebüro, beim Reiseveranstalter und in der MICE-Branche (Meeting, Incentive, Congress and Event) als Projektmanagerin für multinationale Unternehmen sowie als Key Account Manager für Meetings & Events bei HRS. Assistentin der Geschäftsleitung und Direktion eines 5-Sterne-Hotels (Allgäu) verantwortlich in der Funktion für den Bereich Marketing & Events. Tourismusdirektorin Destination Management (Allgäu). 2011 Gründung Einzelunternehmen „Zeitwandel" für CSR Beratung und Projektmanagement als eine der ersten CSR Managerinnen (IHK) in Deutschland.

Szenenwechsel: Organisationen durch Kunst nachhaltig verändern

Jörg Reckhenrich und Peter Winkels

1 Einleitung

Künstlerische Arbeit bietet eine spezielle Prozessdynamik, die im Rahmen von Organisationsarbeit, insbesondere bei Fragen kultureller Veränderung, ein Spielfeld eröffnen kann, in dem organisationale Situationen gezielt erprobt werden können. Durch den künstlerischen Prozess, der immer auf die Erstellung eines Werkes zielt, lassen sich solche Fragestellungen inszenieren und sichtbar machen. Die Ergebnisse, als Bilder, Skulpturen, Installationen oder Filme, spiegeln unmittelbar die dargestellten Situationen und eröffnen so vielfältige Perspektiven. Eine der wesentlichen Grundfragen organisatorischen Handelns ergibt sich daraus, welches Bild wir von einer bestimmten Situation haben, beziehungsweise entwickeln können. Künstlerische Formate eröffnen hier einen Raum zur schnellen Reflexion und bieten die Möglichkeit, eine noch nicht vorhandene Realität zu inszenieren. Obwohl solche Formate dort, wo sie in Unternehmenskontexten eingesetzt werden nicht zuletzt – visuelle – Spuren hinterlassen und so ihre Wirksamkeit entfalten, tauchen diese meistens eher als spielerische Elemente am Rand des Feldes von Organisationsentwicklung auf.

Allerdings schafft die Kenntnis und Erfahrung mit kreativen Prozessen eine wichtige Kompetenz für unternehmerisches Handeln, vor allem deshalb, weil sich Unternehmen zunehmend einem „Gestaltungsdruck" gegenüber sehen: intern, um eine Unternehmenskultur zu entwickeln, die Raum bietet, dass sich kreative Potenziale entfalten können;

J. Reckhenrich (✉)
Gneisenaustr. 67, 10961 Berlin, Deutschland
E-Mail: joerg@reckhenrich.com

P. Winkels
Laubacher Str 6 Aufgang I, 14197 Berlin, Deutschland
E-Mail: winkels.peter@gmail.com

extern, um im Markt flexibler und schneller zu agieren. Der Wert künstlerischer Arbeit liegt darin, eine Gestaltungsfähigkeit zu entwickeln und die Bilder bezüglich organisationaler Fragen aus den Köpfen und ans Licht zu holen.

Entlang von vier Formaten – der dialogischen Betrachtung von Kunstwerken, dem Bau einer Murmelbahn, der Umsetzung von Werten in eine Skulptur und der kreativen Zusammenarbeit im Film – werden Ansätze künstlerischer Arbeit in der Organisationsentwicklung und ihre Anwendung auf verschiedene Organisationsthemen beschrieben.

2 Beispiel 1: Betrachtung von Kunstwerken – Dialogarbeit im Museum

2.1 Situation

Eine Situation mit ihrer entsprechenden Problematik zu erkennen und Lösungsstrategien zu entwickeln, erfordert die Einbeziehung einer Vielfalt von Perspektiven. Teams tendieren allerdings immer wieder dazu, häufig aufgrund von starken internen meinungsbildenden Impulsgebern, Lösungen sehr schnell aus einer all zu naheliegenden Richtung zu entwickeln. Dadurch wird es versäumt, den eigenen Zielhorizont zu erweitern. Wie kann aber eine Perspektivenvielfalt in Teams gelingen? Wie verhindert man hierarchische Abgrenzung und damit die Ausgliederung der Sichtweisen von Teammitgliedern? Wie unterbindet man den unproduktiven Wettbewerb um die größtmögliche Sachkompetenz, wenn es zunächst nur um Beobachten und Beschreiben gehen soll, und wie muss ein solcher gemeinsamer Lösungsweg moderiert werden?

Ein Weg, der zunächst ungewöhnlich erscheint, eine solche Haltung zu erproben, ist das gemeinsame Betrachten eines Kunstwerkes und der Dialog über die Erfahrungen und Einsichten, die sich mit einem solchen Werk verbinden. Teams bietet sich die Möglichkeit, ein zielorientiertes Verhalten für eine gemeinsame Situationsbeschreibung und die Problemlösung einzuüben. Der Dialog vor einem Kunstwerk bietet ein Instrument zur konstruktiven Erarbeitung von gemeinsamen Zielhorizonten und zur Ausrichtung des Teams. In dem Ansatz geht es darum, die Unterschiedlichkeit von Beobachtungen, Erfahrungen und Ideen als Ressource zu nutzen und daraus eine produktive Situation für die Entwicklung von gemeinsamen Bedeutungen, Standpunkten und neuen Einsichten zu generieren. Die „Schichtung" der Erfahrungen und Ideen durch die gemeinschaftliche Beobachtung führt zu einer qualitativen Vertiefung der Einschätzung einer Situation- im Museum, der Bedeutung eines Kunstwerkes- die alleine in aller Regel so nicht zustande kommt.

2.2 Umsetzung

Für die Erarbeitung einer bestimmten Frage, wie z. B. der Neuausrichtung der bereichsübergreifenden Zusammenarbeit und deren Spielregeln, suchen sich die Teilnehmer des

Dialogformates im Museum ein Kunstwerk aus. Dieses sollte in aller Regel intuitiv gefunden werden, als dass es die Thematik zu offensichtlich illustriert. Die Teilnehmer wählen dann einen Dialogleiter aus ihrer Mitte, der entlang einer Anleitung, in der die Regeln der Bildbetrachtung und die Vorgaben zu seiner Rolle beschrieben sind, den Dialog führt.

Diese Person sollte über eine offene und neugierige Grundhaltung verfügen und mit einer gewissen spielerischen Leichtigkeit agieren können, um die Teilnehmer miteinander in einen guten Gesprächsfluss zu bringen. Expertenwissen ist hier eher hinderlich, besser geeignet ist eine fragende Grundeinstellung. Im Dialog achtet der Leiter darauf, dass die Beobachtungen und Einsichten aller Teilnehmer ihren Raum finden und in den Dialog überführt werden. Er sorgt für die Einhaltung der Rahmung, den Ablauf des Dialogs mit seinen einzelnen Phasen und das Zusammenfassen der Zwischenschritte und Ergebnisse. Außerdem achtet er darauf, dass abweichende Beobachtungen oder Einzelmeinungen wertschätzend beachtet und so im „Spiel" gehalten werden. Häufig sind solche Impulse genau das, was eine vollkommen neue Perspektive eröffnen kann.

Der Dialogleiter achtet auf die drei Phasen (in der Regel sollte jede ca. 20 min dauern), die systematisch aufeinander aufbauen. „Ausreißer", so zum Beispiel eine vorschnelle Interpretation in der ersten Phase der vornehmlichen Beobachtung des Kunstwerkes, müssen eingefangen und zurückgeführt werden. Als Leitfrage bietet sich an: „Haben wir schon alle Bildteile erfasst, was gibt es noch an Details zu beobachten" etc.

Die erste Phase ist rein empirisch und beschreibt das Kunstwerk in möglichst vielen, präzise beschreibbaren Details. Eine möglichst unvoreingenommene Wahrnehmung und Beschreibung der einzelnen Aspekte steht im Vordergrund. Es ist immer wieder erstaunlich zu sehen, wie viele unterschiedliche Details von zehn Augenpaaren gesehen werden. In dieser Phase ist es besonders wichtig, dass alle Teilnehmer zu Wort kommen und ein Fluss im Sinne eines „erkundenden Sprechens" entsteht – durch Wahrnehmungen werden Sichtweisen erprobt und verworfen. Welche Figuren, Gegenstände, Landschaften, Formen, Farben lassen sich beobachten und beschreiben? Welche kompositorischen Merkmale fallen auf und gestalten formale Bezüge (Figuren, Farbfelder, geometrische Grundformen, Kompositionslinien, etc.)? In dieser Situation geht es darum, so viele Fakten wie möglich zu sammeln. Sie sind das „Material", aus dem im Dialog für das Kunstwerk eine Bedeutung erschlossen wird. Hier entwickelt sich Vertrauen im Team, dass Beobachtung nicht falsch sein kann. Eine solche Erfahrung bringt häufig für Teams eine erste Erleichterung, gerade wenn diese im Alltag mit hierarchischen Strukturen und eingespielten Rollen zu kämpfen haben. Insofern ist das Bremsen von Experten oder „Vielwissern" an diesem Punkt sehr wichtig. Die akademische Kunstgeschichte bleibt vor der Tür.

In der zweiten Phase betritt die Gruppe die emotionale Ebene und erkundet die Gefühle und Wirkungen, die das Kunstwerk auslöst. Welche Stimmung scheint auf? Wie lässt sich die Atmosphäre des Werks beschreiben? Gibt es Brüche oder bedrohliche Elemente? Schlägt Heiteres in Ernstes um? So lauten Fragen, die eine Rolle spielen können. In dieser Phase treten immer wieder Pausen auf. Diese sind willkommen und sollten sogar vom Dialogleiter bewusst angesteuert werden. Sie sind häufig der Kern des Dialogs und in aller Regel, als kreatives Momentum, Vorbereitung auf neue Erkenntnisse. In den

Alltagssituationen von Teamarbeit wird dieser Aspekt, das „Bauchgefühl" und der Werte der „kontemplativen" Pause, häufig übersehen. Die emotionale Einordnung, das sich Einstimmen auf eine Situation, das scheinbar selbstverständliche Zusammenfinden, ist aber ein entscheidender Punkt, ohne den ein gemeinsames Projekt im Organisationsalltag kaum die notwendige Energie bekommt.

In der dritten Phase schließt sich die gemeinsame Konstruktion von Bedeutung an. Und auch hier ist eine Expertenmeinung eher hinderlich. Entscheidend ist, auf welche Ideen die Gruppe im Dialog selbst kommt. Die Herausforderung und kreative Leistung des Dialogleiters besteht darin, die Beobachtungen, Ideen und Einsichten gemeinsam mit der Gruppe zu einer Art Leitmotiv und Deutungsversuch zu verbinden, wodurch Identifikation entsteht. Am Ende des Prozesses steht eine Zusammenfassung, welche durchaus abweichende Auffassungen von einzelnen Teammitgliedern mit einbezieht. Damit wird der integrative Aspekt des Dialoges betont. Es gilt jedoch, sich von den beiden Polen „Jede Idee ist wichtig!" und „Am Ende müssen alle dem Ergebnis zustimmen!" fernzuhalten. Der Erfolg des Dialogs zeichnet sich dadurch aus, dass ein „Bedeutungsraum" entsteht, der präzise genug ist, Sinn zu stiften und dennoch genug Offenheit für unterschiedliche Sichtweisen zulässt. Im Alltag von Teamarbeit, in dem immer unterschiedliche professionelle Hintergründe eine große Rolle spielen, gilt es, genau diese Spannung zu meistern, wodurch konstruktive Zusammenarbeit erst möglich wird.

2.3 Erfahrung

Zwei Bereiche – IT und Operations – einer großen Organisation hatten sich in der Zusammenarbeit und Kommunikation festgefahren. Gegenseitige Schuldzuweisungen und Absicherungsstrategien waren an der Tagesordnung. Um die Zusammenarbeit wieder in Schwung zu bringen und gemeinsame Spielregeln für eine gelungenere Zusammenarbeit zu finden, traf sich eine Gruppe, mit Vertretern beider Bereiche, im Museum. In einem ersten Durchgang wurde in vier gemischten Teams das Vorgehen der Dialogarbeit vor Kunstwerken erprobt. In einem zweiten Schritt suchte sich dann jedes Team intuitiv ein Kunstwerk aus, das sie mit dem Thema der gelungenen Zusammenarbeit verbinden konnten. Die Ergebnisse aus den Dialoggesprächen zu den Kunstwerken waren erstaunlich zutreffend, in Bezug auf die Einschätzung der organisationalen Situation. In einem Fall wählte ein Team eine christliche Szene des Künstlers Lodovico Mazzolino von 1524: „Der zwölfjährige Jesus im Tempel lehrend". Das Bild zeigt zwei streitende Gruppen am Fuße einer Treppe, welche die beiden Gruppen trennt.

Als das Team in der gemeinschaftlichen Schlussrunde das Ergebnis vorstellte, kam es zu einer vehement geführten Diskussion. Kollegen, welche das Bild in diesem Moment zum ersten Mal betrachteten, sahen die Figur des Jesus als starke Führungspersönlichkeit, welche den Streit hierarchisch schlichtet, was der klassischen Erwartung an das Topmanagement entspricht. Diese Deutung wurde allerdings von dem Team, welches sich über eine Stunde mit dem Kunstwerk auseinandergesetzt hatte, vehement abgelehnt. Für sie wurde durch die dargestellte Geschichte klar, dass es weniger um Führungsfragen ging als vielmehr darum, Klarheit für die strategische Ausrichtung zu bekommen. Diese Beschreibung wurde dann als eine der wesentlichen Anforderungen für eine konstruktive Zusammenarbeit der beiden Teams identifiziert. Die Dialogarbeit der anderen Teams erarbeitete dann noch weitere Themen als Voraussetzung für eine gelungene Zusammenarbeit, wie z. B. das regelmäßige Innehalten und Reflektieren im Team in bestimmten Projektsituationen oder die klare Beschreibung von Rollen.

3 Beispiel 2: Bau einer Murmelbahn

3.1 Situation

Simulationen sind Erfahrungsfelder, in denen durch Testläufe prototypartige Modelle von Organisationssystemen überprüft werden können. Aus den individuellen und gemeinsamen Erfahrungen der Teilnehmer solcher Simulationen entwickelt sich eine Erfahrungsgrundlage, auf der weitere Entwicklungsschritte aufbauen können. Durch Simulationen entsteht und verdichtet sich ein Bild einer Organisation und ihrer Abläufe – Lernen wird visuell verankert.

Wesentliche Aspekte einer Simulation, beispielsweise einer Ablauforganisation, sind:

- Die typischen Prozessabläufe des Systems mit seinen Eigenarten und Schnittstellen werden analog abgebildet.
- Konzeptionelle Überlegungen der Planungsphase werden in der Simulation in praxisorientiertes Handeln übersetzt.
- Das Führungs- und Rollenverständnis von Mitarbeitern, Führungskräften und Experten wird erprobt und eingeübt.

Das künstlerische Format der Murmelbahn ist eine Intervention und ein solches Erfahrungsfeld, welches den Aufbau und die Veränderung von Bereichen, Organisationen oder kompletten Fabriken mit ihren Fertigungsabläufen simulieren kann. Für die beteiligten Mitarbeiter kann dadurch der Gesamtzusammenhang der zu bewältigenden Situation schnell erkennbar werden, und es wird deutlich, wie jede Person in den unterschiedlichen Prozessen ihren Platz einnimmt, um ein Projekt gemeinsam erfolgreich umzusetzen.

In der speziellen Situation stand die betreffende Organisation, ein Unternehmen aus der Automobilbranche, vor der Herausforderung, ein neues Produktionswerk im Ausland in systematischen Schritten aufzubauen. Ein großer Teil der Mitarbeiter, in diesem Fall Fertigungsabschnittsleiter und Gruppenleiter, wurde dafür in dem betreffenden Produktionsstandort rekrutiert. Als Vorbereitung wurden diese im Hauptstandort „On the Job" ausgebildet und sollten dann den Aufbau vor Ort verantwortlich leiten.

Etwa die Hälfte der Fertigungsabschnittsleiter und der überwiegende Teil der Gruppenleiter stammten aus dem neuen spanischsprachigen Standort. Ziel für den Bau der

Murmelbahn war es, als Führungsmannschaft gemeinsam die Grundprinzipien eines sicheren, belastbaren und effektiven Kernprozesses der Montagefabrik kennenzulernen und zu erproben. Dabei waren insbesondere die Führungsleitsätze der Montage, das Rollenverständnis der Gruppen sowie der Gruppenleiter, das Prozess-Know-how, das Zusammenspiel der Funktionen, Fertigungsprozesse und unterstützende Dienstleistungen und die interkulturellen Aspekte zu berücksichtigen. In der Murmelbahnsimulation sollten diese Aspekte ins Spiel gebracht und erprobt werden, um möglichst gute Voraussetzungen für das Gelingen des Aufbaus des Produktionswerkes vor Ort zu schaffen.

3.2 Umsetzung

Der Bau der Murmelbahn erfolgte in drei Phasen:

1. Planung und Konstruktion
2. Probelauf und Optimierung
3. Serienanlauf und Reflexion

Phase 1: Planung und Konstruktion
In der ersten Phase waren die Mitarbeiter gefordert, eine Planung für den Bau der Murmelbahn zu erstellen und diese dann zu konstruieren. Entsprechend der vier Hauptabschnitte des neuen Produktionswerkes sollte die Konstruktion aus vier Segmenten bestehen. Das für den jeweiligen Abschnitt verantwortliche Team entwarf dafür einen Kubus mit zwei Metern Kantenlänge aus Dachlatten als Grundgerüst der Murmelbahn. In dieses wurde dann das in der Planung ausgearbeitete „Bahnen-Layout", das die Eigenarten des Produktionsabschnittes herausarbeiten sollte, eingebaut. Die Bahnen selbst wurden aus Pappschienen gefertigt, die an sogenannten „Stellschnüren" befestigt wurden. Alle vier Murmelbahnsegmente mussten dann so verbunden werden, dass ein durchgängiger Prozessverlauf gewährleistet ist. Dafür musste die Schnittstelle, von Kubus 1 zu 2, von 2 zu 3 usw. mit dem jeweiligen Anschlussbereich genau besprochen, entwickelt und gebaut werden. Jeder Mitarbeiter war repräsentativ durch eine Murmel vertreten, die in der Bahn positioniert werden musste. Der Gesamtprozess wurde durch die optimale Impulsweitergabe, von Murmel zu Murmel, symbolisiert.

Phase 2: Probelauf und Optimierung
Im Probelauf wurde die Funktionsfähigkeit der Murmelbahn schrittweise überprüft (vgl. Abbildung 1), zunächst in den Einzelabschnitten und dann als Gesamtbahn. Dieses Vorgehen entsprach dem industriellen Konzept der kontinuierlichen Verbesserung (KVP) und war eine Analogie zu den Optimierungszyklen, welche beim Aufbau eines Produktionswerkes angewendet werden. Deshalb war es für die Murmelbahn vorrangig, den kontinuierlichen Durchfluss der Murmeln sowie der reibungslosen Übergabe des Impulses an den Schnittstellen sicherzustellen. Während dieser Phase wurden durch einen Teil des Teams bereits wesentliche Lernerfahrungen zu Punkten wie Klarheit in der Planung, Koordina-

Abb. 1 Murmelbahn. (Foto: Jörg Reckhenrich)

tion der Teams, Definition und Konstruktion der Schnittstellen sowie Zeit- und Ressourcenplanung für die anschließende Reflektion vorbereitet.

Phase 3: Serienanlauf und Reflexion
In der dritten Phase stellten die Teams sicher, dass die Gesamtkonstruktion der Murmelbahn einer Mehrfachbelastung standhielt. Entsprechend der Anlaufzyklen eines Produktionswerkes wurde der Gesamtdurchlauf in drei Testphasen erprobt. Nach dem offiziellen Durchlauf, dem symbolischen „Start of Production", tauschten sich die Teams zunächst intern und dann gegenseitig mittels der vorbereiteten Kurzpräsentationen aus. In einem zweiten Schritt wurden dann in der Großgruppe die „Stellhebel" für den Transfer in den Arbeitsalltag beschrieben und eine erfolgreiche Umsetzung identifiziert.

3.3 Erfahrungen

Den vier Teams gelang es, eine Murmelbahn zu bauen, die sich durch folgende Eigenschaften auszeichnete: kontinuierlicher Durchfluss der Murmeln, Funktionsfähigkeit der Schnittstellen und Backup-Lösungen für mögliche Ausfälle. Darüber hinaus wurden die erfolgskritischen Aspekte unmittelbar erkennbar und gezielt beschrieben. Insbesondere gelang die Simulation deshalb, weil die vier Teams eine engmaschige Kommunikation innerhalb und zwischen den einzelnen Teams sichergestellt hatten. Eine besondere Rolle kam dabei den sogenannten „Schnittstellenkoordinatoren" zu. Diese hatten die Aufgabe,

Informationen zur Planung und Konstruktion der Murmelbahn aus allen Teams zu sammeln, um diese dann für eine zielgerichtete Lösung „vor Ort" zur Verfügung zu stellen. Die notwendigen Anpassungen von Planung und Konstruktion der Murmelbahnsegmente konnten so über alle vier Segmente der Murmelbahn hinweg sehr schnell sichergestellt werden. Diese Erfahrung wurde dann in Form einer bereichsübergreifenden „Beobachtungsgruppe" für den Aufbau des Produktionswerkes weiterentwickelt.

Eine ganz andere und eher schwierige Erfahrung war, dass alle Teams dazu tendierten, zugunsten einer perfekten, 150%igen Lösung zeitliche und materielle Ressourcen außer Acht zu lassen. So war das Bewusstsein für das „Timing", wann welche Phasen zum Abschluss gebracht werden, um im Zeitplan zu bleiben, wenig vorhanden, und Zeitbudgets wurden überzogen. Dieser Aspekt wurde in der Reflexion dahingehend besprochen, dass die Planungsphase eine Vereinfachung der Schritte und der zeitlichen Vorgaben benötigt. Die Erfahrungen und Erkenntnisse bezüglich Strukturen, Rollen, Zusammenspiel im Team… im Planungs- und Bauprozess und der Verprobung waren wesentliche Punkte, die durch die Murmelbahn als Simulation herausgearbeitet werden konnten. Entscheidend für den Erfolg war es allerdings, dass das komplexe System des Produktionswerkes als Gesamtbild sichtbar und emotional erlebbar wurde.

4 Beispiel 3: Werte als Skulptur

4.1 Situation

Der kulturelle Kern jeder Organisation sind ihre Werte und die daraus abgeleiteten Leitlinien. Entscheidungen, die wir treffen, gründen sich immer auf Werte. In dem Moment, wo wir uns für oder gegen eine Situation entscheiden, werden Werte explizit und so erkennbar. So lässt sich vor allem in Phasen unternehmerischer Veränderungen beobachten, wie verschiedene Werte im Unternehmen in Konflikt miteinander treten können.

Als Individuen leben wir in aller Regel mehr oder weniger bewusst mit Werten, und kaum ein Mensch führt (hoffentlich) die Diskussion in der Familie, welche fünf Werte für eine effiziente Organisation des Haushalts wichtig sind, und wie diese effektiv umgesetzt werden. Im Privaten haben Werte in aller Regel einen informellen Charakter. Sie schwingen im Alltag mit und gestalten diesen eher „en passant". Unternehmen hingegen brauchen einen öffentlichen Diskurs über Werte als Orientierung für die Organisation sowie für die Mitarbeiter. Allerdings birgt ein solcher Diskurs, der Werte explizit macht, ein nicht unbedeutendes Risiko. Einmal veröffentlicht, können Werte schnell zu einer Auflistung von Begriffen verblassen. Vision – Mission Statements – einschließlich entsprechender Werte haben kaum Kraft, wenn diese auf Postern gedruckt werden, deren Halbwertzeit erstaunlich kurz ist. Der vielbeschworene Satz: „Jetzt müssen wir die Werte nur noch leben", zeugt eher von Ratlosigkeit, wie das denn geschehen und in die Praxis umgesetzt werden soll. Werte brauchen einen Raum, die Einbindung in einen kontinuierlichen Dialog, der diese eher implizit „anspielt". So kann auch ein Ritus, der Werte veranschaulicht und verankert, sinnvoll sein und einen Impuls setzen. Damit lässt sich auch das Risiko umgehen, dass Werte zerredet werden.

Wie ein solcher Raum entstehen kann, durch den Werte von Führungskräften sichtbar werden, war eine Frage, die sich die Führungskräfteakademie der Deutschen Bahn vor neun Jahren stellte. Zu diesem Zeitpunkt waren die Unternehmenswerte gerade neu entwickelt worden und wurden konzernweit kommuniziert. Im Prozess der Implementierung entstand die Frage, wie sich die Führungskräfte nicht nur mit den Unternehmenswerten, sondern insbesondere mit ihren persönlichen Werten auseinandersetzen können. Ziel war es, denjenigen Werten auf die Spur zu kommen, die handlungsleitend für den Führungsalltag sind. Werte sollten, so die Idee, als Geschichten Kraft bekommen und erlebbar werden. Darüber hinaus sollte ein physischer Ort entstehen, welcher die Werte der Führungskräfte als kollektives Feld bündelt. Aus einer Reihe von verschiedenen künstlerischen Formaten, die im Vorfeld diskutiert wurden, setzte sich die Idee der Werteskulptur durch.

4.2 Umsetzung

Der künstlerische Ansatz war eng mit dem Prozess der Werteerarbeitung verknüpft. Die Werteskulptur bestand aus Bahnschwellen aus Eichenholz, die im Gleisbau Verwendung finden. Diese wurden senkrecht aufgestellt und kreisförmig angeordnet. Die Skulptur hatte einen Durchmesser von 6 m und war 2,20 m hoch und wurde an einem zentralen Ort im Parkgelände der Akademie installiert (vgl. Abbildung 2). Die Wahl der Bahnschwellen als Material, mit dem im weitesten Sinne jeder Mitarbeiter bei der Deutschen Bahn verbunden ist, war einer der Erfolgsfaktoren. Durch das Material selbst entstand ein unmittelbarer Bezug. Die Führungskräfte, die an dem Programm teilnahmen, schlugen mit Hammer

Abb. 2 Werteskulptur. (Foto: Jörg Reckhenrich)

und Beitel jeweils einen Wert in die Skulptur ein. Über 1000 Führungswerte finden sich mittlerweile in der Skulptur wieder.

Die Werte selbst wurden von jeder Führungskraft durch einen systematischen Prozess erarbeitet. Dafür notierte jeder Teilnehmer stichwortartig im ersten Schritt drei Ereignisse eines gelungenen Arbeitstages. Im zweiten Schritt arbeiteten die Führungskräfte dann mit einem Kollegen oder einer Kollegin in einer Art Coaching-Setting zusammen. Hier bestand die Aufgabe der begleitenden Person darin, bei jedem Ereignis immer wieder nachzufragen: „Was ist daran wichtig"? Schritt für Schritt wurden so die Antworten vertieft, bis zu dem Punkt, an dem der dahinter liegende Wert erkennbar wurde. Dieser Wert wurde dann noch einmal überprüft, indem der Partner rückfragte, wo sich Situationen im Arbeitsalltag finden lassen, in welchen der betreffende Wert einen leitenden Einfluss hat. Im Idealfall wurden durch die Werteübung drei Kernwerte herausgearbeitet, von denen dann einer für die Skulptur ausgewählt wurde.

4.3 Erfahrung

Die Werteskulptur kombinierte einen Prozess der Reflexion mit handwerklicher Arbeit. In der vorbereitenden Werteübung wurde für die Teilnehmer erkennbar, wie persönliche Werte ihren Arbeitsalltag beeinflussen bzw. wie sie sich dadurch leiten lassen können. Insbesondere trug das intensive Gespräch mit dem Kollegen oder der Kollegin maßgeblich zur Vertiefung bei. Häufiger gab es in dieser Phase ein Gespräch darüber, ob das, was gemeinsam notiert wurde, ein Wert oder mehr ein Leitmotiv sei. Werte wurden als eine klare Setzung begriffen, während Leitmotive anschaulich das persönliche Handeln in der Organisation beschrieben. Jenseits der Frage, ob es sich im engeren Sinne um einen Wert oder um ein Leitmotiv handelt, war das entscheidende Kriterium der persönliche Bezug bzw. die Frage: „Was unterstützt mich bei meinem Handeln in meinem Führungsalltag"?

Der handwerkliche Aspekt, den für sich gefundenen Wert in die Skulptur einzuschlagen, machte die Übung für die Führungskräfte zu etwas Besonderem. Die Energie der einzelnen Teilnehmer ging deutlich nach oben, wenn es darum ging, einen geeigneten Ort in der Skulptur zu finden, seinen Wert dort einzuschlagen und damit eine bleibende Spur zu hinterlassen. Teilweise bekam dieser Moment durch den Rhythmus und Ton der Hammerschläge der Teilnehmer einen fast performativen Charakter. Mit Stolz zeigten sich die Teilnehmer gegenseitig ihre Ergebnisse und kommentierten, immer wieder mit Humor verbunden, ihre handwerkliche Leistung.

Durch die Arbeit an der Werteskulptur gelangen zwei Dinge. Zum einen nahmen sich die Teilnehmer als Teil des kreativen Prozesses wahr, als Künstler, welche diese Skulptur aktiv mitgestalteten. Zum anderen wurde für sie die Werteskulptur zu einem Ort, der für sie persönlich eine Bedeutung bekam. Mit der Werteskulptur sind zahlreiche Geschichten verbunden, welche die Skulptur emotional aufladen. Bei einem erneuten Besuch der Akademie gehen Führungskräfte immer wieder zu „ihrem" Wert oder stellen diesen Kollegen vor. Das Kunstwerk wurde zu einem Ankerpunkt, durch den die Führungskräfte die Auseinandersetzung mit ihren persönlichen Werten im Unternehmen weitertrugen.

5 Beispiel 4: Kulturelle Zusammenarbeit im Film

5.1 Situation

Zu den schwierigsten Aufgaben eines Teams gehört es sicher, eine Vision für den gelungenen Umgang miteinander zur Schaffung einer entsprechenden Teamkultur zu entwickeln. Die Herausforderung liegt sowohl in der Beschreibung des Ist-Zustands als auch in der zukünftig erwünschten und angestrebten Art und Weise der Zusammenarbeit. Zu den Eigenarten einer solchen Kulturentwicklung gehört, dass sie nie bei Null beginnt. In jeder Organisation existiert immer auch eine Kultur – zumeist auch mehrere nebeneinander – die das Miteinander bestimmen. Allerdings geschieht dies zumeist unreflektiert. Insofern gilt es bei einer Kulturentwicklung die informellen und formellen Regeln sowie die Eckpunkte zu identifizieren, welche für eine konstruktive Arbeitssituation förderlich sind.

Was auf Unternehmensebene oft sperrig sein kann, da eine Vielzahl von Einflussfaktoren im Spiel ist, kann auf der Teamebene einfacher und sehr konkret durchgespielt werden. Die Inszenierung von Ist-Zustand und angestrebter Form der Zusammenarbeit spielt den kulturellen Aspekt fast beiläufig durch und betont, gerade durch die Beiläufigkeit, den Wert der Erfahrung. Um kulturelle Themen zu visualisieren und emotional aufzuladen, sind Filme ein geeignetes Format. Filme von Teams, die zu unternehmensspezifischen Fragen gedreht werden, können eine inspirierende Ausstrahlung auch auf andere Bereiche des Unternehmens haben und zu einer kulturellen Veränderung beitragen.

Als Beispiel soll ein großer Mobilitätsdienstleister dienen, für den nach einer gelungenen Transformation von einem Staatsbetrieb zu einem internationalen Dienstleistungskonzern die Vision eines kundenfreundlichen und kundenzentrierten Marktteilnehmers zu entwickeln war. Besonders die Führungskräfte sahen sich mit einem großangelegten kulturellen Wandel konfrontiert, denn bislang wurden Mitarbeiter mit engen und direktiven Vorgaben geführt. Ziel dieses kulturellen Wandels war es, Eigenverantwortung und Initiative der Mitarbeiter zu stärken. Führung sollte transformationalen Prinzipen folgen: Offenheit, Inspiration und kollegiale Unterstützung. Schnell wurde klar, dass diese Veränderung ein stärker ausbalanciertes Gleichgewicht von Team und Führung brauchte. Integrative Führung und Eigeninitiative der einzelnen Teammitglieder mussten gleichermaßen betont werden.

Im Rahmen eines Führungskräfteentwicklungsprogrammes wurde ein Filmprojekt integriert, das sowohl den kulturellen Ist-Zustand der Organisation als auch die Entwicklung eines emotionalen Bildes des neuen Führungsanspruches und der damit einhergehenden kulturellen Veränderung thematisierte. Der Kulturwandel mit all seinen Ecken und Kanten wurde so in Szene gesetzt.

Film ist ein kollaboratives künstlerisches Format: hier wird Kreativität im Team verlangt, Kompromisse müssen gefunden und Ideen für einzelne Szenen und für den „Plot" als Ganzes auf ihre technische Machbarkeit überprüft werden. Dabei gilt es, eine feine Balance zu halten zwischen planerischen Schritten und Spontaneität in der Umsetzung, die nicht unterbunden werden darf, sondern im Prozess des Filmemachens verankert werden muss. Das Team steht vor einer Reihe von komplexen Herausforderungen, die es zu meistern gilt. Verschiedene Teile – Szenen und Storylines, Darsteller, eine Kameracrew, die Rolle des Regisseurs, Ton- und Musikgestaltung – werden benötigt und müssen zu einem Ganzen zusammengeführt werden.

5.2 Umsetzung

Das Filmformat war Teil des dritten Moduls eines Programms, in dem Kultur das Schwerpunktthema war. Im Vorlauf zu dem Filmworkshop wurden zunächst Kulturanalysen anderer Unternehmen hinzugezogen. Im Filmworkshop selbst wurden dann zwei Teams mit der Aufgabe betraut, einen kurzen Film, der inhaltlich in zwei Teile gegliedert werden und die Unternehmenskultur heute und in fünf Jahren widerspiegeln sollte, zu produzieren. Der zeitliche Rahmen umfasste etwa vier Stunden. Bis dahin musste das fertig gedrehte Material, einschließlich einer Schnittanleitung, an den Cutter übergeben werden. Die Teams bestimmten Regie, Kamera und Ton. Der Workshopleiter gab diesen drei Personen eine kurze Einführung in ihre Aufgaben (vgl. Abbildung 3).

Im Filmformat fällt der Regie die Aufgabe zu, die einzelnen Aspekte der Entwicklung der Geschichte und die Vorbereitung des Drehs zusammenzuhalten, alles, was im Team als Drehbuch entworfen wurde, zu inszenieren oder, wenn Team und Regisseur auf „gleicher Augenhöhe" arbeiten, die Vorschläge des Teams zum Dreh zusammenzuführen, an die Anschlüsse von einer Einstellung zur nächsten zu denken, die Kommandos zum Drehen

Abb. 3 Filmset. (Foto: Jörg Reckhenrich)

– wie „Ruhe bitte!", „Ton ab!", „Kamera ab!", oder „Danke" – zu geben. Mit anderen Worten: die Regie orchestriert die Kreativität des Teams.

Die Kameracrew – Kameraführung und Ton – ist für den Stil des Films verantwortlich. Neben den Schauspielern und dem Regisseur gewährleisten sie die Qualität der Bilder und der Inszenierung. Sie verantworten die emotionale Kraft des Films. Die Dynamik durch Schwenks oder Zooms, das Wechseln zwischen Totalansichten zu Close-Ups etc. sind wichtige stilistische Mittel. Außerdem sieht die Kameracrew am deutlichsten, ob eine Einstellung gelungen ist oder noch einmal gedreht werden muss. Im Team nimmt die Kameracrew damit neben der aktiven Aufgabe des Drehs zusätzlich die Rolle eines Beobachters ein.

Das Drehbuch und der Drehplan werden durch das Team gemeinsam entwickelt. Aus der Diskussion werden meist sehr schnell die jeweiligen Rollen bestimmt. Dabei reichen einige wenige Kostüme und Requisiten aus, um in eine Rolle schlüpfen zu können.

5.3 Erfahrung

Interessant war immer wieder zu beobachten, wie unterschiedlich die Filmteams mit dieser komplexen Aufgabe umgingen. Manche entschieden sehr schnell über die Aufgabenverteilung, fanden spontan eine erste zündende Idee und begannen dann mit der Umsetzung. Im Laufe der einzelnen Einstellungen wurden neue Ideen geboren und die Ursprungsidee für die Storyline dementsprechend verändert. Andere wiederum brauchten lange für eine detaillierte Planung. Stellte sich das erste Vorgehen als günstig heraus, um die Energie des Teams durch den produktiven Druck des „ad hoc" konstant oben zu halten, profitierten die Teams mit der sorgfältigen Planung, wenn aus technischen oder anderen Gründen am Set improvisiert werden muss. Allerdings hatten solche Teams gelegentlich mit Zeitknappheit zu kämpfen. In der Reflexion des Filmworkshops wurde deutlich, wie sehr diese Dynamik zwischen dem passenden Grad an Planung und Raum für Spontaneität – dem „Einfach Machen" – mit den Erfahrungen des Alltags in Projektarbeit zusammenhängen und in einem ausgeglichenen Verhältnis stehen müssen.

Auch das Rollenverständnis der Regie war unterschiedlich: vom freundlichen Diktator bis zum Antreiber, Moderator oder Katalysator, der Ideen im Team umsetzt, konnte hier alles beobachtet werden. Kooperatives und direktives Führungsverhalten wurden klar erkennbar und gelegentlich auch mit großer Lust ausgespielt. Der Transfer zur Frage der „transformationalen Führung" erwies sich dann als ausgesprochen spannend. Wurde „transformationale Führung" bislang immer wieder als „Kuschelführungsstil" beurteilt, stellte sich durch die Filmarbeit ein anderes Verständnis ein. Inspirieren und Vorgaben machen wurden weniger als Gegensatz gesehen, sondern als Führungselemente, die in unterschiedlichen Situationen zum Zuge kommen.

Die geschnittenen Filme selbst wurden dann auf einem kleinen „Filmfestival" am nächsten Tag vorgeführt. Da die Filmteams diese noch nicht gesehen hatten, war die Überraschung groß und in aller Regel sehr positiv. Ein solches Projekt gemeinsam „gestemmt" zu haben, stärkte das Gefühl von Gemeinschaft. Nach der Vorführung wurde, zusammen mit geladenen Gästen, das Thema des kulturellen Wandels vertieft. Die Filme stellten sich dabei im Gespräch als ein wichtiges Element heraus. Durch die dargestellten Geschichten konnten konkrete Punkte der konzernweiten Diskussion, in Verbindung mit transformationaler Führung, angesprochen werden.

5.4 Schlussfolgerungen

Die anhand der Fallbeispiele vorgestellten künstlerischen Formate ermöglichen eine Bearbeitung von sehr unterschiedlichen Organisationsthemen. Dabei kann sowohl mit einem kleineren Teilnehmerkreis in Seminargröße (Fallbeispiel Wertewerkstatt) als auch mit einem großen Teilnehmerkreis im Rahmen einer entsprechenden Großveranstaltung (Fallbeispiel Murmelbahn) gearbeitet werden.

In allen Fällen wird für die Bearbeitung der Organisationsthemen systematisch auf das kreative Potenzial der Teilnehmer zurückgegriffen. Dabei sucht das beschriebene Format eine Balance zwischen Komposition und Improvisation. Komposition meint in diesem Zusammenhang, dass die Intervention klaren Vorgaben folgt und auf Fokussierung ausgerichtet ist. Denn Kreativität ohne Komposition bleibt beliebig. Improvisation bedeutet dagegen, dass die Intervention Freiraum für ein gelingendes Zusammenspiel des vorhandenen Potenzials schafft. Ohne Improvisation kann Kreativität den Arbeitsprozess nicht über sich selbst hinausführen. Beides ist notwendig, wenn das kreative Potenzial der Teilnehmer zur Bearbeitung eines Organisationsthemas genutzt und damit in Performance überführt werden soll.

Die dargestellten Bespiele verdeutlichen darüber hinaus, dass der Erfolg der künstlerischen Arbeit in Unternehmen von einer Reihe weiterer Aspekte abhängt: zunächst bedarf es der Eingrenzung auf ein konkretes Thema der Organisation. Eine „Hidden Agenda" im kreativen Prozess kann diesen schnell zum Erliegen bringen. Dann muss das künstlerische Medium dem Thema entsprechen: es ergibt keinen Sinn, eine vielschichtige Wertediskussion im Team mittels einer auf Linearität gerichteten Murmelbahn zu initiieren. Des Weiteren sollten die Aufgabenstellung und die Erfolgskriterien so transparent wie möglich gemacht werden. Niemand mag kreativ sein, wenn er „im Trüben fischt". Letztlich – und das ist der entscheidende Punkt künstlerischer Arbeit – muss ein „Werk" entstehen, das die Prozesse und die Situation der Organisation deutlich veranschaulicht. Dazu braucht es unbedingt die notwendigen Ressourcen. Notwendig heißt in diesem Zusammenhang: nicht mehr und nicht weniger! Ein Überangebot an Werkzeugen – zwei Kameras pro Team beim Filmen, so viel Zeit wie man möchte beim Museumsdialog etc. – erschweren den Konzentrationsprozess. Insofern spiegelt die Ressourcenorientierung im kreativen Prozess eins zu eins die organisationale Realität wider.

Schließlich brauchen die künstlerischen Prozesse die Beobachtung, die Auswertung und die Verankerung der gewonnenen Erkenntnisse in die weiteren Arbeitsprozesse. Für das jeweilige Unternehmen lohnt sich diese Investition in die Kreativität der Mitarbeiter in jedem Fall. Schließlich können alle Beteiligten durch die künstlerische Erfahrung und das qualitative Ringen mit Format und Inhalten den Erfolg direkt sehen und dadurch die Ergebnisse leichter in den Alltag der Organisation übertragen.

Jörg Reckhenrich studierte Malerei und Bildhauerei an der Kunstakademie Münster und schloss sein Studium mit dem Akademiebrief ab. 1988 zog er nach Berlin und beteiligte sich an zahlreichen Ausstellungen im In- und Ausland. Seine Arbeit mit Unternehmen begann er 1999 und schloss 2006 eine systemische Beraterausbildung ab. Seit 2006 arbeitet er für internationale Business Schools und ist Mitglied der Fakultät des Lorange Institutes Zürich. Mit seinem Hintergrund als Künstler und Dozent entwickelte er den Ansatz „Creative Leadership", welcher die kreativen Prinzipien der Kunst in die Welt der Organisationen überträgt. Zu diesem Ansatz hat er zahlreich publiziert, unter anderem das Buch „The Fine Art of Success", das 2011 bei Wiley erschien.

Peter Winkels studierte in Münster und Berlin Geschichte, Theologie und Nordamerikastudien. Seit 1995 ist er als Kulturmanager tätig, zunächst mit den Schwerpunkten außereuropäischer Kunst und Kunstvermittlung. Von 1999 bis 2011 war er Eigner und Geschäftsführer der Agentur Next Interkulturelle Projekte. Seit 2011 arbeitet er als Produzent, Kurator und Coach zwischen den Feldern Kunst, Bildung und Wirtschaft.

Vom Nachdenken: Bildung als Grundlage aller Nachhaltigkeit

Stephan Grewe

1 Einleitung

Seit nun einigen Jahren veranstaltet der Verein „DenkNachhaltig! e. V." die größte studentische Konferenz zum Thema Nachhaltigkeit im deutschsprachigen Raum. Rund 30 aktive Mitglieder, 150 Teilnehmer und bis zu 40 Referenten kommen jedes Jahr für zwei Tage zusammen, um gemeinsam in Seminaren und Fallstudien über Themen der Nachhaltigkeit zu diskutieren. Der Anfang war steinig. Es galt, nicht nur Unternehmen von einer Teilnahme zu überzeugen. Viel überraschender war die Herausforderung, auch Studenten für unsere Aktivitäten zu gewinnen. Mittlerweile hat sich diese Schwierigkeit beseitigen lassen – auch, weil „DenkNachhaltig! e. V." zu einem festen Bestandteil in der studentischen Initiativen-Landschaft, an der Wirtschaftswissenschaftlichen Fakultät (WFI) der Katholischen Universität Eichstätt-Ingolstadt, geworden ist.

Jedoch: Nach wie vor scheint allerorts ein latentes Misstrauen gegenüber Studenten zu bestehen, welche sich für das Thema Nachhaltigkeit engagieren. „Nachhaltigkeit", das klingt in vielen Ohren immer noch nach „Öko-Machenschaften". Nach lästigen Nebenschauplätzen in einer Welt, in der es doch vermeintlich nur um den eigenen Vorteil geht. Der homo oeconomicus hat die Hauptrolle. Statisten werden meist belächelt. Auch deswegen trug das Konferenzthema im Jahr 2014 den Titel „homo sustainabilitus – the next level".

Ein thematischer Schwerpunkt dieser Konferenz beschäftigte sich mit der Bildung. Wir haben uns gefragt, warum doch eine Vielzahl von Menschen – ob in Universität oder Unternehmen – Nachhaltigkeit als nebensächlich abtun. Dabei beinhaltet der Begriff so-

---

S. Grewe (✉)
Büren 2, 48317 Drensteinfurt, Deutschland
E-Mail: stephan.grewe@denknachhaltig.de

viel mehr als nur den meist assoziierten Aspekt der „Ökologie". Nachhaltigkeit ist, so hat Albert Schweitzer einmal gesagt, die Konsequenzen seiner Entscheidungen zu bedenken. Das schließt Entscheidungen aller Lebensbereiche mit ein.

Was muss hier also im Kopf stattfinden, damit Menschen – und damit auch Organisationen – nachhaltig sind? Was muss passieren, damit Menschen überhaupt in der Lage sind, sich auf das Thema einzulassen? Unsere Vermutung: Es ist – wie so oft – die Bildung, welche alle Handlungen des Menschen über das Notwendige hinaus ermöglicht. Wir sind davon überzeugt, dass die Fähigkeit einer nachhaltigen Lebensweise Bildung voraussetzt.

Da ich aus der Perspektive eines Studenten schreibe, dürfte es nicht überraschen, dass ich versuche bei dem Thema der Bildung anzusetzen. Die Rede ist hier von der Bildung nach dem Humboldtschen Ideal der *Menschenbildung*, der *Persönlichkeitsbildung*. Nur wer diesen „Bildungsprozess" (Liessmann 2006, S. 146) durchschritten hat und sich die notwendige Kraft, Persönlichkeit und das notwendige Wissen über Möglichkeiten und Konsequenzen von Entscheidungen erarbeitet hat, kann nachhaltige Entscheidungen treffen und den Versuchungen der Verschwendung widerstehen.

Der folgende Artikel ist ein Versuch, die Fragen der Einstellung zur Nachhaltigkeit mit unseren Erfahrungen der Vereinsarbeit von „DenkNachhaltig! e. V." zu beantworten. Ebenso wie für die Aktivitäten einer studentischen Initiative könnte auch für andere Organisationen gelten: Nachhaltig handelt nur, wer davon überzeugt ist. Und damit er überzeugt werden kann, muss er überhaupt erst für das Thema empfänglich sein, d. h. er muss in der Lage sein, verstehen zu wollen. Damit könnte man die gewagte These aufstellen: Bildung[1] kommt vor jeder Nachhaltigkeit.

2 Bildung und Ausbildung

In einer Welt der Effizienzmaximierung ist derjenige der Verlierer, der Umwege geht. Das gilt für jeden Einzelnen, aber auch für Gruppen von Menschen, die eine Organisation bilden. Das Schnelle, Kurzfristige, Leichte ist am angenehmsten. Nachhaltigkeit jedoch – bis vor kurzem noch als reaktiver Ansatz verfolgt – war der unbequeme Mehraufwand, der wohl oder übel aufgrund gesetzlicher Anforderungen erbracht werden musste (D'heur 2014, S. 26–28). Von einer inhärenten Überzeugung der Beteiligten konnte – und kann größtenteils bis heute – nicht die Rede sein (D'heur 2014, S. 26–28).

Grundlage jeder Überzeugung ist eine Basis von Wissen und Erfahrung. Beobachten lässt sich: Damit Menschen für eine Position aus Überzeugung eintreten, haben in deren

---

[1] Nicht nur die reine Lehre aus Büchern ist Bildung, sondern, wie das deutsche Wort es schon sagt: Die „…Selbstbildung des Menschen, eine *Formung* und Entfaltung von Körper, Geist und Seele, von Talenten und Begabungen, die den Einzelnen zu einer entwickelten Individualität und zu einem selbstbewussten Teilnehmer am Gemeinwesen und dessen Kultur führen…". Liessmann (2012, S. 3), online [Zugriffsdatum: 20.07.2014], vgl. auch die Beispiele von Albach (2007, S. 2) als nicht opportunistisches Verhalten aufgrund äußerer Restriktionen.

Vergangenheit komplexe Prozesse der Habitus-Entwicklung stattgefunden (Krais und Gebauer 2010, S. 31 ff.). Der Mensch als Abbild seiner Umgebung. Das gilt für die Sozialisation von Menschen – aber auch für ihre Bildung an Schulen und Hochschulen (Kolozs 2011, S. 8, 13).

Das Problem einer Unfähigkeit, sich mit dem Thema Nachhaltigkeit auseinanderzusetzen und dieses bereitwillig, d. h. aus inhärenter Überzeugung zu verfolgen, scheint unter anderem ein Problem der Bildung zu sein. Das fragt *auch* nach dem wie und dem was des Lehrens. Wer nur vom Paradigma der Effizienzsteigerung hört, der läuft Gefahr, alle „Mehraufwendungen" aus Prinzip abzuwiegeln. Gerade seit der Einführung der eher verschulten Bachelor- und Masterstudien muss ausreichend Zeitraum bestehen, über Gelehrtes nachzudenken. Andernfalls würde der Zusammenhang von Sache und Reflexion zerreißen (Adorno 1971, S. 39). Dabei ist das Nachdenken seit jeher auch ein wichtiger Faktor von Innovation – dem Wettbewerbsvorteil schlechthin für zukünftige Generationen.

Der Schwerpunkt Bildung unserer damaligen Konferenz brachte also nun diese seltsam anmutende Kulturtechnik des Nachdenkens in Verbindung mit der Corporate Social Responsibility (CSR). Unsere Erfahrung hat gezeigt, dass allein mit der Namensgebung des Schwerpunktes Verständnisprobleme auftraten. Denn bedauerlicherweise verstehen viele Menschen heute den Begriff „Bildung" nicht mehr im Sinne des nachfolgend beschriebenen Ideals. Häufig auftretende Assoziationen beziehen sich einfach nur auf die Bildungsinstitutionen selbst: Schule, Lehrer, Prüfung, Berufsausbildung.

Für Humboldt (1980, S. 235) aber war Bildung eine „Idee, die nichts anderes bedeutete als eine ‚Verknüpfung unsres Ichs mit der Welt zu der allgemeinsten, regesten und freiesten Wechselwirkung'" (Liessmann 2006, S. 55). Die Bildung als Selbstzweck. Dazu gehörte die Aneignung von Wissen, doch dazu gehört auch die Entwicklung von ästhetischen Dimensionen wie zum Beispiel Taktgefühl, einem Sinn von Gerechtigkeit, Selbstwahrnehmung und Ausdrucksvermögen. Man könnte von „Weisheit" sprechen (Liessmann 2012, S. 7; Kolozs 2011, S. 19 f.) Könnte diese Idee der Bildung für die Akteure einer Organisation nicht wichtiger Bestandteil sein, um bei ihrer Entwicklung die soziale Verantwortung nicht aus dem Blick zu verlieren? Oder treffender: Um sich überhaupt zu ihr hin entwickeln zu können?

Denn, wenn schon Organisationen von ihrer Umwelt nicht determiniert werden, sondern versuchen über die Umwelt zu herrschen, so scheint folgerichtig, dass eine Wandlung und Entwicklung zum verantwortungsvollen Wirtschaften nur von innen erfolgen kann (Bornewasser 2009, S. 61). Mit Blick auf die Brandbeschleuniger der Finanz- und Wirtschaftskrise der letzten Jahre ließen (zumindest einige) Entscheidungsträger Persönlichkeit, Rückgrat und Vernunft mehr als missen. Mit gravierenden Folgen für das Unternehmen als Ganzes (insb. Lehman Brothers). Eine „Kleine Philosophenschule für Manager" (Drosdek 2003) kann da schon als Indiz des Nachholbedarfs verstanden werden. Nachholen, was vorher irgendwo zwischen den *Cases* und *Papers* reiner Business Schools verloren gegangen ist.

Natürlich: Das soll und kann nicht die Abkehr von einer fundamentalen kaufmännischen Ausbildung an Hochschulen bedeuten. Aber: Ausbildung, Bildung – das sind nicht ein und dasselbe (Kolozs 2011, S. 8). Vielmehr scheinen sich beide Areale gegenseitig zu ergänzen. Die Ausbildung mit ihrem Erlernten kann dabei wohl nur integrativer Bestandteil einer Persönlichkeit werden, wenn der Lernende weiß, das Erworbene richtig einzuordnen (Roth 2011, S. 35). Es ist dieses Einordnen, Sortieren, Durchdringen, was Bildung und Wissen ausmacht (Liessmann 2006, S. 29, 31). Für jeden Einzelnen und damit auch für Organisationen als Ganzes, um zwischen – ich sage mal – „dem Richtigen" und „dem Falschen", Verantwortungsvollem und Unverantwortlichem, Ehrenhaftem und Unehrenhaftem zu unterscheiden.

Wenn also nun fundamentale ökonomische Theorien wie die des homo oeconomicus zum Standard-Repertoire der Auszubildenden gehört, müssen diese trotzdem in der Lage sein zu erkennen, dass auch Organisationen Verantwortung in der Mitte der Gesellschaft zu übernehmen haben. Dass der alles überwiegende alleinige Eigenvorteil zuletzt zum Verlust der Existenzberechtigung innerhalb der Gesellschaft führt (Marx 2008, S. 74–78). Hier besteht ein Zusammenhang von Bildung, Organisationen, ihrer Entwicklung und CSR. Das Extrem jedoch, mit der offensichtlich an bestimmten „Bildungseinrichtungen" die reine Lehre des homo oeconomicus vertreten wird, verringert die Chancen auf verantwortungsvolles Unternehmertum (Sattelberger 2012).

Ein solches Extrem macht die Akteure innerhalb einer Organisation unempfänglich für Maß und Verantwortung. Daher sind die neuesten Entwicklungen an Hochschulen, Ethik- und Nachhaltigkeits-Module ins Curricular aufzunehmen, zu begrüßen, wenn auch wohl nur ein erster Schritt hin zu einer integrativen Lehre. Die Katholische Universität ist mit zwei Ethik-Lehrstühlen auf diesem Gebiet seit Jahren ein Vorreiter und auch wichtige Grundlage unserer Studentischen Initiative von „DenkNachhaltig! e. V."

3 Ehrbare Organisationen

Im letzten Kapitel hatte ich versucht, einen Zusammenhang von der Bildung der Akteure innerhalb einer Organisation und CSR aufzuzeigen, und, dass Organisationen sich maßgeblich von innen heraus entwickeln und damit die Richtung der Entwicklung signifikant von den Einstellungen der Akteure abhängt. Selbst bei Einschreiten externer Berater, welche helfen, die Organisation hin zu verantwortungsvollem Wirtschaften in Gesellschaft und Umwelt zu entwickeln, bleibt doch jede einzelne inhärente Überzeugung von Nachhaltigkeit abhängig von der Bildung und Einstellung der Akteure selbst. Damit könnte man schließen, dass die Nachhaltigkeit der Entwicklung von Organisationen ebenso von der Bildung abhängt.

Was uns bei „DenkNachhaltig! e. V." immer wieder stutzig macht, ist der Gedanke einiger Skeptiker, die glauben, Nachhaltigkeit, die Theorien von CSR und *Good Corporate Governance*, seien etwas, das *zusätzlich* neben den „wichtigen" Theorien der Ökonomie, sozusagen „oben drauf" vermittelt wird. CSR als neumodische Erscheinung sozusagen.

Auch deshalb versuchen wir mit einer Konferenz zum Thema Nachhaltigkeit an einer wirtschaftswissenschaftlichen Fakultät diese gedankliche Separation zu überwinden und klarzumachen, dass Ökonomie und Nachhaltigkeit sich nicht ausschließen (Albach 2007, S. 1–13). Und folgt man Horst Albach, sich auch gar nicht ausschließen können (Albach 2007, S. 1–13).

Auch das gehört zur Bildung, dass im Grunde die ethische Maxime des Ehrbaren Kaufmanns nicht erst seit gestern gilt, sondern zum Wirtschaften seit jeher dazugehört. „Der Ehrbare Kaufmann als Leitbild der Betriebswirtschaftslehre handelt ethisch." (Klink 2008, S. 58) Insbesondere für die CSR schließt Daniel Klink, dass dieses „Leitbild von unmittelbarer Bedeutung" (Klink 2008, S. 58) ist, oder sogar, dass „das Leitbild des Ehrbaren Kaufmanns den nachhaltig wirtschaftenden Akteur darstellt"(Klink 2008, S. 72). CSR – Organisationen – Ehrbarer Kaufmann. Wer also Theorien zu CSR oder *Good Corporate Governance* als „zusätzliche" Lehre abtut, hat weit gefehlt. Und trotzdem, oder gerade deshalb, ist es verwunderlich, wie viel Überzeugungsarbeit auch unsere Initiative gegenüber Studenten und Unternehmen immer wieder leisten muss. Es fehlt an Wissen, an Bildung.

Ich will nun für die Ehrbare Organisation wieder den Ansatz verfolgen, dass diese nur ehrbar sein kann, wenn sich auch ihre Akteure ehrbar verhalten – eben entlang der ethischen Maxime des Ehrbaren Kaufmanns. Um noch einmal eine Vorstellung davon zu bekommen, was das idealerweise bedeutete: Für den italienischen Kaufmann waren im späten Mittelalter die Grundlagen des Ehrbaren Kaufmanns zusammenfassend sein „Gewinnstreben, seine rationale und emotionale Intelligenz, sein Organisationstalent sowie sein politischer und wirtschaftlicher Weitblick" (Klink 2008, S. 64).

Insbesondere der Begriff „Ehre" bedeutete damals mehr als das heutige „die Wahrheit sagen". (Klink 2008, S. 64) Ehrenhaft war sozusagen derjenige, der „achtbar und reputabel" (Klink 2008, S. 64) war. Und weiter unterteilt Klink in praktische und tugendhafte Eigenschaften, wozu „der Weitblick, billig kaufen und teuer verkaufen und fehlerloses Rechnen" (Klink 2008, S. 64), sowie „Anstand, Redlichkeit, bewundernswertes und ehrliches Verhalten, ohne Tadel, mit herzlicher Dankbarkeit, Unterlassen von Wucher und Glücksspiel" (Klink 2008, S. 64) gehörten. Für den Hansekaufmann kann eine derart detaillierte Beschreibung nicht vorgenommen werden. Mutmaßend lag dies daran, dass ehrbares Verhalten ohnehin selbstverständlich war (Klink 2008, S. 68).

Mit der Entwicklung eigener Beweis- und Gerichtsverfahren schufen die Kaufleute damals das Kaufmannsrecht, durch dessen Befolgung der Ehrbare Kaufmann entstand (Klink 2008, S. 62–63). Für Organisationen würde man heute dazu wohl *Compliance* sagen. Diese ließe sich mit den praktischen Eigenschaften des ehrbaren Kaufmanns vergleichen. Doch die Entwicklung und Befolgung der tugendhaften Eigenschaften verlangt, wie in Kap. 2 beschrieben, die Fähigkeit „das Ehrenhafte" zu erkennen und bereitwillig zu befolgen. Diese können Ausdruck in freiwilligen Kodizes finden. Für Organisationen ist hier die Fähigkeit des Lernens und Erkennens von zentraler Bedeutung. Damit ist „das Lernen der Individuen und das Lernen der Organisation als Gesamtsystem" (Gairing 2002, S. 15) angesprochen.

Insbesondere hatte ich in Bezug auf das Lernen der Individuen im vorherigen Kapitel versucht, darauf hinzuweisen, dass dies ein Bildungsprozess ist, der nicht erst mit dem Eintritt in eine Organisation stattfindet, sondern viel früher, ja im Grunde ab der Geburt beginnt (Kolozs 2011, S. 29 f.). Nicht alles, was legal ist, muss richtig sein. Daher geht es um die Entwicklung einer Entscheidungskraft (Kolozs 2011, S. 13) hin zum „Guten", zum Ehrbaren. Oder im Sinne Albert Schweitzers, die Fähigkeit und Kraft einer Reflexion, die Konsequenzen seiner Entscheidungen im und für das Gesamtsystem der Organisation zu bedenken. Nachdenken, was man tut.

4 Fazit

Mit dem vorliegenden Beitrag habe ich versucht, einen Zusammenhang zwischen Bildung und Nachhaltigkeit herzustellen. Wie eingangs erwähnt, ist dieses Zusammenspiel aus der Sicht und Erfahrung unserer studentischen Initiative von großer Bedeutung und ihm sollte mehr Aufmerksamkeit geschenkt werden. Auch wenn mir dies nur ohne weitergehende Tiefe gelungen sein sollte, sollten zumindest die Verbindungen von der Bildung der Akteure, der CSR und Organisationen ersichtlich geworden sein. In Abschn. 3 hatte ich versucht klarzumachen, dass Organisationen *nachhaltig* nachhaltig sein können, wenn ihre Akteure davon überzeugt sind. Abschn. 2 liefert dazu die Voraussetzungen, die der Menschenbildung. Sie ist Grundlage der These, dass Bildung vor aller Nachhaltigkeit kommt. Mit ihr sollen Individuen, und damit alle Akteure einer Organisation, eine Entscheidungskraft entwickeln, die sie der Verschwendung von ökonomischen, sozialen und ökologischen Ressourcen einer Organisation widerstehen lässt.

Literatur

Adorno TW (1971) Philosophie und Lehrer. In: Erziehung zur Mündigkeit, 1. Aufl. Suhrkamp Verlag, Frankfurt a. M.
Albach H (2007) Unternehmenstheorie und Unternehmensethik. In: Schwalbach J, Fandel G (Hrsg) Der Ehrbare Kaufmann: Modernes Leitbild für Unternehmer? Gabler-Verlag, Wiesbaden (Zeitschrift für Betriebswirtschaft 2007, Special Issue 1)
Bornewasser M (2009) Organisationsdiagnostik und Organisationsentwicklung. In: Oelsnitz D von der, Weibler J (Hrsg) Organisation & Führung. W. Kohlhammer, Stuttgart
D'heur M (2014) shared.value.chain: Profitables Wachstum durch nachhaltig gemeinsame Wertschöpfung. In: D'heur M (Hrsg) CSR und Value Chain Management: Profitables Wachstum durch nachhaltig gemeinsame Wertschöpfung, Management-Reihe Corporate Social Responsibility. Springer, Berlin, S 1–122
Drosdek A (2003) Die Liebe zur Weisheit: Kleine Philosophenschule für Manager. Campus
Gairing F (2002) Organisationsentwicklung als Lernprozess von Menschen und Systemen: Zur Rekonstruktion eines Forschungs- und Beratungsansatzes und seiner metadidaktischen Relevanz, 3. Aufl. Beltz Verlag, Weinheim

Humboldt W von (1980) Theorie der Bildung des Menschen. In: Flitner A, Giel K (Hrsg) Werke, Band I – V, Schriften zur Anthropologie und Geschichte, Bd I, 3. gegenüber der 2. unveränderte Aufl. Wissenschaftliche Buchgesellschaft, Darmstadt

Klink D (2008) Der Ehrbare Kaufmann – das ursprüngliche Leitbild der Betriebswirtschaftslehre und individuelle Grundlage für die CSR-Forschung. Gabler-Verlag, Wiesbaden (Zeitschrift für Betriebswirtschaft, 2008, Special Issue 3)

Kolozs M (Hrsg) (2011) „Bildung ist ein Lebensprojekt": Im Gespräch mit Konrad Paul Liessmann, 1. Aufl. Studienverlag, Innsbruck

Krais B, Gebauer G (2010) Habitus, 3., unveränderte Aufl. transcript Verlag, Bielefeld

Liessmann KP (2006) Theorie der Unbildung: Die Irrtümer der Wissensgesellschaft, 1. Aufl. Paul Zsolnay Verlag, Wien

Liessmann KP (2012) „Ich weiß etwas, was Du nicht weißt!": Über den Mythos der Wissensgesellschaft. http://bildung-wissen.eu/wp-content/uploads/2012/03/Liessmann-Profil1-2-2012.pdf. Zugegriffen: 17. Juli 2014

Marx R (2008) Das Kapital: Ein Plädoyer für den Menschen, 1. Aufl. Pattloch, München

Roth G (2011) Bildung braucht Persönlichkeit: Wie Lernen gelingt, 1. Aufl. Klett-Cotta, Stuttgart

Sattelberger T (2012) Managerausbildung: „Die großen Business Schools sind lebendige Leichen". Interview in: Spiegel Online. http://www.spiegel.de/karriere/berufsleben/managerausbildung-die-grossen-business-schools-sind-lebendige-leichen-a-813654.html. Zugegriffen: 18. Juli 2014

Stephan Grewe Jg. 1988, wuchs mit drei Geschwistern auf einem landwirtschaftlichen Betrieb im Münsterland auf. Nach einer kaufmännischen Ausbildung schloss sich ein betriebswirtschaftliches Grundstudium in Bochum und Dublin an. Während des Masterstudiums an der wirtschaftswissenschaftlichen Fakultät in Ingolstadt (WFI) der Katholischen Universität Eichstätt-Ingolstadt engagiert er sich als Vorsitzender der studentischen Initiative „DenkNachhaltig! e. V.". Die Initiative veranstaltet jährlich die größte studentische Konferenz zum Thema Nachhaltigkeit in Deutschland.

Teil IV
Organisationsentwicklung in der Praxis

Nachhaltige Organisationsentwicklung in einem Technologieunternehmen: Nanogate AG

Ralf Zastrau

1 Einleitung

Als die Nanogate AG im Jahre 1999 operativ mit vier Mitarbeitern in kleinsten und sehr bescheidenen Räumlichkeiten startete, war aller Anfang schwer.

Die Gründungsorganisation bestand seinerzeit aus zwei Wissenschaftlern, einer Hilfskraft und einem gewonnenen Industriemanager. Nanogate wurde zwar seinerzeit mit einer Start-up Finanzierung für die nächsten Monate und begeisternden wissenschaftlichen Ideen ausgestattet, verfügte aber weder über erste Kunden, vermarktungsfähige Produkte, industrielle Fertigungsumgebungen, grundlegende Entwicklungskapazitäten oder etwa brauchbare Organisationsstrukturen. In dieser ersten Phase unserer Unternehmensentwicklung ging es primär darum, grundlegende Themen und Projekte zu identifizieren und ein gemeinsames Basisverständnis zu entwickeln, was uns als neu gegründetes Technologieunternehmen zukünftig ausmachen wird.

Getrieben von dem Gedanken, ein europäischer Pionier einer neuen Branche zu sein, wollten wir in einem extrem dynamischen Marktumfeld der Nanotechnologie mit seinerzeit noch unbekannten Geschäftsmodellen bestehen. Neben der operativen Basisarbeit und zunächst stark negativem Cash-Flow galt es jedoch zunächst, gemeinsam zu lernen, harte Fakten und tagtägliche Realitäten im Auge zu behalten und hierbei gemeinsam wissenschaftliche in kommerzielle Erfolge zu verwandeln. Im Rahmen unserer grundlegenden Organisationsentwicklung galt es daher permanent zu überprüfen, wo wir dauerhaft wirklich eine besondere Marktposition erreichen können und zu entscheiden, was wir nicht leisten können oder leisten wollen.

R. Zastrau (✉)
Nanogate AG, Zum Schacht 3, 66287 Quierschied-Göttelborn, Deutschland
E-Mail: ralf.zastrau@nanogate.com

Uns beschäftigte also die Kernfrage: Wie entwickeln wir uns zu einem besonders erfolgreichen Unternehmen?

Heute, viele Jahre später, mit hunderten von erfolgreichen Problemlösungen im Markt, internationalen Erfolgen in dreißig Ländern, einer durchschnittlichen Wachstumsrate von rund 30 % pro Jahr, einem vollzogenen Gang an die Börse sowie mit aktuell nahezu 600 Menschen, die mit uns arbeiten, ist Nanogate nach mehreren Phasen seiner Transformation und permanenten Veränderung in keiner Weise mehr mit dieser Anfangssituation vergleichbar. Jedoch ist unsere seinerzeit gestellte Kernfrage unverändert für uns relevant und beeinflusst unser Handeln tagtäglich.

2 Organisationsentwicklung: Grundlage ist Vertrauen

Permanente gesellschaftliche Fragestellungen und Diskussionen sind für Unternehmen im Bereich High-Tech allgegenwärtig. Als Unternehmen nachhaltig zu bestehen und sich in einem dynamischen Umfeld schnell zu verändern, ist ohne die Schaffung und Pflege eines belastbaren Vertrauensverhältnisses zu den jeweiligen Kooperationspartnern nicht möglich. So wird der Erfolg zwingend von dem Verhältnis zu Kunden, Investoren, Mitarbeitern, Technologiepartnern, Zulieferern, Behörden, Verbänden und auch zur Zivilgesellschaft abhängen.

Sich dynamisch verändernde Wettbewerbsbedingungen, regelmäßiger Ertrags- oder Kostendruck und die damit potenziell einhergehenden Entscheidungskonflikte machen jedoch die Umsetzung anspruchsvoller Wertesysteme in der Unternehmenspraxis zu einer regelmäßigen Herausforderung. Insgesamt bewegen wir uns also in einem Umfeld, in welchem eine breite Vertrauensbildung in die Kernprozesse und Wertschöpfung eines Unternehmens sowie in übergreifende gesellschaftliche Aktivitäten kaum einfach zu etablieren ist.

Schlüsselfragen für ein High-Tech-Unternehmen, wie auch für die Nanogate AG, bestehen daher darin, wie das eigene Rollenverständnis zur Bildung der wichtigen „Erfolgswährung" Vertrauen in zentrale Unternehmenswerte dauerhaft zu verankern und umzusetzen ist. Auch ohne die bei unserer Gründung bereits erwarteten Diskussion um besondere Technologiefolgen sowie Nachhaltigkeitsaspekte der Nanotechnologie wurde uns bei der Organisationsentwicklung der Nanogate AG ebenso bewusst, dass unser zentrales Unternehmensziel, als bestmöglicher Partner für Hochleistungsoberflächen wahrgenommen zu werden, nicht nur davon abhängen wird, ob wir im Markt als besonders kompetenter und verlässlicher Spieler gelten.

Vielmehr waren und sind wir davon überzeugt, dass eine ganz besondere unternehmerische Chance darin liegt, als ein Unternehmen gesehen zu werden, welches glaubhaft auch übergreifende Verantwortung übernimmt, Respekt und Integrität in den Mittelpunkt stellt, zu besonderer Sorgfalt bereit ist. Grundsätzlich geht es also nach unserem Verständnis im Hinblick auf den Unternehmenserfolg als High-Tech-Unternehmen nicht nur darum, verantwortungsvolles Wirken und Handeln in den Kernbereichen des Unternehmens dauerhaft unter Beweis zu stellen, sondern ebenso darum, durch übergreifendes Engagement zusätzliche wichtige strategische Erfolgsfaktoren sowie eine breite Vertrauensbasis für eine unternehmerische Zukunft zu schaffen.

Hierfür ist nicht nur eine hohe Identifikation des Managements und Gewinnung eines breiten Mitarbeiterverständnisses notwendig, sondern auch ein dauerhaftes Zusatzengagement über das „Tagesgeschäft" hinaus. Insbesondere ist es zwingend, ein solches Engagement in keinem Fall primär aus der Perspektive klassischer Unternehmenskommunikation zu strukturieren – etwa mit typischem Methodenverständnis der Disziplinen Marketing, IR oder PR. Ziel muss eine glaubwürdige Verankerung im Wertesystem des Unternehmens sein – also ein Engagement etwa mit der Maxime: „Wir übernehmen dauerhaft Verantwortung und zwar auch dann, wenn kein ‚Scheinwerfer' auf uns gerichtet wird und es möglicherweise lange dauert, bis unser Engagement von Dritten gewürdigt wird."

Konkrete Möglichkeiten für solches glaubwürdiges Zusatzengagement lassen sich in der Praxis immer identifizieren: So konnte die Nanogate AG beispielsweise eine besondere Chance früh nutzen und bereits in seinem ersten Geschäftsjahr mit „Nanosafe" das seinerzeit größte EU-weite Programm zur Technologiefolgenabschätzung mit initiieren und dann in der Folge über mehrere Jahre intensiv begleiten. Hierbei stand im Mittelpunkt, europaweit eine sichere Produktion und Verwendung von Nanomaterialien über alle Branchen zu erreichen. Ein umfassende Verpflichtung, welche aufgrund der damaligen winzigen Organisationsstruktur und sehr brisanten wirtschaftlichen Situation des Unternehmens alles andere als selbstverständlich war. Der notwendige Konsens hierfür – auch mit dem Aufsichtsrat, welcher zunächst aufgrund gewünschter Ressourcenschonung mit einer klaren Gegenposition argumentierte – konnte jedoch letztendlich „gemeinsam erarbeitet" werden, um dieses erste übergreifende CSR-Projekt der Nanogate AG tatsächlich umsetzen zu können.

Rückblickend betrachtet hatte dieses Projekt – für uns damals noch etwas überraschend – wesentliche Einflüsse auf die weitere Organisationsentwicklung der Nanogate AG und hat ebenso die Transformation des Unternehmens vom wissenschaftlichen Start-up zu einem kunden-, produkt- und marktorientierten Unternehmen positiv begleitet. Neben dem wichtigen Beitrag von „Nanosafe" rund um die damalige Nanotechnologie-Diskussion bedeutete das Projekt und das lange Engagement für uns insbesondere eine übergreifende Steigerung der Sichtbarkeit des Unternehmens, Reputationsgewinn gegenüber nahezu allen Typen von Kooperationspartnern des Unternehmens, den Aufbau von wichtigen internationalen Netzwerken und nicht zuletzt den Gewinn von wertvollem Wissen und Vertrauen für die zukünftige Forschungs- und Produktentwicklungsstrategie des Unternehmens.

Aber auch unternehmensintern wurde besser verstanden, dass ein gewünschtes übergreifendes Unternehmensengagement nicht als Lippen- und Marketingbekenntnis formuliert wurde, sondern nach einem gemeinsamen Konsens nun auch bei schwierigen Unternehmensbedingungen realisiert werden kann. Im Rahmen unserer internen Unternehmensentwicklung konnten wir durch die herausfordernde Konstellation ein besonders hohes Maß an Vertrauen bzw. Identifikation bei Mitarbeitern erarbeiten, die Kooperationsfähigkeit mit unterschiedlichen (intern/extern) Partnern exzellent trainieren sowie eigene Management- und Strategieprozesse und das Verständnis hierfür verbessern.

In den folgenden Jahren konnte die Nanogate AG, nicht zuletzt aufgrund gemachter positiver Erfahrungen aus der Anfangszeit, sein CSR-Verständnis, also gesellschaftliche Verantwortung mit Kernfragen des Unternehmens unmittelbar zu verbinden, weiterentwickeln und in alle Gebiete der Organisationsentwicklung und Unternehmenstransformation einfließen lassen.

3   Unternehmensentwicklung in Phasen

Nanogate hat ihre Unternehmensentwicklung neben permanenten Veränderungsprozessen bereits in vier wesentlichen Transformationsphasen gestaltet und befindet sich derzeit in der fünften Unternehmensphase.

So war die Start-up-Phase von grundlegenden Fragestellungen wie der Erstellung erster erfolgreicher Produkte oder dem Aufbau erster industrieller Produktionsumgebungen geprägt. Die Organisation war flach und wurde faktisch in Form einer Projektorganisation gelebt. Das konstituierende Element bilden wenige Zielprojekte, die einen ersten wirtschaftlichen Erfolg der Nanogate sichern sollten. Hier stellten sich besondere Herausforderungen einer Ausbalancierung und insbesondere Fragestellungen, den Transfer von einem wissenschaftlichen zu einem kommerziellen Denken zu gestalten. Das Thema „Vertrauensbildung" bei relevanten Stakeholdern spielte jedoch ebenfalls eine wichtige Rolle, nicht zuletzt da sich eine grundsätzliche Diskussion um die Nanotechnologie bereits abzeichnete. Diese Diskussion wollte Nanogate als unternehmerische Chance begreifen und hat entsprechende Themen begleitet.

Mit der Etablierung erster erfolgreicher Produkte und Umsätze im Markt, der Generierung zufriedener Kundenbeziehungen und dem Aufbau erster industrieller Unternehmensprozesse und -strukturen hat Nanogate die weitere Transformation des Unternehmens unmittelbar angestoßen.

In der zweiten Phase mit dem Ziel einer grundlegenden Professionalisierung des Unternehmens ging es primär um den Aufbau klassischer funktionale Unternehmensstrukturen (Einkauf, F&E, Marketing, Vertrieb, Controlling), der unmittelbaren Einführung eines Qualitäts- und Umweltmanagements und der Standardisierung und Modularisierung von F&E-Prozessen. In diesem Zusammenhang wurde auch das Führungsteam um externe Manager erweitert und die Verantwortungs- und Kompetenzstrukturen umfassend umgebaut. Ein wichtiger Veränderungsprozess, der durch Herausforderungen geprägt war, denn es galt, von gerade liebgewonnener, eigener Unternehmerverantwortung wieder ein wenig an Dritte abzugeben. CSR als Bindeglied für eine verantwortungsvolle Organisationsentwicklung hat die Nanogate auch in dieser Phase aktiv begleitet. Vielfältiger Einsatz für Mitarbeiterthemen, bei CSR-Projekten in der Region oder bei Fragestellungen in Umweltthemen standen hierbei im Mittelpunkt.

Mit Erreichen der „Break-Even"-Schwelle hat Nanogate sich dann wiederum entschlossen, das Unternehmen ein weiteres Mal wesentlich zu transformieren. Hinsichtlich der Organisationsstrukturen wurde quasi eine Geschäftsfeldorganisation gewählt. Zielsetzung war es, die formale Trennung zwischen Technik und Markt aufzuheben und eine vollständige Mitarbeiter-Fokussierung auf ausgewählte Produkt-Markt-Segmente zu ermöglichen. Hierbei lag der Gedanke zugrunde, dass die Kompetenzen von Nanogate immer mehr als ein Systemgeschäft abgerufen wurden und größere Kundenthemen gemeinsam nur in einem heterogenen Team gelöst werden konnten. Der Übergang zwischen Marktintelligenz, Spezifikation von Kundenanforderungen, formalem Vertrieb und technischer Realisierung waren hierbei fließend und dynamisch. Die formale Abteilungsschnittstelle war hierbei hinderlich und verhinderte oftmals die notwendige klare Ausrichtung auf den Kunden und den unbedingten Umsetzungswillen des jeweiligen Teams. Die Funktionalorganisation wurde daher aufgelöst und ist einer Geschäftsfeldorganisation gewichen, nicht zuletzt auch um eher wissenschaftlich orientierten Mitarbeitern eine unmittelbare Verantwortung für den Kundenerfolg aufzuzeigen und die nötige Portion „Demut" näher zu bringen. In diesem Zusammenhang wurde auch ein rein auf den konkreten Kundenerfolg ausgerichtetes, quartalsweises Bonussystem flankierend eingeführt, welches im jeweiligen Geschäftsfeld keinerlei Unterschied zwischen primärer Vertriebstätigkeit, technischem Support oder F&E machte. Die notwendigen internen Diskussionen, interne Verbesserungsprozesse, richtige Fokussierung und Priorisierung wurden hierdurch positiv gefördert.

In der Folge wurde Nanogate nachhaltig profitabel und in seinen jeweiligen Produkt-Marktsegmenten erfolgreich. Die Fragen, mit welchen sich das Unternehmen dann konfrontierte, waren die Prüfung von Möglichkeiten einer signifikanten Skalierung, verbunden mit dem Zugang zu großen und internationalen Märkten sowie Anwendungen. Dabei reifte die Erkenntnis, das Unternehmen ein weiteres Mal zu transformieren. Die Idee für das Wachstumsprogramm „NEXT" wurde geboren. Ziel war, einen Umsatzsprung von ca. 8 auf 50 Mio. € zu realisieren und die hierfür notwendigen Produkt- und Marktentwicklungen umzusetzen sowie übergreifend notwendige Kompetenzen extern zu akquirieren. Für dieses Vorhaben galt es jedoch, auch eine zukunftsweisende Investoren- sowie Finanzierungsstruktur zu schaffen. Nanogate hatte sich in diesem Zusammenhang seinerzeit für einen Börsengang entschieden. Flankierend wurde ebenso das Thema CSR als ein Schlüsselbereich der Unternehmensstrategie und Organisationsentwicklung deutlich aktiver kommuniziert (Abb. 1).

Mit Ende des Geschäftsjahres 2013 und dem Übertreffen des ursprünglich gesteckten Umsatzziels wurde das Wachstumsprogramm „NEXT" beendet und eine weitere Transformation des Unternehmens mit dem Titel „Phase5" und dem Schwerpunkt „Internationale Expansion" gestartet. Zwischenzeitlich ist Nanogate zu einem international führenden integrierten Systemhaus für Hochleistungsoberflächen herangewachsen und in Form einer Holdingorganisation mit fünf Standorten in Deutschland sowie einem in den Niederlanden aufgestellt. Die besondere strategische und organisationale Ausrichtung soll den Wettbewerbsvorsprung von Nanogate sichern und stützt sich auf vier Säulen:

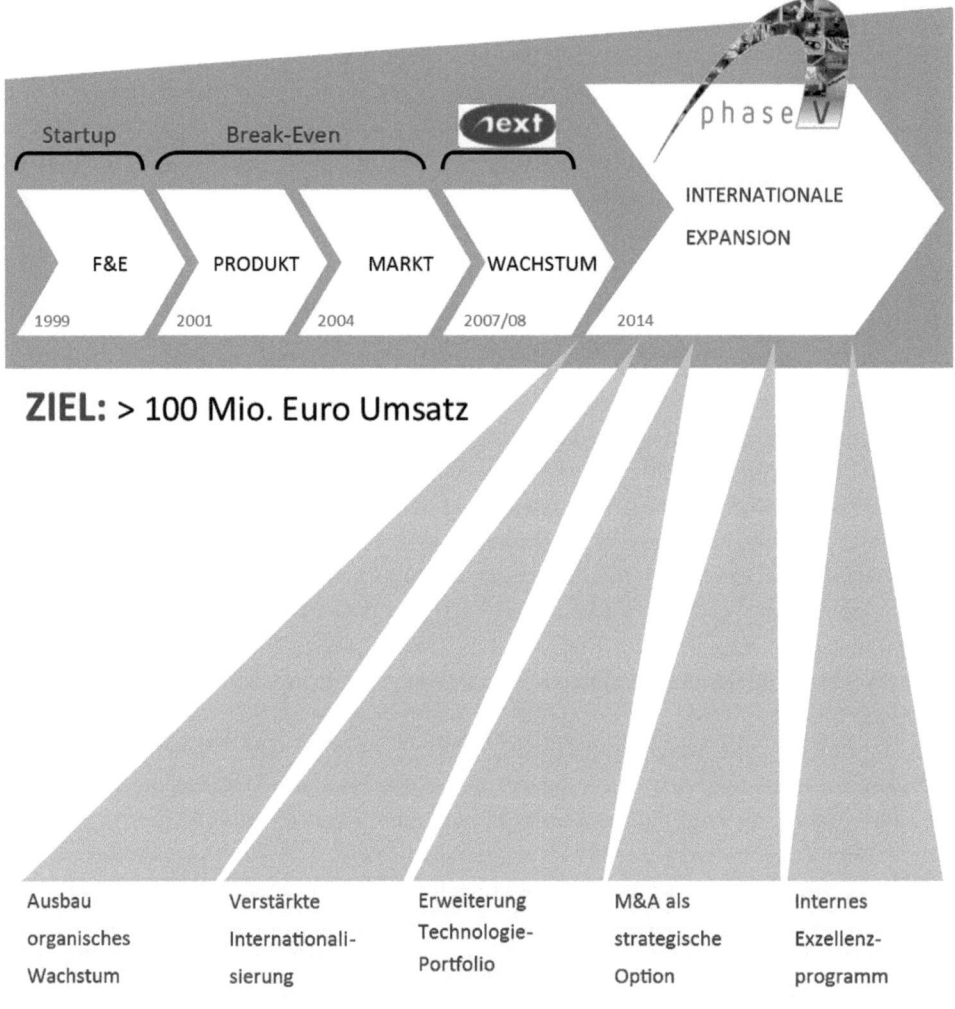

Abb. 1 Schema der Unternehmensentwicklung der Nanogate AG

- Als Systemlieferant unterstützt Nanogate seine Kunden umfassend. Die gesamte Wertschöpfungskette wird abgedeckt. Die langjährige Erfahrung umfasst gleichermaßen die Materialentwicklung und Produktion wie auch die Beschichtung und Qualitätssicherung. Unsere eigenen Fertigungsanlagen für die Beschichtung von Metallen und Kunststoffen liefern höchste optische Qualität, was beispielsweise im Automobilbau unabdingbar ist.
- Nanogate verfügt über ein weitreichendes Technologieportfolio, welches kontinuierlich ausgebaut wird. Mit diesem Know-how werden zahlreiche Substrate wie Metalle, Edelstahl, Kunststoffe oder Glas veredelt. Dabei beherrscht das Unternehmen eine Vielzahl von zusätzlichen Funktionen, die auf das Substrat quasi programmiert und teilweise auch miteinander kombiniert werden. Dazu zählen beispielsweise kratzfeste, korrosionsschützende, antibakterielle oder antihaftende Eigenschaften.

- Als Innovationspartner begleitet Nanogate seine Kunden kontinuierlich und entwickelt bestehende Systeme gemeinsam weiter. Viele Produkte, die mit dem vorhandenen Knowhow veredelt sind, werden in Serie hergestellt und sind mittlerweile in der fünften oder sechsten Generation erhältlich.
- Die zwei strategischen, an nachhaltigen Fragestellungen orientierten Wachstumsfelder N-Glaze® und N-Metals® stoßen auf große Nachfrage. Zum einen kommen Kunststoffe mit glasartigen und gleichzeitig gewichtsreduzierenden Eigenschaften in immer mehr Bereichen zum Einsatz. Zum anderen sieht Nanogate erhebliches Potenzial bei umweltfreundlichen Anwendungen, Systemen und Prozessen.

4 CSR-Integration in die Organisationsentwicklung

Nach dem Verständnis und den bisher gemachten Erfahrungen der Nanogate AG kann und sollte CSR in drei zentralen Ebenen einer Organisationsentwicklung einwirken. So können wirkungsvoll und glaubwürdig zentrale Bausteine für ein nachhaltig lern- und wandlungsfähiges Unternehmen gebildet werden, Unternehmenstransformationen als Gruppe wirkungsvoll begleitet und individuell geeignete Instrumente und Maßnahmen zielgerichteter entwickelt werden:

- Operative und strategische Kernprozesse
- Gesellschaftlich vernetzte Organisationsentwicklung
- Mitgestaltung übergreifender Handlungsfelder

4.1 Operative und strategische Kernprozesse

Grundlage für die Nutzung von CSR im Rahmen der Organisationsentwicklung ist eine Verankerung in den Kernprozessen eines Unternehmens. Diese erste Ebene ist von fundamentaler Bedeutung und bildet immer eine natürliche Ausgangslage für alle weiteren Überlegungen. Die Organisationsentwicklung unter Berücksichtigung von CSR-Aspekten sollte sich daher regelmäßig in allen Unternehmensbereichen vollziehen, wie etwa in Produktentwicklung, Wertschöpfungsketten, Personal, Produktion oder Marktbearbeitung.

Für die Nanogate als High-Tech-Unternehmen zeigt sich die Integration von CSR in den vergangenen Jahren beispielsweise in Fragestellungen wie der Entwicklung, Förderung und Flexibilisierung von Mitarbeitern, der ehrenamtlichen Mitarbeit in vielen Organisationen oder bei der engen, übergreifenden Kooperation mit Bildungsträgern.

Besonders sichtbar ist die Integration von CSR in die Kernprozesse von Nanogate aber bei der Formulierung und Umsetzung nachhaltiger Produktions- und Produktstrategien und Zielsetzungen. Angefangen bei dem Einsatz von besonders verträglichen Ausgangsstoffen oder einer sehr frühen Einführung von Qualitäts-, Umwelt- und Innovationsmanagementsystemen, setzt die Nanogate AG ebenso einen klaren Fokus darauf, Produkte zu ermöglichen, welche die Umwelt weniger als klassische Lösungen belasten. Hierzu gehört, bessere und umweltschonende Produktionsprozesse zu ermöglichen oder Konzepte bereitzustellen, welche höhere Lebensdauern ermöglichen oder zu einer effizienteren Ressourcennutzung beitragen. Insgesamt entstanden so in den vergangenen Jahren erprobte Produkte und Unternehmensprozesse, welche bis heute wichtige Beiträge bei der Optimierung der Wertschöpfungsketten der Nanogate AG sowie der Beziehungen zu allen externen Partnern und Lieferanten leisten.

Als Beispiele seien Oberflächensysteme genannt, welche industrielle Reinigungsprozesse signifikant erleichtern, gleichzeitig Kosten sparen und einen Verzicht auf aggressive Reinigungsmedien ermöglichen. Weiterhin wurden innovative Gebäudeoberflächen realisiert (etwa im längsten Stadttunnel Europas in Stockholm), welche auch hier aggressive Anschmutzungen minimieren und eine einfache Tunnelreinigung ohne umweltbelastende Stoffe sicherstellen. Zudem wurden Wartungsintervalle deutlich verlängert und dadurch ebenfalls Kosten gespart sowie Umweltbeiträge erreicht. Ein weiteres Beispiel sind multifunktionale, glasartige Kunststoffe, die höhere Sicherheit und attraktive Designs ermöglichen sowie gleichzeitig zur Gewichtsreduktion etwa im Automobilbereich beitragen.

Neuste Entwicklungen tragen zu einem Wandel im Markt für Oberflächen bei:

Mit dem Aufbau einer neuen Technologieplattform schafft Nanogate eine umweltfreundliche Hybridtechnologie als Alternative zur galvanischen Beschichtung. Die Technologie verzichtet auf umweltbelastende Stoffe wie Chrom6 oder Nickel. Hierdurch können die veredelten Bauteile auch komplett recycelt werden.

4.2 Gesellschaftlich vernetzte Organisationsentwicklung

Über die Aktivitäten in klassischen Kernprozessen hinaus bietet eine gesellschaftlich vernetzte Unternehmens- und Organisationsentwicklung insbesondere in regionalen Partnerschaften und übergreifenden Projekten besondere Chancen für Unternehmen. Ziel ist es hierbei, gemeinsam mit anderen Unternehmen, Partnern aus der Zivilgesellschaft und der Verwaltung/Politik übergreifende Fragestellungen in einer konkreten Region anzugehen. Im Gegensatz zu individuellen Unternehmensbeiträgen lernen so durch konkrete Projekte Unternehmen, Politik und zivilgesellschaftliche Akteure von- und miteinander, um gemeinschaftliche Lösungen für die Herausforderungen ihrer Regionen zu entwickeln und erfolgreiche Konzepte zu übertragen. Typische Themen hierfür sind Bildung und Beschäftigungsfähigkeit, Integration und gute Bedingungen für Kinder und Familien sowie in Fragestellungen bei Umwelt und Ressourcenschutz.

Insbesondere mittelständische Unternehmen, die mit ihrem regionalen Umfeld tief verwurzelt sind, haben erkannt, wie wichtig ein intaktes gesellschaftliches Umfeld ist, und auf der anderen Seite werden diese – sich glaubwürdig engagierende Unternehmen – ebenso von Dritten als besonders vertrauenswürdige Partner gewertet. Zudem bewirkt ein solches gesellschaftliches Engagement eine Verankerung verantwortungsvoller Unternehmenskultur bei Mitarbeitern. Durch vernetztes CSR-Engagement in der Region bieten sich daher besonders wirkungsvolle Möglichkeiten für die eigene Organisations- und Mitarbeiterentwicklung und gleichzeitig die Chance, verschiedenste Stakeholder effektiv zu erreichen sowie gleichzeitig unmittelbar Beiträge für das Unternehmen beispielsweise bei der Fachkräftesicherung und -gewinnung zu erreichen (u. a. auch unter dem Stichwort „Employer Brandig").

Besonders im Bildungsbereich ist auch die Nanogate AG als Technologieunternehmen bis heute übergreifend engagiert. Das lässt sich nicht nur an vielen Ausbildungs- oder Praktikumsplätzen sowie Unterstützung bei Bachelor- und Masterarbeiten sowie Mitwirkung bei Forschungsprojekten ablesen, sondern auch in regional vernetzten Sonderthemen, bei dem weite Teile der Mitarbeiter des Unternehmens aktiv eingebunden sind. Etwa bei der Umsetzung von „Schüler-Nanocamps", bei Schnuppertagen zusammen mit Bildungsträgern, aktiven Begleitung von Schülerfirmen, Mitgestaltung eines Wissenschaftssommers, Einbringung in ein regionales „Lernfestival", der Mitgestaltung des Seminarfachs „Nanotechnologie" in der Oberstufe sowie der Förderung von Bildungsveranstaltungen und Ausstellungen.

Im Hinblick auf eine gesellschaftlich vernetzte Unternehmensentwicklung ist es aus Sicht von Nanogate von zentraler Bedeutung, Beiträge zu leisten, um die MINT-Kompetenz in unserer Heimatregion, dem Saarland, dauerhaft zu verankern. In diesem Kontext fällt insbesondere unsere Initiierung und Begleitung des Netzwerkes „Verantwortungspartner Saarland e.V.", in welchem Unternehmen, Akteure aus der Zivilgesellschaft und auch die öffentliche Hand in gemeinsamen Anstrengungen bei der Standortentwicklung zusammenwirken. Es gilt hierbei in einem vernetzten und gebündelten Engagement in koordinierten Einzelprojekten, nicht nur Geld und Sachmittel einzubringen, sondern mit Bezug zum jeweiligen Kerngeschäft des beteiligten Unternehmens insbesondere Kontakte, unternehmerisches Know-how, Personal und Netzwerke zur Verfügung zu stellen.

Alle diese Aktivitäten wurden landesweit unter dem Leitbegriff „Jugend, Technik und Beruf" „zusammengefasst" und in Arbeitsgruppen für Zielprojekte im Kindergarten, von der Grundschule bis zu weiterführenden Schulen, für Benachteiligte sowie besondere Talente strukturiert. Zwischenzeitlich sind über 200 Mitstreiter gewonnen, die Initiative landesweit verstetigt und vielfältigste Einzelprojekte sowie Partnerschaften erfolgreich umgesetzt worden. Die aktuelle Zwischenbilanz weist bisher etwa 5000 Jugendliche aus, die aktiv erreicht wurden. Überdies sind umfassende, belastbare Netzwerke und vertrauensvolle Partnerschaften entstanden. Alle wichtigen Verbände und Institutionen sowie die Verwaltung des Saarlandes wurden ebenso eingebunden.

Für die Nanogate AG handelte es sich bei dieser vernetzten Organisationsentwicklung um eine unmittelbare „Investition" in das Sozialkapital des Unternehmens. Im Rahmen unserer Organisationsentwicklung sind wir überzeugt, dass sich die bisher geleistete Arbeit bereits unmittelbar positiv auf Unternehmenskultur, Entwicklung von Führungskräften und Mitarbeitern sowie im verbesserten Risiko- und Chancenmanagement eines Unternehmens ausgewirkt und gleichzeitig Beiträge geleistet hat, unseren Standort Saarland lebenswerter, attraktiver, sowie wettbewerbs- und innovationsfähiger zu machen.

4.3 Mitgestaltung übergreifender Handlungsfelder

Im Rahmen der Organisationsentwicklung eines Unternehmens ist eine besondere Fragestellung auch, inwieweit eine Mitgestaltung von übergreifenden Handlungsfeldern möglich ist. Typische Themen für ein Technologieunternehmen wie die Nanogate AG sind hierbei regulatorische Fragestellungen, eine Zusammenarbeit mit Nichtregierungsorganisationen (NGO) sowie eine Arbeit in „politischen Räumen" etwa bei einer übergreifenden Standortentwicklung in der Region. Für diese übergreifenden Handlungsfelder kann CSR Impulse und Beiträge leisten. Insbesondere für Technologieunternehmen bieten sich hier besondere Lern- und Gestaltungsräume im Rahmen der eigenen Unternehmensentwicklung.

Für die Nanogate hat sich beispielsweise die Initiative „Verantwortungspartner Saarland" vor einer vernetzten Unternehmensentwicklung zu einer aktiven Mitgestaltung solcher übergreifender Handlungsfelder entwickelt. So sind die bisherigen Erfolge der Initiative auf breiter Basis sichtbar geworden und fließen auch in umfassende politische Diskussionen um die Zukunftsfähigkeit und den Strukturwandel des Saarlandes generell ein. So fanden die bisherigen Aktivitäten und das aktive Netzwerk der „Verantwortungspartner Saarland" auch in der Formulierung einer landesweiten formalen CSR-Strategie unter der Schirmherrschaft der Ministerpräsidentin besondere Beachtung. Im Kern der formulierten Strategie des Saarlandes steht nunmehr der Anspruch, Unternehmen, Politik und die Zivilgesellschaft in vielen konkreten, landesweiten und übergreifenden Fragestellungen aktiv zusammenzuführen und in relevanten Einzelprojekten zu vernetzen.

In diesem Zusammenhang ist ebenso ein aktiver Dialog entstanden, wie zukünftige politische und gesellschaftliche Rahmenbedingungen und Schlüsselfragen des Saarlandes als Zukunftsstandort gemeinsam gestaltet werden können. Für die Nanogate AG wird sich ein solcher gemeinsamer Dialog mittel- und unmittelbar auch auf die Unternehmensentwicklung auswirken.

Nanogate baut nicht zuletzt vor dem Hintergrund der gemachten positiven Erfahrungen sein CSR-Engagement auch in übergreifenden Handlungsfeldern aus. Projekte im Bereich der Organisationsentwicklung hierzu finden sich etwa beim bundesweiten Engagement der Bertelsmann-Stiftung „Unternehmen für die Region" oder etwa als Mitglied der Nanokommission der Bundesregierung. Ein weiteres Beispiel für die Mitgestaltung übergreifender Handlungsfelder ist die Unterstützung des Öko-Instituts als Nichtregierungsorganisation bei der einheitlichen Bewertung von Nano-Nachhaltigkeitspotenzialen. So konnte Nanogate bei dem vom Umweltbundesamt sowie Bundesumweltministerium geförderten und vom Öko-Institut neu entwickelten Instrument „Nano-Nachhaltigkeits-Check" mitwirken. Hierbei handelt es sich um ein neues Analyseraster, welches darauf abzielt, Umweltbe- oder -entlastungen sowie Risiken und Herausforderungen für die Markteinführung von Produkten und Nanomaterialien bereits sehr früh zu identifizieren.

5 CSR in einem erweiterten Managementverständnis

Unabhängig von den individuell gemachten Erfahrungen im Rahmen der Organisationsentwicklung der Nanogate AG sind wir davon überzeugt, dass glaubwürdig wahrgenommene gesellschaftliche Verantwortung von Unternehmen zukünftig generell zum Schlüsselfaktor für den Unternehmenserfolg wird.

So werden die Grenzen der von Unternehmen geforderten Verantwortung übergreifend neu definiert und traditionelle Sichtweisen hierbei verändert. Insbesondere vorherrschende Mega-Trends führen zwangläufig zu dieser Diskussion sowie ebenso zu einer darauf basierenden Neudefinition von Fragestellungen der Organisationsentwicklung:

- globale Wertschöpfungsprozesse mit ungeahnten Freiheitsgraden für Unternehmen, individuelle Ertragspotenziale zu optimieren
- neue Dimension von transnationalen und (systemrelevanten) Unternehmensbeziehungen, welche von Politik und Zivilgesellschaft nur eingeschränkte Eingriffsmechanismen zulassen
- grundlegende umwälzende gesellschaftliche Herausforderungen, wie etwa Klimawandel, demographische Entwicklung oder eine öffentliche Verschuldung

Tagtäglich findet bereits diese Diskussion statt, und Themen über die zukünftige Rolle und Leistungsfähigkeit des Staates sowie veränderte gesellschaftliche Erwartungen an Unternehmen sind allgegenwärtig. In diesem Zusammenhang wird die kommende Interpretation des Begriffes „Corporate Social Responsibility" das Verständnis für eine zukünftig erwartete Umgangsweise mit Verantwortung nachhaltig prägen. Es ist daher absehbar, dass für Unternehmen eine deutliche Erweiterung des bisher gelebten Begriffes „Management" um das Thema „Verantwortungsmanagement" erforderlich ist und diese Sichtweise eine zentrale Bedeutung im Rahmen der zukünftigen Organisationsentwicklung und Unternehmensführung erlangen wird.

Allerdings können Unternehmen, die diese sich abzeichnenden Veränderungen und entstehenden Marktbedürfnisse schneller und besser als andere begreifen, die jetzt entstehenden Chancen nutzen und Wettbewerbsvorteile erzielen. Nicht zuletzt vor diesem Hintergrund ist es die Überzeugung der Nanogate AG – insbesondere vor dem Hintergrund als Technologieunternehmen -, dass die glaubwürdige Umsetzung einer präzisen CSR-Strategie im Rahmen der Organisationsentwicklung unmittelbar mit einem zukünftigen Unternehmenserfolg verknüpft ist.

CSR funktioniert jedoch nur dann, wenn konkrete, messbare Vorteile für die Gesellschaft und auch das jeweilige Unternehmen entstehen. Und dies ist bei richtig verstandener CSR regelmäßig auch der Fall: So kann beispielsweise besonderes Engagement in der jeweiligen Region zu unmittelbar verbesserter Reputation, größerer Mitarbeiterzufriedenheit und -bindung sowie verbesserten lokalen Standortbedingungen führen. Weiterhin führt verstärkter Einsatz für direkte Mitarbeiterbedürfnisse wie etwa Gesundheit, Work-Life-Balance oder Weiterbildung regelmäßig zu reduzierten Fehlzeiten, höherer Unternehmensidentifikation und besseren Erfolgen bei der Gewinnung neuer Fach- und Führungskräfte.

Auch die Nanogate konnte die Bedeutung von CSR in der Organisationsentwicklung und deren Resultate beispielsweise in anonymen Mitarbeiterbefragungen klar nachweisen. Aber auch Umweltengagement im Hinblick auf etwa Energiekonsum, aktiven Klimaschutz oder erneuerbare Energien leistet unmittelbar messbare Beiträge zur Reduktion von Ressourceneinsatz, Kostensenkung, Produktinnovationen und Markenbildung von Unternehmen. Nicht zuletzt bietet CSR im aktiven Absatz- und Beschaffungsmarkt von Unternehmen messbare Effekte bei höherer Kundenzufriedenheit, effizienteren Produktionsprozessen und erfolgreicher Erschließung neuer Marktsegmente. CSR-Themen, die es hierbei zu adressieren gilt, sind besonderes Augenmerk und Sorgfalt bei Produktqualität und -verantwortung, aktives und verantwortliches Supply-Management oder sensitives Kundenmanagement.

Insgesamt geht es bei CSR also darum, auf einer breiten Basis für eine neue Kultur der Verantwortung einzutreten und dies glaubwürdig im Tagesgeschäft zu untermauern. Wirtschaftlichkeit und Ethik sind hierbei auch kein Widerspruch, sondern bedingen einander. So weiß jeder kluge Unternehmer, dass unternehmerische Tätigkeit und Engagement für die Gesellschaft letztlich zwei Seiten derselben Medaille sind.

Insbesondere in diesem Grundverständnis wirken seit jeher insbesondere kleine und mittelständische Unternehmen als klares Vorbild für glaubwürdige gesellschaftliche Verantwortung und bilden nicht zuletzt in diesem Zusammenhang das Rückgrat unserer Gesellschaft. Auch die Nanogate AG definiert ihr Selbstverständnis in dem Kontext als „verantwortungsvoller Mittelstand". So ist der Mittelstand oftmals in vielfältiger Weise und nachhaltigen Projekten in seiner Region aktiv, zahlt hier regelmäßig Steuern, ist „seiner" Region in besonderer Weise persönlich verbunden und denkt in langen Zeiträumen. Auch ist sein Engagement primär von dem Bedürfnis geprägt, anzupacken, wo echter Praxisbedarf ist, und nicht vor dem Hintergrund „Marketing-gestalteter" CSR-Kommunikationskampagnen.

In Summe liegt also explizit im Mittelstand das für CSR zwingend benötigte Vertrauen von gesellschaftlichen Partnern bereits in sehr natürlicher Weise vor und ist in vielfältigen Netzwerken über Jahre untermauert worden. Der Mittelstand bietet daher in der gewünschten Praxis-Realisierung und breiten Umsetzung die zentrale Basis für Glaubwürdigkeit. Er verfügt gewissermaßen in der gesellschaftlichen Diskussion und Definition unternehmerischer Verantwortung über ein Alleinstellungsmerkmal im Vergleich zu anderen Unternehmenstypen. Es gilt nun, diesen potenziellen Wettbewerbsvorteil im Rahmen einer bewussten Organisationsentwicklung im Mittelstand besser zu nutzen und zum gegenseitigen Vorteil einzubringen. Besonders gut gelingt dies in vernetzten regionalen Strukturen und Projekten.

6 Fazit

Die Nanogate AG hat seit ihrer Gründung das Thema CSR im Rahmen der Organisationsentwicklung aktiv genutzt, ständig weiterentwickelt und hierbei intensive Lernprozesse durchlaufen. So hat sich das Unternehmen umfassend gewandelt, und in allen Unternehmensbereichen sind Veränderungsprozesse auch heute gegenwärtig. Im Rahmen unseres aktuellen Wachstumsprogramms „Phase5" wird sich diese Entwicklung mit neuen Herausforderungen auch in den kommenden Jahren fortsetzen. Nanogate ist heute mehr denn je davon überzeugt, dass CSR in der Organisationsentwicklung und bei der Beantwortung der Kernfrage „Wie entwickeln wir uns zu einem besonders erfolgreichen Unternehmen?" entscheidende Beiträge leistet.

Bisherige Ansätze und Theorien im Bereich Organisationsentwicklung nehmen elementare Zusammenhänge zwischen CSR und nachhaltigen Veränderungsprozessen nur in Teilbereichen wahr. Ein breiteres, erweitertes Management-Verständnis und eine systematische, langfristige Bildung der Erfolgswährung „Vertrauen" bei relevanten Stakeholdern bilden den entscheidenden Mehrwert für eine gelungene Unternehmensentwicklung. Hierbei bieten sich insbesondere für den vernetzten und glaubwürdigen Mittelstand einzigartige Potenziale, welche sich in individuelle Wettbewerbsvorteile umwandeln lassen.

Klassisches Verständnis von Organisationsentwicklung als „strukturierter und typischerweise extern unterstützter Prozess" ist hierbei zwar notwendig, aber nach unserer Auffassung nicht hinreichend. Bisherige Erfolge der Nanogate AG bei der unmittelbaren Integration von CSR in die eigene Organisationsentwicklung haben uns daher ermutigt, den eingeschlagenen Weg fortzusetzen.

Ralf Zastrau ist Vorstandsvorsitzender der Nanogate AG und Mitgründer des Unternehmens. Er hat dessen Transformation von einem wissenschaftlichen Start-up zu einem marktorientierten Technologieunternehmen vollzogen und führte das Unternehmen 2006 mit Erstnotierung an der Frankfurter Börse in eine neue Ära. Er verfügt über langjährige Erfahrung sowohl in der mittelständischen Wirtschaft als auch in internationalen Konzernunternehmen. Seine kaufmännische Basis erhielt er während einer Lehre zum Industriekaufmann sowie im Rahmen seines parallel gegründeten Software-Unternehmens, gefolgt von einem Doppelstudium zum Wirtschaftsinformatiker und Diplom-Kaufmann in Deutschland und England. Den Abschluss bildete ein MBA-Aufbaustudium in den USA. Nach seinem Studium übernahm er Führungspositionen als Leiter Controlling einer mittelständischen Unternehmensgruppe, in der Unternehmensentwicklung der ABB AG sowie in der Geschäftsleitung einer ABB-Tochtergesellschaft. Ralf Zastrau steht für eine Unternehmensphilosophie, in der nicht allein der wirtschaftliche Erfolg maßgebend ist, sondern ebenso die Verantwortung für die Gesellschaft.

Wie Stakeholder-Engagement eine nachhaltige Organisationsentwicklung fördert: Daimler AG

Marc-André Bürgel und Wolfram Heger

1 Einleitung

Nachhaltige Produkte produzieren, die Umwelt schützen, Mitarbeiter fair behandeln, Korruption bekämpfen, Menschenrechte achten – dies sind wichtige Anforderungen an *verantwortlich handelnde Unternehmen*. Die massiven ökologischen, ökonomischen und gesellschaftlichen Herausforderungen erfordern von den Unternehmen eine pro-aktive Herangehensweise. Das Management der *Corporate Responsibility* (CR) ist in diesem Zusammenhang ein kritischer unternehmerischer Erfolgsfaktor (Heger und Bürgel 2014, S. 439).

Als offene und soziale Systeme müssen Unternehmen die mit CR verbundenen Anforderungen aufgreifen, in ihrer Organisation abbilden und ihre Mitglieder hierauf vorbereiten. Neben *stabilen und gleichzeitig flexiblen Strukturen und Prozessen* als Grundvoraussetzung für ein erfolgreiches CR-Management kommt es entscheidend auf die *Geisteshaltung und Veränderungsbereitschaft der Mitarbeiter* und die *generelle Wandlungsfähigkeit des Unternehmens* an. Diese ist erforderlich, um sich auf neue Herausforderungen einzustellen und entsprechend reagieren zu können. Eine verantwortungsvolle Unternehmensführung setzt also auch eine kontinuierliche *Organisationsentwicklung* (OE) voraus, die *im Zusammenspiel mit einer Vielzahl verschiedener Stakeholder* wie Mitarbeiter, Kunden, Zulieferer, Kapitalmarktvertreter oder Nichtregierungsorganisationen (NGOs) zu gestalten ist.

M.-A. Bürgel (✉) · W. Heger
Integrität und Recht – IL/CR, Daimler AG, 096/HPC: F612, 70546 Stuttgart, Deutschland
E-Mail: marc-andre.buergel@daimler.com

W. Heger
E-Mail: wolfram.heger@daimler.com

© Springer-Verlag Berlin Heidelberg 2016
B. Schram, R. Schmidpeter (Hrsg.), *CSR und Organisationsentwicklung*,
Management-Reihe Corporate Social Responsibility, DOI 10.1007/978-3-662-47700-7_23

Vor diesem Hintergrund geht dieser Beitrag der Frage nach, wie eine verantwortungsvolle Unternehmensführung (CR) durch den Dialog und die Einbeziehung verschiedener Stakeholder-Gruppen (Stakeholder-Engagement) unterstützt und weiterentwickelt werden kann (OE). Wenn CR entscheidend für das nachhaltige Bestehen eines Unternehmens ist, muss *CR auch für die systematische Organisationsentwicklung handlungsleitend* sein. Und umgekehrt gilt ebenso: für ein verantwortlich handelndes Unternehmen muss die *Organisationsentwicklung CR zum Ziel haben*. Dieser Entwicklungsprozess wird nur dann erfolgreich sein, wenn dabei *Stakeholder-Interessen systematisch berücksichtigt* werden. Diese These der Autoren wird mit *Beispielen von Daimler*, einem weltweit tätigen Automobilkonzern mit etwa 280.000 Mitarbeitern, untermauert. Die Rolle und der Beitrag der OE für das CR-Management werden dabei entlang verschiedener Interaktionsformate mit Stakeholdern beschrieben.

2 Corporate Responsibility– Richtschnur der Organisationsentwicklung

> Menschen und Unternehmen suchen nach Orientierung, in einer Welt, die durch Komplexität und Veränderungsdynamik unkontrollierbar geworden ist. (Brink 2013, S. 2)

Organisationen bewegen sich in einem komplexen und dynamischen Umfeld – beeinflusst von unterschiedlichen regionalen Rahmenbedingungen wie politischen Systemen, Kulturen und Werten. Sie müssen daher die Fähigkeit besitzen, sich permanent an veränderte Bedingungen anzupassen. Durch Globalisierung und die Verbreitung neuer Medien stehen sie darüber hinaus im besonderen Fokus verschiedener Stakeholder-Gruppen,[1] die vermehrt ihre Ansprüche an das Unternehmen kommunizieren und mit der Vergabe der *licence to operate* über den langfristigen Erfolg des Unternehmens entscheiden. Von Unternehmen wird ein größerer Beitrag für eine nachhaltige Entwicklung gefordert – und zwar insbesondere deshalb, weil sich der globale Einfluss nationalstaatlicher politischer Institutionen tendenziell zugunsten multinationaler Unternehmen verschoben hat (Scherer 2003, S. 90). Die unter dem Terminus „Corporate Responsibility" subsumierte unternehmerische Verantwortung, die sich in die Bereiche „Ökonomie", „Ökologie" und „Soziales" unterteilen lässt, findet damit Einzug in die Unternehmensführung (Elkington 1997). Wenngleich die Operationalisierung von CR an Dynamik gewinnt, so steht sie – gemessen an der Komplexität globaler Wertschöpfungsketten – noch am Anfang. Seitdem die Unternehmen erkannt haben, dass ihnen „nolens volens" eine normative Verantwortung zugeschrieben wird, sie Reputationsrisiken reduzieren, strategische Wettbewerbsvorteile erschließen und somit die Unternehmensexistenz langfristig sichern können, steigt der Professionalisierungsgrad des CR-Managements. Zunehmend werden dabei Stakeholder-Interessen berücksichtigt und es findet eine systematische Integration in das unternehmerische *Performance Management* statt (vgl. Heger und Bürgel 2014, S. 437–457).

---

[1] „A stakeholder in an organization is (by definition) any group or individual who can affect or is affected by the achievement of the organization's objectives"(Freeman 1984, S. 46).

Entscheidend für den Erfolg des CR-Managements ist zusätzlich die Einleitung eines kulturellen Wandels im Unternehmen, der den Verantwortungsgedanken im Unternehmen konsequent und nachhaltig fördert. Bei diesem komplexen Prozess kann das Konzept der Organisationsentwicklung helfen. Denn es umfasst *Change-Elemente sowohl von formalen Organisationsregelungen als auch der Unternehmenskultur* mit dem Ziel, einen „langfristigen Veränderungsprozess im Sinne einer höheren Wirksamkeit der Organisation (Produktivität, Effektivität) zu erreichen. Gleichzeitig zielt OE auf die stärkere Beteiligung und Entfaltung der Organisationsmitglieder (Motivation und Kooperation, Qualifizierung und Arbeitszufriedenheit)" (Becker und Langosch 2002, S. 13). Erfahrungsgeleitetes Lernen und die kontinuierliche Reflexion stattfindender Kommunikationsprozesse bedingen die aktive Mitwirkung der Betroffenen an den Veränderungsprozessen. Intention ist es, die „Effektivität der Abläufe in der Organisation zu sichern und gleichzeitig die Lernfähigkeit bzw. die Flexibilität und Innovationsfähigkeit der Organisation zu stärken" (Nerdinger et al. 2008, S. 160). Eine *lern- und innovationsfähige Organisation*, die sich fortlaufend mit neuen Anforderungen auseinandersetzt sowie die Organisationsstruktur und -kultur auf Veränderungen vorbereitet, wird zu einem erfolgsentscheidenden Faktor (Schreyögg und Noss 1995, S. 170). Entwicklungen in der Organisation sind daher kein Selbstzweck, sondern Mittel zum Erreichen der langfristigen (Nachhaltigkeits-) Ziele. Welche Voraussetzungen hierfür notwendig sind, wird im Folgenden erläutert.

2.1 CR-Governance und -Strategie als notwendige Bedingung

Grundvoraussetzung für eine unternehmensweite Steuerung des CR-Managements ist eine zentrale Governance-Struktur. Die *besondere Verantwortung des Top-Managements* hierbei wird in den letzten Jahren auch im Konzept der Organisationsentwicklung betont. Erfolg und Misserfolg der Veränderung hängen von der Unterstützung durch die oberste Führungsebene ab (Schiersmann und Thiel 2009, S. 393 f.). Demnach ist CR-Management eine Top-Management-Aufgabe. Darüber hinaus sollten in der Governance-Struktur neben den Zentralfunktionen wie Umweltschutz, Personal oder Einkauf auch die operativen Geschäftsbereiche integriert sein. Die Einbeziehung dieser unterschiedlichen Fachbereiche erscheint sinnvoll und notwendig um „Betroffene zu Beteiligten zu machen".

Bei Daimler wurde daher als oberstes Managementgremium unter Vorstandsleitung das *Corporate Sustainability Board (CSB)* im Unternehmen etabliert. Dieses wird von den Vorstandsmitgliedern der Ressorts „*Integrität und Recht*" sowie „*Konzernforschung und Mercedes-Benz Cars Entwicklung*" geleitet und beinhaltet zudem Vertreter aus den Bereichen Personal, Einkauf, Politik- und Außenbeziehungen, Kommunikation, Konzernstrategie und Umweltschutz (Daimler Nachhaltigkeitsbericht 2013, S. 13 f.).

Auf operativer Ebene wird das CSB vom *Corporate Sustainability Office* (CSO) unterstützt, das mit Vertretern der Fachbereiche und Geschäftsfelder besetzt ist. Damit werden neben relevanten Zentralbereichen auch die Geschäftsbereiche „PKW", „LKW", „Busse", „Vans" und „Financial Services" in die Steuerung der Nachhaltigkeitsaktivitäten eingebunden, was auch aus OE-Perspektive sinnvoll erscheint, um frühzeitig unterschiedliche Einschätzungen einzuholen und allen Beteiligten eine Diskussionsfläche zu bieten.

Damit Nachhaltigkeit in alle Unternehmensentscheidungen miteinfließt, muss sie als integraler Bestandteil in der Unternehmensstrategie verankert werden. Nachhaltigkeit ist ein strategisches Element der Daimler *Zielpyramide* – unternehmerische Verantwortung und wirtschaftlicher Erfolg sind somit auf Ebene der Unternehmensstrategie untrennbar miteinander verbunden. Der formale Stellenwert von Nachhaltigkeit im Daimler Zielsystem ist mit dem Anspruch verbunden, die daraus abgeleitete *konzernweite Nachhaltigkeitsstrategie*[2] kontinuierlich weiterzuentwickeln und zu präzisieren. Die *Integration von Nachhaltigkeit in die Unternehmensstrategie*, das *Top-Management-Commitment* und die aufgebaute *Governance-Struktur* sind also notwendige Bedingungen, um Nachhaltigkeitsaktivitäten zu steuern, zu überwachen und zu einer langfristigen Verankerung von CR beizutragen. Hierbei kommt den Unternehmenswerten eine besondere Funktion zu.

2.2 CR und Unternehmenswerte als hinreichende Bedingung

Nachhaltige Unternehmensentwicklung kann nur auf Grundlage klarer Normen und Werte erfolgen, welche im *Mindset* der Mitarbeiter und Führungskräfte verankert sind, ihre täglichen Handlungen prägen und ihnen in unklaren Situationen Sicherheit geben. Ein normatives Orientierungsgerüst, das die Unternehmenswerte für die Mitarbeiter z. B. in Form von *Verhaltensrichtlinien* oder *Codes of Ethics* formalisiert, dient demnach als Navigationshilfe für strategische und individuelle Entscheidungen (Heger und Bürgel 2014, S. 443 f.). Bei Daimler bilden die Unternehmenswerte *Begeisterung, Wertschätzung, Integrität und Disziplin* die Basis der Zielpyramide und prägen damit die Unternehmenskultur und das Handeln aller Mitarbeiter.

Am Begriffspaar der „*Legalität*" und „*Legitimität*" lassen sich zwei unterschiedliche Ausprägungen dieses Orientierungsgerüsts beschreiben, die für das Wirksamwerden einer durchgängig verantwortungsvollen, nachhaltigen Unternehmensführung und -entwicklung jeweils notwendig, aber nur in der Kombination aus beiden wirklich hinreichend sind (Tab. 1).

Legalität umfasst die Einhaltung von Gesetzen und Regeln und bildet damit den rechtlichen und unternehmerischen Minimalkonsens korrekten Verhaltens ab („Compliance"). Demgegenüber umfasst Legitimität eine weniger formalisierte Werteorientierung im Sin-

Tab. 1 Gegenüberstellung legaler und legitimer Merkmale eines normativen Orientierungsgerüsts. (In Anlehnung an Heger und Bürgel 2014, S. 443)

Legalität	Legitimität
Compliance	Integrität
Gesetze, Richtlinien	Normen, Werte
Reglementierung	Orientierung
Verpflichtung	Freiwilligkeit
Direkte Steuerbarkeit	Indirekte Steuerbarkeit

---

[2] Die Daimler Nachhaltigkeitsstrategie gliedert sich in sechs Verantwortungsbereiche („Produkt, Produktion, Mitarbeiter, Ethik, Gesellschaft, Geschäftspartner"), die mit konkreten Zielen hinterlegt sind („Nachhaltigkeitsprogramm 2020"). Hinzu kommt die Querschnittsdimension „Managementverantwortung", deren Hauptaufgabe die Steuerung des abgeleiteten Nachhaltigkeitsprogramms ist.

ne einer *inneren Integritätshaltung der Mitarbeiter* über die reine Regelbefolgung hinaus („Integrität").

Während unter dem Stichwort „Compliance" Systeme und Organisationsstrukturen zur Absicherung der Legalität in Unternehmen zunehmend fest verankert werden, steckt die Professionalisierung von Legitimitäts-Überlegungen über alle Branchen hinweg noch in den Kinderschuhen. Dies ist unter anderem auch damit zu begründen, dass die unter Legitimität subsumierten abstrakten Merkmale für Organisationsmitglieder schwerer greifbar und operationalisierbar sind. Gleichwohl steckt gerade hierin enormes Potenzial, welches sich durch den Aufbau einer *Verantwortungs- und Integritätskultur* erschließen lässt. Denn nicht jedes gewünschte Verhalten kann formalisiert und als Verhaltensregel abgebildet werden. Im Arbeitsalltag entstehen *Dilemmasituationen*, in denen Wertegerüst (Mehrzahl) und ein „innerer Kompass" die Richtung des Verhaltens vorgeben müssen. Eine Unterstützung dieser Abwägungsprozesse über Sensibilisierungs-, Anreiz-, Reflexions- und Kommunikationsmaßnahmen muss letztlich dafür sorgen, dass Verantwortung im *Mindset* der Führungskräfte und Mitarbeiter hinterlegt und damit für das Unternehmen kulturprägend ist.

> Nachhaltigkeitsorientierte Strategien und Strukturen können alleine nicht sicherstellen, dass das Unternehmen seine Nachhaltigkeitsziele erreicht. Letztlich ist es für den Erfolg des Nachhaltigkeitsmanagements wichtig, dass das Nachhaltigkeitsleitbild auch Eingang in die Unternehmenskultur findet, d. h. sich in den handlungsleitenden Werten, Paradigmen, Einstellungen und Werthaltungen der Mitarbeiter konkretisiert. (Bieker 2005, S. 94 f.)

Ethische Überlegungen müssen in der gelebten Unternehmenskultur fest verankert werden, da sie in Abwägungsentscheidungen letztendlich die Funktion eines Filters übernehmen. Rationale Überlegungen bei der individuellen Entscheidungsfindung basieren dann auf einem entsprechenden Wertefundament, das Fehlverhalten verhindern kann (Bussmann 2004, S. 38 f.). Eine *Integritätskultur* kann somit präventive Wirkung auf geschäftsschädigendes oder sozial unerwünschtes Verhalten haben, das mit Compliance-Regelungen alleine nur schwer verhindert werden kann.

Elemente der Organisationsentwicklung können hierbei hilfreich sein. Dies soll am Beispiel der Daimler-Initiative „Integrität im Dialog" im Abschnitt „Daimler Integritätsdialog" aufgezeigt werden.

3 Die Rolle der Stakeholder für die Organisationsentwicklung

Die steigenden Anforderungen an eine verantwortliche Unternehmensführung sind Ausdruck verschiedener Erwartungen von bestimmten Stakeholder-Gruppen.[3] CR-Management bedeutet damit im Schwerpunkt das Management von Stakeholder-Interessen (Vgl.

---

[3] Als Stakeholder werden hier Personen oder Organisationen verstanden, die „rechtliche, finanzielle, betriebliche oder ethische Forderungen stellen, die durch Entscheidungen des Unternehmens beeinflusst werden oder diese Entscheidungen selbst beeinflussen können" (vgl. Daimler Nachhaltigkeitsbericht 2013, S. 15).

Heger und Bürgel 2013, S. 128; Vos 2008, S. 179; Freeman und Moutchnik 2013, S. 6). So lässt sich ein deutlich gestiegenes Kundeninteresse an nachhaltigen Produkten (Privatkunden, Flottenkunden) beobachten, ein zunehmendes Kapitalmarkt-Interesse (Aktionäre, Investoren, Ratingagenturen), eine zunehmende Berichterstattung (Presse, Medien, Nichtregierungsorganisationen), die Ausweitung der Verantwortungszuschreibung durch globale Lieferketten (Lieferanten), eine im nationalen und internationalen Kontext massiv steigende Anzahl politischer Regulierungen (Regierungen, Politik) und freiwilliger gesellschaftlicher Nachhaltigkeitsinitiativen (Wissenschaft, Verbände, Netzwerke etc.) sowie eine zunehmende Bedeutung nachhaltigen Wirtschaftens im Bereich der Arbeitswelt (Mitarbeiter). Die mit den beschriebenen Entwicklungen verknüpften Stakeholder-Gruppen (in Klammern) können gleichsam Determinanten und Adressaten der Nachhaltigkeitsaktivitäten eines Unternehmens sein und erfordern daher eine systematische Berücksichtigung im Corporate Responsibility Management (Heger und Bürgel 2013, S. 127).[4] Dem *Dialog mit diesen Stakeholder-Gruppen* kommt vor diesem Hintergrund eine bedeutende Rolle zu – nicht nur nach außen, sondern auch wegen des Potenzials dieses Austauschs nach innen: *als Instrument des CR-Managements zur Organisationsentwicklung.*

Nicht erst seitdem die EU-Kommission in ihrer CSR-Definition von den Unternehmen eine „enge Zusammenarbeit mit ihren Stakeholdern fordert" (Europäische Kommission 2011, S. 7), kann deren Nichtberücksichtigung für ein Unternehmen folgenschwere Auswirkungen haben. Deshalb lohnt es sich, die netzwerkartigen *Austauschbeziehungen zwischen Unternehmen und der Gesellschaft* („*Hub and Spoke*") gezielt zu steuern und für die Organisationsentwicklung zu nutzen.

Die Schnittstelle zwischen Unternehmen und Stakeholdern bilden unterschiedliche Formate des Austauschs, die von der einfachen *Information*sbereitstellung bis zur aktiven Beteiligung am unternehmerischen Entscheidungsprozess reichen (*Partizipation*) (Tab. 2).

Die in der Tabelle abgebildeten Formate dienen allesamt auch einem geplanten Wandel im Sinne der Organisationsentwicklung sowie der Weiterentwicklung des CR-Managements. Die Erstellung eines *Nachhaltigkeitsberichts* etwa fasst nicht nur die Leistung in der Berichtsperiode für externe Stakeholder zusammen, sondern *löst auch Verbesserungsprozesse im Innern des Unternehmens aus* (über erhöhte Öffentlichkeit, Transparenz und Verbindlichkeit).

Für Veränderungsprozesse im Kontext der Corporate Responsibility spielen *dialogische und partizipative Stakeholderformate* eine besondere Rolle. Hier werden legitime Interessen von Stakeholdern einbezogen und über den direkten Informationsaustausch fließen Impulse unmittelbar in den Organisationsentwicklungsprozess ein. Dies soll anhand von drei exemplarischen Formaten bei Daimler genauer beschrieben werden: dem *Sustainability Dialogue*, der *Wesentlichkeitsanalyse* sowie dem *Integritätsdialog* (siehe Tab. 3).

---

[4] Freeman schlägt vor diesem Hintergrund die Übersetzung von CSR mit „Company Stakeholder Responsibility" (statt „Corporate Social Responsibility") vor (Freeman et al. 2006).

Tab. 2 Kategorien für den Umgang mit Stakeholdern bei Daimler. (Eigene Darstellung. Siehe auch Interaktiver Daimler Nachhaltigkeitsbericht 2014)

	Information	Konsultation	Dialog	Partizipation
Zielsetzung	*Informationen bereitstellen, Transparenz schaffen*	*Zuhören, Lernen, Know-how transferieren*	*Meinungen austauschen, Verständnis schaffen, gemeinsam Lösungsmöglichkeiten erarbeiten*	*Zusammenarbeiten, beteiligen, gemeinsame Projekte lancieren*
Zugeordnete Formate	Jährlicher Daimler Nachhaltigkeitsbericht	Konsultation von Stakeholdern in Arbeitsgruppen	**Daimler Sustainability Dialogue**	**Wesentlichkeitsanalyse (offene Stakeholder-Befragung)**
	Informationen auf der Corporate Website	Externer Review von Nachhaltigkeitszielen	**Konzernweiter interner Integritätsdialog**	Beirat für Integrität und Unternehmensverantwortung
	Blogs und Social Media	Umfragen und Erhebungen	Daimler Supplier Portal	Kooperationen, Allianzen
	Intranet und interne Kommunikation		Mitgliedschaften in Initiativen und Verbänden	Aktive Mitarbeit in Nachhaltigkeitsinitiativen (UN Global Compact etc.)
	Richtlinien, Broschüren und Standards		Lokale Dialoge mit Kommunen und Anwohnern	
	Presse- und Öffentlichkeitsarbeit		Anlass- und projektbezogene Gespräche	
	Einblick vor Ort: Museum, Werksführungen, Empfänge			

Tab. 3 Typografie verschiedener Interaktionsformate mit Stakeholdern und deren Beitrag zur OE. (eigene Darstellung)

	Sustainability Dialogue	Wesentlichkeitsanalyse	Integritätsdialog
Adressierte Stakeholder-Gruppe	Ausgewählte Vertreter verschiedener Stakeholder-Gruppen	Alle interessierten Stakeholder (extern und intern) sowie die Daimler Nachhaltigkeitsgremien	Mitarbeiter und Führungskräfte aller Hierarchieebenen
Art des Austauschs	Direkter Austausch (Face-to-Face)	Indirekter Austausch (Online-Feedback) und quantitatives Meinungsbild über eine Vielzahl an Handlungsfeldern (Stakeholderbefragung)	Direkter und indirekter Austausch (Dialogveranstaltungen, Intranetplattform etc.)
			Offene, hierarchieübergreifende Diskussion
	Qualitative Diskussion ausgewählter Handlungsfelder/ Problemstellungen	Direkter Austausch (Daimler-Gremien, Sustainability Dialogue)	Unterstützung des Dialogs durch Tool-Box
Zielsetzung	Identifikation von Handlungsfeldern	Priorisierung von Handlungsfeldern	Sensibilisierung
	Wissens-Transfer	Beteiligung von Stakeholdern, Berücksichtigung legitimer Interessen	Erörterung von Fragestellungen rund um das Thema „integres Verhalten"
	Leistungsverbesserung		Hilfe für Entscheidungssituationen im Alltag
	Verständnis und Vertrauen	Verbesserung von Nachhaltigkeitsmanagement, -reporting und -zielen	Mitarbeiter-Partizipation
Beitrag zur OE	Know-How-Aufbau bei CR-Managern	Fokussierung und damit Verbesserung des Nachhaltigkeitsmanagements	Schaffen einer gemeinsamen Wertegrundlage
	Persönliches Commitment von Top-Management und Mitarbeitern	Identifikation von Trends (zukünftiger OE-Themen)	Erhöhung der Akzeptanz für die „Richtlinie für integres Verhalten"
	Verbindlichkeit durch konkrete Vereinbarungen	Verbindlichkeit durch Öffentlichkeit	Stärkung der Dialog- und Integritätskultur

3.1 Daimler Sustainability Dialogue

Ein zentrales Format für die Einbindung von Stakeholdern ist der seit 2008 jährlich in Stuttgart stattfindende „Daimler Sustainability Dialogue" (Daimler Nachhaltigkeitsbericht 2013, S. 14 f.; Heger und Bürgel 2013, S. 130 f.). Zielsetzungen der Veranstaltung sind die *Identifikation von Handlungsfeldern*, ein *wechselseitiger Know-How-Transfer* über substanzielle Nachhaltigkeitsdiskussionen, die *Erörterung konkreter Problemstellungen zur Verbesserung der Nachhaltigkeitsperformance* sowie eine allgemeine *Verbesserung des Verständnisses* für die jeweiligen Positionen der Teilnehmer. Hierfür werden Stakeholder aus Wirtschaft, Politik, Wissenschaft, Verbänden, Gewerkschaften, Zulieferbetrieben, NGOs sowie Anwohner von Standorten des Unternehmens mit Daimler-Vertretern zusammengeführt.

Unter den Unternehmensvertretern befinden sich Führungskräfte aus Zentralfunktionen und den Geschäftsbereichen sowie Vorstandsmitglieder. Um weltweit für die Etablierung und Einhaltung von Nachhaltigkeitsstandards einzutreten und regionale Problemstellungen gezielt zu berücksichtigen, wird der *Sustainability Dialogue auch an Standorten im Ausland* durchgeführt. Bislang fanden neben der jährlichen Stuttgarter Veranstaltung mehrfach Dialoge in China, den USA, Japan und Argentinien statt.

Mithilfe dieses Dialog-Formats werden CR-Herausforderungen in *spezifischen Arbeitsgruppen* kritisch diskutiert. Um offene und vertrauensvolle Diskussionen zu führen und gemeinsame Lösungen zu finden, gilt auf den ein- bis zweitägigen Veranstaltungen die *Chatham-House-Regel*.[5] In den Arbeitsgruppen sollen möglichst konkrete Vereinbarungen getroffen werden, deren Umsetzung das Unternehmen unterjährig vorantreibt. Hierfür nehmen die einzelnen Fachbereiche des Unternehmens den Input der Stakeholder strukturiert auf, setzen sich im Nachgang gezielt damit auseinander und berichten auf der Folgeveranstaltung über die erreichten Fortschritte. Für größtmögliche *Transparenz und Verbindlichkeit* werden die diskutierten Themen und Vereinbarungen der vergangenen Veranstaltungen auch online im Nachhaltigkeitsbericht dokumentiert.[6] Die Basis der qualitativen Verbesserungen der letzten Jahre bildet neben der ernsthaften und verbindlichen Themenarbeit u. a. die *Balance aus Kontinuität und Innovation* des Formats.

Neben den üblicherweise angeführten Motiven für Stakeholder-Dialoge[7] wird dieses partizipative Interaktionsformat auch für die Organisationsentwicklung genutzt. Mittlerweile acht durchgeführte *Sustainability Dialogue*-Veranstaltungen in Stuttgart setzten deutlich positive Impulse für eine nachhaltige Organisationsentwicklung:

1. Der direkte Dialog unterstützt das persönliche Commitment der teilnehmenden Organisationsmitglieder (v. a. Top-Management und Führungskräfte). Bedenken und Widerstände können abgebaut und die Motivation für das Thema gefördert werden.
2. Daneben werden die Unternehmensvertreter am organisationalen Wandel beteiligt, indem sie für neue Nachhaltigkeitsthemen sensibilisiert und im persönlichen Gespräch

---

[5] Unter Anwendung der Chatham-House-Regel ist den Teilnehmern die freie Verwendung der auf der Veranstaltung erhaltenen Informationen gestattet unter der Bedingung, dass „weder die Identität noch die Zugehörigkeit von Rednern oder anderen Teilnehmern preisgegeben werden dürfen" (The Royal Institute of International Affairs 2012).

[6] Siehe für detaillierte Ergebnisse den Interaktiven Daimler Nachhaltigkeitsbericht 2014.

[7] Zum Beispiel Risikomanagement, Wissensaustausch, Beziehungspflege etc.

mit Betroffenen oder (kritischen) Nachhaltigkeitsexperten auch mit Handlungsfeldern konfrontiert werden, die über den eigenen Verantwortungsbereich innerhalb der Organisation hinausgehen. Dies führt zu einem *größeren Verständnis* für die im Arbeitskontext mitunter fremd und abstrakt wirkenden Forderungen externer Stakeholder und damit zu einer *steigenden Einsicht und Akzeptanz notwendiger Veränderungsmaßnahmen.* Anfängliche Bedenken gegenüber dem Format des *Sustainability Dialogue* – insbesondere bezüglich der damit verbundenen Öffnung nach außen (auch gegenüber kritischen NGOs) – sind mittlerweile einem Verständnis für die Notwendigkeit eines kooperativen Umgangs gewichen.
3. Umgekehrt zeigt das positive Feedback auf die Dialoge, dass mittlerweile auch kritische Stakeholder Vertrauen in die Ernsthaftigkeit des CR-Engagements des Unternehmens gefasst haben und zu einer konstruktiven Themen-Arbeit bereit sind, was wiederum positive Auswirkungen auf eine gezielte Nachhaltigkeitsorientierung des Unternehmens hat.[8]
4. Beispielhaft ist auch anzuführen, dass die Dialoge in den letzten Jahren dazu beigetragen haben, das *Nachhaltigkeitsverständnis* von Mitarbeitern und Management vom originär dominierenden Umweltgedanken noch stärker auf gesellschaftliche und soziale Aspekte *zu erweitern*: Menschenrechte, Personal, Datenschutz Anwohnerbedürfnisse und Autonomes Fahren nehmen heute einen ebenso großen Stellenwert ein und werden in eigenen Arbeitsgruppen bearbeitet.
5. Die diskutierten Themen in den Arbeitsgruppen zeigen im Verlauf der letzten acht Jahre eine deutliche Entwicklung von eher abstrakten, allgemeinen Diskussionsthemen hin zu sehr spezifischen und substanziellen Fragestellungen.[9] Hierin drückt sich u. a. die *zunehmende Umsetzungsorientierung des Unternehmens* und der Wunsch nach quantifizierbaren Maßnahmen aus, die durch die Verbindlichkeit eines solchen Formats gefördert werden (Daimler Nachhaltigkeitsbericht 2013, S. 60 ff.).

3.2 Daimler Wesentlichkeitsanalyse

Während beim „Sustainability Dialogue" ausgesuchte Herausforderungen des CR-Managements im direkten Austausch mit den Stakeholdern diskutiert werden, dient die „*Wesentlichkeitsanalyse*" (Daimler Nachhaltigkeitsbericht 2014, S. 34 f.; Heger und Bürgel 2013, S. 131) der *Bestimmung und Priorisierung der wichtigsten Handlungsfelder im Bereich der Nachhaltigkeit.* Die Ergebnisse der Analyse, die methodisch sowohl quantitative als auch qualitative Elemente enthält, helfen bei der Fokussierung des Nachhaltigkeits-

---

[8] „Der Daimler Sustainability Dialog gehört für mich zu den herausragenden Veranstaltungen. Die Anerkennung auch aus dem kritischen NGO Lager ist berechtigt, da das Engagement kein Selbstzweck ist. Dies belegt die Umsetzung der zahlreichen Empfehlungen aus den Arbeitsgruppen" (Teilnehmerzitat *Sustainability Dialogue* 2013).
[9] Die Dokumentation der Themen findet sich im Interaktiven Daimler Nachhaltigkeitsbericht 2014.

managements und der Berichterstattung. Hierfür werden die Bewertungen der Stakeholder und des Unternehmens getrennt erhoben und gegenübergestellt. Die Schnittmenge der beidseitig als wesentlich eingestuften Handlungsfelder wird abgebildet und zeigt an, worauf ein besonderer Schwerpunkt gelegt werden sollte. Methodisch wird zur Bestimmung der Stakeholder-Einschätzungen auf eine *offene Online-Befragung* zurückgegriffen. Bewusst wird dabei auf die Auswahl von Zielgruppen (was einer Ausgrenzung gleichkäme) verzichtet, um möglichst viele legitime Stakeholder-Interessen zu berücksichtigen. Unternehmensseitig basiert die Bewertung auf der Beurteilung durch die Nachhaltigkeitsgremien von Daimler (Vorstand, Corporate Sustainability Board und Office). Die Ergebnisse der Analyse werden thematisch nach den Verantwortungsbereichen der Nachhaltigkeitsstrategie sortiert und im Nachhaltigkeitsbericht veröffentlicht (Daimler Nachhaltigkeitsbericht 2014, S. 35).

Wie der *Sustainability Dialogue* fördern auch die Ergebnisse sowie die besondere Methodik der Wesentlichkeitsanalyse gezielt den Organisationsentwicklungsprozess:

1. Analog zum *Sustainability Dialogue* wird durch die expliziten Ergebnisse der Wesentlichkeitsanalyse und deren Veröffentlichung ein hohes Maß an Verbindlichkeit geschaffen. Das per se freiwillige *CR-Engagement wird somit quasi verpflichtend.*
2. Weiterhin hilft die Strukturierung und Priorisierung der Fülle an Handlungsfeldern einer CR-Abteilung beim *gezielten und fokussierten CR-Management*, das den Entscheidern und Betroffenen im Unternehmen leichter zu vermitteln ist. Und zwar insbesondere dann, wenn der Bestimmung der Wesentlichkeit eines Handlungsfelds ein transparenter und partizipativer Prozess zugrunde liegt, der eine Schwerpunktsetzung legitimiert.
3. Die Auseinandersetzung mit der Vielzahl von Handlungsfeldern fördert das Verständnis für Fragestellungen über den eigenen Verantwortungsbereich hinaus. Dies betrifft die relativ große Zahl an Mitarbeitern, die sich an der mittlerweile bereits zum dritten Mal durchgeführten Online-Befragung beteiligen, ebenso wie die Nachhaltigkeitsgremien des Konzerns, welche die Schwerpunktsetzung unternehmensseitig bestimmen.
4. Durch die Möglichkeit zur Freifeldeingabe innerhalb der Online-Befragung kann neben dem quantitativen auch ein qualitatives Stimmungsbild der einzelnen Stakeholder-Gruppen eingeholt werden. Dies ist ein wertvolles Stimmungsbarometer für den Grad an Unterstützung für verschiedene Veränderungsprozesse innerhalb und außerhalb des Unternehmens. Es liefert eine Indikation über den Bedarf an einem graduellen Richtungswechsel oder aber einer besseren kommunikativen Vermittlung einzelner CR-Maßnahmen.
5. Zu guter Letzt liefert die großflächige Befragung Hinweise auf neu aufkommende Themen, welche durch die auswertende CR-Abteilung analysiert, aufbereitet und den entsprechenden internen Gremien zur Kenntnis und Berücksichtigung dargestellt werden können.

3.3 Daimler Integritätsdialog

Ein besonderes Augenmerk liegt bei Daimler auf der nachhaltigen Verankerung einer Kultur der Integrität. Als fester Bestandteil der Unternehmenswerte bildet *Integrität* neben *Begeisterung, Wertschätzung* und *Disziplin* das Werte-Fundament des Unternehmens. Um integres Verhalten in einem globalen Unternehmen zu fördern, bedarf es einer Vorgehensweise, die Mitarbeiter aktiv beteiligt und eine Auseinandersetzung mit der Thematik anregt, da sich ethische Grundwerte nicht von „oben" verordnen lassen. Ein konkretes Beispiel für die praktische Umsetzung ist die Initiative „Integrität im Dialog" (Daimler Nachhaltigkeitsbericht 2013, S. 16).

Die Initiative wurde Ende 2011 mit dem Ziel ins Leben gerufen, in einem weltweiten, *hierarchie-, funktions- und standortübergreifenden* Austausch ein gemeinsames Verständnis von Integrität zu entwickeln. Seitdem werden im Rahmen weltweiter Dialogveranstaltungen sowie über *diverse interne Kommunikationskanäle und interaktive Dialogangebote* offene Diskussionen geführt. Dabei steht die Frage im Zentrum, was integres Verhalten für das Unternehmen und die Mitarbeiter im Alltag konkret bedeutet. Es geht also auch um Entscheidungshilfen für Situationen, bei denen es keine eindeutigen Antworten gibt. Brisant sind diese vor allem dann, wenn ökonomische mit ökologischen oder sozialen Überlegungen konkurrieren und *Zielkonflikte* entstehen, die auf Basis geltender Regelungen nicht eindeutig „richtig" beurteil- und entscheidbar sind.

Das Ergebnis dieses konzernweiten Dialogprozesses ist in die 2012 überarbeitete und mit dem Betriebsrat verabschiedete „Richtlinie für integres Verhalten" eingeflossen. Sie wiederum bildet die Grundlage für alle Regelungen im Unternehmen sowie für das Schulungsangebot zu Integrität und Compliance. Der regelmäßige Austausch zu Fragen der Integrität soll selbstverständlicher Bestandteil des Arbeitsalltags werden. Die Weiterentwicklung und Verstetigung von Integrität ist deswegen auch Bestandteil der Zielvereinbarung für die Vorstandsvergütung. Dabei wird das Unternehmen von einem externen Beirat unterstützt. Der im September 2012 konstituierte „Beirat für Integrität und Unternehmensverantwortung" mit namhaften externen Experten aus Wissenschaft, Wirtschaft, Politik und NGOs begleitet den Integritätsprozess bei Daimler kritisch-konstruktiv.

Die aktive, *hierarchie-, funktions- und standortübergreifende* Beteiligung der Mitarbeiter bildet eine gute Grundlage für *die nachhaltige Verankerung einer Unternehmenskultur der Integrität*. Die ergänzende Integration in die Anreizmechanismen der Führungskräfte, begleitende Kommunikations- und Weiterbildungsinstrumente sowie die kritische Begleitung eines externen Stakeholder-Beirats sorgen für einen *effektiven Veränderungsprozess*. Langfristig tragen solche Formate damit dazu bei, integres Verhalten zu fördern und damit die individuelle und kollektive Leistungsfähigkeit der Organisation insgesamt zu steigern.

4 Fazit

Die Veränderungsfähigkeit einer Organisation kann entscheidend zur Lösung globaler Probleme beitragen und stellt eine notwendige Bedingung für den langfristigen und nachhaltigen Erfolg des Unternehmens dar. Eine Herausforderung liegt dabei insbesondere in einer *Erhöhung des Verantwortungsbewusstseins auf allen Ebenen* der Organisation. Für die systematische Integration desselben in die Unternehmensführung sind *strukturelle* (Nachhaltigkeits-Governance) und *strategische* (Nachhaltigkeitsstrategie) *Voraussetzungen notwendig*, welche dem CR-Management auf Basis eines *normativen Orientierungsrahmens* (Unternehmenswerte) die Richtung vorgeben und eine *Steuerungs- und Kontrollfunktion* auf höchster Ebene übernehmen.

Auslöser und Mitgestalter des CR-Managements sind in zunehmendem Maße neben der „eigentlichen" Unternehmensführung die *externen und internen Stakeholder* des Unternehmens. Ohne Berücksichtigung dieser Interessen ist ein Veränderungsprozess hin zu einer verantwortungsvollen Unternehmensführung unmöglich. Gutes CR-Management bezieht daher Stakeholder-Impulse systematisch ein und nutzt dies für einen strukturierten Organisationsentwicklungsprozess.

Wie dies in der Praxis umsetzbar ist, wurde am Beispiel von Daimler anhand dreier etablierter Formate des Stakeholder-Engagements beschrieben: dem *Sustainability Dialogue*, der *Wesentlichkeitsanalyse* sowie dem *Integritätsdialog*.

Die Formate lassen sich nach der angesprochenen Zielgruppe, der Art des Informationsaustauschs sowie der genuinen Zielsetzung unterscheiden. Der intrinsische Antrieb eines Unternehmens wird dadurch nicht negiert, wohl aber um eine wichtige Facette ergänzt. Letztendlich ist nämlich allen gemeinsam, dass sie – ausgerichtet auf CR und Nachhaltigkeit – für die Organisationsentwicklung eines Unternehmens positive Beiträge leisten.

Literatur

Becker H, Langosch I (2002) Produktivität und Menschlichkeit: Organisationsentwicklung und ihre Anwendung in der Praxis. Lucius & Lucius, Stuttgart

Bieker T (2005) Normatives Nachhaltigkeitsmanagement: Die Bedeutung der Unternehmenskultur am Beispiel der F & E der Automobil- und Maschinenbaubranche. Dissertation Universität St. Gallen

Brink A (2013) Die Wiedergeburt des Ehrbaren Kaufmanns. forum wirtschaftsethik 2(2013):2–7

Bussmann K (2004) Kriminalprävention durch Business Ethics: Ursachen von Wirtschaftskriminalität und die besonderen [besondere] Bedeutung von Werten. Z Wirtschafts- Unternehmensethik (zfwu) 5(1):35–50

Daimler Nachhaltigkeitsbericht (2013) http://www.daimler.com/nachhaltigkeit

Daimler Nachhaltigkeitsbericht (2014) http://www.daimler.com/nachhaltigkeit

Elkington J (1997) Cannibals with Forks. The triple bottom line of 21st century business. Capstone Publishing Ltd., Oxford

Europäische Kommission (2011) Eine neue EU-Strategie (2011–14) für die soziale Verantwortung der Unternehmen (CSR). http://eurlex.europa.eu/LexUriServ/LexUriServ.do?uri=COM:2011:0681:FIN:DE:PDF. Zugegriffen: 12. März 2014

Freeman RE (1984) Strategic management: a stakeholder approach. University Press, Cambridge

Freeman RE, Moutchnik A (2013) Stakeholder management and CSR: questions and answers. UmweltWirtschaftsForum (uwf) 21(1):5–9

Freeman RE, Velamuri SR, Moriarty B (2006) Company stakeholder responsibility: a new approach to CSR. http://www.corporate-ethics.org/pdf/csr.pdf. Zugegriffen: 12. März 2014

Heger W, Bürgel M-A (2013) Die Rolle des Stakeholderdialogs im Nachhaltigkeitsmanagement. In: uwf – Umwelt-Wirtschafs-Forum, Moutchnik A (Hrsg) Stakeholdermanagement im Dialog: Umwelt, Nachhaltigkeit, CSR, Bd 21. Springer, Berlin, S 127–134

Heger W, Bürgel M-A (2014) Corporate Responsibility: Grundlage für nachhaltiges Performance Management. In: Roth A (Hrsg) Ganzheitliches Performance Management – Unternehmenserfolg durch Perspektivenintegration in ein Management Cockpit. Haufe, Freiburg, S 437–457

Interaktiver Daimler Nachhaltigkeitsbericht (2014) http://nachhaltigkeit.daimler.com. Zugegriffen: 12. März 2015

Nerdinger FN, Blickle G, Schaper N (2008) Arbeits- und Organisationspsychologie, 2. Aufl. Springer, Berlin

Scherer AG (2003) Multinationale Unternehmen und Globalisierung: Zur Neuorientierung der Theorie der Multinationalen Unternehmung. Physica Verlag, Heidelberg

Schiersmann C, Thiel H-U (2009) Organisationsentwicklung. Prinzipien und Strategien von Veränderungsprozessen. VS-Verlag für Sozialwissenschaften, Wiesbaden

Schreyögg G, Noss C (1995) Organisatorischer Wandel – von der Organisationsentwicklung zur lernenden Organisation. Betriebswirtsch 55(2):169–185

The Royal Institute of International Affairs (2012) www.chathamhouse.org/about-us/chathamhouserule-translations. Zugegriffen: 12. März 2014

Vos JFJ (2008) Corporate social responsibility and the identification of stakeholders. In: Zakhem AJ, Palmer DE, Stoll ML (Hrsg) Stakeholder theory: essential readings in ethical leadership and management. Prometheus Books, Amherst, S 179–190

Marc-André Bürgel arbeitet als Corporate Responsibility Manager in der Konzernzentrale der Daimler AG im Vorstandsbereich für „Integrität und Recht". Dort beschäftigt er sich mit der Steuerung von Nachhaltigkeitsaktivitäten und Stakeholder-Engagement-Formaten. Er hat an den Universitäten Bayreuth und Stellenbosch (Südafrika) studiert und Abschlüsse in Philosophy & Economics sowie Betriebswirtschaftslehre erworben. Er ist Gastdozent an Hochschulen und Universitäten und Autor von Fachbeiträgen in Büchern und Zeitschriften.

Dr. Wolfram Heger ist Senior Manager Corporate Responsibility (CR) im Vorstandsressort „Integrität und Recht" der Daimler AG in Stuttgart. Nach dem Studium zum Diplom-Volkswirt (Heidelberg) und Master in Political Science (Denver, USA) sowie Stationen bei der Union Bank of *Switzerland* (UBS) promovierte er in Gießen. Zu seinen Arbeitsschwerpunkten zählen CR-Governance, Stakeholder Management und Menschenrechte. Dr. Heger ist zudem Lehrbeauftragter an Hochschulen und Universitäten.

Durch Verantwortung zu dauerhaftem ökonomischen Erfolg: Austria Glas Recycling

Harald Hauke und Monika Piber-Maslo

1 Verpackungsglassammlung in Österreich: Austria Glas Recycling

Austria Glas Recycling GmbH steuert das österreichische Glasrecyclingsystem und ist in dieser Funktion österreichweit für Sammlung und Verwertung von Glasverpackungen verantwortlich. Die Non-Profit-Gesellschaft organisiert Sammelsystem sowie Redistributionslogistik von Glasverpackungen in enger Kooperation mit allen österreichischen Kommunen sowie privaten und kommunalen Entsorgungsunternehmen. Mehr als 500 Verträge regeln die Zusammenarbeit. Austria Glas Recycling verantwortet die Erfüllung der Verpackungsverordnung für den Packstoff Glas. In den Worten des BMLFUW: *Austria Glas Recycling betreibt das Sammel- und Verwertungssystem für den Packstoff Glas im gesamten Bundesgebiet Österreich auf öffentlichen und privaten Plätzen.* (Systemgenehmigungsbescheid der BMLFUW von 2007, gültig bis 2017)

In Österreich wird seit Mitte der 1970er-Jahre Altglas gesammelt und in der Verpackungsglasindustrie verwertet – anfangs von der Vorläuferorganisation der Austria Glas Recycling GmbH, dem Verein Austria Recycling, seit 1989 von der Austria Glas Recycling, einem Unternehmen der österreichischen Verpackungsglaswerke und der ARA AG. Das österreichische Glasrecyclingsystem ist mit jährlichen Recyclingquoten von rund 85 % international best practice, die durchschnittliche Recyclingquote für Glasverpackungen in der EU beträgt 70 %. Altglas ist mengenmäßig der wichtigste Rohstoff für die Pro-

---

H. Hauke (✉) · M. Piber-Maslo
Austria Glas Recycling, Obere Donaustr. 71, 1020 Wien, Österreich
E-Mail: hauke@agr.at

M. Piber-Maslo
E-Mail: piber-maslo@agr.at

© Springer-Verlag Berlin Heidelberg 2016
B. Schram, R. Schmidpeter (Hrsg.), *CSR und Organisationsentwicklung*,
Management-Reihe Corporate Social Responsibility, DOI 10.1007/978-3-662-47700-7_24

duktion neuer Glasverpackungen. Die Einsatzquote von Altglas als Sekundärrohstoff in der österreichischen Verpackungsglasindustrie beträgt im Durchschnitt über alle Formen, Größen und Farben 75 %.

Zwei Säulen tragen diesen Erfolg seit Anbeginn: intensiver Stakeholder-Dialog (der Begriff erblickte hierzulande allerdings später das Licht der Welt als das österreichische Glasrecyclingsystem) und konsequente Öffentlichkeitsarbeit. Zentrale Stärke des österreichischen Glasrecyclingsystems ist die gemeinschaftliche Gestaltungskompetenz aller Beteiligten (www.agr.at/unternehmen/stakeholder.html).

Der Entwicklung der Austria Glas Recycling im Zeitverlauf entsprechend ist der folgende Abschn. 24.2 der Kreislaufwirtschaft und dem Umweltmanagement gewidmet, bevor in Abschn. 24.3 auf CSR/Nachhaltigkeit eingegangen wird.

2 Glasrecycling als Modell für Kreislaufwirtschaft

2.1 Stoffkreisläufe schließen

Glasrecycling gilt als Urform von Kreislaufwirtschaft. Seit die Sumerer im 3. Jahrtausend vor unserer Zeitrechnung Sande erstmals zu Glas schmolzen und daraus Alltagsgegenstände und Schmuck formten, wird Glas auch recycelt, also eingeschmolzen und zu neuen Produkten geformt. Ob damals schon Klimaschutzerwägungen eine Rolle gespielt haben, sei dahin gestellt.

Im Österreich des 20. Jahrhunderts spielten definitiv Rohstoffmängel eine Rolle, als die uns wohl vertraute Redistributionslogistik für Glas, Metall, Papier und andere Materialien etabliert wurde, um der Industrie die notwendigen Rohstoffe zu sichern. Die Entwicklung zu einer tendenziellen Überflussgesellschaft in unseren Breiten in der zweiten Hälfte des 20. Jahrhunderts führte zu Abfallproblemen und Deponieraummangel und ließ als weiteren guten Grund für das Schließen von Stoffkreisläufen den Umweltschutz auf die Bühne treten. Die Erlassung des Abfallwirtschaftsgesetzes und diverser darauf basierender Verordnungen gegen Ende dieses Jahrhunderts sind Beispiele der Problemlösung auf legislativer Seite. Dass Recyceln zudem in hohem Ausmaß Energie spart, lässt Kreislaufwirtschaft im Lichte des Klimaschutzes zusätzlich sinnvoll sein.

Rohstoffeinsparungen aufgrund von Verpackungsglasrecycling (Angaben gerundet)

- 164.000 t Quarzsand/a
- 53.000 t Kalk und Dolomit/a
- 41.000 t Soda/a
- 573.000 m³ Abbauvolumen/a
- 213.000 m³ Deponievolumen für Einwegglas/a
- 225.000.000 kWh elektrische Energie/a
- 6.000.000 m³ Erdgas/a
- Je 10 % Altglas in der Produktion 3 % Energie- und 7 % CO_2-Emissionsreduktion.

2.2 Umweltmanagement: Stoffkreislauf und Regelkreis

Neben der Entwicklung einer differenzierten Abfallwirtschaftsgesetzgebung in Österreich und der EU manifestierten sich Ende des 20. Jahrhunderts Leitlinien, die die Transformation des ‚end of pipe'-Verhaltens zu einem vorsorgenden und gesamthaften Betrachten unternehmerischer Umweltaspekte intendieren. Dazu zählen zum Beispiel Eco-Design-Richtlinien sowie Umweltmanagementnormen wie die europäische EMAS-Verordnung (eco-management and audit-scheme) und ISO 14000 f.

Austria Glas Recycling – in der glücklichen Situation, eine per se umweltfreundliche Unternehmung zu führen – entschied mit Anfang des neuen Jahrtausends, über das Kerngeschäft hinaus auf Umweltrelevanz der Unternehmenstätigkeit zu achten und implementierte das EMAS-Umweltmanagementsystem (UMS). Seither sind der Stoffkreislauf der Glasverpackungen und der Regelkreis des UMS unzertrennliche Zwillinge.

Basis ist die Umweltpolitik, die den großen umweltbezogenen Handlungsrahmen vorgibt. Ein UMS-Jahreskreis bei Austria Glas Recycling sieht wie folgt aus (Tab. 1):

Das Wesen von Umweltmanagementsystemen ist der kontinuierliche Verbesserungsprozess, das heißt die systematische, ständige und alle wesentlichen Umweltaspekte erfassende Verbesserung. Für Austria Glas Recycling heißt das, im gesamten Glasrecyclingsystem im Sinne der Verbesserung der Umweltleistungen wirksam zu werden. Man spricht von indirekten (nicht unmittelbar beeinflussbaren) Umweltaspekten. Dazu gilt es, die Partnerunternehmen und -institutionen, die Stakeholder, alle Akteure im System, im Wertschöpfungskreis zu gewinnen. Dank vielfältiger Maßnahmen, subsumierbar unter dem Begriff Stakeholder-Management, gelingt Schritt für Schritt die positive Veränderung von Umweltauswirkungen im Glaskreislauf. Das Umweltmanagementsystem ist bei Austria Glas Recycling vollständig integriert und garantiert, dass sich das Unternehmen die richtigen Ziele setzt und wirksame Maßnahmen umsetzt.

Beispiele für mit Stakeholdern umgesetzte Maßnahmen:

- Sammelpartner der Austria Glas Recycling verpflichten sich vertraglich zur Weiterbildung der Fahrer punkto ECO-Drive über das gesetzliche Maß hinaus
- Sammel- und Transport-Lkw für Altglas: mehr als 50% entsprechen den umweltfreundlichsten EURO-Klassen
- bei Neuanschaffung von Lkw für die Altglassammlung gilt: Lkw muss jeweils der zum Zeitpunkt umweltfreundlichsten EURO-Klassifizierung entsprechen
- Design der Sammel-Lkw zeigt von außen, dass Weißglas und Buntglas im Lkw getrennt bleiben

Das als Stabsstelle organisierte Umweltteam der Austria Glas Recycling richtet den fachkundigen Blick auf die Potenziale und Möglichkeiten, strebt stets nach mehr und gewinnt daraus Motivation für die Entwicklung und Umsetzung weiterer Maßnahmen.

Tab. 1 UMS-Abläufe bei Austria Glas Recycling

Instrument/Aufgabe	Inhalt/Ziel	Zeitpunkt/Zeitrahmen
Umweltaspekteregister	Umweltauswirkungen der Bürotätigkeit (direkte, nicht wesentliche Umweltaspekte) und der Aktivitäten im Zuge der Altglassammlung (indirekte, wesentliche Umweltaspekte); bestimmen die Arbeitsschwerpunkte	Überarbeitung als Vorbereitung auf UMS-Audit im Frühjahr jeden Jahres
Input-Output-Bilanz	Ressourcenverbrauch im Büro	Laufende Erfassung, jährliche Auswertung am Anfang eines Jahres für das vergangene Jahr
Leistungsprogramm	Arbeitsschwerpunkte/Maßnahmen, sachliche und zeitliche Ziele, Kosten- und Zeitaufwand, Verantwortliche	Laufende Bearbeitung
Prozessbeschreibung	Arbeitsabläufe (Prozesse), Ziele, Verantwortliche	Anpassung zweimal jährlich (Frühjahr und Herbst)
Management Review	Überprüfung des UMS auf Wirksamkeit (GL, Umwelt-Team), Überprüfung Umweltpolitik	Einmal pro Jahr als Vorbereitung auf UMS-Audit im Frühjahr jeden Jahres
Internes Audit	UMS-Abläufe im Team prüfen, gegebenenfalls Korrekturmaßnahmen einführen	Einmal pro Jahr als Vorbereitung auf UMS-Audit im Frühjahr jeden Jahres
Externes Audit	Unabhängiger Auditor prüft UMS auf Mängel, Korrekturbedarf und Umwelterklärung (Nachhaltigkeitsbericht) auf Korrektheit und Wesentlichkeit	Mai/Juni jeden Jahres
Umwelterklärung (Nachhaltigkeitsbericht)	Dokumentiert den UMS- und Nachhaltigkeitsfortschritt	Erscheint jährlich im Herbst

2.3 Reflexionskultur im Team: Eigenverantwortlichkeit wächst

Sechs Frauen und 4 Männer (Vollzeitäquivalent etwa 8,5) managen das österreichische Glasrecyclingsystem. Viele von ihnen sind seit vielen Jahren im Team. Sie zeichnen sich durch profunde Kenntnis der Branche aus und haben zahlreiche große und kleine Entwicklungsschritte und Zäsuren in der Entwicklung des Glasrecyclingsystems erfolgreich bewältigt. Zehn Menschen, die alle an einem Standort arbeiten und sich mehr oder weniger täglich sehen. Eine Binsenweisheit festzustellen, dass relevante Informationen trotzdem nicht immer ihren Weg finden, dass die ‚Gefühlsunterwelt' sich manchmal in Szene setzt, dass es – kurz gesagt – des kontinuierlichen Arbeitens an der Teamkultur bedarf. Kontinuierliche Verbesserung also auch im Bezug auf soziale Aspekte parallel zum lebenslangen individuellen fachlichen Lernen.

Das Umweltmanagementsystem EMAS legt großen Wert auf die Einbindung der Mitarbeiter/innen. Austria Glas Recycling etablierte Arbeitsweisen und Settings, die neben der fachlichen Mitgestaltung auch ein wertschätzendes und lösungsorientiertes Herangehen an Themen sozialer Natur zulassen. Es ist schön zu sehen, wie im Laufe der Jahre das gegenseitige Vertrauen, das Respektieren anderer Sichtweisen und die Bereitschaft zur Offenheit gewachsen sind. Schwelende Konflikte, ob zwischen Teammitgliedern oder im Verhältnis zu den Führungskräften, bremsen ein kleines Team unmittelbar spürbar. Das ehrliche Streben nach gemeinschaftlichen Lösungen befeuert es hingegen ebenso unmittelbar spürbar. Die Eigenmotivation und Bereitschaft, sich zu engagieren, Verantwortung für Prozesse und deren Ergebnisse zu übernehmen, steigt.

Moderierte Workshops mit dem gesamten Team der Austria Glas Recycling – Auswahl

- Fit für die Zukunft. Workshopreihe zur Vorbereitung auf kommende Veränderungen der relevanten Gesetzeslage (2013, 2014)
- Nachhaltigkeitsfrühstück (2013)
- Sammelsystem gestalten und adaptieren. Prozessüberarbeitung (2013)
- Begrüßungscocktail für Dr. Harald Hauke als neuen Geschäftsführer. Kennenlern-Workshop als Start für eine gelingende Zusammenarbeit (2012)
- Schritte auf dem Weg der kontinuierlichen Verbesserung (2011)
- SWOT-Analyse (2010, 2011)

2.4 Umwelterklärung: glaubwürdige gehaltvolle Information wird multipliziert

Das zunehmende Umweltbewusstsein der Bevölkerung lässt es für Unternehmen verlockend erscheinen, ihre Produkte oder Leistungen als ökologisch wertvoll anzupreisen. Nicht immer wird gehalten, was versprochen ist. Für Konsument(inn)en ein Quell von Frustration, für tatsächlich umweltorientiert agierende Unternehmen eine Herausforderung. Eine Möglichkeit, sich dieser zu stellen, ist das Veröffentlichen einer Umwelterklärung. EMAS fordert dies – in Abhängigkeit von einigen Faktoren jährlich oder in größeren Abständen. Daten und Aussagen werden von Auditoren auf Wesentlichkeit und Korrektheit geprüft. Die Umwelterklärung ist somit ein glaubwürdiges Medium für Partner, Stakeholder und Interessierte und beglaubigter Wettbewerbsvorteil.

Austria Glas Recycling publiziert seit 2001 jährlich eine Umwelterklärung (seit 2007 kombiniert als Nachhaltigkeitsbericht, dazu siehe Abschn. 24.4). Diese ist zur zentralen Botschafterin für das österreichische Glasrecyclingsystem geworden. Vertreter/innen von Partnerunternehmen bestätigen, dass die Berichte der Austria Glas Recycling als Informationsdokument für die eigene Glasrecyclingarbeit dienen und zur Mitarbeiter(innen)schulung herangezogen werden – ein Multiplikatoreffekt wie er im Buche steht. EMAS-Preise und Austrian Sustainability Reporting Awards (ASRA) sind wertvolle Anerkennungen und gleichsam Gütesiegel, die die Kompetenz der Austria Glas Recycling zusätzlich unterstreichen. Das stärkt die Durchsetzungskraft des Unternehmens und gereicht den Mitarbeiter(inn)en zu Stolz, Freude und Motivation (Tab. 2).

Tab. 2 Umwelterklärungen/Nachhaltigkeitsberichte der Austria Glas Recycling – Auswahl

Erscheinungsjahr/Datenbasis	Titel	Auszeichnung(en)
2014/2014	Vom Wachsen in Kreisläufen	ASRA
2014/2013	Einmal Wert schätzen bitte	ASRA
2013/2012	Im Glascontainer blüht Zukunft	ASRA, Golden Pixel
2012/2011	Aus Kontinuität wächst Nachhaltigkeit	ASRA, Golden Pixel-Nominierung
2011/2010	Glasrecycling hat immer Saison	ASRA, EMAS-Preis
2010/2009	Wertstoffe erhalten, Zukunft gestalten	ASRA
2009/2008	20 Jahre Austria Glas Recycling	ASRA
Erscheinungsjahr/Datenbasis	Titel	Auszeichnung(en)

3 Verpackungsglasrecycling als Modell für nachhaltiges Wirtschaften

3.1 Ex aequo: Volkswirtschaftlicher und betriebswirtschaftlicher Nutzen

Austria Glas Recycling erfüllt mit Umsetzung der Verpackungsverordnung für Glas den in Gesetzestext gegossenen gesellschaftlichen Auftrag zu Abfallvermeidung und Ressourcenschonung. Dies wirtschaftlich und mit größtmöglicher Sorgfalt und Verantwortung zu tun, ist Handlungsmaxime des Unternehmens. Das Geschäftsmodell der Austria Glas Recycling ist einer nachhaltigen Wirtschaftsweise sehr nahe.

- Das Kerngeschäft ist umweltfreundlich. Dank Umweltmanagementsystem ist die kontinuierliche Verbesserung der Umweltleistungen vollkommen integriert (siehe Abschn. 24.2).
- Erfolg wird gemessen in Sammelmengen und Recyclingquoten. Der volkswirtschaftliche Nutzen zählt mehr als kurzfristiger Finanzgewinn. Laufende System- und Kostenoptimierungen sichern die Wirtschaftlichkeit.
- Die finanziellen Mittel dienen ausschließlich der Organisation des österreichischen Glasrecyclingsystems. Dank Non-Profit-Status fließen Überschüsse immer ins System zurück.

Gute Voraussetzungen, die nachhaltige Entwicklung ebenso systematisch wie das Umweltmanagement zu gestalten. Die Herausforderung liegt naturgemäß in dem sehr viel höheren Komplexitätsgrad. Das gängige 3-Säulen-Modell spricht von der ökonomischen, der ökologischen und der sozialen Säule, die gleichermaßen berücksichtigt und in die

Bewertung des Unternehmenserfolges einfließen. Dilemmata sind vorgezeichnet, der Umgang mit diesen will gelernt werden.

Der Status der Austria Glas Recycling entspricht der 2. Generation von CSR: Strategische CSR im Kerngeschäft (gemäß Bertelsmann Stiftung 2009). Es zählt, Glasrecycling mit hohem Verantwortungsbewusstsein zu managen und sich zu einem Unternehmen der 3. Generation von CSR zu entwickeln (Transformative CSR). Als Beispiel für die aktive Mitgestaltung der Rahmenbedingungen für eine nachhaltige Wirtschaftsweise sei die Mitwirkung von Austria Glas Recycling an dem vom BMLFUW initiierten und geleiteten Projekt zur Evaluierung der ONR 192500 genannt. Austria Glas Recycling engagierte sich als eines von zehn ausgewählten ‚First-Mover-Unternehmen' (siehe auch Abschn. 24.4.1). Der Ansatz der 1. Generation (CSR als Philanthropie) widerspricht dem Geschäftsmodell der Austria Glas Recycling.

Ziel ist es, das bestehende Umweltmanagementsystem gemäß EMAS um gesellschaftlich relevante Aspekte zu erweitern, den UMS-Regelkreislauf zu einem Nachhaltigkeitskreislauf werden zu lassen. Sichtbare erste Schritte waren die Weiterentwicklung des Umweltprogrammes zu einem Leistungsprogramm und die Neutaufe von PUMA (**P**rozessorientiertes **U**mwelt**MA**nagementsystem) auf SUN (**S**trategien für **U**mwelt- und **N**achhaltigkeit) im Zuge eines internen Ideenwettbewerbs, bei dem sich alle Mitarbeiter/innen beteiligten.

Unter Federführung des Umwelt- und Nachhaltigkeitsteams wurden Handlungsfelder definiert und analysiert, wo Austria Glas Recycling bereits aktiv ist und wo Potenziale liegen.

Geschult am Denken in direkten und indirekten Aspekten erarbeiten Geschäftsleitung und Nachhaltigkeitsteam laufend Möglichkeiten, ökologische und soziale Verantwortlichkeit im gesamten Prozess und in der Lieferkette selbstverständlich zu machen.

3.2 Stakeholder-Einbindung: Gemeinsam erfolgreich sein

Der Erfolg des österreichischen Glasrecyclingsystems beruht von Anbeginn neben anderen Faktoren auf dem Dialog der Austria Glas Recycling mit den Partnerunternehmen und -institutionen (siehe Abschn. 24.1). Es gilt, den Ausgleich divergierender Interessen im Sinne des großen Ganzen zu meistern. Gespräche und Meetings mit anderen Akteurinnen und Akteuren im Glasrecycling gehören zum Alltag sowohl der Geschäftsleitung als auch des Teams. Darüber hinaus organisiert Austria Glas Recycling regelmäßig Spezialveranstaltungen, z. B. einmal im Jahr das Fahrer-Meeting für die Fahrer der Glassammel-Lkw. Ebenfalls jährlich lädt Austria Glas Recycling die kommunalen Partner ein, die Leistungen nach Schulnotensystem zu bewerten (Zufriedenheitsanalyse).

Mit der Integration des Umweltmanagementsystems intensivierte Austria Glas Recycling den Stakeholder-Dialog und dehnte ihn thematisch auf Umwelt- und Nachhaltigkeitsaspekte aus. In jährlichen professionell moderierten Workshops mit Vertretern aller Stakeholder verdichtet und konzentriert sich der Dialog.

2013 wurde seitens Geschäftsleitung, Team und Aufsichtsrat die Stakeholderanalyse auf Basis der bisherigen einschlägigen Arbeiten der Austria Glas Recycling und unter Einbeziehung der Anforderungen der ONR 192500 („CSR-Norm") sowie der internationalen Richtlinie für Nachhaltigkeitsberichterstattung GRI (Global Reporting Initiative) aktualisiert.

Eine spezifische Stakeholderbefragung, deren Ergebnisse in die Wesentlichkeitsmatrix eingearbeitet werden sollen, ist zum Zeitpunkt des Verfassens des gegenständlichen Artikels für diese Publikation (Dezember 2013) in Arbeit.

3.3 Die ökonomisch-ökologisch-soziale Komplexität oder das Baumwolltaschendilemma

Ein schlichtes Beispiel illustriert Komplexität und Dilemmata im Nachhaltigkeitsmanagement.

Zur Zeit der Plastiksackerlverbotsdiskussion erlebt es Hochkonjunktur: das Baumwolltaschendilemma. Ein praktisches, wiederverwendbares, kostenmäßig im Rahmen der Antikorruptionsrichtlinien liegendes Geschenk will gemacht werden. Idealerweise trägt es eine Unternehmensbotschaft – zum Beispiel, worauf es beim Altglassammeln zu achten gilt, damit der Umweltnutzen von Glasrecycling höchstmöglich ausgeschöpft wird.

Die Auswahlmöglichkeiten sind mannigfaltig: Taschen aus traditionell hergestellter Baumwolle konkurrieren mit solchen aus ökologisch einwandfreier Faser und solchen, die aus Fairtrade-Initiativen stammen. Königin der Baumwolltaschen ist die ökologisch hergestellte und fair gehandelte. Es ist vollkommen einsichtig, dass letztere zu einem deutlich höheren Preis zu haben ist als beispielsweise herkömmlich produzierte. Bei unveränderlichem Baumwolltaschenbudget des Unternehmens steht dieses vor der Entscheidung: Bringt es die Unternehmensbotschaft auf ökologisch und sozial absolut einwandfreiem Produkt zu den Menschen oder macht es in der einen oder anderen Hinsicht Abstriche und trägt die Anleitung zu umweltfreundlichem Verhalten an eine sehr viel größere Anzahl von Menschen?

3.4 Nachhaltigkeitsbericht: Fenster und Spiegel des Nachhaltigkeitsfortschrittes

Austria Glas Recycling publiziert seit 2001 jährlich eine Umwelterklärung gemäß EMAS (siehe Abschn. 24.2), seit 2007 kombiniert als Nachhaltigkeitsbericht gemäß GRI. Gewissermaßen war die Veröffentlichung des ersten Nachhaltigkeitsberichtes der Anstoß, ein Nachhaltigkeitsmanagement zu implementieren. Dies mag im Widerspruch zu einer lehrbuchmäßigen Herangehensweise stehen, zeigt aber, dass sowohl der Wunsch des Unternehmens als auch die Erwartung der Stakeholder nach Transparenz im Stande sind, sinnvolle Prozesse im Unternehmen zu initiieren. Austria Glas Recycling orientiert sich an der Global Reporting Initiative (GRI). Die Vorgaben dieser Richtlinie definieren Berichtsthemen und lenken folgerichtig den Fokus auch auf Handlungsthemen (www.agr.at/unternehmen/nachhaltigkeit-bei-austria-glas-recycling/emas-und-gri.html).

Mit der Veröffentlichung von Nachhaltigkeitsberichten lässt Austria Glas Recycling am eigenen Entwicklungsprozess teilhaben, öffnet sich für Kritik und reflektiert regelmäßig Fortschritt und Misserfolge. Somit ist der Nachhaltigkeitsbericht zugleich Mittel und Ergebnis zur kontinuierlichen Verbesserung sowie des Stakeholder-Dialogs.

Die Überprüfung durch Auditoren und die Bestätigung der Korrektheit und Wesentlichkeit der berichteten Daten und Fakten hebt den Nachhaltigkeitsbericht der Austria Glas Recycling von jenen Berichten ab, die sich Nachhaltigkeitsbericht nennen, ohne einer Norm, einer Leitlinie zu entsprechen.

4 Fazit

4.1 Verpackungsglasrecycling: nachhaltiges Geschäftsmodell

Das österreichische System zur Verpackungsglassammlung und -verwertung kann in der aktuell wirksamen Ordnung als Modell für nachhaltiges Wirtschaften beispielgebend sein. Nicht zuletzt deshalb wurde Austria Glas Recycling mit 10 weiteren Unternehmen, die nachhaltig agieren, eingeladen, die auf ISO 26000 basierende ONR 192500 ‚CSR-Norm' in einem stringenten Prozess und unter Begleitung von Nachhaltigkeitsexpert(inn)en zu evaluieren. Untersucht werden Praxistauglichkeit und sinnvolle, vergleichbare Zertifizierungsmöglichkeiten. Zum Zeitpunkt des Verfassens dieses Artikels für diese Publikation (Dezember 2013) steht das von der WKO initiierte Projekt zur Weiterentwicklung des Porter-Modells ‚Shared Value' für KMU in den Startlöchern. Austria Glas Recycling ist eines von drei eingeladenen Unternehmen, die an dem Projekt mitwirken.

Aus Sicht des Autors und der Autorin ist die Abfallwirtschaft die ideale Leuchtturmbranche für die Umsetzung von Nachhaltigkeit. Beim Umweltschutz und in der Abfallwirtschaft sind volkswirtschaftlicher Nutzen und Umweltvorteile höher zu bewerten als kurzfristige Gewinne. Nationale wie supranationale Gesetzgebung ist eingeladen, die sukzessive Etablierung von Nachhaltigkeit in der Abfallwirtschaft zu fordern und zu fördern.

4.2 Leitmotiv: kontinuierliche Verbesserung

Unternehmen sind einem beständigen Wandel unterzogen. Sie werden gewandelt oder wandeln sich, passen ihren Sinn, ihre Leistungen, ihre Abläufe proaktiv den Herausforderungen und Notwendigkeiten des Umfeldes, des Marktes, der Gesellschaft etc. an.

Das Umwelt- und Nachhaltigkeitsmanagement der Austria Glas Recycling unterstützt dabei, Veränderungsprozesse zeit- und kulturgerecht zu entwickeln. Die Mitarbeiter/innen verstehen Veränderung als Lern- und Erweiterungsmöglichkeit und tragen von sich aus aktiv zu Verbesserungen bei.

Das mit Etablierung des Umweltmanagements entwickelte Prozessverständnis der Tätigkeiten der Austria Glas Recycling unterstützt das Team dabei, Ziele und Zusammenhänge zu erkennen, den eigenen Beitrag einzuordnen und über den eigenen Arbeitsbereich hinaus zu denken. Dies fördert Zielorientierung und effektive Kooperation im Team und lässt Reibungsverluste verschwinden.

Mit dem Umwelt- und Nachhaltigkeitsmanagement ist bei Austria Glas Recycling eine Kultur entwickelt worden, die hierarchieübergreifend offene Diskussionen, Kritik und Feedback ehrlich ermöglicht.

Zum Streben nach kontinuierlicher Verbesserung gehört das viel zitierte lebenslange Lernen. Austria Glas Recycling ermöglicht vielfältige Aus- und Weiterbildung fachlich wie persönlich. Bedürfnisse und Wünsche der Mitarbeiter/innen werden selbstverständlich berücksichtigt.

4.3 CSR/Nachhaltigkeit: starkes Unternehmen

Die Vorzüge von CSR/nachhaltigem Wirtschaften für Austria Glas Recycling liegen auf der Hand

- Reflexions-, Lern- und Wandlungsfähigkeit
- Haltbare, vertrauensvolle Systemstrukturen
- Motivierte Mitarbeiter/innen
- Hohe Eigenverantwortlichkeit bei den Mitarbeiter/innen
- Attraktiver Arbeitsplatz
- Bewusster Umgang mit Dilemmata
- Imagevorteile, Vertrauen bei Bürger(inne)n, Konsument(inn)en

Bei Austria Glas Recycling sind Kerngeschäft, Umweltmanagement und Nachhaltigkeitsmanagement eine Einheit.

Mag. Dr. Harald Hauke (*1967) studierte Betriebswirtschaftslehre an der Kepler Universität in Linz. 1991 wechselte er nach Wien, wo er bei Unilever zu arbeiten begann und parallel dazu an der WU Wien das Doktoratsstudium absolvierte. Seine berufliche Laufbahn führte ihn bisher hauptsächlich in internationale Markenartikelunternehmen (Unilever, Lindt & Sprüngli, Nestlé), dazwischen arbeitete er im Musikgeschäft (EMI Musicgroup) und im Verlagswesen (WirtschaftsBlatt-Gruppe). Von 2006 bis 2012 arbeitete er als Expat für Nestlé in Deutschland und Frankreich. Seit 1. März 2012 ist er GF der Austria Glas Recycling GmbH.

Monika Piber-Maslo studierte an der WU Wien (Wirtschaftspädagogik) und sammelte parallel Erfahrungen im Versicherungs-, Bank- und Verlagswesen, ist seit 1993 in der Abfallwirtschaft und seit 2000 für Austria Glas Recycling tätig. Ihre Hauptaufgaben sind: Public Relations, Projektabwicklung, Umwelt- und Nachhaltigkeitsmanagement; Aus- und Weiterbildungsschwerpunkte: PR, Kommunikation, Gruppenmoderation, Umweltmanagement (interne Auditorin). Auszeichnungen: mehrfacher ASRA für Nachhaltigkeitsberichte.

Wertschöpfung und Kulturwandel im Mittelstand: Mader GmbH

Alexandra Hildebrandt

1 Einleitung

Unternehmen stehen heute vor vielfältigen Herausforderungen, um langfristig ihre Wettbewerbsfähigkeit sicherzustellen. Dazu gehören Globalisierung, Diversifizierung, Austauschbarkeit der Produkte, steigender Wettbewerbsdruck, demografische Entwicklung, Fachkräftemangel sowie wachsende Ansprüche der Stakeholder. Sie müssen sich auf einen ständigen Wandel einstellen und ihre Organisationsstrukturen entsprechend anpassen. Das verlangt die Entwicklung einer Firmenkultur, die dem eigenen Selbstverständnis mit ihrem Kern aus Werten und Zielen und einer verantwortungsvollen Wirtschaftsweise gerecht wird.

Auch wenn das das Konzept lebenslanger Loyalität zu einem Unternehmen in Zeiten der Globalisierung nicht mehr praktikabel ist, so liegen potenziell enorme Vorteile darin, identitätsstiftende Firmenkulturen zu schaffen, in denen sich Mitarbeiter, die bereichsübergreifende Zusammenhänge verstehen, aber auch wirtschaftliche, soziale und ökologische Ziele gleichzeitig im Blick behalten, fest integriert fühlen. Damit verbunden ist eine nachhaltige Unternehmensführung, die Anker setzt, an denen Führungskräfte und Mitarbeiter ihr Denken und Handeln immer wieder auf gemeinsame Werte beziehen.

Am Praxisbeispiel der Mader GmbH (Vgl. Mader 2013). wird im Folgenden gezeigt, dass Werte als zentrales Element der Unternehmenskultur in einer vernetzten Wirtschaftswelt

---

Dieser Beitrag ist bereits erschienen in: Schneider/Schmidpeter (Hrsg.), Corporate Social Responsibility, ISBN 978-3-662-43482-6, © Springer-Verlag Berlin Heidelberg 2012, 2015

A. Hildebrandt (✉)
Wertschöpfung und Kulturwandel im Mittelstand: Mader GmbH,
Breslauer Str. 17, 90559 Burgthann, Deutschland
E-Mail: drhildebrandt.alexandra590@gmail.com

zu „harten" Erfolgsfaktoren werden können, wenn sie Teil des genetischen Unternehmenscodes sind. Um den Weg des Wandels zu gehen, kommt es darauf an, dass das Unternehmen zuerst seine Identität klärt, sich ihrer bewusst wird, sich dann über gemeinsame Werte verständigt und die Markenbildung darauf aufbaut. Wer nur auf die äußere Form und Missionsfloskeln setzt, kann keinen Markenkern entwickeln, der das Herzstück eines Unternehmens ist. Heutzutage greifen unterschiedlichste visuelle Ausdrucksformen eines Unternehmens stark ineinander. Die unverzichtbare Basis des ökonomischen Erfolgs muss deshalb eine gelebte und stabile Wertekultur sein.

2   Die Mader GmbH in Vergangenheit und Gegenwart

Seit 1935 ist die Mader GmbH & Co. KG mit Sitz in Leinfelden-Echterdingen bei Stuttgart rund um das Thema Druckluft ein zuverlässiger Partner der Industrie. Von 1935 bis 1945 gehörte der Verkauf von Kompressoren, Hebebühnen und Druckluftkomponenten für Werkstatteinrichtungen zum Kerngeschäft des als Handelshaus von Max Mader gegründeten Unternehmens. Bis in die späten 1980er Jahre weitete das Unternehmen seine Kompetenz durch Produkt- und Geschäftsbereichserweiterungen im Segment Pneumatik aus. 1972 folgte die Unternehmensfusion mit der UHE Heizungsarmaturen. Daraus entstand der Geschäftsbereich Wärmetechnik. 1988 gelang der Einstieg in das Geschäftsfeld Industrieautomation und Handhabungstechnik. 1990 wurde das damals noch als GmbH geführte Unternehmen aus dem Privatbesitz an die Schweizer Bossard Holding AG verkauft.

1999 erfolgte der Verkauf an die Dätwyler Teco GmbH. 2004 entschlossen sich Mitglieder der damaligen Geschäftsführung zu einem Management-Buy-Out, so dass die Mader GmbH & Co. KG heute wieder inhabergeführt ist.

In den folgenden Jahren stand die Anpassung interner Prozesse an aktuelle Marktanforderungen im Vordergrund. Auf dem Weg zur alten Stärke, der nur mit einer intakten Unternehmenskultur möglich war, stellte sich heraus, dass der Bereich Wärmetechnik nicht in das Portfolio von Mader passt. 2008 zog die Geschäftsführung die Konsequenzen und verkaufte diesen Geschäftsbereich. Es folgte eine Fokussierung auf die Kernkompetenzen Pneumatik und Drucklufttechnik, die mit der Erkenntnis verbunden war, dass die zunächst voneinander getrennt agierenden Geschäftsbereiche Synergiepotenziale aufweisen und deshalb nicht länger isoliert betrachtet, sondern als ein durchgehender Prozess wahrgenommen werden sollte.

Nach Zusammenlegung der Bereiche Pneumatik und Drucklufttechnik wurde der Fokus auf die Optimierung des kompletten Druckluftprozesses gelegt. Je nach individueller Kundensituation werden heute von Mader die betriebswirtschaftlich und ökologisch sinnvollsten Lösungsvarianten erarbeitet. Sie beinhalten die Möglichkeiten zur alternativen Nutzung der erzeugten Energie wie z. B. Wärmerückgewinnungs- oder Adsorptionskälteanlagen. Ebenfalls werden die in der Analyse notwendigen zentralen Luftaufbereitungsanlagen mit in die Angebote integriert.

Als einziges Unternehmen deutschlandweit deckt Mader mit seinem Leistungsspektrum die gesamte „Druckluftstrecke" – von der Erzeugung der Druckluft im Kompressor über deren Aufbereitung und Verteilung bis zur Druckluftanwendung, beispielsweise mit Pneumatik-Zylindern – ab.

Das Unternehmen ist seit 1992 auch Vertragsdienstleister der Landesmesse Stuttgart und damit zuständig für die gesamte Druckluftversorgung auf dem Messegelände. Seit April 2010 gehört Mader zur Airgroup, einem Zusammenschluss von regional agierenden Maschinen- und Druckluftändlern in Deutschland. Der 2007 gegründete Verein hat sich zum Ziel gesetzt, qualitätsgeprüfte Dienstleistungen rund um die Druckluftversorgung bundesweit und fabrikatunabhängig anzubieten. Mit derzeit 81 Mitarbeitern (Stand: 2013) und einem Umsatz von rund 12 Mio. € gehört Mader mittlerweile zu den erfolgreichen mittelständischen Unternehmen in Baden-Württemberg und hat in seiner Branche die Marktführerschaft übernommen.

3 Veränderungsprozesse und Kulturwandel

Veränderungen sind oft mit einem schmerzhaften Prozess verbunden, weil in der Umsetzungsphase Altes nicht nahtlos durch Neues ersetzt werden kann und Schnitte (z. B. Entlassungen) notwendig sind. Die neue Mader-Geschäftsführung sah sich zunächst einer unmotivierten und verunsicherten Belegschaft sowie einer schlechten wirtschaftlichen Situation gegenüber, so dass der Veränderungsprozess für alle Beteiligten eine enorme Herausforderung darstellte. Hinzu kam, dass die traditionell geprägten Organisationsstrukturen aufgelöst werden mussten, um den aktuellen Anforderungen hinsichtlich Anpassungsfähigkeit, Innovationskraft, Flexibilität und Effizienz gerecht zu werden.

Geschäftsführer Werner Landhäußer erinnert sich rückblickend: „Es war eine sehr angespannte Situation bei Mitarbeitern und Kunden. Nach innen gab es keine Motivation, was sich auch in der Qualität der Arbeit ausdrückte. Das Wort Führungskultur hatte keine Bedeutung, weil sie nicht vorhanden war. Jeder zweite Kundenanruf war eine Beschwerde" (Rösemeier 2013). Die inneren Schwierigkeiten und Mängel spiegelten sich auch in der äußeren Form (z. B. Unternehmensbroschüren und Website).

Für die Geschäftsführung war es zunächst eine der wichtigsten Führungsaufgaben, die Selbstverantwortung des einzelnen Mitarbeiters zu stärken, denn sie ist der zentrale Wertschöpfungsimpuls des Unternehmens und Auslöser von Veränderungen. Dabei ging es nicht darum, Mitarbeiter zu „entwickeln", sondern ihr Potenzial zur Entfaltung zu bringen und ihnen Orientierung zu geben. Dazu mussten entsprechende Rahmenbedingungen in der Organisation geschaffen werden, die eine Misstrauenskultur in eine Vertrauenskultur verwandelt, in der flache Hierarchien, Projekt- und Teamarbeit den Alltag bestimmen. Dieser Ansatz führte dazu, dass die Veränderungsbereitschaft von Führungskräften und Mitarbeitern bei Mader sehr ausgeprägt war und ist.

„Durch den Turnaround – das Unternehmen war bei der Übernahme Ende 2004 tief in der Verlustzone und ohne Orientierung – und den daraus resultierenden wirtschaftlichen Erfolg sowie auch durch einen extremen Wertewandel sind alle Beteiligten gewohnt, über neue Wege nicht nur nachzudenken, sondern diese dann auch konsequent zu verfolgen. Es geht uns dabei um Prozessoptimierung zur Schaffung einer hohen Kundenzufriedenheit, um einen nachhaltigen Qualitätsstandard, Pünktlichkeit, Zuverlässigkeit, hohe Kompetenz etc. bei gleichzeitiger Steigerung der Produktivität und darum aus dem entsprechenden Ablauf eine professionelle kunden- und serviceorientierte Einheit zu schaffen", so Werner Landhäußer.

Das Unternehmen beschäftigte sich zu Beginn des Veränderungsprozesses mit substanziellen Fragen: Wie sollen Unternehmensziele künftig erreicht werden? Was kann Mader besser als andere? Und woran ist das erkennbar? Im Mittelpunkt stand die strategische Positionierung auf Basis unserer Kernkompetenzen und mit Blick auf die Marke. Da Führung und Personalmanagement an der Marke ausgerichtet sein müssen, weil Mitarbeiter zugleich Markenbotschafter sind, war es eine logische Konsequenz, dass der Prozess von innen nach außen verlief.

4 Innere Werte und Maßnahmen zur Potenzialentfaltung

Führungskräfte und Mitarbeiter setzten klare Zeichen und schufen die Voraussetzungen, um den Kulturwandel einzuleiten. Dazu gehörte zum Beispiel ein Workshop, in dem 2004 ein gemeinsamer WerteCodex erarbeitet wurde, der noch immer im Eingangsbereich der Unternehmenszentrale hängt. Für den glaubwürdigen Umgang mit Werten sowie für eine konstruktive und vertrauensvolle Zusammenarbeit bilden die hier enthaltenen Verhaltens- und Führungsgrundsätze ein wichtiges Fundament. „Durch den WerteCodex werden Führungsgrundsätze in konkrete Handlungsorientierungen übersetzt. Gemessen werden wir aber ausschließlich an den einzelnen Handlungen und Entscheidungen im Tagesgeschäft", so Werner Landhäußer.

Darin sind u. a. Offenheit und Ehrlichkeit, Gerechtigkeit und Zuverlässigkeit, Verantwortung und Vertrauen als verbindliche Verhaltensnormen enthalten. Auf dieser Grundlage wurde ein wertebasiertes Management aufgebaut: Mader begann damit, seine Grundwerte als Kodex festzuschreiben (1. Kodifizieren), um als nächsten Schritt diese Grundwerte in Arbeitsprozesse einzubringen (2. Implementieren). Die Schritte 3. (Systematisieren) und 4. (Organisieren) beziehen sich auf Managementsysteme und Verantwortlichkeiten zur Durchführung eines wertebasierten Managements im Unternehmen. Am Ende wurden die Ziele immer übertroffen, was sich auch der internen Kommunikation und Transparenz verdankte.

Bis heute erhalten die Mitarbeiter „im Intranet, in regelmäßigen Veranstaltungen und Meetings sowie in persönlichen Gesprächen einen aktuellen Überblick über die Unternehmensentwicklung sowie ihren Verantwortungsbereich. Im Führungskreis gibt es absolute Transparenz über alle relevanten Unternehmensdaten und Ergebnisse. Im Rahmen von Informationsveranstaltung werden alle relevanten Informationen präsentiert, und es gibt die Möglichkeit, dies auch sofort zu besprechen – von der strategischen Positionierung bis zu den Ergebniszahlen und den Problemen des täglichen Arbeitsalltags" (Hildebrandt und Schwiezer 2013), sagt Stefanie Kästle, verantwortlich für Qualitätsmanagement, Umwelt und Controlling bei Mader.

Der wertegeprägte Managementansatz setzt sich auch in der nachhaltigen Personalpolitik fort. So ist die Werte-Reflexion auch Bestandteil der Mitarbeitergespräche und Einarbeitungspläne, Feedbackbögen am Ende der Probezeit, Beurteilungsbögen der Auszubildenden für die einzelnen Einsatzbereiche oder Informationsveranstaltungen, auf denen konkrete Fälle vorgestellt und diskutiert werden. Auch 14-tägige Führungskreismeetings, jährliche Strategiemeetings oder traditionelle jährliche Familienfeste gehören dazu. Zudem legt das Unternehmen großen Wert auf ein ausgewogenes Verhältnis von Beruf und Freizeit.

5 Auswahlkriterien für einen attraktiven Arbeitgeber

Die Mader GmbH steht im Ballungsraum Stuttgart mit Namen wie Daimler und Porsche im Wettbewerb, wenn es um gut ausgebildeten Nachwuchs geht und darum, ihn zu gewinnen bzw. zu halten (Vgl. Hackbarth 2013). Ein Fokus liegt dabei auch auf der Generation Y, die natürliche Folge der Babyboomer-Generation X (auch Generation Multitasking oder Generation Connected). Diese Generation hinterfragt eigene Handlungsweisen, aber auch die von Unternehmen und Organisationen. Sie hat allerdings auch erfahren, dass zwar alles möglich ist, aber nichts bleibt, wie es einmal war. Für die Generation Y sind Sinnerfüllung und Inhalt besonders wichtig. Dieser Situation stellt sich Mader. Zudem gibt es sehr viele junge Menschen, die sich bei einem Mittelständler wohler fühlen als in einem Konzern. Hier haben sie einen großen Gestaltungsspielraum, eine überschaubare, schlanke und transparente Organisation sowie kurze Entscheidungswege. „Es ist allerdings wichtig, dass der Mittelstand in einem enger werdenden Arbeitsmarkt diese Vorteile noch deutlicher nach außen kommuniziert", sagt Werner Landhäußer. Denn für junge Talente ist die Art und Weise, wie Unternehmen kommunizieren, zum Auswahlkriterium für einen attraktiven Arbeitgeber geworden.

Bewerber können bei Mader nach einer schriftlichen Bewerbung und einem ersten Kennlerngespräch für mindestens eine Woche ein Praktikum absolvieren und werden dabei intensiv betreut. Am letzten Tag des Praktikums erhalten sie ein individuelles Feedback über den Verlauf des Praktikums und eine Einschätzung der Leistungen. Besonders erfolgreichen Schulabgängern wird auch die Möglichkeit eines durch das Unternehmen finanzierten ausbildungsbegleitenden Studiums angeboten. Hochschulabgänger haben die Möglichkeit, nach dem Studium ein 12-monatiges Trainee-Programm im Bereich Technischer Vertrieb oder im Bereich Produktmanagement zu durchlaufen.

Viele Unternehmen berücksichtigen bei ihren Auswahlmethoden oft nur Sachkenntnisse, Techniken und Fertigkeiten. Für Mader dagegen ist auch die innere Einstellung des Bewerbers und seine Prägungen von entscheidender Bedeutung. Die Bewerbungsgespräche werden hier gezielt vorbereitet und strukturiert, so dass eine professionelle geistige Auseinandersetzung bereits vor dem eigentlichen Auswahlprozess stattfindet. An der Zeit, die sich das Unternehmen für Auswahlverfahren nimmt, wird die Relevanz des Themas für die gesamte Organisation deutlich.

Ein Beispiel: In einem 45 min dauernden Einstellungstest wurde eine Gruppe von sechs Schülern am 29. März 2012 auch auf ihre Stressresistenz geprüft. Prüfer waren die kaufmännischen Auszubildenden des 1. Lehrjahres. Abgefragt wurden Allgemeinwissen, logisches Denken, Rechtschreibung, Mathematik sowie Merk-und Orientierungsfähigkeit. Dabei kam es auch darauf an, den Schülern die Angst vor Einstellungstests zu nehmen und ihnen aufzuzeigen, dass es möglich ist, sich auf Einstellungstests gut vorzubereiten ohne die Beteiligten in Verlegenheit zu bringen. Im Vordergrund stand vor allem, ihnen Mut zu machen. Auch Unternehmensbegehungen sowie die Vorstellung der unterschiedlichen Berufsbilder sowie fachlichen und persönlichen Voraussetzungen gehören in diesen Prozess.

Seit September 2012 bildet das Unternehmen 14 Auszubildende aus (Vgl. Halfmann 2013). Zu den Ausbildungsberufen bei Mader gehören neben Fachkraft für Lagerlogistik, Kauffrau/-mann Groß- und Außenhandel auch Berufe wie Mechatroniker. Neu wurden 2012 das BA-Studium sowie ein Trainee-Programm für technische Nachwuchskräfte mit aufgenommen.

Ganzjährig werden ein umfangreiches Weiterbildungsprogramm sowie bedarfsbezogen produktbezogene Fortbildungen wie auch Weiterbildungen im sozialen Bereich (z. B. Kommunikationstrainings, Konfliktbewältigung) angeboten. „Neben den monatlich stattfindenden Inhouse-Schulungen erhalten unsere Auszubildenden auch individuelle Förderungen, wenn es schulische Probleme gibt. Auch nach Beendigung der Ausbildung können Weiterentwicklungsmöglichkeiten in Anspruch genommen werden", so Stefanie Kästle.

6 Diversity Management und Charta der Vielfalt

Diversity Mangement bedeutet vor allem das Zusammenbringen von vielfältigen Talenten. Es ist in den 80er Jahren in den USA entstanden und wurde dort aus der Civil Rights- und der Equal Opportunity-Diskussion abgeleitet. Das Konzept findet deshalb weltweite Beachtung, weil es von unterschiedlichsten Kulturen und verschiedenen Unternehmen genutzt werden kann. „Für uns bedeutet Diversity Management, das wirtschaftlich Sinnvolle mit sozial verantwortlichem Handeln zu verbinden und nachhaltig in der Unternehmenskultur zu verankern. Doch es ist auch wichtig, sich öffentlich dazu zu bekennen" (Landhäußer und Kästle 2012), so Werner Landhäußer. Die Belegschaft kommt aus elf verschiedenen Ländern, 50 % der Führungskräfte sind Frauen, der Anteil an Mitarbeitern mit Migrationshintergrund beträgt ca. 40 % und ca. 63 % der Auszubildenden haben einen Migrationshintergrund (Vgl. Mader 2013, S. 4).

Angesichts des demografischen Wandels und der damit verbundenen Auswirkungen auf den Arbeitsmarkt ist Mader als Arbeitgeber auf das gesamte Arbeitskräftepotential angewiesen. Es liegt daher im betrieblichen Interesse, möglichst allen jungen Menschen, auch den weniger leistungsstarken, eine fundierte berufliche Qualifizierung zu ermöglichen, wobei die Herkunft und das Geschlecht für die Auswahl keine Rolle spielen (Vgl. Hildebrandt und Schwiezer 2013).

Für seine führende Rolle in der Industrie und seine wegweisende Innovationskultur benötigt Mader die passenden Köpfe. Deshalb hat das Unternehmen schon frühzeitig damit begonnen, bei der Verankerung eines konsequenten Diversity Managements mit einer Vielzahl von Maßnahmen den Kulturwandel im gesamten Unternehmen einzuleiten. Dazu gehört auch das Projekt „Deine Chance auf einen Ausbildungsplatz – Bewerbertraining für Hauptschüler mit Migrationshintergrund". Langfristig möchte Mader als Kooperationspartner den Schülern mit Migrationshintergrund Möglichkeiten und Hilfestellung für ihren Berufsweg eröffnen. Die duale Ausbildung stellt für viele Jugendliche oft die einzige Möglichkeit einer beruflichen Vollqualifizierung dar, da hierfür keine formalen Zugangsbeschränkungen existieren.

Die Jugendlichen müssen sich jedoch auf einem Ausbildungsmarkt behaupten, auf dem die Betriebe nach Leistungsgesichtspunkten über die Vergabe der Ausbildungsplätze entscheiden und leistungsschwächeren Jugendlichen, insbesondere bei einem Migrationshintergrund, eher selten eine Chance geben. Diese Tatsache wird von Mader durch den Eingang vieler Bewerbungen von jungen Menschen mit Migrationshintergrund, bei denen das Fehlen der abgeschlossenen Berufsausbildung festgestellt wird, bestätigt.

Darüber hinaus stellten die Verantwortlichen nach Ausschreibung der Ausbildungsstellen auch fest, dass Bewerber mit Migrationshintergrund und Hauptschulabschluss sich bei der Bewerbung schwer tun – sei es bei der Erstellung der Bewerbungsunterlagen oder auch im Bewerbungsgespräch. Um gute Nachwuchskräfte zu gewinnen, braucht Mader heute eine genaue Kenntnis des eigenen Bedarfs, eine Vorstellung, welche Fähigkeiten, Kenntnisse und Kompetenzen über die Qualifikationsanforderungen hinaus wünschenswert wären, eine genaue Diagnose der Stärken und Schwächen der Nachwuchskräfte, die Bereitschaft, sich auf die jungen Menschen einzustellen (zu wissen, wie sie „ticken"). Das Unternehmen hat erkannt, dass die frühzeitige Zusammenarbeit von Schulen hierfür hilfreich ist. Die Verantwortlichen sind ständig bemüht zu wissen, welche Motive die Berufsorientierung von Jugendlichen bestimmen, welche Ressourcen Schulen haben und vor welchen Restriktionen sie stehen.

Nach einem persönlichen Kontakt mit Ansprechpartnern der Ludwig-Uhland-Schule in Leinfelden-Echterdingen entstand die Idee für das Projekt „Deine Chance auf einen Ausbildungsplatz – Bewerbertraining für Hauptschüler mit Migrationshintergrund". Mit dem Angebot von unterschiedlichen Bausteinen haben die Teilnehmer des Projekts die Möglichkeit, individuelle Schwerpunkte zu setzen und werden entsprechend dieser Schwerpunkte betreut und gefördert. Mit der Unterzeichnung der Vereinbarung einer Bildungspartnerschaft am 13.01.2012 durch den geschäftsführenden Gesellschafter von Mader, Werner Landhäußer, und der Schulleiterin Gabriele Roegers, wird die Nachhaltigkeit des Projekts gewährleistet. Für die Mader-Geschäftsführung (Manja Hies, Werner Landhäußer und Peter Maier) ist Diversity Management eine „gelebte Einstellung" und nicht nur etwas, das auf einem Stück Papier steht.

Im März 2012 ist Mader der Initiative „Diversity als Chance – Die Charta der Vielfalt" beigetreten. Schirmherrin ist Bundeskanzlerin Dr. Angela Merkel. Mit dieser Selbstverpflichtungserklärung, die von Unternehmen unterschiedlicher Größe als auch von Verbänden und namhaften Institutionen unterzeichnet worden ist, setzt sich das Unternehmen dafür ein, die Vielfalt innerhalb und außerhalb des Unternehmens aktiv zu fördern. Mit der Unterzeichnung der Charta der Vielfalt hat die Bedeutung des Themas Diversity bei Mader eine neue Qualität erreicht. Es ist für das Unternehmen kein Modethema, sondern ein strategischer Erfolgsfaktor.

Schon seit Jahren verfolgt es eine erfolgreiche Diversity-Gesamtstrategie, die ihren Ausdruck in der offenen und respektvollen Haltung gegenüber Unterschieden hinsichtlich Alter, Geschlecht, Nationalität und ethnische Herkunft, Religion und Weltanschauung, Behinderung und sexuelle Identität der Mitarbeiter findet.

Als dritte Station ihrer Demografiereise (Vgl. z. B. Die Bundesregierung 2013; Mader 2013) besuchte Angela Merkel am 9. April 2013 die Mader GmbH & Co. KG in Leinfelden. Im Mittelpunkt ihres Besuches stand die Ausbildungsstrategie des Unternehmens: „Hier zeigt sich: Wenn alle zusammenarbeiten, kann in dieser Region fast jeder junge Mensch eine Chance haben – egal, ob er schlechte oder gute Noten hat, egal, ob er einen Migrationshintergrund hat oder nicht", so die Bundeskanzlerin, die von der Vielfalt der Möglichkeiten der Qualifizierung sehr beeindruckt war: „Das Ausbildungsleben endet hier keinesfalls damit, dass man sagt ‚Ich habe jetzt einen Berufsabschluss', sondern dann geht vieles weiter. Sehr beeindruckend ist das Engagement, aber auch die Bereitschaft der jungen Leute, Zeit einzusetzen, zum Beispiel abends ein Fernstudium oder ein duales Studium mit Ausbildung zu absolvieren oder Zusatzqualifikationen jeder Art zu erwerben. Es ist allerdings auch beeindruckend, wie viele solcher Möglichkeiten es gibt. Ganz besonders beeindruckend ist, dass die Firma jeden individuell in der Hoffnung unterstützt, dann auch einen langjährig guten Mitarbeiter zu haben" (Die Bundeskanzlerin 2013).

7 Verantwortung im Nahbereich

Das Unternehmen steht stellvertretend für viele kleine und mittlere Unternehmen, die auch im lokalen Rahmen auf besondere Weise Verantwortung übernehmen. Nachhaltig ausgerichtete Unternehmen sind gesellschaftlich besonders relevant, weil sie Generationen miteinander verbinden und sich letztlich Investitionen auch außerhalb ihres Kerngeschäfts und in soziale Projekte leisten können – sei es in Form von Spenden oder Unterstützung des sozialen Engagements ihrer Mitarbeiter. Deshalb basiert die geförderte Zivilgesellschaft zu einem nicht unbedeutenden Teil auf stabilen und erfolgreichen Wirtschaftsunternehmen, die von engagierten und Mitarbeitern getragen werden.

Ein konkretes Beispiel ist neben der Schülerkampagne WOW-Day, dessen Erlöse Waldorf- und Bildungsinitiativen zugutekommen, auch die Initiative „Mitmachen Ehrensache", bei der es darum geht, dass sich Jugendliche selbstständig einen Arbeitgeber ihrer Wahl suchen, auf ihren Lohn verzichten und das Geld jeweils regional ausgewählten „guten Zwecken" spenden. Das sind in der Regel Projekte der Jugendarbeit, die von Jugendlichen selbst ausgewählt werden. Der „Mitmachen Ehrensache"-Aktionstag wendet sich an Schülerinnen und Schüler ab Klasse 7 der allgemeinbildenden Schulen und der beruflichen Schulen in Baden-Württemberg. Besonders engagierte Jugendliche bewerben als sogenannte „Botschafter/innen" die Aktion und beteiligen sich an der Organisation vor Ort oder auch bei der landesweiten Planung. Gemeinsamer Träger sind die Jugendstiftung Baden-Württemberg und die Stuttgarter Jugendhaus gGmbH, die auch für die landesweite Umsetzung verantwortlich sind.

In der Region wird die Mader GmbH künftig auch ein Fußballturnier mit ihren Partnerschulen ausrichten und dabei vom Biesalski-Cup lernen, einem Inklusionsturnier, das im Mai 2013 zum 5. Mal unter der Schirmherrschaft von Dr. Theo Zwanziger in Berlin ausgetragen wurde. Die Idee zum Turnier, das von Mader unterstützt wurde, umschreibt Tanja Walther-Ahrens, Lehrerin und ehemalige Bundesliga-Spielerin: „Wir haben gesehen, dass bei einem ‚normalen' Turnier unsere Kinder immer den Kürzeren gezogen haben, weil sie körperlich und intellektuell nicht in der Lage waren, mit Gleichaltrigen mitzuhalten." Der Biesalski-Cup schaffe an der Schule ein Wir-Gefühl, eine eigene Identität. Regionales Engagement ist nachhaltig, wenn es auch über die eigenen Grenzen hinweg ausstrahlt und andere beeinflusst. „Es war eine tolle Erfahrung, mit welchem Elan die Schüler und Schülerinnen am Turnier teilgenommen haben und wie der Sport als verbindendes Element individuelle Handicaps in den Hintergrund treten lässt. Wir nehmen einige Ideen und Anregungen mit, die wir zusammen mit unseren Bildungspartnern in einem eigenen Projekt umsetzen möchten", so das Fazit von Werner Landhäußer und Stefanie Kästle (Vgl. Berliner Fußball-Verband 2013).

Die Verantwortung des Unternehmens reicht aber auch über die Grenzen Deutschlands hinaus – so sammelten Auszubildende im ersten Lehrjahr Geld für hungerleidende Menschen in Ostafrika. Mit selbstverfassten Intranet-Meldungen informierten sie die Mitarbeiterinnen und Mitarbeiter über die Situation in Ostafrika und forderten zum Spenden auf. Der gesammelte Betrag wurde von der Geschäftsleitung verdoppelt und an die „Aktion Deutschland hilft" gespendet.

8 Der Mader-Effekt

Für die Geschäftsführung des Unternehmens ist Nachhaltigkeit ein dynamischer Prozess, der nie „fertig" ist. Das Unternehmen hat sich schon früh auf den Weg gemacht und erste nachweisbare Erfolge bei internen Optimierungsprozessen erzielt. Das Interesse von Mader an einer nachhaltigen Wirtschaftsweise basiert einerseits auf ethisch-moralischen Überzeugungen, aber auch auf der Realisierung von Kostenvorteilen, die nicht zuletzt aus Energieeinsparungen resultieren. Ein wesentliches Motiv für die Auseinandersetzung mit diesem Kernschwerpunkt der Nachhaltigkeit sind die steigenden Energiekosten. So hat sich für gewerbliche Verbraucher der Strompreis zwischen 2005 bis 2010 um mehr als 28 % erhöht. Der Erdgaspreis stieg im selben Zeitraum um knapp 20 % an (Vgl. Statistisches Bundesamt 2011). Diese Entwicklung dürfte sich künftig weiter fortsetzen, denn der weltweit steigende Energiebedarf wird die Energiepreise weiter in die Höhe treiben. Aus diesem Grund gibt es für Unternehmen einen hohen Bedarf an Energiekompetenz.

Das Wissen um Energieverbräuche, Potentiale und der Einsatz erneuerbarer Energien gehören zu den wichtigsten Herausforderungen. Angestrebtes Ziel von Unternehmen muss demnach eine möglichst hohe Effizienz in der Energienutzung sein. Jede eingesparte Kilowattstunde trägt zur nachhaltigen Gewinnsteigerung und zum Klimaschutz bei: „Effizienzmaßnahmen können diese Entwicklung zwar nicht aufhalten, aber ihr immerhin entgegenwirken und den Anteil der Energiekosten senken. Druckluft ist in vielen Unternehmen des verarbeitenden Gewerbes unverzichtbar. Gleichzeitig ist die Druckluft eine der teuersten Energieformen, da nur ca. 5 bis 10 % der eingesetzten Energie in Form von Druckluft tat-sächlich genutzt werden. Bestehende Druckluftanlagen sind meist mit den Betrieben mitgewachsene Anlagen, die häufig Stück für Stück erweitert wurden.

Hinzu kommt, dass in vielen Unternehmen die benötigte Druckluftqualität nicht klar definiert ist, so dass es auch hier zu weiteren Verlusten durch unspezifische Leistungsanforderungen kommen kann. Potenziale zur Optimierung und Kostenreduzierung bieten sich somit in fast allen Bereichen der Druckluftanlage, von der Erzeugung über die Aufbereitung bis zur Verteilung an. „Oftmals genügen schon einfache und kostengünstige Änderungen, um eine deutliche Verbesserung der Gesamtbilanz der Anlage zu erreichen", so Werner Landhäußer. Effizienzmaßnahmen erhöhen die Wettbewerbsfähigkeit von Unternehmen und verschaffen ihnen eine bessere Wettbewerbssituation. Der Mader-Effekt ist ein wichtiger Schritt, wenn es darum geht, Wege aufzuzeigen, wie Energieverbrauch erfolgreich gesteuert werden kann.

9 Ökologisches Engagement

Der Klimawandel und die notwendige Verbesserung der Energiebilanz bilden die Basis des gesamten Vertriebskonzeptes von Mader. Seit Mai 2012 ist das Unternehmen nach DIN ISO 14001:2009 zertifiziert. Damit einher gingen Mitarbeiterschulungen, in denen der Zweck der Einführung eines Umweltmanagementsystems, Umweltpolitik und Umweltziele-einschließlich eines Umweltprogramms vermittelt wurden. Sämtliche Prozesse orientieren sich am eigenen Qualitäts- und Umweltmanagementhandbuch, in dem Standards für die Prozesse sowie Ziele und Maßnahmen zur Analyse und Verbesserung hinterlegt sind. Zudem unterstützt Mader seine Kunden bei der Erreichung ihrer Nachhaltigkeitsziele durch seine Dienstleistungen wie z. B. Energieeffizienz- oder Leckagemessungen.

Das Umweltbewusstsein der Mitarbeiter wird zudem durch nachhaltige Projekte gestärkt. So wurde im Rahmen einer Initiative der Auszubildenden unter der Projektleitung von Sülbiye Deger, Personalreferentin und Ausbildungsleiterin bei Mader, ein Workshop für alle Mitarbeiter durchgeführt, der sich mit Energieeinsparung, Abfallentsorgung und dem bewussten Umgang mit Wasser beschäftigte. Zu den Themen des Workshops Workshop „Umwelt schützen+Geld sparen" (2012) gehörten Themen wie „Energie sparen" (z. B. Einsparpotenziale im Haushalt, CO_2-Reduktion und Spriteinsparung beim Autofahren), „Schädlinge und Abfallentsorgung" (Schimmelvermeidung in der Wohnung, Schädlingskontrolle ohne Gift) und „Wasser" (z. B. umweltfreundliches Waschen und Reinigen). Die verteilten Hand-Outs wurden von den Azubis vorbereitet.

Mit dem Workshop verbunden war auch die Durchführung eines Umweltschutz- und Energiesparrätsels mit dem Ziel, am Ende des Workshops Spendengelder für eine Wasseraufbereitungsanlage in Afrika zu sammeln. Unterstützt wurde ein Projekt in Kenia. Zudem werden eine Vielzahl von internen und externen Schulungen und Weiterbildungsmöglichkeiten in den Bereichen Umweltschutz und Energieeffizienz angeboten, Vorträge gehalten (z. B. bei der IHK, Messeveranstaltungen) und Veranstaltungen durchgeführt, bei denen Unternehmensvertreter Praxistipps geben und von ihren Erfahrungen berichten, um andere für das Thema zu sensibilisieren. Das Unternehmensengagement in den Bereichen Klimaschutz, Energieeffizienz und Umwelt wurde durch eine Vielzahl von Auszeichnungen gewürdigt (2012: TOP20 Dienstleister des Jahres; 2012: 2. Platz Stiftung „Gemeinsame Erinnerung – gemeinsame Verantwortung für die Zukunft", Leinfelden-Echterdingen; 2013: Nominiert für den Deutschen Engagementpreis).

Hinter den Projekten und Initiativen steht der von Michael E. Porter und Mark R. Kramer (Vgl. Porter und Kramer 2007) formulierte Ansatz des Shared Value: Indem Unternehmen ihr gesellschaftliches Engagement systematisieren und an ihrem Kerngeschäft ausrichten, vergrößern sie dessen Wirkung erheblich, weil sie gerade dort über besonders hochwertiges Wissen und Netzwerke verfügen.

10 Die Rolle des Controllings

Qualitätsorientiertes Denken und Handeln ist ein wesentlicher Teil der Unternehmensphilosophie und Qualitätspolitik. Seit 2007 ist Mader nach der DIN ISO 9001:2008 zertifiziert. Zur Qualitätssicherung gehört z. B. ein standardisierter umfangreicher Einarbeitungsprozess zur Sicherstellung der Arbeitsqualität bei neuen Mitarbeitern. „Wir arbeiten kontinuierlich daran, unser Qualitätsniveau zu verbessern. Daher unterliegen unsere Prozesse einer ständigen Kontrolle und Verbesserung. Das ist ein grundlegender Bestandteil unserer nachhaltigen Wertschöpfungskette, die sich vor allem aus unserem Qualitätsverständnisableitet", sagt Stefanie Kästle.

Früher waren Controller eine Art organisationsinterne Rechenprüfer – heute sind sie als Steuerungsexperten bei allen operativen und strategischen Entscheidungen dabei. Controller geben strategische Impulse für richtungsweisende Entscheidungen und Problemlösungen. Auf der Basis von Kennzahlen können sie sehen, wo die Organisation steht. Die übergreifende Arbeit des Controllings gewährleistet das Funktionieren des Unternehmens als lernende Organisation, die Planung und Steuerung genauso benötigt wie Freiräume für Entwicklungen und positive Identifikation. „Controller geben strategische Impulse für richtungsweisende Entscheidungen und nachhaltige Problemlösungen" (Mader: Oktober 2013), so Kästle. Die übergreifende Arbeit des Controllings gewährleistet das Funktionieren des Unternehmens als lernende Organisation, die Planung und Steuerung genauso benötigt wie Freiräume für Entwicklungen und positive Identifikation, die bei einem Mittelständler besonders ausgeprägt ist.

Am Bereich Controlling zeigt sich zugleich auch die Entwicklung des Unternehmens von einer top down gelenkten Firma zu einem modernen mittelständischen Unternehmen mit flachen Hierarchien und einer geringen Anzahl von Führungsebenen, die mit einer Unternehmenskultur einhergeht, die durch Offenheit und Vertrauen geprägt ist und aus der „Wiederholung derselben Verhaltensmuster" entsteht, woraus sich „Routinen gegenseitiger Erwartungen" (Förster 2013, S. 68) bilden, sagt Guido Palazzo, Professor für Unternehmensethik an der Universität Lausanne.

11 „Luft ist unser Antrieb": Nachhaltige Markenentwicklung und Markenführung

Engagierte und qualifizierte Mitarbeiter sind nicht nur das Rückgrat des unternehmerischen Erfolgs bei Mader, sondern auch deren Markenbotschafter. Ein weiteres Ergebnis des Veränderungsprozesses, der sich von innen nach außen vollzog, war die Entwicklung eines außergewöhnlichen und authentischen Markenprofils auf Grundlage echter Werte. Einig waren sich alle Beteiligten darin, dass Unternehmensdesign und -identität Teil der strategischen Ausrichtung sein müssen. Das Problem war, dass Mader als Mittelständler weniger Ressourcen und Möglichkeiten zur Verfügung standen, was aber wiederum auch von Vorteil war, weil daraus ein ehrlicher Prozess hervorging, der aus dem Inneren der Organisation kam und nicht von außen dazugekauft wurde. Mader ist ein Beispiel dafür, dass ein nachhaltiger Markenaufbau auch mit wenig Geld funktionieren kann. Allerdings setzt dies voraus, dass das Unternehmen etwas besser kann als alle anderen, was zugleich zu einer Konzentration auf die eigenen potenziellen Stärken führt, um dauerhaft Wettbewerbsvorteile zu generieren.

So wurde mit internen Markenworkshops und ersten „Feldversuchen" begonnen: Die Kunden nahmen das Konzept der neuen Markenstrategie sofort an. Diese drückt sich im Unternehmensclaim „Luft ist unser Antrieb" aus (Rösemeier 2013). In den Jahren 2010 und 2011 startete Mader mit der größten Schulungsoffensive. Die positive Entwicklung zeigte sich auch in den Unternehmenspublikationen, auf der Unternehmenswebsite, in der Fahrzeugbeschriftung und bei den Messeauftritten – alles wurde emotionaler und hochwertiger.

Zahlen, Daten und Fakten allein reichen nicht aus, um Aufmerksamkeit zu erhalten, denn sie sind austauschbar sind und können kopiert werden. Mader hatte erkannt: Wenn sich Produkte und Dienstleistungen kaum mehr voneinander unterscheiden, muss verstärkt in die eigene Marke investiert werden. Heute steht die Marke Mader für Qualität, Kontinuität, Verlässlichkeit und Einzigartigkeit. Vor allem soll sie Orientierung vermitteln: „Denn wenn sich vieles in der kurzlebigen Zeit ändert, so bleibt zumindest eines gleich: die Marke und ihre Werte, die von den Mitarbeitern gelebt werden".

Literatur

Berliner Fußball-Verband (2013) Inklusionsturnier an Biesalski-Schule mit Theo Zwanziger. http://berliner-fussball.de/startseite/alle-news/news/datum/2013/05/27/inklusionsturnier-an-biesalski-schule-mit-theo-zwanziger/. Zugegriffen: 10. Aug. 2013

Die Bundeskanzlerin (2013) Statemtent der Bundeskanzlerin beim Besuch des Ausbildungsbetriebes Mader (09.04.2013). http://www.bundeskanzlerin.de/Content/DE/Mitschrift/Pressekonferenzen/2013/04/2013-04-09-merkel-mader.html. Zugegriffen: 10. Aug. 2013

Die Bundesregierung (2013) Demografiereise. Wohlstand durch Fachkräfte sichern (09.04.2013). http://www.bundesregierung.de/Content/DE/Artikel/2013/04/2013-04-09-demografiereise-ausbildungsbetrieb.html. Zugegriffen: 10. Aug. 2013

Förster JE (2013) Unverzichtbares Fundament. Wirtschaftswoche 32:68–69

Hackbarth D (2013) Firma Mader. Engagiert gegen Fachkräftemangel. Stuttgarter Zeitung (10.04.2013). http://www.stuttgarter-zeitung.de/inhalt.firma-mader-engagiert-gegen-den-fachkraeftemangel.6bba0cc5-4f51-414b-94fc-96bd7209d94c.html. Zugegriffen: 10. Aug. 2013

http://www.mader.eu/aktuell/news-detailansicht/article/mader-gehoert-zu-den-top-20-dienstleistern-des-jahres/. Zugegriffen: 10. Aug. 2013

Halfmann A (2013) Auszubildende gewinnen und Umweltbewusstsein fördern: das Beispiel Mader (19.03.2013). http://csr-news.net/main/2013/03/19/auszubildende-gewinnen-und-umweltbewusstsein-fordern-das-beispiel-mader/. Zugegriffen: 10. Aug. 2013

Hildebrandt A, Schwiezer H (2013) Gesichter der Nachhaltigkeit. abcverlag, Heidelberg, S 192–199.

Landhäußer W, Kästle S (2012) Erfolg durch Vielfalt. Nachhaltige Wertschöpfung im Mittelstand am Beispiel der Mader GmbH & Co. KG. Nachhaltigkeit im Spiegel der Konsumentenwahrnehmung. Forschungsberichte des Zentrums für Empirische Forschung, Bd 3. Stuttgart: Zentrum für Empirische Forschung (ZEF), S 32–36.

Mader GmbH & Co. KG (2012) Druckluft. Wirtschaftlich. Nachhaltig. Energieeffizient. Selbstverlag, Stuttgart

Mader GmbH & Co. KG (2013) Die Bundeskanzlerin zu Besuch bei Mader. Selbstverlag, Leinfelden-Echterdingen

Mader-Pressemitteilung (2013, oktober) Was die Gesellschaft bewegt: Mader mit Ehrengast Jutta Speidel bei den Burgthanner Dialogen

Mader tritt Charta der Vielfalt bei (2012). www.technischerhandel.com. H. 5, S 16

Porter M, Kramer M (2007) Corporate social responsibility. Harv Bus Manager Schwerpkt Verantwort 1:16–34

Rösemeier J (2013) Warum Geld nicht alles ist: Wertschöpfung schafft Markenkraft. http://www.nachhaltigleben.de/32-vorbilder/2313-nachhaltigkeit-im-unternehmen-werner-landhaeusser-mader-gmbh-co-kg. Zugegriffen: 10. Aug. 2013

www.airgroup-ev.de. Zugegriffen: 10. Aug. 2013

www.mader.eu. Zugegriffen: 10. Aug. 2013

Dr. Alexandra Hildebrandt Jahrgang 1970, ist Lehrbeauftragte an der Hochschule für angewandtes Management in Erding (Wirtschaftspsychologie und Sportmanagement) und spezialisiert auf die Positionierung nachhaltiger Unternehmen und Organisationen, ihrer Leistungen, Produkte und ihrer Kommunikation. Für den Deutschen Fußball-Bundes (DFB) arbeitete sie von 2010–2013 in der DFB-Kommission Nachhaltigkeit. Sie studierte Literaturwissenschaft, Psychologie und Buchwissenschaft an der Universität Erlangen-Nürnberg und promovierte an der Universität Bamberg. Anschließend war sie viele Jahre in oberen Führungspositionen der Wirtschaft tätig. Bis 2009 arbeitete sie als Leiterin Gesellschaftspolitik und Kommunikation bei der KarstadtQuelle AG (Arcandor). Den Deutschen Industrie- und Handelskammertag unterstützte sie bei der Konzeption des Zertifikatslehrgangs „CSR-Manager (IHK)". Alexandra Hildebrandt ist Sachbuchautorin und Gründerin der Initiative „Verantwortung tragen", einem Hilfsfond für regionale Nachhaltigkeitsprojekte der DFB-Stiftung Egidius Braun, Herausgeberin des Buches „Gesichter der Nachhaltigkeit" (mit Hauke Schwiezer) und Mit-Initiatorin der gleichnamigen Initiative www.gesichter-der-nachhaltigkeit.de. In der CSR-Reihe bei SpringerGabler ist sie Herausgeberin der Bücher „CSR und Sportmanagement" (2014) sowie „CSR und Energiewirtschaft" (2016, mit Werner Landhäußer).

CSR in der Organisationsentwicklung von KMU

Norbert Zdrowomyslaw und Michael Bladt

1 Einleitung

Was eine *Organisation* ist und wie sie funktioniert, ist Gegenstand zahlreicher Bücher (Olfert 2012; Schreyögg 2003; Vahs 2012)[1]. Sowohl der Begriff der „Organisation" als auch der der *„Organisationsentwicklung"*[2] werden unterschiedlich definiert und interpretiert. Betriebswirtschaftlich sind drei Interpretationen für den *Begriff* Organisation vorherrschend: Das Unternehmen *ist* eine Organisation (institutioneller Aspekt), das Unternehmen *hat* eine Organisation (instrumenteller Aspekt) und das Unternehmen *wird* organisiert (gestalterischer Aspekt). Betrachtungsgegenstand der Organisationsentwicklung ist maßgeblich die *Gestaltungsfunktion*.

Während in der umfangreichen Fachliteratur zu den Themen Organisation und Organisationsentwicklung die Beschreibungs- und Erklärungsfunktion im Vordergrund steht,

---

[1] In den meisten Grundlagenbüchern zur Organisation ist auch ein Kapitel oder Textpassagen zur Organisationsentwicklung enthalten.

[2] Zur Organisationsentwicklung gibt es mehr als 50 Definitionen sowie diverse Betrachtungen in der Literatur wie: Bornewasser (2009), Siebenbrock (2014), Senge (1998), Spengler (2009), Trebesch (2008).

N. Zdrowomyslaw (✉)
Fachbereich Wirtschaft, Fachhochschule Stralsund, Zur Schwedenschanze 15,
18435 Stralsund, Deutschland
E-Mail: norbert.zdrowomyslaw@fh-stralsund.de

M. Bladt
TIT, Fachhochschule Stralsund, Zur Schwedenschanze 15, 18435 Stralsund, Deutschland
E-Mail: michael.bladt@fh-stralsund.de

fokussieren sich die neueren Veröffentlichungen zum *Change Management* bzw. *Veränderungsmanagement*[3] stärker auf die Beratungsfunktion. Einen besonderen Stellenwert im Rahmen der praktischen Organisationsentwicklung und des strategischen Managements nimmt in den letzten Jahren der Aspekt der *Nachhaltigkeit, verantwortungsvollen Unternehmensführung* oder *Corporate Social Responsibility* (CSR) ein.[4] CSR kann dabei in gewisser Weise als Teilaspekt eines ganzheitlichen oder integrierten Management-Konzepts, d. h. eines *Netzwerks Integrierter Unternehmensentwicklung*, interpretiert werden (Bleicher 2011).

Was sind *Organisationen*? Organisationen wie Unternehmen, Betriebe, Behörden, Hochschulen, Parteien, Verbände etc. sind soziale Gebilde, die nicht statisch sind, sondern Veränderungsprozessen unterliegen und sich unterschiedlich entwickeln. Ein Unternehmen durchläuft gewöhnlich unterschiedliche Entwicklungs- und Veränderungsprozesse, die in der Literatur mit den Begriffen „Unternehmensentwicklung" sowie „Unternehmens-Lebenszyklus" (Zdrowomyslaw 2005) belegt werden. Organisationen sind keine leeren Hüllen. Sie werden entsprechend ihrer jeweiligen Zweckorientierung und Zielsetzung von Menschen unter Berücksichtigung externer und interner Einflussfaktoren gesteuert und gestaltet. Organisationen aller Art, die Produkte und Dienstleistungen anbieten – und zwar von Non-Profit-Organisationen bis hin zu traditionellen gewinnorientieren Unternehmen – sehen sich mit so wichtigen gesellschaftlichen und ökonomischen Herausforderungen wie Internationalisierung, Digitalisierung der Gesellschaft, demografischer Wandel, Wertewandel und Nachhaltigkeitserfordernissen konfrontiert, die es zu managen gilt. *Organisationsentwicklung*, d. h. eine Strategie des geplanten und systematischen sozialen Wandels, die durch die Beeinflussung der Organisationsstruktur und Organisationskultur unter größtmöglicher Beteiligung der Mitarbeiter zu Verhaltens- und Einstellungsänderungen bei den Organisationsmitgliedern sowie zu gesteigerter Effektivität führen soll, ist in unser dynamischen und schnelllebigen Zeit verstärkt gefragt (vgl. Abb. 1).

In unserem Beitrag soll die Rolle der Nachhaltigkeit in der Organisationsentwicklung unter besonderer Berücksichtigung von kleinen und mittelständischen Unternehmen (KMU) betrachtet werden.[5] CSR wird häufig mit Großunternehmen in Verbindung gebracht, obwohl zahlreiche KMU in vielfältiger Weise sozial und ökologisch engagiert sind. Da die Theorie und Praxis der Organisationsentwicklung dem *positiven Menschenbild* und den sozio-ökonomischen Strukturen sowie der Mitarbeiterpartizipation und dem

---

[3] Inhaltliche Ausführungen zur Organisationsentwicklung findet man heute vermehrt in Büchern und Beiträgen zum Change- oder Veränderungsmanagement: Claßen (2013), Kaune (2004), Osterhold (2002), Stolzenberg und Heberle (2013).

[4] Zur Nachhaltigkeit und CSR existieren mittlerweile umfangreiche und diverse Bereiche und Themenfelder differenziert betrachtender Literatur: Ernst und Sailer (2013), Gelbmann und Baumgartner (2012), S. 285–298, Maaß (2010), Schneider und Schmidpeter (2012/2015), Zdrowomyslaw et al. (2012).

[5] An der Managementliteratur zu KMU bzw. zum Mittelstand wird ersichtlich, dass kleine und mittelständische Unternehmen nicht nur kleinere Ausführungen von Großunternehmen sind, sondern durch Besonderheiten gekennzeichnet sind und ihre Beziehungen zu Markt und Umwelt oftmals nach anderen „Spielregeln" gestalten. Hierzu z. B. Zdrowomyslaw (2013).

Abb. 1 Die Organisation in drei Sichtweisen. (Quelle: Eigene Darstellung)

kooperativen Führungsstil eine hohe Bedeutung beimessen, setzen wir in unserem Beitrag den Schwerpunkt auf die *soziale Dimension*, ohne dabei die ökologische Dimension völlig auszublenden. Dies erfolgt zum einen vor dem Hintergrund, dass das *Individuum*, die *Gruppe* und *Organisation* im Modell der Organisationsentwicklung die zentralen Elemente sind und damit dem Menschen und seinem Verhalten die zentrale Bedeutung für die Gestaltung von Veränderungsprozessen zugewiesen wird. Zum anderen aus dem Grund, weil u. a. angesichts des demografischen Wandels dem *Personalmanagement im Sinne einer nachhaltigen Personalgestaltung* heute eine besondere Rolle für die Innovations- und Wettbewerbsfähigkeit von Unternehmen beigemessen wird.

2 Mensch im Mittelpunkt – Standbein für nachhaltige Unternehmensentwicklung

Die Wirtschaftspraxis ist vielfältig und verändert sich permanent. Kein Unternehmen gleicht dem anderen. Die Aufgaben im Produktionsbetrieb sind anders als in einem Dienstleistungsbetrieb, Funktionen verändern sich im Laufe der Zeit und Unternehmen befinden sich in unterschiedlichen Phasen der Unternehmensentwicklung. Außerdem sind Organisationen komplexe sozioökonomische Gebilde, die sich einer ganzheitlichen Durchdringung sowohl der Wissenschaft als auch der Managementpraxis verschließen und deshalb Komplexreduktion und Selektivität bei Analysten und Erklärungsmustern den Regelfall bilden.

Auch wenn die Beziehungen zwischen der *Organisations-* und *Personalentwicklung* unterschiedlich gesehen werden, dürfte unbestritten sein, dass beide eng miteinander verbunden sind. Erfolgreiche Entwicklung von Unternehmen ist ohne qualifiziertes Personal und Führungskompetenz der Leitungsebene nicht vorstellbar. Organisatorische Veränderungen in Unternehmen sind ohne Lernprozesse der beteiligten Mitarbeiter nicht realisierbar. Es kann geschlussfolgert werden, dass die Organisationsentwicklung eng mit der Human-Relations-Bewegung und der verhaltenswissenschaftlichen Orientierung der Management- und Personalwirtschaftslehre verbunden ist (Staehle 1999). Die Verbreitung einer *verhaltenswissenschaftlichen Perspektive* sowohl in der Betriebswirtschaftslehre als auch in der Wirtschaftspraxis ist auf die Etablierung der *entscheidungsorientierten BWL* durch Edmund Heinen und seine Schüler Kupsch und Marr zurückzuführen. Unter Zugrundelegung des organisationstheoretischen Koalitionsmodells und der Anreiz-Beitrags-Theorie wird das Entscheidungsverhalten von Menschen in den Mittelpunkt gestellt: **„Seine Verhaltensweisen erklären sich aus den sozialen Beziehungen innerhalb der Organisation und aus seinen subjektiven Bedürfnissen und Wertvorstellungen. Das Verhalten des arbeitenden Menschen ist in diesem Sinne das Ergebnis von Verhandlungs-, Anpassungs-, Motivierungs- und Problemlösungsprozessen."** (Kupsch und Marr 1985, S. 630)[6] Um das Verhalten in und von Organisationen zu erklären, zu prognostizieren und zu steuern, wird dabei auf Modelle und Erkenntnisse u. a. der Disziplinen Psychologie, Soziologie und Politologie zurückgegriffen. Insbesondere Erkenntnisse der *Motivations-* und *Führungsforschung* werden zurate gezogen, um Fragen zu beantworten wie: Was motiviert Menschen? Wie verhalten sich Individuen und Gruppen und welche Entscheidungs- und Führungsphänomene ergeben sich hieraus? Wie koordinieren Menschen ihr Handeln und gestalten Organisationen?

Die Organisationsentwicklung baut auf der von Douglas McGregor entwickelten XY-Theorie eines Menschenbildes auf (Schüpbach 2013, S. 29–37). Nach dem Y-Modell will sich der Mensch von Natur aus verwirklichen und entfalten, strebt danach seinen Neigungen und Interessen nachzukommen, zeigt Engagement und möchte Verantwortung tragen. Die Organisationsentwicklung sowie die neueren Managementkonzepte und Instrumente des strategischen bzw. nachhaltigen Managements wie das „Stakeholder Management", „Change Management", „Balanced Scorecard" oder „Employer Branding" (Arbeitgeberattraktivität) verlassen die stark mechanistische Sichtweise, gehen von einem hohen Maß an Partizipation der Mitarbeiter sowie der Offenheit von Entscheidungsprozessen aus und messen der Informations- und Kommunikationsfunktion sowie der Verhaltenssteuerung einen höheren Stellenwert für die Innovations- und Wettbewerbsfähigkeit von Unternehmen bei. Grundsätzlich ist festzuhalten, dass die neueren Ansätze der Personalwirtschaftslehre im Hinblick auf die Arbeitsleistung ein differenziertes Menschenbild unter Einbeziehung der Motivations- und Führungsforschung zugrunde legen.

---

[6] Fettschrift im Original.

Mit den bereits vorherrschenden und noch zu erwartenden Auswirkungen der Mega-Herausforderung „demografischer Wandel" werden sich Politik, Wissenschaft und Wirtschaft noch in den nächsten Dekaden intensiv beschäftigen. Denn die Bevölkerungsentwicklung hat eben erhebliche Konsequenzen für die Entwicklung von Unternehmensstrategien im Hinblick auf die Nachfrage- und Angebotsmärkte sowie für eine nachhaltige Unternehmensführung. Angesichts der zunehmenden Bedeutung der Menschen als *Kreativ-, Innovations-* und *Wertschöpfungsfaktor* für die Unternehmensentwicklung und die Wettbewerbsfähigkeit, worauf u. a. die Debatte um die Fachkräftesicherung hinweist, scheint es wenig verwunderlich zu sein, dass die Bundeskanzlerin Angela Merkel in der Regierungserklärung betont, ihre Regierung wolle „den Menschen in den Mittelpunkt stellen." Volkswirtschaften und Organisationen benötigen zur Realisierung ihrer Ziele finanzielle und personelle Ressourcen, wobei in den entwickelten Volkswirtschaften in den letzten Jahren insbesondere das „Humankapital" als wichtiger Engpassfaktor von Entwicklungsprozessen betrachtet wird. Das *Personalcontrolling* muss deshalb auch verstärkt den Menschen als Erfolgsfaktor und nicht in erster Linie als Kostenfaktor betrachten und analysieren (Zdrowomyslaw 2007).

3 Unternehmensziele, Motivationsforschung und soziale Verantwortung

Im Gegensatz zu öffentlichen Unternehmen können *private Unternehmen* grundsätzlich ihre Ziele selber setzen. Unternehmen jeder Branche und jeder Größenordnung sind bestrebt, produktiv zu sein und Gewinne zu machen. Allerdings beeinflussen verschiedene Anspruchsgruppen (indirekt: z. B. Banken, Gewerkschaften; direkt: Eigentümer, Manager) mehr oder weniger die Unternehmensziele. Bei der Zielbildung und Formulierung von Erfolgszielen und deren Größenordnung (Rentabilität, Liquidität) lassen sich insbesondere zwischen großen Publikumsgesellschaften sowie kleinen und mittleren Familienunternehmen Unterschiede ausmachen. Während die Großunternehmen, getrieben von Großaktionären und Top-Management, tendenziell eine kurzfristig ausgerichtete Gewinnmaximierung verfolgen (shareholder-Ansatz), sind die Eigentümer von kleinen und mittelständischen Unternehmen eher an langfristig stabilen Gewinngrößen interessiert.

Geht man bei der Zielformulierung vom Leistungserstellungs-, Umsatz- und Wertschöpfungsprozess sowie der Steuerung des Unternehmens unter Beachtung der Anspruchsgruppen (Stakeholdermanagement) aus, so lassen sich unter Berücksichtigung der Menschen innerhalb und außerhalb des Unternehmens *vier Bereiche von Sachzielen* unterscheiden: Leistungsziele, Finanzziele, Führungs- und Organisationsziele sowie soziale und ökologische Ziele (Thommen und Achleitner 2006, S. 107) Eng verbunden mit der gesellschaftlichen Verantwortung von Unternehmen bzw. der Forderung nach Nachhaltigkeit bei der Unternehmensführung sind insbesondere *soziale* und *ökologische* bzw. *gesellschaftliche* Ziele. Angesichts der Tatsache, dass organisatorische Veränderungen meistens auf *Widerstände* der Unternehmensangehörigen (Ängste, befürchtete Nachteile) stoßen und mit dem geplanten organisatorischen Wandel „sowohl nach einer besseren organisatorischen Leistungseffizienz (ökonomische Ziele) als auch nach der Schaffung von **Potenzialen zur individuellen Bedürfnisbefriedigung** (individuell-soziale Ziele)" (Thommen und Achleitner 2006, S. 850) gestrebt wird, müssen die Bedürfnisse und Ansprüche der Menschen in der Organisation möglichst erfasst und berücksichtigt werden. Zu den *mitarbeiterbezogenen Zielen* können beispielsweise gute Arbeitsbedingungen, gerechte Entlohnung, Mitbestimmungsmöglichkeiten, abwechslungsreiche und verantwortungsvolle Arbeit, Weiterbildungs- und Karrieremöglichkeiten, familienfreundliche Arbeitsbedingungen eingeordnet werden. Zu den *gesellschaftsbezogenen Zielen* zählen vor allem Teilziele des Umweltschutzes wie der Ressourcenschutz sowie die Emissions- und Abfallbegrenzung.

In Theorie und Praxis setzte sich im Laufe des 20. Jahrhunderts verstärkt die Erkenntnis durch, dass die Realisierung von Zielen und die optimale Gestaltung von Veränderungsprozessen eher Erfolg verspricht, wenn den vielfältigen individuellen Zielen und Bedürfnissen der arbeitenden Menschen Rechnung getragen wird. Für die praktische Personalpolitik können die im Rahmen der *Motivationsforschung* entwickelten Theorien herangezogen werden. Die *XY-Theorie* von McGregor basiert auf zwei unterschiedlichen Menschenbildern. Während die Theorie X den Menschen negativ einordnet, sieht die Theorie Y den Menschen positiv. Von Maslow wurde eine hierarchische Ordnung der menschlichen Bedürfnisse aufgestellt (*Bedürfnispyramide*), und der Human-Relations-Ansatz, dem die Forschungsarbeiten von Mayo, Roethlisberger u. a. in den Hawthorne-Werken (1927–1932) zugrunde liegen, geht von den beiden Extrempunkten *Zufriedenheit* und *Unzufriedenheit* der Mitarbeiter aus. In einer späteren empirischen Untersuchung kommt Herzberg zu dem Ergebnis (Pittsburgh-Studie), dass zwei unterschiedliche Faktoren im Hinblick auf die Arbeitszufriedenheit und Arbeitsunzufriedenheit zu unterscheiden sind. Zum einen die *Motivatoren*, die eng mit der Arbeitsaufgabe des Mitarbeiters verbunden sind (z. B. Anerkennung, Aufstieg, erfolgreiche Arbeitserledigung), und zum anderen die *Hygienefaktoren*, die in keinem direkten Zusammenhang mit der Arbeitsaufgabe stehen (z. B. Fähigkeiten der Vorgesetzen, Vorgesetztenverhältnis, Kollegenbeziehungen, Entlohnung). Die obigen inhaltsbezogenen Theorien (Was motiviert?) werden um die *Prozesstheorien* (Wie wird motiviert?) erweitert (Ridder 2013, S. 39–60). Die Stärke dieser Theorien liegt in der Nähe zur praktischen Personalführung, d. h. zur Möglichkeit, eine direkte, persönliche und zweckorientierte Beeinflussung des Verhaltens von Einzelpersonen und Gruppen vorzunehmen (Staehle 1999, S. 328).

Ansatzpunkte für die praktische Organisationsentwicklung bietet die *Anreiz-Beitrags-Theorie* (Ridder 2013, S. 51–60) mit Annahmen für die *Organisationsgestaltung* (Arbeitsaufgaben, Arbeitsgestaltung, Standardisierung, Festlegung von Hierarchien und Entscheidungsstrukturen, Kommunikation, Aus- und Weiterbildung) und die *Anreizgestaltung* (materielle und immaterielle Anreize, Überzeugung), um die Kompetenzen der Mitarbeiter zu fördern und sie zu motivieren.

Um die Bedürfnisse und Ansprüche der Mitarbeiter bei der Gestaltung der Organisationsentwicklung zu berücksichtigen, wird vielfach als Instrument das vom Psychologen Kurt Lewin entwickelte *Drei-Phasen-Schema* empfohlen:

- *Auftauen* („unfreezing"): Zu Beginn jedes Wandels sollte bei den betroffenen Mitarbeitern die Bereitschaft zur Veränderung gefördert werden. Sie sollten von der Notwendigkeit der Umgestaltung überzeugt sein und diese motiviert tragen.
- *Ändern* („moving"): In der eigentlichen Veränderungsphase werden Ziele formuliert, Daten gesammelt und aufbereitet, Maßnahmen geplant und durchgeführt.
- *Wiedereinfrieren* („refreezing"): In dieser Phase werden die Neuerungen ohne starres Festschreiben stabilisiert, um ein Zurückfallen des Unternehmens nach einer Weile in den alten Zustand zu vermeiden. Es wird die Grundlage für weitere Verbesserungen gelegt und somit die Vorstufe für die drei wiederkehrenden Phasen geschaffen (Schüpbach 2013, S. 175–176).

Es lässt sich an dieser Stelle zum einen festhalten, dass es keinen grundsätzlichen Widerspruch zwischen Theorie und Praxis gibt und die Erkenntnisse der Motivationsforschung für die Unternehmensführung unabhängig von Branchen und Unternehmensgrößen nutzbar sind. Zum anderen können vor allem bei den Erfolgszielen von Großunternehmen und KMU durchaus Unterschiede konstatiert werden.

4 CSR aus der Unternehmens- und Wertschöpfungsperspektive – auch für KMU relevant

Zunächst sei festgestellt, dass eine trennscharfe Unterscheidung zwischen großen (fremdgeführten) Familienunternehmen und Großunternehmen einerseits und den KMU oder dem Mittelstand andererseits kaum möglich ist (Hausmann und Zdrowomyslaw 2013). Wesentliche Kennzeichen kleiner und mittlerer Unternehmen sind einerseits die *Ressourcenknappheit* und andererseits ihre *Verankerung in der Region*. Verantwortung für das gesellschaftliche Umfeld zu übernehmen, stellt bei ihnen keinen Einzelfall dar. KMU haben viele Möglichkeiten, Beziehungsmanagement zu pflegen, gesellschaftliches Engagement zu zeigen, sich wirkungsvoll und nachhaltig in der eigenen Region unter Berücksichtigung von relevanten Anspruchsgruppen zu engagieren und mit einer *CSR-Strategie* ihr Unternehmen zu stärken.

Denn es ist davon auszugehen, dass sowohl in Großunternehmen als auch in KMU die Gestaltung der Nachhaltigkeits-Dimensionen „sozial" und „ökologisch" in Zukunft noch stärkere Bedeutung für die Unternehmensentwicklung bekommen werden. Die Planung und Steuerung der beiden Dimensionen werden sowohl im Rahmen von evolutionären Veränderungsprozessen (Wandel durch internes und externes Unternehmenswachstum) als auch im Hinblick auf den Wandel als Reaktion auf Umweltgegebenheiten (neue Gesetze, demografischer Wandel etc.) immer wichtiger für die Attraktivität als Arbeitgeber

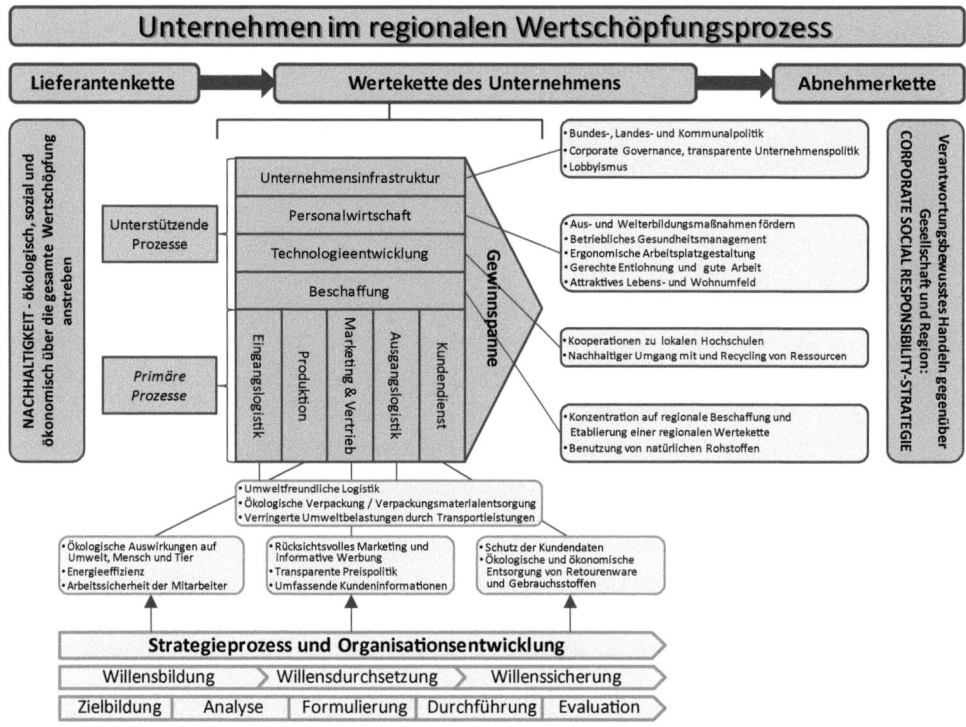

Abb. 2 Wertschöpfungskette nach Porter mit Nachhaltigkeits- und Regionalbezug. (Quelle: Eigene Darstellung in Anlehnung an Porter (1999))

(Employer Brand), für den Wertschöpfungsprozess und die Innovations- und Wettbewerbsfähigkeit. *Employer Branding* mit seinen Instrumenten und Maßnahmen kann dabei als wichtiges Element der sozialen CSR Dimension betrachtet werden (Stotz und Wedel-Klein 2013; Zdrowomyslaw et al. 2012).

CSR ist kein Luxus, sondern entwickelt sich zusehends zu einem wichtigen Wettbewerbsfaktor. Der Nachhaltigkeitsaspekt tangiert alle Funktionsbereiche und ist aus dem *Managemententscheidungsprozess* von der *Willensbildung* über die *Willensdurchsetzung* bis hin zur *Willenssicherung* nicht mehr wegzudenken. Abbildung 2 zeigt das von Michael E. Porter (1999)[7] entwickelte „Wertkette"- bzw. Wertschöpfungsketten-Modell, ergänzt um den Nachhaltigkeits- und Regionalbezug verbunden mit den Phasen des Managemententscheidungsprozesses.

Bereits aus den bisherigen Ausführungen lässt sich ableiten, dass die Verfügbarkeit von Personal und die Qualifikation der Mitarbeiter für die Unternehmensentwicklung einen zentralen Faktor darstellen. Deshalb sollte der Mensch aus der Sicht der Unternehmen eben nicht in erster Linie als Kostenfaktor, sondern primär als Kreativ-, Innovations-,

---

[7] Anhand der Wertkette können Wettbewerbsvorteile analysiert und Wettbewerbsstrategien entwickelt werden. Hierzu detailliert Porter (1999).

Leistungs-, Wertschöpfungs- und Erfolgsfaktor betrachtet werden (Zdrowomyslaw 2007). Die Arbeitsverfügbarkeit in quantitativer und qualitativer Hinsicht hat zweifellos einen Einfluss auf den Erhalt und die Expansion von Unternehmen sowie die nachhaltige Entwicklung einer Region. Unternehmenserfolg und CSR sind durchaus miteinander vereinbar. In gewisser Weise können der sozialen Dimension der CSR-Strategie grundsätzlich auch die Aktivitäten zugeordnet werden, die im Rahmen einer Employer-Branding-Strategie (Arbeitgeberattraktivität) entwickelt werden, wie z. B. gute Arbeitsbedingungen, faire Entlohnung, Karrieremöglichkeiten, Vereinbarkeit von Familie und Beruf (Zdrowomyslaw et al. 2011, 2012). Strategisches bzw. nachhaltiges Personalmanagement stellt demzufolge einen wichtigen Baustein für die erfolgreiche Unternehmensentwicklung dar (Blumenstock 2013, S. 83–100).

5 Unternehmensverantwortung im Mittelstand – mehr als Spendenaktivitäten

Verantwortungsvolle Unternehmensführung und gesellschaftliches Engagement von Entscheidern und Unternehmensvertretern sind an sich nichts völlig Neues (Schneider und Schmidpeter 2012/2015). Allerdings wächst vor dem Hintergrund der globalen und regionalen Probleme wie Klimawandel, Umweltverschmutzung, weltweite Ausbeutung der natürlichen Rohstoffe („Grenzen des Wachstums"), Bewältigung des Strukturwandels und angesichts des demografischen Wandels der Druck auf die Unternehmen, sich dieser Verantwortung im *Eigen-, Verbraucher-* und *Gemeinwohlinteresse* noch stärker als bisher zu stellen.

Häufig wird CSR mit Großunternehmen in Verbindung gebracht, obwohl zahlreiche KMU in vielfältiger Weise sozial und regional engagiert sind und dies schon zu einem Zeitpunkt waren, als der Begriff CSR noch unbekannt war. Die gelebte verantwortungsvolle Unternehmensführung, so sehen es nicht nur die Bundesregierung mit ihrer CSR-Initiative, der Deutsche Industrie- und Handelskammertag e. V. und viele Wissenschaftler, sondern mittlerweile auch einige Mittelständler, ist mehr als nur ein vorübergehender Trend. Jedoch wird unter gesellschaftlicher und regionaler Unternehmensverantwortung mehr als nur für soziale Zwecke zu spenden verstanden. Glaubwürdiges und systematisches *CSR-Management* wird von Unternehmen durchaus als lohnende *Investition in Stakeholderbeziehungen* zur Zukunftssicherung der Unternehmung betrachtet.

Legt man die Debatte und die *empirischen Erhebungen* im Hinblick auf *CSR-Aktivitäten im Mittelstand* zugrunde (Bader et al. 2007; Deutscher Industrie- und Handelskammertag e. V. 2012; Ernst & Young GmbH 2012; KfW Bankengruppe 2011; Voithofer et al. 2012), so werden weitgehend übereinstimmend folgende Einschätzungen artikuliert:

- Für viele KMU gehört verantwortungsvolles Handeln gegenüber der Gesellschaft und Region seit jeher zur gängigen Praxis.
- Ein interessantes Faktum bei KMU und Familienunternehmen ist der recht klare regionale Bezug bei CSR-Aktivitäten.
- In der Tendenz kann festgehalten werden, dass die Unternehmen sich, je größer sie sind und über entsprechend mehr finanzielle und personelle Ressourcen verfügen, umso mehr in ökologischen und sozialen Bereichen engagieren.
- Das Engagement im Mittelstand ist sehr personengebunden. Das konkrete Engagement hängt stark von den persönlichen Einstellungen der Inhaber/innen bzw. Geschäftsführer/innen ab.
- Spenden und Sponsoring dominieren die externen Aktivitäten.
- Im Fokus der internen Aktivitäten stehen organisatorische und mitarbeiterbezogene Maßnahmen wie Personalentwicklung und Gesundheitsmanagement.
- Insbesondere den kleinen Unternehmen ist oft nicht bewusst, dass es sich bei bestimmten Maßnahmen und Initiativen um „CSR" handelt.
- KMU planen ihre CSR-Aktivitäten in der Regel nicht strategisch und nutzen diese seltener zu Marketingzwecken als Großunternehmen, selbst wenn sie viele Einzelmaßnahmen durchführen. Tue Gutes und rede darüber, ist beim Mittelstand wenig ausgeprägt.
- Kooperationen im Hinblick auf CSR-Aktivitäten sind im Mittelstand kaum auszumachen.

Aus der Betrachtung von Ergebnissen unterschiedlicher Befragungen wird deutlich, dass CSR viele Facetten hat. An dieser Stelle sei hier exemplarisch auf die Ergebnisse einer Online-Umfrage eingegangen, die unter dem Titel „*Gesellschaft gewinnt durch unternehmerische Verantwortung*" von dem Deutschen Industrie- und Handelskammertag (DIHK) 2012 vorgestellt wurde. Grundlage der bundesweiten und branchenübergreifenden Auswertung sind knapp 2000 Antworten.

Die Befragung des DIHK gibt einen Hinweis darauf, in welchen Bereichen sich Unternehmen für die Gesellschaft über die gesetzlichen Anforderungen hinaus engagieren. In der Studie wird deutlich, dass CSR viele Facetten haben kann. So kann sich die gesellschaftliche Verantwortung im Engagement für junge Menschen, in der Vereinbarkeit von Familie und Beruf und in Umwelt-, Sport- und Kulturaktivitäten niederschlagen. Daneben wirkt CSR auch nach innen. Dabei geht es insbesondere um den verantwortungsvollen Umgang mit den Mitarbeitern.

Abbildung 3 zeigt überblicksartig, in welchen Bereichen sich der bundesdeutsche Mittelstand insbesondere gesellschaftlich und regional engagiert. Das starke und vielfältige Engagement wird in der DIHK-Studie wie folgt zusammengefasst: „Nahezu jedes Unternehmen (98 % der Betriebe mit mindestens 20 Mitarbeitern) engagiert sich über die gesetzlichen Anforderungen hinaus für die Gesellschaft (Corporate Social Responsibility, CSR). Die Unternehmen sind hoch motiviert, aktiv und gezielt gesellschaftliche Verantwortung zu übernehmen. Je größer die Unternehmen sind, über umso mehr Kapazitäten

Engagiert sich Ihr Unternehmen für die Gesellschaft über die gesetzlichen Anforderungen hinaus? Wenn ja, in welchen Bereichen?

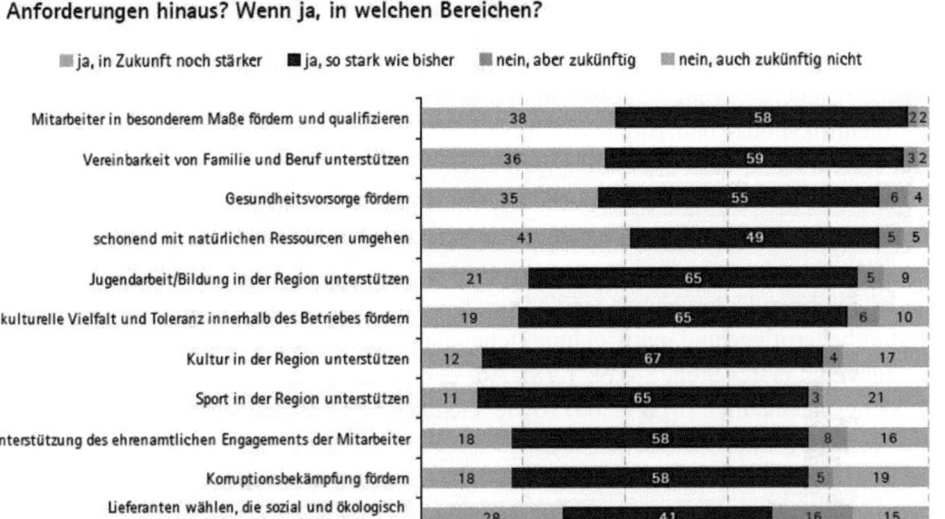

Abb. 3 Unternehmen gestalten gesellschaftlichen Fortschritt mit. (Quelle: Deutscher Industrie- und Handelskammertag e. V. 2012, S. 8)

verfügen sie und umso häufiger engagieren sie sich. Das freiwillige CSR-Engagement ist sehr vielfältig und auf die jeweilige Unternehmenskultur passend zugeschnitten. Der verantwortungsvolle Umgang mit Mitarbeitern ist eine wichtige Voraussetzung für den wirtschaftlichen Erfolg des Unternehmens. Maßnahmen zur Förderung und Qualifikation der Mitarbeiter stehen deshalb an oberster Stelle. Für die Mitarbeiter wiederum ist mit einem qualifizierten Arbeitsplatz gesellschaftliche Teilhabe und Lebensqualität verbunden. Maßnahmen zur besseren Vereinbarkeit von Familie und Beruf sowie zur Gesundheitsvorsorge stehen bei den Unternehmen ebenfalls hoch im Kurs." (Deutscher Industrie- und Handelskammertag e. V. 2012, S. 4)

Legt man zugrunde, dass die Umsetzung von Nachhaltigkeit bei der Inhaber/innen bzw. Geschäftsführer/innen ihren Ausgangspunkt hat und die Qualifikation und das Verhalten der Mitarbeiter für die Zielerreichung der Organisation von entscheidender Bedeutung sind, so liegt ein wesentlicher Erfolgsfaktor für die Organisationsentwicklung in der Qualität des Führungspersonals und der Personalpolitik begründet. In einer 2012 veröffentlichten Studie der Wirtschaftsprüfungsgesellschaft Ernst & Young wird die besondere Rolle der Qualität der Unternehmensführung im Hinblick auf die Mitarbeiterpflege und Mitarbeiterentwicklung herausgestellt. „Die Qualität der Unternehmensführung ist im Ergebnis der Befragung das wichtigste Kriterium für das Gewinnen und Binden von Mitarbeitern. Sie ist wichtiger als einzelne, konkrete Personalmaßnahmen wie z. B. Weiterbildungs- und Förderaktivitäten. Dieses Antwortverhalten deutet darauf hin, dass der Unternehmensführung, -kultur und evtl. auch dem Vorbild der Geschäftsführung eine hohe Identifikations- und Bindungswirkung für die Personalarbeit zugeschrieben wird. Dafür spricht auch, dass die familiengeführten Unternehmen hier einen noch deutlicheren Schwerpunkt für ihre Personalarbeit sehen als der Durchschnitt der befragten Unternehmen: 39 % der Familienunternehmen halten die Qualität der Unternehmensführung für sehr wichtig bezogen auf das Gewinnen und Halten von Mitarbeitern, bei den nicht familiengeführten Unternehmen sind es nur 29 %. Im Bereich der konkreten Maßnahmen der Mitarbeiterpflege und -entwicklung stehen für die Befragten der Arbeitsschutz und die Gesundheit an erster Stelle (MW: 1,78). Auf den Plätzen 2 und 3 folgen Aus- und Weiterbildungsmaßnahmen (MW: 2,00) sowie Vielfalt und Chancengleichheit (MW: 2,15)." (Ernst & Young GmbH 2012, S. 14–15)

6 Probleme und Zukunftsperspektiven einer nachhaltigen Organisationsentwicklung in KMU

Nicht zuletzt anhand der um CSR-Maßnahmen erweiterten Wertschöpfungskette wird deutlich, dass CSR in die Organisationsentwicklung von KMU integriert werden kann. Allerdings kann der Blumenstrauß an Instrumenten vor dem Hintergrund begrenzter Ressourcen, der zum Einsatz kommt, nicht die Dimensionen von Großunternehmen annehmen. Mit dem Fokus auf eine nachhaltige Organisationsentwicklung ist dabei der Personalpolitik und der personenbezogenen Unternehmensführung ein besonderes Augenmerk zu widmen. Es gilt also nach dem Motto zu handeln, betroffene Mitarbeiter zu Beteiligten zu machen.

Organisationsentwicklungs-Maßnahmen sollten, wie dies in der Regel in größeren Unternehmen erfolgt, auch in KMU in Form von Projekten realisiert werden. Die Einbeziehung der Mitarbeiter in die Organisationsdiagnose sollte selbstverständlich sein, und den Ressourcen entsprechend sollte außerdem auf Beratung von außen sowie Weiterbildung der Mitarbeiter nicht verzichtet werden. Die Führungskräfte und Personalverantwortlichen müssen aktive Gestalter und Architekten des Wandels sein, da organisatorische Veränderungen meistens auf Widerstände der Unternehmensangehörigen stoßen.

Das Motto „gemeinsam sind wir stärker" hat für den Mittelstand angesichts der *Ressourcenbegrenztheit* (Personal, Zeit, Finanzmittel) eine besondere Bedeutung. *Networking*, *Netzwerkbildung* und *Kooperationen* sind wichtige strategische Optionen, um Kompetenzen zu ergänzen und Größennachteile möglichst zu kompensieren. Die strategisch ausgerichtete und nachhaltige Steuerung von Unternehmen, eingebettet in regionale Entwicklungsstrukturen, benötigt Visionen, geeignete Strategien und Instrumente sowie vor allem *stabile Partnerschaften*. Die *Kommunikations-* und *Kooperationsfähigkeit* wird zum entscheidenden Motor für eine positive und soziale und ökologische Entwicklung von Unternehmen und Regionen. Regelmäßiger Informations- und Wissensaustausch mit Politik, Verwaltung, Wissenschaft und Wirtschaft sowie die *Bildung von Netzwerken* und *kooperatives Handeln* schaffen den Nährboden für gemeinsame Projekte und Aktivitäten. Diese können sich im besten Fall in *regionalbezogenen Businessplänen* (Zdrowomyslaw und Bladt 2012, S. 134–144) und *Konzepten* wie „Arbeitgeber und Region als Marke" (Zdrowomyslaw et al. 2011) niederschlagen.

Literatur

Bader N, Bauerfeind R, Giese C (2007) Corporate Social Responsibility (CSR) bei kleinen und mittelständischen Unternehmen in Berlin. Eine Studie der TÜV Rheinland Bildung und Consulting GmbH in Kooperation mit der outermedia GmbH, Berlin

Bleicher K (2011) Das Konzept integriertes Management. Vision – Missionen – Programme, 8. Aufl. Campus Verlag, Frankfurt a. M.

Blumenstock H (2013) Strategisches Personalmanagement. In: Ernst D, Sailer U (Hrsg) Nachhaltige Betriebswirtschaftslehre. UTB GmbH, Konstanz, S 83–100

Bornewasser M (2009) Organisationsdiagnostik und Organisationsentwicklung. Kohlhammer, Stuttgart

Claßen M (2013) Change Management aktiv gestalten. Personalmanager und Führungskräfte als Architekten des Wandels, 2. Aufl. Luchterhand Verlag GmbH, Köln

Deutscher Industrie- und Handelskammertag e. V. (DIHK) (2012) Gesellschaft gewinnt durch unternehmerische Verantwortung, Ergebnisse des IHK-Unternehmensbarometers 2012, Berlin

Ernst & Young GmbH Wirtschaftsprüfungsgesellschaft (Hrsg) (2012) Agenda Mittelstand. Nachhaltige Unternehmensführung. Lage und aktuelle Entwicklungen im Mittelstand. Ernst & Young, Essen

Ernst D, Sailer U (Hrsg) (2013) Nachhaltige Betriebswirtschaftslehre. UTB GmbH, Konstanz

Gelbmann U, Baumgartner RJ (2012) Strategische Implementierung von CSR in KMU. In: Schneider A, Schmidtpeter R (Hrsg) Corporate Social Responsibility. Verantwortungsvolle Unternehmensführung in Theorie und Praxis. Springer, Berlin, S 285–298

Hausmann T, Zdrowomyslaw N (2013) Bedeutung, Vielfalt und Besonderheiten des Mittelstands. In: Zdrowomyslaw N (Hrsg) Grundzüge des Mittelstandsmanagements. Vom Erkennen zum Nutzen unternehmerischer Chancen. Deutscher Betriebswirte-Verlag, Gernsbach, S 19–34

Kaune A (Hrsg) (2004) Change Management mit Organisationsentwicklung. Veränderungen erfolgreich durchsetzen. Erich-Schmidt-Verlag, Berlin

KfW Bankengruppe (Hrsg) (2011) KFW-RESEARCH Standpunkt. Corporate Social Responsibility im deutschen Mittelstand, Nr. 7, Frankfurt a. M.

Kupsch P-U, Marr R (1985) Personalwirtschaft. In: Heinen E (Hrsg) Industriebetriebslehre. Entscheidungen im Betrieb, 8. Aufl. Gabler Verlag, Wiesbaden, S 623–767

Maaß F (2010) Wirtschaftspolitische Ansätze zur Unterstützung von Corporate Social Responsibility-Aktivitäten, Hrsg. Vom Institut für Mittelstandsforschung Bonn, IfM-Materialien Nr. 194, Bonn

Olfert K (2012) Organisation, 16. Aufl. Kiehl, Herne

Osterhold G (2002) Veränderungsmanagement. Wege zum langfristigen Unternehmenserfolg, 2. Aufl. Gabler Verlag, Wiesbaden

Porter M-E (1999) Nationale Wettbewerbsvorteile. Erfolgreich konkurrieren auf dem Weltmarkt. Ueberreuter Wirt, Wien

Ridder H-G (2013) Personalwirtschaftslehre, 4. Aufl. Kohlhammer, Stuttgart

Schneider A, Schmidpeter R (Hrsg) (2012/2015) Corporate social responsibility. Verantwortungsvolle Unternehmensführung in Theorie und Praxis. Springer, Berlin

Schori K, Roch A (2012) Innovationsmanagement für KMU, 2. Aufl. Haupt Verlag, Bern

Schreyögg G (2003) Organisation: Grundlagen moderner Organisationsgestaltung. Mit Fallstudien, 4. Aufl. Gabler Verlag, Wiesbaden

Schüpbach H (2013) Arbeits- und Organisationspsychologie. UTB GmbH, München

Senge P-M (1998) Die Fünfte Disziplin. Kunst und Praxis der lernenden Organisation, 5. Aufl. Schäffer-Poeschel, Stuttgart

Siebenbrock H (2014) Grundlagen der Organisationsgestaltung und -entwicklung, 5. Aufl. Niederle Media, o. O.

Spengler G (2009) Strategie- und Organisationsentwicklung. Konzeption und Umsetzung eines integrierten, dynamischen Ansatzes zum strategischen Management. Gabler Verlag, Wiesbaden

Staehle W-H (1999) Management. Eine verhaltenswissenschaftliche Perspektive. Vahlen, München

Stolzenberg K, Heberle K (2013) Change Management. Veränderungsprozesse erfolgreich gestalten – Mitarbeiter mobilisieren. Vision, Kommunikation, Beteiligung, Qualifizierung, 3. Aufl. Springer, Berlin

Stotz W, Wedel-Klein A (2013) Employer Branding. Mit Strategie zum bevorzugten Arbeitgeber, 2. Aufl. Oldenbourg Wissenschaftsverlag, München

Thommen J-P, Achleitner A-K (2006) Allgemeine Betriebswirtschaftslehre. Umfassende Einführung aus managementorientierter Sicht, 5. Aufl. Gabler Verlag, Wiesbaden

Trebesch K (Hrsg) (2008) Organisationsentwicklung. Konzepte, Strategien, Fallstudien. Wegweisende Beiträge aus der Zeitschrift OrganisationsEntwicklung. Klett-Cotta, Stuttgart

Vahs D (2012) Organisation. Ein Lehr- und Managementbuch, 8. Aufl. Schäffer-Poeschel, Stuttgart

Voithofer P, Heckl E, Talker C-M (Hrsg) (2012) Verantwortung in der Praxis – CSR in Salzburger KMU. Wie sich Salzburger KMU für Gesellschaft, Mitarbeiter und Umwelt engagieren. Ergebnisse einer empirischen Befragung 2011, Wissenschaftliche Schriftenreihe der Wirtschaftskammer Salzburg Hrsg. Von Kurt Oberholzer Band 7. Lit Verlag, Wien

Zdrowomyslaw N (Hrsg) (2005) Von der Gründung zur Pleite. Unternehmens-Lebenszyklus und Management der Unternehmensentwicklung. Deutscher Betriebswirte-Verlag, Gernsbach

Zdrowomyslaw N (Hrsg) (2007) Personalcontrolling. Der Mensch im Mittelpunkt. Erfahrungsberichte, Funktionen und Instrumente. Deutscher Betriebswirte-Verlag, Gernsbach

Zdrowomyslaw N (Hrsg) (2013) Grundzüge des Mittelstandsmanagements. Vom Erkennen zum Nutzen unternehmerischer Chancen. Deutscher Betriebswirte-Verlag, Gernsbach

Zdrowomyslaw N, Bladt M (2012) Der regionale Businessplan. In: George W, Berg T (Hrsg) Regionales Zukunftsmanagement, Band 6: Regionalökonomie. Dustri, Lengerich, S 134–144

Zdrowomyslaw N, Burke A, Eggebrecht U (2011) Arbeitgeber und Region als Marke, Hrsg. von der Industrie- und Handelskammer zu Rostock und der Stralsunder Mittelstandsvereinigung e. V., Greifswald

Zdrowomyslaw N, Burke A, Eggebrecht U (2012) Unternehmensverantwortung und Employer Branding, Hrsg. von der Industrie- und Handelskammer zu Rostock, Kreishandwerkerschaft Rügen-Stralsund-Nordvorpommern, Stralsunder Mittelstandsvereinigung e. V., BioCon Valley® GmbH, Greifswald

Prof. Dr. Norbert Zdrowomyslaw wurde 1953 in Kętrzyn geboren. Nach seinem Ökonomiestudium an der Universität Bremen war er als wissenschaftlicher Mitarbeiter tätig, leitete die Abteilung Personalwirtschaft/Organisation bei der Fielmann-Verwaltung KG und war Wirtschaftsberater. Seit Herbst 1992 hat er die Professur für „BWL, insbesondere Rechnungswesen und Management von Klein- und Mittelbetrieben" an der Fachhochschule Stralsund inne. Forschungs- und Publikationsschwerpunkte neben dem Rechnungswesen sind: Managementwissen für Klein- und Mittelbetriebe, Zusammenarbeit zwischen Hochschule und Wirtschaft, Regionalwirtschaft sowie Personalmanagement. Er begleitet zahlreiche Lehr- und Forschungsprojekte in Zusammenarbeit mit der regionalen Wirtschaft. Erwähnt sei hier nur das Lehrprojekt STeP/Stralsunder Tagungen für erfolgreiche Partnerschaften. Er ist stellvertretender Vorsitzender der Kooperationsstelle „Wissenschaft und Arbeitswelt in Mecklenburg-Vorpommern e. V." und Mitglied des Redaktionsbeirats der Zeitschrift „Der Betriebswirt – Management in Wissenschaft und Praxis".

Michael Bladt wurde 1978 in Stralsund geboren. Nach seinem Abitur und der Ausbildung zum Bankkaufmann in der Dresdner Bank AG absolvierte er das Studium der Betriebswirtschaftslehre an der Fachhochschule Stralsund. Im Anschluss wirkte er dort leitend als wissenschaftlicher Mitarbeiter der Forschungsprojekte „Innovation Wertsteigerung und Arbeitsplatzbeschaffung" (IWA), „Implementierung der Gründerlehre", „Konzeption eines Kompetenzzentrums für Unternehmens- und Regionalentwicklung in Vorpommern" (KURV). Nach einer Tätigkeit als Betriebswirt in einem Finanzdienstleistungsunternehmen arbeitet er nun seit 2011 im Netzwerk „Die Wirtschaftstransferbeauftragten des Landes Mecklenburg-Vorpommern" zur Intensivierung der Kooperationen der 5 Hochschulen im Lande mit der ansässigen Wirtschaft im Wissens- und Technologietransfer. Der Publikationsschwerpunkt liegt im Bereich der Regionalwirtschaft.

CSR und Unternehmenskultur – Beispiel betapharm Arzneimittel GmbH

Christine Pehl

1 Einführung: betapharm als abgeschlossenes Lehrstück

Der folgende Beitrag beschreibt die Entwicklung des CSR bei der betapharm Arzneimittel GmbH von 1993 bis 2010. Das Unternehmen handelt mit Generika, d. h. mit Arzneimitteln, deren Patente abgelaufen sind und die somit „kopiert" und preisgünstig verkauft werden können. 1993, zum Zeitpunkt der Unternehmensgründung, war CSR in der Betriebswirtschaft und gesellschaftlichen Diskussion noch kein Thema. 2010 zwang eine politisch herbeigeführte grundlegende Veränderung der Marktsituation betapharm, wie viele andere Unternehmen der Generika-Branche, dazu, ihr Geschäftsmodell zu verändern. Durch Umstrukturierungen sank die Zahl der Mitarbeiter von 400 auf 75. Dieser gewaltige Umbruch veränderte das Unternehmen tiefgreifend, weshalb die CSR-Thematik im Unternehmen heute nur noch in reduziertem Umfang weiter verfolgt werden kann.

An dieser Stelle stellt sich die Frage, warum betapharm noch als idealtypisches Beispiel für eine Corporate-Citizenship- und CSR-Strategie vorgestellt wird. Die Besonderheit der betapharm besteht darin, dass ihre CSR auf der Unternehmenskultur beruht. Damit gelang es dem Unternehmen, in einem Markt „gesichtsloser", da völlig austauschbarer Produkte eine ganz besondere Identität aufzubauen.

Anhand von betapharm lässt sich zeigen, dass soziales Engagement nicht nur „nice to have" ist, sondern ein maßgeblicher Erfolgsfaktor werden kann, wenn es richtig aufgesetzt wird. betapharm war CSR-Pionier und forderte damit die Marktkultur im Pharmamarkt heraus. Obwohl dieses Engagement durch gesundheitspolitische und andere Einflüsse bis

C. Pehl (✉)
Pehl-Beratung, Am Pfannenstiel 13, 86153 Augsburg, Deutschland
E-Mail: c.pehl@pehl-beratung.de

auf einen kleinen Rest ausgebremst wurde, gilt es bis heute als idealtypisches Lehrbeispiel für CSR und kann somit auch aktuelle Entwicklungen weiterhin positiv beeinflussen (Schulbuch Politik & Co. 2008, S. 50; Smith et al. 2008).

Der in vielen Studien erwähnte und evaluierte „Fall betapharm" (Habisch 2003, S. 123) illustriert, wie CSR ein Unternehmen zu erstaunlichem wirtschaftlichen Erfolg führen kann. Das Engagement von betapharm wurde mehrfach ausgezeichnet.[1] Doch dieser Fachtext ist kein theoretisches Lehrstück, sondern will die entscheidenden Herausforderungen aufzeigen. Die Autorin hat das Engagement der betapharm über Jahre begleitet und in den Jahren 2007 bis 2010 den Schritt vom sozialen Engagement zum umfassenden CSR mitinitiiert und in leitender Position umgesetzt. 2010 hat sie das Unternehmen – im Zuge der großen Umstrukturierung – verlassen.

2 „Erfolg durch Vertrauen" – der besondere Weg von betapharm

2.1 Die Unternehmensgründung

Die betapharm Arzneimittel GmbH wurde 1993 in Augsburg gegründet. Peter Walter, erster Geschäftsführer des Unternehmens (1993–2006), hatte eine klare Vision: Er wollte zeigen, dass Unternehmen menschlich und zugleich erfolgreich geführt werden können. Maßgebend waren Anstand, Offenheit und Fairness gegenüber Mitarbeitern und Kunden. Walter etablierte eine Unternehmenskultur, die von gegenseitigem Vertrauen gekennzeichnet war.[2]

2.2 Zum Branchenhintergrund

Peter Walter war kein Träumer: Er kam aus dem Vertrieb und war mit der Pharmabranche gut vertraut. Als Insider waren ihm die Geschäfts- und Werbepraktiken bekannt, die zwischenzeitlich auch öffentlich für Diskussionen gesorgt haben.[3]

Um die ungewöhnliche Vorgehensweise und den durchschlagenden Erfolg des Marktneulings betapharm nachvollziehen zu können, sind folgende Informationen zur Generikabranche grundlegend: Generika sind Nachahmer-Arzneimittel – d. h. sie *müssen* in ihrer Wirkung absolut identisch mit dem Originalprodukt sein, sonst erhalten sie keine Zulassung. Diese „Gleichheit" weisen Studien nach, die natürlich weitaus weniger aufwendig sind als die Erfindung, Erforschung, Patentierung und erstmalige Markteinführung des Originalprodukts.

---

[1] Auszeichnungen z. B. „Freiheit und Verantwortung", „Ethics in Business" und „Bürgerkulturpreis des Bayerischen Landtags",www.betapharm.de/unternehmen/unser-engagement/anerkennung.html. Zugegriffen: 22.09.2014.

[2] Walter P (24. März 2005a) Ethik statt Taktik. Financial Times Deutschland, S 30

[3] Siehe z. B. Artikel auf www.spiegel.de vom 18.02.2013 zum geplanten freiwilligen Transparenzkodex der Pharmabranche: www.spiegel.de/wirtschaft/unternehmen/pharmabranche-will-geldfluesse-an-aerzte-veroeffentlichen-a-883966.html. Zugegriffen: 22.09.2014.

2.3 Das Prinzip Fairness als Erfolgsmodell

Der große Vorteil der Generika gegenüber dem Original ist ihr günstigerer Preis, denn untereinander unterscheiden sich Generika nicht. Für das Marketing bedeutet das eine enorme Herausforderung: Wie soll „A-Pharma" einen Arzt oder Apotheker davon überzeugen, dass er das Generikum A verordnen oder abgeben soll und nicht das Generikum B von „B-Pharma"? Das gelingt nur über „noch günstigere" Preise, Beziehungsmarketing und ... Werbegeschenke.

Schon Anfang der 90er-Jahre gab es Kostendruck im Gesundheitswesen. Ärzte und Apotheken bekamen die Auflage, günstige Arzneimittel vorzuziehen. Viele Generikafirmen praktizierten deshalb eine Mischkalkulation, bestehend aus besonders preiswerten Produkten, um Entscheider für sich zu gewinnen, und ertragreicheren Produkten, um Gewinne zu erzielen.

Peter Walter trat 1993 mit einem völlig anderen Modell an: Er verzichtete auf Mischkalkulation und Werbegeschenke und ging mit einem einzigen Argument in den Markt: „Verlässliche Tiefpreise". Der Außendienst hatte ein äußerst überzeugendes Argument an der Hand: Ärzte und Apotheker konnten sich auf betapharm verlassen (Vertrauen!). Der Erfolg war durchschlagend. In den ersten fünf Jahren wuchs betapharm doppelt so schnell wie der Markt (Smith et al. 2008, S. 1).

Doch die Konkurrenz schlief nicht und das Geschäftsmodell „konsequente Tiefpreispolitik" wurde schnell kopiert. 1997 brach das Wachstum ab und die Firma suchte nach einem neuen Weg, um sich von Mitbewerbern abzuheben (Willenbrock 2004, S. 59). Er sollte einerseits zum Unternehmen passen, andererseits nicht so einfach kopierbar sein wie die Preisgestaltung. Was war nun das Besondere an betapharm?

3 Kennzeichen einer besonderen Unternehmenskultur

Peter Walter schreibt dazu: „Ich wollte zeigen, dass Unternehmen erfolgreich und trotzdem menschlich verantwortlich geführt werden können – dass die Menschen gerne dort arbeiten und auch all die Menschen im Umfeld des Unternehmens zu ihrem Recht kommen." (Tomaschek 2005, S. 208)

3.1 Das Unternehmensleitbild der betapharm

Walters Haltung drückt sich im Unternehmensleitbild (Stand ca. 2003) der betapharm aus (Friesl 2008, S. 101):

„In der betapharm soll sich jeder als Teil der Gemeinschaft fühlen und Sinn und Freude in der Arbeit finden. Wir gehen offen miteinander um, sind verlässlich und arbeiten partnerschaftlich zusammen – innerhalb unseres Unternehmens und mit unseren Kunden.

Soziale Verantwortung nehmen wir ernst. Deshalb stellen wir uns auch den psychosozialen Fragen im Gesundheitswesen und fördern sozialmedizinische Zukunftsprojekte.

Auf der Basis unseres wirtschaftlichen Erfolges entwickeln wir unsere Werte weiter. Wir vertrauen dabei auf die Kreativität, die Leistung und die Eigenverantwortlichkeit unserer Mitarbeiter. *Erfolg durch Vertrauen ist unser Ziel.*"

In Leitbildern verschiedenster Unternehmen findet sich als zentrales Motto „der Mensch im Mittelpunkt".[4] Bei betapharm wurden diese Werte tatsächlich gelebt.

3.2 Die Atmosphäre bei betapharm

Das Anderssein von betapharm war sichtbar und spürbar: So berichteten viele Besucher übereinstimmend, dass im Haus eine besondere Atmosphäre herrschte (Tomaschek 2005, S. 209). Das mit farbenfrohen Bildern ausgestattete Gebäude wirkt bis heute einladend und offen – die bauliche Voraussetzung für eine gute Kommunikation. Ein partnerschaftlicher, verlässlicher und freundlicher Umgang miteinander entsprach der Haltung, die Geschäftsführer Peter Walter selbst vorlebte: Seine Bürotür stand fast immer offen, damit sich jeder jederzeit unbürokratisch an ihn wenden konnte.

3.3 Die Wertschätzung des Einzelnen

Die Mitarbeiter sollten sich wohlfühlen. Im Sommer fanden Besprechungen auch auf der Wiese hinter dem Haus statt. Neben guten Rahmenbedingungen, wie permanenten Fortbildungen oder flexiblen Arbeitszeiten für Eltern, war der transparente Informationsfluss vonseiten der Geschäftsführung wesentlich: Die Verbundenheitspyramide (Abb. 1) zeigt, was Peter Walter stets kommunizierte. Er war davon überzeugt, dass nur informierte und integrierte Mitarbeiter sich leidenschaftlich für den Erfolg ihres Unternehmens einsetzen.

Abb. 1 Verbundenheitspyramide

---

[4] Die Google-Suche nach „der Mensch im Mittelpunkt" bringt über 2 Mio. Treffer, www.google.de/?gws_rd=ssl#q=%22der+Mensch+im+Mittelpunkt%22. Zugegriffen: 22.09.2014.

Der Erfolg gab ihm Recht: Regelmäßig durchgeführte anonyme Mitarbeiterbefragungen ergaben immer wieder Werte über 90 % in puncto Mitarbeiterzufriedenheit.

Eine weitere Besonderheit in der Mitarbeiterführung verdeutlicht der oft von Walter geäußerte Satz: „Wo die Gaben, da die Aufgaben!" Ihm kam es nicht allein auf die formale Qualifikation an, er beobachtete vielmehr die Talente und Wünsche der Menschen im Unternehmen, um diese entsprechend einzusetzen.

4 Aus Unternehmenskultur erwächst soziales Engagement

Aus der positiven Grundhaltung gegenüber den Menschen erwuchs folgerichtig das soziale Engagement der betapharm. Die Begegnung von Geschäftsführer Peter Walter mit Horst Erhardt stellte die Weichen für das Unternehmen neu. Erhardt hatte in Augsburg maßgeblich zur Entwicklung und Umsetzung eines innovativen Sozialprojekts beigetragen: der Bunte Kreis.[5] „Als die beiden Männer, Peter Walter und Horst Erhardt, 1997 aufeinandertrafen, suchte Erhardt Geldgeber für seine Initiative, Peter Walter suchte einen Sinn für sein Unternehmen. Das passte." (Willenbrock 2004, S. 59). Mit „Sozialsponsoring" für den Bunten Kreis begann eine intensive Partnerschaft.

4.1 Die Familie im Fokus

Der Bunte Kreis entstand Mitte der 90er-Jahre als innovatives gemeinnütziges Pilotprojekt, das Familien mit schwerstkranken Kindern, vor allem beim schwierigen Übergang von der Klinik ins heimische Kinderzimmer, ganzheitlich begleitete. Diese Phase stellte enorme Herausforderungen an die Familie: psychisch, pflegerisch, finanziell, organisatorisch, zeitlich und sozial. Die meisten Familien fielen nach der Rundumversorgung in der Klink zu Hause in ein tiefes Loch und nicht selten litt nicht nur die Therapie, sondern auch das gesamte familiäre Gefüge darunter.[6]

Das innovative Modell des Bunten Kreises stellt die betroffene Familie in den Mittelpunkt, hilft konkret in der ersten Not und gibt Hilfe zur Selbsthilfe. „Modellhaft" war dies deshalb, weil der Bunte Kreis ein grundsätzliches Problem im Gesundheitswesen anging: Die medizinische und pharmazeutische Versorgung war gut, doch mit den Problemen und Belastungen, die im Umfeld von schweren und chronischen Krankheiten entstehen, standen viele Betroffene und Angehörige alleine. Das erschwerte die Krankheitsbewältigung.

Der Bunte Kreis war also im Gesundheitswesen tätig – daran konnte betapharm inhaltlich anknüpfen. Und der Bunte Kreis rückte den Patienten und seine Familie in den Fokus – das war damals ein fast radikaler Ansatz quer zu den Strukturen und Abläufen im Gesundheitswesen und passte gut zur Haltung von betapharm.

---

[5] www.bunter-kreis.de. Zugegriffen: 22.09.2014.
[6] www.bunter-kreis-deutschland.de/nachsorge/problemlage.html. Zugegriffen: 22.09.2014.

4.2 Sponsoring, Partnerschaft, Corporate Citizenship

Im ersten Schritt wurde betapharm Mitglied der Sponsorenfamilie des Bunten Kreises in Augsburg. Doch von Anfang an ging es um eine deutschlandweite Dimension: Dieses innovative Versorgungsmodell sollte unterstützt und gefördert werden. Die Idee: Gelänge es, den Nutzen des Bunten Kreises wissenschaftlich nachzuweisen, hätte das erhebliche Verbesserungen für Familien in ganz Deutschland – und für das Gesundheitswesen insgesamt – zur Folge.

Bereits zu diesem sehr frühen Zeitpunkt verabschiedete sich die betapharm vom Begriff „Sozialsponsoring". Es ging ihr vielmehr um eine Partnerschaft, mit der Sozialpartner und Pharmaunternehmen eine bessere Versorgung betroffener Patienten erreichen können. Dieses Vorhaben war einzigartig und führte das Unternehmen auf einen besonderen Weg. Die Profilierung als innovatives und sozial verantwortliches Unternehmen in der Pharmawelt: betapharm hatte sich aufgemacht, „die soziale Lücke" zu schließen (Habisch 2003, S. 80).

4.3 Ernsthaftigkeit sichtbar gemacht: Die betapharm Stiftung

Die unternehmerische Herausforderung bestand darin, die soziale Ausrichtung glaubhaft zu kommunizieren, denn betapharm verstand das eigene Engagement nie als Mäzenatentum.

Es ging vielmehr darum, sich damit in einem Markt austauschbarer Produkte als unverwechselbare Marke zu positionieren. „Um diese Absicht auch nach außen glaubwürdig zu machen, errichtete betapharm 1998 die betapharm Nachsorgestiftung." (Walter 2008, S. 91).

Die betapharm Stiftung förderte die Weiterentwicklung und überregionale Verbreitung der Nachsorge nach dem Modell des Bunten Kreises. Eine Stiftung ist auf Ewigkeit angelegt – sie steht für Dauerhaftigkeit und Nachhaltigkeit. Gleich zu Beginn des Engagements eine Stiftung zu errichten, signalisierte deutlich: „Wir meinen es ernst."

4.4 Beratung und Forschung fest etabliert: Das beta Institut

Es war schnell klar, dass der Bunte Kreis Augsburg nicht die Funktion einer bundesweiten Vernetzung, Forschung und Verbreitung übernehmen konnte. Deshalb gründeten die beiden Partner 1999 das „beta Institut für sozialmedizinische Forschung und Entwicklung", eine gemeinnützige GmbH, als unabhängige Plattform.[7]

Die Unabhängigkeit war wichtig, weil nur ein vom Pharmaunternehmen unabhängiges Institut die Glaubwürdigkeit besitzen konnte, sich im Gesundheitswesen zu etablieren und anerkannte Forschung zu betreiben.

---

[7] www.beta-institut.de/partner.html. Zugegriffen: 22.09.2014.

Abb. 2 Bereiche des beta Instituts. (Quelle: beta Institut)

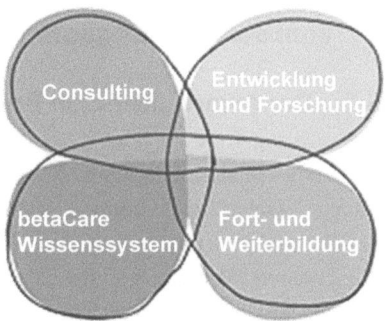

Das beta Institut verfolgte das Ziel, die soziale Lücke auf mehreren Ebenen zu schließen (Abb. 2). Mit Informationen und Fortbildungen versetzte es Berufstätige im Gesundheitswesen in die Lage, ihre Patienten auch in sozialen Fragen kompetent beraten zu können. Mit Consulting unterstützte es in ganz Deutschland Einrichtungen, die Nachsorge nach dem Modell des Bunten Kreises einführen wollten. Entwicklungs- und Forschungsprojekte im Erwachsenenbereich erarbeiteten die praktische und wissenschaftliche Basis, um die Machbarkeit und den Nutzen einer ganzheitlichen Patientenbetreuung nachhaltig zu belegen.

Das Engagement hatte zahlreiche Auswirkungen: So entstanden bis 2010 über 50 Nachsorgeeinrichtungen, die nach dem Modell des Bunten Kreises schwerstkranke Kinder und ihre Familien begleiteten. Die „Sozialmedizinische Nachsorge" wurde aufgrund der Forschungsergebnisse des beta Instituts und einer Gesetzesinitiative vom Institut, Bunten Kreis und betapharm ins Krankenversicherungsrecht aufgenommen – eine bedeutende Neuregelung: Die Finanzierung solcher Einrichtungen und damit Neugründungen wurden erheblich erleichtert.[8] Die patientenzentrierte Begleitung ließ sich außerdem auf den Erwachsenenbereich übertragen (Brustkrebs, Schlaganfall, Schmerz- und Palliativmedizin). Verschiedene Berufsgruppen im Gesundheitswesen wurden durch Fortbildungen für die psychosozialen und sozialrechtlichen Probleme der Patienten sensibilisiert. Die dafür notwendigen Informationen gab es telefonisch (betafon), online (www.betanet.de – bis heute online) und schriftlich (Nachschlagewerke und Ratgeber).

Um die Dimension zu verdeutlichen: Zeitweise hatte das beta Institut über 50 Mitarbeiter und kooperierte mit weit über 100 Partnern aus Gesundheitsversorgung, Wissenschaft, Verwaltung, Wohlfahrtsunternehmen und Wirtschaft (beta Institut 2008, S. 57).

Für fast alle Aktivitäten des beta Instituts gab es einen Förderanteil durch die betapharm – entscheidend waren vor allem die Basisfinanzierung des Instituts und Anschubfinanzierungen für neue Projekte, um weitere Fördermittel und Sponsoren zu gewinnen. betapharm profitierte ebenfalls von den Partnerschaften und Kontakten des Instituts: Das Unternehmen bekam Informationen, es gewann Freunde, Unterstützer und erntete Anerkennung (Habisch 2003, S. 82; Tomaschek 2005, S. 209).

---

[8] Sozialmedizinische Nachsorge nach §§ 43 Abs. 2, 132 c SGB V.

5 Vom sozialen Engagement zum CSR

5.1 Der Award „Ethics in Business"

2005 bewarb sich betapharm für den Award „Ethics in Business" und zählte zu den Preisträgern.[9] Diese Auszeichnung bestätigte die Unternehmensstrategie. Noch entscheidender für die weitere Entwicklung war jedoch das vorausgehende CSR-Audit. Auditiert wurden die Themen Werte und Unternehmenskultur, Verhalten im Markt, Umwelt, Human Resources sowie gesellschaftliches Engagement.

5.2 Stärken – und Schwächen

Das Audit machte die Stärken sichtbar: gelebte Werte, eine kluge Personalentwicklung, das herausragende soziale Engagement mit Stiftung und dem gemeinnützigen Institut für eine verbesserte Patientenversorgung in Deutschland sowie das ethische Marketing.

Eine Schwachstelle offenbarte sich im Bereich Umwelt. Typisch für die Ernsthaftigkeit des Unternehmens war daraufhin, sich nicht einfach nur über den Award zu freuen, sondern den kritischen Punkt offen anzugehen und das soziale Engagement zum CSR auszubauen (Abb. 3). Das bedeutete konkrete Organisationsentwicklung. Die besondere Unternehmenskultur setzte das Thema auf die Agenda und etablierte entsprechende Strukturen.

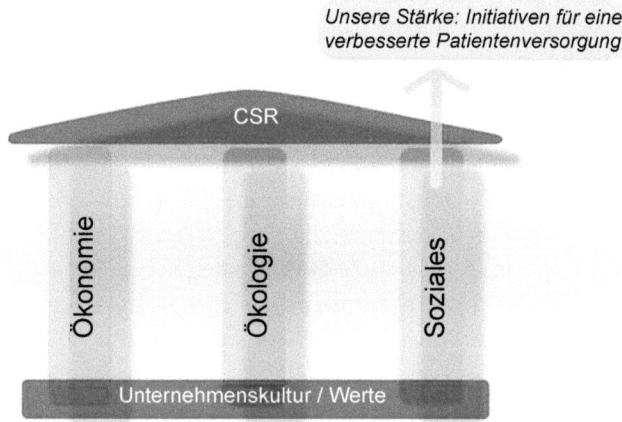

Abb. 3 Die drei Säulen des CSR fußen auf der Unternehmenskultur. (Quelle: betapharm)

---

[9] www.betapharm.de/unternehmen/unser-engagement/anerkennung/ethics-in-business.html. Zugegriffen: 22.09.2014.

Abb. 4 Der Regelkreis der CSR-Arbeitsgruppe Umwelt. (Quelle: betapharm)

5.3 Arbeitsgruppen für alle CSR-Bereiche

betapharm richtete ab 2005 zu jedem CSR-Handlungsfeld – Markt, Arbeitsplatz, Umwelt und Gemeinwesen – eine Mitarbeiter-Arbeitsgruppe zur kontinuierlichen Verbesserung der Unternehmensleistung im jeweiligen Bereich ein. In den Arbeitsgruppen engagierten sich rund 40 Mitarbeiter. Zuvor befassten sich vor allem Marketing und Vertriebsleitung mit den „sozialen" Themen. Nun waren in der Arbeitsgruppe „Umwelt" z. B. auch der Hausmeister, die Verwalterin für den Fuhrpark, die Einkäuferin für Bürobedarf sowie die Qualitätsmanagementbeauftragte vertreten. In jeder Gruppe saß auch ein Mitglied des Betriebsrats und der Geschäftsführung. Gemeinsam legten sie Ziele fest, setzten Maßnahmen um und werteten die Ergebnisse aus. „Verantwortliche Unternehmensführung" bezog sich somit nicht auf eine einzelne Person oder die Geschäftsführung, sondern wurde vom ganzen Unternehmen gelebt (Abb. 4; Dresewski 2007, S. 48).

6 Marketing und Kommunikation auf allen Kanälen

Zum Selbstverständnis der betapharm gehörte immer der Nutzen des sozialen Engagements. Es ging um die Schaffung einer Win-Win-Win-Situation: für die Gesellschaft, die sozialen Partner und letztlich das Unternehmen selbst. Zentral dabei war die Kommunikation dieser innovativen Strategie.

6.1 Kommunikation nach innen

Ein Blick auf die Verbundenheitspyramide (Abb. 1) verdeutlicht, dass die eigenen Mitarbeiter die CSR-Strategie nicht nur verstehen sollten, sondern in deren Förderung und Entwicklung integriert waren. Ein intensiver Austausch darüber in gemeinsamen Besprechungen und eigens eingerichteten Austauschplattformen war selbstverständlich. Intranet und Mitarbeiterzeitschrift förderten die Identifikation mit dem Unternehmen.

6.2 Kommunikation nach außen

Nach außen nutzte betapharm alle Kommunikationskanäle, die damals üblich waren: Pressearbeit, Mailings, Broschüren, Anzeigen, Internetauftritt, Außendienstaktionen … (Walter 2005b). Zusätzlich bewarb sich betapharm für geeignete Awards, um das ethische Marketing, die besondere Unternehmensführung und die sozialen Projekte zu kommunizieren.[10] Zeitungsberichte, Fachartikel und Buchbeiträge machten das ungewöhnliche Engagement des Generikaunternehmens zunehmend publik.[11]

Generikaunternehmen, das waren „die Nachahmer", doch betapharm förderte innovative Forschung und wurde mit seinem ungewöhnlichen Engagement zum Leuchtturm. In der Folge traten neue Kooperationspartner auf den Plan, zum Beispiel das Bundesministerium für Bildung und Forschung, das Mittel zur Verfügung stellte, um Projekte zu realisieren (beta Institut 2008, S. 26).

6.3 Ethisches Marketing

Durch die Kommunikation nach innen konnten die betapharm-Mitarbeiter die oft komplexen Inhalte der Institutsprojekte verstehen, sich zu eigen machen und dafür bei Ärzten und Apothekern authentisch einstehen. Das war umso wichtiger, da das Unternehmen von jeher auf jegliche Werbegeschenke verzichtete.[12]

Der betapharm-Außendienst kam aber nicht „mit leeren Händen" zu Ärzten und Apothekern. Verschenkt wurde „Sozialwissen", in Form von Ratgebern und Nachschlagewerken. Das bekannteste und erfolgreichste Werk in diesem Zusammenhang war die 500-seitige betaListe[13] – ein Lexikon für Sozialfragen im Gesundheitswesen mit einem Adressteil zu Selbsthilfegruppen und sonstigen Anlaufstellen. Ärzte und Apotheker erhielten Fachinformationen, die es ihnen ermöglichten, Menschen in belastenden Situationen weiterzu-

---

[10] www.betapharm.de/unternehmen/unser-engagement/anerkennung.html. Zugegriffen: 22.09.2014.
[11] Vgl. Fachbeiträge über betapharm im Literaturverzeichnis.
[12] Beitrag im Handelsblatt vom 4.10.2005, S. 20.
[13] 2001–2008 jährlich erschienen in einer Auflage von insgesamt 527.000 Exemplaren. www.beta-institut.de/zahlen-fakten.html. Zugegriffen: 22.09.2014.

helfen. Dieses ethische Marketing war nicht kopierbar und brachte Ärzten, Apotheken und Patienten einen Mehrwert.

Die Mitarbeiter im Außendienst konnten überzeugend auftreten, das allein war schon der halbe Erfolg. Sie brachten ihren Entscheidern echten Zusatznutzen und Neuigkeiten aus dem Gesundheitswesen – und waren damit Gesprächspartner auf Augenhöhe.

7 „Profit mit Non-Profit"

Peter Walter brachte die Ausgangslage des Unternehmens sowohl intern als auch öffentlich immer wieder auf den Punkt: „Die Wirkstoffe sind identisch, die Preise vergleichbar, die Produkte gleich, lediglich die Verpackungen sehen anders aus. Im Grunde gibt es keine austauschbareren Produkte als Generika" (Willenbrock 2004, S. 58). Entscheidend war die Unternehmenskultur als Basis für das CSR-Engagement, und neben gesellschaftlichen Verbesserungen ging es immer um den Nutzen des Engagements für das Unternehmen: „Profit mit Non-Profit" titelte schon Harald Willenbrock in einem viel beachteten Artikel im Wirtschaftsmagazin brand eins (2004).

Die nützlichen Aspekte des CSR (Pehl 2007, S. 110) sind nach wie vor übertragbar auf andere Unternehmen, die ihr Engagement mit einer gelebten Unternehmenskultur verbinden wollen.

7.1 betapharm erfährt Wertschätzung

Die CSR-Strategie führte für betapharm zur:

- Steigerung ihres Bekanntheitsgrads im Markt
- Erhöhung ihres Marken- und Firmenwertes
- erfolgreichen Positionierung und Differenzierung gegenüber Wettbewerbern
- hohen Akzeptanz und Reputation bei ihren Kunden
- deutlichen Verbesserung der Beziehungen zu ihren Stakeholdern

7.2 Überzeugte Mitarbeiter überzeugen

Das Erfolgspotenzial nach innen war immens. Bemerkenswert waren insbesondere:

- die Sinnstiftung, da soziales Engagement über den reinen ökonomischen Nutzen hinausgeht. Der Gegenentwurf zu „Dienst nach Vorschrift" und „innerer Kündigung".
- die hohe Identifikation mit dem eigenen Unternehmen
- die Motivation und Zufriedenheit
- die Offenheit für neue Ideen und Konzepte

- ein hohes soziales Bewusstsein im Umgang miteinander als auch mit den Kunden
- die erhöhte Attraktivität als Arbeitgeber
- ein verantwortungsvoller Umgang mit den Ressourcen des Unternehmens

7.3 Unternehmenskultur macht wirtschaftlich erfolgreich

Seit dem engagierten Einstieg ins soziale Engagement wuchs betapharm überdurchschnittlich und zum Teil gegen den Branchentrend. Dies steigerte den Unternehmenswert – was sich anhand der Unternehmensgeschichte nachweisen lässt. 2004 erfolgte der Verkauf von betapharm an das Private-Equity-Unternehmen 3i: für 300 Mio. €. Nach Peter Walters Schätzung wurde das soziale Engagement mit rund 80 Mio. veranschlagt.[14]

2006 übernahm der internationale Pharmakonzern Dr. Reddy's Laboratories mit Hauptsitz im indischen Hyderabad betapharm für 480 Mio. € – ebenfalls ein Preis, der sich nur über das ungewöhnliche und erfolgreiche unternehmerische Konzept erklären lässt. Die indischen Käufer verstanden die Botschaft sofort: Dr. Reddys gilt als eines der beliebtesten Unternehmen in Indien, es praktiziert ein umfangreiches soziales Engagement und legte bereits 2003 seinen ersten Sustainability Report vor.[15]

8 Ein Leitfaden für erfolgreiches gesellschaftliches Engagement

Aus ihrer langjährigen Erfahrung heraus entwickelte betapharm „10 goldene Regeln"[16] als Leitfaden für erfolgreiches gesellschaftliches Engagement (Corporate Citizenship). Diese können Unternehmen als Richtlinie dienen – und gleich der ersten Punkt zeigt die zentrale Bedeutung der Unternehmenskultur.

I. Engagement als Spiegel der Unternehmensphilosophie
Um gesellschaftliches Engagement langfristig und erfolgreich zu betreiben, muss es die Grundwerte des Unternehmens widerspiegeln und Bestandteil der Firmenphilosophie und der gelebten Unternehmenskultur werden.

II. Informieren und entwickeln
Ein sinnvolles und zum Unternehmen passendes Engagement zu finden, stellt eine große Herausforderung dar. Ausgangspunkt kann z. B. ein bestehendes Sponsoring sein, das weiter ausgebaut wird. Der künftige Erfolg und Nutzen des Engagements hängt wesentlich davon ab, wie gut sich ein Unternehmen darauf vorbereitet hat. Zahlreiche Dienst-

---

[14] Financial Times Deutschland vom 10. Mai 2005, S. 38.
[15] www.drreddys.com/media/st-reports.html. Zugegriffen: 22.09.2014.
[16] www.betapharm.de/unternehmen/unser-engagement/pionierarbeit-csr.html. Zugegriffen: 22.09.2014.

leister wie Vermittlungsagenturen, Netzwerke oder die Bundesinitiative „Unternehmen: Partner der Jugend" (UPJ) e. V. bieten hierzu kompetente Hilfe.

III. Strategisch denken und langfristig planen
Gesellschaftliches Engagement ist Teil der Unternehmensstrategie, denn nur dann wird der Nutzen für alle Beteiligten optimiert. Langfristiges Engagement ist wesentlich effektiver als einzelne, unzusammenhängende Sponsoring-Aktivitäten.

IV. Mitarbeiter integrieren und Kompetenzen fördern
Das gesellschaftliche Engagement bezieht möglichst viele Unternehmensbereiche und Mitarbeiter mit ein. Die gemeinsame Arbeit an gemeinwohlorientierten Aktivitäten verbindet und motiviert. Die Mitarbeiter erwerben dadurch neue Kenntnisse und erweitern ihre Kompetenzen.

V. Die passenden Inhalte und Bezüge herstellen
Das Engagement muss inhaltlich zum Unternehmen passen. Ein wirklich gutes Engagement stellt nicht nur finanzielle Mittel bereit, sondern bringt unternehmerisches und branchenspezifisches Know-how ein. So macht es zum Beispiel Sinn, wenn eine Unternehmensberatung mithilfe von Projekt-Patenschaften ihr Wissen aus der Wirtschaftspraxis in die Schulen bringt.

VI. Auf professionelle Umsetzung Wert legen
Die Umsetzung des gesellschaftlichen Engagements muss ebenso professionellen Ansprüchen genügen, wie sie für Projekte im Kerngeschäft gelten. Neben der fachlichen Kompetenz erfüllt das Unternehmen die aus dem Engagement erwachsenden Ansprüche und Pflichten dauerhaft.

VII. Sinnvoll und richtig kooperieren
In der Zusammenarbeit mit einem gemeinnützigen Partner liegt ein wichtiger Schlüssel zum Erfolg: Die verschiedenen Partner tauschen Ideen aus, lernen voneinander und realisieren gemeinsame Projekte. Die Gründung eines gemeinnützigen Instituts oder einer Stiftung bezeugt die Ernsthaftigkeit des unternehmerischen Engagements. Gegenseitiger Respekt und die Zusammenarbeit der Partner „auf Augenhöhe" ist die Basis für erfolgreiche Kooperation.

VIII. Kontakte knüpfen und nutzen
Unternehmerisches Engagement bietet viele hervorragende Gelegenheiten zum Knüpfen von Kontakten. Ein Vorteil, der durch gezieltes Networking voll ausgeschöpft und zum Wohle des Unternehmensgeschäftes und Engagements genutzt werden kann.

IX. Erst etwas bewegen und dann kommunizieren
Das gesellschaftliche Engagement sollte erst dann nach außen kommuniziert werden, wenn die Partner, konkrete Projektziele und erste Maßnahmen feststehen.

X. Transparenz nach innen und außen
Die Kommunikation des Engagements erfolgt z. B. über die kontinuierliche Pressearbeit, den Geschäftsbericht oder in Form eines CSR-Berichts. Je deutlicher der Nutzen aller Partner beschrieben wird, umso besser können alle Interessengruppen das Engagement einordnen und würdigen. Ein weiterer positiver Effekt: Über das konkrete Projekt hinaus wird die Idee von Corporate Citizenship verbreitet.

9 Und heute?

Inzwischen haben gesetzliche Vorgaben den Generikamarkt vollkommen verändert. Entscheider sind nicht mehr Ärzte und Apotheker, sondern in der Regel bestimmen die Krankenkassen, von welchem Hersteller ein Produkt abgegeben wird. Auch wenn das soziale Engagement der betapharm infolge dieser Strukturveränderungen stark reduziert werden musste, besteht das beta Institut bis heute und pflegt Patienteninformationen. Die Ratgeber werden weiterhin im ethischen Marketing eingesetzt.[17] Des Weiteren schafften drei Projekte sogar den Schritt in die Selbstständigkeit: Bundesverband Bunter Kreise[18], Papilio[19] und palliativ.net[20].

Literatur

beta Institut (2008) Jahresbericht 2007 – alle Institutsprojekte im Überblick. beta Institutsverlag, Augsburg

Dresewski F (2007) Schritt 4 – Vorgehensweise festlegen: Wie managen wir „Verantwortliche Unternehmensführung"? In: Dresewski F (Hrsg) Verantwortliche Unternehmensführung. Corporate Social Responsibility (CSR) im Mittelstand. UPJ-Bundesinitiative, Berlin, S 48

Friesl C (2008) Alles wird durch CSR: betapharm. In: Friesl C (Hrsg) Erfolg und Verantwortung – Die strategische Kraft von Corporate Social Responsibility. faculatas.wuv, Wien, S 94–102

Greven L (2005) Preisaufschlag für soziales Engagement. Financial Times Deutschland, 10. Mai 2005, S 38

Habisch A (2003) Gesundheit. In: Habisch A (Hrsg) Corporate Citizenship – Gesellschaftliches Engagement von Unternehmen in Deutschland. Springer, Berlin, S 123–126

Habisch A, Kaiser S (2008) betapharm – Be different or die (Case Study). In: Smith NC, Lenssen G (Hrsg) Mainstreaming corporate responsibility. Ingolstadt School of Management and Nigel Roome, Erasmus

Pehl C (2007) Aber man muss es wollen. Antrieb Vorsprung Wachstum – Wirtschaftskommunikation 2007/2008. Verl. Reinhard Fischer, München, S 110

Riedel H (2008) Ein Unternehmen engagiert sich für die Gesellschaft. Politik & Co. – Politik und Wirtschaft für das Gymnasium (G8). C.C. Buchners Verlag, Bamberg, S 50

---

[17] www.beta-institut.de/patienteninformationen.html. Zugegriffen: 22.09.2014.
[18] www.bunter-kreis-deutschland.de.
[19] www.papilio.de. Zugegriffen: 22.09.2014.
[20] www.palliativ.net. Zugegriffen: 22.09.2014.

Tomaschek M (2005) Sinn und Werte in der globalen Wirtschaft. J. Kamphausen, Bielefeld
Walter P (24. März 2005a) Ethik statt Taktik. Financial Times Deutschland, S 30
Walter P (2005b) Soziale Verantwortung als nachhaltig erfolgreiche Unternehmensstrategie. In: Tomaschek M (Hrsg) Sinn und Werte in der globalen Wirtschaft, 1. Aufl. J. Kamphausen, Bielefeld, S 208–221
Walter P (2008) Corporate Citizenship und Unternehmenskultur – In: Habisch A et al (Hrsg) Handbuch corporate citizenship. Springer Verlag, Berlin, S 87–94
Wermelskirchen S (2005) Weder Hawaii-Reisen noch Handtücher. Handelsblatt vom 4.10.2005, S 20
Willenbrock H (10. 04. 2004) Profit mit Non-Profit. brand eins 6(10): S 56–62

Christine Pehl ist Expertin für CSR, zertifizierter Business-Coach und Dozentin für den Studiengang „CSR-Manager/-in" an der Fundraising Akademie gGmbH. Als Spezialistin für werteorientierte Unternehmensberatung in Firmen und Organisationen unterstützt sie Führungskräfte bei der Analyse ihrer Werte-Themen und deren Umsetzung im CSR-Prozess. Für die betapharm Arzneimittel GmbH war sie von 2002 bis 2010 als Referentin für Corporate Citizenship und CSR sowie als Stiftungsbeauftragte der betapharm Stiftung verantwortlich. Zahlreiche Auszeichnungen, unter anderem das Gütesiegel „Ethics in Business", begleiten ihren Werdegang. Seit 2010 gibt sie als Beraterin die gewonnene Erfahrung weiter. Darüber hinaus hält sie zu CSR Vorträge, veranstaltet Workshops und leitet Seminare an verschiedenen Hochschulen.

MIX
Papier aus verantwortungsvollen Quellen
Paper from responsible sources
FSC® C105338

If you have any concerns about our products,
you can contact us on
ProductSafety@springernature.com

In case Publisher is established outside the EU,
the EU authorized representative is:
**Springer Nature Customer Service Center GmbH
Europaplatz 3, 69115 Heidelberg, Germany**

Printed by Libri Plureos GmbH
in Hamburg, Germany